大韓茶文化資料集成

大韓茶文化資料集成
대한차문화자료집성

(사)국어고전문화원 編
윤경혁 監修

이른아침

발간사

고전의 집성은
조상의 얼을 되살리는 일

이 길에 들어선 첫 해부터 행담에 차를 챙겨 다니며 심부름하는 짬짬이 섬돌공부 조상글 공부 혈연과 ᄒᆞᆫ붉문화의 정체 탐구 등 고난의 길이었다. 그 길에 겪은 그 많은 짓들은 눈 귀가 조금씩 열리기 시작하자 차라리 눈과 귀를 막고 귀농하고 싶을 때가 한두 번이 아니었다. 대학 강의를 마무리할 老漢로한의 근래 길고도 짧았던 5년의 결실이다.

차생활 5년 이상에 동 기초교육을 이수한 한자급수 3급 이상의 대상자를 고전태학사, 곧 고전 전문 강사로 육성시키는 과정 30개월에, 『대ᄒᆞᆫ차문화자료집성』 30개월의 과정은 고심의 결실이다. 특히 한자 1급 수준 향상을 병행한 교육이었으니 협조 강사들의 헌신이 아니었던들 이룰 수 없는 장장 60개월이다. 대견하다.

구대륙 동방문명을 창도한 ᄒᆞᆫ붉문화는 상생홍익의 대동이 조상이 해동(중원의 청해 이동) 광역에 발전시켰다. 우리 조상의 남조인 韓城한성 朝歌조가 韓檀한단 광역에 창제 발전된 문자와 언어는 다교 포함 접화군생의 생명 공존 전통을 후손에게 남겼다. 한편 九德구덕을 갖춘 茶생활문화는 淸𡿺禮貌청뇌예모를 바탕으로 생활문화를 꽃피게 했고, 晉唐宋진당송년간의 신라, 백제, 가락, 고려, 금, 원新羅, 百濟, 駕洛, 高麗, 金, 元의 정신문화의 근간이기도 했다. 특히 고려의 인쇄술과 도자문화의 중추에는 恒茶家常항다가상 생활이 典籍購讀전적구독과 문화생활 욕구의 자양 공급원으로 자리하고 있었다. 이를 탐욕한 왜구(현 일본인)는 고려 중 말엽부터 삼남 도처에서 노략질을 일삼다가 300여 년의 정탐과 준비에 그들 렬도의 세력 통합을 기회로 침략 전면전을 도발했고, 찬란했던 우리의 차문화는 피탈 소멸 망각의 참혹으로 저락하였다.

임진 정유재란 그 후 또 300년의 19세기 말, 재침의 마수는 우리 국권은 물론 쇠잔한 차문화를 초토했고, 설상가상 우리 선학들을 순치시켜 조선의 茶는 일본 다도의 영도로 싹텄다고 날조 왜곡하기에 이르렀다.

기원 4312(1979)년 고려 차문화를 재조명하고 다산 초의 범해 등 차문화 중흥 선각을 받들고자 모인 16인의 茶友들이 '한국 차인회(現 한국차인연합회)'를 결성했다. 그런데 불행히도 친일문화에 세뇌된 '기모노 바람'은 이 문화중흥의 여명기에 표풍을 일으켜 상당기간 곤혹을 겪기도 했다. 더구나 침략 용어를 피침자가 무차별 사용한 典籍전적, 事明사명 사상에 의한 속국 근성의 전적과 호칭, 자기폄하 등의 언어와 권력 시각의 문화 편시성은 불치 수준이었다.

『대훈차문화자료집성』을 내기까지 왜색어 순치와 반도사관 고착으로 인한 날조문투의 海溢해일 탈출 과정은 번역진을 몹시도 괴롭혔다. 그 고충을 어찌 다 왈가왈부하랴. 한 마디로 '利敵言語리적언어로 피압박 력사 찾기'와 '半半島반반도는 우리 한국 이외는 타국 타문화'의 井蛙視野정와시야 수렁을 겨우겨우 헤쳐 나왔다. 그렇다고 이 자료집을 칭찬하지는 않겠다. 다만 광복 이후 이러한 시도나마 처음이라 생각되어 필독을 권할 뿐이다.

음다인구 천만을 헤아린다고 한다. 초창기의 왜색 다도 표풍처럼 근간에 급조된 중국다예 기능 추종, 차 생산지역 시찰 탐닉과 가장집물 사치의 해일 중심에서 몇 남은 선발자로서 자괴와 자책감을 금할 길이 없었는데, 대륙의 중원은 동이 조상에 의해서, 대륙의 동방은 고려에 의해서 포괄 문화가 창도 발전되었다는 실사구현의 상권 출간을 자축하고, 하권인 중원자료를 맡은 태학사의 분발을 촉망한다.

기원 4344(2011)년 4월 10일

(사)국어고전문화원 원장 우사 尹庚爀 근상

序章 天符經

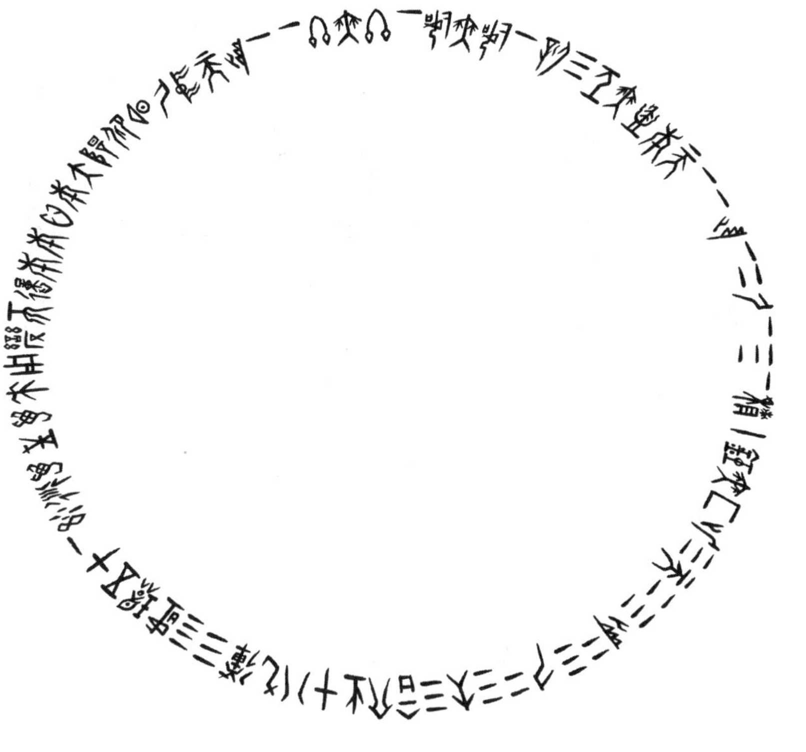

一始無始一析三極無盡本天一一地一二人一三一積十鉅無匱化三
天二三地二三人二三大三合六生七八九運三四成環五七一妙衍萬
往萬來用變不動本本心本太陽昻明人中天地一一終無終一

천부경

4 2 1 2 4 4 1 4 1 2 2 1 4 4 3 4 3 1 4 1 4 4 4 2 1 3 3 1
일 시 무 시 일 셕 삼 극 무 진 본 텬 일 일 디 일 이 인 일 삼 일 젹 습 거 무 궤 화 삼
일 시 무 시 일 석 삼 극 무 진 본 천 일 일 지 일 이 인 일 삼 일 적 십 거 무 궤 화 삼

1 3 1 3 3 1 1 3 1 3 1 4 4 1 4 4 2 3 1 3 1 1 2 4 4 3 3 3 2 3 1
텬 이 삼 디 이 삼 인 이 삼 대 삼 합 륙 생 칠 팔 구 운 삼 사 셩 환 오 칠 일 묘 연 만 왕 만 래
천 이 삼 지 이 삼 인 이 삼 대 삼 합 육 생 칠 팔 구 운 삼 사 성 환 오 칠 일 묘 연 만 왕 만 래

3 3 4 2 2 2 1 2 3 1 1 1 1 1 1 3 1 4 1 1 1 4 編註 원사성
용 변 불 동 본 본 심 본 태 양 앙 명 인 즁 텬 디 일 일 죵 무 죵 일 編註 원발음
용 변 부 동 본 본 심 본 태 양 앙 명 인 중 천 지 일 일 종 무 종 일 編註 관용음

序章 風流國道

國有玄妙之道曰風流
設敎之源備詳仙史
實內包含三敎 接化羣生
且如入則孝於家 出則忠於國 魯司寇之旨也
處無爲之事 行不言之敎 周柱史之宗也
諸惡莫作 諸善奉行 竺乾太子之化也

풍류국도 譯者私按역자사안

나라에 깊고 오묘한 理致리치 있으니 ᄀᆞᆯ하대 風流풍류(숨결)라.
가르침 베푸신 根源근원은 仙(鮮)史선사에 詳備상비하였으니,
안으로 三(多)教삼교를 包含포함 實行실행하면 相接상접 敎化교화 羣生군생이라.
가령, 家가에 들어 孝효하고 出仕출사하면 國국에 忠충하니 孔子공자의 旨지요,
處地처지에 作爲작위 아니하고 事사하며, 不言之敎불언지교함은 老子로자의 宗종이요,
여러 악을 莫作막작하고 여러 선을 奉行봉행할지니 竺乾太子축건태자의 敎化교화와 ᄀᆞᆮ으니라.

4 2 1 3 1 2 4 1 1   4 1 1 1 3 1 1 2   4 3 1 1 1 1   4 3 1 1   2 1 4 4 3 1 1
국유현묘지도왈풍류 설교지원비샹션사 실내포함삼교 접화군생 차여입즉효어가
국 유 현 묘 지 도 왈 풍 류   설 교 지 원 비 상 선 사   실 내 포 함 삼 교   접 화 군 생   차 여 입 즉 효 어 가

4 4 1 1 4   2 1 3 1 2 2   2 1 1 1 3   3 4 1 1 1   1 2 2 1 1 2   1 4 4 4
츌즉츙어국 로사구지지야 쳐무위지사 행블언지교 쥬쥬사지종야 져악막작
출 즉 충 어 국   로 사 구 지 지 야   처 무 위 지 사   행 불 언 지 교   주 주 사 지 종 야   제 악 막 작

1 2 2 3   4 1 3 2 1 3 2   編註 원사성
져션봉행 츅건태자지화야   編註 원발음
제 션 봉 행   축 건 태 자 지 화 야   編註 관용음

序章 韓倍達檀君紀元

- ▲ 韓仁時代 上元太始甲子元載(朔旦冬至), 自韓仁元載～至3301 載間 18元+1甲
- ▲ 倍達時代 中元甲子元載 自倍達元載～至1565 載間(8元+2甲+5載) 卽位 - 1季
- ▲ 檀君時代 下元甲子5載 自檀君元載～至2096 載間(11元+1甲+56載) 卽位 - 1季
- ▲ 自4國 + 南北國 + 後三國 + 高麗 + 近世韓鮮 + 大韓帝國 + 主權被奪 + 光復而今～至2248 季間 (12元 1甲 28季)

- ▲ 3301+1565+2248=9210季(51元 28季) 卽位 - 2季 韓紀 9208(辛卯)載
- ▲ 1565+4344= 卽位 - 1季 倍達 紀元 5908(辛卯)載
- ▲ 2096+2248= 檀紀 4344(辛卯)季

한배달 단군기원

- ▲ **한인시대** 상원태시갑자 원년, 한인 원년부터 3301년간은 18원+1갑년간이다.
- ▲ **배달시대** 중원갑자 원년, 배달 원년부터 1565년간은 곧 8원+2갑+5년간이다. (즉위 - 1년)
- ▲ **단군시대** 하원갑자의 무진년 단군 원년부터 2096년간은 11원+1갑+56년간이다. (즉위 - 1년)
- ▲ 4국 + 남북국 + 후삼국 + 고려 + 근세조선 + 대한제국 + 주권피탈 + 광복 이후 지금까지 2248년간은 12원 + 1갑 + 28년간이다.

- ▲ 한배달 + 단군 + 사국 + 남북국 + 후삼국 + 고려 + 근세조선 + 피침 + 대한(남북 분렬) = 9208년간은 51원 + 28년간이다.
- ▲ 즉위 - 2년 한기 9208(신묘)년
- ▲ 즉위 - 1년 배달 5908(신묘)년
- ▲ 즉위 - 1년 단기 4344(신묘)년

[東國茶事] 序詩 一

玄妙道 風流, 上元甲子

尹庚爀 詩

東方十二初韓**國**　聖祖桓仁安治**德**
博格天山下博湖　擔烏魯木林庫**克**
上元甲子始元季　五十二元傳不**滅**
涂水千秋塔里田　雄熊鮮水軌邦**或**

七言律 **職**韻⇒ 國德克減或

동국차사 서시 1

현묘도 풍류, 상원갑자

윤경혁(4285. 서원1932~) 시

동방 열 두 ᄒᆞᆫ나라를
성조 ᄒᆞᆫ인 덕으로 다스려 백성 편안케 하시니
ᄇᆞᆰ따 텬산 아래 ᄇᆞᆰ으락 호수요
오르목재 등에 진 들판과 고르극
상원갑자 원년(9208년 전)에 시작하시니
52원 갑(1원=180년)을 거스르지 않고 전하시다
홍수 천년 탑리 우전이며
ᄒᆞᆫ웅 곱네 仙水선수 동을 ᄒᆞᆫ나라로 하시다.

[東國茶事] 序詩 二

玄妙道 風流, 中元甲子

中元甲子元秊**迭**　九域圓方弘益**哲**
二十六元治大雄　神壇樹下熊女**結**
戊辰命帝立檀君　千里鄲畿阿始**達**
四海眞蕃領九韓　甸南般亳導分**轄**

七言律 **屑 曷**韻⇒ 迭哲結 · 達轄

동국차사 서시 2

현묘도 풍류, 중원갑자

중원갑자 원년(5908년 전)에 更迭경질되시니
9역 강토 圓方원방을 붉히신 홍익인간으로
26원 갑에 혼웅님 비롯하여
신단 나무 아래서 곱네 할머님과 맺으시다.
무진년에 천명으로 단군(선임금)이 즉위하시니
천리 邯鄲京畿혼단경기를 으시땅(으ᄉᆞ돌)이라 했다
온 구대륙 진번 九韓구혼을 다스리다
경기 남조에 은나라 붉땅을 나누어 이끄시다.

[東國茶事] 序詩 三

玄妙道 風流, 下元戊辰韓𩏑甲釖

史前傳事書軌**釖**　　夷祖神農食經**曰**
茶茗久生益意思　　夫妻舜夏治流**渤**
韓𩏑南北歷千秌　　大小貊夷九疇**發**
殷亳起湯始制文　　東方共用甲咊**骨**

七言律 **曷月**韻⇒ 釖曰渤發, 骨

동국차사 서시 3

현묘도 풍류, 하원무진 ᄒᆞᆫᄒᆞᆫ겁글

기록 이전사를 ᄒᆞᆫ글로 쓰시니
九夷祖上구이조상이신 신농 식경에 갈하시되
茶는 오래 살게 하며 의사에 유익하다 했다
부릇당군 순임금 하우께서 ᄇᆞᆰ해 흐름 다스리시다.
韓𩏑ᄒᆞᆫᄒᆞᆫ 남북 천년 지나
대소 맥이 홍범구주 펴시고
은나라 ᄇᆞᆰ터의 탕왕 처음 글 지으시니
동방이 함께 쓰는 겁뼈글(甲骨文)이라.

[東國茶事] 序詩 四

玄妙道 風流, 茗荈檟茶 被掠中原

西起武王侵犯巳　　爾雅茗荈檟茶說
詩經數記似飴荼　　愼解檟注直加切
許后持茶種洛卭　　高新濟洛殘書契
元孫被掠歷中原　　莿羽善王履惱蠶

七言律 屑韻⇒ 巳說切契蠶

동국차사 서시 4

현묘도 풍류, 명천가도 중원을 빼앗김

서이족 무왕이 일어나 천명 어겨 침략하니
『이아』에 가도—명천— 설하고
『시경』에 몇 기록 '도'는 엿과 같다 했고
허신[1] 『설문해자』 주에 치가절 '차'라 했다.
허황후[2] 茶 종자 지녀 락동강 언덕에 심으시고
고구려 신라 백제 가락이 글로 써서 남겼으나
원손이 침략 당한 중원의 력사요
륙우[3] 이전 선덕왕[4]은 뇌를 씻은 履歷리력이라 했다.

---

1) **許愼** 후한(後漢) 초기의 학자. 字는 숙종(叔重). 『설문해자』 14편과 『五經異義』를 지었다.
2) **許皇后** 본명 허황옥(33~89). 가락 김수로왕의 비.
3) **陸羽** 唐나라 사람. 字는 鴻漸 季疵, 自號 桑苧翁. 茶를 매우 즐겨 『茶經』 3편을 지었다.
4) **善德王** 新羅 第27代 王(재위 632~646).

목 차

大韓茶文化資料集成
대훈차문화자료집성

001 [爾雅] 秦漢間的字書(約公元前二世紀), 茶字彙典

東晉郭璞注(四世紀前期). 北宋邢昺等疏. 淸邵晉涵正義. 淸郝懿行義疏(十九世紀前期).

이아 진한간의 자서(약 서기전 2세기)이다. 茶자의 전거 모음

동진 곽박[5] 주(4세기 전기). 북송 형병[6] 등의 풀이(1001). 청 소진함[7]의 정의(1785). 청 학의행[8]이 풀이했다(19세기 전기).

▲ 釋艸 第十三 荼, 苦菜.

13항 釋艸에 荼도는 쓴 나물이다.

▲ 釋木 第十四 檟, 苦荼.

14항 釋木에 檟가는 쓴 씀바귀이다.

▌郭璞 註

樹小如梔子. 冬生葉, 可煮作羹歙. 今呼早採者爲'荼', 晩取者爲'茗'. 一名'荈'. 蜀人名之'苦荼'.

곽박의 주 나무는 작아서 치자와 같다. 겨울에 잎이 살아서 삶아 국으로 마실 수 있다. 지금에 부르기는 일찍 딴 것을 '荼도', 늦게 딴 것을 '茗명', 달리 '荈천'이라고 한다. 촉인은 이름을 '苦荼고도(쓴 씀바귀)'라 한다.

▌邢昺 疏

檟, 苦荼. 釋曰 檟, 一名苦荼. 郭云 樹小如梔子. 冬生葉 可煮作羹歙. 今呼早采者爲'荼', 晩取者爲'茗', 一名'荈', 蜀人名之'苦荼'.

형병의 풀이 '檟가는 苦荼고도'이다. 해석하기를 '檟가는 일명 苦荼고도'이다. 곽박이 이르기를 나무가 작아서 치자와 같다. 겨울에 잎이 살아서 삶아 국으로 마실 수 있다. 지금에 부르기를 일찍 딴 것을 '荼도', 늦게 딴 것을 '茗명', 달리 '荈천', 촉인은 이름을 '苦荼고도(쓴 씀바귀)'라 한다.

▌邵晉涵 正義

檟, 一名苦荼. 釋文云 荼, 埤蒼 作梌. 今蜀人以作歙. 音 '直加反', 茗之類. 案, 晏子萅秋 有茗菜之文. 然無以定其爲卽今茗歙. 漢人有陽羨買茶之語, 則西漢已尙茗歙. 三國志 韋曜傳 曜初見禮異, 密賜茶荈以當酒. 自此以後, 爭以茗歙相尙矣. (註) 樹小至苦荼. ○正義, 今茶樹小者一二尺, 大者至數丈. 葉似梔子, 南方采葉作歙. 以萅采者爲良. 釋文云 荈, 梌, 茗, 其實一也. 張揖雜字云 荈, 茗之別名也.

---

5) **郭璞** 276~324. 동진(東晉)의 문신. 字는 경순(景純). 元帝 때 著作佐郎을 지냄. 『爾雅』註, 『山海經』註 『楚辭』註 등을 지음.

6) **邢昺** 宋 濟陰 사람으로 字는 叔明. 『孝經』『論語』『爾雅』 등의 義疏를 교정했다. 太宗 때 金部郎中, 眞宗 初에 翰林侍講學士를 거쳐 禮部尙書에 이르렀다.

7) **邵晉涵** 淸 餘姚 사람으로 字는 與桐, 二雲. 號는 南江. 『爾雅正義』『孟子述義』『穀梁古注』 등을 지음. 纂修官을 거쳐 후에 侍讀學士에 이르렀다.

8) **郝懿行** 淸 나라 중기의 학자. 字는 순구(恂九), 號는 란고(蘭皐). 官界에서의 출세를 단념하고 학문에 專心하였는데, 주로 天然現象 연구에 흥미를 가졌으며, 史學과 地理學에 조예가 깊었다. 『山海經箋疏』 『爾雅義疏』 등을 지음.

소진함의 정의 檟가는 苦茶고도이다. 해석한 글에 이르기를 茶차, 『비창』에는 槎차라 했다. 오늘날 촉(사천성 서남)인은 마실 거리로 만든다. 直加反치가반 음은 '차'로 茗명의 종류다. 『안자춘추』에 茗菜명채의 글이 있다. 그러나 그것을 곧 지금의 마시는 茗명이라 확정할 수는 없다. 한인들은 '양선의 茶를 산다'는 말이 있는데, 곧 서한에서는 이미 일찍부터 茗명을 마셨다. 『삼국지』「위요전」에 '위요가 초대면에 례를 달리 했으니, 혹 茶荈차천을 술 대신하여 은밀히 하사한다' 했다. 이로부터 다투어 茶 마시기를 서로 숭상했다. (주)에 '나무는 작고 지극히 쓴 씀바귀이다.' ○정의하면, 지금의 茶나무는 작은 것이 1·2척이고, 큰 것은 몇 길에 이른다. 잎이 치자와 같은데 남방에서는 잎을 채취하여 음료로 만든다. 봄에 딴 것은 우량품이 된다. 해석한 글에 이르기를 荈천, 槎차, 茗명은 실은 한가지다. 장읍의 『잡자』에 이르기를 '荈천은 茗명의 별명'이라 했다.

▌郝懿行 義疏

釋文, 檟與榎同. 茶, 埤蒼作'槎'. 今蜀人以作飮. 音直加反. 茗之類. 按, 今茶字古作'荼'. 故陶注 本草 苦菜云 疑此卽是今茗, 一名荼. 又令人不睡, 亦淩冬不凋. 此說非是. 蘇軾詩云 '周詩記苦荼 茗飮出近世' 又似因陶注而誤也. 郭云樹小似梔子. 今茶樹高或數丈, 小乃數尺. 其葉都似梔子. 南中人說, 萅初早採者佳. 郭以早采爲'荼', 晩取爲'茗'. 陸璣詩疏云 椒, 蜀人作'荼', 吳人作'茗'. 樗, 吳人以其葉爲'茗'. 是皆以茗與荼異. 爾雅 釋文云 荈, 茶, 茗其實一也. 故 茶經云 其名有五. 一茶, 二檟, 三蔎, 四茗, 五荈. 則茗荼亦通名耳. 茶經又引, 凡將篇有荈詫. 是知茗飮起於漢世. 王褒僮約 亦有'武陽買荼'之語. 吳志韋曜傳云 曜初見禮異. 或密賜茶荈以當酒. 茗事見史始此. 而雲谷雜紀, 引晏子萅秋雜下篇云 食脫粟之食, 炙三弋五卯茗菜. 困學紀聞集證八云 今本'茗'作'苔', 考御覽八百六十七引作'茗菜'. 載入茗事中, 知今作'苔'誤. 據此, '茗'又起於漢以前矣. 又諸書說'茶'處, 其字仍作'荼'. 至唐陸羽著『茶經』 始減一畫作'茶'. 今則知'茶', 不復知'荼'矣.

학의행의 뜻풀이 釋文에 檟가와 榎가는 같다. 茶차를 『비창』에는 槎차라 썼다. 오늘날 촉인이 음료로 한다. 음은 치가반直加反(차)으로 茗명의 종류다. 지금의 茶자를 상고컨대 옛적에는 荼도로 썼다. 그러므로 도홍경(456~536)이 주석한 『신농본초』「苦荼고도」에 이르기를 '아마 이것이 곧 지금의 茗명으로, 일명 荼도이다. 또한 사람으로 하여금 잠이 오지 않게 하는데 겨울을 견디어 시들지 않는다.' 이 설명은 옳지 않다. 소식의 시에도 이르기를 '시경에 苦荼고도라 기록했으나 茗飮명음은 근세에 출현'이라 했으니, 또한 도홍경의 『신농본초』 주에 기인함은 오류이다. 곽박이 이르기를 '나무는 작아 치자와 같다. 지금의 茶나무는 높이가 혹 몇 길이고, 작으면 곧 몇 척이다. 그 잎이 치자와 같다. 남중인의 설명에 봄에 일찍 딴 것이 좋다' 했다. 곽박은 일찍 딴 것을 荼차, 늦게 딴 것을 茗명이라 했다. 륙기[9]의 시 풀이에 이르기를 '椒초를 촉인은 荼차라 하고 오인은 茗명이라 하고, 樗저를 오인은 그 잎을 茗명이라 한

9) **陸璣(륙기)** 260~303. 西晉의 문인으로 字는 士衡, 강소성 吳縣 출생. 修辭에 중점을 두고 미사여구와 對句의 기교를 살려 륙조 시대의 화려한 시풍의 선구자가 되었다.

다.' 이는 다 茗명과 荼도가 다름이다. 『이아』를 해석한 글에 이르기를 '荈천 茶차 茗명'은 그 실은 한가지라. 고로 『茶經차경』에 이르기를 그 이름이 다섯이 있으니, 첫째 荼도 둘째 檟가 셋째 蔎설 넷째 茗명 다섯째 荈천이다. 곧 茗茶명차 또한 통하는 이름일 뿐이다.

『茶經차경』에 또한 인용하기를 『범장편』에 荈詫천타가 있다. 이는 茶 마시기가 漢世한세에 기인함이다. 왕포의 「동약」 또한 '무양에서 荼도를 산다'라는 말이 있다. 『오지위요전』에 이르기를 '위요가 초대면에 례를 달리 했으니, 혹 荼荈도천을 술을 대신하여 은밀히 하사한다' 했다. 茗事명사의 역사적 발견은 이에서 비롯되었다. 『운곡잡기』에 『안자춘추』 「잡하편」을 인용하여 이르기를 '매조미 쌀밥에 구이 세 꼬치와 다섯 가지 봄나물에 茶나물을 먹었다.'했다. 『곤학기문집증』의 8장에 이르기를 '오늘날의 책에 茗명을 苔태라 했다는데, 『태평어람』 867의 인용을 상고하면 茗菜명채라 했다. 茗事명사 중에 넣어 실었는데, 지금에 苔태라고 앎이 오류이다. 이에 의거하면, 茗명은 또한 漢한 이전에 홍기했음을 알게 한다. 또 여러 책에 쓰인 茶處차처의 설명에, 그 글자가 거듭 荼도로 쓰였다. 당 륙우가 지은 『차경』에 비로소 1획을 감하여 茶로 했다. 지금의 곧 茶임을 알 수 있어서, 다시는 荼도로 알지 않게 되었다.

▌康熙字典 茶字 註

集韻 直加切. 正韻 鋤加切. 竝垞平聲. 廣韻 俗槎字茖藏葉可以爲歛. 韻會 茗也本作荼或作槎今作茶. 陸羽茶經 一曰茶, 二曰檟, 三曰蔎, 四曰茗, 五曰荈. 博物志 歛眞茶 令人少眠. 本草山茶註 其葉類茗故得茶名. 又茶陵地名, 前漢地理志 長沙國茶陵, 正字通引魏了翁集曰 茶之始其字爲荼, 如茖秋齊荼漢志荼陵之類陸安諸人 雖已轉入茶音. 未嘗輒改字文 惟陸羽盧仝以後 則遂易荼爲茶. 其字从艸从人从木. ○按 漢書年表荼陵 師古註荼音塗 地理志荼陵从人从木, 師古註弋奢反. 又音丈加反, 則漢時已有荼茶兩字非. 至陸羽後 始易荼爲茶也.

『강희자전』 茶자의 주해 『집운』에는 直加切치가절. 『정운』에는 鋤加切서가절, 아울러 '차'로 평성이다. 『광운』에 흔히 槎차는 봄에 잎을 저장했다가 마실 수 있다. 『운회』에는 茗명이다. 본자는 荼도 혹 槎차로도 쓰는데, 지금은 茶로 쓴다. 륙우의 『차경』에 첫째 茶 둘째 檟가 셋째 蔎설 넷째 茗명 다섯째 荈천이라 했다. 『박물지』에는 眞茶진차를 마시면 사람으로 하여금 잠을 적게 한다 했다.

『본초』의 산다 주석에는 그 잎이 茗類명류이기 때문에 茶라 이름한다. 또한 茶陵야릉이란 지명인데, 『전한지리지』의 장사국 茶陵야릉은 『정자통』의 위료옹집을 인용하여 이르기를, 茶는 처음은 그 글자를 荼도라 했는데 춘추시대의 제나라 『야한지』에 荼陵야릉의 종류로 륙안의 여러 사람이 비록 이미 茶의 음을 전입했으나 일찍부터 번번이 字文자문을 바꾸지 아니했다. 오직 륙우와 로동 이후에 마침내 荼도를 바꾸어 茶로 했다. 그 글자는 艸초의 뜻, 人인의 뜻, 木목의 뜻(회의)이다. (역주 이 또한 자형 구성 원칙에 어긋난다.)

『한서년표』 荼陵야릉을 상고하면 안사고(584~648)가 주해하기를 '荼의 음은 塗도'라 했다. 지리지의 荼陵야릉은 人인의 뜻, 木목의 뜻인데, 안사고 주해 弋奢反익사반이다. '또한 음이 丈加反장가반으로 곧 한나라 때 이미 荼도 茶야 두 글자가 있었다'고 하나 잘못이다. 륙우에 이른 뒤에 비로소 荼를 바꾸어 茶로 썼다.

002 [三國遺事] 卷第二「駕洛國記」紀異 第二

(上略) 首露王 駕洛 建國(西曆 42). 王之十七代孫 賡世級干, 祗稟𦊅旨, 主掌厥田. 每歲時釀醪, 醴, 設以餅, 飯, 茶, 菓, 庶羞等奠, 秊秊不墜. 其祭日不失居登王之所定秊內五日也. 芬苾孝祀, 於是乎在於我. 自居登王卽位己卯秊置便房, 降及, 仇衡𦊅末, 三百三十載之中, 享廟禮曲(典), 永無違者, 其乃仇衡失位去國, 逮龍朔元秊辛酉, 六十秊之閒, 享是廟禮, 或闕如也. (下略)

삼국유사 권제2「가락국기」기이 제2

(상략) 수로왕 가락 건국(서력 42년). 수로왕의 17대손 갱세급간은 조정의 명을 받들어 그 제전을 주관하였다. 매년 명절마다 술과 단술을 만들고 떡과 밥, 茶와 과자 등 많은 제물로써 제사지내기를 매년 빠뜨리지 않았다. 그리고 그 제사날도 거등왕10)이 정한 매년 다섯 날(정월 3일·7일, 5월 5일, 8월 5일·15일)을 바꾸지 않았다. 그리하여 그 향기로운 제사11)는 그제야 우리(駕洛國 後孫?)에게 맡겨졌다. 거등왕이 즉위한 기묘년(199)에 편방12)을 두고부터 내려와 구형왕13) 말기에 이르기까지 330년 동안 묘의 제사는 영구히 변함이 없으나, 구형왕이 왕위를 잃고 나라를 떠난 후부터 룡삭14)원년 신유(661)에 이르기까지의 60년 사이에는 이 묘의 제사가 간혹 빠뜨려지기도 했던 것이다. (하략)

003 [𦊅鮮佛敎通史] 茶之傳來說 — 李能和(1869~1943) 撰

'수로왕이 허황후 맞아 왕비로 삼다(西紀 48). 茶 종자를 가져왔다는 설.'

004 [說文解字] 荼茗 字解 — 許愼(100) 撰

'茶'字로 '荼'字를 풀이했다. 곧 '荼는 苦荼이다. 艸는 뜻, 소리는 余이다.' '茗은 茶芽이다. 뜻은 艸, 소리는 名이다'로 集義집의.

005 [三國遺事] 茶聯關佛敎傳來(編註)

백제 불교전래. 마라난타 靈光령광 '佛岬寺불갑사', 羅州라주 '佛會寺불회사(384)' 創建창건.

006 [三國遺事] 茶聯關佛敎傳來(編註)

新羅신라 佛法불법을 행하다(528).

---

10) **居登王** 가락국 제2대 왕(재위199~259). 수로왕과 허황후의 아들이다.
11) **芬苾** 향기로운, 효성스러운 제사.『詩經』「小雅 楚茨篇」.
12) **便房** 正殿이 아닌 휴식하는 居室.
13) **仇衡王** 駕洛國 최후의 제10대 왕, 父는 鉗知王, 母는 出忠角干의 딸인 淑. 521년에 즉위, 재위 42년 만인 562년에 新羅에 항복함. 妃는 分叱水開叱의 딸 桂花로 世宗角干, 茂力角閒, 茂待角干의 세 아들을 낳았다.『三國史記』『三國遺事』.
14) **龍朔** 唐 高宗의 秊號로 661년~663년에 사용.

007 [玉篇] 顧野王(543) 撰 茶茗荈音(編註)

"艸部에 '荈'은 尺兗切척연절(천)로 茶葉의 老者로자, '茗'은 冥頂切명정절(명)로 茗荈, '荼'는 杜胡切두호절(도)로 苦葉(쓴 잎)……"이라 했다.

008 [日本書記] (540~571) 茶茗荈日本交迭傳播(編註)

백제에 다녀온 승려에게 欽命王흠명왕이 茶를 내렸다는 기사.

009 [三國史記] 卷第十 興德王 新羅本紀 第十 大廉茶子持來(編註)

興德王立, 諱秀宗後改爲景徽. 憲德王同母弟也. (中略) 三季冬十二月, 遣使入唐 朝貢, 文宗召對于麟德殿, 宴賜有差. 入唐廻使大廉持茶種子來, 王使植地理山. 茶自善德王有之, 至於此盛焉. (下略)

삼국사기 권제10 흥덕왕 신라본기 제10 대렴이 茶 종자를 가져오다(편주)

흥덕왕[15]이 즉위했다. 휘는 수종인데 후에 개명하여 경휘라 했다. 헌덕왕[16]의 친복동생이다. (중략) 3년(828) 겨울 12월에 사신(대렴)을 당에 보내어 조공하니, 당 문종[17]이 린덕전으로 소대[18]하여 잔치를 베풀었는데 차등이 있었다. 唐에서 돌아오는 사신 **大廉**대렴[19]이 茶의 종자를 가지고 오니, 왕이 智異山지리산에 심게 하였다. 茶는 선덕왕 때부터 있었으나 이때에 이르러 성하였다. (하략)

010 [三國遺事] 卷第三 臺山五萬眞身(塔像 第四 648 前後)

(上略) 二太子到山中, 青蓮忽開地上, 兄太子結庵而止住, 是曰 寶川庵. 向東北行六百餘步, 北臺南麓亦有青蓮開處, 弟太子孝明, 又結庵而止, 各懃修業. (中略) 二公每汲洞中水, 煎茶獻供, 至夜各庵修道. (中略) 又修眞五十季, 忉利天神, 三時聽法, 淨居天衆, 煎茶供獻, 四十聖騰空十尺, 常時護衛, 所持錫杖, 一日三時作聲, 遶房三匝, 用此爲鐘, 磬 隨時修業. (下略)

삼국유사 권제3 대산 오만진신(탑상 제4 서기 648년 전후)

(상략) 두 태자가 산중에 이르매 청련이 홀연히 땅위에 피므로 형 태자가 암자를 짓고 머물러 사니 이를 보천암이라 했다. 동북쪽을 향하여 6백여 보를 가서 북대의 남쪽 산기슭에 역시 청련이 핀 곳이 있으므로, 아우 효명태자가 또 암자를 짓고 머물러 각기 정성껏 업

15) **興德王** 新羅 第42代 王(在位 826~835).
16) **憲德王** 新羅 第41代 王(在位 809~825).
17) **文宗** 唐 第14代 帝(在位 826~840).
18) **召對** 召命하여 入對시킴.
19) **大廉** 興德王 때 韓臣. 3년(828)에 唐에 사신으로 다녀 옴.

을 닦았다. (중략) 두 태자는 매양 골짜기 물을 길어다가 茶를 달여 공양하고 밤이 되면 각기 암자에서 도를 닦았다. (중략) 또 50년 동안 도를 닦으니 도리천[20]의 신이 삼시[21]로 법을 듣고, 정거천[22]의 무리가 茶를 달여 바치고, 40 성인이 10척 상공을 날아 늘 호위하였고, 가졌던 지팡이는 날마다 삼시로 소리를 내며 방을 세 번씩 돌아다녔으므로, 이를 鐘磬종경으로 삼아 수시로 수업하였다. (하략)

011 [三國遺事] 卷第三 溟洲(古河西府也) 五臺山寶叱徒太子傳記(塔像 第四 648前後)

新羅淨神太子寶叱徒, 與弟孝明太子, 到河西府世獻角干家一宿. 翌日踰大嶺, 各領一千人到省烏坪, 累日游翫, 太和元季八月五日, 兄弟同隱入五臺山. 徒中侍衛等, 推覓不得, 竝皆還國. 兄太子見中臺南下, 眞如院墈下山末靑蓮開, 其地結草庵而居. 弟孝明見北臺南山末靑蓮開, 亦結草庵而居. (中略) 眞如院地文殊大聖, 每日寅朝化現三十六形. (三十六形, 見臺山五萬眞身傳.) 兩太子竝禮拜, 每日早朝, 汲于洞水, 煎茶供養一萬眞身文殊. (下略)

삼국유사 권제3 명주(옛 하서부) 오대산 보질도태자전기(탑상 제4648년 전후)

신라 정신태자 보질도는 아우 효명태자와 더불어 하서부 세헌각간의 집에 이르러 하룻밤을 잤다. 그 이튿날 큰 고개를 넘어 각기 1천 명을 거느리고 성오평에 이르러 여러 날 놀다가 태화[23]원년(648) 8월 5일에 형제가 함께 오대산으로 숨어들어 갔다. 그 무리들 중 시위자들은 태자 형제를 찾지 못하고 모두 함께 서울로 돌아갔다. 형 태자는 오대산 중대 남쪽 밑 진여원 터 아래 산기슭에 푸른 련꽃이 핀 것을 보고 그 곳에 초암을 짓고 살았다. 아우 효명은 북대의 남쪽 산 끝에 푸른 련꽃이 핀 것을 보고 또한 초암을 짓고 살았다. (중략) 진여원에는 문수보살이 날마다 이른 아침[24]에 36형[25]으로 화하여 나타났다. 두 태자는 함께 례배하고 날마다 이른 아침에 골짜기의 물을 길어다 茶를 달여 1만 진신의 문수보살에게 공양했다. (하략)

012 [舊唐書] 茶聯關百濟除(編註)

羅唐聯合軍에 依해서 百濟 50餘 郡 中 2/3 滅亡, 1/3 絶息(660~663), 倭로 民族大移住. 라·당 련합군에 의해서 전 고려 멸망(668), 발해복국으로 중고구려—신라의 南北國 時代 到來.

---

20) **忉利天** 梵語 'Trayastrimsa'의 音譯. 欲界 6天의 第2天. 南贍部洲의 위 8萬由旬 되는 須彌山 꼭대기에 위치함. 그 중앙에 帝釋天이 있고 또 그 사방에 각기 8天이 있어 모두 33天이라 함.

21) **三時** 불교에서는 正法時, 像法時, 末法時를 말하고, 농사짓는 데 중요한 봄, 여름, 가을과 아침, 낮, 밤을 말하기도 한다.

22) **淨居天** 梵語 'Suddhavasa–deva'의 譯語. 色界의 第四禪天, 不還果를 증득한 성인이 태어나는 하늘로 無煩天, 無熱天, 善現天, 善見天, 色究竟天의 五淨居天을 이른다.

23) **太和** 태화년대는 誤記이며, 太和는 新羅 眞德女王의 年號로 서기 647~650년까지를 이른다.

24) **寅朝** 오전 3시~5시 사이의 아침, 즉 寅時를 말한다.

25) **36形**은 오대산 5萬 眞身傳에 보인다.

013 [三國史記] 茶聯關元曉 入寂(編註)

大乘淨土 實踐한 元曉(元曉房 茶事傳記) 佗界(686).

014 [三國史記] 第四十六 烈傳第六 薛聰

薛聰字聰智, 祖談捺奈痲, 父元曉. 初爲桑門, 掩該佛書, 旣而返本, 自號小性居士. (中略) 神文大王 以仲夏之月, 處高明之室, 顧謂聰曰 今日宿雨初歇, 薰風微涼. 雖有珍饌哀音, 不如高談善謔以舒伊鬱. 吾子必有異聞, 盍爲我陳之. 聰曰 唯, 臣聞昔花王之始來也, 植之以香園, 護之以翠幕. 當三萶而發艶, 凌百花而獨出. 於是, 自邇至遐, 艶艶之靈, 夭夭之英, 無不奔走上謁, 唯恐不及. 忽有一佳人, 朱顔玉齒, 鮮粧靚服, 伶俜而來綽約而前曰 妾履雪白之沙汀, 對鏡淸之海, 而沐萶雨以去垢, 快淸風而自適, 其名曰薔薇. 聞王之令德, 期薦枕於香帷, 王其容我乎. 又有一丈夫, 布衣韋帶, 戴白持杖, 龍鍾而步, 傴僂而來曰 僕在京城之外, 居大道之旁, 下臨蒼茫之野景, 上倚嵯峨之山色, 其名曰白頭翁. 竊謂左右供給雖足, 膏粱以充腸, 茶酒以淸神, 巾衍儲藏, 須有良藥以補氣, 惡石以蠲毒. 故曰 雖有絲痲無棄菅蒯, 凡百君子, 無不代匱, 不識王亦有意乎. 或曰 二者之來, 何取何捨. 花王曰 丈夫之言, 亦有道理, 而佳人難得將如之何. 丈夫進而言曰 吾謂王聰明識理義, 故來焉耳, 今則非也. 凡爲君者, 鮮不親近邪佞, 疏遠正直是以, 孟軻不遇以終身, 馮唐郞潛而皓首. 自古如此, 吾其奈何. 花王曰 吾過矣吾過矣. 於是, 王愀然作色曰 子之寓言, 誠有深志. 請書之以謂王者之戒. 遂擢聰以高秩.

삼국사기 제46 렬전 제6 설총

설총[26]의 자는 총지이며 조부는 내마 담날, 부는 원효이다. 원효는 처음에 상문[27]이 되어 불서에 해박하였으나 얼마 후에 환속하여 스스로 소성거사라고 불렀다. (중략) 신문대왕[28]이 중하에 높고 밝은 집에 거처하며 설총을 돌아보고 이르기를 "오늘에야 숙우[29]가 처음으로 개고 훈훈한 바람이 조금 서늘하도다. 비록 맛있는 음식과 애절한 음곡이 있더라도 고상한 담론과 능란한 해학으로 답답한 마음을 푸는 것만 같지 못할 것이다. 그대(吾子)는 반드시 기이하게 들은 바 있을진대, 어찌 나를 위해서 말해 주지 않겠소?" 했다. 설총이 아뢰기를

---

26) **薛聰** 新羅 景德王 때의 학자. 자는 聰智, 호는 氷月堂. 慶州薛氏의 시조로 元曉大師의 아들. 어머니는 瑤石公主, 新羅十賢의 한 사람. 어려서부터 유달리 총명하여 經史에 통달하였고 吏讀를 집대성했다. 高麗 顯宗 13년(1022)에 弘儒侯로 추봉되다.『三國史記』「增補文獻備考」.

27) **桑門** 불교용어. 범어 sramana의 譯語로 佛徒, 중, 沙門을 일컫는다.

28) **神文大王** 新羅 第31代 王. 在位 681~691. 諱 日炤, 文武王의 맏아들, 683년 金欽運의 딸을 王妃로 삼고 安勝을 蘇判으로 삼아 金姓을 하사하였다. 문화의 융흥을 도모하여 薛聰, 强首 등 대학자 배출, 新羅의 전성시대를 이루었다.

29) **宿雨** 장맛비. 霖雨. 간밤부터 계속하여 내리는 비.

"네! 신이 듣건대 옛적에 화왕[30]이 처음 이 세상에 왔는데, 그것을 향기로운 동산에 심고 푸른 휘장으로 둘러 보호했습니다. 봄철이 이르매 아리따운 꽃이 피어 모든 꽃을 능가하여 홀로 빼어났습니다. 이에 가까운 데서부터 먼 데까지 아리땁고 요요한 꽃들이 분주하게 화왕을 찾아뵈오며 오직 이르지 못할까 두려워했습니다. 홀연히 한 가인이 붉은 얼굴과 옥 같은 치아에 곱게 화장하고 깨끗하게 옷을 입고 갸우뚱거리며 얌전히 앞으로 와서 이르기를 '첩은 눈같이 하얀 모래톱을 밟고 거울같이 맑은 바다를 마주 대하여 봄비에 목욕하고 때를 씻었으며, 맑은 바람을 상쾌하게 쐬면서 스스로 즐기는데 그 이름은 장미라 하옵니다. 왕의 아름다운 덕을 듣고 향기로운 휘장 속에서 천침[31]하기 바라오니, 왕께서는 저를 용납하시겠습니까?' 했습니다. 또 어떤 장부가 베옷에 가죽 띠를 두르고 흰 머리에 지팡이를 짚고 늙고 병든 모양[32]으로 걸으며 허리를 구부리고 와서 이르기를 '저는 서울(京都) 밖의 대도에 사는데, 아래로는 푸르고 넓은 들의 경광이 임했고 위로는 높고 험한 산을 의지했는데, 그 이름은 백두옹(할미꽃)이라 합니다. 가만히 생각건대 좌우의 봉록이 넉넉하여 고량진미로써 배를 채우고, 茶와 술로써 정신을 맑히더라도 상자에는 모름지기 원기를 도울 량약과 독을 제거할 惡藥(악약; 독약)도 있어야 하겠나이다. 그러므로 '비록 사마가 있더라도 관괴를 버리지 않는다'[33] 했으며, '모든 군자는 모자람에 대비하지 않음이 없다'고 했으니, 왕께서는 이러한 뜻이 있는지 모르겠나이다' 했답니다. 어떤 이는 말하기를 '두 사람이 왔는데 누구를 취하고 누구를 버리겠습니까?' 하니 화왕이 이르기를 '장부의 말도 또한 도리가 있으나 가인을 얻기 어려우니 어찌 하겠소' 했습니다. 장부가 나아가 말하기를 '저는 왕께서 총명하여 사리를 아는 줄로 생각하였기 때문에 왔더니 지금에 이르러서는 그렇지 않습니다. 대저 임금 된 자는 간사하고 아첨하는 자를 물리치지 못하고 정직한 사람을 멀리했기에, 맹가[34]는 불우하게 일생을 마쳤고, 풍당[35]과 랑잠[36]은 랑서(官名)에서 물러나 백수가 되었습니다. 예로부터 이러하니 저인들 어찌 하겠습니까' 하니 화왕이 이르기를 '내가 잘못이다! 내가 잘못이다!' 라고 하였습니다." 이에 왕이 초연히 얼굴빛을 고치고 이르기를 "그대

---

30) **花王** 꽃 중의 王이란 뜻으로 牧丹을 가리킨다.

31) **薦枕** 侍枕. 임금을 모시고 잠.

32) **龍鍾** 늙고 병든 모양.

33) **雖有絲麻無棄菅蒯** 『左傳』 成公九季條에 사마(絲麻)와 관괴(菅蒯)는 신을 삼는 데 사용한다고 하였다. 사마는 명주실과 삼실로 精細하고 아름다운 물건에, 관괴는 띠풀과 기름새로 새끼를 꼬는 풀로 추솔(麤率)하고 천한 물건에 비유하였다. 轉意하여 아름다운 물건이 있더라도 천한 물건을 버려서는 아니됨을 이른다.

34) **孟子** 맹자(기원전 372~289)는 공자의 사상을 이어 발전시킨 유학자이다. 전국 시대 鄒나라 사람으로 이름은 軻이고, 자는 子輿 또는 子車이다. 어릴 때부터 공자를 숭배하고, 공자의 사상을 발전시켜 유교를 후세에 전하는 데 큰 영향을 끼쳤다.

35) **馮唐** 漢의 安陵 사람으로 文帝(재위 BC 179~157)때 中郎署長이 되었다. 그때에 匈奴가 변방을 노략질하므로 上이 廉과 頗 李牧 같은 良將이 없겠느냐 물으니, 馮이 漢나라의 법은 대단히 엄하여 賞은 가벼이 하고 罰은 무겁게 내리므로 將士들이 盡力하지 않는 所以가 여기에 있다 하고 아울러 雲中太守 魏尙의 官爵을 억울하게 삭탈한 것도 진언하니, 文帝가 기쁘게 여기며 특별히 馮을 持節使로 임명, 위상을 용서해 주도록 했다. 武帝 때 賢良으로 천거되었으나, 그때 나이가 九十이 넘어서 다시 벼슬살이를 할 수가 없기 때문에 그 아들 遂를 郎官에 임명했다. 『史記 102』「前漢書 50」.

36) **郎潛** 漢나라 都尉 안사(顔駟)가 문(文), 경(景), 무(武)의 삼대(三代)에 벼슬하였으나 불우(不遇)하여 끝내 랑서(郎署)에서 늙었음을 이르는 말로 沈倫不遇의 뜻.

의 우언(은연중에 비유)은 진실로 깊은 뜻이 있도다. 이것을 써서 왕자의 거울로 경계하기 바라노라" 하고 드디어 설총을 높은 벼슬자리에 발탁, 기용하였다.

015 [三國遺事] 卷第五 月明師兜率歌 感通第七

景德王十九秊. 庚子四月朔 二日. 竝現, 挾(浹)旬不滅. 日官奏 請緣僧, 作楲花功德則可禳. 於是潔壇於𦒭元殿, 駕幸靑陽樓, 望緣僧. 時有月明師, 行于阡陌(時)之南路. 王使召之, 命開壇作啓. 明奏云 臣僧但屬於國仙之徒, 只解鄕歌, 不閑聲梵. 王曰 旣卜緣僧, 雖用鄕歌可也. 明乃作兜率歌賦之. 其詞曰 今日此矣楲花唱良, 巴寶白乎隱花良汝隱, 直等隱心音矣命叱使以惡只, 彌勒座主陪立羅良. 解曰 龍樓此日楲花歌, 挑送靑雲一片花. 殷重直心之所使, 遠邀兜率大僊家. 今俗謂此爲楲花歌, 誤矣. 宜云兜率歌. 別有楲花歌, 文多不載. 旣而日怪卽滅. 王嘉之, 賜品茶一襲, 水精念珠百八箇. (下略)

삼국유사 권제5 월명사 도솔가 감통 제7

경덕왕[37] 19년 경자(760) 4월 초하루에 해가 둘이 나란히 나타나서 열흘 동안이나 사라지지 않았다. 일관이 아뢰기를 "인연 있는 승을 청해서 꽃 뿌리는 공덕[38]을 지으면 재앙을 물리칠 수 있을 것입니다" 하였다. 이에 조원전에 단을 깨끗이 만들고 임금이 청양루에 행차하여 인연 있는 승을 기다렸다. 그 때 월명사[39]가 밭두둑의 남쪽 길[40]을 가고 있었다. 왕은 사람을 보내어 그를 불러서 단을 열고 기도문을 짓게 했다. 월명사가 아뢰기를 "빈도는 그저 국선(화랑)의 무리에 속해 있으므로 향가만 알 뿐이오며 범성[41]에는 익숙하지 못합니다" 하였다. 왕이 말하기를 "이미 인연 있는 승으로 뽑혔으니 향가라도 좋소" 하였다. 월명사는 이에 도솔가[42]를 지어 바쳤는데, 그 가사는 '오늘 이에 산화가[43]를 불러, 뿌린 꽃아 너는 곧은 마음의 명령을 부림이니, 미륵좌주를 모셔라.' 풀이하면 '룡루[44]에서 오늘 산화가를 불러, 청운에 한 조각 꽃을 뿌려 보낸다. 은근하고 정중한 곧은 마음이 시킴이니, 멀리 도솔천의 부처님[45]을 맞이하라'이다. 지금 세간에서는 이것을 산화가라고 하나 잘못

---

37) **景德王** 新羅 第35代 王, 在位 742~765. 諱는 憲英, 老成王의 친동생이다. 孝成王이 자식이 없이 죽자 왕위를 계승했다. 관직을 唐制로 개편하는 한편, 唐나라 제반 문화의 수입으로 新羅 文化 황금시대를 이루었고, 불교 중흥에도 힘써 星龍寺의 鐘을 주조하고 掘佛寺, 佛國寺 등의 절을 세웠다. 『三國遺事』.

38) **楲花功德** 부처님에게 꽃을 뿌려 공양하는 것으로 功德을 쌓는 일.

39) **月明師** 新羅 景德王 때의 승려. 760년 4월에 해가 둘이 나타나 열흘이 지나도록 사라지지 아니하자 景德王의 부탁으로 '兜率歌'를 지어 변을 해결했다 하며, 죽은 누이를 위해 '祭亡妹歌'를 지어 그 영혼을 위로했다 한다. 또 피리를 잘 불어 고요한 달밤이면 문 앞 큰 길에 나와서 불렀는데, 달마저 그 소리에 가기를 멈추어 그 길을 '月明里'라 했다고 전한다.

40) **阡陌** 밭 사이의 길. 남북으로 난 것을 천(阡), 동서로 난 것을 맥(陌)이라 한다.

41) **聲梵** 梵聲의 倒置로 佛·菩薩의 음성이나 經 읽는 소리를 이른다.

42) **兜率歌** 月明師가 지은 鄕歌. 景德王 19년(760) 4월에 해가 둘이 나타나 사라지지 않으므로 왕이 그를 불러 이 노래를 지어 부르게 하자 異變이 없어졌다 한다.

43) **楲花歌** 楲花功德을 노래한 것이다.

44) **龍樓** 궁중의 루각으로, 樓上에 銅龍이 있으므로 이름. 여기에서는 𦒭元殿, 靑陽樓를 가리킨다.

이다. 마땅히 도솔가라고 해야 할 것이다. 산화가는 달리 있는데 그 글이 번거로워 신지 않는다. 조금 후에 일식이 즉시 사라졌다. 왕은 이것을 가상히 여겨 茶 일습과 수정 념주 108개를 하사하였다. (하략)

016 [三國遺事] 卷第二 景德王 忠談師(紀異 第二)

德經等, 大王備禮受之. 王御國二十四季, 五嶽三山神等, 時或現侍於殿庭. 三月三日, 王御歸正門樓上, 謂左右曰 誰能途中得一員榮服僧來 於是適有一大德, 威儀鮮潔, 徜徉而行. 左右望而引見之. 王曰 吾所謂榮僧也. 退之. 更有一僧, 被衲衣, 負櫻筒(一作荷簣), 從南而來, 王喜見之, 邀致樓上. 視其筒中, 盛茶具已. 曰 汝爲誰耶. 僧曰 忠談. 曰 何所歸來. 僧曰 僧每重三重九之日, 烹茶饗南山三花嶺, 彌勒世尊. 今茲旣獻而還矣. 王曰 寡人亦一甌茶有分乎. 僧乃煎茶獻之, 茶之氣味異常, 甌中異香郁烈. 王曰 朕嘗聞師讚耆婆郎詞腦歌, 其意甚高, 是其果乎. 對曰 然. 王曰 然則爲朕作理安民歌. 僧應時奉勅歌呈之. 王佳之, 封王師焉, 僧再拜固辭不受. (下略)

삼국유사 권제2 경덕왕(743~765) 충담사[46](기이 제2)

당나라에서 도덕경[47] 등을 보내니 대왕이 례를 갖추어 그것을 받았다. 왕이 나라를 다스린 지 24년(765)에 오악[48] 삼산[49] 신들이 간혹 나타나서 대궐 뜰에서 왕을 모시었다. 3월 3일에 왕은 귀정문의 루 위에 나가서 좌우에게 말하기를 "누가 도중에서 영복승[50] 한 사람을 데리고 올 수 있겠소?" 하였다. 이때 마침 모습이 깨끗한 고승이 이리 저리 거닐면서 지나갔다. 좌우 신하가 바라보고 그를 데리고 와서 뵈었다. 왕이 말하기를 "내가 말하는 위의 있는 승이 아니다" 라며 그를 물리쳤다. 다시 한 승이 납의[51]를 입고 앵통을 걸머지고(혹은 삼태기를 걸머졌다 함) 남쪽에서 오는지라, 왕은 기뻐하면서 그를 보더니 루 위로 맞아 들였다. 그 앵통 속을 보니 茶具만 담겨 있었다. 왕은 물었다. "그대는 누구요?" "소승은 충담이라 합니다." "어디서 오시오?" "소승은 매양 3월 3일과 9월 9일[52]이면 茶를 달여서 남산 삼화령의 미륵세존[53]께 바칩니다. 오늘도 獻茶하고 오는 길입니다." "나에게도 또

---

45) **兜率大僊** 兜率天에 계시는 彌勒菩薩. 大僊(仙)은 부처님을 일컬으며, 도를 닦아 長生을 구하는 사람을 신선이라 하니 부처님은 신선 가운데 가장 높다는 뜻으로 大僊이라 이른다.

46) **忠談師** 新羅 景德王 때의 승려로 鄕歌에 능했다. 景德王의 부름을 받고 歸正門 樓閣에서 왕을 뵙고 重三, 重九日에 彌勒世尊에게 올리던 茶를 왕에게 올렸으며, 왕명을 받아 安民歌를 지었다. 『三國遺事』.

47) **道德經**(譯註, 本名은 德道經) 老子가 亂世를 피하여 函谷關에 이르렀을 때, 尹喜가 道를 물으매 德道經 五千言을 적어 준 책.

48) **五嶽** 다섯 명산, 곧 東嶽의 吐含山, 南嶽의 地理山(智異山), 西嶽의 鷄龍山, 北嶽의 太伯山, 中嶽의 父嶽을 이름. 『三國遺事』(李丙燾 譯注).

49) **三山** 奈歷(今慶州), 骨火(今永川), 穴禮(今淸道). 『三國遺事』(李丙燾 譯注).

50) **榮服僧** 威儀 있는 승려.

51) **衲衣** 빛이 검은 승려의 옷, 衲은 깁는다는 의미로 사람들이 버린 여러 가지 낡은 헝겊을 주워 모아 누덕누덕 꿰매어 만든 옷을 이른다.

52) **重三重九之日** 3월 3일과 9월 9일. 세시풍속에 액을 막는 祭儀가 있는 날.

한 茶 한 사발 주겠소?” 승은 이에 茶를 달여서 왕에게 드렸는데 茶의 맛이 기이하고 그 사발 안에서 이상한 향기가 풍기었다. 왕은 말했다. “내 들으니, 대사의 기파랑(화랑의 이름)을 찬미한 사뇌가[54]는 그 뜻이 매우 높다 하니 과연 그러하오?” “그렇습니다.” “그렇다면 나를 위하여 백성을 다스려 편안히 할 노래[55]를 지어 주오.” 승은 즉시 칙명을 받들어 노래를 지어 바치었다. 왕이 그를 아름답게 여겨 왕사로 봉하니, 승은 두 번 절하고 굳이 사양하며 받지 않았다. (하략)

Δ17 [介翁茶史] 茶之名産篇 (刊序 : 康熙 6, 1667, 1675, 1728, 1803)

仙人茶 : 洞庭中西盡處有仙人茶, 乃樹上之苔蘚也. 四皓曾採以爲茶.

空梗茶 : 九華山有空梗茶, 是金地藏所植, 大抵煙霞雲霧之中, 氣常温潤. 與地所植 味自不同. 山屬池州青陽. 原名九子山, 因李白謂九峯似蓮花, 乃更爲九華山. 金地藏新羅國僧, 唐至德閒, 渡海居九華, 乃植此茶. 季九十九, 坐化函中. 後三載開視, 顏色如生與之, 骨節俱動.

穆陀樹茶 : …… (中略, 下同).

聖陽花, 驚雷莢, 萱草帶, 紫茸香, 玉泉仙掌, 綠華, 紫英, 霜華, 丹丘大茗, 六班茶, 龍坡仙子, 蜜雲龍, 黃蘖茶, 小菁茶, 森伯茶, 清人樹茶, 皐盧, 茗池源茶, ……. <解釋 略>

「茶之分産 - 江南」 宜興紫筍, 陽羨茶卽羅介……. 黃芽……. 陽坡茶, 橫紋茶……. 先菁, 早菁, 華英, 來泉, 勝金……. 天柱茶……. 小峴菁……. 青陽茶……. 鴉山茶……. 余山茶……. 禪智寺茶……. 顧渚紫筍, 吳興苧, 白蘋茶, 明月峽茶……. 雲葩……. 御荈……. 寶雲茶, 香林茶, 白雲茶……. 鳩坑茶……. 方山茶……. 日鑄茶……. 台州茶……. 寧海茶……. 東白茶, 舉巖茶, 碧乳……. 建州茶…….

北苑焆茶之精者其名有龍鳳, 石乳, 滴乳, 白頭, 金蠟面, 頭骨, 次骨, 末骨, 粗骨, 京挺十二等. 以充國用 其尤精者曰 白乳, 頭金, 蠟面. 北苑名白乳, 頭江, 左號金蠟面. 李氏命取 其乳作片別其名曰 金挺, 的乳, 或號京挺, 滴乳 凡二十餘品.

石乳……. 妍膏茶……. 龍焆天品……. 蜜雲龍……. 瑞雲翔龍, 勝雪, 氷芽……. 玉蟬膏, 清風使……. 紫琳腴……. 方山露芽……. 石巖白……. 粟粒芽……. 鳳山雷芽……. 石坑, 增坑, 雪坑, 佛嶺, 沙溪, 壑源, 葉源……. 桃花茶, 青鳳髓, 紫霞英……. 上清峯茶……. 霧鋑芽, 籛芽, 露芽, 石花, 小方, 槭茶……. 五花茶, 雲芽……. 仙崖

---

53) **彌勒世尊** 菩薩의 이름, 南天竺 波羅門의 아들, 釋尊의 化導를 받고 미래에 부처가 될 授記를 받은 후 兜率天에 올라가 그 곳에서 모든 중생을 勸導한다는 보살, 釋尊이 入滅한 후 56억 7천만 년을 지나 다시 이 세상에 출현하여 華林園 龍華樹 아래서 正覺을 이루고 중생을 제도한다 함.

54) **詞腦歌** 鄕歌의 異稱으로 新羅 歌謠를 지칭한다. 詞腦는 ‘ᄉᆡᄂᆡ’ ‘ᄉᆡᄂᆡ’의 借音으로 ᄉᆡ · ᄉᆡ는 東, ᄂᆡ는 지방의 뜻. 『國史大事典』 「李弘植編」.

55) **安民歌** 신라 景德王 때 충담사가 지은 향가.

石花……. 雀舌, 鳥嘴, 麥顆, 片甲, 蟬翼, 冬芽……. 松嶺茶……. 寶化, 白馬, 涪陵……. 騎火茶……. 神泉, 獸目, 小團, 綠昌明……. 薄片……. 香雨, 眞香……. 火井, 思安……. 納溪, 梅嶺……. 烏茶……. 碧澗, 芳蘂, 明月簝, 茱萸簝……. 壓塼茶……. 楠木, 大柘枕……. 灉湖含膏茶, 黃翎毛……. 大小巴陵, 開勝, 開捲, 小捲……. 蘄門團黃……. 獨行靈草, 鐵色茶, 綠芽, 片金, 金茗……. 武昌山茶……. 龍泉茶……. 都濡, 高株……. 雙上, 綠芽, 大方, 小方……. 寶慶茶……. 白露茶, 鶴嶺茶, 雙井, 白芽……. 雲居茶……. 玉津……. 綠英, 金片, 界橋茶……. 泥片……. 德化茶……. 焦坑茶……. 仙芝, 嫩蕊, 福合, 祿合, 運合, 慶合, 指合……. 瑯琊山茶……. 蒙山茶……. 白雲巖茶……. 東首, 淺山, 薄側……. 廣西茶……. 羅艾茶……. 龍山茶……. 郁茗山茶……. 感通茶……. 灣甸茶……. 貴陽茶……. 新添茶……. 平越茶……. 欒茶又名南茶…….

<解釋 略>

譯註 : 이상에 열거된 茶 이름은 중원(속칭 중국)과 우리가 彼我 의식 없이 공동으로 인식하고 쓰던 이름들이다.

「茶之近品」 虎丘……. 天池……. 陽羨……. 龍井……. 天目……. 六安……. 松蘿茶……. 英山茶, 霍山茶……. 潛山茶…….

<解釋 略>

개옹茶史 茶의 명산편

'仙人茶' 동정 중 서진에 仙人茶가 있으니 나무 위의 태선이다. 사호[56]가 일찍이 채취하여 茶로 하였다.

'空梗茶' 구화산에 空梗茶가 있으니 이는 김지장이 심은 바, 대체로 연하와 운무가 끼어 있고 기상이 온윤하다. 이 땅에 심은 바 茶맛이 자생한 것과 같지 않았다. 산은 지주 청양현에 속한다. 원명은 구자산인데 리백이 '구봉이 련꽃과 같다'고 이른 까닭에 곧 바꿔 구화산이라 했다. 김지장은 신라국의 승인데, 당 지덕년간(756~757)에 도해하여 구화에 살며 이 茶를 심었다. 나이 구십구에 함중에 앉아 입적하였다. 3년 후에 함을 열고 보니 안색이 산 사람과 같이 뼈마디가 모두 움직였다.

譯註 공경차는 신라승 김지장(696~794)이 안휘성 청양현에 심은 동방명차의 사실상 효시이다. 김지장은 첫 생불로 현존한다. 1167년조 『구화산록』 周必大 撰(南宋 1167) 중에 '구화산 화성사에 이르러 … 금지장탑을 알현하니 … 조영 스님이 탑원에 독거하였다. 토산차를 권했는데 맛이 북원茶와 같았다' 했다.

56) **四皓** 秦나라 말기에 세상의 어지러움을 피하여 陝西省 商山에 은둔한 네 명의 로인. 동원공(東園公), 기리계(綺里季), 하황공(夏黃公), 록리선생(甪里先生). 수미(鬚眉)가 새하야므로 호(皓)라고 하였다. 商山四皓.

018 [金地藏詩] 七言律詩 送童子下山

空門寂寞汝思**家**　禮別雲房下九**華**
愛向竹欄騎竹馬　懶於金地聚金**沙**
添瓶澗底休招月　烹茗甌中罷弄**化**
好去不須頻下淚　老僧相伴有煙**霞**

七言律 麻韻⇒家華沙化霞

김지장 시 절을 떠나 하산하는 동자를 보냄 — 김지장(696~794)

적막한 공문에서 고향 집 그리던 네가
운방을 례별하고 구화산을 내려가려나
고향[57] 그리울 젠 죽란의 죽마 달리며
금지에서 금사 취하기엔 게을렀지.
병에 찻물 긷다 간저에 달 불러 쉬게 하고
사발에 茶 달이다 변화 즐기더니
좋을 데로 가려니와 자주 눈물 흘리기 마련
로승도 서로 짝하여 연하와 있느니라.

譯註 실상 南北國 時代 最初의 新體 茶 律詩이다.

019 [東文選] 第四十七卷 狀・謝探請料錢狀 — 崔致遠

某啓某頃者西笑傾懷, 南音著操,蓬飛萬里, 迷玉京之要路通津, 桂折一名作金牓之懸疣附贅, 乃是常常之事, 徒云遠遠而來, 海隅未覺於榮家, 江徼況勞於佐邑. (中略) 然而煙波阻絶, 難申負米之心, 風雨淒涼, 空灑梁山之泣, 旣疏溫凊, 又闕旨甘, 但切責躬, 敢言養志. 況久無鄕使, 難附家書, 唯吟陟岵之詩, 莫遇渡溟之信, 今有本國使船過海, 某欲買茶藥寄附家信, 伏緣蹄涔易竭, 溝壑難盈, 不避嚴誅, 更陳窮懇. (下略)

동문선 제47권 장・사탐청료전장 — 최치원(857~?)

모는 아뢰니다. 지난날에 서소[58]가 회로를 기울이고 남음[59]이 곡조에 나타나며, 쑥대 잎이 만 리를 날고 옥경의 요로와 통진이 희미하고, 계지를 꺾는 한 이름은 금방의 혹과 무사

---

57) **向(향)** 시골, 고향(鄕).

58) **西笑** 桓譚의 「新論」에 '사람이 長安이 즐겁다는 말을 들으면 문에 나아가 서쪽으로 향하고 웃는다' 하였다.

59) **南音** 『呂氏䓿秋』 音初에 "禹임금이 南土를 순행하는데, 塗山氏의 딸이 그 누이를 시켜 두 임금을 塗山의 남쪽에서 기다리게 하고 자기는 노래를 지어 불렀는데, 그 노래에 '사람을 기다린다(候人兮校)'라 하였는데, 실로 南音의 시작이다" 하였고, 주에 '남음은 남방 國風의 소리다' 하였다.

마귀 같은 존재이니, 바로 이것이 茶飯事일진대 한갓 멀리 왔을 뿐이며, 海隅해우라 집안에 영화가 되는 것도 깨닫지 못하고 강변에서 고을 일을 보좌하는 데 지쳤습니다. (중략) 그러나 아득한 바다가 막히고 끊겨 부미60)의 뜻을 이루기 어렵고, 비바람이 처량하여 속절없이 량산의 눈물을 뿌리며 이미 온청61)에 생소하고 또 봉양마저 못하니, 다만 제 몸을 책할 뿐인데 감히 뜻을 받든다고 말하리까. 하물며 오래도록 고향 사신 없어 집으로 보낼 편지 부치기 어려우며, 오직 『척호』62) 시 읊으며 바다를 건너가는 신편을 만나지 못하던 차에, 지금 본국의 사신 배가 바다를 지나가기에 모는 茶와 약을 사서 가신을 부쳐 보내고자 하는데, 말발굽 자국의 고인 물은 마르기 쉽고63) 계곡은 가득 채우기가 어렵기 때문에 엄하신 꾸지람을 회피하지 않고 다시 궁한 사정을 아룁니다. (하략)

020 [東文選] 第四十七卷 狀·謝新茶狀 — 崔致遠

右某今日中軍使兪公楚奉傳處分, 送前件茶芽者. 伏以蜀岡養秀, 隋苑騰芳, 始興採擷之功, 方就精華之味, 所宜烹綠乳於金鼎, 汎香膏於玉甌, 若非靜揖禪翁, 卽是閑邀羽客, 豈期仙貺, 猥及凡儒, 不假梅林, 自能愈渴, 免求萱草, 始得忘憂. 下情無任感恩惶懼激切之至.

동문선 제47권 장·신차를 사례하는 글 — 최치원(857~?)

모는 아룁니다. 오늘 중군사 유공초가 처분을 받들어 전달하고 전건의 작설차(茶芽)를 보내왔습니다. 엎드려 생각하건대, 촉산에서 빼어난 기운을 받았고 수원에서 꽃다움을 날렸으며, 비로소 채힐(제조)의 공력을 가하여 바야흐로 정화의 맛을 갖추어 록유를 금정에 달이고 향고를 옥구에 띄워 마땅한 바이니, 만약 고요한 선옹(禪師)을 대하지 않는다면 바로 한가한 우객(神仙)을 맞아야 할 것이거늘, 뜻밖에 훌륭한 선물이 외람되이 범상한 선비에게 미치니, 매림64)을 빌려오지 아니해도 절로 능히 갈증이 그치고, 훤초65)를 구하지 아니해도 비로소 근심을 잊게 되었습니다. 하정에 은혜를 느끼어 황공하고 감격함을 이기지 못하옵니다.

---

60) **負米** 家語 致思에 '子路가 공자를 뵙고 하는 말이 由가 량친을 섬길 때는 항상 려뢰(藜藿)의 열매만 먹기 때문에 어버이를 위하여 백리 밖에 가서 쌀을 짊어지고 왔다' 했다.

61) **溫淸** 겨울에 따뜻하게 하고 여름에 서늘하게 하다.

62) **陟岵** 孝子가 부모를 사모하는 詩. 『詩經』「魏風 陟岵篇」에 '저 민둥산에 올라가 어버이를 바라본다. 陟彼岵兮 瞻望父兮.'

63) **蹄涔易竭** 소나 말의 발자국 안에 담긴 물. 『淮南子』에 '소 발자국의 물에는 전유가 살 수 없다(牛蹄之涔無尺之鯉)' 하였고, 그 주에 '蹄涔은 작은 물이요, 尺之鯉(鱣魚)는 큰 고기이다' 하였다.

64) **梅林** "曹操가 張繡에게 패전하여 달아나는데, 부하 군사가 목이 말라서 견디지 못하므로, 조조는 군사들에게 말하기를 '이 산을 넘어가면 梅林이 있다' 하니, 군사들이 梅實을 생각하자 입에 침이 돌아 어려움을 면했다" 하였다. 『三國志』.

65) **萱草** 원추리의 별칭으로 忘憂草. 『本草綱目』「萱草」 조문에 '새 속잎을 따서 나물을 만들어 먹으면 풍기가 일어나 취한 것 같이 되어 모든 근심을 잊게 되었다. 그래서 忘憂草라 한다' 하였다.

021 [高麗史] 卷第二 世家 太祖

(上略) 太祖十四季 秋八月癸丑, 遣甫尹善規等, 遺羅王鞍馬, 綾羅, 綵錦, 幷賜百官綵帛, 軍民茶幞頭, 僧尼茶香, 有差. (下略)

고려사 권제2 세가 태조

(상략) 태조(재위 877~943) 14년(931) 추8월 계축에 보윤, 선규 등을 보내어 羅王라왕에게 안마, 릉라, 채금을 선사하고 아울러 백관에게는 채백을, 군민에게는 茶와 복두[66]를, 승니에게는 茶와 香을 각기 차등 있게 하사하였다. (하략)

022 [高麗史節要] 卷之二 成宗文懿大王

成宗元季 六月, 上時務二十八條中, (中略) 竊聞聖上, 爲設功德齋, 或親碾茶, 或親磨麥, 臣愚深惜聖體之勤勞也. 此弊 始於光宗, 崇信讒邪, 多殺無辜, 惑於浮屠果報之說, 欲除罪業, 浚民膏血, 多作佛事. 或設毗盧遮那懺悔法, 或齋僧於毬庭, 或設無遮水陸會於歸法寺, 每値佛齋日, 必供乞食僧, 或以內道場餠果, 出施丐者, (中略) 願聖上正君王之體, 不爲無益之事.

고려사절요 권2 성종문의대왕

성종 원년(982) 6월 시무 28조 중 (중략) 듣건대, 성상께서 공덕재를 설치하여 혹은 친히 茶를 맷돌에 갈기도 하고 혹은 친히 보리도 간다 하오니, 신은 성체의 근로하심을 깊이 애석하게 여깁니다. 이 폐단은 광종(950~975) 때부터 시작되었으니, 참소와 간사함을 믿어 죄 없는 사람을 많이 죽이고 불교의 인과응보설에 미혹되어 죄업을 제거하고자 백성의 고혈을 짜내어 불사를 많이 베풀었습니다. 비로자나의 참회법을 설치하기도 하고 승을 구정에 모아 공양하기도 하며, 귀법사에 무차수륙회를 설치하여 매양 부처에게 재를 올리는 날이 되면 반드시 걸식하는 승에게 밥을 먹이고 내도장의 떡과 과일을 걸인에게 내어 주기도 하며 (중략) 원하건대 성상께서는 군왕의 체통을 바로잡아 무익한 일을 하지 마옵소서.

023 [高麗史] 卷第六十四 志 卷第十八 禮六 凶禮 諸臣喪(賜賻儀)

(上略) 成宗六季三月, 內史令崔知夢卒(高麗史 92再), 王聞訃震悼, 賻布千匹, 米三百石, 麥二百石, 茶二百角, 香二百斤, 官庀葬事. 贈太子太傅, 謚敏休. 八季五月, 守侍中崔承老卒(續東文選再), 王慟悼, 下敎褒其勳德, 贈太師, 賻布千匹, 麪三百石, 粳米五百石, 乳香百斤, 腦原茶二百角, 大茶十斤. 十四季四月, 平章事崔亮卒, 王 慟悼, 贈太子太師, 賻米三百石, 麥二百石, 腦原茶千角, 以禮葬

66) **幞頭** 과거에 급제한 사람이 홍패(紅牌 합격증)를 받을 때 쓰던 관. 사모와 비슷하나 턱이 지지 않고 각이 졌으며 위가 평평하다. 신라 때 당나라에서 수입하여 사용하였고, 고려 때에는 송나라와 같이 다리가 있는 것을 사용하였다.

之, 諡匡彬. 穆宗元季七月, 內史令徐熙卒, 賻布千匹, 麰麥三百石米五百石, 腦原茶二百角, 大茶十斤, 梅香三百兩, 諡章威, 以禮葬之. 七季六月, 侍中韓彦恭卒, 賻米五百石, 麰麥三百石, 平布八百匹, 中布四百匹, 茶二百角, 贈內史令, 諡貞信, 以禮葬之. (下略)

고려사 권제64 지 권제18 례6 흉례 제신상(부의품 하사)

(상략) 성종 6년(987) 3월에 내사령 최지몽이 졸하매 왕이 부음을 듣고 진도[67]하여 포 1천 필과 미 3백 석, 맥 2백 석, 茶 2백 각, 향 2백 근을 부의하고, 명하여 관에서 장사를 치르게 하였으며 태자태부를 증하고 민휴라 諡시하였다. 8년(989) 5월에 수시중 최승로가 졸하매 왕이 통도하고 하교하여 그 훈덕을 기리게 하고 태사를 증하고 포 1천 필, 면 3백 석, 갱미 5백 석, 유향백근, 腦原茶 2백 각, 大茶 10근을 부의하였다. 14년(995) 4월에 평장사 최량이 졸하매 왕이 통도하고 태자태사를 증하고 미 3백 석, 맥 2백 석, 腦原茶 천 각을 부의하고 례로써 이를 장사지내게 하고 광빈이라 諡시하였다. 목종 원년(998) 7월에 내사령 서희가 졸하매 포 1천 필, 모맥 3백 석, 미 5백 석, 腦原茶 2백 각, 大茶 10근, 전향 3백 량을 부의하고 장위라 諡시하여 례로써 이를 장사케 하였다. 7년(1004) 6월에 시중 한언공이 졸하매 미 5백 석, 모맥 3백 석, 평포 8백 필, 중포 4백 필, 茶 2백 각을 부의하고 내사령을 추증, 정신이라 諡시하고 례를 갖추어 장사케 하였다. (하략)

024 [高麗史] 卷第九十二 列傳 卷第五 諸臣 崔知夢

初名聰進, 南海靈巖郡人, 元甫相昕之子. (中略) 六季 知夢疾病, 成宗命醫賜藥, 親臨問疾, 以馬二匹, 施歸法, 海安二寺, 飯僧三千以禱, 凡可以已疾者, 靡所不爲, 卒季八十一. 訃聞震悼, 賻布千匹, 米三百碩, 麥二百碩, 茶二百角, 香二十斤, 官庀葬事, 贈太子太傅, 諡敏休, 加贈太師. 十三季, 配享景宗廟庭. 子玄同, 懷遠.

고려사 권제92 렬전 권제5 제신 최지몽(907~987)

최지몽의 처음 이름은 총진이라 하였고 남해 영암군인 원보 최상흔의 아들이다. (중략) 성종 6년(987)에 최지몽이 병을 앓게 되니 성종이 의원에게 명하여 약을 하사하고 친히 거둥하여 문병하였다. 말 2필을 귀법사, 해안사에 보시하고 승 3천을 공양하여 기도하게 하고, 무릇 병을 고칠 수 있는 방법은 무엇이든지 다 하였으나 졸하니 나이 81세였다. 부음이 들리니 진도하여 부의로 포 1천 필, 미 3백 석, 맥 2백 석, 茶 2백 각, 향 20근을 내리고 관에서 장사를 치르게 하였다. 태자태부를 증하고 민휴라 諡시하였으며 태사를 가증하였다. 성종 13년에 경종 묘정에 배향하였다. 아들은 최현동과 최회원이다.

---

67) **震悼** 임금이 신하의 죽음을 애도(哀悼)함.

025 [高麗史] 卷第七十五 選擧三 志 卷第二十九 銓注

凡選法, 成宗八季四月, 始令京官六品以下, 四考加資, 五品以上, 必取旨, 以爲常式. (中略) 成衆官 選補之法, 曰內侍院, 曰茶房, 曰司楯, 曰司衣, 曰司彝, 其始置歲月, 不可考. 明宗十六季, 重房武臣, 請兼屬內侍, 茶房, 則其選猶爲榮矣. 恭讓王二季十月, 吏曹啓, 內侍, 茶房, 出入禁闥, 其任匪輕, 以無定額, 規避軍役者, 爭相充補, 纔及數月, 便歸鄕里, 不供徭役, 動至數百, 乞擇儀狀端正者百人充之, 分左右番, 番各五十人, 從之. 三季四月, 吏曹又啓曰 內侍, 茶房, 司楯, 司衣, 司彝等, 成衆阿幕, 備宿衛近侍之任, 不可不擇. (下略)

고려사 권제75 선거3 지 권제29 전주[68]

무릇 선법은 성종 8년(989) 4월 중에 비로소 경관6품 이하는 네 번 고과하여 가자하고 5품 이상은 반드시 왕지를 취하여 하도록 함을 상식으로 삼았다. (중략) 성중관 선보의 법은 내시원, 茶房, 사순, 사의, 사이 등이라 하였는데, 그 처음 설치한 년대는 가히 상고할 수 없다. 명종 16년 중방 무신들이 내시, 茶房에 겸속시켜 줄 것을 청하였는데 그에 선발되는 것을 오히려 영화로 삼았다.

공양왕 2년 10월에 리조가 계하기를 "내시, 茶房은 금달에 출입하므로 그 직임이 가볍지 않은데, 정원이 없어 군역 기피를 꾀하는 자가 다투어 서로 보임에 충당되었다가 겨우 수 개월이 되면 문득 향리에 돌아가서 요역을 하지 않음이 자칫하면 수백에 이르니, 빌건대 의용이 단정한 자 백 명을 가려 이에 충당하여 좌우 번으로 나누고 번마다 각각 50인으로 하소서" 라고 하니 이를 청종하였다. 3년 4월에 리조가 또 계하기를 "내시, 茶房, 사순, 사의, 사이 등 성중아막[69] 숙위와 근시의 직임에 대비하는 것이므로 가히 가리지 않을 수 없습니다" 하였다. (하략)

026 [高麗史] 卷第93 列傳 卷第六 諸臣 崔承老

慶州人, 父殷含, 仕新羅至元甫, 久無嗣, 禱而生承老 性聰敏好學, 善屬文. 季十二, (中略) 竊聞聖上, 爲設功德齋, 或親碾茶, 或親磨麥, 臣愚深惜聖體之勤勞也.

고려사 권제93 렬전 권제6 제신 최승로(927~989)

최승로는 경주 사람이니 부친 최은함은 신라에서 벼슬하여 원보에 이르렀다. 그는 오래도록 아들이 없다가 기도를 드리고 최승로를 낳았다. 최승로는 성질이 총명하고 민첩하며 학문을 즐겨하고 글을 잘 지었다. 열두 살 때 (중략) "성상께서 공덕재를 설치하여 혹은 친히 茶를 맷돌에 갈기도 하고 혹은 친히 보리도 간다 하오니, 신은 성체의 근로하심을 깊이 애석하게 여깁니다" 했다.

---

68) **銓注** 인물을 전형하여 적소(適所)에 배정함.

69) **成衆阿幕** 成衆受馬와 같은 말로 宿衛와 內侍를 말한다.

027 [高麗史] 卷第三 世家 卷第三 成宗

(上略) 成宗九季 冬十月甲子, 幸西都, 敎曰 虞舜巡泰嶽之季, 諸侯麕至, 唐皇幸洛陽之日, 四海咸蘇. 是以, 遐開展義之風, 大擧省方之禮. 緬徵古例, 屬在時行. 朕纂御靈圖, 思崇寶業, 自卽眞於南面, 十換炎涼, 未展禮於西巡, 再思行邁, 遵祖先之軌, 順時令之宜, 親省關河, 歷觀黎庶, 農桑豐稔, 人物阜寧. 其沿路縣吏州司田夫野老, 懽呼路左, 拜舞駕前, 競陳執贄之儀, 共表來蘇之意, 是穹蒼之所佑, 非沖眇之敢當. 合施大賚之仁, 俾慶中興之運. 扈從臣僚, 及西京等諸州郡, 見禁囚徒, 十惡外, 絞罪以下, 竝令出獄, 平壤府, 開, 平, 黃, 洞, 安, 鳳, 信, 白, 貞, 鹽, 海等州, 牛峯, 兎山, 遂安, 土山, 十谷, 俠谿, 江陰, 德水, 臨津, 瓮津, 咸從, 軍嶽等縣, 及安城等十一驛, 賜稻穀九千三百七十五石, 西京入流, 季八十以上者, 優賞各有差, 三品以上, 公服一襲, 五品以上, 彩二匹, 幞頭二枚, 茶一十角, 九品以上, 綵一匹, 幞頭一枚, 茶五角, 入流以上, 母妻季八十者, 三品以上, 布一十四匹, 茶二斤, 五品以上, 布一十匹, 茶一斤, 九品以上, 布六匹, 茶二角, 庶人男女百歲以上者, 令京官四品存問其家, 兼賜布二十匹, 稻穀一十石, 九十以上, 布四匹, 稻穀二石, 八十以上, 及篤疾者, 布三匹, 稻穀二石, 隨駕軍人, 有父母季八十者, 許先赴東京問安. 於戲, 乾坤覆載, 遐覃不宰之恩, 日月運行, 宛放無私之照, 適當在車駕之經歷, 固合垂雨露之霑滋.

고려사 권제3 세가 권제3 성종

(상략) 성종 9년(990) 겨울 10월 22일에 서도에 행차하여 교하기를 "순임금이 泰山태산을 巡狩순수하던 해에 제후가 많이 모였고 당나라 황제가 락양에 행차하던 날에 사해가 다 蘇生소생하였다. 이러므로 멀리 전의70)의 풍을 열고 크게 순수의 례를 거행하는 것이다. 멀리 고례71)를 상고하니 마침 시순 함직하다. 짐이 령도72)를 계승하여 보업을 높이려 하였으나 즉위한 이래로 10년의 세월이 지나도록 아직 서순의 례를 행하지 못하여 거듭 巡幸순행코자 하다가 조선의 先例선례를 좇고 시령의 便宜편의를 따라 친히 관하를 살펴보고 두루 백성들을 돌아보니 농상이 풍임하고 인물이 富寧부녕하도다. 연로의 현리, 주사와 전부, 야로들이 로좌에 환호하고 가전에서 배무하며 다투어 집지73)의 의례를 베풀고 함께 래소74)의 뜻을

70) **展義** 德義를 宣布함.『左氏 莊公』27傳에 '天子 非展義 不巡守' 라 하였다.

71) **緬徵古例** 멀리 古例를 詳考한다는 말인데, 古例라고 함은『太祖 十訓要』中 第五에 보이는 '朕賴三韓山川陰佑以成大業 西京 水德調順 爲我國地脉之根本 大業萬代之地 宜當四仲巡駐 留過百日 以致安寧'이라 함을 말함인 듯하다.

72) **靈圖** 天子의 位. 王融의「三月三日 曲水詩」序에 "秉靈圖而非泰 涉孟門其何險", 注에 '向日靈圖 天子位也' 라 하였다.

73) **執贄** 臣下와 弟子가 君主나 師傅를 뵐 때 幣帛을 바치고 敬意를 表하는 일.『儀禮』「士相見禮」에 '見十君 執贄至下 容彌蹙'라 하였고,『禮記』「檀弓下」에 "魯人有周禮也者 哀公執贄請見之 而曰不可" 라 보인다.

표하니 이것은 하늘이 도운 바요, 과인이 감히 당할 바 아니로다. 마땅히 큰 은혜를 베풀어 중흥의 운을 慶駕경가하게 함직하도다.

호종한 신료 및 서경 등 여러 주, 군에 현재 禁錮금고되어 있는 囚徒수도로서 십악[75] 이외 교죄 이하는 모두 출옥시키고, 평양부와 개, 평, 황, 동, 안, 봉, 신, 백, 정, 염, 해 등 州주와 우봉, 토산, 수안, 토산, 십곡, 협계, 강음, 덕수, 림진, 옹진, 함종, 군악 등 縣현과 안성 등 11驛역에 도곡 9,375석을 하사하고, 서경에 품관으로 나이 80 이상자는 각기 차등 있게 우상하되 3품 이상에게는 공복 1습을, 5품 이상에게는 채 2필과 복두 2매와 茶 10각을, 9품 이상에게는 채 1필과 복두 1매와 茶 5각을, 품관 이상의 모와 처로서 나이 80인 자 3품 이상에게는 포 14필과 茶 2근을, 5품 이상에게는 포 10필과 茶 1근을, 9품 이상에게는 포 6필과 茶 2각을, 서인 남녀로 100세 이상 된 자는 경관 4품으로 하여금 그 집에 존문하게 하고 겸하여 포 20필과 도곡 10석을, 90세 이상은 포 4필과 도곡 2석을, 80세 이상과 독질자는 포 3필과 도곡 2석을 하사하고, 수가군인으로 부모의 나이 80된 자가 있으면 먼저 동경에 나아가 문안하도록 하라.

"아아! 건곤이 부재하매 멀리 부재의 은[76]을 미치게 하고, 일월이 운행하매 완연히 무사의 빛을 발하나니 마땅히 거가가 지나는 곳에는 진실로 우로의 혜택을 내리도록 할 것이다" 라고 하였다.

028 [高麗史節要] 卷第二 穆宗宣讓大王

穆宗五季 秋七月, 敎曰 近覽侍中韓彦恭上疏言, 今繼先蘛而使錢, 禁用麤布, 以駭俗, 未遂邦家之利益, 徒興民庶之怨嗟. 其茶酒諸店, 交易依前使錢外, 百姓等, 私相交易, 仕用土宜.

고려사절요 권2 목종선양대왕

목종 5년(1002) 가을 7월에 교하기를 "근래에 시중 한언공[77]의 상소를 보니, 그 소에 말하기를 '지금 先蘛선조를 이어 돈을 사용하고 추포[78] 사용을 금지시켜 時俗시속을 놀라게 하며, 나라의 리익이 되지 못하고 한갓 백성들의 원망만 일으키게 된다' 하였다. 茶店, 주점 등 여러 상점에서 물건을 매매할 때에 그전대로 돈을 사용하고, 그 외 백성들이 사사로이 물건을 매매할 때엔 그 지방의 편의에 따라 사용하도록 하라" 하였다.

---

74) **來蘇** 後來其蘇, 어진 임금이 오시니 백성이 그 德을 입어 다시 살아나게 되었다는 뜻으로 君主의 盛德을 讚揚하는 말.

75) **十惡** 十大惡 卽 謀反, 謀大逆, 謀叛, 惡逆, 不道, 大不敬, 不孝, 不睦, 不義, 內亂에 대한 說明으로 『大學衍義稀』「愼刑憲」定律令之制下에 '十惡之名 非古也 起於齊而著睦 內亂四者 有犯於人道之大倫 所謂不道 不義二者 有犯於生人之大義是皆 天理之所不容 人道之所不齒 王法之所必誅者也 故常赦 在所不願'이라 하였다.

76) **不宰之恩** 宰는 主管의 뜻으로 不宰之恩은 天地의 無爲慈育의 大恩. 『莊子』의 "爲而不恃長而不宰" 註에 '作爲其事而不敢自恃 長育其德 而不敢自主'라 하였다.

77) **韓彦恭** 한언공(940~1004). 고려 목종 때의 문관.

78) **麤布** 발이 굵고 거칠게 짠 품질이 낮은 베.

029 [高麗史] 卷第六十八 志 卷第二十二 禮十 嘉禮 老人賜設儀

(中略) 穆宗十秊 七月, 御毬庭, 集民男女秊八十以上, 及篤廢疾, 六百三十五人, 臨賜酒食, 布帛, 茶藥, 有差. (下略)

고려사 권제68 지 권제22 禮10 가례 로인사설의

(상략) 목종 10년(1007) 7월에 구정79)에 거둥하고 백성으로 남녀 나이 80 이상자 및 독질, 폐질자 635인을 모아 친임하여 주, 식, 포백, 茶, 약을 하사하되 차등 있게 하였다. (하략)

030 [高麗史] 卷第六十一 志 卷第十五 禮三 吉禮大祀 景靈殿 正朔 端午, 秋夕, 重九, 親奠儀

其日四更末, 內侍, 茶房及指諭, 先入內殿庭, 次承宣, 入庭肅拜訖, 內侍, 茶房及指諭次次拜謁. 次重房, 入庭肅拜訖, 承宣, 重房合班, 中心爲頭, 一行拜謁, 次入直閣門, 及侍臣入庭. (中略) 次承宣, 重房, 內侍, 茶房, 指諭, 一時肅拜訖. 承宣秉燭, 前引, 王下庭出南殿, 坐絞牀, 牽龍都知, 奏山呼肅拜, 舍人喝, 入直省員, 閣門肅拜. (中略) 省郎, 自西階上殿, 詣太祖室戶外, 讀祝文訖, 王再拜. 茶房別監, 奉福酒盞, 承宣傳奉, 授樞密. 承宣, 奉注子, 斟酒. 承宣, 又進酹酒器, 王酹酒三滴, 歆福酒訖, 再拜, 出詣太祖室戶外, 再拜訖. 舍人喝, 從官再拜. 王退還東階下, 西向再拜. 承宣, 秉燭前引, 次承宣受笏, 尙衣別監傳受. 王還至內殿, 坐絞牀, 閣門, 望龍顔承傳云 宣賜侍臣員將酒果. 舍人喝, 員將肅拜訖. 王入內, 次, 中官, 出勞傳. 承宣, 重房, 內侍, 茶房, 指諭, 肅拜而退. (下略)

고려사 권제61 지 권제15 례3 길례대사 경령전 정조 단오, 추석, 중구, 친전의

當日당일 사경 말에 내시, 茶房 및 지유가 먼저 내전정으로 들어가고 다음에 승선이 殿庭전정으로 들어가 숙배하기를 마치면 내시, 茶房 및 지유는 차례로 배알한다. 다음에 중방이 전정에 들어가 숙배를 마치고 승선과 중방이 합반하여 중심을 머리로 하여 일행이 배알하고 다음에 입직각문 및 시신이 전정에 들어간다. (중략) 다음에 승선, 중방, 내시, 茶房, 지유가 일시에 숙배하기를 마친다. 승선이 촉을 잡고 앞에서 왕을 인도하여 전정에 내려 남전으로 나와 교상에 앉으면 견룡도지가 산호를 아뢰어 숙배하고 사인의 갈로 입직한 성원과 각문이 숙배한다. (중략) 성랑이 서쪽 계단으로부터 전에 올라 태조실의 문 밖으로 나아가 축문 읽기를 마치면 왕이 재배한다. 茶房별감이 복주잔을 받들어 승선이 전해 받들면 추밀에게 준다. 승선이 주자를 받들면 술을 붓는다. 승선이 또 뢰주기를 올리면 왕이 뢰주80)를 세 번 뿌리고 복주 마시기를 마치고 재배하고 나와 태조실 문밖으로 나아가 재배하기를 마친다. 사인의 갈로 종관이 재배한다. 왕이 물러나와 동쪽 계단 아래로 돌아와 서향하고 재배한다. 승선이 촉을 잡고 앞에서 인도하고 다음 승선이 홀을 받아 상의별감이 전해 받는다.

---

79) **毬庭** 궁전이나 큰 저택 안에 있었던 운동장.
80) **酹酒** 강신(降神)할 때 술을 땅에 뿌리는 일.

왕이 돌아와 내전에 이르러 교상에 앉으면 각문이 룡안을 우러러 承制승제하고 전언하기를 "시신원장에게 주과를 선사하신다" 하면 사인의 갈로 원장이 숙배하기를 마친다. 왕이 내전으로 들어가고 다음 중관이 나와 수고하였다는 말을 전한다. 승선, 중방, 내시, 茶房, 지유가 숙배하고 물러간다. (하략)

031 [高麗史] 卷第一百一 列傳 卷第十四 諸臣 車若松

父舉首, 直史館 (中略) 明宗時, 由郎將, 拜將軍, 重房奏, 自庚寅以來, 武官皆兼文官, 而內侍, 茶房, 獨不得兼, 請許兼屬, 王以若松等四十三人, 皆兼內侍, 茶房, 武官兼屬, 自若松輩始. (下略)

고려사 권제101 렬전 권제14 제신 차약송(?~1204)

차약송의 부는 차거수이며 직사관이었다. (중략) 명종 때 랑장을 지내고 장군에 제배되니 중방이 주하기를 "경인년 이후로 무관이 다 문관을 겸하였는데 내시, 茶房만은 홀로 겸함을 얻지 못하였으니 청컨대 겸속을 허하소서" 하거늘 왕이 차약송 등 43인 모두 내시, 茶房을 겸하게 하니 무관의 겸속이 차약송의 무리로부터 비롯하였다. (하략)

032 [高麗史] 卷第六十四 志 卷第十八 禮六 凶禮 祔太廟儀

其日, 承宣開殿, 實魂殿都監判官, 秉燭先升, 拂匱筵, 趺几, 踏臺訖, 太祝入室, 啓匱出神主, 安於趺上, 行告祔廟祭訖, 太祝入室, 奉神主, 還安匱內, 闔戶而出, 承宣, 封室戶. 儀仗樂部, 列於門外, 尙舍, 設褥位於殿庭. 指諭, 牽龍, 各著錦衣, 陪腰輿, 置褥位上. 又設褥位於外庭, 置綵帛樓子, 又設褥位於大門外, 置大輅於褥位南. 承宣, 重房, 備身將軍, 指諭, 內侍, 茶房, 序立於內紫門階下, 執禮命尙贊, 閤門祗候, 引傘扇, 入陳於外庭 (中略) 次承宣, 重房, 備身將軍, 內侍, 茶房, 指諭, 肅拜訖. (下略)

고려사 권제64 지 권제18 례6 흉례 부태묘의

당일 승선이 전을 열고 실혼전도감 판관이 촉을 잡고 먼저 올라가 궤연, 부궤, 답대, 털기를 마치면 태축이 입실하여 궤를 열고 신주를 내어 부상에다 봉안하고 태묘에 부제함을 고하는 제사를 행하여 마치면 태축이 입실하여 신주를 받들어 도로 궤안에 안치하고 문을 닫고 나오면 승선이 실호를 봉한다. 의장악부는 문외에 벌여 서고 상사는 전정에 욕위를 설한다. 지유, 견룡은 각각 금의를 입고 요여[81]를 모셔 욕위의 위에 놓는다. 또 외정에 욕위를 설하고 채백루자를 두며, 또 대문 밖에 욕위를 설하고 대로를 욕위의 남쪽에 둔다. 승선, 중방, 비신장군, 지유, 내시, 茶房이 내자문의 계단 아래에 서립하면 집례가 상찬 각문

---

81) **腰輿** 손을 허리까지 내려서 들고 가는 가마. 『資治通鑑梁記』 「腰輿扇繖等之物」의 注에 '一腰輿者 人舉之而行高纔至腰' 라고 했다.

지후에게 명하여 傘扇산선을 인도하여 들어가 외정에 진렬하고, (중략) 다음으로 승선, 중방, 비신장군, 내시, 茶房, 지유가 숙배하기를 마친다. (하략)

033 [高麗史] 卷第六十四 志 卷第十八 禮六 凶禮 重刑奏對儀

(上略) 執禮 承傳云賜座, 執禮 微喝再拜, 引上殿, 坐東邊褥位. 茶房參上員, 從夾戶入進茶, 內侍七品員, 去蓋子. 執禮 上殿前楹外, 面拜勸茶, 放後下殿, 次院房八品以下, 進宰樞茶, 執禮 又上殿, 伏面請茶出, 次丹筆奏對員, 入奏 丹筆制斬決, 除入有人島, 畢後, 勸御藥, 及宰樞藥. (下略)

고려사 권제64 지 권제18 례6 흉례 중형주대의

(상략) 집례가 승전하여 "자리를 사하신다" 하고 집례의 작은 외침으로 재배하고 인도하여 전상으로 올라가 동변의 욕위에 앉는다. 茶房참상원이 협호로부터 들어와 茶를 올리고 내시 칠품원이 뚜껑을 연다. 집례가 전상의 전영 밖에 올라가 면배하여 茶를 권하고 놓은 뒤에 전에서 내려오고, 다음에 원방의 팔품 이하가 재추에게 茶를 올리며 집례가 또 전상에 올라가 엎드려 茶 낼 것을 면청하고, 다음에 단필주대원이 들어가 아뢰기를 '단필로 참결을 제하시되 유인도에 들어간 자를 제하소서' 라 하고 마친 뒤에 어약 및 재추의 약을 권한다. (하략)

034 [高麗史] 卷第六十五 志 卷第十九 禮七 嘉禮 冊太后儀

(上略) 持節者, 引冊寶, 物狀, 執事官, 擡擧前導, 出自中門, 安於樓子, 太尉, 司徒, 從出. 王入內, 進物擔牀前行, 次行鑪茶擔, 次絞牀, 水灌子, 次繖馬鞍, 次紫繡大蓋, 紅小蓋, 延平輦, 次引冊樂官, 次玉冊, 印璽, 物狀, 樓子, 持節, 次太尉, 司徒以下, 備儀衛, 動樂, 入自景門, 陳冊寶, 物狀樓子於大觀殿門外, 禮物擔牀於大定門之內, 太尉, 司徒, 入幕次以俟. (下略)

고려사 권제65 지 권제19 례7 가례 책태후의

(상략) 지절자가 冊寶책보[82], 물상을 인도하면 집사관이 대거에 봉안하여 전도하고 중문으로부터 나가 루자에 안치하는데 태위와 사도가 따라 나온다. 왕이 대내에 들어가면 진물과 담상이 앞에 가고 다음에는 행로[83]와 茶擔[84]이, 다음에는 교상과 수관자가 가고 다음에는 산마안이 가고 다음에는 자수대개, 홍소개, 연평련이 가고 다음에는 옥책을 인도하는 자와 악관이 가고 다음에는 옥책, 인새, 물상, 루자와 지절자가 가고 다음에는 태위와 사도 이하가 가는데, 의위를 갖추어 악을 잡히고 경문으로부터 들어가 책보, 물상과 루자는 대관전 문 밖에, 례물과 담상은 대정문 안에 진열하며 태위와 사도는 막차에 들어가 기다린다. (중략)

---

82) **冊寶** 玉冊(帝王, 后妃의 尊號를 올릴 때에 頌德文을 새긴 簡冊)과 金寶(追上尊號를 새긴 印章).

83) **行鑪** 攜帶用香鑪.

84) **茶擔** 茶啖(歆食物).

035 [高麗史] 卷第六十五 志 卷第十九 禮七 嘉禮 元子誕生賀儀

(上略) 押物, 持函, 引擔, 以次呈參狀於主人, 押物, 於廳上楹閒, 稍東, 北向拜, 持函, 引擔, 於楹外之西, 北向. 拜參訖, 各赴隔階廳幕, 每等異帷席. 賓主, 相揖就坐訖, 進茶酒. 酒至, 賓主俱興, 獻酬訖, 設食. 禮畢罷宴, 賓主, 俱興下階. 各就初傳詔位, 立定. (下略)

고려사 권제65 지 권제19 례7 가례 원자탄생하의

(상략) 압물과 지함, 인담[85]이 차례로 참상을 주인에게 드리는데 압물은 청상의 기둥 사이에서 약간 동에서 북향하여 배하고 지함, 인담은 기둥 밖의 서에서 북향하여 배참하기를 마치면 각각 계단을 사이에 두어 청막에 나아가는데, 매등에 유석을 달리한다. 빈주가 서로 읍하고 자리에 나아가기를 마치면 茶와 술을 올린다. 술이 이르면 빈주가 모두 일어나 헌수하기를 마치고 식반을 차린다. 례를 필하고 연회를 파하면 빈주가 모두 일어나 계단을 내려가, 각각 처음의 전조위에 나아가 립정한다. (하략)

036 [高麗史] 卷第六十七 志 卷第二十一 禮九 嘉禮 冊王子王姬儀

(上略) 執禮官, 贊揖, 賓主, 相揖就座, 進茶訖. 酒至, 執禮官, 引賓主, 出就褥位. 主人, 請獻賓, 賓辭, 主人請獻, 至于三, 賓稱不敢辭, 凡賓主之辭, 執禮皆相之. (中略) 執禮官, 贊拜, 賓主再拜, 進步又再拜訖, 各就座, 進茶, 設酒食, 如初會賓訖, 執禮官, 引賓主, 各就幕次, 具鞾笏, 入就宮庭位, 主人, 附謝表訖, 賓主, 俱上就座. (下略)

고려사 권제67 지 권제21 례9 가례 책왕태자왕희의

(상략) 집례관의 찬읍으로 빈주가 서로 읍하고 자리에 나아가 茶 올리기를 마친다. 술이 나오면 집례관이 빈주를 인도하여 욕위로 나아간다. 주인이 빈에게 헌작하기를 청하면 빈이 사양하고 주인이 헌작하기를 청하여 세 번에 이르면 빈이 감히 사양하지 못하겠다고 하는데, 무릇 빈주한의 사양은 모두 집례관이 이를 돕는다. (중략) 집례관의 찬배로 빈주가 재배하고 걸어 나가 또 재배하기를 마치면 각각 좌석에 나아가 茶를 내고 주, 식 설하기를 처음 회빈할 때와 같이 하여 마치고 집례관이 빈주를 인도하여 각각 막차에 나아가 화홀을 갖추고 들어가 궁정에 나아가서 주인이 사표 붙이기를 마치면 빈주가 함께 계에 올라 좌석에 나아간다. (하략)

037 [高麗史] 卷第六十七 志 卷第二十一 禮九 嘉禮 公主下嫁儀

(上略) 賓主, 相揖就座訖, 設茶酒, 酒至, 賓主, 俱興獻酬訖, 設食. 禮畢, 罷宴, 賓主, 俱興下階, 各就初傳詔位立定. (下略)

---

85) **引擔** ←引啖←引茶啖牀(擔, 都濫切 지다 ≒ 啖, 都濫切 먹다).

고려사 권제67 지 권제21 례9 가례 공주하가의

(상략) 빈주가 서로 읍하고 좌에 나아가기를 마치면 茶와 주를 설하는데 술이 이르면 빈주가 함께 일어나 헌수하기를 마치고 음식을 베푼다. 례를 필하고 연을 파하면 빈주가 함께 일어나 계를 내려 각각 처음의 전조위에 나아가 립정한다. (하략)

038 [高麗史] 卷第六十七 志 卷第二十一 禮九 嘉禮 元會儀

(上略) 尙食, 茶房, 宿設壽尊所於殿階上, 東邊, 有司設臣僚尊所於殿階下, 西邊. 時至, 侍中, 版奏中嚴, 太樂令, 帥工人, 入就位, 協律郞, 典儀, 贊者, 各就位. (中略) 太子, 令公, 就洗所盥手, 如常儀. 茶房, 先進茶, 後行酹酒訖, 太子, 令公, 宰臣, 詣王座前, 近東, 俛伏興, 令公佐尊, 太子, 酌壽酒, 茶房員, 俠盞. (下略)

고려사 권제67 지 권제21 례9 가례 원회의

(상략) 상식, 茶房은 미리 수존소를 전계 위 동변에 설하고 유사는 신료의 존소를 전계 아래 서변에 설한다. 시각이 되면 시중이 중엄을 판주하여 태악령은 수공인을 거느리고 들어와 위에 나아가고 협률랑, 전의, 찬자도 각각 자리에 나아간다. (중략) 태자, 령공이 세소에 나아가 손을 씻는 것은 상시의 의식과 같이한다. 茶房이 먼저 茶를 올린 뒤에 뢰주하기를 마치고 태자, 령공, 재신이 왕좌전의 동으로 가깝게 나아가 엎드렸다가 일어나 령공이 존을 도우며 태자가 수주[86]를 붓고 茶房員이 잔을 공손히 받든다. (하략)

039 [高麗史] 卷第六十七 志 卷第二十一 禮九, 嘉禮 王太子節日 受宮官賀竝會儀

(上略) 舍人, 引行頭, 就西階, 升詣尊所, 宮官, 進茶酒訖. 典膳郞酌酒, 行頭, 搢笏執盞, 詣太子前, 跪授左庶子, 左庶子, 受盞, 置於王太子前. (下略)

고려사 권제67 지 권제21 례9 가례 왕태자절일 수궁관하병회의[87]

(상략) 사인이 행두를 인도하여 서계로 나아가 올라 존소에 나아가면 궁관이 茶, 주를 드리기를 마친다. 전선랑이 술을 부으면 행두가 홀을 꽂고 잔을 잡아 태자전에 나아가 꿇어앉아 좌서자에게 주고 좌서자는 잔을 받아 왕태자전에 놓는다. (하략)

040 [高麗史] 卷第六十七 志 卷第二十二 禮十 嘉禮 大觀殿 宴羣臣儀

(上略) 尙衣, 尙舍局, 設花案於王座前楹閒左右, 茶房, 尙食局, 具御酒, 御食, 御果案, 其羣臣酒食, 有司, 隨職供辦. (中略) 贊者喝, 太子以下文武羣官再拜訖, 太子及上公, 出詣洗所盥手, 近侍官進茶, 執禮官, 躬身勸, 每進酒進食, 執

---

86) **壽酒** 장수(長壽)를 축하하는 술.
87) **受宮官賀幷會儀** 왕태자가 절일에 궁관의 하례를 받고 아울러 연회하는 의례.

禮官, 皆躬身勤. (中略) 閤門, 分引太子, 公侯伯, 宰臣, 樞密, 文武三品及諸侍臣, 各從東西側階上殿, 兩班四品以下, 分入左右廊, 文東武西, 俱重行, 竝於席後, 相向立, 次賜太子以下羣官茶, 太子以下羣臣再拜, 執禮官, 贊歃, 太子以下歃訖, 揖. (中略) 又以次行羣官酒, 設羣官食, 禮數樂作止, 如上儀. 至茶食, 敎坊呈致語口號訖, 太子以下羣官, 降就殿庭拜位, 贊者喝, 太子以下再拜, 太子, 進步致詞, 退復位. (中略) 贊者贊揖, 太子以下羣官揖訖. 近侍官, 進茶, 閤門, 引太子, 公侯伯, 宰臣, 樞密, 上殿, 請上壽酒, 執禮官傳奏, 承制傳宣, 禮數竝如上儀. (下略)

고려사 권제67 지 권제22 례10 가례 대관전 연군신의

(상략) 상의국과 상사국은 화안을 왕좌전의 기둥 사이 좌우에 설하고 茶房과 상식국은 어주, 어식, 어과안을 구비하며 그 군신의 주식은 유사가 직에 따라 공판한다. (중략) 찬자의 갈로 태자 이하 문무 군관이 재배하기를 마치고 태자 및 상공은 세소에 나아가 손을 씻는다. 근시관이 茶를 올리면 집례관은 몸을 국궁하여 권하고 매양 술을 올리고 식사를 올릴 적마다 집례관은 국궁한다. (중략)
각문이 태자, 공후백, 재신, 추밀, 문무 3품 및 제시신을 나누어 인도하고 각각 동서쪽 계단을 따라 전에 올라가고 량반 4품 이하는 나누어 좌우랑으로 들어가 문관은 동에, 무관은 서에 행렬을 중복하여 모두 자리 뒤에 서로 향하여 선다. 다음에 태자 이하의 군관들에게 茶를 사하면 태자 이하 군신이 재배하고 집례관의 찬음으로 태자 이하가 마시기를 마치고 읍한다. (중략)
또 차례로 군관에게 술을 베풀고 군관의 식사를 차리는 례수[88]와 악을 시작하고 악을 중지하는 것은 위의 의식과 같이한다. 茶食이 이르면 교방이 치어와 구호[89] 드리기를 마치고 태자 이하 군관이 내려가 전정의 배위에 나아가 찬자의 갈로 태자 이하가 재배하고, 태자가 걸어 나가 치사하고 물러나 자리로 돌아간다. (중략) 찬자가 '읍'이라 찬하여 태자 이하 군관이 읍하기를 마친다. 근시관이 茶를 올리면 각문이 태자, 공후백, 재신, 추밀을 인도하여 전에 올라가 수주 올리기를 청하여 집례관이 전주하고 승제가 전선하는데, 례수는 모두 위의 의식과 같이 한다. (하략)

041 [高麗史] 卷第六十八 志 卷第二十二 禮十 嘉禮 東堂監試放牓儀

(上略) 王御隱幕, 承宣入直, 重房便服, 入庭肅拜, 中官, 承傳宣, 許上殿, 又再拜上殿, 簾前賜坐. 內侍, 茶房, 參上, 參外, 皁衫, 一時肅拜分立, 牽龍, 中禁, 都知, 肅拜分立. (下略)

88) **禮數** 主客이 서로 만나 보는 례절. 또는 사회적 신분, 지위에 상응하는 례의.
89) **致語와 口號** 치어는 宋, 元代의 樂人이 받들어 올리는 頌詞를 말하는데, 그 文章은 모두 騈體로 文人이 代撰한 것이며, 이를 陳述한 후에 口號라고 稱하는 詩一章을 읊는다. 『元史禮樂志』에 "樂止 念致語 樂作 奏長舊柳之曲"이라 하였다.

고려사 권제68 지 권제22 례10 가례 동당감시방방의

(상략) 왕이 은막에 거둥하여 승선이 입직하고 중방이 편복으로 전정에 들어가 숙배하면 중관이 전선을 받아 "전에 오름을 허한다" 하면 또 재배하고 전에 올라 렴전에 좌를 사한다. 내시, 茶房, 참상, 참외, 조삼이 일시에 숙배하고 나누어 서며 견룡, 중금, 도지도 숙배하고 나누어 선다. (하략)

042 [高麗史] 卷第六十九 志 卷第二十三 禮十一 上元燃燈會儀

(上略) 便殿禮畢, 茶房, 設果案於王座前, 設壽尊案於左右花案南, (中略) 舍人喝, 太子以下再拜, 閤門員, 分東西, 引上殿, 左右執禮官, 承引, 就席後立定, 公侯伯, 分東西位, 取上命. 近侍官進茶, 執禮官, 向殿躬身, 勸每進酒進食, 執禮官, 皆向殿, 躬身勸, 後皆倣此. 次賜太子以下侍臣茶, 茶至, 執禮官, 贊拜, 太子以下再拜, 執禮官, 贊歃, 太子以下皆歃訖揖. 每設太子以下侍臣酒食, 左右執禮, 贊拜, 贊歃, 贊食, 後皆倣此. (下略)

고려사 권제69 지 권제23 례11 상원연등회의

(상략) 편전의 례를 필하면 茶房은 과안을 왕좌전에 설하고 수존안을 좌우 화안의 남에 설한다. (중략) 사인의 갈로 태자 이하가 재배하고 각문원이 동서로 나누어 인도하여 전에 올라가고 좌우 집례관이 받아 인도하여 자리 뒤에 나아가 립정하며 공후백은 동서 위로 나뉘어 위의 명령을 취한다. 근시관이 茶를 올리면 집례관이 전각을 향해 국궁하고 매양 술을 올리고 식사를 올릴 적마다 집례관이 모두 전각을 향해 국궁하여 권한 뒤에는 모두 이를 따른다. 다음에 태자 이하 시신에게 茶를 사하는데, 茶가 이르면 집례관의 찬배로 태자 이하가 재배하고 집례관의 찬음으로 태자 이하가 모두 마시기를 마치고 읍한다. 매양 태자 이하 시신의 주, 식을 설할 때는 좌우 집례가 찬배, 찬음, 찬식하는데 뒤에는 모두 이를 따른다. (하략)

043 [高麗史] 卷第六十九 志 卷第二十三 禮十一 嘉禮雜儀 仲冬八關會儀

(上略) 尙衣局, 設花案於王座前楹閒, 左右, 茶房, 設果案於王座前, 設壽尊案於左右花案南. 尙舍局, 設王太子位於王座東南 西向, 設公侯伯位於殿上東西壁, 俱北上相向, 設二獻鑪於楹外左右. 又設左右樞密位於上階 近北, 左右侍臣, 分在樞密之後, 俱北上相向, 設協律郎位於上階西近南 東向, 設中階侍臣位於階左右, 俱北上相向, 設樂卓於左右侍臣之後, 設饌及茶房幔於中階東. 又設茶房幔於中階西, 內庫使, 列大尊罍於沙墀左右以北爲上. (中略) 左執禮官, 引太子, 上公, 出詣洗所盥 手, 近侍官, 進茶. 執禮官向殿躬身勸, 次酹酒訖, 殿中監, 奉盞, 近侍官, 奉注子, 先升. (中略) 左執禮, 承旨下階, 詣太子, 東北, 向殿揖, 西向傳宣云, 卿等所賀已知, 仍賜所司茶酒, 舍人喝, 太子以下羣官, 再拜舞蹈, 又再拜訖. (中略) 次設樞密以, 下兩階侍臣, 及沙墀閣門員等果案, 殿上太子, 公侯伯果案, 未坐前, 設近侍官進茶食, 次設太子, 公侯伯及樞密. 兩階侍臣茶食, 左右執禮官, 贊拜, 太子以下樞密侍臣, 皆再拜, 就座受食, 食訖, 起揖, 中階侍臣, 立受食, 次近侍官, 進茶, 次賜太子, 公侯伯, 樞密, 侍臣茶, 執禮官, 贊拜 太子以下樞密侍臣, 皆再拜 受茶, 歃訖揖. (中略) 承制, 將詣宰臣幕茶房人吏二人, 具注子, 奉別宣酒, 與宣送敎坊樂官, 俱隨後 承制, 至幕階下傳命位, 南向立, 樂官, 東向陳列, 宰臣, 皆下階就拜位. (中略) 尙食局, 設果案, 茶房人吏一人奉盞, 又一人斟酒, 樂作 歃訖樂止 (中略) 次傳侍立員將, 兩部樂官, 侍奉軍人, 宣賜酒果訖, 左右承制, 千牛上大將軍, 內侍, 茶房, 參上員, 殿上左右執禮, 以次就殿上西壁, 東向北上立. 再拜受酒, 歃訖再拜, 各就位. (中略) 次兩部樂官, 近仗軍人, 以次升階, 各就本所. 又如小會儀. 次近侍官, 進御茶食, 執禮官, 向殿躬身勸. 次設太子以下侍臣茶食, 食至, 執禮官贊拜, 太子以下侍臣, 皆再拜, 就座受食, 食訖, 起揖, 殿上進茶, 進酒, 進食, 及太子以下侍臣, 賜茶, 行酒, 設食, 禮數, 樂作止, 竝如小會儀. (中略) 承制, 將詣宰臣幕, 茶房人吏, 具注子, 奉別宣藥酒, 及奉宣果宣花者, 宣送敎坊樂官等, 竝隨後. (中略) 尙食局, 設果案, 茶房人吏一人, 奉盞, 又一人, 斟酒訖, 奉宣果者, 各升階, 當宰臣位, 東向立. 樂作, 歃訖, 樂止. (中略) 公侯伯在西者, 自斧扆後, 就東合班, 宰臣, 樞密, 詣王座東, 北上西向立. 次近侍官, 進茶, 樂官, 奏口號畢, 引太子, 公, 侯, 伯, 宰臣, 樞密下殿. 與上階侍臣, 就拜位立. (下略)

고려사 권제69 지 권제23 례11 가례잡의 중동팔관회의

(상략) 상의국은 화안을 왕좌 앞 기둥 사이의 좌우에 설하며, 茶房은 과안을 왕좌 앞에 설하고 수존안을 좌우 화안의 남쪽에 설한다. 상사국은 왕태자의 자리를 왕좌의 동남에 서향으로 설하고, 공, 후, 백의 자리를 전상의 동, 서벽에 설하되 모두 북을 위로하여 서로 향하게 하며, 헌로 둘을 기둥 밖의 좌우에 설하고 또 좌우 추밀의 자리는 상계 북에 가깝게 설한다. 좌우 시신은 나누어 추밀의 뒤에 있어 모두 북을 위로 하여 서로 향하게 하고, 협률랑의 자리는 상계의 서 남에 가깝게 동향으로 설하며, 중계 시신의 자리는 계의 좌우에 설하되 모두 북을 상으로 하여 서로 향하게 하고 악탁은 좌우 시신의 뒤에 설하며, 찬 및 茶房의 장막은 중계의 동에, 또 茶房의 장막을 중계의 서에 설하며, 내고사는 대존뢰를 사지90)의 좌우에 설하고 북을 위로 하여 (중략)

좌측집례관이 태자와 상공을 인도하여 세소에 나아가 손을 씻고 근시관이 茶를 올리면 집례관이 전을 향하여 국궁하여 권하고, 다음에 뢰주하기를 마치면 전중감이 잔을 받들고 근시관이 주자를 받들어 먼저 올라간다. (중략) 좌측 집례가 지를 받들고 계에서 내려가 태자의 동북에 나아가 전을 향하여 읍하고 서향하여 전선하기를 "경들의 하례하는 바는 이미

90) **沙墀** 宮中의 庭園. 『宋史 禮志』에 '陳輿贊 御馬於龍墀, 繖扇於沙墀, 貢物於宮架南, 餘則列大慶門外' 라 하였다.

알았노라" 하고 인하여 소사에게 茶, 술을 하사하면 사인의 외침으로 태자 이하 군관이 재배, 무도하고 또 재배하기를 마친다. (중략) 다음에 추밀 이하 량계 시신 및 사지의 각문원 등의 과안을 설하고 전상의 태자, 공, 후, 백의 과안은 앉기 전에 설하며, 근시관이 올리는 茶食을 설하고 다음에 태자, 공, 후, 백 및 추밀, 량계 시신의 茶食을 설하여 좌우 집례관의 찬배로 태자 이하 추밀, 시신이 모두 재배하고, 자리에 나아가 식사를 받아 먹기를 마치면 일어나 읍한다. 중계 시신은 서서 식사를 받고, 다음에 근시관이 茶를 올린다. 다음에 태자, 공, 후, 백, 추밀, 시신에게 茶를 사하면 집례관의 찬배로 태자 이하 추밀, 시신이 모두 재배하고 茶를 받아 마시기를 마치고 읍한다. (중략)

승제가 장차 재신의 막차에 나아가려 하면 茶房인리 2인이 주자를 갖추어 별선주를 받들고 선송한 교방악관으로 더불어 모두 뒤를 따라가 승제가 막차 계단 아래 전명위에 이르러 남향하여 서면 악관은 동향하여 진렬하고 재신은 모두 계단에서 내려가 배위에 나아간다. (중략) 상식국이 과안을 설하고 茶房인리 1인이 잔을 받들고 또 1인이 술을 부으면 악을 시작하고 마시기를 마치면 악을 중지한다. (중략) 다음에 시립원장, 량부악관, 시봉군인에게 술과 다과 전하기를 마치면 좌우 승제 천우상대장군, 내시, 茶房, 참상원과 전상의 좌우 집례가 차례로 전상의 서벽에 나아가 동향하여 북을 상으로 하여 서서 재배하고 술을 받아 마시기를 마치면, 재배하고 각각 자리에 나아간다. (중략)

다음에 량부악관과 근장군인이 차례로 계에 올라가 각각 본소에 나아가는 것을 또 소회의 의식과 같이한다. 다음에 근시관이 茶食을 임금에게 바치면 집례관이 전각을 향하여 국궁하고 권하며, 다음에 태자 이하 시신의 茶食을 차리는데, 식사가 이르면 집례관의 찬배로 태자 이하 시신이 모두 재배하고 좌에 나아가 식사를 받고 먹기를 마치면 일어나 읍한다. 전상에 茶를 올리고 술을 올리며 식사를 올리는 것 및 태자 이하 시신에게 茶를 사하고 술을 베풀며 식사를 차리는 례수와 악을 시작하고 중지하는 것도 모두 소회의 의식과 같이 한다. (중략) 승제가 장차 재신위 막차에 나아가려 하면 茶房인리가 주자를 갖추고 별선약주를 받든 자 및 선과와 선화를 받든 자와 선송한 교방악관 등이 모두 뒤를 따른다. (중략) 상식국이 과안을 설하고 茶房인리 1인이 잔을 받들며, 또 1인이 술 붓기를 마친다. 선과를 받든 자가 각각 계에 올라가 재신위를 당하여 동향하여 서면 악을 시작하고 마시기를 마치면 악을 중지한다. (중략) 공, 후, 백으로 서에 있는 자는 부의 뒤로부터 동에 나아가 반열을 합하고, 재신, 추밀도 왕좌의 동에 나아가 북을 상으로 하고 서향하여 선다. 다음에 근시관이 茶를 올리고 악관이 구호가 주하기를 필하면 태자, 공, 후, 백, 재신, 추밀을 인도하여 전에서 내려가 상계 시신과 더불어 배위에 나아가 선다. (하략)

044 [高麗史] 卷第九十三 列傳 卷第六 諸臣 韓彦恭

湍州人, 父聰禮, 光祿少卿. 彦恭, 性敏好學. 光宗朝, 年十五, 屬光文院書生 (中略) 六年, 彦恭病, 王賜醫藥及車二乘, 往浴溫泉, 命州縣供給. 疾篤, 遣近臣問疾, 又賜廐馬三匹, 以資祈禱, 竟不愈, 明年卒, 年六十五. 訃聞, 王悼甚, 賻米五百石, 麥三百石, 布一千二百匹, 茶二百角, 贈內史令, 謚貞信, 以禮葬之, 顯宗十八年, 配享穆宗廟庭, 德宗二年, 加贈太傅, 子祚.

고려사 권제93 렬전 권제6 제신 한언공

한언공(940~1004)은 단주인이니 부는 총례로 광록소경이다. 한언공은 성품이 민첩하고 학문을 좋아하여 광종조에 나이 15세로 광문원 서생에 속했다. (중략) 목종 6년(1003)에 한언공이 병이 나매, 왕이 의약과 수레 2승을 하사하여, 가서 온천에 목욕하게 하고 주현에 명하여 공급하게 하였으며, 병이 위독하매 근신을 보내어 문병하고, 또 말 3필을 사하여 기도의 비용으로 하였는데, 마침내 낫지 아니하고 이듬해(1004)에 졸하니 나이 65세이었다. 부음이 들리매 왕이 심히 애도하고 미 5백 석, 맥 3백 석과 포 1천2백 필, 茶 2백 각을 부의하고 내사령을 증하였으며 정신이라 諡시하고 례로써 장사 지냈다. 현종 18년에 목종 묘정에 배향하고 덕종 2년에 태부를 가증하였다. 아들은 한조이다.

045 [高麗史] 卷第四 世家 卷第四 顯宗

(上略) 顯宗卽位秊, (中略) 辛巳 御毬庭, 集民男女秊八十以上 及篤疾者, 六百三十五人, 賜酒食, 布帛, 茶, 藥, 有差. (下略)

고려사 권제4 세가 권제4, 현종

(상략) 현종 즉위년(1009) (중략) 7월 28일에 구정에 나아가 남녀 백성 나이 80 이상과 독질자 635인을 모으고 주, 식, 포백, 茶, 약을 하사하되 차등 있게 하였다. (하략)

046 [高麗史] 卷第四 世家 卷第四 顯宗

(上略) 顯宗九秊, 二月戊辰, 賜海弩二軍, 校尉船頭以下, 茶, 布, 有差. (下略)

고려사 권제4 세가 권제4, 현종

(상략) 현종 9년(1018) 2월 4일에 해노 이군의 교위, 선두 이하에게 茶, 布를 하사하되 차등 있게 하였다. (하략)

047 [高麗史] 卷第八十一 志 卷第三十五 兵一 兵制 五軍

(上略) 顯宗九秊 二月, 御宣化門, 閱射, 賜海弩二軍校尉, 船頭以下茶, 布, 有差. 八月, 敎, 自乙卯秊以來, 北鄙戰亡將卒父母妻子, 賜茶, 薑, 布物, 有差. (下略)

고려사 권제81 지 권제35 병1 병제 5군

(상략) 현종 9년(1018) 2월에 선화문에 거둥하여 궁사를 사열하였다. 해노 이군 교위와 선두 이하에게 茶, 布를 차등 있게 주었다. 8월에 교하여 을묘년(현종 6년) 이래로부터 북쪽 변방에서 싸우다 죽은 장졸의 부모 처자에게 茶, 생강, 포물을 하사하되 차등 있게 하였다. (하략)

048 [高麗史] 卷第四 世家 卷第四 顯宗

(上略) 顯宗十二季, 二月甲戌, 賜京城男女季九十以上者, 酒食, 茶藥, 布帛有差. (下略)

고려사 권제4 세가 권제4 현종

(상략) 현종 12년(1021) 2월 29일에 서울의 남녀 나이 90 이상 된 者에게 주, 식, 茶, 약, 포백을 하사하되 차등 있게 하였다. (하략)

049 [高麗史] 卷第四 世家 卷第四 顯宗

(上略) 顯宗十三季 九月己巳, 賜京城男女季八十以上, 及篤癈疾者, 酒食, 茶, 布有差. (下略)

고려사 권제4 세가 권제4 현종

(상략) 현종 13년(1022) 9월 2일에 서울 남녀 나이 80 이상 된 자와 독, 폐질자에게 주식과 茶, 포를 하사하되 차등 있게 하였다. (하략)

050 [高麗史] 卷第六 世家 卷第六 靖宗

(上略) 靖宗四季 秋七月甲寅, 金元冲, 還自契丹, (中略) 又詔曰, 省所上表, 謝恩令韓貢, 竝進捧金吸瓶, 銀藥瓶, 幞頭, 紗紵布, 貢平布, 腦原茶, 大紙, 細墨, 龍鬚簦席等事, 具悉. 卿權司國宇, 欽奉韓廷, 昨差使人, 遠敷忠款, 述累世傾輸之節, 達近季阻限之由, 乞重效於梯航, 願永爲於藩翰. 載觀恭順, 尋示允從, 煩致謝章, 仍陳貢篚. 顧閱之際, 媿歎良深. (下略)

고려사 권제6 세가 권제6 정종

(상략) 정종 4년(1038) 추7월 19일에 김원충이 거란으로부터 돌아왔는데 (중략) 또 조하기를 "상표한 바를 살피고 조공케 한 것을 사은함과 아울러 금흡병, 은약병, 복두, 사저포, 공평포, 腦原茶, 대지, 세묵, 룡수등석 등을 진정한 일도 자세히 알았노라. 경은 국토를 권사하여 조정(皇韓)을 흠봉하고, 이번에는 사신을 보내어 멀리 충성을 베풀어 루대로 공납하여온 절의를 준수하고 근년의 격조된 이유를 주달하며, 거듭 조공에 힘쓸 것을 빌어 길이 번병될 것을 고하였도다. 그 공순함을 보아 이어 윤종함을 표시하였더니 번거로이 감사의 글월을 보내고 인하여 공물의 상자를 베풀었도다. 이것을 고열할 제 괴탄함이 진실로 깊도다" 라고 하였다. (하략)

051 [高麗史] 卷第九十四 列傳 卷第七 諸臣 李周佐

慶州人 (中略), 靖宗二秊, 除右槭騎常侍, 六秊, 以刑部尙書判御史臺事卒, 王悼惜, 贈司空尙書右僕射, 賻米麥四百石, 賜茶及衣著, 令百官會葬. 周佐, 襟懷倜儻, 儀表瑰偉, 立鞆四十餘秊, 有大臣之體.

고려사 권제94 렬전 권제7 제신 리주좌

리주좌(?~1040)는 경주인이니 (중략) 정종 2년(1036) 우산기상시에 제배되어 6년(1040)에 형부상서판어사대사로서 졸하니, 왕이 도석[91]하여 사공상서우복야를 추증하고 미맥 4백 석을 부의하였으며 茶 및 의착을 사하여 백관으로 하여금 회장케 하였다. 리주좌는 금회가 척당(이탁)하고 의표가 괴위[92]하여 조정에 선 지 40여 년 만에 대신의 체통이 있었다.

052 [高麗史] 卷第七 世家 卷第七 文宗

(上略) 文宗元秊 十二月庚戌, 尙書吏部奏, 舊制, 凡諸官僚例, 非上章請老者, 秊至六十九, 則歲抄解職. 今茶房太醫少監金徵渥, 秊當致仕, 宜罷. 制曰, 徵渥名醫, 職在近侍, 可許數秊供職. (下略)

고려사 권제7 세가 권제7 문종

(상략) 문종 원년(1047) 12월 10일에 상서리부에서 주하기를 "구제에는 모든 관료가 의례히 스스로 상장하여 청로하지 않을 경우에는 나이 69세가 되면 그해 말에 해직시켰습니다. 이제 茶房의 태의소감 김징악은 치사[93]할 나이가 되었사오니 마땅히 해임하게 하소서" 한데 제하기를 "김징악은 명의이고 직이 또한 근시이니 수년만 더 공직하도록 하라"고 하였다. (하략)

053 [高麗史] 卷第七 文宗世家 卷第七

(上略) 文宗三秊 三月庚子, 饗八十以上國老, 尙書右僕射崔輔成, 司宰卿趙顒, 太子詹事李澤成等於閤門, 王親臨賜酒, 仍賜輔成 顒等, 公服各一襲, 幞頭二枚, 腦原茶三十角, 澤成公服一襲, 許令閤門乘馬, 出正衙門, 三老固辭. (下略)

고려사 권제7 문종세가 권제7

(상략) 문종 3년(1049) 3월 8일에 80세 이상의 국로인 상서우복사 최보성, 사재경 조옹과 태자첨사 이택성 등을 합문에서 향연하였는데 왕이 친림하여 술을 내리고 인하여 최보성, 조옹 등에게 각기 공복 일습과 복두 2매와 腦原茶 30각을 사하였으며, 리택성에게는 공복 일습을

---

91) **悼惜** 죽은 사람을 아까와 하고 애처롭게 여기며 슬퍼함.
92) **瑰偉** 뛰어나고 큼.
93) **致仕** 관직을 내놓고 물러남.

사하여 합문에서 말을 타고 정아문으로 나가도록 허하니 삼로가 굳이 사양하였다. (하략)

054 [高麗史] 卷第八 文宗世家 卷第八

文宗二十一季 秋九月丁酉, 國師海麟, 請老還山, 王親餞于玄化寺, 賜茶, 藥, 金銀器皿, 綵段, 寶物.

고려사 권제8 문종세가 권제8

문종 21년(1067) 9월 정유에 국사 해린이 늙어서 산에 돌아가기를 청하니 왕이 친히 현화사에서 전별하고 茶, 약, 금은기명, 채단, 보물을 사하였다.

055 [高麗史] 卷第九 世家 卷第九 文宗

(上略) 文宗三十二季 六月丁卯, 命太子, 詣順天館, 導宋使, 至閶闔門下馬, 入會慶殿庭. 王適不豫, 使左右扶出受詔. 其詔曰 卿世荷百祿, 撫有三韓. 慕義向風, 一意輤廷之重, 方舟入貢, 屢浮江海之淵. 載修恭順之誠, 宜被褒嘉之錫. 特馳使指, 往諭朕懷, 緬惟俊明, 當體眷遇. 今差左諫議大夫安燾, 起居舍人陳睦, 賜卿國信物等, 具如別錄, 至可領也. 賜國王衣二對, 各金銀葉裝漆匣盛一對, 紫花羅夾公服一領 (中略) 別賜龍鳳茶一十斤, 每斤用金鍍銀竹節合子, 明金五綵裝腰花板朱漆匣盛, 紅花羅夾帕複, 龍五斤, 鳳五斤, 供御杏仁煮法酒一十瓶. (中略) 已上各用紅錦袋, 明金五彩裝腰花板朱漆匣四具盛. 王迎詔禮畢 謂左右曰 豈謂皇帝陛下, 不遺小國, 遠遣大臣, 特示優賜. 榮感雖極, 兢慙實多. (下略)

고려사 권제9 세가 권제9 문종

(상략) 문종 32년(1078) 6월 25일에 태자에게 명하여 순천관에 나아가 송나라 사신을 인도하여 창합문[94]에 이르러 말에서 내려 회경전정으로 들어왔다. 왕이 때마침 불예하여서 좌우를 시켜 부축하고 나와 조서를 받았다.
그 조서에 "경은 대대로 백록[95]을 받아서 삼한을 무유[96]하였다. 의를 사모하고 인풍을 경앙하매 한뜻으로 조정의 중함을 생각하고, 방주로 입공하여 여러 번 강해의 깊은 곳에 떴도다. 공순한 정성을 닦았으니 마땅히 포가의 은사를 입을 것이다. 특히 사신을 달려 보내어 짐의 회포를 말하게 하나니, 멀리 경의 준명함을 생각할 때, 응당 권우함을 체득할 것이다.
이제 좌간의대부 안도와 기거사인 진목을 보내어 경에게 나라의 신물 등을 별록과 함께 갖추어서 사하나니 도착하거든 령납하라"고 하였다. 사물은 국왕의 2대, 각 금은엽장칠갑성

94) **閶闔門** 宮門의 正門.
95) **百祿** 많은 복록(福祿). 온갖 행복.
96) **撫有** 사랑하여 내 것으로 하다.

1대, 자화라협공복 1령 (중략) 별사로 龍鳳茶[97] 10근, 매근용금도은죽절합자, 명금오채장요화판주칠갑성, 홍화라협파복, 龍 5근, 鳳 5근, 공어행인자법주 11병 (중략) 이상 각용홍금대, 명금오채장요화판주칠갑사구성 등이었다. 왕이 영조의 례를 마치고 나서 좌우에게 이르기를 "어찌 황제폐하께서 소국을 잊지 않고 멀리 대신을 보내어 특히 우사함을 보이실 줄을 알았으랴. 영광스럽고 감사함이 지극하나 송구스럽고 부끄러움도 실로 많도다" 라고 하였다. (하략)

056 [東文選] 第六十四卷 記・三角山重修 僧伽崛記 — 李預

蓋聞恒星匿彩, 彰異兆於大虛, 滿月端容, 耀休光於賢劫. 力摧魔外之衆, 獨作天人之師. 豎氈身之旣灰, 憫世眼之將滅. 故金人之體飛漢夢以告來, 貝葉之詮, 傳竺乾而重譯. (中略) 行幸到窟設齋, 仍獻白銀香盌手鑪各一事, 金剛子水精念珠各一貫, 純金束帶一腰, 併金花果, 繡幡, 茶, 香, 衣對, 錦綺等, 用伸歸敬之禮. (下略)

동문선 제64권 기・삼각산중수 승가굴기 — 리예(문종 1047~1082 時 문관)

대개 들으니 항성[98]의 숨은 빛은 허공에 이상한 징조를 나타내며, 둥근 달의 단아한 얼굴은 아름다운 광채를 현세에 비친다. 힘써 마귀의 무리를 배제하고 홀로 하늘과 인간의 스승이 되었다. 인간으로의 몸이 장차 사라진 뒤에 세상 사람의 눈이 없어질 것을 민망하게 여기었다. 그러므로 금으로 만든 불상은 한나라 황제의 꿈에 날아와서 들어올 것을 예고하였고, 패엽[99]에 기록한 불경의 말씀은 印度인도에서 전하여 거듭 번역되었다. (중략) 齋재를 설하고 인하여 백은으로 만든 향그릇과 손에 드는 향로 한 벌씩과 금강자수정으로 만든 념주 한 벌씩과 순금제인 띠 한 벌을 금화과, 수번, 茶, 향, 의복, 비단 등과 함께 바치시어 귀의하시며 공경을 드리는 례절을 나타내시었다. (하략)

057 [高麗史] 卷第十一 世家 肅宗

(上略) 肅宗二季 六月戊子, 門下侍中李靖恭奉宣, 撰進興王寺碑文, 王賜詔奬諭, 兼賜匹段, 銀器, 茶, 布, 鞍馬等物. (下略)

고려사 권제11 세가 숙종

(상략) 숙종 2년(1097) 6월 6일에 문하시중 이정공이 선지를 받들어 홍왕사의 비문을 지어 올리니, 왕이 조서를 내리어 권하여 타이르고 겸하여 필단, 은기, 茶, 포, 안마 등의 물품을 하사하였다. (하략)

---

97) **龍鳳茶** 上等茶로 大龍團, 小龍團, 龍團鳳餠, 龍團勝雪, 銀線冰芽 등의 궁중용 떡차(餠茶)를 이른다.
98) **恒星** 스스로 빛을 내며, 지구에서 볼 때 天球上의 위치를 변하지 않는 태양. 붙박이별.
99) **貝葉** 패다라엽(貝多羅葉)의 준말로 인도의 다라수(多羅樹) 잎. 불경을 베끼는 데 썼다.

058 [高麗史節要] 卷之六 肅宗明孝大王

(上略) 肅宗二秊 秋七月, 東女眞, 賊船十艘, 寇鎭溟縣, 東北面兵馬使金漢忠, 遣判官康拯, 與戰克之, 獲船三艘, 斬首四十八級. 賜漢忠, 拯 銀, 絹, 茶, 藥. (下略)

고려사절요 권6 숙종명효대왕

(상략) 숙종 2년(1097) 가을 7월에 동여진의 적선 10척이 진명현[100]에서 약탈을 하므로 동북면병마사 김한충이 판관 강증을 보내니, 적과 싸워 이기고 배 3척을 로획하였으며 머리 48급을 베었으므로 김한충과 강증에게 은, 비단, 茶, 약을 하사하였다. (하략)

059 [高麗史] 卷第五十四 志 卷第八 五行二 旱災

(上略) 肅宗九秊 八月丙午, 王幸南京, 駕次常慈院, 遣侍御史崔謂, 齎御衣, 茶, 香, 禱雨于三角山僧伽窟. (下略)

고려사 권제54 지 권제8 오행2 한재

(상략) 숙종 9년(1104) 8월 5일에 왕이 남경에 행차하여 왕의 행차가 상자원에 머물 제, 시어사 최위를 보내어 御衣어의와 茶, 향을 가지고 삼각산 승가굴에서 비를 기원하게 하였다. (하략)

060 [高麗史] 卷第十二 世家 肅宗

(上略) 肅宗九秊 甲申 八月乙巳, 村婦野老, 爭獻瓜果于路, 各賜布帛, 又出內府茶, 香, 衣襯, 施于路傍佛舍. (下略)

고려사 권제12 세가 숙종

(상략) 숙종 9년 갑신(1104) 8월 을사에 촌부 야로들이 瓜果과과를 길에서 다투어 올리거늘, 각각 포백을 하사하고, 또 내부의 茶, 향과 의친을 내어 로방의 불사에 시주하였다. (하략)

061 [高麗史節要] 卷之七 睿宗文孝大王

睿宗二秊 朁正月, (中略) 賜魏繼廷茶, 藥二銀合. (下略)

고려사절요 권7 예종문효대왕

예종 2년 정해(1107) 정월. (중략) 위계정[101]에게 茶, 약이 든 은합 둘을 하사하였다. (하략)

---

100) **鎭溟縣** 함남 德原의 남쪽 24리에 있다.

101) **魏繼廷** 고려 중기의 정치가(?~1107). 선종 때 사은 겸 진봉사로 송나라에 다녀왔고, 숙종 때 예부상서, 문하시랑평장사 등을 지낸 후, 예종 때는 수태보(守太保)에 이르렀다. 시호 충렬(忠烈).

062 [金史]

徽宗 15秊(1115), 羅裔《金》創國 北宋威壓.

금사

휘종 15년 을미(1115), 라예 〈금〉을 창국하여 북송을 위압함.

063 [高麗史] 卷第九十六 列傳 卷第九 諸臣 崔思諏

字嘉言, 初名思順, 後賜今名, 文憲公沖之孫, 自少力學工文, 文宗輈, 登第. (中略) 王曲宴壽萅宮, 召思諏赴宴, 思諏起爲壽王, 親酌酬之, 執其手曰 卿若固退, 誰與共政, 朕優賢重老, 不忍從也. 對曰 七十致仕禮也, 臣已老耄, 無益於國, 願遂歸志, 王許之. 睿宗輈, 加守太師中書令致仕, 賜詔書, 制牒, 茶, 藥, 衣帛, 鞍馬, 以示優恩. 王嘗賜龍鳳茶, 思諏進謝詩, 王和賜之. 王納思諏壻李資謙之女, 生木子, 冊爲王妃. (下略)

고려사 권제96 렬전 권제9 제신 최사추

최사추(1034~1115)의 자는 가언이요 초명은 사순인데 뒤에 지금 이름을 사하였다. 문헌공 충의 손자로 어릴 때부터 학문을 힘쓰고 글짓기를 잘하였으며 문종조에 급제하였다. (중략) 왕이 수춘궁에서 작은 연회를 하다가 최사추를 불러 연회에 오게 하매 최사추가 일어나 축수하는 잔을 올리거늘, 임금이 친히 술을 권하고 그 손을 잡고 말하기를 "경이 만약에 굳이 물러간다면 누구와 더불어 정사를 함께 하리오. 짐이 어진 이를 우대하고 늙은이를 중히 여김에 차마 청종할 수 없다" 하니 대답하기를 "칠십에 치사함은 례인데 신은 이미 늙고 혼모하여 나라에 리익이 없으니 바라건대 돌아가려 하는 뜻을 이루게 하소서" 하니 왕이 이를 허락하였다. 예종조에 수태사중서령를 가하고 치사하니 조서에 制牒제첩, 茶, 약, 의백, 안마를 사하여 우대하는 은혜를 보였다. 왕이 일찍이 龍鳳茶를 주니 최사추가 은혜를 감사하는 시를 올리매 왕이 화답하여 사하였다. 왕이 최사추의 사위 리자겸의 딸을 들이어 목자를 낳으니 책봉하여 왕비를 삼았다. (하략)

064 [高麗史節要] 卷之八 睿宗文孝大王

睿宗 丁酉十二秊 六月, 宴諸王, 兩府于淸燕閣, 用宋帝所賜, 桂香御酒, 龍鳳茗團, 珍果, 寶皿, 各賜犀帶, 襲衣. (下略)

고려사절요 권8 예종문효대왕

예종 12년 정유(1117) 6월 여러 왕족과 량부를 청연각에서 잔치하였는데, 송 황제가 보내준 계향어주와 룡봉명단[102], 진과, 보명을 사용하고 각각 서대와 의복을 하사하였다. (하략)

---

102) **龍鳳茗團** 宋代의 좋은 茶(茗)를 덩어리로 뭉친 것. 즉 團茶로 龍과 鳳의 무늬가 찍힌 고급차.

065 [高麗史節要] 卷之八 睿宗文孝大王

睿宗 丁酉十二季 九月 召淸平居士李資玄, 赴行在. 資玄 中書令子淵之孫 容貌魁偉 性聰敏. 登第爲大樂署丞, 忽棄官入萅州淸平山, 葺文殊院居之, 蔬食布衣, 嗜禪悅道, 逍遙自樂. 王遣內臣, 賜茶, 香, 金帛, 仍累詔徵之, 資玄對使者曰 臣始出都門, 有不復踐京華之誓, 不敢奉詔. 遂上表, 辭曰 以鳥養鳥, 庶無鐘鼓之憂, 觀魚知魚, 俾遂江湖之性, 王覽表知不可致, 特幸南京, 遣其弟尙書資德, 諭赴行在, 賜御製詩一首, 資玄赴召. 王曰 道德之老, 嚮風久矣, 不宜以臣禮見. 命上殿拜, 賜坐, 茶湯, 從容相語, 仍命留三角山淸涼寺. 及再見, 問養性之要, 對曰 莫善於寡欲. 王特加嘆賞, 待遇甚厚. 旣而固請還山, 乃賜茶香法服以寵之.

고려사절요 권8 예종문효대왕

예종 12년 정유(1117) 9월 청평거사 리자현을 불러 행재소[103]에 나오게 하였다. 리자현은 중서령 리자연의 손자인데, 용모가 괴위[104]하며 성질이 총명하고 민첩하였다. 과거에 급제하여 대악서승이 되었다가 갑자기 벼슬을 버리고 춘주 청평산[105]으로 들어가 문수원을 수리하여 거처하면서 변변치 못한 음식과 베옷으로 선을 즐기고 도를 즐기며 소요하면서 스스로 즐거워하였다. 왕이 내신을 보내어 茶, 향, 금백을 하사하고 여러 번 조로 불렀다. 리자현이 사자를 대하여 말하기를 "신이 처음 도성 문을 나올 때에 다시 서울의 거리를 밟지 않겠다고 맹세하였으니, 감히 조서를 받들 수 없습니다" 하고 드디어 표문을 올려서 사양하기를 "새의 본성으로 새를 길러 종고[106]의 근심을 거의 없게 하고, 물고기를 보고 물고기의 기쁨을 알아 강호의 성정을 온전하게 해 주옵소서(장자의 말)" 하니, 왕이 표문을 보고서 나오게 할 수 없음을 알고 특별히 남경에 행차하여 그의 아우인 상서 리자덕을 보내어 행재소에 나오기를 권하며 御製어제 시 한 수를 하사하니, 리자현이 부름을 받아 달려왔다. 왕이 이르기를 "도덕 높은 노인을 사모한 지 오래되었은즉, 신하를 대하는 례절로 볼 수 없다" 하고 명하여 전 위에 올라 절하게 하며 자리를 주고 茶를 내어 조용히 서로 말하고, 이내 명하여 삼각산 청량사에 머물게 하였다. 두 번째 만났을 때에는 양성하는 요결을 물으니, 대답하여 아뢰기를 "욕심을 적게 하는 것보다 더 좋은 것이 없습니다" 하니, 왕이 탄복하여 칭찬하며 대우를 매우 후하게 하였다. 얼마 후에 굳이 산으로 돌아가기를 청하니 茶, 향, 법복을 주어 은총의 뜻을 표시하였다.

103) **行在所** 임금이 巡幸 중에 일시 머무는 곳.
104) **魁偉** 체구가 크고 훤칠하며 장대한 모양.
105) **萅州淸平山** 강원도 춘천.
106) **鐘鼓** 종과 북, 즉 음악.

066 [高麗史] 卷第九十五 列傳 卷第八 諸臣 朴景仁

初名景綽, 字令裕, 少力學登科, 累遷左拾遺. (中略) 後爲西北面兵馬使, 陛辭, 王賜名景仁, 仍賜茶, 藥. 歷吏, 戶, 禮, 刑四部尙書翰林學士承旨判三司事, 以老病屢乞退, 加檢校太子太保守司空尙書左僕射參知政事修國史致仕, 卒秊六十七. (下略)

고려사 권제95 렬전 권제8 제신 박경인

박경인(1055~1122)의 초명은 경작이요 자는 령유인데, 젊어서 학문에 힘써 등과하여서는 루천107)하여 좌습유가 되었다. (중략) 뒤에 서북면병마사를 삼았는데 폐하에 고별하매 왕이 경인이라 이름을 하사하고 거듭하여 茶와 약을 하사하였다. 리, 호, 례, 형 4부의 상서와 한림학사, 승지, 판삼사사를 력임하고 로병으로 여러 번 퇴관하기를 빌매 검교태자태보수사, 공상서좌복야참지정사, 수국사를 가하여 치사하게 하였다. 졸하매 나이 67이었다. (하략)

067 [高麗史節要] 卷之九 仁宗恭孝大王

仁宗甲辰二秊 秋七月, 遣使, 冊李資謙, 爲亮節, 翼命功臣, 領門下尙書都省事, 判吏兵部, 西京留守事, 朝鮮國公, 食邑八千戶, 食實封二千戶. 府號崇德, 宮曰懿親, 封其妻崔氏, 爲辰韓國大夫人,子之美, 爲秘書監樞密院副使, 公儀, 爲尙書刑部侍郞, 之彦, 爲尙書工部郞中兼御史雜端, 之甫, 爲尙書戶部郞中, 知茶房事, 之允, 爲殿中內給事, 之元, 爲閤門祗候, 以子僧義莊, 爲首座. (下略)

고려사절요 권9 인종공효대왕

인종 2년 갑진(1124) 가을 7월에 사신을 보내어 리자겸을 량절로 하여 익명공신, 령문하상서도성사, 판리병부, 서경류수사, 조선국공, 식읍팔천호, 식실봉이천호에 책봉하고, 부의 칭호를 숭덕, 궁의 칭호를 의친이라 하며, 그의 아내 최씨는 진한국대부인에 봉하고 아들 리지미를 비서감추밀원부사에 임명하고, 공의를 상서형부시랑, 리지언을 상서공부랑중 겸 어사잡단에, 리지보를 상서호부랑중, 知茶房事에, 리지윤을 전중내급사에, 리지원을 합문지후108)에 임명하고 승이 된 아들 의장을 수좌에 임명하였다. (하략)

068 [高麗史] 卷第九十五 列傳 卷第八 諸臣 李資玄

字眞精, 容貌魁偉, 性聰敏, 登第, 爲大樂署丞, 忽棄官 入菁州淸平山, 葺文殊院居之, 蔬食布衣, 以禪道自樂, 睿宗遣內臣, 賜茶, 香, 金帛. (中略) 命留三角山淸涼寺, 再見問養性之要, 對曰 莫善於寡欲, 遂進心要一篇, 王歎賞, 待遇甚厚, 旣而固請還山, 乃賜茶湯, 道服, 以寵其行. 仁宗卽位, 亦傾嚮之, 有疾, 遣內醫診視, 賜茶, 藥. 卒秊六十五. 性吝, 多畜財貨擧物積穀, 一方厭苦之. 賜謚眞樂.

---

107) **累遷** 관직이 여러 번 승진함. (史記에 上累遷, 一世中爲郞中令)
108) **閤門祗候** 閤門은 고려 때 朝會의 의례를 맡은 관아이며, 祗侯는 합문의 한 벼슬.

고려사 권제95 렬전 권제8 제신 리자현

리자현(1061~1125)의 자는 진정인데 용모가 괴위하고 성품이 총민하므로 과거에 급제하여 대악서승이 되었으나 문득 관을 버리고 춘주 청평산에 들어가서 문수원을 보수하여 살면서 소식과 포의로 선도를 자락하였다. 예종이 내신을 보내어 茶, 香과 금백을 사하고 (중략) 명하여 삼각산 청량사에 류하게 하였다. 두 번 만나보고 양성하는 요체를 물으니 대답하기를 "욕심을 적게 하는 것보다 좋은 것이 없나이다" 하고 드디어 『심요』 일편을 올리니 왕이 탄상하여 대우를 심히 후하게 하였다. 그러다가 산에 돌아가기를 고청하매, 이에 茶湯과 도복을 사하여서 그 행적을 영광되게 하였다. 인종이 즉위하매 또한 향모하였고 병이 있으매 내의를 보내어 진찰시키고 茶와 약을 사하였다. 나이 65에 졸하였다. 성품이 인색하고 많은 재물과 곡식을 축적하여 한편으로 싫어하고 괴로워했다. 시호 진락이라 사하였다.

069 [高麗史] 卷第九十六 列傳 卷第九 諸臣 金仁存

字處厚, 初名緣, 新羅宗室角干周元之後. 父上琦, 登第, 官至侍郎平章事, 謚文貞, 配享宣宗廟庭. (中略) 崇寧, 大觀以來, 施設注措之方, 其於文閣, 經筵, 求訪儒雅, 遵宣和之制也, 深堂密席, 迎見輔臣, 法大淸之宴也, 雖禮有豐殺, 而優賢尙能之意, 其致一也, 今入覲進貢使資謙, 賫桂香, 御酒, 龍鳳茗團, 珍果, 寶皿來歸, 嘉與卿等, 樂斯盛美. 臣僚皆惶駭恐懼, 逡伏階陛, 辭以固陋, 不敢干盛禮, 王趣令就座, 溫顔以待之, 備物以享之. (下略)

고려사 권제96 렬전 권제9 제신 김인존

김인존(?~1127)의 자는 처후요 처음 이름은 록이니 신라 종실 각간 주원의 후손이다. 부는 김상기이니 과거하여 벼슬이 시랑평장사에 이르렀고, 시호는 문정이며 선종의 묘정에 배향[109] 하였다. (중략)

"숭녕(1102~1106 宋 徽宗年號), 대관(1107~1110 宋 徽宗年號) 이래로 시설하고 조처하는 방법, 문각과 경연에 있어서 유아한 이를 찾아 구함은 선화(1119~1125, 宋 徽宗年號)의 제도를 따름이요 심당밀석에 보신을 맡아 보는 것은 대청(宋 大淸閣?)의 연을 법하였으니, 비록 례는 풍살(증감)이 있으나 어진 이를 우대하고 능한 이를 숭상하는 뜻은 그 리치가 같은지라, 지금 입조한 진공사 리자겸이 계향어주, 龍鳳茗團과 진귀한 과일, 보배로운 그릇을 싸가지고 돌아오매 즐겁게 경들로 더불어 이 성미함을 즐거워하리라" 하니 신료가 다 황공하여 뜰에 물러가 엎드려 고루하여 감히 성한 례에 참여할 수가 없다고 사양하니, 왕이 재촉하여 나와 앉게 하고 온화한 얼굴로써 대접하고 물품을 갖추어서 享향하였다. (하략)

109) **配享** 文廟나 祠院에 학덕이 있는 사람을 祔祭함.

070 [高麗史] 卷第十六 仁宗世家

(上略) 仁宗八季庚戌, 三月己未, 盧令琚等, 還自金, 詔曰 省所上稱謝, 進奉銀器, 茶, 布等物, 竝付進誓表事, 具悉. 朕不已而征, 見立俘於二罪, 非常之慶, 遂誕告於四方, 卿荐守王藩, 篤守臣節, 露囊章而展謝, 旅篚貢以將誠, 載念忠嘉, 豈忘嘆尙. 有所合諭事件, 具如別錄, 至當深省, 以善後圖. (下略)

고려사 권제16 인종세가

(상략) 인종 8년 경술(1130) 3월 기미에 로령거 등이 金으로부터 돌아오니 조에 이르기를 "올린 바 칭사한 것과 진봉한 은기, 茶, 포 등의 물품과 아울러 서표를 부쳐 올린 것은 살펴 모두 지실하였다. 짐이 마지못하여 쳐서 두 죄인(宋의 徽宗, 欽宗)을 곧 사로잡았으니 비상한 경사를 드디어 사방에 널리 고하노라. 경은 계속하여 왕번을 지키고 신절을 돈독하게 지키며 낭장[110]을 드러내어 전사하고 비공을 베풀어 정성을 보내니, 충가함을 생각하매 어찌 탄상함을 잊으리오. 합유할 바 사건이 있어 별록과 같이 갖추었으니, 이르거든 마땅히 깊이 살펴 후계를 잘하도록 하라"고 하였다. (하략)

071 [新增東國輿地勝覽] 第二十一卷 慶州府 佛宇, 柏栗寺 — 鄭知常

(上略)
試茶閔子泉　甌面發雲**乳**
三復壽翁詩　滿壁珠璣**吐**
樂哉無所憂　此樂何太**古**
飛蓋下松門　松門日卓**午**
五言律 麌韻

신증동국여지승람 제21권 경주부 불우, 백율사 — 정지상(?~1135)

(상략)
茶를 민자천에서 시음하니
茶 그릇에 운유가 발하네.
壽翁수옹[111] 시를 거듭 읽으니
沙鉢사발 벽에 가득 구슬을 토한다.
즐거워라, 근심하는 바가 없으니
이 즐거움 어찌 그리 예스러운가?

---

110) **囊章** 囊書, 곧 囊袋에 넣은 글월. 소중히 포장한 章奏. 李山甫의 「赴擧別所知詩」에 '腰劍囊書出戶遲 狀心寄命兩相疑'라 했다.

111) **壽翁** 고려 시대 문신 최혜(崔瀣, 1287~1340)의 號이며 고려 공민왕 4년(1355)에 『東人之文』 25편을 편수했다. 李齊賢(1287~1367)과 함께 當代의 문호로 이름을 떨쳤다.

일산(蓋)을 날리며 송문 내려오니
송문에 해가 정오로세.

072 [東文選] 第六十四卷 記 · 淸平山 文殊院記 — 金富轍

菖州淸平山者, 古之慶雲山, 而文殊院者, 古之普賢院也. 初禪師永賢, 自唐來于新羅國, 至太祖卽位之十八秊, 歲在乙未, 新羅敬順王納土, 是時後唐淸泰二秊也. 至光廟二十四秊, 禪師始來于慶雲山, 創蘭若曰 白巖禪院. (中略) 睿廟再命內臣等, 以茶, 香, 金繪, 特加賜予, 仍命赴闕, 公不欲負過江初心, 竟不奉教. 政和七秊, 乘輿幸于南京, 遣公之舍弟尙書資德, 請赴行在, 仍以親製手書詩一首賜之曰 願得平生見, 思量日漸加. 高賢志難奪, 其奈予心何. 公上表辭之而懇切不回. 乃以其秊八月,謁于南京, 上曰 道德之老, 積秊傾慕, 不可以臣禮見之. 固命拜于殿上, 上亦答拜. 旣坐, 進茶湯, 從容說話. 仍命暫止于三角山淸涼寺, 上乃往返, 諮問禪理. 公於是述進心要一篇, 旣而固請還山. 乃賜茶, 香, 道具, 衣服, 以寵其行, 而王妃公主亦以衣服, 各致饋獻之禮. 至宣和三秊, 尙書再奉王命, 詣于山中, 特開楞嚴講會, 而諸方學者, 來集聽受. 四秊今王卽位, 特遣近臣李逢原, 曲加存問, 仍賜茶, 香, 衣物. 七秊公有微疾. 遣內臣國醫問疾, 兼賜茶藥等, 公豫占安葬之地, 一日謂門人曰 吾不久住, 吾沒後門人祖遠繼住山門, 自遠以後, 亦擇有道行者, 相繼爲主. 是秊四月二十一日, 又謂門人曰 人命無常, 生必有死, 愼勿爲戚, 以道爲懷, 言訖申時入寂. 臨終聰明不亂, 談笑如平生, 入寂時異香滿室, 漸徧山洞, 三日不歇. 擧體潔白如玉, 屈伸加平生, 二十三日襄事竝加遺教. (下略)

동문선 제64권 기 · 청평산 문수원기 — 김부철(1079~1136)

춘주의 청평산이란 것은 옛날 경운산이요, 문수원이란 옛날의 보현원이다. 처음에 선사 영현이 당나라에서 신라국에 왔었는데, 태조께서 즉위하신 후 18년 을미에 신라의 경순왕이 영토를 우리나라에 바쳤으니, 이때는 후당의 청태 2년이었다. 광종 24년(973)에 선사가 처음 경운산에 와서 절을 창건하고 '백암선원'이라 하였다. (중략)

예종께서 두 번이나 내신들에게 명하여 茶와 향과 금으로 수놓은 비단을 특별히 내리시고, 인하여 대궐에 들어오라고 명하였으나, 공은 강을 건널 때에 처음 먹었던 마음을 저버리고 싶지 않아 끝내 교명을 받들지 아니하였다. 정화 7년에 임금의 행차가 남경에 거둥하시는데, 공의 아우인 상서 리자덕을 보내어 임금이 행어하시는 곳에 나오기를 청해서, 인하여 임금께서 지으시고 손수 쓰신 시 한 편을 그에게 내렸다. 이르기를 "평소에 보기를 원하였더니, 날이 갈수록 생각이 더하여라. 어진 이 높은 뜻을 빼앗긴 어려우나, 나의 마음 간절함은 어이하려나" 하였다. 공은 표문을 올리어 이를 사양하였으나, 임금의 간절하신 마음을 돌이킬 수는 없었다. 마침내 그 해 8월에 남경에 나아가서 뵈었다. 상이 이르기를 "도덕이 높은 로인을 여러 해 동안 사모하였는데, 신하의 례절로 보아서는 안 된다"

하고 인하여 전각 위에 올라서 절할 것을 명하고 상께서도 답례로 절하셨다. 좌정한 뒤에 茶를 내어 놓고 조용히 얘기하였다. 인하여 잠시 삼각산 청량사에 머무르게 하고, 상께서 래왕하시며 선학의 교리를 질문하셨다. 공은 마침내 『심요』 한 편을 저술하여 올렸다. 그리고 산으로 돌아가겠다는 것을 굳이 청하였다. 그러자 茶, 향, 도구, 의복을 내리시어 그가 떠나는 길에 사랑을 베푸시고, 왕비와 공주도 의복으로 선물하는 례절을 차렸다.

선화 3년(1121)에 이르러 상서는 다시 왕의 명을 받들고 산중에 나아가서 특별히 릉엄강회를 개최하게 하시니, 여러 곳에서 학자들이 모여들어 강의를 들었다. 4년에 지금 임금께서 즉위하시어 특별히 측근의 신하인 리봉원을 보내어 간곡히 위문을 베푸시고, 인하여 茶와 향과 의류를 내리었다. 7년에 공이 조금 질환이 있었다.

나라에서는 내신 국의를 보내어 문병하시고 겸하여 茶와 약 등을 내리었다. 공은 장사지낼 곳을 미리 예정해 두었는데, 하루는 문인에게 말하기를 "나는 오래 살지 못할 것이다. 내가 죽은 뒤에는 문인인 조원이 계속하여 이 절에 머무르고, 조원 이후에는 다시 도와 행실이 있는 사람을 택하여 서로 계속하여 주장이 되게 하라" 하였다. 이 해 4월 21일에 또 문인에게 이르기를 "인생의 목숨이란 덧없는 것이어서 나면 반드시 죽음이 있는 것이니, 부디 슬퍼하지 말고 도에 정신을 두어라" 하더니 말을 마치고 신시(오후 3시~5시)에 입적하였다. 죽음에 임하여도 정신이 혼미하지 아니하며 보통 때처럼 웃으며 이야기하였다. 입적할 때에 이상한 향기가 방안에 자욱하더니, 차츰 온 산골에 두루 퍼져서 사흘 동안이나 그치지 않았다. 온 몸이 옥같이 깨끗하였고 굴신하기가 살았을 때나 마찬가지였다. 23일에 모두 유언대로 장사를 지냈다. (하략)

073 [東文選] 第六十四卷 記 · 幸學記 — 金守雌

夫學校之設, 所以明人倫也. 故自虞, 夏, 商, 周歷世千百, 有爲之君 未嘗一日廢也. 惟我睿廟剛明自斷, 破排衆論, 草創黌舍, 育才重道, 四方多士, 靡然向化. (中略) 上乃顧左右, 開笑悅懌. 旣而學官諸生, 各奉牋陳賀, 上特以名茶賜之後. 百官諸生皆退, 仍以酒饍賜之. (下略)

동문선 제64권 기 · 행학기 — 김수자(인종, 1123~1146 時 문관)

무릇 학교를 설치하는 것은 인륜을 밝히기 위함이다. 그러므로 虞우, 夏하, 商상, 周주로부터 천백 세대를 내려오면서 정치를 잘하는 임금으로서는 일찍이 하루도 폐지한 적이 없었다. 생각하건대 우리 임금은 강명한 성격으로 스스로 결단을 내리어 여러 사람의 론의를 물리치고 학교의 건물을 창건하여 인재를 양성하며, 도를 존중히 여기어 사방에서 들어오는 많은 학자들이 몰려 들어와서 교화에 따르게 되었다. (중략) 상은 좌우에 모신 신하를 돌아보고 빙그레 웃으며 기뻐하였다. 그러고 나서 학교의 모든 학생이 각기 전을 지어서 경하를 올리니, 상은 특별히 좋은 茶를 그들에게 내리셨다. 백관과 여러 학생이 모두 물러가니 인하여 술과 음식을 그들에게 내리었다. (하략)

074 [高麗史] 卷第九十八 列傳 卷第十一 諸臣 鄭襲明

鄭襲明 迎日縣人, 倜儻奇偉, 力學能文, 以鄕貢登第屬內侍. (中略) 襲明久居諫職, 有諍臣風, 仁宗深加器重, 使傅東宮及不豫, 謂毅宗曰, 治國當用襲明言. 襲明自以先蘇顧托, 知無不言, 毅宗憚之. 金存中, 鄭諴, 日夜短之. 會襲明告病, 以存中權代其職, 襲明揣知王意, 仰藥而死. 自是, 佞倖日進, 王益縱恣, 逸游無度. 嘗幸歸法寺馳馬至獺嶺茶院, 從臣皆莫及, 王獨倚柱, 謂侍者曰, 鄭襲明若在, 吾豈得至此.

고려사 권제98 렬전 권제11 제신 정습명

정습명(?~1151)은 영일현인이니 탁월하고 기위하여, 학업에 힘써 글을 잘 하였으며 향공[112]에 등제되므로 내시에 속하였다. (중략) 정습명이 오래 간직에 거하여 쟁신의 풍도가 있음으로 인종께서 깊이 재기를 중히 여겨서 동궁에게 사부가 되게 하였고 병이 듦에 의종에게 이르기를 "나라를 다스림에는 마땅히 정습명의 말을 써야 한다"고 하였다. 정습명이 스스로 선조의 고탁[113]으로써 알면 말하지 않음이 없으니 의종이 꺼리었다. 김존중과 정성이 낮밤으로 이를 비방하였다. 마침 정습명이 병을 고하거늘 김존중으로써 그 직을 대신하게 하니 정습명이 왕의 뜻을 탐지하고 약을 마시고 죽었다. 이로부터 간신이 날로 나오매, 왕이 더욱 방자하여 유흥에 탐착함이 법도가 없었다. 일찍이 귀법사에 행차할 제 말을 달리어 달령의 茶院에 이르니, 시종하는 신하들이 다 미치지 못하는지라 왕이 홀로 기둥에 비기어 시자에게 말하기를 "정습명이 만약 있었으면 내가 어찌 여기에 오게 되었으리오"라고 하였다.

075 [高麗史節要] 卷之十一 毅宗莊孝大王

毅宗 六秊 秋七月, 臺諫伏閤論諫, 乃黜內侍十四人, 茶房五人.

고려사절요 권11 의종장효대왕

의종 6년(1152) 추7월에 대간이 합문에 엎드려 간하여, 내시 14명과 茶房 5명을 내쫓았다.

076 [高麗史] 卷第十八 世家 毅宗

毅宗 十三秊 己卯, 三月乙亥, 幸玄化寺, 東西兩院僧, 各設茶亭迎駕, 競尙華侈.

고려사 권제18 세가 의종

의종 13년 기묘(1159) 3월 20일에 현화사에 행차하니 동서 량원의 승이 각기 茶亭을 설하고 왕가를 맞이할 제 다투어 화치함을 자랑하였다.

---

112) **鄕貢** 高麗時代 과거(科擧)에서 지방(地方)의 제1차 시험에 합격한 사람.
113) **顧托** 돌아보고 부탁함. 주로 군주가 임종할 때 신하에게 후사를 부탁함을 이른다.

077 [東文選] 第十九卷 茶店晝睡(二首) — 林椿

其一

隤然臥榻便忘**形**　　午枕風來睡自**醒**
夢裏此身無處著　　乾坤都是一長**亭**
七言絕 青韻⇒形醒亭

其二

虛樓夢罷正高**舂**　　兩眼空濛看遠**峯**
誰識幽人閑氣味　　一軒春睡敵千**鍾**
七言絕 靑韻⇒舂峯鍾

동문선 제19권 茶店에서 낮잠(2수) — 림춘(의종 1147~1170 時 문관)

기1

몸 던져 평상에 누워 문득 이 몸 잊었더니
한낮 베개 위에 바람 부니 잠이 절로 깨누나.
꿈속의 이 몸은 머물 곳이 없었어라
건곤이란 도무지 이 한 장정인 것을.

기2

빈 다락에 꿈을 깨니 정히 녁 점일세
흐릿한 두 눈 먼 봉우리 보노라.
누가 알리, 유인의 한가한 멋을
한 자리 봄잠이 천종114)에 맞먹느니.

078 [東文選] 第六十五卷 記·足庵記 — 林椿

凡亢爽奇壯之珍觀者, 天作而地藏之, 必在乎山區海陬荒邊側壤, 而有衝波急洑隤崖落石之所壓覆, 龍, 蛇, 虺蝎, 虎豹之所抵觸. 故莫不贏糧戒途, 弃韓走夜, 變更寒暑, 而後得至焉. (中略) 使淸風掃階, 明月侍座. 碾春茗而香泉甘, 弄素琴而幽鳥窺, 或醉者淋漓, 歌者激烈. 或靜觀微步, 傲睨物表, 逍遙徜徉, 以適其適. 雖所遇之樂不同, 而得於心者, 亦皆自足矣. (下略)

---

114) **千鍾** 鍾은 量器의 이름으로 斛(곡) 4斗에 해당한다. 千鍾의 祿은 가장 높은 관직에 있는 사람이 받는 祿을 말한다.

동문선 第65권 기·족암기 — 림춘(의종, 1147~1170 時 문관)

무릇 상쾌하고 기이한 좋은 경관은 하늘이 이것을 만들고 땅이 간직한 것이니, 반드시 깊은 산속이 아니면 바닷가에 떨어져 있기 마련인데 한쪽에 치우쳐 있기 때문에 거기에는 부딪치는 파도, 쏟아지는 여울, 무너진 벼랑이나 굴러 떨어지는 바위가 덮쳐 누른 곳이며, 룡과 뱀, 이무기, 범, 표범들이 저촉[115]하는 곳이다. 그러므로 그곳을 구경하려면 식량을 준비하고 장비를 갖추어 밤낮을 가리지 않고 달려가 계절이 바뀐 뒤에 도달하게 된다. (중략) 맑은 바람은 뜰을 쓸어 주고 밝은 달은 좌석을 비춰 준다. 봄철에 만든 茶를 갈아서 향기어린 샘물을 넣어 마시고 거문고를 타면 새들도 엿보는 듯하다. 더러 술에 취한 사람은 거나하게 되고 노래하는 사람은 소리를 높인다. 더러는 고요히 사색하며 천천히 거닐면서 세상을 초탈하여 高塔的고탑적으로 관찰하며, 자유롭게 지내면서 자기가 적합한 대로 맞추어 나간다. 비록 그 처해 있는 즐거움은 일치하지 않을지라도 마음이 만족스러움에 있어서는 또한 모두들 스스로 만족할 것이다. (하략)

079 【新增東國輿地勝覽】 第二十六卷 密陽都護府, 題詠 — 林椿

(上略)

松菊荒彭澤　　煙波動嶽**陽**
山深禽格磔　　天與水蒼**茫**
岫碧開新障　　湖晴倚淡**妝**
際天排樹幄　　拂雪裊茶**槍**

(下略)　　五言律 陽韻⇒陽茫妝槍

신증동국여지승람 제26권 밀양도호부, 제영 — 림춘(의종 1147~1170 時 문관)

(상략)

송, 죽, 국 팽택 三徑삼경[116]처럼 茂盛무성하고
연파는 악양루를 요동하게 하네.
산이 깊어 새 지저귀고
하늘과 물은 푸르고 넓구나.
산이 푸르러 새 경계를 열고
호수가 맑아서 분단장한 듯.
하늘다이 나무장막 늘어섰고
눈 날려 茶 가지에 아롱거리네.

(하략)

---

115) **抵觸** 서로 스침, 부딪침, 충돌함.
116) **松, 竹, 菊 彭澤 三徑** 陶淵明의 歸去來辭 句.

080 [高麗史] 卷第十九 明宗世家

明宗八季 三月丙辰, 御史臺奏, 內侍, 茶房, 實踰定額, 制下, 削內侍林正植等十二員, 茶房六員.

고려사 권제19 명종세가

명종 8년(1178) 3월 병진에 어사대가 내시와 茶房이 실로 정액에 초과된 것을 아뢰니 제하여 내시 림정식 등 12원과 茶房 6원을 삭감하였다.

081 [東文選] 第四卷 龍灣雜興 — 金克己

(上略)
巖巖妙高峯　壁立千丈**直**
偶尋林下僧　空畔躡雲**碧**
因窺壁閒詩　五字皆破**的**
始知方外客　先我已探**歷**
斯人定淸曠　恨不同茗**席**
空令千載下　慷慨弔幽**迹**
五言古 錫陌韻⇒直碧的歷席迹

동문선 제4권 룡만잡흥 — 김극기(명종 1171~1197 時 문관)

(상략)
높디높은 묘고산 봉우리는
벽처럼 천 길이나 곧게 섰구나.
우연히 수풀 밑의 승을 찾아서
허공에 푸른 구름 밟았네.
그를 따라 벽 사이에 쓰인 시를 엿보매
다섯 글자가 모두 격식에 맞았네.
비로소 알겠구나, 방외117)의 객이
나보다 먼저 지나갔음을.
그이는 틀림없이 맑고 높은 사람
함께 茶 못 마신 것 한스러워라.
속절없이 천 년 뒤에
슬프게 그윽한 자취를 조상하게 하누나.

---

117) **方外** 方內 方外라는 말이 『莊子』에 있는데, 세속의 법도를 초월한 것을 말한다.

082 [新增東國輿地勝覽] 第二十一卷 慶州府 古跡, 皇龍寺 — 金克己

活火試芳茶　花瓷浮白**乳**
香甛味尤永　一啜空百**慮**
暮色入平林　長廊鳴法**鼓**
才微萬象驕　把筆吟尤**苦**
五言律 麌韻⇒乳鼓. 語韻⇒慮苦

신증동국여지승람 제21권 경주부 고적, 황룡사 — 김극기(명종 1171~1197 時 문관)

활화에 향기로운 茶 시음하니
花圖화도 茶사발에 흰 젖이 뜨네.
향기롭고 달금한 맛 더욱 길어
한 사발에 온갖 心慮심려를 비우네.
저녁 어스름 질펀히 숲에 스미고
긴 행랑에서 법고가 운다.
재주가 적으니 온갖 경치 뛰어나도
붓 잡아 吟詠음영하기 더욱 고달프구나.

083 [新增東國輿地勝覽] 第四卷 開城府 佛宇, 安和寺 — 金克己

(上略)
豈期一笑粲相**接**　終日陶陶歡對**榻**
立谿綠茗惠山泉　甌面松風吹颯**颯**
七言古 葉韻⇒接榻颯

신증동국여지승람 제4권 개성부 불우, 안화사 — 김극기(명종 1171~1197 時 문관)

(상략)
어찌 알았으랴 한번 웃고 밝은 모습 서로 대하여
종일토록 흐뭇하게 자리에 마주 앉았네
립계의 푸른 茶를 혜산천118)으로 달이니,
사발에 쏴쏴하게 솔바람 소리 불어오누나.

---

118) **惠山泉** 중원 江蘇省 서쪽인 혜산(慧山으로 쓰기도 한다)에 있는데, 물맛이 좋기로 유명하다. 송나라 문장가 구양수가 茶 끓이던 샘물이기도 하다.

084 [新增東國輿地勝覽] 第三十四卷 泰仁縣 佛宇, 龍檝寺 — 金克己

(上略)

拂簞懶攜扇　　環鑪思脫**裘**
月廊轟粥鼓　　風榻瀹茶**甌**
却將盧嶽靖　　還作剡谿**猷**
洞口誰相送　　唯殘出谷**飂**

五言古 尤韻⇒裘甌猷飂

신증동국여지승람 제34권　태인현 불우, 룡장사 — 김극기(명종 1171~1197 時 문관)

(상략)

자리 떨치니 부채 잡기 게으르고
화로 안으니 가죽옷 벗고 싶네.
월랑에는 죽고[119]가 울리는데
풍탑에는 茶사발이 출렁인다.
문득 로악 도연명[120]을 가지고
도리어 섬계 王子猷왕자유[121]가 되려 하네.
동구에서는 누가 서로 보내 주나
오직 골짜기로 나오는 회오리바람뿐이다.

085 [新增東國輿地勝覽] 第三十六卷 珍原縣 題詠 — 金克己

橘添霜後味 (李桂逐)　　茶養火前香 (金克己)

신증동국여지승람 제36권 진원현 제영 — 김극기(명종 1171~1197 時 문관)

귤은 서리 뒤에 맛을 더하고
茶는 불 앞에서 향기를 풍기네.

---

119) **粥鼓** 식사 시간 때 치는 북.

120) **陶潛** 도잠(365~427). 東晉 말의 문호(文豪)로 자는 연명(淵明), 원량(元亮). 성품이 고상간귀(高尙簡貴)하여 오류(五柳) 선생이라 자처하였고, 정절(靖節) 선생이라 존칭하였다. 『歸去來辭』 『도연명집』이 있다.

121) **子猷** 왕휘지(王徽之)의 字. 東晉 會稽 사람으로 왕희지(王羲之, 307~365)의 아들.

086 [新增東國輿地勝覽] 第四十四卷 江陵都護府 樓亭, 寒松亭 — 金克己

孤亭枕海學蓬**萊**　境淨不許栖片**埃**
滿徑白沙步步雪　松聲淸佩搖瓊**瑰**
云是四仙縱賞地　至今遺迹眞奇**哉**
酒臺攲傾沒碧草　茶竈今落荒蒼**苔**
雙岸野棠空歆餖　向誰凋謝向誰**開**
我余探歷放幽興　終日爛傾三雅**杯**
坐知機盡已忘物　鷗鳥傍人飛下**來**

七言古 灰韻⇒萊埃瑰哉苔開杯來

신증동국여지승람 제44권 강릉도호부 루정, 한송정 — 김극기(명종 1171~1197 時 문관)

외로운 정자가 바다를 임해 봉래산 같으니
지경이 깨끗하여 먼지 하나 용납 않네.
길에 가득한 흰 모래는 자국마다 눈(雪)인데
솔바람 소리는 구슬 패물[122]을 흔드는 듯하네.
여기가 네 신선이 유람하던 곳
지금에도 남은 자취 참으로 기이하네.
주대(술자리)는 기울어 풀 속에 잠겼고
茶竈는 湮落인락하여 푸른 이끼 끼었네.
양쪽 언덕 해당화는 헛되이
누굴 위해 지며 누굴 위해 피는가.
내가 지금 경치를 찾아 그윽한 흥취대로
종일토록 술잔을 기울이네.
앉아서 心機심기가 고요하여 物물을 모두 잊었으니
갈매기들이 사람 곁에 날아 내리네.

087 [新增東國輿地勝覽] 第五十一卷 平壤府 山川, 薄金川 — 金克己

其一
一道飛川始發**源**　紅衢斷處乳山**根**
甘涼氣味宜烹茗　苦被都人汲引**喧**

122) **佩物** 사람의 몸에 차는 장식물.

其二
一水來從何處**源**　乳山山下白雲**根**
試茶處處人相汲　人去人來盡日**喧**

和七言絶 元韻⇒源根喧

신증동국여지승람 제51권 평양부 산천, 박금천 — 김극기(명종 1171~1197 時 문관)

기1
한 줄기 빠른 내 근원을 발한 곳
인가 끊긴 유산의 뿌리.
달고 시원한 맛이 茶 달이기 알맞아
고달픈 사람들이 떠들며 물 긷는다.

기2
한 물줄기의 근원이 어딘가
유산 아래 백운 이는 바위.
茶 달이려 곳곳에서 서로 길으니
오는 이 가는 이 종일토록 떠든다.

088 [補閑集] 卷下 崔滋

承安三季 戊午, 司天監李寅甫, 以慶州道祭告使, 歷祀山川旣畢將還, 暮抵浮石寺, 有僧迎入客宇. 蕭然無左右, 忽有女乍見廊廡閒. 監謂爲近方州牧送妓, 未之訝也. 少選蹁躚來庭不拜之, 屈伸頗下類倡. 拜訖, 升自階徑就室入焉. 細視之非烟火食者. 監雖怪之, 以其姿色絶代, 不忍拒也, 乃攝依出戶周覽, 獨有一古井可怪, 復坐愕然. 久之有一沙彌, 將主公命來報曰 大監甚勞苦. 幸今戾止, 請臨丈室, 敢以茶湯奉之. 臨不得已, 往强以女侍從. 牢讓再三, 躡出於戶, 監與主公接殷勸之歡, 至昏夜乃罷歸. 俄而向女復來, 監稍近狎焉. 女曰 大官旣悉我無疑也, 妾所居去此不遠, 竊慕高義以是來耳. 其應對慧利甚閑, 逐同衾曲盡綢繆之意. 爲留三日而出, 止郵亭宿焉, 向之女苒苒來至. 監曰 已去矣, 何復來爲. 女曰 腹有君之息一矣, 乞復添一所以至耳. 仍薦枕如故, 比曉告别, 雲情雨意甚繾綣然. 行入興州將宿, 女復來入, 監自念若以舊好接之, 恐爲後患, 逐面之而不省. 女瞪目良久, 怫然作色曰 甚善, 後當不復見也. 卽出戶回風卷地, 擊毁廳事閒一扉, 截樹杪而去, 如以斤斧斫之. 畧論曰 李監旣知其非人, 何便與合歡. 曲盡綢繆, 人與神物交, 室有腹息, 胡怪誕之甚. 韓子曰 無形與聲者, 鬼也. 人有忤於天, 有違於民, 有爽於物, 逆於倫, 而感於物. 於是, 鬼有托於形, 憑於聲以應之, 皆民之爲也. 然則惑鬼者自欺也.

보한집 권하 최자(1188~1260)

승안 3년(1198) 무오에 사천감 리인보가 경주도제고사로서 산천의 제사를 마친 뒤에 돌아오려는데, 부석사에 이르자 승 하나가 마중 나와 객실로 맞아들였다. 집 안에는 아무도 없고 쓸쓸한데 홀연 웬 녀자가 복도에서 잠깐 보였다. 사천감은 근방 주목이 기생을 보냈거니 생각하고 의심하지 아니하였다. 그러나 조금 있다가 너울너울 춤을 추며 나와서 뜰아래에서 인사를 드리는데 몸맵시가 전연 창기와는 달랐다. 인사를 마친 후에 스스로 층계 길을 올라가 방으로 들어갔다. 자세히 살펴보니 화식하는 사람은 아니었다. 사천감은 비록 괴이히 여겼으나 자색이 뛰어난지라, 차마 거절하지 못하고 이에 옷을 입고 문 밖으로 나가 두루 살펴보니, 오직 한 곳에 오래된 우물이 괴상하여 다시 놀라서 앉아 있었다. 시간이 오래 지나자 한 어린 승이 주인의 명령이라고 와서 알리기를 "대감께서는 너무 피로하셨습니다. 다행이 이곳에 오셨으니 청컨대 욕실에 드시면 감히 茶湯으로 모시겠습니다" 하여 부득이 들어가니 강제로 녀자를 시중들게 하였다. 재삼 완강히 사양하다가 문 밖에 나와서 사천감은 주인과 은근한 환담을 나누게 되고 밤늦게야 파하여 돌아왔다. 이윽고 아까 보던 그 녀자가 다시 오므로 천감은 다소 농을 걸 수 있게 되었다. 녀자가 말하기를 "대관께서 이미 저를 의심치 아니하시고 첩의 거처가 여기서 멀지 않은 곳에 있사오니, 높은 의리를 사모하여 이렇게 왔을 뿐이옵니다" 하고, 그 응대하는 것이 지혜롭고 영리하여 몹시 다정스러웠다. 드디어 동침하여 즐거운 뜻을 다하였다. 3일 간을 그 곳에 머무르고 난 후에 나와서 우정에 이르러 자는데 먼저 그 녀자가 슬그머니 들어왔다. 사천감이 말하기를 "이미 떠났는데 어찌하여 또 왔느냐?" 하니, 녀자가 말하기를 "배에 당신의 숨결이 하나 남아 있습니다. 다시 또 하나를 더 붙여 주기를 바라서 이렇게 찾아온 것뿐입니다" 하면서 여전히 동침하고 새벽녘에 고별하니 운우의 정이 더욱 깊어 갔다. 흥주에 가서 자려하니 여자가 또다시 들어왔다. 사천감은 스스로 생각하기를 만약 옛정으로 이를 만나면 후환이 있을 것이다 하여 드디어 그를 대하고도 거들떠보지 아니하였다. 여자가 눈을 부릅뜨고 한참 바라본 후에 화가 잔뜩 나가지고 얼굴빛을 달리하면서 말하기를 "잘 되었습니다. 후에는 다시 뵙지 않겠습니다" 하고 곧장 문을 나가며 회오리바람이 땅을 휩쓸어 청사 사이에 있는 사립문 한 짝과 나뭇가지를 부러뜨리면서 가버렸는데, 그 자리가 마치 도끼로 자른 듯하였다.

간략히 말하자면 사천감이 이미 그것이 사람이 아닌 것을 알고도 어찌하여 더불어 즐거움을 누렸는가. 꿀 같은 정을 다하여 사람과 신물이 만나서 더구나 뱃속에 숨결까지 남도록 되었으니 괴탄하기 그지없음을 어찌하리오. 한자가 말하기를 "형태와 소리가 없는 것을 귀신이라 한다. 사람이 하늘에 거역하고 백성에게 어그러지고 만물에 맞지 않고 륜리에 어그러지면 물건에 감동된다. 이에 귀신이 형태로 나타나고 소리에 의탁함으로써 응하게 되는 것이니 모두가 백성이 하는 짓이다. 그러한즉 귀신에게 현혹됨은 자신이 속는 것이라" 하였다.

089 [高麗史節要] 卷之十四 熙宗成孝大王

熙宗 七季 十二月, (中略) 有茶捧盧永儀者, 初隨忠獻入內, 登屋大呼曰, 吾公無恙. 於是都房, 爭入救之, 僧徒敗走. (下略)

고려사절요 권14 희종성효대왕

희종 7년(1211) 12월 (중략) 茶捧 로영의란 자가 처음에 충헌을 따라 안에 들어갔는데, 지붕에 올라가서 크게 부르짖기를 "우리 주공은 몸에 아무 탈이 없다" 하므로, 이에 도방이 다투어 들어가서 충헌을 구하니 승들이 패하여 달아났다. (하략)

090 [破閑集] 卷中 李仁老

金蘭境有寒松亭 昔四仙所游 其徒三千 各種一株 至今蒼蒼然拂雲 下有茶井 道兄戒膺國師留詩

在昔誰家子　三千種碧**松**
其人骨已朽　松葉尙茸**容**

和云　千古仙游遠　蒼蒼獨有**松**
但餘泉底月　髣髴相形**容**

五言絶 冬韻⇒松容

論者以爲師組織雖工 未若前篇天趣自然

파한집 권중 리인로(1152~1220)

금란의 경계[123]에 한송정이 있으니 옛날에 네 신선(四仙)[124]이 노닐던 곳이다. 그들의 무리 삼천 명이 각기 나무 한 주씩을 심어 지금에 와서는 그 푸름이 구름을 찌를 듯하며, 밑으로는 茶井이 있다. 도형 계응국사[125]가 시를 지어 두었다.

옛날에 누구 집 자제가
삼천주나 푸른 소나무를 심었는가.
그 사람의 뼈는 벌써 썩었어도
솔잎은 오히려 무성하기만 하도다.

---

123) **金蘭境** 강원도 통천군에 있는 산천.
124) **四仙** 신라 때의 네 신선으로 述郞, 南郞, 永郞, 安詳을 가리킨다.
125) **道兄** 修道者를 높여서 부르는 말. 계응국사(諡 무애지국사)는 대각국사 義天(1055~1101)의 상좌.

화답하여 이르기를
그 옛날에 놀던 신선 멀리 갔는데
푸르게 소나무만 홀로 있도다.
다만 샘물 밑에 달만이 있어
방불하게 그 모습을 생각하게 한다 했다.

론평하는 이가 말하기를 "**惠素**혜소[126]가 지은 것이 짜임새가 있어 잘되기는 했지만, 전편 天趣천취[127]의 자연스러운 것만 못하다" 하였다.

091 [破閑集] 卷中 李仁老

大叔僧統寥一 出入禁宇閒 不問左右二十餘季嘗作乞退詩進呈云

五更殘夢寄松**關** 十載低徊紫禁**閒**
早茗細含鸞鳳影 異香新屑鷓鴣**斑**
自憐瘦鶴翔丹漢 久使寒猿怨碧**山**
願把殘陽還舊隱 不敎巖畔白雲**閑**
七言律 刪韻⇒關閒斑山閑

上大加稱賞 謂師曰 昔人云 莫訝杖藜歸去早 故山閒却一谿雲 可謂先得 師之奇趣, 因和其詩以賜之曰

祖師心印製機**關** 則悟眞空一瞬**閒**
宴坐鑪添沈水瓣 迎賓筇破紫苔**斑**
好將經論傳緇侶 莫以行藏憶舊**山**
夕磬晨香勤禮念 願令愚俗得安**閑**
七言律 刪韻⇒關閒斑山閑

歷觀古今名緇秀衲 得被君王寵賜以篇章者多矣 未有特次其韻 敍其意 如此款密. (下略)

파한집 권중 리인로(1152~1220)

대숙승통 료일(高麗 明宗 재위 1170~1197의 叔父. 생몰 미상)이 궁중에 드나들어 좌우에게 정사를 묻지 않은 지가 20여 년이었다. 일찍이 걸퇴시를 진정하였는데,

---

126) **惠素** 대각국사 의천의 제자.
127) **天趣** 天然의 意趣.

오경에 잔몽을 송관에 부쳐 두고
십년 동안 자금[128] 사이를 배회했도다.
새벽에 茶 달이면 가늘게 鳳凰봉황 그림자 머금고
기이한 향기 자고[129] 반점의 신설이라.
애처롭게 여윈 학 단한을 비상하느라
오래도록 한원으로 하여금 푸른 산에서 원망케 했네.
원컨대 餘生여생을 은둔처로 되돌려 보내
바위에 걸린 백운을 한가하게 마옵소서 하였다.

상께서 크게 칭찬하여 상을 내리시고 대사에게 말씀하시기를 "옛사람들이 이르기를 '지팡이 짚고 일찍 돌아감을 의아해 말라. 온 시내의 구름을 고산에 버려두었도다' 했으니 대사의 기취를 먼저 얻었다 하겠구려" 했다. 따라서 그 시에 화답하여 하사하니,

조사의 심인은 機緣기연을 만드나니
바로 진공을 깨닫는 것도 일순간이로다.
연좌할 때 향로에 침향 조각을 넣고
손을 맞을 땐 지팡이가 자태의 반점을 깨뜨리도다.
경론을 가지고는 승에게 전하는 게 좋겠으나
행장으로써 구산을 기억치 말리로다.
저녁 경쇠 새벽향 禮佛례불 念佛념불을 부지런히 하여
원컨대 우속으로 하여금 안한하게 하소서 하였다.

고금의 명승들을 살펴보니 군왕의 은총 입어 내린 시편이 많으나, 특별히 그 시에 차운하고 뜻을 이처럼 간곡 친밀하게 읊은 것은 없었다. (하략)

092 [破閑集] 卷下 李仁老

士子朴元凱, 少潁悟不羣, 季甫十一作啓事, 上冢宰崔允儀, 乞叙父官云, 有一夫不被其澤, 惟我父兮. 使萬物咸得其宜, 實惟公耳. 相國讀之疑其倩人, 欲面試之. 今我欲歃茶一盌, 歃未及盡, 兒宜賦庭中芍藥, 探韻香王, 卽應聲曰

芍藥留舊色　　軒前吐異香
牡丹如在側　　應愧百花王
五言絶 陽韻⇒香王

相國驚嘆不已曰, 必爲後生袖領, 及長赴司馬試, 放題, "國者至公之器"詩, 乃曰 '高舜難傳子, 商周得以功.' 使事精妙如此, 果擢第, 爲一時聞人.

---

128) **紫禁** 임금의 居所. 北斗의 북쪽에 있는 紫微垣을 임금이 있는 곳에 비유하여 이른다.
129) **鷓鴣** 꿩과의 새. 메추라기와 비슷하나 조금 크다.

파한집 권하 리인로(1152~1220)

사자[130] 박원개는 남보다 뛰어나게 총명해서 나이 겨우 열한 살에 계사[131]를 지어 총재 최윤의에게 올려 아버지를 관직에 敍用서용하기를 빌어 이르기를 "한 사람이 은택을 입지 못했나니 바로 우리 아버지입니다. 모든 것을 다 옳게 하는 것은 실로 오직 공이 있을 뿐입니다" 하였다.

상국(최윤의)이 글을 읽고 대신 시켜서 쓴 것으로 의심하여 마주 앉아서 시험하려 하였다. "이제 내가 茶 한 잔을 마실 것이니, 다 마시기 전에 너는 香자, 王자를 韻으로 써서 뜰에 핀 작약을 두고 시를 지어 보라" 하니 바로 그 말에 응해서 이르기를,

작약이 봄빛을 붙잡고
마루 앞에서 기이한 향기를 토하는구나.
牧丹모란이 곁에 있다면
百花백화의 왕이 된 것을 부끄러워하리로다 했다.

상국이 경탄해 마지않으며, "반드시 후생들의 영수가 되겠다"고 했다. 장성하여 사마시[132]에 응시하니, 그 시제는 '國者至公之器'[133]란 시였다.

"高와 舜[134]은 자식에게 전하기 어려웠고
商과 周[135]는 功으로 얻었도다" 라고 지었다.

고사를 사용하는 정묘한 솜씨가 이와 같으므로 급제하여 한때 알려진 인물이 되었다.

093 [破閑集] 卷下 李仁老

黃公純益有奇才. 少游太學讀書, 患口焦, 從人求建茶, 以啓事謝之云,
孟諫議之寄盧公, '習習淸風生兩掖'
王相國之贈平甫, '團團碧月墮九天'
又和人鶴詩, '踏破逕苔松脚健 翻庭月雪衣涼'
其俊逸如是, 士林皆敬畏之. (下略)

130) **士子** 과거 공부를 하고 있는 선비.
131) **啓事** 윗사람에게 아뢰는 글.
132) **司馬試** 進士와 生員을 뽑는 小科. 일명 生進科라고도 한다.
133) **國者至公之器** 나라는 지극히 공평한 그릇.
134) **高舜** 高麗 定宗의 諱가 堯이므로 기피하여 高로 대신 썼다.
135) **商周** 湯武의 放伐.

파한집 권하 리인로(1152~1220)

황공순익은 기재가 있었다. 젊어서 태학에서 글을 읽으며 지낼 때에 입이 타는 것을 걱정하다가 남에게서 建茶[136]를 얻고 계사를 써서 사례하여 이르기를,

맹간의가 로동[137]에게 보내니
'솔솔 맑은 바람이 양 겨드랑이에 이는 듯' 했고
왕상국[138]이 평보에게 줄 때에는
'둥글고 둥근 푸른 달떡 구천에서 떨어졌네' 하였다.

또 어떤 이가 학을 두고 지은 시에 화답하여,

'이끼 낀 길을 걸어가니 소나무 같은 다리가 튼튼하고
달뜬 뜰에서 춤을 추니 눈 같은 옷이 서늘하다' 하였다.

그의 뛰어난 재주가 이와 같았으므로 사림이 모두 그를 경외했다. (하략)

094 [破閑集] 卷下 李仁老

朴君公襲居貧嗜酒. 客至無以歃, 求酒於靈通寺僧, 用皤腹山罇, 盛以泉水, 封纏甚牢固送之. 朴公初見喜曰, 此器可受二斗許. 昔陳王, 斗酒十千宴於平樂, 杜子美亦曰還須相就歃一斗恰有三百靑銅錢. 今吾二人不費一錢, 而得美酒, 各歃一斗, 則酣適之興不減於古人. 開視之乃水也. 恨眼目不長, 落老胡計中, 作詩寄之曰

有客來相過　囊中欠一**錢**
分爲廬嶽酒　浪得惠山**泉**
似虎林中石　如蛇壁上**弦**
屠門猶大嚼　何況對樽**前**
五言律 先韻⇒錢泉弦前

僧見詩 更以美酒酬之.

---

136) **建茶** 중원 福建省 北苑인 建谿에서 나는 茶.
137) **盧仝** 당나라 濟源人으로 시를 잘하고 茶 마시기를 좋아하였다. 孟諫議의 茶를 받고 '— 兩腋習習 淸風生 —'이란 시를 지어 사례하였다.
138) **王相國** 송나라 사람으로, 王安石.

파한집 권하 리인로(1152~1220)

박군공은 가난하게 살면서도 술을 좋아했다. 손님이 찾아왔으나 마실 술이 없으므로 령통사 승에게 가서 술을 구하니, 배가 산처럼 부른 불룩한 술통에다 샘물을 가득히 담고 아주 단단히 봉해서 보냈다. 박공이 처음에 보고 기뻐하며, "이 그릇은 두 말쯤은 담을 수 있겠군. 옛날 진왕[139]은 말술 萬兩만량어치로 평악에서 잔치했고, 두자미[140] 역시 '아직 돌아가서 한 말술을 마실 수 있는 삼백 냥 청동전이 있도다' 했는데, 이제 우리 두 사람은 한 푼 들이지 않고 좋은 술을 얻었으니 각각 한 말씩만 마신다면 얼근히 취해서 즐길 수 있는 흥취가 고인보다 못할 게 없군" 하고 이것을 열어 보니 물이었다. 안목이 길지 못해서 늙은이의 계략에 떨어진 것을 한하고 시를 지어 보내 말하기를,

손님이 찾아왔으나
주머니에 돈 한 푼 없어.
려악주[141]를 나누려다
부질없이 혜산천[142]을 얻었도다.
범 같은 것은 숲속의 돌[143]이요
뱀 같은 것은 벽 위의 활시위[144]로다.
고기 파는 저자에서 오히려 크게 입 벌려 씹거든[145]
하물며 술통을 대한 앞에서야 어떠하리오 하였다.

승이 시를 보고 다시 맛있는 술로 갚았다.

095 [眞覺國師文集] 無衣子詩 — 崔寔 慧諶

五峯山前古巖窟　　中有一庵名轉物
我捿此庵作活計　　共可呵呵難吐出
缺脣盌折脚鐺　　煮鬻煎茶耶遣日

139) **陳王** 魏의 曹植. 平樂觀에서 연회를 연 일이 있어 李白의 시에 '陳王昔日宴平樂, 斗酒十千恣歡謔'이라 하였다.
140) **杜子美** 杜甫(712~770). 성당(盛唐) 때의 대시인으로 자는 子美, 호는 少陵이다.
141) **廬嶽酒** 려악은 강서성 廬山인데, 晉의 고승 惠遠이 살면서 陶淵明이 찾아오면 술을 대접했다는 고사가 있다.
142) **惠山泉** 강소성 無錫縣에 있는 샘물. 茶를 달이는 데 가장 좋은 물이라 한다.
143) **似虎林中石** 『漢書』「리광전」에 나오는 고사. 리광이 사냥을 하다가 숲속의 돌을 범으로 보고 활을 쏘았다고 한다.
144) **如蛇壁上弦** 『晉書』「樂廣傳」에 손님이 廣을 찾아가니 왕이 술을 대접하는데 술잔 속에 뱀이 있는 것을 그대로 마시고 이로 인해 병이 생겼으므로, 광이 그를 불러서 전에 술을 마시던 자리에다 술잔을 갖다 놓고 벽 위의 角弓을 가리키며 이것이 술잔에 비친 것이라고 설명하여 병을 고쳤다는 고사.
145) **屠門大嚼** 고기 파는 집 앞을 지나가게 되면 입을 크게 벌려 씹는 시늉을 함. 즉 고기를 먹지 않고도 기분을 만족하게 하는 것을 비유한 것이다.

疏慵不掃復不芟　庭草如雲深沒**膝**
晚起不知平旦寅　早眠不對黃昏**戌**
不洗面不涕頭　不看經不持**律**
不燒香不坐禪　不禮祖不禮**佛**
人來怪問解何宗　一二三四五六**七**
莫莫莫密密**密**　家醜不得外揚
摩訶般若波羅**密**

七言古 窟物出日膝戌律佛七密密

진각국사문집 무의자시 — 최식 혜심(1178~1234)

오봉산 앞 고암굴
한 암자 중심에 이름만 굴러다닌 것.
내가 이 암자에 살며 활계 마련하니
向향하며 가가하되 토출하기 어렵다.
입술 깨진 사발에 다리 꺾인 솥
죽 쑤고 茶 달이며 날을 보낸다.
疏慵소용하여 쓸지 않는데 다시 풀 베지 않아
정초 운심하여 무릎이 잠긴다.
늦게 일어나니 새벽도 아침도 平常평상도 알지 못하고
일찍 자니 황혼부터 戌時술시란 대할 수가 없다.
세면도 아니 하고 체두도 않으며
佛經불경도 안 보고 戒律계율도 지키지 않는다.
소향도 않으며 좌선도 않고
례조도 않고 례불도 않는다.
사람이 와서 怪異괴이쩍어하며
어느 宗派종파인가 물으면
일 이 삼 사 오 륙 칠이요.
막막막에 밀밀밀이며
가추하여 외양에 부득하외다.
마하반야 바라밀이라.

096 **[東國李相國集]** 第五卷 卜居鶯溪偶書草堂閑適 兼敍兩家來往之樂 贈西鄰梁閣校 — 李奎報

鶯溪來卜宅　鵠嶺正當**軒**
老檜森南巷　青松覆小**垣**
(洞有老檜故洞名爲檜)(園有四株松倚墻)

桑麻饒野壟　籬落似山**村**
窗對禪宮塔　樓臨酒店**門**
(普濟寺)
傍桃栽翠竹　剪棘護芳**蓀**
漸作顚茶陸　甘爲學圃**樊**
沈酣消日月　曠坦老乾**坤**
壞壁頑苔合　空庭旅草**繁**
亂書千卷裏　便腹一身**尊**
篋有蠅頭字　竿懸犢鼻**褌**
多君心倜儻　許我日攀**援**
半脫烏紗帽　頻斟白玉**樽**
語闌明月側　棋罷碧山**昏**
灌藥常同井　移瓜欲共**園**
詞場誇攫虎　琴曲弄離**鵾**
箔外風微颺　檐前日正**暄**
鶯調啼柳舌　蝶雪戀花**冤**
來往君何憚　猶堪避世**喧**

五言古長 元韻⇒軒垣村門蓀樊坤繁尊褌援樽昏園鵾暄冤喧

동국이상국집 제5권 鶯溪에 거처를 정한 뒤에 우연히 초당의 한적한 풍경과 두 집 안이 서로 오가던 정의를 아울러 서술하여 서편 이웃에 있는 량각교에게 주다 — 리규보(1168~1241)

앵계에 와 거처하니
곡령이 마루에서 마주보이네.
늙은 전나무는 남쪽 골목에 울창하고
(이 마을에 늙은 전나무가 있기 때문에 이름을 檜洞이라 하였다.)
푸른 소나무 조그만 담장에 덮였네.
(정원의 네 그루 소나무가 담장까지 뻗쳤다.)
뽕과 삼이 들 가득하고
울타리는 산마을을 실감케 하네.
창문은 선궁의 탑을 마주보고(普濟寺를 가리킴)
루각은 주점 문에 임해 있네.
복숭아나무 옆에 푸르른 대를 심고
가시나무 베어내고 꽃다운 향풀을 보호한다네.
茶에 도취했던 **陸羽**륙우[146]를 닮아 가고

146) **陸羽** 륙우는 唐나라 사람으로 字는 鴻漸, 季疵, 自號 桑苧翁. 茶를 매우 즐겨『茶經』3편을 지었으며, 茶商들은 그를 높여 茶神이라 하였다.

밭농사 배우려던 樊遲번지147)가 되고 싶네.
거나한 酒興주흥으로 세월을 보내고
흠뻑 취하여 세월을 보내려 하네.
무너진 벽엔 굳은 이끼 끼었고
텅 빈 뜰엔 잡초만 우거졌네.
어지러이 펼쳐진 천 권의 서책 속에
편복148)으로 한 몸 의젓이 있고,
상자에는 가늘게 쓰인 책이 가득하고
장대에는 쇠코잠방이가 걸려 있네.
훌륭하다 그대의 척당한 마음
언제나 나의 마음 끌게 하는구려.
검은 사모는 반쯤 벗겨 쓰고
백옥잔을 자주 기울이며,
談笑담소가 무르익다 보니 밝은 달 기울고
바둑을 마치고 나니 푸른 산 어두워지네.
藥圃약포에 물줄 적엔 한 우물 사용하고
오이 모종할 땐 田園전원을 함께하려 하네.
文詞문사는 움키는 호랑이의 기세를 과시하고
금곡은 날아가는 고니의 슬픔을 노래했네.149)
발 밖엔 미풍이 불고
처마 앞에는 해가 한창 따스하네.
꾀꼬리는 노래 소리 조절하고
나비는 꽃 그리던 숙원을 푸누나.
그대 부디 이곳을 찾아주게.
시끄러운 세상 원만히 피할 수 있다오.

097 [東國李相國集] 第六卷 宿雙嶺 — 李奎報

路入荒榛怯日**斜**　忽聞啼犬認人**家**
孤村畏盜猶橫戟　古院逢僧暫試**茶**
萬里歸雲閑送鶴　一谿高柳靜藏**鴉**
此身會作江山主　聞道黃驍似永**嘉**

七言律 麻韻⇒斜家茶鴉嘉

---

147) **樊遲** 공자의 제자로 일찍이 공자에게 벼 심는 방법과 채전(圃) 가꾸는 방법을 물은 적이 있었다. 『語論』「子路」.

148) **便腹** 배가 두둑한 것을 말함. 후한 때 邊韶가 문학으로 이름이 높았는데, 한번은 그의 제자가 독서에 게으르다고 그를 조롱하자 "내 두둑한 배는 五經 상자이다" 하였다.

149) **琴曲은 노래했네** 옛날에 화답하는 노래 가운데 있었다는 鵾鷄曲.

동국이상국집 제6권 쌍령에서 묵으며 — 리규보(1168~1241)

우거진 숲속으로 들어가니 해지는 것 겁나는데
홀연히 개 짖는 소리 들리니 인가 있음 알겠구나.
외로운 마을에도 도적을 두려워 오히려 창을 비끼고
옛 사원에서 승을 만나 잠깐 茶를 맛본다오.
만 리에 돌아가는 구름은 한가하게 학을 전송하고
시내의 높은 버들에는 고요하게 까마귀 깃들었네.
이 몸이 마침내 강산의 주인이 되리니
황효[150]가 영가와 같단 말 들었노라.

098 [東國李相國集] 第六卷 八月二日 — 李奎報

食罷禪房暫啜**茶**　　半山紅日已西**斜**
坐呼階畔馴人鶴　　臥聽門前警盜**鵝**
萬柳影中南北路　　一谿聲外兩三**家**
卒然得句聊題壁　　寄語闍梨莫羃**紗**

七言律 麻韻⇒茶斜鵝家紗

동국이상국집 제6권 8월 2일 — 리규보(1168~1241)

선방에서 밥을 먹고 잠깐 茶를 마시었는데
산 중턱의 붉은 햇살이 벌써 서쪽으로 비끼었네.
앉아서 뜰 가의 사람에게 길든 학을 부르고
누워서 문 앞에 도적을 경계하는 거위 소리를 듣네.
수많은 버들 그림자 속에는 남북으로 길이 갈라지고
한 시내 건너편에 두세 집이로다.
갑자기 시구를 얻으면 벽에 쓰련다
사리[151]에게 말을 전하노니 紗사로 덮지 마오.

150) **黃驍** 중원 절강성에 있는 지명으로 晉의 명사. 謝靈運이 일찍이 이곳의 원이 되었으므로 려주에서 늙겠다는 뜻을 말한 것이다.
151) **闍梨** 梵語로 阿闍梨의 약칭, 고승으로 승들의 모범이 될 만한 자를 가리킨다.

099 [東國李相國集] 第六卷 宿瀨江村舍 — 李奎報

江邊放浪自忘**形**　日狎游鷗傍渚**汀**
撇盡舊書留藥譜　撿來餘畜有茶**經**
搖搖旅思風前纛　泛泛孤蹤水上**萍**
寄謝長安舊知己　客中雙眼爲誰**青**

七言律 青韻⇒形汀經萍青

동국이상국집 제6권 강촌 물가의 집에 묵으며 — 리규보(1168~1241)

강가에 방랑하여 스스로 형체를 잊고
날마다 갈매기와 친하여 물가로 가네.
묵은 서적은 다 흩어지고 약보만 남았고
남은 저축을 점검해 보니 茶經이 있네.
흔들리는 나그네 마음 바람 앞의 기와 같고
떠다니는 외로운 종적 물 위의 마름이로세.
장안의 예전 친구에게 부쳐 사례하노니
객중의 두 눈이 누구를 위하여 푸르렀느뇨.

100 [東國李相國集] 第七卷 復和 — 李奎報

夜深蓮漏響丁**東**　三語煩君別異**同**
多劫頭燃難自救　片時目擊摠成**空**
厭聞韓子題雙鳥　深喜莊生說二**蟲**
活火香茶眞道味　白雲明月是家**風**
生師演法機鋒銳　禦冠乘風骨肉**融**
邂逅忘形聊得意　不慙當日老龐**公**

七言排律 東韻⇒東同空蟲風融公

동국이상국집 제7권 다시 화운함 — 리규보(1168~1241)

깊은 밤 종소리 댕그랑[152] 울릴 제
그대여 삼어[153]로써 같고 다름 말해 주소.
오랜 세월 도 닦았으나 자신도 구제하기 어렵고

152) **蓮漏** 蓮花漏의 약칭, 즉 연꽃 모양으로 된 물시계의 한 가지. "我來能永日 漏滴階前"이라 한다.
153) **三語** 如來의 세 가지 말. ① 隨自意語 ② 隨佗意語 ③ 隨自佗意語.

한 번 슬쩍 보고 나니 모두가 허사일세.
한자[154]의 二鳥賦이조부는 듣기가 싫고
장생의 이충설[155]엔 몹시 기뻐하네.
타오른 불에 향기로운 茶는 참으로 도의 맛이고
흰 구름과 밝은 달은 곧 가풍이었네.
生公생공[156]의 법설은 말 기운이 날카롭고
列子렬자[157]의 御風어풍[158]은 육신이 해탈됨일세.
우연히 만나 서로 잊고 뜻을 펴니
당일의 龐德公방덕공[159]에 부끄럽지 않구려.

101 [東國李相國集] 第七卷 又分韻得嶽字 — 李奎報

卜居城東蝸一**殼**　怯寒無奈縮頭**角**
偶然乘興閑出**郭**　三尺雪深寒蘸**脚**
來打禪扉聲剝**剝**　謦咳一聲虛谷**答**
入門眩悅見臺**閣**　似見小空隨善**覺**
隔林吹火棲鳥**落**　渴漢求茶泉欲**涸**
一夕忘懷這裏**樂**　大勝三笑游廬**嶽**
七言分韻 覺·藥⇒殼角郭脚剝答閣覺落涸樂嶽

동국이상국집 제7권 다시 운을 나누다가 '악'자 운을 얻다 — 리규보(1168~1241)

성동의 한 움막집에 살면서
추위가 무서워 머리를 파묻고 지내네.
어쩌다 홍이 나서 성 밖에 나가면
석 자 깊은 눈에 다리가 묻히누나.
절간에 와서 툭툭 문을 두드리니
한 마디 기침 소리가 골짜기에 메아리치네.
문안에 드니 대각을 본 듯 아찔하고

---

154) **韓子** 唐代의 文章家, 韓愈(字 退之)를 이름.
155) **二蟲說** 『莊子』「逍遙游」에 '조그만 매미와 비둘기가 어찌 큰 봉새의 뜻을 알겠느냐?'라는 론설을 말한다.
156) **生公** 梁의 高僧, 道生을 말한다. 그가 蘇州, 虎丘寺에 있으면서 돌을 모아 놓고 설법하자 돌들도 다 고개를 끄덕하였다고 한다. 『吳郡諸山錄』.
157) **列子** 전국시대 도가(道家)의 사상가로, 전설의 인물. 이름은 어구(禦寇).
158) **御風** 『莊子』「逍遙游」에 "列子가 바람을 타고 날아 다녔다" 하였다.
159) **龐公** 東漢 襄陽人 龐德公을 이름. 公은 일찍이 峴山에 은거하여 城市에 나오지 않았다. 劉表가 여러 차례 불러 들였으나 끝내 굴하지 않고 뒤에 처자를 이끌고 鹿門山에 들어가 採藥하며 餘生을 마쳤다 함.

마치 소공을 보러 선각을 따르는 듯하네.
숲 사이로 불 놓으니 사는 새 떨어지고
목마른 사람 茶 찾기를 샘물 말릴 듯이.
이 속에서 하룻밤 즐겁게 지냄은
려산에서의 삼소160)보다 훨씬 낫도다.

102 [東國李相國集] 第七卷 和宿德淵院(二首中 其二) — 李奎報

碧湖淸瀲灩　芳草遠芊**緜**
問路三千里　知名四十**秊**
愛涼憑水檻　眺遠上雲**巓**
老衲渾多事　評茶復品**泉**
五言律 先韻⇒緜秊巓泉

동국이상국집 제7권 덕연원에서 묵으며 화운함(2수중 기2) — 리규보(1168~1241)

잔잔한 호수 파란 물결 넘실거리고
꽃다운 풀은 멀리 우거졌네.
삼천리 곳곳에 길을 물었고
이름 알려진 지 사십 년이 되었구나.
서늘함이 좋아서 물가 란간에 기대었고
먼 데를 보려고 높은 봉우리에 오르네.
늙은 승들 일도 많구나.
茶 맛도 평하고 또 샘물도 평하려니.

103 [東國李相國集] 第八卷 訪嚴禪老 用壁上書簇詩韻(二首中 其二) — 李奎報

石鼎烹茶代酒**卮**　擁鑪圍坐熨寒**衣**
香畦縈穗靑煙直　橘腦分漿玉露**飛**
七言絶 微韻⇒卮衣飛

동국이상국집 제8권 엄선로를 방문 '벽에 쓰인 족자시' 운을 차용(2수중 기2)
— 리규보(1168~1241)

돌솥에 茶를 달여 술 대신 마시며
화로를 끼고 둘러 앉아 찬 옷을 말리누나.

160) **三笑** 晉의 高僧 慧遠이 陶淵明과 陸修靜을 전송할 때, 虎谿를 지나온 줄도 모르고 마음을 론하면서 서로 크게 웃었다는 고사. 지금 이 三笑圖가 여기서 기인됨.

향불은 뭉실뭉실 파란 연기 날아오르고
귤을 쪼개니 하얀 즙이 이슬처럼 흐르네.

104 [東國李相國集] 第八卷 次韻聆首座寄林工部幷序 — 李奎報

予昨詣方丈, 師偶言曰, 禮山香川寺, 是吾之舊居也, 爲賊兵所歷, 頹沒已久, 故人林工部, 巡按此郡, 俾郡宰陳君, 具材營葺, 予以詩謝之, 子亦可賡和耶, 因出其詩示之, 卽和成一首奉呈 (中略)

(上略)
經室鞠爲囿　旅草生油**油**
谿茗人不採　阻入紫花**甌**
問師何苦戀　未展雪眉**修**
(下略)　五言律 尤韻⇒油甌修

동국이상국집 제8권 수좌가 림공부에게 보낸 병서를 듣고 차운함
— 리규보(1168~1241)

내가 어제 방장에 나갔더니, 선사께서 우연히 말씀하기를 "례산의 향천사는 예전에 내가 있던 곳인데 적병이 지나간 까닭으로 隤落퇴락한 지가 이미 오래되었다. 그런데 친구인 림공부가 이 고을에 순안사로 나가서 그 고을 군수 진군으로 하여금 재목을 구하여 수리해 주도록 했다. 그래서 내가 지금 시를 지어 사례했으니 자네도 화답해 줄 수 있는가?" 하며 그 시를 꺼내어 보여 주기에 즉석에서 화답해 바쳤다. (중략)

(상략)
경실은 짐승 우리처럼 지저분하고
길가 풀은 멋대로 우거졌구나.
시냇가에 茶 따는 사람이 없어
아예 茶盌에 들어오지 않네.
여보오 선사 무엇이 그리도 그리워
그 흰 눈썹을 펴지 못하시나요.
(하략)

105 [東國李相國集] 第十卷 是日宿普光寺用故王書記儀留 題詩韻贈堂頭 — 李奎報

夢斷山窗落月**光**　聳肩吟倒日蒼**涼**
地溫尙有林衣綠　園古偏多木耳**黃**
七盌香茶風鼓腋　一盤寒菓雪侵**腸**

若將釋老融鳧乙　莫斥吾家祖伯**陽**

七言律 陽韻⇒光涼黃腸陽

동국이상국집 제10권 이날 보광사에서 묵으며 故 왕서기의 '의류'라 제목한 시의 운을 차용하여 당두[161]에게 기증함 — 리규보(1168~1241)

잠깨니 선창에 달빛조차 가셨는데
어깨 곧추세우고 해 저물 때까지 읊었구나.
땅 기운 따뜻하니 아직 푸른 숲이 남았고
정원이 오래되어 유달리 누른 버섯 많다.
일곱 잔 향긋한 茶 겨드랑이에 바람이 일고
한 쟁반 차가운 과일은 창자에 눈이 스미는 듯.
만약 석가와 로자를 부을[162] 같다고 본다면
우리 儒家유가에서 백양[163]을 숭상하는 것 탓하지 마라.

106 [東國李相國集] 第十卷 又次絶句六首韻(六首中 其六) — 李奎**報**

送老唯芳酒　驚人忽晩**花**
乞茶憑嶽叟　看竹賴鄰**家**

五言絶 麻韻⇒花家

동국이상국집 제10권 다시 절구 6수 운을 차운함(6수중 기6) — 리규보(1168~1241)

늘그막에 세월 보내긴 맛 좋은 술뿐이요
사람을 놀래는 건 철 늦은 꽃이로다.
악수에게 茶를 빌고
이웃집의 대나무 구경한다.

107 [東國李相國集] 第十卷 苦雨歌 雙韻下訊傍韻 — 李奎**報**

(上略)
蓬蒿蕭艾與綠**莎**　時哉得意盈山**阿**
可惜南畝漂嘉**禾**　其奈四海蒼生**何**

161) **堂頭** 또는 堂上, 禪寺에서 한 절의 우두머리, 곧 住持를 가리킨다.
162) **鳧乙** 부새와 을새를 말하는데, 이 두 새는 서로 비슷하지만 실제로는 전혀 다른 새이다. 『張融答周顒書』에 도교와 불교는 서로 현격하게 다른 것으로 하나는 부새라면 하나는 을새이다 하였는데, 여기서는 비슷하다는 뜻만 취하였다.
163) **伯陽** 老子의 字. 周代의 철학자로 姓은 李, 이름은 耳, 謚號 담(聃). 道家의 시조로서 자연 법칙에 기초를 둔 도덕의 절대성을 역설하였다.

甕中美酒香已**譌**　　詎可酣歛令人**酡**
箱底芳茶留味**多**　　不堪烹煮驅眠**魔**
(下略)　　　七言古 歌韻⇒莎阿禾何譌酡多魔

동국이상국집 제10권 고우가 쌓운 아래 방운을 記함 — 리규보(1168~1241)

(상략)
무성한 쑥대밭에 푸른 방동사니
때 만났다 기승하여 산 둔덕에 찼구나.
아깝다 남쪽 논의 벼 포기가 물 위에 떴으니
사해의 백성들은 어째야 될 것인가
독 안의 좋은 술 향기 이미 변했으니
어찌 마실 것이며 마신들 취하겠는가?
상자 속의 좋은 茶는 맛이 많이 변했으니
달여 먹은들 잠을 쫓지는 못하리라.
(하략)

108 [東國李相國集] 第十三卷 雲峯住老珪禪師 得早芽茶示之予目 爲孺茶師請詩爲賦之 — 李奎報

人閒百味貴早嘗　　天肯爲人反候**氣**
春榮秋熟固其常　　苟戾於此卽爲**異**
邇來俗習例好奇　　天亦隨人情所**嗜**
故敎谿茗先春萌　　抽出金芽殘雪**裏**
南人曾不怕髬髵　　冒險衝深捫葛**虆**
辛勤採摘焙成團　　要趁頭番獻天**子**
師從何處得此品　　入手先驚香撲**鼻**
塼罏活火試自煎　　手點花瓷誇色**味**
黏黏入口脆且柔　　有如乳臭兒與**稚**
朱門璇戶尚未見　　可怪吾師能得**致**
蠻童曾未識禪居　　雖欲見餉何由**至**
是應蘂闥九重深　　體貌禪英情禮**備**
愛惜包藏不忍啜　　題封敕遣中使**寄**
不分人閒無賴客　　得嘗況又惠山**水**
平生長負遲暮嗟　　第一來嘗唯此**耳**
餉名孺茶可無謝　　勸公早釀春酒**旨**
喫茶飮酒遣一生　　來往風流從此**始**
七言古 未・紙・寘韻⇒氣異嗜裏虆子鼻味稚致至備寄水耳旨始

동국이상국집 제13권 운봉에 있는 로규선사께서 조아차를 얻어 내게 보여주며 孺茶를 위하여 선사께서 시를 청하기에 짓다 — 리규보(1168~1241)

인간이 온갖 맛 일찍 맛봄이 귀중하니
하늘이 사람 위해 節侯절후를 바꾸네.
봄에 자라고 가을에 성숙함이 당연한 리치이니
이에 어긋나면 괴상한 일이건만.
근래의 속습에 奇異기이하고 좋아 先例선례되니
하늘 또한 인정 따라 즐기는 바이라.
시냇가 茶 잎새 이른 봄에 싹트게 하여
黃金황금 같은 노란 움 눈 속에 자라났네.
남방선사 맹수도 두려워하지 않아
험난함을 무릅쓰고 칡덩굴 휘어잡아.
간신히 채취하여 불에 말려서
남보다 앞서 임금님께 드리려 하네.
선사는 어디에서 이런 귀중품을 얻었는가
손에 닿자 향기가 코를 찌르는구려.
이글이글한 風罏풍로불에 직접 달여
꽃무늬 자기에 색을 자랑하누나.
입에 닿자 달콤하고 부드러워
어린 아이의 젖 냄새 비슷하구나.
부귀의 가문에도 찾아 볼 수 없는데
우리 禪師선사 이를 얻음이 怪異괴이하구료.
남방의 동승 선사의 처소 알지 못하니
찾아가 맛보고 싶은들 어이 이를쏜가?
이는 아마도 깊은 구중궁궐에서
높은 선사 대우하여 례물로 보냄이겠지.
차마 마시지 못하고 아끼고 간직하다가
임금의 封物봉물 중사시켜 보내왔다네.
세상살이를 모르는 쓸모없는 나그네가
더구나 좋은 산수까지 감상하였네.
평생을 不遇불우하여 만 년을 탄식했는데
일품을 감상함은 오직 이것뿐일세.
귀중한 孺茶 마시고 어이 사례 없을쏜가
공에게 맛있는 봄술을 빚기 권하노니.
茶 들고 술 마시며 평생을 보내면서
오락가락 풍류놀이 시작해 보세.

109 [東國李相國集] 第十三卷 復用前韻贈之 — 李奎報

西北寒威方墮指　南方臘月如萅**氣**
金粟黏枝已結纇　均天所覆地各**異**
禪家調格大高生　豈把酸甛隨俗**嗜**
蕭然方丈無一物　愛聽笙聲號鼎**裏**
評茶品水是家風　不要養生千歲**虆**
鄰渠給給抽早芽　似欲先供老衲**子**
睡鄕癡漢亦偸嘗　失却從前雷鼾**鼻**
憶昔閒游蠻國天　四時隨分嘗新**味**
火前香茗得未多　不似盈盤萅筍**稚**
摘將萬粒成一餠　一餠千錢那易**致**
況今憔悴京華中　爲我何人重趼**至**
吾師也是僧中龍　梵行無虧禪德**備**
山堆金帛尙欲施　誰秘新香忍不**寄**
收藏愼物輕與人　除却靈臺澄似**水**
勸師早釀豈妄云　欲識茶眞先醉**耳**
書生寒餓長流涎　只將口腹營甘**旨**
若遣孺茶生稚酒　勝事眞從吾輩**始**

七言古 未·紙·寘韻⇒氣異嗜裏虆子鼻味稚致至備寄水耳旨始

동국이상국집 제13권 다시 앞 운을 써서 기증함 — 리규보(1168~1241)

서북쪽은 酷寒혹한에 손가락 빠지는데
남방에는 선달 기후 봄과 같구나.
좁쌀 같은 누런 싹 마디마다 맺혔으니
같은 하늘 아래 지방 절후가 각기 다르네.
선가의 격조 너무나 높으니
시고 단 맛 속세 따라 즐길쏜가.
쓸쓸한 방장164)에 한 물건도 없고
솥에서 茶 달이는 소리만 듣기 좋네.
茶와 물을 평론하는 것이 불교의 풍류이니
양생하는 천 년의 茯笭복령165)이 필요치 않네.

164) **方丈** 住持의 居室을 말함. 唐나라 王玄策이 西域에 사신 가서 維摩居士의 石室을 手板으로 재어 본즉, 10笏이 되므로 방장이라고 하였다.『潛確類書』.

165) **茯笭** 소나무의 뿌리에 기생하는 담자균류(擔子菌類)에 속하는 버섯의 한 가지. 둥글게 생긴 것으로 겉은 흑갈색, 내육(內肉)은 백색, 또는 담홍색. 리뇨제(利尿劑)로 쓰인다.

茶잎 일찍 싹틈이 귀여우리니
늙은 禪師선사에게 먼저 바치려 함인 듯.
잠꾸러기 종놈도 훔쳐 마시니
전날의 우뢰처럼 코 고는 소리 잠잠하구나.
옛날 남쪽 나라 한가히 유람할 적에
사시의 철 따라 새로운 맛 記憶기억되는구려.
화전(4월 5일)茶라 많이 얻지 못했어도
소반에 가득한 봄 죽순과는 판이하이.
수많은 잎 따서 한 뭉치 이루었으니
한 뭉치에 천금인들 어이 쉽게 구할쏜가?
더구나 이제 서울에서 困境곤경에 빠졌으니
뉘라서 나를 위해 발이 부르트며 찾아올쏜가?
우리 선사는 僧徒승도 가운데 領袖령수라
戒律계률에 어김없고 덕행도 구비하여.
산같이 쌓인 금백도 施主시주하려 하거든
뉘라서 향기로운 茶 아껴 보내오지 않으리.
부디 간직하여 남에게 함부로 주지 말지니
마음의 티끌 씻어 물같이 맑게 한다오
선사께 봄술을 빚으라고 권함이 어이 잘못이겠나
만취한 후에야 茶의 참맛을 알기 때문이지.
굶주린 서생 오래도록 군침을 흘려
구복만을 위해 珍味진미를 생각하였다오.
만약 孺茶를 보내주고 술도 생긴다면
거룩한 일 우리들로부터 시작되리.

110 [東國李相國集] 第十三卷 孫玉堂得之, 李史館允甫, 王史館崇, 金內翰轍, 吳史館柱卿 見和, 復次韻答之 — 李奎報

昔者神農嘗草木　著之方經要補**氣**
獨於茗歙棄不收　不與萬品論同**異**
聖所未到誰唱先　鐲昏釋餇尤所**嗜**
近遭販鬻多眩眞　競落點商謀計**裏**
有如俗醫迷仙方　妄把蘡薁云是**藥**
箇中評品妙且精　唯有雲峯一禪**子**
平生自笑臘後芽　辛香辣氣堪掩**鼻**
偶得蒙山第一摘　不待烹煎先嚼**味**
狂客一見呼孺茶　無奈老境貪幼**稚**
不是江南冒雪收　京華二月何能**致**

物之自售皆由人　珠玉亦猶無脛至
作詩論詰欲代譜　筆端無舌莫詳備
要令儒仙抉其精　硬牋矗字書以寄
(書一本示禁林諸公)
五君騁思探淵源　毫髮莫逃如印水
見詩猶勝見茶經　陸生所品糟粕耳
(失一句)
調高未合綴離騷　當繫詩篇聯四始

七言古 未・紙・寘韻⇒氣異嗜裏藥子鼻味稚致至備寄水耳始

동국이상국집 제13권 손옥당 득지, 이사관 윤보, 왕사 관승, 김내 한철, 오사관 주경의 화운을 보고 다시 차운하여 답함 — 리규보(1168~1241)

옛날에 신농씨[166] 온갖 초목 맛보고
방경을 저술함은 기혈을 보충하기 위함일세.
유독 茶만은 기록 없이 버려두어
온갖 품종과 功效공효를 논하지 아니하였네.
성인의 말하지 않은 바를 뒤 먼저 평론했던가
견혼석연[167]이 더욱 즐겨하던 바로세.
요사이 사고파는 데 속임수 많아
奸商간상의 手中수중에 모두 떨어졌구나.
세속의 의원들이 선방에 어두운 것과 같아
망령되게 산머루를 가리켜 칡덩굴이라네.
그 가운데 품평에 정묘한 자 있으니
오직 운봉에 숨어 있는 한 선사일세.
섣달에 움트는 싹 평생에 가장 사랑하여
맵고 강렬한 향기 코를 찌르는구나.
몽산[168]에서 먼저 딴 茶 우연히 구입하여
끓기도 전에 우선 맛보았네.
미치광이 손 한번 맛보고 孺茶라 이름 했으니
늙은 나이에 어린애처럼 탐내는 데야 어이하리.
강남 눈 속에서 따지 않았다면
이월 중에 어이 서울 당도하리.
물건 팔림이 모두 사람에 달렸으니

166) **神農氏** 중원 古代 三皇의 한 사람으로, 그가 백 가지 草木을 맛본 후에 비로소 醫藥이 있게 되었다. 『史記』「三皇紀」.
167) **鐲昏釋餇** 僧徒의 이름인 듯하나 미상.
168) **蒙山** 四川省에 있는 名山. 茶의 所産地로서 그 茶는 독특한 향기가 있어 上淸峯에서 생산되는 茶를 蒙頂茶라고 한다. 『太平寰宇記』 外.

구슬도 다리 없지만 스스로 찾아오네.
시로써 논평하고 譜系보계에 대신하고 싶지만
붓끝에 혀 없으니 자세히 진술할 수 없구나.
儒仙유선으로 하여금 그 精粹정수를 발췌하게 하여
허술한 종이와 추솔한 글씨로 써 보내오.
(一本을 써서 금림의 제공에게 보이다.)
다섯 친구들 연원 찾는 데 노력하였기에
거울에 비치듯 조금도 어긋남이 없네.
시를 감상해 보니 茶經보다 낫고
륙생169)의 품평한 것도 찌꺼기에 불과하구료.
(한 구절은 失傳)
격조 높아 『리소경』170)에 붙이기 옳지 않고
시편에 실려 사성171)에 연결함은 마땅하리.

111 [東國李相國集] 第十三卷 孫翰長復和次韻寄之 — 李奎報

古今作者雲紛紛　調戲草木騁豪**氣**
磨章啄句自謂奇　到人雅頰甘苦**異**
壯元詩獨窮芳腴　美如熊掌誰不**嗜**
玉皇召入蓬萊宮　揮毫吮墨銀臺**裏**
君材落落千丈松　攀附如吾類縈**藟**
率然著出孺茶詩　豈意流傳到吾**子**
見之忽憶花谿游　懷舊悽然爲酸**鼻**
品此雲峰味嗅香　宛如南國曾嘗**味**
因論花谿採茶時　官督家丁徵老**稚**
瘴嶺千重眩手收　玉京萬里頳肩**致**
此是蒼生膏與肉　臠割萬人方得**至**
一篇一句皆寓意　詩之六義於此**備**
隴西居士眞狂客　此生已向糟丘**寄**
酒酣謀睡業已甘　安用煎茶空費**水**
破却千枝供一啜　細思此理眞害**耳**
知君異日到諫垣　記我詩中微有**旨**

---

169) **陸生** 陸羽이니, 唐나라 때 名士. 茶를 심히 즐겨하여 『茶經』 3편을 지었는데, 이로부터 天下가 茶를 숭상하게 되었다. 『唐書』 卷一百九十六 「陸羽傳」.

170) **離騷經** 屈原의 저작으로 '楚辭'의 篇名. 굴원이 초나라에 벼슬하여 충성을 다해 임금을 섬겼는데, 上官大夫가 그를 참소한 까닭으로 추방을 당하여 憂愁思慮에 잠겨 지은 敍情詩로 詞賦의 으뜸이다.

171) **四聲** 平聲, 上聲, 去聲, 入聲. 네 소리로 音韻의 高低와 强弱, 長短을 구분한다.

焚山燎野禁稅茶　唱作南民息肩**始**
七言古 未·紙·寘韻⇒氣異嗜裏藥子鼻味稚致至備寄水耳旨始

동국이상국집 제13권 손한장이 다시 화운하니 차운하여 보냄 — 리규보(1168~1241)

옛날부터 지금까지 수많은 문장가들이
초목을 品題품제하여 호탕한 기개 발휘했네.
章句장구를 마탁하여 스스로 기이함을 자랑했는데
사람들의 읊조림은 취미 각각 다르구나.
장원의 시 홀로 대중을 뛰어났으니
아름다운 문장[172] 뉘라서 찬탄하지 않으리.
임금님이 구중궁궐에 불러들여
은대[173]의 要職요직에 등용하였네.
그대는 락락한 천 길 소나무라면
불초한 이 몸은 칡덩굴 같으니
우연히 孺茶의 시를 지었는데
그대에게 전해짐을 어이 뜻했으리.
시를 보자 화계 놀이 홀연히 추억되어
옛일 생각하니 처연하여 콧등이 시큰하이.
운봉의 독특한 향취 맡아 보니
남방에서 마시던 맛 완연하구나.
따라서 화계에서 茶 따던 일 논하느니
관에서 감독하여 老弱로약까지 徵發징발하였네.
험준한 산중에서 간신히 따 모아
머나먼 서울에 등짐 져 날랐네.
이는 백성의 애끓는 膏肉고육이니
수많은 사람의 살찍 가르며 바야흐로 이르렀네.
한 편 한 구절이 모두 뜻 있으니
시의 륙의[174] 이에 갖추었구나.
롱서[175]의 거사는 참으로 미치광이라
한평생을 이미 술 나라에 부쳤다오.
술 얼큰하매 낮잠이 달콤하니
어이 茶 달여 부질없이 물 허비할쏜가.
일천 가지 망가뜨려 한 모금 茶 마련했으니

172) **熊掌** 곰발바닥. 팔진미(八珍味)의 하나.
173) **銀臺** 承政院의 別稱으로, 王命의 出納을 담당하였다.
174) **六義** 『詩經』 六體의 分類法. 風, 雅, 頌, 賦, 比, 興을 가리킨다.
175) **隴西** 秦代의 郡名. 지금의 감숙성(甘肅省).

이 리치 생각한다면 참으로 어이없구려.
그대 다른 날 간원에 들어가거든
내 시의 은밀한 뜻 부디 기억하게나.
산림과 들판 불살라 茶의 貢納공납 금지한다면
남녘 백성들 편히 쉼이 이로부터 시작되리.

112 [東國李相國集] 第十三卷 房壯元衍寶見和次韻答之 — 李奎**報**

居士秊來了萬緣　　唯有詩狂餘習**氣**
物或不類尋常看　　窮搜細剖狀其**異**
此茶品絶可無詩　　況復平生所酷**嗜**
悠然到此誰所餉　　想自江淮煙瘴**裏**
爲恐淸香先發洩　　牢縶縹箱纏紫**蘗**
秘之不敢示情親　　碌碌何曾數餘**子**
寓心獨待識茶人　　不是風斤誰斵**鼻**
碎鐺撲火久不煎　　正怯兒曹輕品**味**
譬如富貴深閨中　　養得嬌姹鵶頭**稚**
眼高深恐嫁凡壻　　著意東牀期欲**致**
我今何者敢來試　　意外忽逢仙分**至**
房公落落天上人　　褚裒皮裏陽秋**備**
評人餘論移於茶　　說脈論源聊見**寄**
讀了冷冷洗煩悶　　恰如醉面洒寒**水**
對茶索酒頗似狂　　可笑前言眞戲**耳**
草庵佗日叩禪居　　數卷玄書討深**旨**
雖老猶堪手汲泉　　一甌卽時參禪**始**

七言古 未・紙・寘韻⇒氣異嗜裏蘗子鼻味稚致至備寄水耳旨始

동국이상국집 제13권 방장원연보의 화운시를 보고 차운하여 답함 — 리규보(1168~1241)

거사 근년 들어 일만 인연 마쳤는데
오직 詩狂시광만은 옛 기품 남아 있구려.
세상에는 범연히 다루지 못할 물건도 있으니
정밀히 분석하여 그 기이함을 기록했구나.
이 茶가 고급품인데 어이 시 없을쏜가
하물며 평생에 가장 즐기던 것이랴?
멀리 이 자리에 반입됨은 뉘 공궤함이런가

아마도 煙霧연무 瘴風장풍한 강회에서 보내왔으리.
맑은 향취 새어 나갈까 념려하여
상자 안에 겹겹이 간직하고 칡덩굴로 묶었어라.
깊이 숨겨 정든 친구에게도 보이지 않으니
록록한 나머지 사람들이야 말할 게 있나?
마음에 간직하여 茶 알아주는 사람만 기다렸으니
知己지기가 아니라면 뉘라서 그 眞價진가 알아주리.
쟁개비 부시고 센 불에 오래 달이지 말지니
경망한 아이들 훔쳐 마실까 염려되네.
비유컨대 부귀의 집 깊은 규중에서
어린 까치머리 아리땁게 길렀듯 했네.
눈이 높아 범상한 신랑에게 시집갈까 두려워
동상[176]의 아름다운 郎君랑군 만나기를 원하였네.
내가 누구기에 감히 귀한 茶 맛보는가
뜻밖에 신선의 연분 만나서이네.
房公방공은 어엿한 하늘 위 사람이라 (방공이 이때 內侍로 있었다)
褚裒저부[177]의 가슴속에 簪秋춘추 의리 갖추었네.
인물 평론하는 여가에 茶 언급하여
그 내력 解說해설하여 보내왔구나.
읊어 보매 모든 번민 말끔히 씻겨 버려
만취한 얼굴에 찬물 뿌린 듯하네.
茶 대하여 술 찾음이 미치광이 같으니
우습다 먼저 말함은 참으로 희롱이라오.
다른 날에 그윽한 암자 찾아가
두어 권 서책 펼치고 현묘한 리치 토론하리.
이 몸 늙었으나 오히려 물 길을 수 있으니
한 잔 마시고 바로 참선 시작할까 하노라.

113 [東國李相國集] 第十四卷 游九品寺迫晩 — 李奎報

山險馬猶蹶　路長人易**疲**
驚䳘潛入草　宿鳥已安**枝**
虛閣秋來早　危峯月上**遲**

176) **東牀** 치감(郗鑒)이 門生으로 하여금 王道의 門下에서 사윗감을 간택하게 하였더니 王氏 門中의 여러 소년들이 이 말을 듣고 모두 自身을 칭양하였으나 王羲之만은 배를 드러내고 東牀에 누워 모른 체하자 그를 사위로 삼았다. 『晉書』 卷八十王「羲之傳」.

177) **褚裒** 字는 季野이니 晉나라 때 名臣이다. 젊어서부터 高尙한 운치가 있어, 桓彛의 말에 "계야는 가슴 속에 簪秋의 의리가 있다." 하였다. 『晉書』 卷九十三「褚裒傳」.

僧閑無一事　除却點茶**時**

五言律 支韻⇒疲枝遲時

동국이상국집 제14권 구품사에서 저물도록 놀다 — 리규보(1168~1241)

산 험하니 말이 터덕거리고
길은 멀어서 사람도 피곤해라.
놀란 다람쥐 풀 속으로 들어가고
잠자는 새들 가지에 깃들었네.
빈집엔 가을이 일찍 오고
높은 봉우리엔 달뜨기 더디네.
한가한 승은 일도 없어
茶 마심도 잊었구나.

114 [東國李相國集] 第十四卷 謝人贈茶磨 — 李奎**報**

琢石作孤輪　廻旋煩一**臂**
子豈不茗歠　投向草堂**裏**
知我偏嗜眠　所以見寄**耳**
研出綠香塵　益感吾子**意**

五言古 寘韻⇒臂裏耳意

동국이상국집 제14권 茶맷돌 기증한 이에게 사례함 — 리규보(1168~1241)

돌 쪼아 바퀴 하나 이뤘으니
돌리는 덴 한 팔을 쓰누나.
자네도 茶를 마시면서
왜 나에게 보내주었나.
특히 내가 잠 즐기는 걸 알아
이것을 나에게 부친 거야.
갈수록 푸른 향기 나오니
그대 뜻 더욱 고맙네그려.

115 [東國李相國集] 第十四卷 訪安和寺幢禪師 師請賦一篇 — 李奎**報**

青山眞故人　似喜幽人**至**
來時貺淸景　風日正姸**媚**
到山未云幾　蕭籥雨聲**美**
攲髮臥風軒　一場雷鼾**鼻**
起視復澄霽　木末掛規**燬**
鳴蟬翳葉嘒　鬪雀爭枝**墮**
衲僧手煎茶　誇我香色**備**
我言老渴漢　茶品何暇**議**
七盌復七盌　要涸巖前**水**
是時秋初交　殘暑未云**弭**
當午雖敲蒸　晩涼聊可**喜**
青瓜嚼水精　氷液寒侵**齒**
碧桃雙頰紅　嚼罷堪袪**睡**
偃仰自忘還　茲游眞適**意**

五言古 寘・紙韻⇒至媚美鼻燬墮備議水弭喜齒睡意

동국이상국집 제14권 안화사 당선사를 방문했더니 선사가 賦 일편을 청하다
— 리규보(1168~1241)

청산이 참 친구라
내 오는 걸 즐기는 듯
내 올 때 맑은 경치 보여주니
날씨가 곱고도 아름다워라.
더구나 산에 온 지 얼마 안 되어
빗소리 다시 좋기도 하네.
머리털 풀고 난간에 누웠으니
코 고는 소리 우레 같구나.
다시 일어나 갠 날을 보니
둥그런 해가 나무 끝에 걸렸군.
매미들은 잎 속에서 울고
새들은 나뭇가지에서 싸운다.
승들 제 손으로 茶 달여
나에게 향기와 빛을 자랑하네.
나는 말하노라 늙고 병든 몸이
어느 겨를에 茶 품질 따지려고
일곱 사발에 또 일곱 사발

바위 앞 물을 말리고 싶네.
때는 마침 초가을이라
늦더위 다하지 않았단다.
낮이면 비록 찌는 듯하나
서늘한 저물녘의 기운 더욱 좋구나.
수정 같은 푸른 오이 먹으니
얼음같이 찬 액체에 이가 시리다.
두 볼처럼 붉은 복숭아
씹어 먹으니 잠 쫓기 알맞네.
누웠다 앉았다 하며 돌아갈 길 잊으니
이 놀이 참으로 내 뜻에 맞구려.

116 [東國李相國集] 第十五卷 與玄上人游壽量寺記所見 — 李奎**報**

(上略)
月櫨思慢笛　風檻戀重**裘**
初爲嘗茶至　還因有酒**留**
(下略)　五言絶 尤韻⇒裘留

동국이상국집 제15권 현상인과 수량사에서 지내며 보는 바를 적다 — 리규보(1168~1241)

(상략)
달 비친 난간엔 느슨한 피리 소리 생각나고
바람 부는 헌함엔 겹갖옷 연연하네.
처음엔 茶 마시러 갔다가
도리어 술좌석에 머물게 되었네.
(하략)

117 [東國李相國集] 第十六卷 歙兪侍郎家明日以詩謝之雙韻廻文 — 李奎**報**

藍翠潑溪氷破**鏡**　**酣**紅浸暈生桃**杏**
簾颺輕風涼榭**靜**　**喃**喃啼鳥呼睡**醒**
兼味佳肴飣盤**皿**　**添**壺頻勸督嚴**令**
三人高絶淸歙**茗**　**慙**我獨傾杯倒**罄**
(主人兩客不歙)
衫帽著顚斜復**整**　**談**罷始還方側**景**
七言雙韻回文 覃・鹽韻⇒藍酣簾喃兼添三慙衫談. 梗. 逈韻⇒鏡杏靜醒皿令茗罄整景

동국이상국집 제16권 유시랑 집에서 마시며 來日 詩로써 사례할 쌍운회문
— 리규보(1168~1241)

푸른 시냇물 얼음처럼 맑고
복사꽃 살구꽃은 붉은 빛으로 흠뻑 물들었네.
발은 미풍에 나부끼고 서늘한 정자 고요한데
짹짹거리는 새소리 졸음을 깨우도다.
쟁반에 쌓은 맛 좋은 안주에
술병 더해 가며 자꾸만 권하누나.
세 사람은 茶만 마시는데 (주인과 두 손은 마시지 않았다.)
부끄럽다 나만 술을 마시니.
비뚤어진 의관 다시 바로잡고
談笑담소 끝나 돌아오니 석양이로세.

118 [東國李相國集] 第十六卷 游天磨山有作 — 李奎報

(上略)
風吹俗面似抄**掠**　谷答人聲如唯**諾**
初從石徑行犖**确**　旋向松扉敲剝**啄**
山僧出門笑迎**客**　困臥松軒山月**白**
貌古松頭千歲**鶴**　煎茶不問巖泉**涸**
我樂忘憂師大**噱**　本自無憂誰是**樂**
(下略) 七言長律 藥・覺韻⇒掠諾确啄客白鶴涸噱樂

동국이상국집 제16권 천마산에서 지내며 짓다 — 리규보(1168~1241)

(상략)
바람은 속인의 얼굴 쓸어버릴 듯 불어오고
골짜기는 사람 소리에 대답하듯 메아리치네.
울퉁불퉁 돌밭길 따라가다가
되돌아서 소나무 사립 두들겼네.
산승 중문 나와 손 맞으며 웃는데
로곤한 山 달이 솔 란간에 누웠네.
산승 모습 솔 끝에 천년 묵은 학인 듯
바위샘 말랐는지 茶 달이랴 묻지도 않네.
내 시름 잊는 즐거움에 선사가 껄껄대며
본래 없는 시름인데 누가 이리 즐기신고?
(하략)

119 [東國李相國集] 第十七卷 暫游感佛寺贈堂頭老比丘(二首中 其二) — 李奎報

(上略)
蟻國升沈一夢**空**　却因僧舍笑談**同**
浮名摠落心虛外　妙道猶存目擊**中**
石鼎煎茶香乳白　塼罏撥火晚霞**紅**
人間榮辱粗嘗了　從此湖山作浪**翁**

七言律 東韻⇒空同中紅翁

동국이상국집 제17권 잠시 감불사 당두 로비구와 지내며 증함(2수중 기2) — 리규보(1168~1241)

(상략)
작은 나라 흥망이 꿈처럼 덧없는데
승방에선 도리어 함께 담소하네.
뜬 이름은 다 마음 밖에 멀어졌고
오묘한 진리는 오히려 목전에 있네.
돌솥에 茶를 달이니 향기로운 젖이 희고
벽돌 화로에 불을 붙이니 저녁놀같이 붉구나.
인간의 영욕을 대략 맛보았으니
이제부터 강산의 방랑객이 되리라

120 [東國李相國集] 第十七卷 題黃驪井泉寺誼師野景樓(三首中 其三) — 李奎報

(上略)
霽天霞色殷於火　曉店煙光翠似**藍**
早占淸幽君自適　晚逢佳勝我方**慙**
洗心投社如同隱　汲水煎茶尙可**堪**
儻有話頭鑽味處　不妨時喚老龐**參**

七言律 覃韻⇒藍慙堪參

동국이상국집 제17권 황려 정천사 의사의 야경루에 제목함(3수중 기3) — 리규보(1168~1241)

(상략)
갠 하늘에 놀은 불보다 붉고
새벽 주점의 안개는 쪽빛처럼 푸르네.
일찍 청유를 점유하였으니 그대는 자적하고
늦게야 좋은 경치 만났으니 나는 바야흐로 부끄럽네.

마음 씻고 절에 들어 같이 은거한다면
물 긷고 茶 달이는 일도 감당하리.
혹 화두178)에 음미할 곳이 있으면
때로 이 늙은이 불러 참여시킴도 무방하리.

121 [東國李相國集] 第十八卷 謝逸庵居士鄭君奮寄茶(二首) — 李奎報

其一
芳信飛來路幾千　粉牋糊櫃絳絲纏
知予老境偏多睡　乞與新芽摘火前
七言絶 先韻⇒千纏前

其二
官峻居卑莫我過　本無凡餉況仙茶
年年獨荷仁人貺　始作人間宰相家
(前年亦送)　七言絶 歌・麻韻⇒過茶家

동국이상국집 제18권 일암거사 정군이 茶를 서둘러 보내줌에 사례함(2수)
— 리규보(1168~1241)

기1
그리운 소식 몇 천리를 날아 왔는가
하얀 종이 바른 함 붉은 실로 얽었구나.
내 늙어 잠 많은 줄 알고서
새로 나온 찻잎을 달여 마시라 구해 주었네.

기2
벼슬 높아도 검박하기 더없는 나인데
여느 것도 없거늘 하물며 仙茶이랴.
해마다 홀로 인인의 덕을 입으니 (지난 해에도 보내 주었다.)
이제야 이 세상이 재상집 구실하누나.

122 [東國李相國集] 第二十一卷 新集御醫撮要方序 — 李奎報

(上略) 國藥有茶房 所集藥方一部. 文略效神, 可濟萬命, 以歲久脫漏, 幾於廢失矣 (下略)

---

178) **話頭** 宗師가 어떤 법을 말하여 후배를 지도하는 것이 마치 훌륭한 匠人이 재료를 마음대로 다루어 좋은 물건을 만들어 내는 것과 같아, 禪을 참구할 때에는 宗師로부터 크게 의문되는 한 방법을 받아 일념으로 그 의문을 참구하여 心地를 깨닫게 하는 공부의 한 방법이다.

동국이상국집 제21권 신집어의촬요방 서 — 리규보(1168~1241)

(상략) 국조에 茶房에서 수집한 약방문 한 질이 있다. 글은 간략하나 효험이 신기로워 만인의 목숨을 건질 것인데, 세월이 오래되고 脫漏탈루하여 거의 유실될 지경에 이르렀다. (하략)

123 [東國李相國集] 第二十三卷 南行月日記 — 李奎報

予嘗欲游踐四方，凡吾馬足之所到，若有異聞異見，則詩以拾文以採，以爲後日之觀，其意何哉. 假得老以至脚衰腰僂，所處不過房櫳之內，所見不出衽席之閒，則取吾手集，覩昔少壯時奔馳步驟游賞之跡，赫赫若前日事，尙足以舒暢其幽鬱也. (中略) 明日與扶寧縣宰李君及餘客六七人，至元曉房，有木梯高數十級疊足淩兢而行，乃得至焉，庭階窗戶，上出林杪. 聞往往有虎豹攀緣而未上者. 傍有一庵，俗語所云，蛇包聖人所昔住也. 以元曉來居，故蛇包亦來侍，欲試茶進曉公，病無泉水，此水從巖罅忽湧出，味極甘如乳，因嘗點茶也. 元曉房才八尺，有一老闍梨居之，庬眉破衲，道貌高古. 障其中爲內外室，內室有佛像，元曉眞容，外則一瓶雙屨茶瓷經机而已. 更無炊具亦無侍者. (下略)

동국이상국집 제23권 남행월일기 — 리규보(1168~1241)

내가 일찍이 사방을 두루 다녀 무릇 내 말발굽이 이르는 곳에 만일 異聞이문이나 이견이 있으면, 곧 시로써 거두고 문으로써 채집하여 후일에 볼 것을 만들고자 하였으니, 그 뜻이 무엇이었던가. 가령 내가 늙어 다리 힘이 없고 허리가 굽어 거처하는 곳이 방안에 불과하고 보는 것이 자리 사이에 지나지 않게 된다면, 내가 손수 모은 것을 가져다가 옛날 젊었을 때 분주히 뛰어 다니며 유상하던 자취를 보면 지난 일이 또렷이 바로 어제 일 같아서 족히 울적한 회포를 풀 수 있겠기 때문이다. (중략)

다음날 부녕현재 리군과 다른 객 예닐곱 명과 더불어 원효방에 갔다. 나무 사닥다리가 있는데 높이가 수십 층이나 되어 발을 후들후들 떨면서 찬찬히 올라가니, 정계와 창호가 수풀 끝에 솟아나 있었다. 듣건대 종종 虎豹호표가 연 가장자리로 올라오려다가 올라오지 못한다 한다. 곁에 한 암자가 있는데 속전에 의하면 蛇包사포 성인이 옛날에 머물던 곳이라 한다. 원효가 와서 살았으므로 사포가 또한 와서 모시고 있었는데, 茶를 달여 효공에게 드리려 하였으나 샘물이 없어 딱하던 중, 이 물이 바위틈에서 문득 솟아났는데 물맛이 매우 달아 젖 같아서 이로써 늘 茶를 달였다 한다. 원효의 방에는 겨우 8척의 늙은 한 승이 거처하는데, 삽살개 눈썹과 다 헤진 누비옷에 道貌도모가 고고하였다. 방 한가운데를 막아 내외실로 만들었는데, 내실에는 불상과 원효의 진용을 모셨고, 외실에는 병 하나, 신 한 켤레, 茶잔과 경궤뿐 취구도 없고 시자도 없다. (하략)

124 [東國李相國集] 第二十三卷 泰齋記 — 李奎報

夫緣境而漸染者, 人之情也. 耳猒嘈哳而不聞淸溜之聲, 目倦華靡而不矚靑山之色, 則煩滯之心, 有時而萌矣. (中略) 當時茂苑殘莊而已, 公得之, 尋泉脈之攸出, 築石而甃之, 凡歠吸盥漱煎茶點藥之用, 皆仰此井, 因泉之汎濫者, 瀦作大池, 被以菱芡, 放鵝鴨其中. (下略)

동국이상국집 제23권 태재기 — 리규보(1168~1241)

대개 환경에 영향을 받는 것은 사람의 常情상정이다. 귀로 새 우는 소리를 듣기 싫어하고 맑게 흐르는 물소리를 듣지 않으며, 눈은 화려하고 사치한 데 게을러져서 푸른 산빛을 보지 않는다면 번거롭고 막히는 마음이 때로 싹트는 것이다. (중략) 당시에는 황무한 동산과 쇠잔한 별장이었는데, 공이 얻은 뒤에는 샘 줄기를 찾아 돌로 쌓고 우물을 만들어 마시며, 세수하고 茶 달이며 약 달이는 需用수용을 모두 이 우물물로 하였으며, 샘이 넘쳐흐르는 것을 이용하여 저수하고 큰 못을 만들어 연꽃을 가득하게 심고, 거위와 오리를 그 가운데 놓아 길렀다. (하략)

125 [東國李相國集] 第二十四卷 孫秘書冷泉亭記 — 李奎報

芸臺亞監孫君, 卜新宅于城北之某里. 有巨巖高可數丈, 形若削鐵者, 巉巉然蒼, 蒼然自廳事之北, 彌于東隅. 其下有冷泉泫然流出, 渟成一泓, 澄湛可愛. (中略) 予曰巖雖奇, 餉人之利小矣, 泉雖淺, 能以水漿乳液, 潤人周矣. 予今與若, 點荈而歠, 漉酒而酌, 亦莫非泉之施也, 可忍負乎. 客破顔大笑. 孫君又請予爲記, 噫予與筆俱老矣. 然重違主人之請, 粗書所見耳. 某月日寶文閣待制典誥李某記, 記後復題四十字云.

동국이상국집 제24권 손비서 랭천정기 — 리규보(1168~1241)

운대아감 손군이 성북의 어느 마을에 신택을 지었다. 큰 바위가 있어서 높이가 두어 길이나 되며, 형상은 쇠를 깎아 세운 듯이 험준하게 보이고, 마루의 북쪽에서부터 동쪽 구석까지 창창하게 둘러 있다. 그 아래에 차가운 샘이 있으니, 철철 흘러내려 고여서 한 깊은 웅덩이를 이루고 있는데 그 맑고 깨끗함이 실로 사랑할 만하다. (중략) "바위는 비록 기이하지만 사람에게 이바지하는 바가 적으며, 샘은 비록 얕더라도 능히 차가운 물이 젖과 같이 사람을 윤택하게 하지 않는가. 이제 내가 그대와 더불어 茶를 달여 마시고 술을 걸러 잔질하는 것도 또한 샘이 베푸는 바가 아닌 것이 없으니 어찌 샘을 저버릴 수 있겠는가" 하였다. 객이 부드러운 얼굴로 크게 웃었다. 손군이 또 나에게 記기를 쓰라고 청하였는데, 속으로 생각하여 보니 나와 나의 붓이 모두 늙었다. 그러나 여러 번 주인의 청을 사양하다가 본 바를 대충 적어 둔다. 모월 모일 보문각대제전고 리아무개가 기를 쓰고, 기 뒤에 다시 40字를 적는다. (하략)

126 [東國李相國集] 第二十五卷 王輪寺丈六金像靈驗收拾記 — 李奎報

詳夫自佛法之波及三韓也, 由中及外, 列刹相望, 至如像設, 無寺無之. 但諸佛一體也, 凡像設所在, 有顯靈應與不爾者. 是凡夫思想未到處, 其何以測之哉. 雖然諸佛菩薩之於神通方便, 游戲自在, 無可無不可, 亦不可以色相求之者也. 然則其不顯光靈, 非不爲也, 姑藏其用而已矣. (中略) 崔侍中靖安常痛敬丈六像. 以其宅之在寺之南鄰, 故每上官之時, 則到寺門輒下馬禮拜而後去焉, 及還公則至龝宗門, 又下馬再拜, 步過寺門, 然後騎焉, 凡所得新物, 先奉之而後敢嘗, 又往往造于堂, 手煎茶供養, 如是者久焉, 忽夢丈六告曰 汝事我誠勤矣, 然不若寺之南里鷹揚府老兵之歸心也. 公明日使人尋其家, 果有一老兵在焉, 公親往訪之, 問曰 聞汝之常敬某寺丈六, 信然耶, 其敬之也, 又別作何般耶. 對曰 老僕自中風莫輿, 凡已七秊矣, 但晨夕聞鐘聲, 則向其處合掌而已, 安更有餘事哉, 公曰 如是, 則老夫所以事佛者, 其不若汝誠之至矣. 由是大重其人, 每受祿, 輒以一斛賜之. 此靈驗三也. (下略)

동국이상국집 제25권 왕륜사 장륙금상 령험수습기 — 리규보(1168~1241)

살펴보건대 佛法불법이 三韓삼한에 파급됨에 중앙에서부터 지방에 이르기까지 벌려 선 사찰들이 서로 바라다보이며, 불상을 모시지 않는 절이 없다. 다만 모든 부처는 한 몸인데 무릇 불상을 모신 곳 중에서 령험이 드러난 곳과 그렇지 않은 곳이 있다. 이것은 범부의 생각으로는 미치지 못하는 곳이니 그것을 어찌 미루어 알 수 있겠는가? 비록 그러하더라도 여러 부처와 보살의 신통하는 방편은 隨應變化수응변화함이 자유자재하여 가능한 것도 없고 불가능한 것도 없는 것이니, 또한 눈에 보이는 빛깔과 형상에서 찾을 수는 없는 것이다. 그렇다면 그 광명과 영험이 드러나지 않는 것은 하지 않는 것이 아니고 잠깐 그 작용을 감추었을 뿐이다. (중략)

시중 최정안이 항상 丈六金像장륙금상을 깊이 존경하였다. 그 집이 절의 남쪽 이웃에 있었으므로, 매번 관아에 출근할 때 절의 문 앞에 이르러서는 문득 말에서 내려 불상을 향하여 절하여 례를 한 뒤에 갔으며, 퇴근할 때 조종문에 이르면 말에서 내려 두 번 절하고 걸어서 절문을 지난 뒤에 말을 타곤 하였다. 무릇 새로 나는 물건을 얻으면 반드시 먼저 불상 앞에 바친 뒤라야 감히 맛보았다. 이따금 법당에 가서 손수 茶를 끓여서 공양하기도 하였다. 이렇게 한 지가 오래더니 홀연히 꿈에 장륙금상이 이르기를 "네가 나를 섬기는 것이 진실로 정성스럽고 부지런하다. 그러나 절의 남쪽 마을 응양부에 사는 늙은 군사의 귀의하는 마음만은 못하다" 하였다. 공이 이튿날 사람을 시켜서 그 집을 찾으니 과연 한 명의 늙은 군사가 있었다. 친히 가서 방문하고 묻기를 "네가 항상 아무 절의 장륙상을 존경한다니 정말인가. 또 그를 존경하는 데 특별히 어떤 일을 하느냐" 하였다. 대답하기를 "늙은 제가 중풍 때문에 일어나지 못한 지가 이미 7년이 되었습니다. 다만 저녁과 새벽 종소리를 들으면 그곳을 향하여 합장할 뿐입니다. 어찌 따로 하는 일이 있겠습니까?" 하였다. 공이 말하기를 "그렇다면 늙은 내가 부처 섬기는 것이 너만큼 정성이 지극하지 못하다" 하였다. 이로 인하여 그 사람을 매우 소중하게 여기고 록봉을 받을 때마다 문득 1斛곡을 그에게 주었다고 한다. 이것이 령험의 셋째이다. (하략)

127 [東國李相國後集] 第一卷 訪嚴師 此師稀置酒, 我必置, 故以詩止之 — 李奎報

我今訪山家　飮酒本非**意**
每來設飮筵　顔厚得無**泚**
僧格所自高　唯是茗飮**耳**
好將蒙頂芽　煎却惠山**水**
一甌輒一話　漸入玄玄**旨**
此樂信淸淡　何必昏昏**醉**

五言古 寘・紙韻⇒意泚耳水旨醉

동국이상국후집 제1권 엄선사를 례방함. 禪師 때로 酒宴을 베푸는데, 내게는 반드시 베푼다. 때문에 詩로써 저지하련다 — 리규보(1168~1241)

내가 지금 산방을 찾아온 것은
술을 마시려고 해서가 아닌데.
올 때마다 술자리 베푸니
얼굴이 두꺼운들 어찌 땀이 안 나겠소?
스님의 격조 높은 것은
오직 향기로운 茶를 마시기 때문.
몽정179)의 새싹을 따서
혜산180) 물로 달인 것이 제일일세.
茶 한 잔 마시고 한 마디씩 나누어
점점 심오한 경지에 들어가네.
이 즐거움 참으로 청담하니
굳이 술에 취할 필요가 있겠나.

128 [東國李相國後集] 第九卷 復次韻 李侍郎重和雪詩 廻文 — 李奎報

(上略)
鷲廬梵室僧關閉　兎苑梁筵客詠**謠**
腸納暖漿煎茗盌　脚沈融汁履沙**橋**

---

179) **蒙頂** 茶名으로 石蘂라고도 하는데, 四川省 蒙山의 頂峰에서 생산되기 때문에 붙여진 이름으로 매우 진귀하다. 『本草』「石蘂」.

180) **惠山** 惠山泉을 가리키며 慧山으로 쓰기도 한다. 이 샘은 江蘇省 서쪽인 혜산에 있는데, 물맛이 좋기로 유명하다.

涼衫拂曠仍閑掛　　熾炭添新認猛**燒**
倉欠自驚空積粒　　地盈方喜正堆**綃**
(下略) 七言律回文, 陽・蕭韻⇒鴦腸涼倉. 謠橋燒綃

동국이상국후집 제9권 리시랑이 거듭 화운한 회문 '설시'에 다시 차운함
— 리규보(1168~1241)

(상략)
산사의 승방에는 승이 문을 닫았고
토원[181]의 연석에는 객이 노래를 부르네.
뱃속에 따스한 미음 들자 茶 달여 한 사발
발밑에 물기 스며드는 모래다리 밟누나.
오래 소외된 어설픈 적삼은 한가히 걸렸는데
새로 넣은 새까만 숯은 맹렬히 타오르며.
곳집에는 쌀알 줄어드는 게 놀라운데
땅 위에는 비단 쌓이는 모습이 기쁘네.
(하략)

129 **[東國李相國集]** 第三十五卷 曹溪山第二世 故斷俗寺住持修禪社主 贈諡眞覺國師碑銘(幷序)奉宣述 — 李奎**報**

夫自有心法已來, 凡衲子之鼻孔遼天者, 原其靈臺, 孰不欲與霜月淨潔耶. 然至於宗門之名品升降, 則有不能大忘情者, 於是有以此爲嫌, 遂深遁巖谷, 潛修心要, 切不欲嬰其名累, 而名自逼逐者孰是歟. 如我國師當之矣. (中略) 遂闢而廣之, 又遣使就賜滿繡袈裟磨衲各一領, 幷茶, 香, 寶瓶. 因求法要, 師撰 心要以進. 今行于世, 自是公卿貴戚四嶽邦伯聞風慕道, 或遙禮爲師, 或親趨下門者, 不可勝紀. (下略)

동국이상국집 제35권 조계산 제2세 고 단속사 주지 수선사주 진각국사 시호 증정 비명(병서) 봉선술 — 리규보(1168~1241)

대저 심법이 있은 때로부터 무릇 衲衣납자를 입은 승으로서 콧구멍으로 하늘을 흔드는(鼻孔遼天) 자들의 마음을 추구하여 보면, 누군들 서리와 달과 더불어 깨끗함을 다투고자 하지 않는 자가 있겠는가. 그러나 宗門종문의 명품이 올라가고 내려가는 것에 이르러서는 능히 심정에 아주 잊어버려지는 것을 능히 하지 못함이 있는 자는 여기에서 이것을 혐오하여 드디어 깊이 바위로 둘러싸인 골짜기에 숨어서 가만히 마음의 요긴함을 닦으며, 결코 그 이름의 累루에 얽히지 않으려고 하여도 명예가 스스로 좇아오는 자가 있다면 누가 그런 사람일까. 우리의 진각국사 같은 이가 여기에 해당할 것이다. (중략) 드디어 넓혀서 크게 만들고 또 사자를 보내어 만수가사와 마납[182] 각 한 벌과 아울러 茶, 향, 보병 등을 내리었

---

181) **兎園** 漢나라 梁孝王의 東苑으로, 枚乘이 兎園賦를 지었다.

다. 이어서 법요(교법의 要義)를 찾으므로 『심요』라는 것을 찬술하여 올렸다. 오늘날까지 그 책이 세상에 전하는데, 이로부터 공경, 귀척과 사방의 방백(지방 장관)들이 소문을 듣고 도를 사모하여, 혹은 멀리서 스승으로 모시는 례를 닦고 혹은 친히 그 문하에 나아가 제자가 되는 이가 있어서 이루 다 기록할 수 없다. (하략)

130 [東國李相國集] 第三十六卷 銀青光祿大夫尙書左僕射致仕庾公墓誌銘 — 李奎報

觀自古士大夫, 其始未嘗不以廉恥操心滿盈爲戒, 而及富貴方酣, 率翫惜日月, 恬不知退者多矣, 我僕射府君, 大異於是. 季六十有四, 已登端揆, 則其去台鉉, 能有幾級而未踐其地耶, 但先六載引退, 求避溢寵耳, 不然, 久已升極秩而猶有餘矣. (中略) 累歷御史尙衣奉御侍御史戶部郞中御史雜端, 賜金紫大府少卿兵刑部侍郞大府卿知三司事判大府司宰事太子詹事判閤門知茶房事, 階皆正議, 尙書右僕射, 階光祿, 此公之所歷官序也. 其或廉察東南, 秉鉞東北, 則威風所及, 無不股弁. 然濟以仁信, 故民便之, 此公之奉使延譽也. (下略)

동국이상국집 제36권 은청광록대부, 상서좌복야 치사한 유공 묘지명 — 리규보(1168~1241)

예로부터 사대부들을 보면, 처음에는 일찍이 廉恥렴치로 조심하여 가득 차지는 않을까 주의하지 않는 이가 없지만, 부하고 귀한 데에 처하게 되면 대체로 세월이 가는 것을 애석하게 생각하면서 태연히 물러갈 줄을 모르는 자가 많았는데, 우리 복야부군은 이와 아주 달랐다. 나이 64세에 이미 대신 단규[183]의 지위에 올랐으니, 거기서 태현[184]까지 가는 데 몇 등급이 있는데 그 지위를 밟지 않은 것인가. 이보다 앞서 6년에 물러났으니, 은총이 넘치는 것을 피하여서였다. 그렇지 않으면 오래 전에 벌써 최고 지위(極秩)에 이르고도 남음이 있을 것이다. (중략) 여러 번 력임하여 어사, 상의봉어, 시어사, 호부랑중, 어사잡단이 되었으며, 금자대부소경, 병부형부시랑, 대부경, 지삼사사, 판대부사재사, 태자첨사, 판합문, 知茶房事를 拜賜배사했는데, 이때의 관직 등급은 모두 정의대부였으며, 상서우복야로 관직 등급이 광록대부에 이르니, 이것은 공이 력임한 관직 차례이다. 혹은 동남 지역을 렴문, 렴찰하고, 동북 지역에서 군사를 지휘할 때에는 그 위풍이 미치는 곳마다 무서워하지 않는 사람이 없었다. 그러나 어짊과 미더움으로 일을 하기 때문에 백성들이 편하게 여기니, 이 때문에 공이 사명을 받들어 나가서도 칭찬을 듣는 것이다. (하략)

131 [東國李相國集] 第三十六卷 銀青光祿大夫樞密院使御史大夫李公墓誌銘 幷序 — 李奎報

予嘗論之, 勇不必以力, 而先以氣爲本, 以義爲主者也. 何則, 生重於義, 則其氣怯, 氣怯則雖鶡冠猛士, 有臨陣而股弁者, 義重於生, 則其氣激, 氣激則雖緩

---

182) **磨衲** 비단으로 된 僧의 옷.
183) **端揆** 모든 정사를 옳게 시행한다는 의미의 칭호.
184) **台鉉** 台鼎, 곧 三台星을 상징한 三政丞을 이른다.

帶君子，有雄入九軍，略無懼容者是理之常也．(中略) 蓋公嘗固辭將軍，故以喉舌貴官寵之也．公諱績，其先砥平縣人也．曾祖諱某，祖諱某，考諱某，監門衛大將軍追贈尙書左僕射．公始屬茶房，出爲猛州倅，及代，凡八季未調．明昌某季，復屬茶房，旋移籍內侍，累歷官至閤門祗候出爲高州守，入爲尙舍奉御閱都官兵部二員外．(下略)

동국이상국집 제36권 은청광록대부, 추밀원사, 어사대부 리공 묘지명 병서 — 리규보(1168~1241)

나는 일찍이 말하기를 '용맹이라는 것은 반드시 힘으로만 되는 것이 아니요, 먼저 기운으로 근본을 삼고, 의로 주인을 삼는 것이라' 하였다. 왜냐하면 사는 것이 의보다 중하면 그 기운이 겁나고, 기운이 겁나면 비록 무사의 관을 쓴 용사라도 싸움에 임하여 펼 수 없으며, 의가 사는 것보다 중하면 그 기운이 격동하고, 기운이 격동하면 비록 띠를 느슨하게 한 군자라도 날래게 구군 중으로 들어가서 아무런 두려운 모습도 없을 수 있는 것이니, 이것은 당연한 리치이다. (중략) 대개 공이 일찍부터 장군을 굳이 사양하였기 때문에 후설[185]의 귀한 관직으로 총애하신 것이었다. 공의 휘는 적이요, 조상 내력은 지평현 사람이었다. 증조부의 휘는 모, 조부의 휘도 모인데, 감문위대장군으로 상서좌복야를 추증 받았다. 공은 처음 茶房에 속하는데 나아가 맹주의 원으로 나갔으나 교대하게 되면서 8년간 보직을 받지 못하였다. 명창년간(1190~1195)에 다시 茶房에 속하였다가 이어 내시로 적을 옮겼으며, 여러 번 벼슬을 바꾸어 합문지후에 이르렀고, 나아가 고주의 수령이 되었다가 들어와서 상사봉어가 되고 도관과 병부의 두 원외랑을 지냈다. (하략)

132 [新增東國輿地勝覽] 第七卷 驪州牧 佛宇，井泉寺 — 李奎報

霽天霞色殷於火　曉店煙光翠似**藍**
早占淸幽君自適　晩逢佳勝我方**慙**
洗心投社如同隱　汲水煎茶尙可**堪**
儻有話頭鑽味處　不妨時喚老龐**參**

七言律 覃韻⇒藍慙堪參

신증동국여지승람 제7권 려주목 불우, 정천사 — 리규보(1168~1241)

갠 하늘에 놀빛은 불보다 붉은데
새벽 주점 연기 빛은 푸르기 람빛 같네.
일찍이 맑고 그윽함을 점령하여 그대 스스로 유쾌한데,
늦게야 아름다운 명승을 만나니 내 바야흐로 부끄럽네.
마음 씻고 투사에 들어 같이 숨을 수 있다면

185) **喉舌** 임금의 말을 아랫사람에게 전하고, 신하의 말을 임금에게 전하는 벼슬아치, 宰相.

물 긷고 茶 달임 오히려 감당할 만하니.
혹시 재미나는 화두 있거든
때로 늙은 龐居士방거사 불러 參究참구함도 무방하리.

133 【新增東國輿地勝覽】 第十二卷 長端都護府 古跡, 天和寺 — 李奎報

一節穿破綠苔**錢**　驚起溪邊彩鴨**眠**
賴有點茶三昧手　氷甌雪液洗煩**煎**

七言絶 先韻⇒錢眠煎

신증동국여지승람 제12권 장단도호부 고적, 천화사 — 리규보(1168~1241)

한 막대 록태전을 뚫어 깨뜨리니
시냇가 청둥오리 자다 깨어난다.
茶 달이는 삼매 솜씨 힘입으니
빙구에 설액으로 달여 번뇌 씻어준다.

134 【新增東國輿地勝覽】 第三十三卷 全州府 佛宇, 天龍寺 — 李奎報

全家來寄碧山**傍**　矮帽輕衫臥一**牀**
肺渴更知村酒好　睡昏聊喜野茶**香**
竹根迸地龍腰動　蕉葉當窗鳳尾**長**
三伏早休民訟少　不妨時復事空**王**

七言律 陽韻⇒傍牀香長王

신증동국여지승람 제33권 전주부 불우, 천룡사 — 리규보(1168~1241)

온 집이 푸른 산 옆에 와서 사니
얇은 모자 가벼운 옷으로 침상에 누워 있네.
폐장이 마르니 촌술 맛이 더욱 좋고
정신이 몽롱하니 들茶 향기 또한 좋다.
대 뿌리 땅에 흩어져 뻗으니 룡이 꿈틀거리는 것 같고
파초 잎이 창 앞에 닿으니 봉의 꼬리처럼 길다.
삼복이 일찍 그치고 백성의 송사가 적으니
이때 다시 부처님을 섬김도 무방하리라.

135 **[新增東國輿地勝覽]** 第三十四卷 扶安縣 佛宇, 元曉房 — 李奎**報**

循山度危梯　　疊足行線**路**
上有百仞巓　　曉聖曾結**宇**
靈蹤杳何處　　遺影留鵝**素**
茶泉貯寒玉　　酌歙味如**乳**
(下略)　五言古 遇・麌韻⇒路宇素乳

신증동국여지승람 제34권 부안현 불우, 원효방 — 리규보(1168~1241)

산 따라 높은 사다리 지나고
발 포개어 좁은 길 걷는다.
위에 백 길 산꼭대기 있는데
효성(원효대사의 별칭)이 일찍 방 지었도다.
신령스런 발자취 어딘지 아득하고
유영(畫像)은 아소186)에 남았구나.
茶泉은 찬 구슬처럼 고였는데
한 움큼 마셔 보니 젖 같은 단맛이라.
(하략)

136 **[新增東國輿地勝覽]** 第十二卷 長端都護府 佛宇, 興聖寺 — 李奎**報**

萬事都空一笑**端**　　尙欺鰲叟漫爲**官**
巖連井榻雲長濕　　地近茶窗雪易**殘**
閑掛鐵君經夏結　　狂燒木佛禦天**寒**
靑山佗日應爲舊　　不憚幽谿子細**看**
七言律 寒韻⇒端官殘寒看

신증동국여지승람 제12권 장단도호부 불우, 흥성사 — 리규보(1168~1241)

만사 都是도시(도무지) 한 웃음 끝에 비웠는데
오히려 오수187)가 속인다며 방만한 관리라 하네.
암반에 이은 우물 란간 늘 구름에 젖는데
땅은 茶 달이는 창 가까워 잔설 쉽게 녹네.

---

186) **鵝素** 黃絹(생견), 물들이지 않은 비단.
187) **鰲叟** 唐나라 元結(723~772)의 號.

한가하게 걸린 僧杖승장188) 結夏결하189)의 여름 겪고
狂直광직하게 목불 태워 겨울 추위 막았네.
청산은 타일에 응당 구면이 되려니와
꺼림 없는 유계 자세히 바라보네.

137 [東文選] 第九卷 草堂端居和子美新賃草屋韻 — 李奎報

杜門無客到　煮茗與僧**期**
荷耒且學圃　歸田當有**時**
貧甘老去早　閑厭日斜**遲**
漸欲成衰病　疏慵不啻**玆**

五言古 支韻⇒期時遲玆

동문선 제9권 초당에 고요히 거처하여 두자미의 '새로 세든 초가'의 韻을 화운함
— 리규보(1168~1241)

杜門不出두문불출 찾아오는 객도 없으니
승과 나 기약해서 茶를 달이네.
따비(耒)를 메고 농사나 배워 볼까
전원에 돌아갈 때 있으려니.
가난하니 빨리 늙어감 좋으나
한가하니 더디 해 기욺 싫구나.
차차 쇠해지고 병이 들려 하니
게으른 그 탓만은 아니라네.

138 [東文選] 第十八卷 普門寺 — 李需(李奎報 知友)

(上略)
向壁寥寥眉帶雪　烹茶習習腋生**風**
寅輈擊磬三邊靜　乙夜鳴鍾九野**豐**
五體投來疑欲碎　雙趺結處兀如**聾**
遏殘戎馬安遼北　馴養靈龜鎭海**東**
(下略)　七言長律 東韻⇒風豐聾東

188) **僧杖** 僧 지팡이, 鐵君, 錫杖.
189) **結夏** 음력 4월 15일부터 90일간 하는 僧侶의 여름 수행.

동문선 제18권 보문사 — 리수(리규보의 지우)

(상략)
벽을 향하여 앉은 이 눈썹이 눈(雪)을 두르고
茶를 달이니 솔솔 겨드랑에 바람이 이네.190)
이른 아침 磬경 소리에 국경의 평온함을 빌고
한밤 우는 종소리에 온 나라(九野) 풍년일세.
오체를 던지니191) 금방 부서지려는 듯
쌍부를 맺고 앉아 우뚝 귀머거리인 양.
융마를 물리치니 료북이 편안하고
영귀를 길들여서 해동을 진정하네.
(하략)

139 [高麗史節要] 卷之十六 高宗安孝大王

癸卯三十季 正月, (上略) 又有人, 譖將軍金偫, 瑀召偫, 責之曰 汝集無賴之徒, 欲何爲乎, 髡首, 流于河東縣, 執偫所親, 將軍金正曦, 平虜鎭副使孫仲秀, 茶房, 安琦等 三十五人, 投之江. 偫 卽瑀 外孫聂也.

고려사절요 권16 고종안효대왕

고종안효대왕 30년 계묘(1243) 정월 (상략) 또 어떤 사람이 장군 金偫김치를 참소하니 우가 김치를 불러 꾸짖기를 "네가 무뢰배를 모아 무엇을 하고자 하느냐" 하고 머리를 깎아서192) 하동현으로 귀양 보내고, 김치와 친하게 지내던 장군 김정희, 평로진부사 손중수, 茶房 안기 등 35명을 강에 던졌다. 김치는 곧 우의 외손 정이었다.

140 [東文選] 第六卷 寄沃洲誓上人 — 釋天因

(上略)
翰來暮去隨所適　一條橡栗一蒲**團**
秋深石上掃落葉　煮茗燒栗圖淸**歡**
(下略)　七言古 寒韻⇒團歡

190) **習習腋生風** 唐의 盧仝이 지은 茶歌에 '일곱 잔째는 못다 먹고 두 겨드랑에 솔솔 맑은 바람이 난다' 한 구절이 있다.
191) **五體投** 불교식 절은 오체를 땅에 던지듯 하는데, 四肢와 머리를 五體라 한다.
192) **髡首** 머리털을 깎는 형벌.

동문선 제6권 옥주 서상인에게 보냄 — 석천인(1205~1248)

(상략)
아침이 오고 저녁이 가는데 마음대로 따르나니
한 가지 주장자와 한 개의 방석일세.
가을 깊어 돌 위 떨어진 잎 쓸고
茶 달이고 밤을 구워 맑은 기쁨 도모한다.
(하략)

141 [東文選] 第十一卷 次韻雲上人病中作 — 釋天因

(上略)
幾時還舊隱　底處奉慈**親**
蘭若居無事　伽陁唱入**神**
詩淸非日暮　和寡是陽**晉**
艾衲披殘縷　茶甌進缺**脣**
憐君彌晦朔　嬰病臥牀**茵**
遠地憑誰問　幽懷不自**陳**
(下略) 五言長律 眞韻⇒親神晉脣茵陳

동문선 제11권 운상인이 병중에 지은 시를 차운함 — 석천인(1205~1248)

(상략)
언젠가 옛 절에 돌아가면
낮은 자리에서 어머님 봉양하리.
한가히 암자에 들어앉아서
불법을 크게 부르짖으리.
시의 맑음은 일모[193]뿐 아니요
화답할 이 적은 양춘도 좋으이.
납의는 올이 너덜너덜 찢기고
茶사발 입술 깨진 채 내어온다.
가엾어라, 그대가 몇 달 동안을
병에 걸려 자리에 누워 있다니.
먼 거리 뉘를 시켜 병 위문하리
답답한 회포 말로 다 쓰지 못하네.
(하략)

193) **日暮** 南朝 때 僧 惠休가 詩를 잘 하였는데, 그의 시에 '해 저물고 푸른 구름 어울렸는데 아름다운 사람 오지 않는다(日暮碧雲合 佳人殊未來)' 라는 구절이 유명하다.

142 [高麗史節要] 卷之十六 高宗安孝大王

高宗大王 庚戌三十七季 五月, (中略) 崔沆, 嘗娶大卿崔溫女, 以有疾棄之, 改娶承宣趙季珣女, 王命牽龍中禁都, 知巡檢, 白甲內侍, 茶房衛送, 賜御座肩輿燈燭.

고려사절요 권16 고종안효대왕

고종대왕 경술 37년(1250) 5월에 (중략) 최항[194]이 일찍이 대경 최온의 딸에게 장가들었다가 병이 있다 하여 버리고, 다시 승선 조계순의 딸에게 장가를 드니, 왕이 견룡과 중금도, 지순검, 백갑내시, 茶房에게 명하여 호위하여 보내게 하고, 또 어좌견여 등촉을 주었다.

143 [補閑集] 卷中 李眉叟僧院茶磨云 — 崔滋

風輪不管蟻行**遲**　月斧初揮玉屑**飛**
法戲從來眞自在　晴天雹吼雪霏**霏**
七言絶 微韻⇒遲飛霏

보한집 권중 리미수[195]가 僧院의 茶맷돌을 읊음 — 최자(1188~1260)

풍륜엔 管足관족이 없어 의행은 더디고[196]
월부 휘두르자 곧 옥설이 날린다.[197]
법희[198]란 본래부터 자재한 修眞수진인가
갠 하늘 우레 소리에 눈이 펄펄 내린다.

144 [補閑集] 卷下 崔滋

知識沖歲, 初以南省亞元, 籍金閨, 卽脫身往松廣寺修眞. 晉陽公爲知奏事時, 因中使往江南者, 以書遣茶香及楞嚴經. 使將還請書欲報公, 師曰 予以絶俗, 何修書往復爲. 使强迫之, 且以詩贈師卽次韻云

瘦鶴靜越松頂月　閑雲輕逐嶺頭**風**
箇中面目同千里　何更新翻語一**通**
七言絶 東韻⇒風通

194) **崔沆** 최항(?~1257). 고려 고종 때의 권신, 진양공 최이(崔怡)의 아들.
195) **李眉叟** 李仁老(1152~1220)의 字. 號 雙明齋. 고아로 僧 寥一에게서 성장, 혜좌칠현결성.
196) **風輪 …… 더디고** 풍륜은 風力으로 도는 바퀴, 즉 수맷돌. 管足은 棘皮動物의 軟한 肉管, 해삼 따위. 蟻行은 개미걸음.
197) **月斧, 玉屑** 월부는 大茶를 깎는 큰 자귀. 옥설은 옥가루, 곧 茶가루를 말함.
198) **法戲** 불교적 작희.

卒不以書答, 此眞謝世道人, 雅尙不似今之以山林, 爲名敎捷徑者.

보한집 권하 최자(1188~1260)

지식충세가 어렸을 적에 처음에는 남성의 아원[199]으로 금규에 적을 두었으나 곧 탈속해서 송광사의 修眞수진이 되었다. 진양공이 지주사로 있을 때에 강남으로 가는 중원 사신으로 인해서 편지와 함께 茶, 향 및 『릉엄경』[200]을 선물하였다. 사신이 돌아올 참에 편지를 청해서 공에 회보코자 하니, 선사가 이르기를 "내 속세 떠난 사람으로서 어찌 편지를 써서 왕복하리오" 하였다. 사신이 강박하고 또 시를 지어서 주니 선사가 곧 차운하기를,

여윈 학은 고요히 소나무 꼭대기 달을 쳐다보고
한가한 구름은 가볍게 산마루 바람을 따른다.
그 중에 보이는 모습은 천리가 같은데
어찌하여 다시 一通일통의 말을 뒤집으리오.

하고 마침내 답편지를 하지 않았다. 참으로 속세를 사양한 도인이며, 그 高雅고아한 것은 지금 사람이 산림(安居)이라는 명색으로 명교의 빠른 길로 삼는 것과는 같지 않다.

145 [補閑集] 卷下 崔滋

尹直講于一曰 僧家詩格有三, 語涉經論偈訟體, 謂之'豆湯痕', 好作生酸語, 謂之'捨水滴'(僧家飯訖洗鉢水名捨水), 立語寒枯謂之 '蔬笋氣'. 西伯寺僧統時義, 李史館允甫之舍弟也, 兄許其能詩, 嘗住歸正寺, 寺莊有陶工, 安戎太守求瓦罇缸, 師以詩寄之曰

之二物身是**瓦**　父於土母於**火**
生與麴生善器使無不**可**
堅貞不似鴟夷滑　飽則**坐**
飢則臥　空洞皤腹容聖賢　平生可與陶**寫**
宜當錦筵奉豪士　何抵死隨**我**
山僧一瓢計已足　用無處何汝**借**
況今酒禁日來急　無物充汝**餓**
設茶湯欲供汝兮　恐汝未慣喉吻不得**過**
汝於天地閒唯口腹耳　珍重乎不我捨
似聞戎城太守來　萬戶流涎歆新**化**

199) **南省의 亞元** 남성은 禮部의 異稱이며, 이것을 또 菁臺라고도 한다. 아원은 尙書의 다음 자리를 말한다.
200) **楞嚴經** 佛經으로 『대불정여래밀인수증료의제보살만행수능엄경(大佛頂如來密因修證了義諸菩薩萬行首楞嚴經)』 卷一~十을 줄여서 『대불정수릉엄경』 또는 『릉엄경』이라 한다.

果酌芳思慰民渴　公餘樂賓傾玉**斝**
噫汝幸生天下
無事時　往與賢太守　歠無何醉太平樂長**暇**

古體 馬・哿韻⇒瓦火可坐寫我借餓過捨化斝暇

此詩雖使允公見之, 必無三格之譏.

보한집 권하 최자(1188~1260)

윤직강 우일이 말하기를 승가 시의 격에는 세 가지가 있다. 말이 경론을 섭렵한 게송체201)를 일러 두탕흔202)이라 하고, 생소한 말을 쓰기 좋아하는 시체를 사수적203)(승가에서 식사를 한 후 바리때를 씻는 물을 사수라고 이름)이라 하며, 말씨가 처량하고 가냘프면 소순기204)라 했다. 서백사의 승통을 이은 시의는 리사관 윤보(1240 전후)의 친동생이다. 형이 그가 시에 능하여 일찍이 귀정사205)에 머무르는 것을 허락한 적이 있다. 절에 질그릇이 있었는데, 안융태수가 질그릇으로 구워 낸 술동이를 구한다는 말을 듣고 법사(시의)는 시를 지어 부치었다.

이 두 물건 몸이 구워 낸 질그릇이니
아버지는 흙이요 어머니는 불이네.
태어나 누룩과 친하였고 그릇의 일은 무엇이나 다 하니
견고하여 가죽 술병처럼 미끄럽지 않네.
배가 차면 앉고
배고프면 누워 있으니
속은 텅 비고 배는 불룩하여 성현의 모양일세.
평생에 벗할 것은 도사206)로 마땅하니
비단 자리 위에서 호걸 선비 받들지
어찌하여 한사코 나를 따르려 하는가.
산승은 한 바가지 물이면 생계 넉넉하니
쓸데없이 너를 빌려 무엇 하리오?
하물며 이제 술 금하는 날이 다가오니
너의 배를 채울 것도 없구나.
설사 茶 달인 물을 너에게 주려 해도
네가 습관이 아니 되어 넘어 가지 아니할까 두렵도다.

---

201) **偈頌體** 偈頌이란 經論 가운데 구절. 글로써 부처님의 공덕을 찬미하거나 敎理를 기록한 것으로 그러한 문체를 말함. 글자 수와 글귀 수가 규정이 있어 三字 내지 八字를 一句로 하고 四句를 一偈頌으로 한다.
202) **豆湯痕** 팥죽의 흔적.
203) **捨水滴** 쓰던 물을 버린 흔적.
204) **蔬筍氣** 절에서 먹는 채소 위주의 식사 기분.
205) **歸正寺** 전라북도 남원군 산동면 대성리 만행산에 있는 절.
206) **陶寫** 즐거워하고 근심은 잊는 것. 『晉書』「王羲之傳」에 '年在桑楡, 自然至此須正賴絲竹陶寫' 라 했다.

너는 이 세상에 오직 입과 배 뿐이니
나에게서 떨어지지 않음을 소중히 여기느냐.
듣자니 융성태수 만호후는
침 흘리며 신화주207) 마신다네.
과연 술 마시고 그 은혜로 주린 백성 위로하고
공사 후에 많은 손과 옥 술잔 기울이리라.
아아! 그대는 다행히 태평천하에 태어나서
현명한 태수에게 가게 되어
무한정 취하지 않는 술 마시고
태평가를 영원토록 즐기리라.

이 시는 비록 윤공이 보더라도 반드시 세 격조의 희롱함은 없으리라.

146 [東文選] 第二十七卷 制詔・曹溪宗三宗神定爲禪師官誥 — 崔滋

(上略) 叢林之規畢擧, 稻痲之列悅從. 飢飡飯渴歠茶, 禁豐利養靜坐禪動念佛, 同力修眞. (下略)

동문선 제27권 제조・조계종삼종 신전에 혼정한 선사를 위한 관고 — 최자(1188~1260)

(상략) 총림의 법규가 모두 베풀어지니 대중의 무리가 기쁘게 따랐다. 주리면 밥 먹고 목마르면 茶 마시어 사치를 금하고 양생을 이롭게 하였으며, 고요하면 참선하고 움직이면 념불해서 힘을 함께하여 참 진리를 닦았다. (하략)

147 [東文選] 第十四卷 瑜伽寺 — 金之岱

寺在煙霞無事**中**　亂山滴翠秋光**濃**
雲間絶磴六七里　天末遙岑千萬**重**
茶罷松檐掛微月　講闌風榻搖殘**鐘**
谿流應笑玉腰客　欲洗未洗紅塵**蹤**

七言古 東・冬韻⇒中濃重鐘蹤

동문선 제14권 유가사 — 김지대(1190~1266)

안개 노을 변함없는 속에
들쭉날쭉 짙푸른 빛 가을도 짙어.

207) **新化酒** 새로 만든 술.

구름 사이 가파른 길 6·7리
하늘 끝 먼 봉우리 천 겹 만 겹이라.
茶 들자 솔 처마에 초승달 걸리고
설법 끝나자 풍탑에 종소리 울려오네.
나 같은 벼슬꾼 시냇물이 응당 웃겠지
홍진을 씻으려도 못 씻으니.

148 [新增東國輿地勝覽] 第三十四卷 高山縣 佛宇, 花巖寺 — 白文節

(上略)
連筒細溜盥漱**資**　藥畦菜畝旱中**滋**
蒲團置茶語移**時**　毗盧海藏舌底**披**
眠魔對定豎降**旗**　脇不霑牀八十**朞**
我來問道乞爲**師**　傾囷倒廩免虛**皈**(歸)
(下略) 七言古分韻 支連韻⇒資滋時披旗朞師皈

신증동국여지승람 제34권 고산현 불우, 화암사 — 백문절(?~1282)

(상략)
대통으로 나오는 가는 물줄기로 씻고 양치질하고
약포 채전에 가뭄 들면 뿌려도 주네.
부들자리에 茶잔 두고 말하다 시간은 흘러가고
비로[208] 해장[209]을 혓바닥 밑에서 펼쳐내네.
면마가 찾아오면 반드시 강기 세우리라
옆구리를 자리에 대지 않은 지 80년이라.
내가 와서도 물으며 스승 되기 청하니
배운 학설 다 털어 주어 헛되이 돌아감을 면했도다.
(하략)

149 [高麗史] 卷第八十一 志 卷第三十五 兵一 兵制 五軍

(上略) 忠烈王十六季, 正月, 聞東賊來諸君, 宰樞, 會議, 忽只, 鷹坊巡馬皆合爲一. 五月點兵, 自五品以下文官, 及內侍, 茶房, 三官, 五軍, 禁學兩館 皆令從軍. (下略)

---

208) **毘盧遮那** 光明遍照라 번역되는데, 本性이 淸淨하여 一切法을 낸다.
209) **海藏** 세상의 잡다함에 숨다. 혹은 용궁.

고려사 권제81 지 권제35 병1 병제 5군

(상략) 충렬왕 16년(1290) 정월에 동적이 온다는 말을 듣고 제군, 재추, 회의, 홀지, 응방순마를 모두 합하여 하나로 하였다. 5월에 군병을 점고하여 5품 이하로부터 문관 및 내시, 茶房, 삼관, 오군, 금학랑관을 모두 종군하게 하였다. (하략)

150 [東文選] 第十四卷 病中言志 — 釋圓鑑

古寺秋深木葉**黃**　風高天色正蒼**涼**
閑無檢束甘季老　病似拘囚覺日**長**
霜冷急尋三事衲　室空唯對一鑪**香**
沙彌不解蔬餐淡　來點山茶勸我**嘗**

七言律 陽韻⇒黃涼長香嘗

동문선 제14권 병중언지 — 원감국사(1226~1292)

낡은 절에 가을 깊어 나뭇잎이 누른데
바람 높으니[210] 하늘빛도 한결 선선하구나.
멋대로 한가하매 늙는 것도 좋은데
병들어 꼼짝 못하니 해 긴 줄 알겠구나.
서리 차니 삼사[211] 누더기 급히 챙기고
방이 비었으니 오직 향로 하나를 대하여 앉아 있네.
사미는 산나물 담박한 맛을 모르고서
山茶를 와서 따르며 날더러 맛보라네.

151 [東文選] 第二十卷 閑中偶書 — 釋圓鑑

飢來喫飯飯尤美　睡起啜茶茶更**甘**
地僻縱無人扣戶　庵空喜有佛同**龕**

七言律 頸聯, 結句 覃韻⇒甘龕

동문선 제20권 한가한 때에 우연히 쓰다 — 원감국사(1226~1292)

배가 고파 밥 먹으매 밥이 더욱 맛나고
자다 일어나 茶 마시매 茶가 새삼 맛 난다.

---

210) **바람 높으니** 늦가을바람을 바람이 높다 하는데, 고시에 '風高木落力秋時' 라는 구절이 있다.
211) **三事** 佛書, 곧 衣·食·자리를 뜻한다.

땅이 궁벽하매 문을 두드리는 사람 없으니
암자가 비어 부처님과 한 감실에 있는 것 기쁘구나.

152 [東文選] 第二十一卷 謝友人惠茶 — 權思復

南國故人新寄**茶**　　午窗睡起味偏**多**
令人少睡還堪厭　　睡可忘憂少睡**何**
七言絶 麻韻⇒茶多何

동문선 제21권 벗의 惠茶에 사례하다 — 권사복(?~?)

남국의 옛 친구가 새 茶를 보내왔네
한낮 창가에서 자다 일어나면 맛이 더욱 좋겠건만.
茶가 사람의 잠 적게 한다니 도리어 싫어라
잠자면 걱정 잊는데 잠이 적으면 어찌할꼬.

153 [東文選] 第六卷 次韻和金鈍村四時歐公韻 — 洪侃

(上略)
顧渚又復置茶園　　茶譜水經推勘**早**
此中淸風知者誰　　涪江涪江涪江**老**
七言古 皓韻⇒早老

동문선 제6권 구양수공의 '사시' 운을 김둔촌이 화운하였기에 차운함 — 홍간(?~1304)

(상략)
고저에 또 차밭을 두었으니
茶譜와 水經을 일찍부터 알았도다.
이 마음의 맑은 바람을 그 누가 알까
부강의 부강 부강의 늙은이.

154 [高麗史] 卷第三十二 世家, 忠烈王

忠烈王三十四季八月乙未, 市街長廊成, 王命罷近侍茶房.

고려사 권제32 세가, 충렬왕

충렬왕 34년(1308) 8월 을미에 시가의 장랑이 이룩되었다. 왕이 명하여 근시, 茶房을 파하였다.

155 [高麗史節要] 卷之二十三 忠烈王

忠烈王戊申三十四季 九月戊寅, 幸神孝寺, 遂幸王輪寺, 住持仁照進茶, 繼以肉膳. (中略) 百官, 賀王誕日, 各獻茶果, 典儀寺不及, 書雲觀, 梨一器而已, 典儀兼官李彦忠, 書雲提點崔實, 竝徵銀一斤.

고려사절요 권23 충렬왕

충렬왕 34년(1308) 9월 무인일에 신효사에 거둥하였다가 왕륜사까지 들렀는데 주지 인조가 茶를 드리고 고기반찬을 올렸다. (중략) 모든 관원들이 왕의 탄일을 축하하고 각각 茶果를 드렸는데, 전의사는 미처 드리지 못하였고 서운관은 배 한 그릇 뿐이어서 전의겸관 리언충과 서운제점 최실에게서 은 한 근씩을 징수하였다.

156 [韓國史 年表]

權溥等會成均館[新羅經籍一萬八百卷]. 元賜[宋秘閣藏書四千餘卷]

한국사 년표 1314년

권부 등이 성균관에서 만나『신라경적』1만 8백 권과『송비각장서』4천여 권을 원에 주었다.

157 [東文選] 第十九卷 朴杏山全之宅 有題 — 洪奎

酒盞常須滿　　茶甌不用**深**
杏山終日雨　　細細更論**心**
五言絶 侵韻⇒深心

동문선 제19권 박행산전지 댁에서 제목함 — 홍규(?~1316)

술잔은 모름지기 항상 가득해야 하느니
茶그릇은 반드시 가득 부을 필요가 없는 것일세.
행산에 하루 종일 비가 오는데
다시 세세히 마음을 논하네.

158 [新增東國輿地勝覽] 第二十三卷 東萊縣 山川, 茶島

東萊縣 山川, 茶島 在縣南四里.

신증동국여지승람 제23권 동래현 산천, 茶島

동래현 남쪽 4리에 있다.

159 [新增東國輿地勝覽] 第四十四卷 三陟都護府 題詠, 竹藏古寺 — 安軸

脩篁歲久已成**圍**　　手種居僧今已**非**
禪榻茶軒深不見　　穿林翠羽獨知**歸**
七言絕 微韻⇒圍飛歸

신증동국여지승람 제44권 삼척도호부 제영, 죽장고사 — 안축(1248~1348)

긴 대 여러 해 되니 절 둘리었는데
손수 심던 중들 지금은 아니로세.
선탑과 茶軒은 깊숙해 보이지 않고
숲을 뚫는 새만이 돌아갈 줄 아는구나.

160 [新增東國輿地勝覽] 第四十四卷 三陟都護府 題詠, 隔墻呼僧 — 安軸

聳壑羣樓臨水府　　隔墻禪舍倚巖**叢**
愛僧眞趣無人識　　十里茶煙颱竹**風**
七言絕 東韻⇒叢風

신증동국여지승람 제44권 삼척도호부 제영, 담 너머로 僧을 부른다 — 안축(1287~1348)

구렁에 솟은 발군한 루각 바다에 임했고
담을 격한 절집은 바위 숲에 기댔다.
중을 좋아하는 참뜻 아는 사람 없고
십리에 뻗친 茶煙 대숲 바람에 나부낀다.

161 [續東文選] 第七十一卷 記·東游記 — 李穀

至正九季己丑之秋, 將游金剛山, 十四日發松都. 二十一日踰天磨嶺, 宿山下長陽縣, 去山三十餘里. 蓐食登山, 雲霧晦冥縣人言游楓嶽者, 以雲霧故不見而還, 比比有之. 同游皆有憂色, 默有禱焉. (中略) 十二日, 江陵存撫使星山李君, 候于鏡浦, 方舟歌舞中流日未西, 上鏡浦臺. 臺舊無屋, 近好事者爲亭其上, 有古仙石竈, 蓋煎茶具也. 與三日浦相甲乙, 而明遠則過之. 以雨留一日, 出江城觀文殊堂, 人言文殊, 普賢二石像, 從地湧出者也. 東有四仙碑, 爲胡宗旦所沈, 唯龜趺在耳. 歙餞于寒松亭, 亭亦四仙所游之地, 郡人厭其游賞者多, 撤去屋, 松亦爲野火所燒. 惟霜月爭潔耶, 然石竈石池二石井在其旁, 亦四仙茶具也. 由亭而南, 有安仁驛. 日已西, 不可踰嶺, 遂留宿. (下略)

속동문선 第71권 기·동방 유람기 — 리곡(1298~1351)

지정[212] 9년 기축(1349) 가을에 금강산을 구경하고자 14일에 송도를 출발하다. 21일 천마령을 넘어 산 밑 장양현에서 蓐食욕식(먹고 자다)하니 산과의 거리가 30여 리이다. 이튿날 일찍 고을 사람이 말하기를 "풍악을 구경하러 오는 사람이 구름과 안개 때문에 보지 못하고 돌아가는 일이 번번이 있다" 하는지라, 동행들이 모두 걱정하는 빛이 있고 무언중에 기도함이 있었다. (중략) 12일에 강릉존무사 성산 리군이 경포에서 기다려 배를 타고 중류에서 노래하고 춤추다가 날이 아직 기울기 전에 경포대에 올랐다. 대에는 전에 집이 없었는데 근래 호사자가 그 위에 정자를 지었으며, 옛날 신선의 돌부엌이 있으니 대개 茶를 달이는 도구이다. 삼일포와 더불어 경치가 막상막하이나 명랑하고 훤칠하기는 그보다도 지나친다. 비가 와서 하루를 묵고 강성을 나와 문수당을 구경하니, 사람들 말이 문수·보현 두 석상이 땅에서 솟아나온 것이라 한다. 동쪽에 사선비가 있었으나 호종단이 물속에 넣어 버리고 오직 귀부가 남아 있을 뿐이었다. 한송정에서 餞別전별로 마시니, 이 정자 또한 사선이 노닌 곳인데, 고을 사람이 유람자가 많은 것을 귀찮게 여겨 집을 헐어 버렸고 소나무도 야화에 타버렸다. 다만 돌 부엌(석조), 석지와 두 석정이 그 곁에 남아 있을 뿐인데, 역시 사선의 茶具이다. 정자를 지나 남쪽으로 가니 안인역이 있었다. 날이 이미 저물어 고개를 넘을 수 없어 거기서 류숙하였다. (하략)

162 [東文選] 第七卷 謝朴耻庵惠茶 — 李衍宗

少秊爲客嶺南寺　茗戰屢從方外**戱**
龍巖巖畔鳳山麓　竹裏隨僧摘鷹**嘴**
火前試焙云最佳　況有龍泉鳳井**水**
沙彌自快三昧手　雪乳飜甌點不**已**
揭來從官走風靂　世味遍嘗南北**嗜**
如今衰病臥閑房　碌碌營營非我**事**
不思羊酪與蓴羹　不羨華堂擁歌**吹**
竹窗日午篆煙斜　一甌要及睡新**起**
幾回回首憶南烹　山中故人無信**使**
何況當時卿相門　肯記疏頑分內**賜**
耻庵相國獨不忘　寄與頭綱草堂**裏**
未暇開緘見紫茸　已覺透紙香熏**鼻**
銅灰雖恐損標格　活火煎烹手自**試**
松風入鼎發颼飅　聽之足可淸心**耳**
滿盌悠揚氣味濃　啜過爽然如換**髓**

212) **至正** 元나라 順帝 때 년호(1341~1367년).

南游昔時方童蒙　　不識茗歃有深**致**
今日因公輒賜龍　　通靈也似玉川**子**
亦欲時乘兩腋風　　飛向蓬萊山上**墜**
一傾王母紫霞觴　　洗盡從前煙火**累**
還將九轉眞金丹　　來謝我公珍重**意**

七言古長 寘・紙韻⇒戲觜水已嗜事吹起使賜裏鼻試耳髓致子墜累意

동문선 제7권 茶를 보내신 박치암에게 사례하며 — 리연종(1351 전후)

소년 시절에 영남 절간에 손님 되어
茶 겨루기 여러 번 덧놀이로 했지.
룡바위 벼랑 봉황산 기슭에서213)
죽림 속에 승들 따라 응취를 따다가
금화일 전에 시배한 것 가장 좋다는데
더군다나 용천 봉정 물까지 있음에랴.
승들의 茶 솜씨 빠르기도 하여
茶잔 속에 雪乳를 쉬지 않고 집어넣었다.
돌아와 벼슬길의 풍진에 매달려
세상살이 남북으로 두루 맛보고
이제 병들어 한가한 방에 누워 있으니
록록히 분주함은 내가 할 일이 아니로다.
양락도 순갱214)도 생각 없고
화려한 집에서의 歌吹풍류도 부럽지 않다.
죽창은 정오 햇빛에 香煙향연이 뜨는데
낮잠 자다 일어날 제 茶 한 잔 준비되었네.
몇 번이고 머리 돌려 영남 雀舌작설 생각이 나
산중 친구는 소식이 없거니
하물며 당시의 경상이야
즐겨 이 사람 기억하여 내사(下賜)품 나눠 주려고
치암상국은 홀로 잊지 않고
초당으로 하인 보내 주었네.
봉함 뜯어 紫茸을 보기도 전에
종이에 배인 향내 벌써 코를 찌르네.
구리화롯불에 茶 운치 행여 깎일까 염려되어
한창 타는 불로 달이기를 손수 시험했네.

---

213) **龍巖鳳山** 高麗 시대에 大量生産하던 龍鳳團茶의 龍 무늬와 鳳 무늬가 찍힌 떡茶 겉모양.
214) **蓴羹** 晉 名士들 사이에 북방에는 羊酪이 맛이 있고 남방에는 순채국(아욱국)이 맛이 있다 하였다.

송풍이 솥에 들어 솨솨하니
듣기만 해도 마음과 귀를 맑게 하누나.
茶잔에 가득히 맛이 짙으니
마시자 시원하여 골수를 — 신선으로 — 바꾸는 듯
영남에 놀던 그때는 아직 동몽이어서
茶 마시는 깊은 취미 몰랐었더니
이제 공의 선물을 받음으로써
옥천자와 같이 통령[215]했소이다.
때때로 두 겨드랑 바람을 타고
봉래산 꼭대기로 날아 올라가
西王母의 자하상(자하주 술잔) 한 번 기울여서
종전 연화의 루累를 말끔히 씻고
다시 구전진금단[216] 가지고 와서
공의 진중한 마음 보답하고자 하네.

163 [高麗史] 卷第八十九 列傳 卷第二 后妃二 兵二宿衛

(上略) 恭愍王徽懿魯國大長公主寶塔失里, 元宗室魏王之女, 王在元, 親迎于北庭, 元封承懿公主. 王卽位, 與之東還, 置府曰肅雍. 元秊, 王欲躬祼大室, 公主敕王侍臣曰 若等侍王詣大廟, 則吾必罪之. 由是, 王不得行. 五秊, 王幸奉恩寺, 聽僧普虛說法, 公主從太后繼至, 侍女僧徒, 雜遝無別. 王又邀普虛于內殿, 公主, 太后, 喜泣下霑襟, 親侑茶果, 公主施瑠璃盤, 瑪瑙匙等物.

고려사 권제89 렬전 권제2 후비2 병이숙위

(상략) 공민왕 휘의노국대장공주 보탑실리는 원의 종실 위왕의 딸로서 왕이 원에 있을 때에 친히 북정에서 맞이하니 원이 승의공주로 봉하였다. 왕이 즉위하여, 부를 두어 숙옹이라 하였다. 원년(1352)에 왕이 몸소 대실묘에 관제하고자 하니, 공주가 왕의 시신에게 경계하기를 "그대들이 왕을 모시고 대묘에 나아가면 내가 반드시 죄 주리라" 하므로 이로 인하여 왕이 행하지 못하였다. 5년(1356)에 왕이 봉은사에 행차하여 승 보허의 설법을 들으니, 공주가 태후를 좇아 따라오매 시녀와 승도가 잡답하여 분별이 없었다. 왕이 또 보허를 내전에 맞이하니 공주와 태후가 기뻐하여 눈물이 흘러 옷깃을 적시며 친히 茶果를 권하고 공주는 류리반, 마노[217]시 등의 물품을 시주하였다.

---

215) 당나라 盧仝의 호가 옥천자인데, 그의 茶歌에 "여섯 잔째에는 通靈하고 일곱 잔째는 다 마시지도 않았는데 두 겨드랑에 바람이 난다" 하였다.

216) **九轉眞金丹** 道家에서 眞人(仙人 · 道士)이 되기 위한 金丹藥을 아홉 번 달여 만듦. 아홉 번 이상 물에 적셔 아홉 밤 이상을 宿乾한 南宋代의 最高級茶인 '銀絲冰芽'를 指稱한 듯하다.

217) **瑪瑙** 광물(鑛物)의 종류로 석영(石英), 단백석(蛋白石), 옥수(玉髓)가 암석의 틈에 침전하여 생긴 것.

164 [高麗史節要] 卷之二十八 恭愍王

乙巳十四秊 十二月乙丑 (上略) 辛旽貪淫日甚, 貨賂輻湊. 居家歛酒啗肉, 恣意聲色, 謁王, 則淸談, 齕菜果茗歛.

고려사절요 권28 공민왕

14년 을사(1365) 12월 을축 (상략) 신돈은 탐욕하고 음탕함이 날로 심하여, 뇌물이 그 집으로 몰려들었다. 집에 있을 적엔 술을 마시고 고기를 먹으며 음악과 녀색을 마음대로 즐겼으나, 왕을 뵈올 적엔 맑고 고상한 이야기를 하며 채소와 과실을 먹고 茶를 마시었다.

165 [益齋亂藁] 卷之第六 妙蓮寺石池竈記 — 李齊賢

三藏順菴法師, 奉天子之詔, 祝釐于楓嶽之佛祠, 因游寒松之亭, 其上有石池竈焉, 訊之土人, 蓋昔人所以供茗歛者, 而不知作於何代, 師自念曰, 幼時嘗於妙蓮寺, 見二石草中, 想其形製 豈此物耶, 及歸, 物色而求, 果得之, 其一, 方刳之如斗, 爲圓其中如臼, 所以貯泉水也, 下有竅如口, 啓以洩其渾, 塞以畜其淸也, 其一, 則有二凹, 圓者所以厝火, 橢者所以滌器, 亦爲竅差大以通凹之圓者, 所以來風也, 合而名之, 所謂石池竈也, 於是命十夫轉置之宇下, 邀賓客, 列坐其次, 挹白雪之泉, 煮黃金之芽, 因謂益齋曰 昔崔靖安公, 嘗爲雙明耆老會, 其地於今寺之北岡, 去寺數百步而近, 此其當時物歟, 牧菴無畏國師, 住錫玆寺, 有若三菴. 日嘗往來. 一經題品. 價必三倍. 迺爲榛穢所掩沒. 自雙明迨今, 幾二百秊, 始爲吾一出, 而效用於前, 請爲記, 以慰其不遇, 而慶余之能得也, 竊惟雙明之會, 有李學士眉叟, 凡一草木之微, 苟可以資談笑, 皆載之詩文, 今考其集中, 未見一語及此, 何耶, 其後亦未聞好事如崔太尉兄弟者, 來家于此石之爲池竈. 其在於雙明之前, 而與夫寒松亭者, 未知孰爲先後也. 蓋其晦而不遇也久矣. 豈獨于三庵, 其于眉叟, 亦未之遇也. 然而晦於幾三百秊之前, 而現於一䩨, 雖眉叟, 三庵之未遇, 而有師之遇, 若有所謂數者存乎其間. 物之與人, 常相爲其名言. 柯之笛豐之劍. 待邕, 煥而著稱, 固也. 二子之鑑識, 爲千載所服膺, 亦以夫二物也. 師伐氷華胄也. 雖圓其顱, 而素富貴者也. 今爲天子之使, 一國之主敬愛之如師友, 顧乃與騷人墨客逍遙乎風月之場, 其襟度可見矣. 將使後之不及見者, 聞其名而知其心之二石也. 豈亦邕煥之笛, 劍歟. 至元三秊丁丑秋夕. 益齋李某記碑.

익재난고 권제6 묘련사 석지조의 전기 — 리제현(1287~1367)

삼장 순암법사가 천자의 분부를 받들어 풍악의 불사에서 복을 빌고는 인하여 한송정를 구경하였는데, 그 위에 '석지조'가 있었다. 그 고장 사람들에게 물어보니 대개 옛사람들이 화랑에게 茶를 달여 바치던 곳인데, 어느 시대에 만들었는지는 몰랐다. 법사가 스스로 생각하기를 어렸을 적에 일찍이 묘련사에서 두 바윗덩이가 풀 속에 있는 것을 보았는데, 그 모양을 상상컨대 어쩌면 이것이 아닌가 하고, 돌아오자 물색하여 찾아보니 과연 있었다. 그 중 하나는 사방을 말(斗)처럼 모나게 다듬고 가운데를 확처럼 둥글게 팠으니, 이는 샘물을 담으려고 한 것이며, 밑에다 주둥이처럼 구멍을 냈으니, 이는 열고 찌꺼기를 씻어낸 다음 다시 막아 맑은 물을 담는 것이었다. 또 하나는 두 군데가 오목한데, 둥근 데는 불을 담는 것이고 타원형인 데는 그릇을 씻는 것이며, 또한 조금 크게 구멍을 내어 둥근 데와 통하였으니, 이는 바람이 들어오게 한 것으로 합하여 이름 하기를 '석지조'라 했다. 이에 인부 10명을 동원하여 처마 아래에 굴려다 놓고는 손님들을 청하여 그 자리에 앉힌 다음, 백설처럼 시원한 샘물을 끌어다가 황금빛의 茶를 달이면서 익재에게 하는 말이 "옛적에 최정안공(崔讜의 諡)이 일찍이 쌍명을 위하여 耆老會기로회를 만들었는데[218] 그 자리가 지금의 절 북쪽 등성이로 절과의 거리가 몇 백 보쯤 되니, 이는 그 당시의 물건이 아니겠는가? 목암 무외국사가 이 절에 머무를 때, 삼암 같은 분이 날마다 왕래했으니, 한번 품평(題品) 받았으면 반드시 값이 몇 갑절이나 나갈 것인데, 마침내 우거진 잡초 속에 매몰되고 말았다. 쌍명이 있던 시대가 지금 거의 2백 년이나 되는데, 비로소 나를 위해 한 번 나타나 앞에 두고 보람 있게 쓰이니, 바라건대 記기를 지어 그의 불우함을 위로하고 나의 구득을 축하해 주오" 하였다. 나는 그윽이 생각하건대, 쌍명의 기로회에는 학사 리미수(李仁老의 字)가 있어서 모든 미미한 풀 한 포기 나무 한 그루라도 진실로 담소거리가 될 만한 것이면 모두 시문에 실었었는데, 지금 그 문집을 상고해 보건대, 이에 언급한 것이 하나도 없음은 무슨 일이며, 그 뒤에도 또한 최태위 형제처럼 일을 좋아한 사람이 여기 와서 지냈다는 말을 듣지 못했으니, 이 돌이 지조가 된 것은 쌍명 이전이어서 한송정과는 어느 것이 먼저인지 알 수 없다. 대개 매몰되어 불우한 지 오래니 어찌 삼암뿐이리요, 미수 역시 만나지 못하였던 것이다. 그러나 거의 3백 년 전에 매몰되었다가 하루 아침에 발견되어 비록 미수나 삼암은 만나지 못했지만 법사를 만나 마치 그 사이에 소위 운수라는 것이 존재한 듯하니, 물건과 사람은 언제나 서로 관련되어 이름나게 되는 것인가 보다.

가정의 젓대(笛)[219]와 풍성의 칼[220]이 채옹과 뢰환을 만나서야 이름난 것은 말할 것도 없고, 두 사람의 감식이 천년토록 탄복 받음도 또한 두 가지 물건 때문인 것이다. 법사는 公卿공경 가문의 귀족으로 비록 머리를 깎은 승이긴 하지만 본래 부귀한 분이다. 이제 천자의 사신이 되어 한 나라의 임금이 師友사우처럼 경애하는데도 도리어 소인묵객[221]과 풍월을

218) **崔靖安公이 …… 만들었는데** 정안공(靖安公)은 고려의 문신 최당(崔讜 1135~1211)의 시호. 그는 致仕한 후 張自牧·白光臣·玄德守 등과 함께 耆老會를 조직하고 詩酒로 소일하여 地上仙이라 불렀다. 雙明은 그 당시 학자이자 文人이었던 이인로(李仁老 1152~1220)의 號이며, 字는 미수(眉叟)이다.

219) **柯亭의 젓대(笛)** 漢나라의 蔡邕이 일찍이 회계(會稽) 柯亭을 지나면서 동쪽 十六椽의 竹을 보고서 취하여 젓대를 만들었는데, 과연 기이한 소리가 났다. 그 뒤에 진(晉)나라 桓伊가 얻어 항상 자신이 보존하고 있었다고 함(『通考』). 柯亭은 절강성 소흥에 있는 지명.

220) **豊城의 칼** 풍성은 晉나라 때 있었던 縣으로 현재의 江西省 南昌縣 남쪽에 있었다. 『晉書』「張華傳」에 "장화가 붉은 기운이 언제나 북두성에 뻗쳐 있으니 이것이 무슨 기운인가?" 하고 묻자 천문에 밝은 雷煥은 "寶劍의 기운이 하늘에 비쳐서입니다" 하였다. 몇 해 뒤에 장화가 풍성 원이 되어 옥(獄)터를 파다가 두 자루의 칼을 얻었는데, 하나는 龍泉, 하나는 太阿가 새겨진 보검이었다. 이 보검을 발굴한 뒤로는 북두성 사이의 붉은 기운이 보이지 않았다.

221) **騷人墨客** 詩文과 書畫를 일삼는 사람. 騷人은 楚나라의 屈原이 지은 『離騷賦』에서 유래한 말로, 글

찾아 노니니, 그의 흉금을 알 만하다. 장차 뒷날의 보지 못한 사람들로 하여금 그 이름만 듣고도 그의 마음에 두 덩이 돌이 있었다는 것을 알게 될 것이니, 어쩌면 또한 채옹과 퇴환의 젓대와 칼일 것이다. 지원(1335~1340) 3년(1337) 추석에 익재 리 아무개는 기한다.

166 [益齋亂藁] 卷第四 松廣和尙寄惠新茗 順筆亂道 奇呈丈下 — 李齊賢

枯腸止酒欲生煙　老眼看書如隔霧
誰敎二病去無蹤　我得一藥來有素
東菴昔爲綠野游　慧鑑去作曹溪主
寄來佳茗致芳訊　報以長篇表深慕
二老風流冠儒釋　百季存沒猶晨暮
師傳衣鉢住此山　人道規繩超乃祖
生平我不悔雕蟲　事業今宜慚幹蠱
傳家有約結香火　牽俗無由陪杖屨
豈意寒暄問素居　不將出處嫌異趣
霜林虬卵寄曾先　萅焙雀舌分亦屢
師雖念舊亦不忘　我自無功愧多取
數閒老屋草生庭　六月愁霖泥滿路
忽驚剝啄送筠籠　又獲芳鮮踰玉胯
香淸曾摘火前萅　色嫩尙含林不露
颼飅石硃松籟鳴　眩轉瓷甌乳花吐
肯容山谷託雲龍　便覺雪堂羞月兎
相投眞有慧鑑風　欲謝只欠東菴句
未堪走筆效盧仝　況擬著經追陸羽
院中公案勿重尋　我亦從今詩入務

七言古長 遇韻⇒霧素主慕暮祖蠱屨趣屢取路胯露吐兎句羽務

익재난고 권제4 송광화상이 햇茶를 보내왔기에 붓 가는 대로 써서 장하께 기정하다 — 리제현(1287~1367)

마른 창자 술 끊으니 연기가 나려 하고
늙은 눈 책을 보니 안개가 가린 것 같네.
뉘라서 이 두 병을 자취 없이 보낼 건가
나는 좋은 약을 얻어온 데가 있네.
동암[222]은 옛날 록야에 노닐었고[223]

을 쓰고, 풍류를 즐기고 읊는 文人이나 詩人을 일컫는다. 소객(騷客)·묵객(墨客)은 글씨를 쓰거나 그림을 그리는 사람으로 서화가를 말한다.

혜감은 조계주가 되어 갔네.[224]
좋은 茶 보내오고 안부를 물을 때면
장편 글로 보답하여 깊은 흠모 표하였네.
두 늙은이 풍유는 유불의 으뜸
백년 생사가 아침저녁 같구나.
사부의 의발[225]을 받아 이 산에 머물러 있어
남들이 그의 규승[226] 祖師조사보다 낫다 하네.
내 평생 조충[227]됨을 후회하지 않으나
사업을 간고[228]하니 참으로 부끄럽네.
향화 인연 맺기로 전해왔으나
속세에 끌려 장구를 모실 수 없네.
외로운 신세까지 물어줄 줄 어찌 뜻했으랴
가는 길 다르다고 조금도 혐의 않네.
가을감 먼저 따서 나에게 부쳐주고
봄볕에 말린 작설 여러 번 보내왔네.
대사는 옛 정분을 못 잊어 그렇지만
나는 공도 없이 많이 받기 부끄럽네.
낡은 집 몇 칸 풀이 뜰에 우거지고
유월의 궂은 장마 진흙이 길에 가득.
박탁[229] 소리 놀라 보니 대바구니 보내와
옥과[230]보다 더 좋은 신선한 茶를 얻게 되었네.
맑은 향기는 덥기 전 봄에 따 왔던가
고운 빛깔은 숲 속에 이슬을 머금은 듯
돌솥에 달이는 소리 솔바람 부는 듯
자기잔에 도는 무늬 꽃망울을 토한다.
산곡이 운룡을 자랑할 수 있겠는가[231]

---

222) **東菴** 처음에 혜감(慧鑑)이 東巖(益齋 李齊賢의 父, 李瑱의 號)에게 茶를 보내면서 글로 희롱하기를 '전에 관례로 山茶 약간을 부친다' 하였고, 동암은 반드시 詩로 답을 하였는데 지금 법주(法主)도 益齋에게 茶를 부쳐 年例가 되었기 때문에 이런 말을 하였다.

223) **록야에 노닐었고** 동암 李瑱이 벼슬에서 물러나 은거했다는 뜻. 綠野는 唐나라 때 裵度가 벼슬에서 물러나 은거하던 별장 綠野堂의 준말로 은거를 지칭하는 말이다. 『舊唐書』 卷一百七十 「裵度傳」.

224) **慧鑑은 …… 갔네** 혜감은 僧 萬恒의 諡號. 속성은 朴이다. 曹溪는 곧 절을 가리키는 말로서, 梁나라 때 僧 智藥이 曹溪水의 상류에다 절을 지은 데서 비롯되었다.

225) **師傅의 衣鉢** 師弟를 비유하여, 의는 袈裟, 발은 鉢盂로 禪宗에서 法統을 傳授할 때 信表로 사용한다. 『傳燈錄』 一.

226) **規繩** 規矩準繩에서 온 말로 사람의 標準 법칙이 됨을 뜻한다. 『孟子』 「離婁」 上.

227) **雕蟲** 벌레 모양이나 篆書를 조각하듯이 미사여구로 詩文을 엮어 가는 조그마한 기교라는 뜻으로, 곧 자기의 학문이 늦음을 겸사한 말이다.

228) **幹蠱** 아들이 아버지의 일을 계승하여 처리함. 『周易』 「蠱卦」 初 六爻.

229) **剝啄** 문을 두드린다는 뜻으로 즉 손님이 찾아옴을 뜻한다.

230) **玉胯** 茶 이름으로, 團茶.

설당의 월토[232]보다 월등함을 깨달았네.
서로의 친분은 혜감의 기풍 남았고
사례를 하려 하나 동암의 글귀 없구려.
붓 솜씨도 로동을 본받을 수 없는데[233]
더구나 륙우 따라 茶經을 짓겠는가
원중에 관례(公案)를 다시 찾지 마오
나도 지금부터 시에 전념하겠소.

167 [東文選] 第十六卷 次伽倻寺住老詩(三首中 其一) — 柳淑

少秊歌舞醉華**堂**　肯想淸游雲水**鄕**
老去不堪趨綺陌　退來隨分坐藜**牀**
閑中氣味茶三盌　夢裏功名紙一**張**
多謝新詩幽慰獨　上人深意若爲**量**
七言律 陽韻⇒堂鄕牀張量

동문선 제16권 가야사의 주지 노스님의 시를 차운함 — 류숙(?~1368)

소년 시절에 노래하고 춤추면서 화당에 취할 제는
한가히 운수향에 노닐 줄이야 생각이나 하였으리.
늙어 가매 서울 거리에 분주하기 귀찮아서
물러와 분수대로 藜牀평상에 앉았네.
한가한 가운데 그윽한 맛은 茶 석 잔
꿈속의 공명은 종이 한 장.
새 시로 내 고독을 위로함이 고마워라
상인의 깊은 뜻을 어이 다 헤아리리.

168 [高麗史] 卷第四十四 世家 恭愍王

恭愍王 二十二秊 秋七月乙巳, 賜牟尼奴名禑, 封爲江寧府院大君, 百官賀. (中略) 二十日早輖, 奉天門下, 面聽宣諭, 我前者, 恁衆官人, 每去太倉時, 敎開舊

231) **山谷이 …… 있겠는가** 茶가 매우 훌륭하다는 뜻이다. 雲龍은 茶 이름(瑞雲祥龍)이고, 산곡은 宋나라 黃庭堅의 호, 황정견이 壑源에서 나는 茶를 보내준 데 대해 사례한 시에 "瑞雲祥龍을 따라 창 벽에 내렸는데, 元豐부터 지금까지 아는 이가 없구려" 한 데서 온 말이다.
232) **雪堂의 月兎** 설당은 蘇軾의 堂名. 月兎는 茶 이름인데, 「蘇軾月兎茶詩」에 '고리 같으나 고리가 아니요 패옥 같으나 패옥이 아닌데, 가운데 희미하게 옥토아(玉兎兒)가 걸려 있네' 하였다.
233) **붓 솜씨도 …… 없는데** 唐나라 盧仝이 孟諫議가 보내준 茶에 대하여 詩를 지어 사례하였으므로 이른 말이다. 『唐書』 卷176.

禮部官, 去檯茶飯. (中略) 洪師範, 是恁那里惹大一介官人, 又是王的親, 水裏渰死了. 皆是一人所作. 昨是留下這些个人, 若不留下呵則, 道是我這里把截軍官, 每見佗許多財物, 廢了佗姓命. 恁國王想也者, 恁每使人遼東等處, 與吳王, 相擡茶飯, 幷布一百匹, 茶飯吃了, 布子不曾收回, 與將去了, 筭起來, 每匹布, 該米三担, 通計三百担兀的也, 是錢糧那里. 是把茶飯, 正意打細. 恁將著千餘匹馬, 來販賣, 又夾帶著納哈出的伴當, 來看我軍營裏事, 恁透與佗消息, 搶了我牛家莊馬頭十萬糧, 更折了三千軍馬. 恁那里進來的表上說道, 俺每子子孫孫世世稱臣, 來臨了, 做這般句當小見識. 又與徐摠兵, 擡茶飯, 不是眞意, 故意打聽北平府軍官事跡, 爾那般小見識. (下略)

고려사 권제44 세가 공민왕

공민왕 22년(1373) 추7월 을사에 모니노의 이름을 우라 하사하여 봉하고 강녕부원대군을 삼으니 백관이 하례했다. (중략) 이십일 조조(명의 경도)에 봉천문 아래에서 선유를 직접 들었는데, 거기에 이르기를 "내가 전자에 그대들 여러 관원들이 태창으로 갔을 때 명춘이 되면 례부의 관이 거기 가서 茶飯諸節의 일을 돌보아 주도록 지시했었다." (중략) 홍사범은 그대 나라에서는 상당한 대관이고 또 왕의 親戚친척이지만 물에 빠져 죽었다. 이는 모두 한 사람의 짓이다. 전에 몇 사람들을 남겨 두었는데, 만약 남겨 두지 않았던들 우리의 수비군관들이 그의 재물이 많은 것을 보고 생명을 빼앗았다고 말했을 것이다. 그대 국왕도 생각해 보라. 그대는 사람을 료동 등의 곳으로 보내어 오왕과 서로 茶飯을 함께하고 또 포 1백 필을 주었는데, 음식은 먹었으나 포는 수회하지 않았다. 가져다 준 것을 헤아려 보면 매필의 포는 미 3단에 해당되니 통산하면 3백 담이 된다. 이것 역시 재물이요 량곡이다.

거기에서 茶飯을 베풀었다 하나 본뜻은 정탐에 있는 것이다. 그대들은 천여 필의 말을 가지고 와서 판매하고 또 납합출의 종자를 대동하고 와서 우리 병영의 내부 사정을 살피고 그에게 정보를 제공해 주었다. 그래서 우리 우가장의 10만 마리의 말에 먹일 마량을 해치고 다시 삼천의 군마를 꺾어 버렸다. 그대들은 바쳐온 상표 속에서 말하기를, 자자손손이 세세로 칭신한다고 해놓고서 하는 일은 이 모양이니 소견 없는 짓이다. 또 서총병과 茶飯을 베풀었으니 진의는 여기에 있는 것이 아니라 고의로 북평부 군관들의 사정을 들어보자는 것이었으니, 그대는 소견이 적어서 어떻게 할 셈이냐. (하략)

169 [高麗史] 卷第一百十一 列傳 卷第二十四 林樸

林樸. 字元質, 安東府吉安縣人, 恭愍九季, 登第, 調開城參軍. (中略) 皆俯伏曰敢不唯命. 先是, 宣撫者率皆貪暴, 恣其侵漁, 民甚苦之, 牧胡因誘以數叛, 樸行至羅州, 取水盛瓫而歸, 雖茶湯不入口. 民大悅, 相謂曰 聖人來也. 王官皆如林宣撫, 我輩何至叛乎. (下略)

고려사 권제111 렬전 권제24 림박

림박(?~恭愍王(1352~1374)때 任官)의 자는 원질이요 안동부의 길안현인이니 공민왕 9년(1360)에 등제하여 개성 삼군에 뽑혔다. (중략) 모두 부복하여 말하기를 "감히 명령에 따르지 아니하리오" 라고 하였다. 이에 앞서 선무234)하는 자가 거의 모두 탐폭하여 그 침어를 자의로 하니 백성이 심히 괴롭게 여겼으므로 목호(달달목자)가 자주 叛반하기를 유인하더니, 림박이 가서 라주에 이르러 물을 취하여 옹에 담아 돌아가고, 비록 茶湯이라도 입에 넣지 아니하였다. 백성이 크게 기뻐하여 서로 이르기를 "성인이 왔다. 왕관이 모두 림선무와 같으면 우리들이 어찌 반함에 이르리오" 라고 하였다. (하략)

170 [高麗史] 卷第八十二 志 卷第三十六 兵二 鎭戍

(上略) 禑王二季 七月 (中略) 又令百官, 率下屬, 鎭沿海, 不與防禦者, 唯門下省, 司憲府, 內侍, 茶房, 知製敎, 藝文, 春秋兩館及各司城上而已. (下略)

고려사 권제82 지 권제36 병2 진수

(상략) 우왕 2년(1376) 7월 (중략) 또 백관으로 하여금 하속을 거느리고 연해를 진수하게 하였는데 방어에 나아가지 않은 자는 오직 문하성, 사헌부, 내시, 茶房, 지제교, 예문, 춘추관 및 각 사의 성상뿐이었다. (하략)

171 [東文選] 第十七卷 游高住寺 — 鄭思道

偶出村廬成獨**游**　尋僧馬上更悲**秋**
長松偃蓋如迎送　疊嶂開屛解挽**留**
坐久夕陰生邃壑　風來霜葉亂虛**樓**
團欒煮茗同淸話　忘却悠悠放逐**愁**

七言律 尤韻⇒游秋留樓愁

동문선 권17 고주사에서 지내며 — 정사도(1318~1379)

우연히 마을 집을 나서 혼자 놀아 보려고
중 찾아가는 말 위에서 가을을 슬퍼하네.
솔은 日傘일산을 펼치고 객을 맞고 보내는 듯
산들은 병풍을 치고 나를 만류하누나.
한참 앉았노라니 깊은 골짝에 저녁 그늘 생기고
바람결에 낙엽은 빈 다락에 어지러운데

234) **宣撫** 지방이나 점령지의 주민에게 정부 또는 본국의 본뜻을 이해시키는 일. 宣撫使는 사신 또는 그 벼슬.

茶를 달이며 도란도란 이야기하니
나도 몰래 허튼 시름이 말끔 잊어지누나.

172 [東文選] 第十四卷 寄呈龍穴大尊宿丈室 — 金懵

膝下嘗聞桂苑**沓**　老禪同是榜中**人**
臥龍一穴法雷殷　鳴鶴半天詩月**新**
道富生涯餘杖履　社高投契遍簪**紳**
朗州幸有通家好　茶席猶堪備惡**賓**

七言律 眞韻⇒沓人新紳賓

동문선 제14권 칠언율시 룡혈대존의 숙장실에 기정함 — 김서(고려 말 무신)

아버지께 일찍이 登科등과 때 일 듣자오니
로선사께서 그때 같은 榜額방액(급제 명단)에 드셨다고.
룡이 한 굴에 누우니 법 우레가 은은하고
학이 하늘에 치솟으니 시의 달을 새로이 짓는다.
가멸은 도의 남은 생애는 지팡이와 신뿐이요
높은 사의 벌인 계는 잠신을 망라했네.
랑주에 요행 통가호 있으니
茶자리에 제발 악빈을 마다 말고 맞아 주소.

173 [高麗史節要] 卷之三十四 恭讓王

恭讓王 二秊 十月, 吏曹啓, 內侍茶房, 出入禁闕, 其任非輕, 以無定額, 規避軍役者, 爭相充補, 纔及數月, 便歸鄕里, 不供徭役, 動至數百. 乞擇子弟儀狀端正者百人充之, 分爲二番. 從之.

고려사절요 권34 공양왕

공양왕 2년(1390) 10월에 리조에서 아뢰기를 "내시, 茶房은 대궐 안에 드나들므로 그 직임이 가볍지 않은데도 정원이 없어 군역을 피하려는 자가 서로 다투어 들어왔다가 겨우 수개월이 되면 문득 향리로 들어가서 요역을 하지 않으며, 걸핏하면 수백 명에 이르게 됩니다. 원하건대 의용이 단정한 자제 백 명을 가려 이에 충당하고, 이번으로 나누게 하소서" 하니, 그 말을 따랐다.

174 [高麗史] 卷第五十三 志 卷第七 五行一

恭讓王 二季 四月壬戌, 籍田甑池, 沸湧, 聲如雷, 閏月丙寅夜甑池振動, 兩虹竝現, 水聲如鼓, 色如血, 氣如煙蒸. 戊子, 茶房里井, 鳴如牛吼.

고려사 권제53 지 권제7 오행1

공양왕 2년(1390) 4월 임술에 적전증지가 용솟음치니 소리가 우레와 같았고, 윤월 병인 밤에 증지가 진동하고 두 무지개가 함께 나타났으며 물소리가 북소리 같았고 색은 혈색과 같고 기는 증기와 같았다. 무자에 茶房里 우물이 있는데 소 울음소리와 같았다.

175 [高麗史] 卷第六十五 志 卷第十九 禮七 賓禮, 迎北朝詔使儀

(上略) 閤使宣, 傳有敎賜客省茶酒食, 舍人喝, 再拜, 引出殿門, 王就座後, 閤門員, 引下節入殿庭, 再拜, 奏聖體再拜, 閤使, 傳有敎賜所司酒食, 喝再拜, 出門訖, 進茶, 初盞, 親勸使臣, 還酬再拜就座歙訖, 相揖還就座, 賜中下節酒食畢.

고려사 권제65 지 권제19 례7 빈례, 북조 조사 맞는 의식

(상략) 각사가 객성에서 茶와 주식을 내리라는 교가 있음을 전하면 사인의 갈로 재배하고 문으로 나가기를 마치면 茶를 올리는데, 첫잔은 사신에게 친히 권하며 수작하고 돌아와 재배하고 좌에 나아가 마시기를 마치면, 서로 읍하고 돌아와 좌에 나아가고 중하절에게도 주식을 하사하고 마친다.

176 [高麗史] 卷第六十五 志 卷第十九 禮七 賓禮, 迎北朝起復告敕使儀

舍人, 引使下人, 就拜位, 舍人喝, 再拜時喧, 舍人喝, 再拜, 進步致辭, 舍人喝, 再拜. 閤使宣傳有敎使臣茶酒. 舍人喝, 再拜, 引出使臣, 茶酒禮畢, 致謝, 王, 答拜訖, 引使臣下殿, 王相揖出殿門外, 揖送.

고려사 권제65 지 권제19 례7 빈례, 북조 기복조사 맞는 의식

사인이 사신 이하 사람을 인도하여 배위에 나아가면 사인의 갈로 재배하고 시훤하며, 사인의 갈로 재배하고 걸어 나가 치사하면 사인의 갈로 재배한다. 각사가 선전하여 "사신에게 茶, 酒를 올리라는 교가 있다"고 하면 사인의 갈로 재배하고 사신을 인도하여 나가는데, 茶, 酒의 례를 필하면 치사하고 왕이 답배하기를 마치면 사신을 인도하여 전에서 내려가며, 왕이 서로 읍하고 전문 밖에 나가 읍하고 전송한다.

177 [高麗史] 卷第六十五 志 卷第十九 禮七 賓禮, 迎大明無詔敕使儀

(上略) 略敘寒暄, 東西對座, 設茶後, 王, 入內小歇, 世子與使臣 相見再拜. 次諸君, 次宰樞, 次百官, 皆同訖, 王出就座, 饗使臣後, 有口宣使臣, 則王親送至

館, 或令世子送之. 無口宣使臣, 則命宰樞送至館. (下略)

고려사 권제65 지 권제19 례7 빈례, 대명 무조칙사[235] 맞는 의식

(상략) 한훤[236]을 간략히 말하고 동서로 대좌하여 茶를 베푼 뒤에 왕이 대내로 들어가 조금 쉰 뒤에 세자와 사신이 상견하여 재배한다. 다음에는 제군이, 다음에는 재추, 백관이 모두 같이 하기를 마치면 왕이 나와 자리에 나아가 사신을 饗宴향연한 뒤에, 구선[237]이 있은 사신은 왕이 친히 전송하여 관에 이르고, 혹은 세자로 하여금 이를 전송하게 한다. 구선이 없는 사신은 재추에게 명하여 전송하여 관에 이른다. (하략)

178 [新增東國輿地勝覽] 第七卷 驪州牧 古跡, 六友堂賦 — 鄭樞(公權) 賦

瞻彼驪江之**域**　有新堂兮翼**翼**
繄卓犖之高**人**兮　於爲會其嘉客
其所友者伊六兮　匪庸流之可**親** (中略)
乃歌曰　月出照兮山之**阿**　風徐來兮江自**波**
花之解語者益**佳**　雪水可以煎**茶**
於是相與嘔**噱**　竟莫知其孰主孰**客**
賦 職韻⇒翼域. 眞韻⇒人親. 歌韻⇒阿波. 痲韻⇒佳茶. 藥韻⇒噱客

신증동국여지승람 제7권 여주목 고적, 륙우당부 — 정추(공권, 1333~1382) 부

저 驪江려강 지역을 바라보니
새로운 堂宇당우가 우뚝하구나.
아 탁월한 높은 사람이여
여기에 아름다운 손과 만났구나.
그 벗함은 오직 여섯인데
보통 사람이 친할 만한 것이 아니네. (중략)
이에 노래하기를 달이 비침이여, 산언덕이로다.
바람이 솔솔 불어옴이여 강이 스스로 물결치누나.
꽃은 말을 아는 것이 더욱 아름답고
설수는 茶를 달일 수 있네 하였다.
이에 서로 더불어 즐거우니
끝내 그 누가 주인이고 객인 줄을 알지 못하겠네.

---

235) **無詔敕使** 조칙을 갖지 않고 온 사신.
236) **寒暄** 추위와 더위. 時候의 문안(問安), 즉 寒暄之禮.
237) **口宣** 임금의 명령을 말로써 전함.

179 [新增東國輿地勝覽] 第五十一卷 平壤府 山川, 大同江 — 董越

曉風吹上木蘭**舟**　倚棹停杯看碧**流**
汀樹帶煙迷渡口　漁蓑衝雨傍磯**頭**
氷盤膾斫銀絲細　石鼎茶翻雪浪**浮**
已遣前驅戒行茅　一尊仍爲主人**留**

七言律 尤韻⇒舟流頭浮留

신증동국여지승람 제51권 평양부 산천, 대동강 — 동월

새벽바람이 畫船화선으로 불어오는데
돛대 의지하여 술잔 멈추고 푸른 강 바라보네.
물가 나무는 연기를 띠고 나루에 맴돌며
어부의 도롱이는 비를 맞으며 낚시터에 서 있구나.
얼음 같은 소반에 회를 써니 은실이 가늘고
돌솥에 茶를 달이니 눈 같은 물결이 이네.
벌써 前驅전구에게 떠날 채비를 분부했으나
술 한 병 더 마시자 하며 주인이 만류하네.

180 [陶隱集] 第二卷 題南嶽聰禪師房 次林先生韻 — 李崇仁

相逢久面目　妙契透機**關**
三業水俱淨　一生雲與**閑**
泉甘宜煮茗　日永好看**山**
慙愧靈師語　休官便此**還**

五言律 刪韻⇒關閑山還

도은집 제2권 남악 총선사 방에 림선생 시를 차운하여 쓰다 — 리숭인(1349~1392)

예전에 알던 얼굴 서로 만나니
미묘한 리치가 기관을 뚫어 주네.
세 가지 업은238) 물과 함께 맑아지고
한평생 구름과 더불어 한가롭더라.
샘물이 달콤하니 茶 달이기 알맞고
해가 길고 기니 산보기가 좋구나.

---

238) **三業** 불교용어로 身業 · 口業 · 意業, 즉 몸과 말과 뜻으로 짓는 업을 말한다.

부끄럽다, 령사의 그 말씀[239]
'벼슬 그만 두고 여기에 돌아오라' 하였다.

181 [陶隱集] 第二卷 次民望韻 — 李崇仁

誰道村居僻　眞成適我**情**
雲閑身覺懶　山在眼增**明**
詩稿吟餘改　茶甌飯後**傾**
從來知此味　更別策功**名**

五言律 庚韻⇒情明傾名

도은집 제2권 민망[240]의 운을 차운함 — 리숭인(1349~1392)

누가 촌에 사는 것이 궁벽하다 하는가
참으로 나의 뜻에 맞기도 하이.
구름이 한가로워 게으른 몸 깨닫고
산이 있으니 눈이 더 밝아진다.
시고는 읊어 보고 고치게 하며
茶잔은 밥 먹은 뒤에 기울이네.
벌써부터 이 재미를 알았더라면
다시 공명을 구하려 하였겠나.

182 [陶隱集] 第二卷 除夜用古人韻 — 李崇仁

除夜到山**家**　留僧翦燭**花**
煮茶鉼叫蚓　題句墨翻**鴉**
更鼓三撾盡　天文北斗**斜**
明輈歲華改　漂泊意無**涯**

五言律 麻韻⇒家花鴉斜涯

도은집 제2권 제야에 고인의 운을 쓰다 — 리숭인(1349~1392)

제야에 절 찾아가니
머무는 승이 촛불 꼬리 자르고 있네.

---

239) **부끄럽다…** 한유(韓愈)가 승려를 환속시켜 유자(儒者)를 만들고 싶다고 한 말. 韓愈의 送靈師 詩에 方將斂之道, 且欲冠其顚가 있다.
240) **民望** 廉廷秀를 말하며 號는 훤정이다.

茶를 달이니 缾병에서는 지렁이 소리
시를 쓰니 먹빛은 까치가 뒤치는 듯.
밤 북소리 三便삼경이 다 되니
하늘에는 북두성이 기울었네.
내일 아침에는 해가 바뀌니
떠돌아다니는 회포는 끝이 없네.

183 [陶隱集] 第二卷 謝兪知君寄茶 — 李崇仁

瓊也今鞴至　知君不我**忘**
得書如見面　煮茗且澆**腸**
悵望千山遠　相離一歲**强**
何時成邂逅　握手共登**堂**

五言律 陽韻⇒忘腸强堂

도은집 제2권 유지군이 茶를 보냈기에 사례함 — 리숭인(1349~1392)

瓊挺茶경정차[241] 오늘 아침 보내왔으니
그대가 나를 잊지 않는 줄 알겠네.
편지 받으니 얼굴 보는 것과 같고
茶를 달여서 창자를 씻는다.
슬피 바라보니 일천 산이 아득하고
서로 리별한 지 한 해가 넘었구나.
어느 때 만나게 되어
손잡고 함께 당에 오르리.

184 [陶隱集] 第二卷 憶昔寄隱峯禪師 — 李崇仁

憶昔京華踏軟**紅**　每因休沐訪禪**宮**
論詩一味眞佳境　說法三生是苦**空**
晝靜茶煙飄荏苒　更深漏水響丁**東**
可憐今作南遷客　咫尺相望萬里**同**

七言律 東韻⇒紅宮空東同

---

241) **瓊挺茶** 宋代 고급 團茶의 일종.

도은집 제2권 옛 생각을 하며 은봉선사에게 부치다 — 리숭인(1349~1392)

예전에 서울에서 홍진을 밟고
매번 휴가 때면 선사의 집을 찾아갔네.
시를 의논하여 아름다운 경지에 들어가고
불법을 설명하니 삼생 비우기 괴로워라.
고요한 낮에 茶煙은 풀풀이 날리고[242)]
밤이 깊으니 물새는 소리 뚝뚝 들려.
가련하다, 오늘은 귀양살이 객이 되어
지척에 바라보나 만 리 같구나.

185 [陶隱集] 第三卷 茶呈實周主事(二首) — 李崇仁

海上鄕茶點早**萅** 筠籠采采露芽**新**
題封寄與儀曹問 內樣龍團味孰**眞**
七言絶 眞韻⇒萅新眞

黃金霏屑玉精**糜** 不雜蘭膏也自**奇**
橄欖細和玄酒淡 煩公作譜使人**知** (茶譜有色香味三字)
七言絶 支韻⇒糜奇知

도은집 제3권 茶를 증정한 실주주사에게(2수) — 리숭인(1349~1392)

바닷가 시골茶는 이른 봄에 나와
바구니로 따고 따니 새로 딴 露芽茶라.
봉하여 이름 써서 儀曹의조에게 물어 부치니
궁중에 龍團과 어느 것이 진짜인고?

황금 가루 날려 옥그릇 미음에
란고 섞지 않아도 스스로 기이하여라.
감람을 찬물(玄酒)에 탄 담박함이니
공은 바삐 茶譜를 지어 사람들이 알게 하소. (茶譜에 색·향·미 三字가 있다.)

---

242) **풀풀이 날리고** 임염(荏苒)의 뜻이 세월을 끄는 모양. 지연, 늦어짐이다.

186 **[陶隱集]** 第三卷 茶一封幷安和寺泉一甁呈三峯 — 李崇仁

崧山巖罅細泉**縈**　知自松根結處**生**
紗帽籠頭淸晝永　好從石銚聽風**聲**
七言絶 庚韻⇒縈生聲

도은집 제3권 茶 1봉과 안화사 샘물 1병을 삼봉에게 보냄 — 리숭인(1349~1392)

송악산 바위틈에 샘물이 흐르니
소나무 뿌리가 맺힌 데서 오네.
燈籠등롱 결 烏紗帽오사모에 긴 낮 청아하고
돌솥에서 잘 사귀는 바람 소리 듣는다.

187 **[陶隱集]** 第三卷 題神孝寺湛師房 — 李崇仁

蘿衣白衲已忘**形**　悟道秊來輟誦**經**
禪榻落花萅寂寂　松風和雨生茶**缾**
七言絶 靑韻⇒形經甁

도은집 제3권 신효사 담사 방을 제목함 — 리숭인(1349~1392)

松蘿송라 옷 누더기에 이미 形體형체를 잊고 살며
도를 깨달은 뒤로는 불경 읽기 거뒀더라.
선사의 자리에 꽃이 지니 봄은 적적하고
솔바람에 비 듣는 소리 茶병에서 나오네.

188 **[陶隱集]** 第三卷 白廉使惠茶(二首) — 李崇仁

先生分我火前**萅**　色味和香一一**新**
滌盡天涯流落恨　須知佳茗似佳**人**
七言絶 眞韻⇒萅新人

活火淸泉手自**煎**　香浮碧盌洗葷**羶**
巓崖百萬蒼生命　擬問蓬山列位**仙**
七言絶 先韻⇒煎羶仙

도은집 제3권 백렴사가 茶를 보내다(2수) — 리숭인(1349~1392)

선생이 나에게 화전춘茶 나눠 주니
빛 · 맛 · 향기가 모두 새롭다.
하늘 아래 떠도는 한을 씻어 주니
좋은 茶는 佳人가인과 같음 알겠거니.

활화에 맑은 샘물 손수 달이니
푸른 잔에 향기 올라 더러운 창자 씻어 낸다.
마루턱에 오른 백만 창생의 운명243)을
봉래산 여러 신선에게 물어 보고 싶구나.

189 [陶隱集] 第三卷 題神孝寺祖師房 — 李崇仁

綠葉低檐暑氣**微**　　寺樓終日澹忘**歸**
烹茶享客求題壁　　却笑居僧未息**機**
七言絶 微韻⇒微歸機

도은집 제3권 신효사의 조사 방을 제목함 — 리숭인(1349~1392)

푸른 잎이 처마에 드리워 더위 가실 적
절 누각에서 해가 지도록 돌아가기 잊었구나.
茶 달여 대접하며 시를 지어 달라 하니
우습다, 승도 息機식기를 못 벗었구나.

190 [牧隱集] 牧隱詩藁 第一卷 辭 · 山中辭 — 李穡

山之幽兮深**深**　　鬱蕭森兮潭**潭**
黃鵠尙不得過其顚兮　　截然屹立乎嶄**巖**
邃莫覿兮山之**陰**　　曖霜露兮濡**霑** (中略)
夐不可討兮山之中　　東西冥迷兮氣奄**奄**
淙飛泉以瀉于崖兮　　淸肺腑而味**甘**
掬之手中兮氷寒　　照衰顏以是**監**
爰流憩以聽其聲兮　　鏘玉佩之相**參**
將敲火而煎茶兮　　鄙鄙陸羽之口**饞**

243) **巓崖百萬蒼生命** 盧仝의 茶歌句로 庶民을 이른다.

羨盤谷之可沿兮　　矧其文爲我之指**南**
續道緖於千載兮　　乃命其谿曰**溓**
(下略) **辭** 侵・覃・鹽韻⇒深潭巖陰霑奄甘監參饞南溓

목은집 목은시고 제1권 사・산중사 — 리색(1328~1396)

산이 그윽하고 깊디 깊어
빽빽한 숲 깊고 넓은 골(谷)
누른 고니(鵠)도 그 꼭대기를 못 지나가네
깎아지른 듯 우뚝 솟은 바위들
굽어보니 아찔한 산그늘엔
서리 이슬이 뽀얗게 젖어 있네. (중략)
이 산 속 동서 분간 못해
기진맥진 하던 차에
나는 듯 벼랑에 쏟아지는 샘물
폐부에 싸늘하고 달금한 맛
손에 움키니 싸늘한 얼음
쇠한 얼굴을 비추니 거울이라
게서 쉬며 그 소리 들음이여
옥 佩物패물 쨍쨍 서로 부딪히는 듯
부싯돌 쳐 茶를 달이려 하니
륙우244)의 茶 맛 아는 것 시들하구나.
부러워라, 盤谷반곡245)에 놀만한데
韓愈한유의 그 글은 나의 지남이로세
천년 만에 도통을 이었으니
그 시내를 溓谿렴계246)라 했네.
(하략)

244) **陸羽** 唐나라 景陵 사람으로 『茶經』 저자. 茶의 기원, 달이는 법, 맛, 그릇 등에 관하여 자세히 서술하여 천하의 茶風을 일으켰다.
245) **盤谷 …… 지남이로세** 반곡은 골짜기 이름인데, 지금 河南省 濟 源北縣쪽으로 唐나라 李愿(憲, 穆宗時, 806~824)이 반곡에 隱居하러 갈 때 韓 愈가 '送李愿歸盤谷序' 라는 유명한 글을 지었는데, 道統과 學의 路程을 서술한 名文이다.
246) **溓谿** 물 이름. 朱敦頤가 江西省 廬山에 옮겨 살면서 자기 故鄉 湖南省에 있는 溓谿의 이름을 따랐다. 때문에 세상에서는 그를 朱溓谿라고도 한다.

191 [牧隱集] 牧隱詩藁 第一卷 賦・雪梅軒小賦 爲日本釋允中菴作號息牧叟 — 李穡

扶桑翁發深**省**　道根固心灰**冷**
瀟灑出塵之標　幽閑絶俗之**境**
炯玉壺之永**出**　森瑤臺之**月**映
爾乃謝語奪胎　宋句換**骨**
二賦流傳　千載超**忽** (中略)
乃息牧之相邀　開竹房俯風**欞**
展蒲團而跏趺　烹露芽而解**酲**
吟載塗於周雅　想調羹於殷**室**
是惟無用之用　蓋有則於有**物**

(下略) 賦 梗・質・月・物韻⇒省冷境出月骨忽欞酲室物

목은집 목은시고 제1권 부・설매헌 소부 일본 승 윤중암 호 식목수를 위해 짓다 — 리색(1328~1396)

부상247)의 늙은이가 깊은 깨달음을 발하여
도의 뿌리가 깊고 맘이 灰재처럼 싸늘하네.
산뜻이 진세를 떠난 품격은
한가히 세속을 끊은 지경이네.
빛나는 옥병에서 얼음248)이 나오고
우뚝한 요대249)에 달이 비치는 듯.
이에 謝莊사장의 설부는 탈태250)하고
송경(唐 文人)의 매화부는 換骨환골251)하고
두 賦부 流轉류전하여
천추에 뛰어났다. (중략)
息牧식목과 서로 마주하여
竹房대방을 열고 바람 난간 굽어보며
방석 깔고 가부좌하여
露芽茶252)를 달여 解酲해정하면서
周詩주시의 載塗재도를 음미하고

---

247) **扶桑** 扶桑國, 동쪽 바다의 해가 뜨는 곳, 東海 속에 있다는 神木, 또는 그 神木이 있다는 나라.
248) **玉壺之冰** 玉茶罐에 얼음 같은 茶물, 혹 銀絲冰芽(南宋의 최고급 茶).
249) **瑤臺** 구슬로 만든 대. 신선이 사는 대라고도 한다. 李商隱의 詩에 "妙何雪月交光夜 更在瑤臺十二層"이라 했다.
250) **奪胎** 道家의 말로는 凡人을 바꿔 仙人을 만드는 것이나, 문학의 말로는 문장에 옛 사람의 일언일구도 踏襲하지 않으면서 스스로 換骨 脫胎 등의 법이 있다 한다.
251) **換骨** 속된 습성, 본질을 바꿈.
252) **露芽茶** 茶의 이름.

은나라의 調羹조갱253)을 생각하니
이는 다만 무용지용254)이요
대저 물건이 있음에 법칙이 있음이로다.
(하략)

192 [牧隱集] 牧隱文稿 卷之六 記・負暄堂記 — 李穡

雪嶽上人, 懶翁弟子也, 師之卓錫神光, 移于圓寂, 于露骨, 于淸平, 于五臺, 而住松廣. 自松廣而檜巖, 由檜巖而瑞雲吉祥諸山然後, 復住檜巖也. 上人皆從之, 朝夕熏炙, 頗有所得. 其與一宿覺, 雖曰異調, 然非日用而不知者, 所敢望也. (中略) 心之微雖曰方寸, 至道之所在也. 故不以寒熱, 故有小變, 堂堂全體, 蓋天蓋地矣. 上人宴坐所求, 不在斯歟, 予之熱惱, 熾甚. 對師煎茶, 未知何日也. (下略)

목은집 목은문고 권6 기・부훤당기 — 리색(1328~1396)

설악상인은 라옹의 제자이다. 신광사에 錫杖석장을 머물고 있다가 원적・로골・청평・오대로 옮겨 송광사에 머물렀다. 송광에서 회암으로, 회암에서 서운으로, 길상의 모든 산을 거친 뒤에 다시 회암에 머물렀다. 설악상인은 모두 따라가서 아침저녁으로 감화를 받아 자못 얻은 바가 있었다. 그 하룻밤 사이에 깨달은 바와는 비록 다르다 하겠지만, 날마다 쓰면서도 알지 못하는 자는 바랄 수 있는 바가 아니라고 하겠다. (중략)
마음이 작은 것은 비록 좁디좁다 할지라도 지극한 도는 여기에 있는 것이다. 때문에 춥고 더운 것으로 해서 조그만 변고로 말미암아 당당한 온 전체가 하늘도 덮고 땅도 덮는 것이다. 설악상인이 고요히 앉아 구하는 바는 바로 여기에 있는 것이 아니겠는가. 내 뜨거운 머리가 더욱 타는 듯하구나. 대사와 마주 앉아 茶를 달여 마실 날이 어느 날에 있겠는가. (하략)

193 [牧隱集] 牧隱文稿 卷之十 說・千峰說 — 李穡

曺溪雨上人 龜谷弟子也. 問其號於韓山子穡. 穡曰 龜谷, 善名人, 豈於上人, 靳之乎. 請以一雲如何. 上人曰 吾徒事師, 如子事父. 吾師名也, 請易之. 穡曰 吾於龜谷游亦久矣. 而忘之吾罪也. 請易以千峰. 上人曰 可矣, 願畢其說. 上人, 旣可之矣, 予何辭. 山之附地之勢, 西北高, 天下之山, 起于西北而東南之趨遍于中國. 禹貢三條, 可見已. 五嶽雖尊而高峻, 各居方面者又多也. 凡停而峙, 隨其大小, 名之曰 峰, 則峰之列于天下, 宜又多也. 其曰 千者, 擧中數而已矣. 一非不足, 萬非有餘, 上人所處善矣. 明月當其上, 出定烹茶, 上人淸矣. 胡不取. 積雪滿其下, 入定面壁, 上人高矣. 胡不取. 取雨何哉. 雨吾也. (下略)

---

253) **調羹** 『書經』에 보면 '若作和羹 爾雅鹽梅'라 했다. 殷의 高宗이 伊尹을 三顧草廬하여 宰相으로 삼았는데, 周代 以後에 殷事를 낮춰 유포된 말. 陸羽 『茶經』에 '伊公羹 陸氏茶' 라 보인다.

254) **無用之用** 『莊子』에 나오는 말로, 쓰임이 없는 쓰임.

목은집 목은문고 권10 설·천봉설 — 리색(1328~1396)

조계종의 우상인은 구곡의 제자이다. 한산자색에게 그 호를 지어 달라고 한다. 나는 말하기를 "구곡은 남의 이름을 잘 짓는 사람인데 우상인에게는 어찌해서 아끼는 것인가. 청컨대 일운으로 하면 어떻겠는가?" 했다.

우상인은 말하기를 "우리들이 스승을 섬기는 것은 마치 자식이 아비를 섬기는 것과 같습니다. 그런데 이것은 우리 스승의 이름이니 청컨대 바꾸어 주십시오" 한다. 나는 다시 말하기를 "내가 구곡과 함께 논 지가 이미 오래 되었다. 그런데 그 이름을 잊었으니 이것은 내 죄이다. 청컨대 천봉으로 바꿉시다" 했다. 우상인은 말하기를 "좋습니다. 원컨대 그 말을 끝마쳐 주십시오" 한다.

우상인이 이미 좋다고 했으니 내가 어찌 사양하겠는가. 산은 땅에 붙어 있는 형세로 서북쪽이 높기 때문에, 천하의 산은 모두 서북쪽에서 일어나 동남쪽으로 달려와서 중원에 두루 퍼졌다. 우공의 세 조목에서 이것을 볼 수가 있다. 오악이 비록 존엄하고 높지만, 각 방면에 있는 것이 또 많다. 대체로 멈추어서 뭉쳐 선 것을, 크고 작은 것을 따라서 이름을 봉우리라 하고, 봉우리가 천하에 벌여 있는 것이 마땅히 또 많은 것이다.

여기에 千천이라고 한 것은 중간 숫자를 든 것뿐이다. 하나라고 해서 부족한 것이 아니요, 만이라고 해서 남음이 있는 것은 아니니, 우상인이 처하는 숫자가 좋을 것이다. 밝은 달이 그 위에 있으면 定정[255]에서 나와 茶를 달이니 우상인은 맑기도 하도다, 어찌 이것을 취하지 않으리오. 쌓인 눈이 그 아래에 가득하면 定정에 들어가 벽을 향하고 앉을 것이니 우상인은 높기도 하도다, 어찌 이것을 취하지 않으리오. 비를 취한 것은 무엇인가? 비(雨)는 곧 나를 이름이다. (하략)

194 [牧隱集] 牧隱文藁 卷之十四 碑銘 西天提納薄陀尊者浮屠銘并序 — 李穡

迦葉百八傳, 提納薄陀尊者, 禪賢號指空. 泰定閒, 見天子于難水之上, 論佛法, 稱旨. 命有司, 歲給衣糧. 師曰 吾不爲是也. 去而東游高句麗, 禮金剛山法起道場. (中略) 特達於西蕃, 偕至燕京, 居未久, 西游安西王府, 與王傅可提相見. 提請留學法, 吾志在周流. 語之曰 我道以慈悲爲本, 子之學倍, 是何耶. 提言 衆生, 無始以來, 惡業無算, 我以眞言一句, 度彼, 超生受天之樂. 吾云 汝言妄也. 殺人者, 人亦殺之. 生死相讎, 是苦之本. 提曰 外道也. 吾云 慈悲, 眞佛子. 反是, 眞外道. 王有獻, 却之. 西蕃摩提耶城, 其人, 可化, 呪師, 疾吾, 以毒置茗歠. 適使臣, 至自都, 請吾同還, 欲師班特達, 互爲揚化, 不契又去伽單. (下略)

---

255) **定** 불교에서 마음을 한 곳에 머물게 하여 흩어지지 않게 하는 것. 이것은 二종이 있는데 나면서부터 마음을 한곳에 머물러 두는 生得禪定과 修行하여 얻어지는 修得禪定이 있다.

목은집 목은문고 권14 비명 서천제납 박타존자 부도명 병서 — 리색(1328~1396)

가섭백팔전에 보면, 제납박타존자 선현의 호는 지공256)이다. 태정(1324~1327)년간에 난수 위에 천자를 뵙고 불법을 논하여 천자의 뜻에 맞은 일이 있었다. 이에 유사에 명하여 해마다 옷과 양식을 주었다. 선사가 말하기를 "나는 이것을 위함이 아니다" 하고 그곳을 떠나 동쪽으로 고구려에 淸游청유하며 금강산 법기도장에 참례했었다. (중략)

서번에서는 특달하였고 함께 연경에 이르렀으나 오래 머물지 않고 서번 안서왕부에 청유하며 전가제왕과 상견하였다. 전가제가 거류와 법문 배우기를 청하자 "내 뜻은 주류에 있다" 하며 말하기를 "내 도는 자비를 근본으로 삼는데, 그대의 학식이 갑절이니 이를 어찌랴?" 하고, 전가제가 말하기를 "중생들이 무시 이래로 그 악업이 이루 셀 수 없기에 내가 진언한 한 마디로 그들을 제도하여 생을 초월해서 하늘의 즐거움을 받게 하고자 한다" 했다. 나는 말하기를 "네 말이 망령되구나. 사람을 죽인 자는 남이 또한 그를 죽이는 것이다. 생과 사가 서로 반대되는 것, 이것이 바로 괴로움의 근본인 것이다" 했다. 전가제가 말하기를 "그것은 외도이다" 했다. 내가 말하기를 "자비야말로 참다운 불자다. 여기에 배반된다면 그것이 바로 외도인 것이다" 했다. 왕이 바치는 물건이 있었지만 나는 이를 물리쳤다. 서번의 마제야성 사람들을 교화시킬 수가 있었으나 주사가 나를 미워해서 茶 속에 독약을 넣어 마시라고 했다. 마침 사신이 왕도에서 와서 나더러 같이 돌아가자고 청한다. 반특달을 스승으로 서로 교화를 드날리려 했으나, 서로 뜻이 맞지 않아 또 떠나고 말았다. (하략)

195 [新增東國輿地勝覽] 第四卷 開城府 佛宇, 神孝寺 — 李穡

一帶長江砌下**流**　傍崖軒戶儘淸**幽**
檝花午梵僧敲磬　啜茗菖吟客倚**樓**
芳草淡煙連牧笛　斜風細雨滿漁**舟**
分明記得城西路　匹馬何時更獨**游**

七言律 尤韻⇒流幽樓舟游

신증동국여지승람 제4권 개성부 불우, 신효사 — 리색(1328~1396)

一帶長江일대장강이 섬돌 아래로 흐르는데
언덕 곁 난간 창문이 맑고 그윽하구나.
檝花산화가 한낮 창명하며 승은 경쇠 치고
茶 들며 봄을 읊는 객은 다락 의지했네.
芳草방초 맑은 안개에 목적257) 소리 곁들고
사풍세우258)는 낚싯배에 가득하구나.

256) **指空** 인도 출신의 僧侶로 本名은 提納薄陀, 西天 제108祖. 舍利 일부가 전해 와서 양주 회암사에 부도를 세웠다.

257) **牧笛** 목동이 부는 피리.

분명히 기억하노니 서쪽 길로
필마는 어느 때 홀로 다시 와 벗하리.

196 [東文選] 第八卷 謝郡守李公來訪 — 李穡

花盛開遨頭**來**　花欲語遨頭**迴**
願留賓軒共淸夜　達曙快倒黃金**杯**
主人啜茶殺風景　老癡至此何爲**哉**
百川東逝不復西　海底亦復生黃**埃**
無由上天繫白日　胡不相樂如相**猜**
(下略)　七言古 灰韻⇒來廻杯哉埃猜

동문선 제8권 군수 리공이 찾아왔음을 감사하여 — 리색(1328~1396)

꽃 한창 피자 태수님[259] 오더니
꽃이 말하려 하자 태수님 돌아가네.
원컨대 객실에 머물러 맑은 밤을 함께하며
새벽까지 황금 술잔을 기울여 보세.
주인이 茶를 마시니 殺風景살풍경[260]이라
늙은 천치 이 지경이니 무엇 할꼬.
백천이 동으로 가면 다시 서로 못 오는 것
바다 밑에도 누른 먼지 생긴다는데.
하늘에 오르는 해를 매달길 없는데
어찌 서로 좋아하지 않고 또한 시기하는가?
(하략)

197 [東文選] 第十五卷 謝松坡崔相國誠之惠茶紙 — 洪瀹

惠賜重重意轉**深**　酪奴側理勝籯**金**
龍團鳳餠堪同調　毛穎烏圭豈異**心**
陽羨遺風淸可掬　蘭亭故事杳難**尋**
玉川已遠右軍死　何處如今覓賞**音**
七言律 侵韻⇒深金心尋音

258) **斜風細雨** 비껴 부는 바람과 가늘게 내리는 비. 蘇軾의 詩 斜風細雨到來時, 我本無家何處歸가 있다.
259) **太守** 成都 사람들이 4월 9일을 관두(款頭)라 하여 봄놀이를 하는데, 그날 봄놀이에 나오는 태수(太守)를 오두(遨頭)라 일렀다.『成都記』.
260) **殺風景** 아주 보잘것 없는 풍경.『義山雜簒』에 '殺風景'을 열거했는데, 꽃 위에 잠방이 말리는 것(花上曬褌). 꽃을 대해 茶 마시는 것(對花喝茶) 등이 있다.

동문선 제15권 송파 최상국이 정성으로 茶와 란지를 보내 사례함 — 홍약(고려 말?)

주신 선물 거듭거듭 깊은 뜻 담아 오니
락노(茶)와 측리(紙)가 황금 한 상자보다 낫구나.
룡단(茶)과 봉병(茶)은 調理조리가 함께 뛰어난데
모영(붓)과 오규(먹)가 어찌 딴 마음이리.
양선(茶)의 유풍은 움킬만한 청아인데
란정의 고사261)는 찾아보기 어려운 묘연이네.
옥천262)도 이미 멀고 우군(왕희지)도 갔으니
지금 어느 곳에서 감상할 음운을 구하랴?

198 [東文選] 第十一卷 次漁隱 五十韻詩漁隱謫來光山季前有日月食 — 權興

(上略)
琢句三條秀　流名幾葉**芳**
賈生窮適楚　蘇子再居**杭**
屬國終歸漢　宣尼竟畏**匡**
倦游還可歎　安坐亦何**傷**
對客論茶品　逢僧檢藥**方**
逃讒仍屛迹　待價久韜**光**
道屈恒謀食　田饒尙報**穰**
白沙連竹逕　靑嶂集松**莊**
(下略) 五言排律 陽韻⇒芳杭匡傷方光穰莊

동문선 제11권 어은민제263)의 시를 차운하여 50운시, 어은이 광산으로 귀양 온 전년에 일식 월식이 있었다 — 권흥(고려 말 조선 초)

(상략)
시 지으면 形音義형음의 다 빼어나고
이름 날려 몇 대째 꽃다웠건만
가생264)은 궁하여 楚초로 갔었고

261) **蘭亭故事** 東晋의 王羲之가 3월 3일에 벗들과 더불어 蘭亭에서 모여 놀고 각각 詩를 짓고 자신이 序文을 지어 그의 득의한 글씨를 鼠鬚筆로 고쳐 종이(蘭紙)에 쓴 것이 유명한 蘭亭帖이다.
262) **玉川** 唐代의 시인 盧仝의 호. 그는 茶의 품평을 잘 했으며, 그의 茶歌가 유명함.
263) **閔霽** 민제(1339~1408). 고려 말, 조선 초의 문신. 본관 여흥, 자 중회(仲晦), 호 어은(漁隱), 시호 문도(文度). 고려 우왕·창왕·공양왕에 걸쳐 전공(典工), 예의(禮儀)판서, 개성윤상의밀직사사(開城尹商議密直司事), 한양부윤(漢陽府尹) 등을 지냈다. 조선 개국 후 태종 때 영례조사, 문하우정승이 되었다. 태종1년(1401)에 국구(國舅)로서 여흥백(驪興伯)에 봉해졌다.
264) **賈生** 西漢의 賈誼. 文帝(BC179~157)때 20歲 博士, 長沙王의 太傅, 梁 懷王의 太傅, 30歲에 入寂.

소자[265]는 두 번이나 항주에 살았네.
속국[266]은 마침내 한나라에 돌아갔는데
宣聖선성[267]은 광에서 난을 만났네.
떠돌기에 지쳐서 서글픈 신세
편안히 앉은들 또한 傷貧상빈을 어쩌리.
손님을 대해 茶品을 평론도 하고
승을 만나 약방을 찾기도 하며
참소를 피하여 자취 감춘 몸
값을 기다려[268] 주옥을 감춘 지 오래
도를 펴지 못하니 먹는 것밖에
밭이 기름지니 쌀만은 넉넉하다.
흰 모래가 대숲 길에 연해 있는데
푸른 산이 초가에 빙 둘러 있네.
(하략)

199 [圃隱集] 石鼎煎茶 — 鄭夢周

報國無效老書**生**　　喫茶性癖無世**情**
幽齋獨臥風雪夜　　愛聽石鼎松風**聲**
七言絶古 庚韻⇒生情聲

포은집 돌솥에 茶를 달이다 — 정몽주(1337~1392)

나라에 效功효공 없는 늙은 서생이
茶 즐기는 버릇에 세정이 없어
눈보라 치는 밤 서재에 홀로 누워
돌솥에 솔바람 소리 즐겨 듣는다.

---

265) **蘇子** 宋나라 蘇軾이 神宗 때 王安石의 新法을 반대하여 疏로 痛論했다가, 왕안석을 거슬려 두 번이나 杭州 知州로 좌천되어 갔다.
266) **屬國** 漢나라에 외국관의 교제를 맡은 典屬國이란 벼슬이 있었다. 武帝 때에 전속국 蘇武가 匈奴에 使者로 갔다가 抑留되어 절개를 굽히지 않고 19년 만에 돌아왔다.
267) **宣聖** '공자가 匡에서 두려움을 만나시다(子畏於匡)'. 『論語』. 공자가 광 땅에 갔을 때 그 곳 사람들이 공자를 전의 그 고을 虐政者 陽虎로 誤認하고 공자를 둘러싸고 해치려 하여 큰 난을 당할 뻔하였다.
268) **값을 기다려** 자공이 "여기 아름다운 옥이 있사온데, 궤 속에 감춰 두리까, 좋은 값을 얻고 팔아야 하리까?" 하니, 공자가 이르기를 "팔고말고, 팔고말고. 그러나 나는 값을 기다리는 자이로라" 하였다. 『論語』.

200 [圃隱集] 讀易(二絶 其一) — 鄭夢周

石鼎湯初沸　風鑪火發**紅**
坎離天地用　卽此意無**窮**
五言絶 東韻⇒紅窮

포은집 역경을 읽으며(절구 2수중 기1) — 정몽주(1337~1392)

돌솥에 탕수 첫 끓을 제
풍로에 숯불 붉게 번질 적에
건곤과 감리의 藏諸用장제용
곧 이 뜻 무궁하구나.

201 [太祖] 卷二 茶房官制

元季壬申 十一月壬寅. 都評議使司, 請革監察, 奉禮, 三館,三都監, 內侍, 茶房等官, 新參雜泛之弊. (下略)

태조 권2 茶房관제

태조(재위 1392~1398) 원년 임신(1392) 11월 25일. 도평의사사에서 감찰, 봉례, 삼관, 삼도감, 내시, 茶房 등의 관직에 신참269)이 잡범하는 폐단 없애기를 청하였다. (하략)

202 [太祖] 卷八 茶房官制

四季乙亥 九月庚申. 是月, 太廟及新宮告成. 太廟大室七間, 同堂異室. 內作石室五間, 左右翼室各二間. 功臣堂五間, 新門三間, 東門三間, 西門一間. 繚以周垣, 外有新廚七間, 享官廳五間, 左右行廊各五間, 南行廊九間, 齋宮五間. (中略) 其餘廚房, 燈燭房, 引者房, 尙衣院, 兩殿司饔房, 尙書司, 承旨房, 內侍, 茶房, 敬興府, 中樞院, 三軍府, 東西樓庫之類, 總三百九十餘間也. (下略)

태조 권8 茶房관제

태조 4년 을해(1395) 9월 29일. 이 달에 대묘와 새 궁궐이 준공되었다. 대묘의 대실은 7간이며 堂당은 같게 하고 室실은 따로 하였다. 안에 석실 5간을 만들고 좌우 翼廊익랑 각 2간씩이며 공신당 5간, 신문 3간, 동문 3간, 서문 1간을 두었다. 빙 둘러 담장을 쌓고 새 부엌 7간, 향관청 5간이고 좌우 행랑각 5간, 남쪽 행랑 9간, 齋宮재궁 5간이었다. (중략) 그 밖에 주방, 등촉방, 인자방, 상의원이며 량전의 사옹방, 상서사, 승지방, 내시, 茶房, 경흥부, 중추원, 삼군부와 동서루고의 부류가 무릇 3백 90여 간이다. (하략)

---

269) **新參** 새로 들어간 사람.

203 [太宗] 卷一 宮廷茶禮

元季辛巳 二月癸卯. 上如太平館, 與使臣行茶禮, 使偰眉壽語使臣曰 予欲數見恐煩動止. 使臣對曰 我等亦欲數詣王宮, 聞眼疾未愈故不敢. 上謂使臣曰 幸請明日枉駕. 使臣對 以依命. 陸顒畫 江楓釣叟圖. 因書一絶云,

江風木落影蕭**疏**　山帶秋容入畫**圖**
有客釣魚人不識　漢家何處覓狂**奴**
七言絶 虞韻⇒疏圖奴

태종 권1 궁정茶禮

태종(재위 1401~1418) 원년 신사(1401) 2월 14일. 상이 태평관에 가서 사신들과 더불어 茶禮를 거행하고 설미수270)를 시켜 사신에게 말하기를 "내가 자주 뵈려고 하나 동작을 번거롭게 할까 두렵다"고 하였다. 사신이 대답하기를 "우리들도 또한 자주 왕궁에 나아가려고 하였으나 안질이 낫지 않으셨다는 말을 들었기 때문에 감히 못하였습니다"고 하였다. 상이 사신에게 이르길 "내일은 왕가271)하여 주기를 바라오" 하니, 사신이 대답하기를 "명령대로 하겠습니다"고 하였다. 륙옹272)이 강풍조수도를 그리고 인하여 한 절구를 썼다.

강바람에 나뭇잎 떨어져 그림자 앙상하니273)
산이 가을빛을 띠고 그림 속에 들어 있도다.
객이 고기를 낚아도 사람이 알지 못하니
한가가 어느 곳에서 광노를 찾을꼬?

204 [太宗] 卷三 茶房官制

二季壬午 二月壬戌. 立各司吏典遷轉之法. 司憲府疏略曰 本國之制, 內侍, 茶房, 三都監, 三軍出身者, 除文班七八品與權務, 各司吏典出身者, 除西班七八品與尉正, 故職秩不紊. 今也一司吏典雖五六人, 其箇月滿者, 皆拜文班七八品, 或居出身本司吏員之上, 甚爲未便. 願以武班七八品, 及隊尉之職差, 各司吏典箇月已滿者, 且將箇月已滿者, 拜爲頭一人職, 其餘依前鞘役官歇等之例次第錄用. 又其都目甚煩, 令詳定所, 各以所屬可幷者幷之, 可汰者汰之. 下議政府擬議. 三府同議, 皆如憲府所申, 上允惟不許除隊副之職.

---

270) **偰眉壽** 설미수(?~1415). 고려 말 조선 초의 문신. 중원어에 능통하여 5차례에 걸쳐 明나라에 다녀옴. 본래 위구르 사람으로 1359(공민왕 8년)에 아버지를 따라 귀화했다.
271) **枉駕** 남의 내방(來訪)에 대한 경칭. 왕림(枉臨).
272) **陸顒** 명국 사신, 禮部主事인 륙옹을 이름.
273) **蕭疏** 나뭇잎이 성기고 쓸쓸함.

태종 권3 茶房관제

태종 2년 임오(1402) 2월 초9일. 各司각사 吏典리전의 천전법을 세웠다. 사헌부에서 상소하였는데, 그 대략을 이르기를 "본국의 제도로 말하오면 내시, 茶房, 삼도감, 삼군 출신자는 문반 7·8품과 권무를 제수[274]하고, 각사의 리전 출신자는 서반 7·8품과 위정을 제수한 까닭에 직질[275]이 어지럽지 아니하옵니다. 지금은 일사에 리전이 비록 5·6명이 되더라도 소정의 개월이 찬 사람은 모두 문반의 7·8품에 임명하게 됨에, 간혹 리전 출신으로서 본사 리원의 윗자리에 있게 되어 매우 미편합니다. 원컨대 무반 7·8품 및 대위의 직으로서 각사의 리전을 임명하시되 소정의 달수가 이미 찬 사람도 달수가 이미 찬 사람으로서 임명하여 頭두 한 사람의 직을 삼으시고, 그 나머지는 전조 역관의 진급을 헐등하던 례에 의하여 차례로 록용[276]하소서. 또 도목이 대단히 번잡하오니 상정소로 하여금 각각의 소속으로서 합병할 것은 합병하고 도태[277]할 것은 도태시키게 하소서"라고 의정부에 내려 보내어 의논하게 하였다. 삼부에서 함께 의논한 바, 모두 사헌부에서 상신[278]한 바와 같으므로 상이 윤허하였으나, 오직 대부의 관직을 제수하자는 것만은 허락하지 아니하였다.

205 [太宗] 卷三 宮廷茶禮 及 接使人情

二季壬午 五月壬寅. 祝孟獻, 端木智等還京師, 上率百官餞于西郊. 孟獻爲人寬厚有禮, 館寓踰秊不近妓色. 工於墨戲, 人有攜紙而求者, 輒應之. 又能詩, 人皆愛敬. 智以善書自矜, 人頗惡之. 及其還也, 但受石燈盞, 人蔘, 雀舌而已.

태종 권3 궁정茶禮 및 접사인정

태종 2년 임오(1402) 5월 20일. 축맹헌 단목지 등이 명나라 경사로 돌아가니, 상이 백관을 거느리고 서교에서 전송하였다. 축맹헌은 사람됨이 관후하고 례의가 있어 태평관에 머문지 1년이 넘었어도 기색을 가까이 하지 아니하였다. 묵희에 조예가 있어 사람들이 종이를 가지고 가서 청하면 곧 응해 주었다. 또 시에도 능하여 사람들이 모두 사랑하고 공경하였다. 단목지는 글을 잘 쓴다고 스스로 자랑하였으나 사람들이 매우 싫어하였다. 그가 돌아감에 이르러서는 다만 석등잔, 인삼, 雀舌茶를 받았을 뿐이었다.

206 [太宗] 卷四 宮廷茶禮

二季壬午 十月丙寅, 溫全, 楊寧, 詣上王殿, 次至大君和, 大君芳毅, 府院君閔霽第, 皆行茶禮以待之. 楊寧言 金若恒流雲南娶妻而居, 若鄭摠, 盧仁度則皆已病死矣.

---

274) **除授** 관직을 줌. 관위(官位)를 내림. 제배(除拜).
275) **職秩** 일정한 규칙. 官位.
276) **錄用** 채용(採用)함.
277) **淘汰** 여럿 있는 가운데서 쓸모없거나 적당하지 아니한 것은 줄어 없어짐. 또는 줄여 없애버림.
278) **上申** 관청이나 윗사람에게 일에 대한 경위(經緯)나 의견을 말이나 글로 여쭘.

태종 권4 궁정茶禮

태종 2년 임오(1402) 10월 16일. 온전과 양녕이 상왕전에 갔다가 다음에 대군 화와 방의, 부원군 민제의 집에 갔으므로 모두 茶禮를 거행하여 대접하였다. 양녕이 말하기를 "김약항은 운남(高麗時 渭州)으로 귀양 가서 아내를 얻어 살고 있으며, 정총과 로인도는 모두 병들어 죽었습니다" 하였다.

207 [太宗] 卷五 宮廷茶禮

三秊癸未 一月己亥. 王得名, 王迷失帖等至闕, 上行茶禮. 得名曰 請逃軍無遺推刷. 上曰 曾令各道觀察使推刷, 安有一名遺匿乎. 得名等拜謝而退.

태종 권5 궁정茶禮

태종 3년 계미(1403) 1월 21일. 왕득명 · 왕미실첩 등이 대궐에 이르니, 상이 茶禮를 거행하였다. 왕득명이 말하기를 "도망 온 군사를 빠짐없이 추쇄279)하소서" 하니, 상이 말하기를 "일찍이 각도 관찰사로 하여금 추쇄하게 하였으니, 어찌 한 명이라도 빠뜨리거나 숨김이 있겠소?" 하니 왕득명 등이 절하여 사례하고 물러갔다.

208 [太宗] 卷五 宮廷茶禮

三秊癸未 三月庚寅. 王得名, 王迷失帖, 至闕告辭. 次詣太上殿, 太上王行茶禮. 上餞于迎賓館, 議政府餞于西普通.

태종 권5 궁정茶禮

태종 3년 계미(1403) 3월 13일. 왕득명 · 왕미실첩이 대궐에 이르러 하직을 고하였다. 다음에 태상전에 나아가니, 태상왕이 茶禮를 거행하였다. 상은 영빈관에서 전송하고, 의정부는 서보통에서 전송하였다.

209 [太宗] 卷五 宮廷茶禮

三秊癸未 四月丙辰. 上詣太平舘宴使臣, 宦官儼等擧止無禮, 上意不愜促宴而罷. 翌日朱允端, 韓帖木兒等詣闕行私禮, 上禮接之. 允端白曰 向者溫全旣還訴于帝曰 韓鮮國王性氣高亢, 待臣以慢, 老王則不然待之以禮, 此無佗, 向陛下之誠有厚薄故也. 帝反敕溫曰 爾以內臣宜坐御史之上, 反坐其下, 遂致如此, 非獨國王之過,爾乃自取之也. 今臣等以秩卑宦官居都指揮之上. 上答曰 聖天子卽位之初, 全奉詔來我陋邦, 不勝喜感之心, 安有侮慢之意. 惟望善爲奏達, 乃行茶禮.

---

279) **推刷** 부역, 병역을 기피하거나 달아나 노비를 찾아내어 본고장에 돌려보내는 일.

태종 권5 궁정茶禮

태종 3년 계미(1403) 4월 10일. 상이 태평관에 나아가서 사신에게 잔치를 베풀었다. 환관엄 등의 행동거지가 무례하여 상의 뜻에 맞지 아니하니 잔치를 재촉해 파하였다. 이튿날 주윤단 · 한첩목아 등이 대궐에 이르러 사례[280]를 행하니, 상이 례로 접대하였다. 주윤단이 아뢰기를 "지난번에 온전이 돌아와서 황제께 호소하기를 '조선 국왕이 성질이 고항[281]하여 신을 거만스럽게 대접하였고, 로왕은 그렇지 않아서 례로서 대접하였으니, 이것은 다른 것이 아니라 폐하께 향하는 정성이 후하고 박함이 있기 때문입니다' 하니, 황제께서 도리어 온전을 나무라기를 '네가 내신으로서 마땅히 어사의 위에 앉아야 할 것인데, 도리어 그 아래에 앉아서 마침내 그와 같이 만들었으니, 국왕의 허물뿐 아니라 네가 자취한 것이라' 하였습니다. 지금 신등이 록봉이 낮은 환관으로 도지휘의 위에 거합니다" 하였다. 상이 대답하기를 "성천자가 즉위하시던 처음에 온전이 조서를 받들고 우리나라에 왔으니, 기쁘고 감사한 마음 이길 수 없었는데, 어찌 무시하고 거만한 뜻이 있었겠습니까? 오직 잘 주달하여 주기 바랄 뿐이오" 하고 茶禮를 거행하였다.

210 [太宗] 卷五 宮廷茶禮

三秊癸未 四月己未. 上宴使臣于無逸殿. 黃儼 曹天寶 朱允端 韓帖木兒等至闕, 上與入內, 儼等欲謁妃子, 上問答禮, 允端曰 使臣謁妃子擧手小屈, 上曰 妃子不習此禮, 予欲行本國禮乃答拜, 儼等笑之. 上行茶禮乃設宴. (下略)

태종 권5 궁정茶禮

태종 3년 계미(1403) 4월 13일. 상이 사신에게 무일전에서 잔치를 베풀었다. 황엄 · 조천보 · 주윤단 · 한첩목아 등이 대궐에 이르니, 상이 데리고 내전으로 들어갔다. 황엄 등이 妃子비자를 알현하려고 하므로 상이 답례를 물었다. 주윤단이 말하기를 "사신이 알현하면 비자는 손을 들고 조금 굽히면 됩니다" 하였다. 상이 말하기를 "비자가 이 례를 익히지 못하였으니, 내가 본국의 례를 행하려고 하오" 하고 답배하니, 황엄 등이 웃었다. 상이 茶禮를 거행하고, 이어 잔치를 베풀었다. (하략)

211 [太宗] 卷五 宮廷茶禮 及 來使人情

三秊癸未 八月庚申. 使臣至闕, 上設宴于淸和亭. 使臣田畦等三人至太上殿, 太上王行茶禮, 又至上王殿, 上王亦行茶禮. 至闕 上迎入淸和亭設宴. 畦等獻上段一匹, 段衣一, 獻中宮段紗各一匹. 上曰 使臣無此禮. 今天使是我國人故寡人受之.

---

280) **私禮** 비공식적으로 사사로이 차리는 인사.
281) **高亢** 뜻을 높이 가져 남에게 굴하지 않는 일.

태종 권5 궁정茶禮 및 래사인정

태종 3년 계미(1403) 8월 15일. 사신이 대궐에 이르니, 상이 청화정에서 잔치를 베풀었다. 사신 전휴 등 세 사람이 태상전에 이르니 태상왕이 茶禮를 거행하고, 또 상왕전에 이르니 상왕도 또한 茶禮를 거행하였다. 대궐에 이르니 상이 청화정으로 맞아들여 잔치를 베풀었다. 전휴 등이 상단 1필과 단의 1벌을 드리고 중궁에게 단사각 1필을 드리니, 상이 말하기를 "사신은 이런 례의가 없소. 지금 사신께서 우리나라 사람이기 때문에 과인이 받는 것이오" 하였다.

212 [太宗] 卷五 宮廷茶禮

三季癸未 九月癸未. 上如太平館, 見使臣行茶禮而還.

태종 권5 궁정茶禮

태종 3년 계미(1403) 9월 8일. 상이 태평관에 가서 사신을 보고 茶禮를 거행하고 나서 돌아왔다.

213 [太宗] 卷五 宮廷茶禮

三季癸未 九月乙酉. 除田畦 裵整之族二十餘人官爵, 畦整等詣闕, 謁中宮, 上以翼王忌不設宴行茶禮. (下略)

태종 권5 궁정茶禮

태종 3년 계미(1403) 9월 초 10일. 전휴·배정의 일가 20여 명에게 관작을 제수하였다. 전휴·배정 등이 대궐에 이르러 중궁께 알현하니, 상이 익왕의 기일로 인하여 잔치를 베풀지 않고 茶禮를 거행하였다. (하략)

214 [太宗] 卷五 宮廷茶禮

三季癸未 十一月戊子. 使臣王延齡, 崔榮, 至闕告還, 上迎入正殿行茶禮.

태종 권5 궁정茶禮

태종 3년 계미(1403) 11월 14일. 사신 왕연령·최영이 대궐에 와서 돌아갈 것을 고하니, 상이 정전에 맞아들여 茶禮를 거행하였다.

215 [太宗] 卷五 宮廷茶禮

三季癸未 閏十一月戊午. 韓帖木兒詣闕告還, 上行茶禮.

태종 권5 궁정茶禮

태종 3년 계미(1403) 윤11월 15일. 한첩목아가 대궐에 이르러 돌아간다고 고하니, 상이 茶禮를 거행하였다.

216 [太宗] 卷五 宮廷茶禮

三秊癸未 十二月庚寅. 上韩太上殿. 上欲獻壽, 太上王曰 自今不歓酒食肉, 歓茶一盌而止.

태종 권5 궁정茶禮

태종 3년 계미(1413) 12월 17일. 상이 태상전에 조회하였다. 상이 헌수하고자 하니, 태상왕이 말하기를 "이제부터 술과 고기는 먹지 않고 茶 한 사발(盌)을 마시고 그만두겠다" 하였다.

217 [太宗] 卷九 宮廷茶禮

四秊甲申 五月丁未. 韓帖木兒等三人至闕, 上行茶禮. 上宴王可仁于古太平館. 駕將出, 河崙入告, 必先見韓帖木兒而後, 適王可仁所館. 上如太平館, 謂韓帖木兒等曰 欲慰王千戶之行. 行茶禮, 乃至古太平館設宴.

태종 권9 궁정茶禮

태종 4년 갑신(1404) 5월 초 7일. 한첩목아 등 세 사람이 대궐에 이르니, 상이 茶禮를 거행하였다. 상이 왕가인에게 고태평관에서 잔치를 베풀었다. 어가가 장차 나아가려고 하니 하륜이 들어와서 고하기를 "반드시 먼저 한첩목아를 만나본 뒤에 왕가인의 사관으로 가소서" 하였다. 상이 태평관에 가서 한첩목아 등에게 말하기를 "내가 왕천호의 발행을 위로하려고 하오" 하고 茶禮를 거행하고, 이에 고태평관에 이르러 잔치를 베풀었다.

218 [太宗] 卷九 茶房官制

五秊乙酉 三月丙申朔. 大風雨雪. 丁酉亦如之, 且雨雹. 禮曹詳定六曹, 分職及所屬以聞. (中略) 吏曹所屬, 承寧府, 恭安府, 宗簿寺, 仁寧府, 尙瑞司, 司膳署, 內侍府, 功臣都監, 內侍院, 茶房, 司饔房. (下略)

태종 권9 茶房관제

태종 5년 을유(1405) 3월 초 1일. 크게 바람이 불고 비와 눈이 내렸다. 3월 2일에도 이와 같았는데, 또 우박이 내렸다. 례조에서 륙조의 직무 분담과 소속을 상정하여 계문하였다. (중략) 리조에 속한 것은 승녕부, 공안부, 종부사, 인녕부, 상서사, 사선서, 내시부, 공신도감, 내시원, 茶房, 사옹방 등이다. (하략)

219 [太宗] 卷九 宮廷茶禮

五年乙酉 三月甲寅. 王敎化的, 如建州衛, 上如太平舘行茶禮, 議政府餞于崇仁門外, 以上將軍郭敬儀爲伴送使.

태종 권9 궁정茶禮

태종 5년 을유(1405) 3월 19일. 왕교화적이 건주위로 갔다. 상이 태평관에 가서 茶禮를 거행하고 의정부에서는 숭인문 밖에서 전송하였고, 상장군 곽경의를 반송사로 삼았다.

220 [太宗] 卷十 茶房官制

五年乙酉 七月己酉. 司憲府上疏, 請選用監察. 疏略曰 (中略) 監察員數多者, 專以各司分臺, 其各司請臺, 令前一日茶時, 報于本府, 卽日分定其日直坐, 其餘監察, 仕于本府, 出入不得與同僚竝行, 不得與常員偕行, 以尊瞻視, 新監察依新舊臺長例敬讓相接, 或有不堪同官者, 以其實明告臺長, 其亂侵, 看訪, 許參, 伏地, 諸般戱謔等事, 一皆禁斷, 以革舊弊. 從之.

태종 권10 茶房관제

태종 5년 을유(1405) 7월 16일. 사헌부에서 상소하여 감찰을 선택해서 쓸 것을 청하였다. 상소의 대략은 이러하였다. (중략) "감찰의 인원수가 많은 것은 오로지 각사의 분대[282] 때문이니, 각사에서 청대[283]하는 것을 하루 전 茶時[284]를 본부에 통보하게 하고, 본부에서는 그 날 직좌할 사람을 나누어 정하고 나머지 감찰은 본부에 임진하게 하며, 출입할 때에는 동료와 함께 다니지 말고 상원과 함께 다니지 말게 하여 첨시를 존엄하게 하고, 새 감찰은 신구 대장의 例례에 의하여 공경과 겸양으로 서로 접하고, 혹 동관이 될 수 없는 사람이 있거든 그 사실을 밝혀 대장에게 고하게 하고 난침, 간방, 허삼, 복지, 제반, 희학 등 하는 일들은 일체 모두 금단하여 묵은 폐단을 고치소서" 하니 그대로 따랐다.

221 [太宗] 卷十一 宮廷茶禮 及 來使人情

六年丙戌 四月庚辰. 上如太平館宴使臣. 是日韓黃儼, 使其副韓帖木兒詣闕, 獻茄藍香間珊瑚帽珠一部, 建康弓二張, 綵緞錦線各一匹, 金剛子三貫, 椰瓢八顆, 及諸菓實. 帖木兒亦自獻綵段八匹, 紅綃四匹, 錦線二匹. 上出便殿, 見帖木兒, 設茶禮以謝. (下略)

---

282) **分臺** 地方官吏의 治積, 勤慢, 淸濁 및 백성의 貧富苦樂을 조사하고, 또 각 관청의 監督과 檢閱을 위하여 司憲府監察을 파견하였는데, 이를 行臺監察, 分臺監察이라 한다.
283) **請臺** 각 관청에서 사헌부 감찰의 검사를 청하는 일.
284) **茶時** 司憲府의 벼슬아치가 날마다 한 번씩 任進하여 會座하는 일.

태종 권11 궁정茶禮 및 래사인정

태종 6년 병술(1406) 4월 20일. 상이 태평관에 가서 사신에게 연회하였다. 이 날 아침에 황엄이 부사 한첩목아로 하여금 예궐하여 가람향간산호모주 1부, 건강궁 2장, 채단, 금선 각각 1필, 금강자 3관, 야표 8과 및 여러 과실을 바쳤다. 한첩목아도 또한 채단 8필, 홍초 4필, 금선 2필을 스스로 바쳤다. 상이 편전에 나가 한첩목아를 접견하고 茶禮를 베풀어 사례하였다. (하략)

222 [太宗] 卷十二 宮廷茶禮

六季丙戌 七月乙巳. 上如太平館. 黃儼等欲上先詣佛像前行禮, 上不可曰 予之來爲天使耳, 非爲銅像也. 若銅佛自天䩜而來, 則予當拜之以致敬謹之意, 今不然何拜之有. 乃令知申事黃喜訪諸政府. 政府啓曰 皇帝崇信佛道遠求銅佛, 且黃儼不肖天下所共知, 願從權禮佛. (中略) 藩國禍福, 在天子掌握, 不在銅佛. 當先見天子使臣, 豈容拜吾土銅佛. 儼仰天良久微笑曰 請先與殿下相見. 乃入見使臣行茶禮, 竟不拜佛像. (下略)

태종 권12 궁정茶禮

태종 6년 병술(1406) 7월 18일. 상이 태평관에 나아갔다. 황엄 등 상이 먼저 불상 앞에 나아가 례를 행하고자 하므로, 상이 불가하게 여기어 말하기를 "내가 온 것은 명국 사신을 위한 것뿐이지 동상을 위한 것은 아니요. 만약 동불이 명국에서 왔다면 내가 마땅히 절하여 경근의 뜻을 표해야 옳겠지만, 지금은 그렇지 아니한데 어찌 절할 필요가 있겠소?" 하고 곧 지신사 황희로 하여금 정부에 물어보게 하였다. 정부에서 아뢰기를 "황제가 불도를 숭신하여 멀리 동불을 구하고, 또 황엄이 불초하다는 것은 천하 사람이 다 아는 바이니, 권도에 좇아 례불하시기 바랍니다." (중략) "번국의 화복은 천자의 손에 달려 있지 동불에 있는 것이 아니요, 마땅히 먼저 천자의 사신을 보아야지 어찌 내 나라 동불에 절할 수 있겠소?" 황엄이 한참 동안 하늘을 우러러 보다가 미소 지으며 말하였다. "먼저 전하와 상견하시기를 청합니다." 이에 들어가서 사신을 만나보고 茶禮를 거행하였으나 끝내 불상에는 절하지 아니하였다. (하략)

223 [太宗] 卷十四 茶事

七季丁亥 八月戊申. 申禁酒令, 從憲府之請也. 上下憲府疏於政府, 擬議政府請, 依憲府狀申, 各司甁酒, 及迎餞, 祀神, 茶湯, 依憑糜費等事一行禁理, 䩜班, 街里, 沉湎迷亂大小員吏, 亦令糾察, 惟老病服藥, 及閭里單寒買賣資生者, 不在此限. 從之.

태종 권14 찻일

태종 7년 정해(1407) 8월 27일. 금주령을 거듭 밝혔으니, 헌부의 청을 따른 것이었다. 상이 헌부의 疏소를 정부에 내려 의논하게 하니, 정부에서 청하였다. "헌부의 상신에 의하여 각 사의 병주와 영접, 전송, 사신, 茶湯을 빙자하여 허비하는 따위의 일을 일체 금지하고, 조반과 가리에서 술을 취하여 어지럽게 구는 대소원리를 또한 규찰하게 하되, 다만 늙고 병들어서 약을 먹거나 마을에서 술을 팔아 살아가는 단한한 자는 이 한계에 두지 않게 하소서" 하니, 그대로 따랐다.

224 [太宗] 卷十五 茶房官制

八季戊子 五月癸酉. 禮曹詳定喪制, 主上殿喪服武屈冠首絰用生麻 衣裳帶生麻 腰絰生麻 竹杖菅屨代白絲鞋. (中略) 內侍, 茶房布裏紗帽, 白衣, 白鞋生麻帶.

태종 권15 茶房관제

태종 8년 무자(1408) 5월 25일. 례조에서 상제를 상정하였는데, 주상전의 상복은 무굴관, 수질생마를 쓰고, 의상대는 생마, 요질도 생마를 쓰며 죽장, 관리엄짚신, 백사혜로 대용한다. (중략) 내시, 茶房은 포리사모, 백의, 백혜, 생마대이다.

225 [太宗] 卷十六 茶房官制

八季戊子 八月辛丑. 改仁昭殿爲文昭殿, 置魂殿都監, 判事使, 副使各一, 判官二, 別監, 內侍, 茶房, 參上, 參外各一, 錄事二, 自使以下至別監, 每日三人入直侍衛.

태종 권19 茶房관제

태종 8년 무자(1408) 8월 26일. 인소전을 문소전이라 고치고 혼전도감 판사사, 부사 각 한 사람, 판관 두 사람, 별감, 내시, 茶房, 참상, 참외 각 한 사람, 록사 두 사람을 두어 使사로부터 이하 별감에 이르기까지 매일 세 사람씩 입직하여 시위하게 하였다.

226 [太宗] 卷十九 茶房官制

十季庚寅 正月乙未. 罷軍資少監柳瓚職, 瓚由茶房都目得官, 其異姓三寸叔妻死, 瓚乃告其服. 司憲府劾啓曰 五服圖式載在六典, 瓚尙不知錢穀出納, 豈其所堪. 乞行罷黜. 從之.

태종 권19 茶房관제

태종 10년 경인(1410) 1월 28일. 군자소감 류찬을 파직시켰다. 류찬은 茶房을 경유하여 도목에서 벼슬을 얻었는데 이성삼촌숙의 아내가 죽으니, 류찬이 그 복으로 고하였다. 사헌부가

論劾론핵하여 아뢰기를 "오복[285]의 도식이 륙전에 실려 있는데 류찬이 그것도 알지 못하니, 전곡의 출납을 어떻게 감당할 수 있겠습니까? 빌건대 파출을 행하소서" 하니, 그대로 따랐다.

227 [太宗] 卷二十二 茶房官制

十一季辛卯 十一月庚申. 命初入仕者, 皆屬茶房. 吏曹判書李稷進言曰 今之茶房, 前輈阿介赤, 而仕於阿介赤者, 皆庸人也, 今之子弟, 不肯仕於茶房. 故有是命.

태종 권22 茶房관제

태종 11년 신묘(1411) 11월 3일. 초입사[286]한 자는 모두 茶房에 소속하도록 명하였다. 리조판서 리직이 進言진언하였다. "지금의 茶房은 전조 때의 阿介赤아개적[287]인데, 아개치에 벼슬하는 자는 모두 용렬한 사람이므로 지금의 자제들은 茶房에 출사하려고 하지 않습니다." 그런 까닭으로 이 명령이 있었다.

228 [太宗] 卷二十四 茶房官制

十二季壬辰 十一月辛丑. 議政府上都目敍用之法. 啓曰 前輈盛時專用差季, 至恭愍輈, 雜用到宿, 及恭讓輈, 又用箇月岐而爲三. 國輈因之各殿行首, 牽龍, 政府錄事, 知印用差季, 內侍, 茶房, 侍衛各司用到宿, 各司吏典用箇月. 以故用差季到宿者, 每歲只一 二人去官, 用箇月者, 一歲去官多至四 五人. 是則吏典反重, 乞以吏典依錄事, 知印例用差季. 從之.

태종 권24 茶房관제

태종 12년 임진(1412) 11월 20일. 의정부에서 도목서용의 법을 올렸다. 계문은 이러하였다. "전조가 성할 때에는 차년의 법[288]을 전용하였고, 공민왕조에 이르러서는 도숙의 법[289]을 섞어서 썼으며, 공양왕조에 와서는 箇月개월의 법[290]을 사용하여 갈라져 셋이 되었습니다. 국조에서는 이 때문에 각전의 행수, 견룡과 정부의 록사, 지인은 차년을 썼고 내시, 茶房, 시위 각사는 도숙을 썼으며, 각사의 리전은 개월을 사용하였습니다. 그러므로 차년과 도숙을 사용한 자는 해마다 1·2인만이 거관하나 개월을 사용한 자는 한 해의 거관이 많으면

---

285) **五服** 다섯 등급의 상복(喪服). 참최(斬衰) 3년, 재최(齋衰) 1년, 대공(大功) 9개월, 소공(小功) 5개월, 시마(緦麻) 3개월.

286) **初入仕** 공신의 자제로서 과거에 합격하지 않더라도 都染署의 관원 따위로서 벼슬길에 나가던 제도. 三望을 거치지 않고 30명 또는 40명씩 한꺼번에 임명되었다.

287) **阿介赤** 고려 때 茶房을 몽고식으로 일컫는 말. Aghachi(阿加赤).

288) **差季의 법** 都目을 할 때 근무한 햇수를 따져 去官하던 법.

289) **到宿의 법** 都目을 할 때 근무한 日數, 즉 到數를 따져 去官하던 법.

290) **箇月의 법** 都目을 할 때 근무한 箇月를 따져 去官하던 법.

4·5인에 이릅니다. 이것은 리전이 도리어 중한 것이니, 바라건대 리전도 록사, 지인의 例례에 의하여 차년을 쓰게 하소서" 하니 따랐다.

229 [太宗] 卷二十八 茶房官制

十四秊甲午 十二月壬辰. 革沈藏庫, 兩殿內廚蔬菜, 令茶房供之, 健元陵, 文昭殿, 宗廟社稷祭蔬菜, 典祀寺供之, 凡宴享之用, 禮賓寺供之, 又革氷庫, 令內侍院掌之, 禮曹啓曰 今者沈藏庫移屬茶房, 請依沈藏庫米布出納之例, 令茶房請臺出納, 印信則用茶房之印, 其令史屬司膳署外, 權知直長五人, 及令史五人, 屬於茶房任使至去官時, 用本署差秊箇月. 從之.

태종 권28 茶房관제

태종 14년 갑오(1414) 12월 23일. 沈藏庫침장고를 혁파하고 량전(本殿과 中宮殿)의 내주 소채는 茶房으로 하여금 공급하게 하였다. 건원릉, 문소전, 종묘, 사직제의 소채는 전사사에서 공급하게 하고, 모든 연향의 용도는 례빈사에서 공급하게 하였다. 또 빙고를 혁파하고 내시원으로 하여금 이를 맡게 하였다. 례조에서 아뢰기를 "이제 침장고를 茶房에 이속하였으니, 청컨대 침장고의 미포를 출납하는 예에 의하여 茶房으로 하여금 청대하여 출납하게 하고 인신은 茶房의 印인을 쓰고, 그 령사는 사선서에 속한 자 외에 권지직장 5인과 령사 5인을 茶房에 붙이어 일을 맡기고 부리되, 거관하기에 이를 때에는 본서의 차년개월을 쓰소서" 하니 그대로 따랐다.

230 [太宗] 卷二十九 茶房官制

十五秊乙未 正月. 禮曹啓, 內侍, 茶房給到之法, 萅秋講武隨駕, 一日給三到, 其佗侍衛及月令, 別坐, 各差備每一日, 給一到. 從之.

태종 권28 茶房관제

태종 15년 을미(1415) 정월. 례조에서 내시, 茶房의 到도를 주는 법(給到之法)을 아뢰었다. "춘추강무에 수가[291]하기를 1일 하면 3도를 주고, 기타 시위와 월령, 별좌 각 차비에는 매 1일에 1도를 주소서" 하니 그대로 따랐다.

231 [太宗] 卷二十九 茶房官制

十五秊乙未 四月庚辰. 兵曹上子弟侍衛法. 一. 三功臣子壻弟姪二百十二, 分爲左右一番, 原從功臣子, 壻, 弟, 姪五百三十三, 分爲左右二三番, 每番二品以上節制使二員, 六日相遞侍衛, 其中除內禁, 內侍衛, 別侍衛, 應揚衛, 甲士, 別牌, 外牌, 內侍, 茶房, 行首外 受田, 無受田, 私伴儻等, 於子弟衛侍衛.

291) **隨駕** 거둥 때 임금을 모시고 따라감.

一. 各品無役子, 壻, 弟, 姪一千五十六, 分爲左右五番, 每番亦置二品以上節制使二員, 十日相遞侍衛. 一. 上項子, 壻, 弟, 姪, 內成均館, 小學堂, 外方鄕校赴學者, 各其番內頻下, 施行勸學. 一. 上項人等入直所, 敦化門外各司韓房下行廊, 左邊功臣子弟衛, 右邊各品子弟衛, 分給直宿. 一. 上項子弟內, 或疾病在喪及在外, 未及呈單子者, 皆贖施行何. 如依允, 事竟不行.

태종 권29 茶房관제

태종 15년 을미(1415) 4월 13일. 병조에서 子자, 弟제, 시위법을 올렸다.

一. 삼공신의 자, 壻서, 제, 姪질 2백 12명을 나누어 좌우 1번으로, 원종공신의 자, 서, 제, 질 5백 33명을 나누어 좌우 2·3번으로 하여 매번 2품 이상의 절제사 2원으로 6일씩 서로 교대하여 시위하게 하고, 그 중에 내금위, 내시위, 별시위, 응양위, 갑사, 별패, 외패, 내시, 茶房, 행수를 제외하고 수전, 무수전, 사반당 등은 子弟衛자제위에서 시위하게 하소서.

一. 각품의 役역이 없는 자, 자, 서, 제, 질 1천 56명을 나누어 좌우 5번으로 하고 매번 역시 2품 이상의 절제사 2원을 10일마다 서로 교대하여 시위하게 하소서.

一. 위 項항의 자, 서, 제, 질로 성균관과 소학당, 외방의 향교에 취학하는 자는 각각 그 번내에서 빼어 놓고 시행하여 학문을 권장하소서.

一. 위 항의 사람들의 입직소는 돈화문 밖 각사의 조방 아래 행랑으로 하여 좌변은 공신자제위로 하고, 우변은 각품 자제위로 하여 숙직을 분급하소서.

一. 위 항의 자제 내에 혹시 질병이나 상중에 있는 자 및 외방에 있어서 미처 단자를 바치지 못한 자는 모두 贖속으로 시행함이 어떠하겠습니까?" 그대로 허락하였으나 일이 마침내 시행되지 못하였다.

232 [太宗] 卷二十九 茶房官制

十五季乙未 四月庚辰. 司憲府大司憲 李垠等上疏. 一.守令近民之職, 宜加精選. 近因闒茸之徒, 或夤緣冒進, 又於每歲都目別瓦窯, 東西窯, 內侍, 茶房, 各成衆官, 及諸都監, 各色員吏, 不分才否, 竝皆除授故, 不能稱職, 政治不美, 實爲未便. 乞令上項人員授以京職, 其中才品特異, 衆所共知者, 許除守令. (下略)

태종 권29 茶房관제

태종 15년 을미(1415) 4월 13일. 사헌부대사헌 리은 등이 상소하였다.

一. "수령은 백성에게 가까운 직책이니 마땅히 정선을 더하여야 합니다. 근자에 탑용[292]한 무리가 간혹 인연하여 모람되게 仕進사진되고, 또 해마다 도목 때에 별와요, 동서요, 내시, 茶房, 각 성중관과 제도감의 각색 원리를 재주가 있고 없음을 가리지 아니하고 모두 다 제수하기 때문에 그 직책에 맞지 아니하여 정치가 아름답지 못하니 실로 미편합니다. 빌건대 위 항의 인원들을 경직을 제수하고, 그 중에서 재품이 특이하여 여러

292) **闒茸** 용렬하고 둔하고 어리석음.

사람이 다 함께 아는 자만 수령으로 제수하게 허락하소서." (하략)

233 [太宗] 卷三十 宮廷茶禮

十五季乙 八月戊辰. 初命吏曹考功臺諫. 上曰 吏曹考功臺諫載在六曹典. 憲司 自今除茶時, 每日治事, 諫院 亦每日齊坐. 吏曹判書朴訔啓, 前命本曹考功臺諫, 然臺諫以謂, 若其出謝則必於本司齊坐. 而前月除授五六人告身, 迨今不署經欲問其故, 使人招書吏不遣. 上曰 本司齊坐亦此人也. 其公事在笥何必於本司出謝乎, 且臺諫之言, 可爲人所服, 則謂之所司員可也, 如李垠等, 安得爲所司員乎. 雖人君而有, 可言之事則皆得言之, 況臺諫是非豈可不言.

태종 권30 궁정茶禮

태종 15년 을미(1415) 8월 4일. 처음으로 리조에 대간의 공적을 상고하라고 명하였다. 상이 말하기를 "리조에서 대간을 고공하는 것이 륙조전에 실려 있다. 헌사에서는 이제부터 茶時[293]를 없애고 매일 일을 다스리고, 간원에서도 또한 매일 제좌하라" 하니, 리조판서 박은이 아뢰기를 "전에 본조에 명하여 대간을 고공하게 하였으나, 대간에서 말하기를 '출사[294]하는 때에는 반드시 본사에서 제좌한다' 하고, 지난달에 제수한 5·6인의 고신을 지금까지 서경[295]하지 않으므로, 그 까닭을 묻고자 하여 사람을 시켜 서리를 부르니 보내지 않습니다" 하매, 상이 말하기를 "본사에서 제좌하는 것 또한 그 사람들이다. 공사는 笥사에 두는데 어찌 반드시 본사에서 출사하겠는가? 또 대간의 말은 사람들이 복종하게 되면 소사원이라 할 수 있지마는 리은 같은 무리를 어찌 소사원으로 삼을 수 있겠는가? 비록 임금께라도 말할 일이 있으면 모두 할 수 있는데, 하물며 대간의 시비야 어찌 말하지 못하겠는가?" 하였다.

234 [太宗] 卷三十二 宮廷茶禮

十六季丙申 九月丁未. 命先王 先后忌辰齋祭, 用酒醴. 禮曹啓 周書曰 祀茲酒, 自古祭祀無不用酒. 本朝先王, 先后忌辰齋, 皆有澆奠, 獨於太祖康獻大王, 神懿王后澆奠用酒, 其餘澆奠皆用茶湯, 殊未合禮. 乞依太祖澆奠例, 每忌辰皆用酒醴. 從之.

---

293) **茶時** 司憲府의 벼슬아치가 그 本司에 會座하여 茶를 들며 중요한 공사를 의논하던 일.

294) **出謝** 告身을 署經하는 것.

295) **署經** 임금이 관리를 임명한 뒤에 그 사람의 성명, 문벌, 리력(履歷) 등을 갖추어 써서 대간(臺諫)에게 그 가부를 묻던 일과 고을 원이 부임할 때 상신(相臣), 장신(將臣), 육경(六卿), 전관(銓官) 등에게 고별(告別)하던 일.

태종 권32 궁정茶禮

태종 16년 병신(1416) 9월 19일. 선왕 선후의 기신재에 술과 감주를 쓰라고 명하였다. 례조에서 아뢰기를 "주서에 '제사에만 이 술을 쓰라'고 하였으니, 예전부터 제사에 술을 쓰지 않는 일이 없습니다. 본조의 선왕 선후의 기신재에 모두 요전[296]이 있는데, 홀로 태조 강헌대왕, 신의왕후 요전에만 술을 쓰고 나머지 요전에는 모두 茶湯을 쓰니, 대단히 례에 합당하지 못합니다. 빌건대, 태조 요전의 例례에 의하여 기신마다 모두 술과 감주를 쓰소서" 하니, 그대로 따랐다.

235 [太宗] 卷三十二 茶房官制

十六秊丙申 十二月辛未. 革內侍, 茶房, 掌務遷官之法. 內侍, 茶房左右番, 參外別監申呈, 以爲願罷掌務去官之法, 以都目爲頭人受京職, 次人外敍, 掌務則依各司及成衆官例, 六朔相遞周而復始. 從之. 先是任掌務者, 不計入屬之遠近職秩之高下, 踰再期而拜參, 人爭求之故革之.

태종 권32 茶房관제

태종 16년 병신(1416) 12월 14일. 내시, 茶房, 장무의 천관하는 법을 혁파하였다. 내시, 茶房 좌우번 참외별감이 신정하여 아뢰기를 "원컨대, 장무의 거관하는 법을 파하고, 도목 때에 우두머리가 되는 사람은 경직을 받고, 다음 사람은 외방에 사용하고, 장무는 각사 및 성중관의 례에 의하여 6삭(달) 만에 서로 체대하여 끝나면 다시 시작하게 하소서" 하니, 그대로 따랐다. 이보다 먼저 장무를 맡은 자를 입속의 멀고 가까운 것과 직질의 높고 낮은 것을 따지지 않고 2년만 넘으면 參삼을 제수하니, 사람들이 다투어 구하였기 때문에 혁파한 것이다.

236 [太宗] 卷三十三 宮廷茶禮 及 接使人情

十七秊丁酉 五月戊戌. 戶曹詳定赴京使臣布物, 使副使各十五匹, 從事官十匹, 打角夫五匹, 茶, 蔘外其餘雜物一皆禁斷. 從之.

태종 권33 궁정茶禮 및 접사인정

태종 17년 정유(1417) 5월 13일. 호조에서 부경사신의 포물을 상정하였다. "정사, 부사는 각각 15필, 종사관은 10필, 타각부는 5필씩으로 하고 茶와 삼 이외의 기타 잡물은 모조리 금단하소서" 하니, 그대로 따랐다.

---

296) **澆奠** 신령(神靈)에게 제사 지낼 때에 술을 땅에 뿌리는 일.

237 [太宗] 卷三十四 宮廷茶禮 及 來使人情

十七季丁酉 七月庚午. 黃儼遣伴人, 獻沙糖一器, 衾錦一段, 象筯二十雙, 鉗鐵吐環黑廣條帶一腰. 上御經筵廳引見伴人, 仍命通事宣存義, 內官盧希鳳, 出就六曹𦵔啓廳行茶禮, 儼又贈犀角帶一, 象筯十, 繡囊一于世子, 是求其回奉也.

태종 권34 궁정茶禮 및 래사인정

태종 17년 정유(1417) 7월 17일. 황엄이 반인을 보내어 사탕 1그릇, 금금 1단, 상근[297] 20쌍과 겸철토환흑광조대 1요를 바치었다. 상이 경연청에 나아가서 반인을 알현하고, 인하여 통사 선존의, 내관 로희봉에게 명하여 륙조 조계청에 나가 茶禮를 거행하게 하였다. 황엄이 또 세자에게 서각대 하나, 상저 10쌍, 수낭 하나를 증여하였으니, 이것은 回賜회사로써 주기를 구한 것이다.

238 [太宗] 卷三十四 宮廷茶禮 及 來使人情

十七季丁酉 七月甲戌. 海壽遣僉摠制元閔生, 通事金時遇, 以暗花粉色茶鍾一, 茶瓶一, 有紋鴨青紗一匹, 柳青羅一匹, 來獻又以粉色茶鍾一, 藍羅一匹, 有紋綠紗一匹, 獻于中宮. 黃儼以粉紅紵絲二匹, 沙糖一盤, 亦獻于中宮. 又以金線囊一, 繡囊一, 玉頂一, 摺扇二贈于誠寧大君種. 黃儼, 海壽等驟至黃氏家, 黃氏抱疾, 且有淚痕, 不施脂粉. 儼等大怒呼閔生曰 羣小不知殿下至誠, 視若餘事, 使老母與小兒, 得近其側, 以生勞疾, 且侍從內官皆不更事者也. 怒叱之. 上聞之, 命內醫楊弘達醫治之, 且遣更事內官盧希鳳, 以解使臣之怒.

태종 권34 궁정茶禮 및 래사인정

태종 17년 정유(1417) 7월 21일. 해수가 첨총제 원민생, 통사 김시우를 보내어 암화분색茶鍾 1, 茶瓶 1, 유문압청사 1필, 류청라 1필을 가지고 와서 바치고, 또 분색茶鍾 1, 람라 1필, 유문록사 1필을 중궁에게 바치었다. 황엄이 분홍저사 2필, 사탕 1반을 또한 중궁에게 바치고, 또 금선낭 1, 수낭 1, 옥정 1, 접선 2개를 성녕대군 종에게 주었다. 황엄, 해수 등이 갑자기 황씨 집에 이르니, 황씨가 병을 앓고 또 눈물 흔적이 있으며 분과 연지를 바르지 않았다. 황엄 등이 크게 노하여 원민생을 불러 "여러 소인들이 전하의 지성을 알지 못하고 여사로 생각하여 늙은 어미와 어린아이로 하여금 그 곁에 가까이 하여 병이 나게 하였고, 또 시종하는 내관이 모두 일에 경험이 없는 자이다" 하고 노하여 꾸짖었다. 상이 듣고 내의 양홍달에게 명하여 치료하고, 또 경험이 있는 내관 로희봉을 보내어 사신의 노여움을 풀었다.

297) **象筯** 象牙로 만든 젓가락.

239 [太宗] 卷三十五 茶事

十八季戊戌 一月乙亥. 命保放長興庫直長李思文, 思文奸其庫茶母, 憲司執而囚之, 至是以其妻母金氏申呈, 乃命保放.

태종 권35 찻일

태종 18년 무술(1418) 1월 24일. 장흥고직장 리사문을 보방[298]하라고 명하였다. 리사문이 그 庫고의 茶母[299]와 간통하였으므로 헌사에서 잡아서 가두었는데, 이때에 이르러 그 장모(妻母) 김씨가 신정하였기 때문에 곧 보방하라고 명하였다.

240 [新增東國與地勝覽] 第五十三卷 龍川郡 驛院, 良策驛 — 李詹

數郡來供客　茶甘酒亦**淸**
烽傳知海嶠　世變記山**城**
洞密雲霞古　窗寒雪月**明**
夢回方撫枕　半是故鄕**情**

五言律 庚韻⇒淸城明情

신증동국여지승람 제53권 룡천군 역원, 양책역 — 리첨(1345~1405)

몇 郡군에서 와 손님을 대접하니
茶는 달고 술 또한 맑구나.
봉화 전하니 바다와 산의 일을 알겠고
세상 변한 것은 산성에 나타나 있네.
골짜기 그윽하니 구름 안개가 오랬고
창문이 차가우니 눈雪 달이 밝구나.
꿈을 깨어 베개를 어루만지니
반이나 고향 생각일세.

241 [新增東國與地勝覽] 第五卷 開城府 古跡, 靑雲寺 — 卞季良

老樹當庭宇　淸谿隔寺**門**
僧閑多野趣　地靜息麤**喧**
煮茗宜深酌　將詩好細**論**
蘊眞多自愜　日夕欲忘**言**

五言律 元韻⇒門喧論言

---

298) **保放** 보증을 받고 석방함.
299) **茶母** 차와 음식을 다루던 여인.

신증동국여지승람 제5권 개성부 고적, 청운사 — 변계량(1369~1430)

늙은 나무는 뜰을 지키고
맑은 시내는 문 밖에 흐르네.
승은 한가하니 야인의 정취가 많고
지경이 고요하매 시끄러움이 없구나.
茶를 끓였으니 깊이 따름이 마땅하고
시구를 자세히 논평함이 좋구나.
마음에 진리를 간직 스스로 흐뭇하여
해가 저물도록 말할 것을 잊었구나.

242 [東文選] 第十卷 題青谿山行上人院 — 卞季良

石路千崖盡　　香煙一室**淸**
客來求煮茗　　僧坐自繙**經**
樹老何季種　　鐘殘半夜**聲**
悟空人事絶　　高臥樂無**生**
五言律 庚·靑韻⇒淸經聲生

동문선 제10권 청계산 상인원에 가며 쓰다 — 변계량(1369~1430)

돌길은 千尺천척 절벽에서 끝났는데
향연으로 맑힌 절 방에서
객이 와 茶를 달여 달라 청하나
승은 앉아 손수 經경만 뒤적이네.
나무 늙었으니 어느 해에 심었나
종소리 여운을 한 밤에 듣노니
空공을 깨달아 속세를 잊고
높이 누워 무생을 즐기노라.

243 [新增東國輿地勝覽] 第三卷 漢城府 山川, 漢江 — 倪謙 記

去韓鮮城南十里, 而遠有水曰 漢江. 自金剛五臺二山發源合流以入于海. 臨水有樓, 則漢江樓也. 時景泰初元後正月十有四日, 工曹判書鄭君麟趾, 漢城府尹金君何, 邀予及黃門司馬先生, 往游焉. 乃乘馬, 自南城出, 知院申君叔舟, 成君三問, 暨都監諸公偕往, 迤邐道山蹊村野閒, 日垂午始至樓上, 國王預遣左副承旨李君季甸, 禮曹判書許君詡, 設宴以迓. 倚檻縱觀, 江山之勝, 俱在几席.

酒旣行, 予卽席賦詩三章, 都監先製華扁, 以俟索予書所 賦詩, 留于樓, 予以不善書辭之. 酒半漢城起曰 有小舟繫樓下, 盍一登以游乎. 予卽命撤席, 步登舟中. 舟聯三艦, 爲之中建小軒, 覆之以茅, 不可坐六七人, 設坐榻頗高. 予曰 江山如此, 反爲檐角所障, 曷以豁吾目乎. 命易以低榻, 洗盞更酌. 乃緣崖遡流而上, 不數里返樓下, 護軍梅君佑曰 月已升矣. 遂陟崖上馬歸. 閱二日, 工曹漢城復相顧曰 去城西南十五里, 而遠有渡曰 楊花渡, 蓋各道餫餉所達之道也. 渡口有翠石容數畝, 壁立於溢上, 多蒼髯古松, 若高冠劍士雜立相向, 據此可以極目, 力之所至, 盍一游乎. 予復 與黃門偕往. 比至, 國王預遣都承旨李君思哲, 兵曹判書閔君伸, 設行幕迓 於道左, 下馬入幕啜茗罷, 步升石巓, 據險倚松, 皆縛木爲欄, 以防傾佔, 中供張甚盛. 憑欄望之, 風帆沙艇, 出沒於島嶼閒, 隔岸多良疇, 村居密比, 遠山層疊, 若翠屛環列, 長風從海門來, 飄飄吹衣. 浩然有波萬里浪意, 眞快觀也. (下略)

신증동국여지승람 제3권 한성부 산천, 한강 — 예겸(세종, 1419~1450 時 명국사신) 기

조선 도성에서 남으로 10리 되는 거리에 물이 있는데 한강이라 한다. 금강, 오대 두 산에서부터 근원을 발한 물이 합류하여 바다로 들어간다. 물에 임하여 樓루가 있는데 한강루이다. 때는 景泰경태 원년(세종 32년) 정월 14일, 공조판서 정린지와 한성부윤 김하가 나와 황문사마(司馬尙)300) 선생을 청하여 가서 놀았다. 이에 말을 타고 남쪽 성문으로 나갔는데, 지원 신숙주와 성삼문 및 도감의 여러 분들이 함께 갔다. 이리저리 길로 들어 마을 들 사이를 지나 날이 정오가 되어서야 루 위에 이르렀는데, 국왕이 미리 좌부승지 리계전과 례조판서 허후을 보내어 잔치 자리를 차려 놓고 맞았다. 난간을 의지하여 둘러보니, 강산의 좋은 경치가 모두 걸상과 자리 사이에 들어왔다. 술이 돌아가기 시작한 다음, 내가 즉석에서 시 3장을 지었는데, 도감에서 먼저 화려한 현판(華扁)을 만들어 가지고 와서 기다리다가 나에게 지은 시를 써서 루 위에 걸라 하므로, 나는 글씨를 잘 쓰지 못한다고 사양하였다. 술이 반쯤 취하였는데 한성부윤 김하가 일어나서 말하기를 "작은 배를 루 아래 대었으니 어찌 한번 타고 놀아보지 않겠소" 하므로, 나는 곧 "자리를 거두어라" 명하고 걸어서 배 가운데로 올라갔다. 배 세 척을 연결하여 가운데에 작은 집을 세우고 띠풀로 덮었는데, 아래는 6·7명이 앉을 만하여 앉은 걸상(榻)을 만들었는데 자못 높다.

내가 말하기를 "강산이 이러한데 도리어 처마 끝에 가리어지니, 나의 바라보는 것을 넓게 할 수 없겠는가" 하며, 명하여 낮은 탑으로 바꾸게 하고 술잔을 씻고 다시 마시기 시작하였다. 언덕을 따라 물결을 거슬러 올라가다가 수 리를 못 가서 다시 누 아래로 돌아왔는데, 호군 매군우가 "달이 벌써 떴습니다" 하므로, 그만 언덕 위로 올라와서 말을 타고 돌아왔다. 이틀 지나서 공조판서 정린지와 한성부윤 김하가 다시 서로 돌아보며 말하기를 "도성에서 서남쪽으로 15리쯤 가면 멀리 나루터가 있어 양화도라 하는데, 대개 각도에서 오는

300) **司馬** 司馬試, 즉 生員進士試는 고려, 조선 시대의 과거제도의 하나로 생원과 진사를 뽑는 소과로 初試와 覆試가 있다.

양곡(餦餉)이 와 닿는 곳입니다. 나루 어귀에 푸른 돌이 몇 이랑이나 되게 넓은 것이 물가에 벽처럼 섰는데, 푸르고 늙은 소나무가 많아 높은 관을 쓰고 칼을 든 이가 섞여 서서 서로 마주 향한 것 같고, 여기에 올라가면 한없이 조망이 좋으니 한 번 가서 놀지 않겠소" 하므로, 나는 다시 황문과 함께 갔다.

거기에 도착하니 국왕이 미리 도승지 리사철과 병조판서 민신을 보내어 장막을 설치하고 길가에서 맞이하였다. 말에서 내려 장막으로 들어가 茶를 마시고 걸어서 돌 깔린 산마루로 올라가 험한 곳에서 소나무를 의지하여 모두 나무를 얽어 난간을 만들어 기울어지고 엎어지는 것을 방지하였으며, 그 가운데에는 차려 놓은 것이 매우 성대하였다. 란간에 기대어 바라보니 모래톱에 돛단배가 섬 사이를 나들고, 강 언덕엔 좋은 밭들이 많은데 시골집이 빽빽하고 먼 산은 겹겹이 병풍같이 둘리었고, 바다 어귀에서 불어온 바람에 옷깃이 날린다. 호연히 만 리 물결이 이니 참으로 장관이로다. (하략)

244 [世宗] 卷三十一 賜糧食等類

八季丙午 二月丙子. (上略) 愼幾答對馬州宗彦七書曰 自從先世輸誠來附, 本曹敬奉王旨, 差大護軍李藝齎土宜糙米平四十石, 前去惟照領, 慈堂及祖母處付送土宜具在別幅, 一一韓上爲幸. 慈堂糙米平四十石, 乾柿子二十貼, 乾大口魚二百首, 燒酒一十瓶, 乾青魚三百首, 淸蜜三斗, 松子, 黃栗, 大棗各十五斗, 茶食, 桂各二角, 致書于對馬州越浦藤次郎曰 本國遭風人一十名厚接以送. (下略)

세종 권31 량식 등류를 하사하다

세종(재위 1419~1450) 8년 병오(1426) 2월 12일. (상략) 愼幾신기가 대마주의 종언칠에게 회답하는 서계에 이르기를 "선대부터 우리나라에 충성을 바치고 귀순하였으므로 본조에서는 삼가 국왕의 명령을 받들어 대호군 리예를 파견하여 토산물인 조미 평두로 40석을 부쳐 보내니 조사하여 받아 주고, 자당과 조모께 보내는 토산물은 따로 별지에 목록을 적었으니 하나하나 전하여 올려 주면 다행으로 여기겠다. 자당에게 조미평두 40석, 곶감 20첩, 건대구 2백 마리, 소주 10병, 건청어 3백 마리, 꿀 3말, 잣, 밤, 대추 각 15말씩, 茶食과 桂 각 2근이 있다" 하고, 대마주의 월포 등차랑에게 보내는 서한에 이르기를 "풍파를 만난 본국 사람 10명을 후하게 접대하여 보낸 데 대하여 위로하는 바이다"라고 하였다. (하략)

245 [世宗] 卷三十二 宮廷茶禮

八季丙午 四月癸酉. (上略) 上曰 昔季進處女, 元閔生欽奉聖旨來故, 別差陪臣齎進奏本, 今者, 尊使親傳密旨, 其奏本尊使齎進歟. 別差陪臣齎進歟. 且如此事, 欽差回遠時賚奏本以進, 亦有前例如之何, 而可也. 鳳曰 予當回進奏本. 仍曰 選來做茶飯婢子有旨, 幷修奏本以進. 上曰 予已選二十餘人矣. (下略)

세종 권32 궁정茶禮

세종 8년 병오(1426) 4월 10일. (상략) 상이 이르기를 "옛날에 처녀를 바칠 때에 원민생이 황제의 칙지를 받들어 왔으므로 별도로 배신(家臣)을 시켜 주본을 가지고 가서 바쳤는데, 지금은 존사가 친히 밀지를 전하였으니 그 주본을 존사께서 가지고 가서 바치겠습니까, 별도로 배신을 시켜 가지고 가서 바치겠습니까? 또 이와 같은 일은 황제의 사신이 돌아갈 때에 주본을 가지고 가서 바친 전례도 있으니, 어찌하면 좋겠습니까?" 라고 하니 윤봉이 말하기를 "제가 마땅히 돌아갈 때에 주본을 바치겠습니다" 하고, 인하여 말하기를 "茶飯을 지을 줄 아는 비자를 뽑아 오라는 명령이 있는데, 주본을 만들어 올리겠습니다"라고 하니, 상이 말하기를 "내가 이미 20여 인을 뽑아 두었소" 라고 하였다. (하략)

246 [世宗] 卷三十二 茶房官制

八季丙午 四月己丑. 吏曹啓, 經濟六典內, 凡門蔭出身者, 正 從一品長子 許正, 從七品, 正從二品長子 許正從八品次子亦同敬此敍用. 然子孫衆多, 官職有限一時盡用爲難因此閑械, 欲於內侍, 茶房, 宣差房等, 成衆處從仕者有之, 從其自願量才定送. 從之.

세종 권32 茶房관제

世宗 8년 병오(1426) 4월 26일. 리조에게 계하기를 "경제륙전 안에 '모든 문음 출신자인 정1품·종1품의 장자는 정7품·종7품을 허락하고, 정2품·종2품의 장자는 정8품·종8품을 허락하고 차자도 동일하게 이를 서용한다' 하였습니다. 그러나 자손은 많은데 관직은 한정이 있는 것이므로 일시에 다 쓰기가 어렵게 되었으니, 이로 인하여 한관, 산관이 내시, 茶房, 선차방 등의 성중처로 벼슬하고자 하는 사람이 있으니, 그 지원하는 바에 따라서 재주대로 정해 보내소서" 하니 그대로 따랐다.

247 [世宗] 卷三十二 宮廷茶禮

八季丙午 五月己亥. 請兩使臣擇處女, 行茶禮.

세종 권32 궁정茶禮

세종 8년 병오(1426) 5월 6일. 두 사신을 청하여 처녀를 뽑고 茶禮를 거행하였다.

248 [世宗] 卷三十二 宮廷茶禮

八季丙午 五月辛酉. 使臣尹鳳, 欲先歸於瑞興, 詣闕辭, 上迎入勤政殿行茶禮. 使臣還館, 上命郭存中元閔生勞之, 鳳引存中等登樓, 設酌饋之. (下略)

세종 권32 궁정茶禮

세종 8년 병오(1426) 5월 28일. 사신 윤봉이 먼저 서흥으로 귀향하려고 대궐에 나아가서 하직하니, 상이 근정전으로 맞아들여 茶禮를 거행하였다. 사신이 관으로 돌아가므로, 상이 곽존중과 원민생에게 명하여 위로하게 하니, 윤봉이 곽존중 등을 이끌고 樓루에 올라가 술자리를 베풀어 접대하였다. (하략)

249 [世宗] 卷三十二 宮廷茶禮 及 接使人情

八秊丙午 六月壬午. 使臣白彦來見, 上引入慶會樓行茶禮. 贈土豹皮二領, 仍設溫斟宴.

세종 권32 궁정茶禮 및 접사인정

세종 8년 병오(1426) 6월 20일. 사신 백언이 와서 뵈오니, 상이 인도하여 경회루로 들어가서 茶禮를 거행하고, 토표피 2장을 증정하고 곧 온짐연을 베풀었다.

250 [世宗] 卷三十二 宮廷茶禮

八秊丙午 六月丁亥. 白彦詣闕辭, 上迎入勤政殿行茶禮. (下略)

세종 권32 궁정茶禮

세종 8년 병오(1426) 6월 25일. 백언이 대궐에 들어가 하직하니, 상이 근정전으로 맞아들여 茶禮를 거행하였다. (하략)

251 [世宗] 卷三十三 宮廷茶禮

八秊丙午 七月壬辰. (上略) 其二, 欽差內官尹鳳到國, 欽傳宣諭, 爾去朝鮮國, 對王說, 選幾箇會做茶飯的寡婦等, 女兒每來時一時取, 欽差選揀會, 做茶飯的婦女六名, 俟候進獻. (下略)

세종 권32 궁정茶禮

세종 8년 병오(1426) 7월 임진. (상략) 그 둘째 주본에는 "흠차내관 윤봉이 본국에 이르러 공경히 선유를 전하기를 '네가 조선에 가거든 왕에게 말하기를 몇 사람의 茶飯을 같이 지을 과부 등 녀아를 올 때에 같이 선취해 오라' 하기에, 이 선유를 좇아 茶飯을 지을 부녀자 6명을 사신의 편을 기다려서 바치겠습니다." (하략)

252 [世宗] 卷三十三 茶房官制

八季丙午 八月癸亥. 吏曹啓, 內侍, 茶房, 宣差, 架閣庫, 三軍綠事等成衆官, 其遞兒職於事煩各司參外迭相差下, 雖有褒貶, 無憑考黜陟之法故, 遞兒受職以爲常事, 不勤職事待滿日月, 曠官廢職者容或有之, 今後上項成衆官, 當去官之日, 通考錄官時褒貶等第, 上多者東班及守令, 中多及居下者西班敍用. 從之.

세종 권33 茶房관제

세종 8년 병오(1426) 8월 2일. 리조에게 계하기를 "내시, 茶房, 宣差선차, 架閣庫가각고, 삼군록사 등의 성중관은 그 체아직을 일이 번잡한 각 관사의 참외[301]와 서로 교체하여 임명할 터인데, 비록 포폄[302]한 것이 있으나 이를 증빙 고찰하여 출척할 법이 없기 때문에 체아직을 받는 것으로서 상례를 삼으니, 그 직무에 근실하지 않고 날수 차기만을 기다리며 자리를 비우고 사무를 폐하는 자가 혹 있으니, 이제부터 상기 성중관이 거관할 날을 당하면 록관으로 있을 때의 포폄의 등급을 전부 상고하여, 상고가 많은 자는 동반 및 수령에 서용하고, 중고가 있는 자는 서반에 서용하도록 하소서" 하니, 그대로 따랐다.

253 [世宗] 卷三十六 宮廷茶禮

九季丁未 四月癸未. 請三使臣, 御便殿行茶禮. 擇處女, 取都摠制成達生, 判牧事車指南, 判官鄭孝忠, 副司直盧從德, 副司正安復志, 牧監直吳偶, 署丞同正崔彌之女等七人, 執饌茶飯婢子, 擇十人, 十人慟哭不止. (下略)

세종 권36 궁정茶禮

세종 9년 정미(1427) 4월 25일. 세 사신을 청하여 편전에서 茶禮를 행하고 처녀를 골랐는데, 총제 성달생, 판목사 차지남, 판관 정효충, 부사직 로종덕, 부사정 안복지, 목감직 오척, 서승동정 최미지 등의 딸 일곱 사람과 茶飯 지을 비자 열 사람을 뽑으니, 모두 통곡하여 그치지 아니하였다. (하략)

254 [世宗] 卷三十六 宮廷茶禮 及 接使人情

九季丁未 四月丙戌. 請三使臣御便殿行茶禮, 更選處女. 昌白兩使還館, 尹鳳歸于弟尹重富家良久留連還, 詣闕謝, 賜重富馬, 上迎入行茶禮, 贈貂裘及韃韊具弓矢, 分賜貂皮六十領于隨來頭目張勇, 尹壽, 尹順.

---

301) **參外** 參下와 같은 말로, 칠품 이하의 官階.
302) **褒貶** 칭찬과 나무람. 是非善惡을 판단하여 결정함.

세종 권36 궁정茶禮 및 접사인정

세종 9년 정미(1427) 4월 28일. 세 사신을 청하여 편전에서 茶禮를 거행하고 처녀들을 다시 가리게 하였다. 창성 · 백언 두 사신은 사관으로 돌아가고 윤봉은 아우 윤중부의 집으로 가서 오랫동안 류연하다가 돌아와서 예궐하여 사례하니, 윤중부에게 말을 하사하고 상이 윤봉을 맞아들여 茶禮를 거행하고 초구 및 활과 화살을 넣은 활집과 전통을 주고, 따라온 두목 장용 · 윤수 · 윤순에게 초피 60벌을 나누어 주었다.

255 [世宗] 卷三十七 宮廷茶禮

九秊丁未 五月辛丑. 白彦詣闕, 迎入勤政殿行茶禮.

세종 권37 궁정茶禮

세종 9년 정미(1427) 5월 14일. 백언이 대궐에 나아가니, 근정전에 맞아들이어 茶禮를 거행하였다.

256 [世宗] 卷三十七 宮廷茶禮

九秊丁未 七月丁酉. 幸太平館, 見尹鳳行茶禮還宮. 鳳詣闕謝賜本家米豆, 再遣宣慰, 上迎入勤政殿行茶禮.

세종 권37 궁정茶禮

세종 9년 정미(1427) 7월 11일. 태평관에 행차하여 윤봉을 보고 茶禮를 거행하고 환궁하였다. 윤봉이 대궐에 나아와서 본가에 쌀과 콩을 내리고 두 번이나 선위사를 보낸 것을 사례하므로, 상이 영접하여 근정전에 들어가서 茶禮를 거행하였다.

257 [世宗] 卷三十七 宮廷茶禮

九秊丁未 七月乙巳. 三使臣詣闕辭, 上迎入勤政殿行茶禮訖. 與使臣詣上林園見處女. (下略)

세종 권37 궁정茶禮

세종 9년 정미(1427) 7월 19일. 세 사신이 대궐에 나아가 하직하니, 상이 근정전에 맞아들여 茶禮를 거행하고, 이를 마치자 사신과 더불어 상림원에 나아가 처녀들을 보았다. (하략)

258 [世宗] 卷三十七 宮廷茶禮

九秊丁未 七月丙午. 三使臣詣闕, 上迎入勤政殿庭幕次行茶禮. 七處女自上林園入勤政殿, 分入有屋轎子, 成氏獨入一轎, 其餘則二人共一轎, 使臣親鎖鑰, 執饌婢及從婢皆乘焉. (下略)

세종 권37 궁정茶禮

세종 9년 정미(1427) 7월 20일. 세 사신이 대궐에 나아가니, 상이 맞이하여 근정전의 뜰 막차로 들어와 茶禮를 거행하였다. 7명의 처녀들이 상림원으로부터 근정전으로 들어와서 집이 있는 교자에 나누어 들어갔는데, 성씨만은 한 교자에 혼자 들어가고 그 나머지는 두 사람이 한 교자를 같이 탔다. 사신이 친히 자물쇠를 채우고 집찬비와 수종하는 婢비도 모두 말을 탔다. (하략)

259 [世宗] 卷三十七 宮廷茶禮

九季丁未 七月丙午. (中略) 做會茶飯婦女奏本曰 選揀到會做茶飯的婦女一十名, 令跟隨進去女兒等赴京外, 今將婦女開坐花名. (下略)

세종 권37 궁정茶禮

세종 9년 정미(1427) 7월 20일. (상략) 茶飯 지을 줄 아는 부녀의 주본에 "茶飯을 지을 줄 아는 부녀 10명을 뽑아서 가는 녀아들을 뒤따라 북경으로 가게 했사온데, 지금 부녀들의 이름을 일일이 렬거합니다"라 하였다. (하략)

260 [世宗] 卷三十七 宮廷茶禮

九季丁未 九月癸卯. 視事. 禮曹啓, 太祖外祖母韓鮮國大夫人墓請立石人. 上曰 古遠之墓, 自祖宗已不修, 而今日修之何如. 吏曹判書許稠曰 喪事卽遠有進而無退 此墓在太宗已爲外曾祖矣, 不修爲可. (中略) 上曰 前者讓寧韓見路次行宴享, 回來時帝以民弊除之, 仍賜茶飯以送然乎. (下略)

세종 권37 궁정茶禮

세종 9년 정미(1427) 9월 18일. 정사를 보다. 례조에서 계하기를 "태조의 외조모인 조선국대부인의 무덤에 석인 세우기를 청합니다" 하니, 상이 말하기를 "옛적의 원대의 무덤은 조종 때로부터 이미 수축하지 않았는데, 오늘날 이를 수축하는 것이 어떻겠는가?" 하였다. 리조판서 허조가 아뢰기를 "喪事상사는 멀어져 가면 앞으로 나아감은 있어도 뒤로 물러남은 없습니다. 이 무덤은 태종에게 이미 외증조가 되었으니 수축하지 않는 것이 옳을 것입니다" 하였다. (중략) 상이 말하기를 "전자에 양녕이 조견하는 길에 연향을 했더니, 돌아올 때에 황제께서 민폐 때문에 이를 없애게 하고는 이내 茶飯을 내려 보냈다 하니 그러하던가?" 하였다. (하략)

261 [世宗] 卷三十九 茶房官制

十秊戊申 正月丙申. 左司諫金孝貞等上疏曰 結城縣監柳孟河, 出身權知直長以別窯別坐功除本職, 而無才行保擧. 臣等竊見, 永樂十二秊, 二月十日, 議政府受敎, 各司吏典去官後, 欲屬內侍, 茶房成衆處者, 才行兼備, 保擧明白, 則許令入屬. 臣等以爲吏典出身者, 於成衆官入屬之際, 尙且如此, 況守令分憂一邑, 其任至重. (下略)

세종 권39 茶房관제

세종 10년 무신(1428) 정월 13일. 좌사간 김효정 등이 상소하기를 "결성현감 류맹하는 리전 출신으로서 권지직장이 되어 별요별좌의 공으로써 본직을 제수했으나 재주와 행실이 천거를 보장할 만한 것이 없습니다. 신등이 생각하건대, 영락 12년(1414) 2월 10일 의정부의 수교에는 '각 관사의 리전이 거관한 뒤에 내시, 茶房의 성중처에 소속되고자 하는 자는 재행을 겸비하고 천거를 보장한 것이 명백하면 입속시키는 것을 허가한다' 하였습니다. 신등이 생각하건대 리전 출신인 자는 성중관으로 입속할 때에도 오히려 또 이와 같았는데, 하물며 수령은 한 고을의 근심을 나누게 되므로 그 임무가 지중합니다" 하였다. (하략)

262 [世宗] 卷三十九 茶房官制

十秊戊申 三月丁亥. 兵曹判書黃象啓, 今新設甲士吏典亦欲取才, 然其家産實否未易得知, 乞於取才之後移文所居官, 考其實否不實者, 雖中勿敍. 上曰 然, 以吏典欲爲衛士亦是美意, 可竝取才. 象曰 內侍, 茶房, 亦欲取才. 上曰 亦可幷取.

세종 권39 茶房관제

세종 10년 무신(1428) 3월 5일. 병조판서 황상이 계하기를 "지금 갑사[303]를 신설하는데 리전도 또한 취재하고자 하나 그들의 가산 실부를 쉽사리 알 수 없으니, 원컨대 취재한 뒤에 그들이 거주하는 고을에 공문을 보내어 가산의 실부를 상고하게 하여 부실한 자는 비록 합격했더라도 서용하지 말도록 하소서" 하니, 상이 말하기를 "옳다, 리전으로 위사[304]를 삼고자 하는 것은 또한 아름다운 뜻이니 아울러 취재하게 하라" 하였다. 황상이 아뢰기를 "내시, 茶房에게도 또한 취재하고자 합니다" 하니, 상이 말하기를 "또한 아울러 취재하도록 하라" 하였다.

---

303) **甲士** 조선 초기 각 지방(地方)에서 서울에 올라와 숙위(宿衛)하던 군사(軍士).

304) **衛士** 대궐(大闕)이나 능(陵), 관아(官衙), 군영(軍營)을 지키던 장교(將校).

263 [世宗] 卷四十二 宮廷茶禮

十秊戊申　十月辛巳. 三使臣詣闕辭, 上迎入勤政殿行茶禮, 頭目指揮張勇等十人, 陞殿階上, 再拜辭, 上立受之.

세종 권42 궁정茶禮

세종 10년 무신(1428) 10월 3일. 세 사신이 예궐하여 하직하니, 상이 근정전으로 맞아들이어 茶禮를 거행하였는데, 두목지휘 장용 등 10인이 전계 위에 올라와서 두 번 절하고 하직하니, 상이 서서 그 례를 받았다.

264 [世宗] 卷四十二 宮廷茶禮

十秊戊申　十二月辛丑. 皇親賜祭使臣迎接儀, 前期有司設帳殿于慕華樓西北, 設龍亭褥位於帳殿正中南向香亭在其前. 設司香二人位於帳殿外左右, 設殿下祗迎位於帳殿之西近北東向, 設王世子及羣臣位於殿下祗迎位之後, 近南東向北上. (中略) 龍亭入至大廳, 使臣奉祭文安於案上, 通事引使臣就大廳, 引禮 引殿下就大廳, 東向與使臣相對立. 引禮贊, 鞠躬, 拜, 興, 拜, 興, 平身, 殿下與使臣鞠躬拜興拜興平身. 使臣在東, 殿下在西, 行茶禮畢, 引禮引殿下出就幄次. 知通禮引王世子就大廳, 行頓首再拜禮出, 宗室及文武一品以下, 以次行禮畢. 引禮引殿下, 入就大廳, 使臣在東, 殿下在西, 設下馬宴. (下略)

세종 권42 궁정茶禮

세종 10년 무신(1428) 12월 24일. 황친사제[305] 사신 영접의에, 기일 전에 유사가 모화루의 서북쪽에 장전을 배설하고, 룡정의 욕위는 장전한 가운데 남향하여 설치하고 향정은 그 앞에 둔다. 사향 2인의 자리는 장전 밖 좌우에 배설하고, 전하의 지영위는 장전 서쪽에 북쪽으로 가까이 동향으로 배설하고, 왕세자와 여러 신하들의 자리는 전하 지영위의 뒤에 설치하되 남쪽으로 가까이 동향하여 설치하고 북쪽을 위가 되게 한다. (중략) 룡정이 들어가 대청에 이르면 사신이 제문을 받들어 소반 위에 놓고 통사는 사신을 인도하여 대청으로 나아가고, 인례는 전하를 인도하여 대청으로 나아가서 동향하여 사신과 더불어 서로 상대하여 선다. 인례가 '국궁, 배, 홍, 배, 홍, 평신'이라 찬하고, 전하는 사신과 더불어 몸을 굽혀 절하고 일어났다가 또 절하고 일어나서 몸을 바로 한다. 사신은 동쪽에, 전하는 서쪽에 자리하여 茶禮를 거행하고 나면 인례는 전하를 인도하여 악차로 나아가고, 지통례는 왕세자를 인도하여 대청으로 나아가서 돈수재배례를 행하고 나온다. 종실과 문무 1품 이하의 관원들이 뒤이어 례 행하기를 마치면 인례는 전하를 인도하여 대청으로 나아가서 사신은 동쪽에, 전하는 서쪽에 자리하여 하마연을 베풀었다. (하략)

---

305) **賜祭** 대신(大臣)이 죽었을 때, 임금이 칙사를 보내 제사 지내게 하던 일.

265 [世宗] 卷四十三 宮廷茶禮 及 接使人情

十一季己酉 正月壬子. 金滿 求鍮鐥, 鍮盤, 鍮湯灌(罐) 各一, 磁器大小幷一百二十, 磁酒器六, 油厚紙數十張, 緜布一匹, 命與之.

세종 권43 궁정茶禮 및 접사인정

세종 11년 기유(1429) 1월 5일. 김만이 놋복자, 놋쟁반, 놋탕관 각 1개와 대소 사기그릇 1백20개, 사기 술그릇 6개, 유후지 수십 장과 면포 1필을 요구하므로 명하여 이를 주었다.

266 [世宗] 卷四十三 茶房官制

十一季己酉 正月丁卯. 吏曹啓, 茶房左右番, 參外別監等, 請依架閣庫, 三軍錄事, 內侍例, 加給權務八品遞兒職. 命與政府諸曹同議, 僉曰 宜減內侍八品一, 遞兒一, 三軍錄事權務遞兒職二, 以給. 從之.

세종 권43 茶房관제

세종 11년 기유(1429) 1월 20일. 리조에게 계하기를 "茶房 좌우번과 참외별감 등을 청하건대 가각고, 삼군록사, 내시의 例례에 의하여 권무의 8품 체아직을 더 주도록 하소서" 하니, 명하여 의정부와 여러 조에서 함께 의논하게 하니 모두 아뢰기를 "내시의 8품 체아직 하나와 삼군록사의 권무 체아직둘을 감하여 주도록 하소서" 하니, 그대로 따랐다.

267 [世宗] 卷四十三 茶房官制

十一季己酉 正月辛未. 禮曹啓, 文科殿試儀試前一日, 繕工監設題板于殿庭東西. 其日鷄鳴, 赴試生會于闕門外, 質明鼓三嚴, 侍臣先就殿庭東西分立. 次引赴試生俱入庭北向立. (中略) 鼓初嚴繖扇仗衛入, 陳如常儀. 鼓二嚴代言, 及上護軍, 護軍, 入庭行四拜禮, 侍衛如常儀. 次內侍, 茶房, 參上, 參外入庭行四拜禮東西分立. 次行首, 牽龍入庭行四拜禮分立. (下略)

세종 권43 茶房관제

세종 11년 기유(1429) 1월 24일. 례조에서 계하기를 문과 전시에 하루 앞서 선공감에서 제판을 전정 동서에 설치한다. 당일 닭이 울면 응시생들이 대궐문 밖에 집합하고, 질명(동틀 때)에 이르러 3엄의 북이 울리면 시신이 먼저 전정으로 나아가서 동서로 나누어 서고, 다음에 응시생을 인솔하여 함께 전정으로 들어와서 북향하고 선다. (중략) 초엄의 북이 울리면 산선과 장위가 들어와 진열하기를 보통의 의식과 같이 한다. 2엄의 북이 울리면 대언 및 상호군, 호군이 전정에 들어와서 4배례를 행하고 시위하기를 보통 의식과 같이 한다. 다음에는 내시, 茶房의 참상, 참외가 전정에 들어와서 4배례를 행하고 동서로 나누어 서고, 다음에는 행수, 견룡이 전정에 들어와서 4배례를 행하고 나누어 선다. (하략)

268 [世宗] 卷四十三 宮廷茶禮 及 接使人情

十一季己酉 正月辛未. 金滿 雨傘, 黃蜜, 緜子, 水獺皮, 人蔘, 雀舌茶, 酥油, 燒酒, 栢子酒, 命與之. (下略)

세종 권43 궁정茶禮 및 접사인정

세종 11년 기유(1429) 1월 24일. 김만이 우산, 황밀, 솜, 수달피, 인삼, 雀舌茶, 소유, 소주, 잣 술 등을 요구하니, 이를 주라고 명하였다.

269 [世宗] 卷四十三 宮廷茶禮

十一季己酉 二月乙亥. 上詣大平館行茶禮, 患微瘇, 命世子行餞宴, 使臣曰 殿下事朝廷至誠故, 待我極厚心實感謝. 問王世子習射乎. 元閔生答曰 今方讀書, 使臣曰 以讀書爲事固善矣.

세종 권43 궁정茶禮

세종 11년 기유(1429) 2월 28일. 상이 태평관으로 나아가서 茶禮를 행하고 마침 종기(瘇)를 앓고 있기에 세자에게 명하여 전별연을 행하게 하니, 사신이 말하기를 "전하께서는 명나라 조정을 지성으로 섬기시기 때문에 나를 접대하시기를 이처럼 극히 두터이 하시니 마음에 진실로 감사하옵니다" 하고 묻기를 "왕세자께서 활쏘기를 익히시옵니까?" 하였다. 원민생이 답하기를 "이제 바야흐로 글을 읽고 계신 중입니다" 하니, 사신이 말하기를 "독서로 일을 삼으시니 진실로 좋은 일이옵니다" 하였다.

270 [世宗] 卷四十四 宮廷茶禮

十一季己酉 五月庚申. 上率王世子及百官, 拜謝恩表箋. 摠制李中至, 趙菑, 奉表箋以行. (中略) 曰 位尊貳極允恊輿情. 恩導九重覃施海徼. 撫躬知感, 銘骨何忘. 伏念臣邈處荒陬端, 逢盛際, 綸音密勿特頒天府之銀, 彩幣紛披, 且錫茶湯之具. 揆分踰望擧國騰歡. (下略)

세종 권44 궁정茶禮

세종 11년 기유(1429) 5월 15일 상이 왕세자와 백관을 거느리고 사은표, 사은전을 배송하였다. 총제 리중지와 조치가 표전을 받들고 길을 떠났다. (중략) 말하기를 "位위가 황태자에 높으시니 진실로 여정306)에 합당합니다. 황제를 인도하여 은혜를 해우에 미치게 하셨습니다. 몸을 어루만지니 감사함을 알겠으며, 뼈에 새겼으니 어찌 잊겠습니까? 삼가 생각하옵건대, 신은 멀리 궁벽한 곳에 처하면서 창성한 때를 만나 륜음밀물307)하여 특별히 천부의 은대

306) **輿情** 민중의 마음. 백성들의 심정.

307) **綸音密勿** 綸音은 임금의 조칙, 密勿은 군주 곁에 있으면서 나라의 기밀(機密)에 참여하는 일.

를 내리시니, 채폐가 많사온데 또 茶湯의 도구까지 주셨습니다. 분수를 헤아려 보니 소망이 넘치고 온 나라가 몹시 즐거웠습니다" 하였다. (하략)

271 [世宗] 卷四十五 宮廷茶禮

十一季己酉 七月癸亥. (上略) 又奏曰 宣德四季 五月初二日. 欽差太監昌盛, 尹鳳等官, 到國欽傳宣諭, 火者及會做茶飯的婦女, 學樂的小妮子與將來. 欽此今將選揀到火者婦女等, 差陪臣左軍同知摠制權蹈, 管領根同欽差官等赴京. 火者六名, 會做茶飯的婦女一十二名, 學樂的小妮子八名. (下略)

세종 권45 궁정茶禮

세종 11년 기유(1429) 7월 19일. (상략) 다시 上奏상주하기를 "선덕 4년(1429) 5월 초 2일 흠차 태감 창성, 윤봉 등의 관원이 우리나라에 와서 공손히 선유하여 전하기를 '화자와 茶飯을 지을 줄 아는 부녀자와 음악을 배울 어린 하녀를 데리고 오게 하라' 하였습니다. 이 뜻을 받들어 이제 선택해 뽑은 화자와 부녀자 등을 거느리고 배신 좌군동지총제 권도를 差定차정하여 인솔하고 흠차관 등을 대동하여 북경을 가게 하였습니다. 화자 6명, 茶飯 지을 줄 아는 부녀자 12명, 음악을 배울 어린 하녀 8명입니다" 하였다. (하략)

272 [世宗] 卷四十五 宮廷茶禮

十一季己酉 七月甲子. 昌李兩使臣詣闕辭, 上迎入勤政殿行茶禮.

세종 권45 궁정茶禮

세종 11년 기유(1429) 7월 20일. 창성, 리봉 두 사신이 대궐에 나아가 하직하니, 상이 근정전에 맞아들여 茶禮를 행하였다.

273 [世宗] 卷四十五 宮廷茶禮 及 接使人情

十一季己酉 八月庚寅. 御思政殿餞計稟使恭寧君 裀, 副使右軍都摠制元閔生, 從事官, 隨從官等, 賜坐于月臺上, 諸宗親駙馬入侍. 日暮乃罷, 賜裀氈, 草笠各一, 貂裘, 毛冠, 耳掩, 段子衣一襲, 紬衣一襲, 護膝, 鹿皮, 斜皮鞾各一, 閔生 貂裘, 毛冠, 耳掩, 衣, 笠, 鞾, 從事官, 隨從官等十二人, 笠, 毛冠, 耳掩, 別賜盤纏, 麻布六十匹, 苧布十匹, 石燈盞十事, 貂鼠皮五十張, 寢席十張, 厚紙四十卷, 茶三斗, 刀子八十部.

세종 권45 궁정茶禮 및 접사인정

세종 11년 기유(1429) 8월 16일. 사정전에 나아가 계품사 공녕군 인과 부사 우군도총제 원민생, 종사관과 수종관 등에게 전별연을 열고 월대 위에 좌석을 정해 주었으며, 여러 종친들과 부마가 입시하였다. 날이 저물어서 연회를 파하고 인에게 전립, 초립각 1개, 초구, 모관, 이엄, 단자의 1벌, 주의 1벌, 호슬, 록피화와 사피화각 1벌씩 하사하고 원민생에게는 초구, 모관, 이엄, 옷, 갓, 신을, 종사관과 수종관 등 12인에게는 갓, 모관, 이엄을 하사하였으며, 따로 반전(路資)으로 마포 60필, 저포 10필, 석등잔 10사, 초서피 50장, 침석 10장, 후지 40권, 茶 3두, 도자 80개를 내렸다.

274 [世宗] 卷四十六 宮廷茶禮 及 接使人情

十一季己酉 十一月辛亥. 知申事許誠邀使臣至, 上迎入思政殿設溫斟宴, 贈鞍馬, 使臣欲觀慶會樓, 遂引入樓行茶禮.

세종 권46 궁정茶禮 및 접사인정

세종 11년 기유(1429) 11월 9일. 지신사 허성이 사신을 맞아 오니, 상이 사정전으로 영접해 들어가서 온짐연을 베풀고 안장 갖춘 말을 주었다. 사신이 경회루를 보고자 하기에 드디어 인도하여 경회루로 들어가서 茶禮를 거행하였다.

275 [世宗] 卷四十六 宮廷茶禮 及 來使人情

十一季己酉 十一月丁卯. 眞立詣闕, 進段子九匹, 絹一匹, 毛子一匹, 獼猴一, 中宮 段子三匹, 東宮 五匹, 御思政殿行茶禮.

세종 권46 궁정茶禮 및 래사인정

세종 11년 기유(1429) 11월 25일. 진립이 예궐하여 단자 9필, 견 1필, 모자 1필, 원숭이(獼猴) 한 마리를 바치고, 중궁에게 단자 3필, 동궁에게 5필을 바치니 사정전에서 茶禮를 거행하였다.

276 [世宗] 卷四十六 宮廷茶禮

十一季己酉 十一月庚午. 眞立詣闕謝恩, 上御思政殿行茶禮.

세종 권46 궁정茶禮

세종 11년 기유(1429) 11월 28일. 진립이 예궐하여 사은하니, 상이 사정전에서 茶禮를 거행하였다.

277 [世宗] 卷四十九 茶房官制

十二季庚戌 七月庚申. 禮曹據司譯院權知錄事等 狀告啓, 永樂二十一季 九月二十七日, 王旨內, 各殿行首, 內侍, 茶房, 架閣庫錄事, 宣差房知印 三軍錄事, 別侍衛等 成衆衙門入屬人, 犯罪者竝下義禁府施行. (下略)

세종 권49 茶房관제

세종 12년 경술(1430) 7월 22일. 례조에서 사역원 권지록사 등 장고에 의하여 아뢰기를 "영락 21년(1423) 9월 27일 왕의 교지에, 각 전의 행수, 내시, 茶房과 가각고 록사, 선차방 지인, 삼군록사, 별시위 등 성중관아문에 속한 사람으로서 죄를 범한 자는 모두 의금부에 송치하여 시행한다" 하였다. (하략)

278 **[世宗]** 卷五十 宮廷茶禮

十二秊庚戌 十一月辛亥. 尹鳳到弟重富家, 遂詣闕, 上迎入思政殿行茶禮. 上欲以明日餞鳳于大平館, 鳳啓曰 毋餞于館餞于慕華館可也. (下略)

세종 권50 궁정茶禮

세종 12년 경술(1430) 11월 14일. 윤봉이 아우인 윤중부의 집에 갔다가 대궐에 이르니, 상이 사정전에 맞아들여 茶禮를 거행하였다. 상이 내일 태평관에서 윤봉을 전송하려 하니, 윤봉이 아뢰기를 "태평관에서 전송하지 말고 모화관에서 전송하시면 됩니다" 하였다. (하략)

279 **[世宗]** 卷五十 榷茶法

十二秊庚戌 十二月甲戌. 御經筵講, 至榷茶法曰 中國何好茶而嚴其禁乎, 我國闕內亦不用茶, 好尙各異亦如是也. 侍講官金鑌曰 中國之人皆食膏肉, 故歠茶令下氣, 且當對客必先茶後酒.

세종 권50 茶의 전다법

세종 12년 경술(1430) 12월 8일. 경연에 나아가 講강하다가 榷茶法에 이르러 "명국에서는 어찌하여 茶를 그렇게 좋아하는데, 그의 단속을 엄히 하는가. 우리나라에서는 대궐 안에서도 茶를 쓰지 아니하니, 좋아하는 것이 서로 달라서(編註. 北京은 槭茶. 東國은 團茶) 이러하다" 하니, 시강관 김빈이 아뢰기를 "명국 사람은 모두 기름진 고기를 먹으므로 茶를 마셔서 기름기가 빠져 내려가게 하려는 것이며, 또한 보통 때 손님을 접대할 때에도 반드시 茶를 먼저 내고 나중에 술을 들여옵니다" 하였다.

280 **[世宗]** 卷五十 宮廷茶禮

十二秊庚戌 十二月庚辰. 昌盛詣闕, 上迎入勤政殿行茶禮. 盛再拜辭仍請人蔘, 上曰 已知.

세종 권50 궁정茶禮

세종 12년 경술(1430) 12월 14일. 창성이 대궐에 들어오니 근정전으로 맞아들이고 茶禮를 거행하였다. 창성이 재배하고 하직하면서 인삼을 요청하니, 상이 말하기를 "이미 알고 있소" 하였다.

281 [世宗] 卷五十一 茶房官制

十三季辛亥 三月丙子. 中部教授官鄭宗本上書曰 今國家內而成均四部, 外而州 府 郡 縣, 莫不有學, 人材之盛濟濟詵詵, 誠千載一盛際也. (中略) 生員試者, 其於甲士, 別侍衛, 兩官錄事, 內侍, 茶房, 布列衆官, 何地不充, 何獨比諸文科, 特重其選約, 爲一百摧折, 多士興學之志乎.

세종 권51 茶房관제

세종 13년 신해(1431) 3월 12일. 중부교수관 정종본이 상서하기를 "이제 우리나라는 내부의 성균 사부와 외방의 주, 부, 군, 현에 학교가 없는 곳이 없어 인재가 많이 배출되고 있으니, 실로 천재에 보기 드문 융성기라 하겠습니다. (중략) 생원시에 합격한 자는 갑사, 별시위, 량관록사, 내시, 茶房 등 많은 관직에 포열하고 있어 어느 자리에 충당할 곳이 없사온데 무엇 때문에 유독 이를 문과에 견주어서 특히 그 선발을 중히 하고 1백 명으로 축소하여 수많은 선비들의 학문을 일으키려는 의욕을 꺾는단 말입니까" 하였다.

282 [世宗] 卷五十二 茶房官制

十三季辛亥 四月乙巳. 吏曹啓, 宣德五季, 八月二十一日, 本曹啓目, 踏驗官等監司分其等第啓聞, 量才叙用已曾立法然, 內侍, 茶房, 別侍衛, 三軍, 錄事, 律學, 習算局, 甲士等 數多, 成衆官難以盡敍, 請依兵曹舊秋都試給到例, 上等則給到一百五十, 中等則給到一百. 從之.

세종 권52 茶房관제

세종 13년 신해(1431) 4월 11일. 리조에서 아뢰기를 "선덕 5년(1430) 8월 21일, 본조의 啓目계목에 답험관 등은 감사가 그 등급을 나누어 계문하면 재주를 헤아려서 서용하기를 이미 법을 세웠으나 내시, 茶房, 별시위, 삼군록사, 율학, 습산국, 갑사 등의 수가 많아 성중관으로 다 서용하기 어려우니, 청하건대 병조의 춘추도시에서 급도의 례에 따라 상등은 도 1백 50을 주고 중등은 도 1백을 주게 하소서" 하니, 그대로 따랐다.

283 [世宗] 卷五十二 宮廷茶禮

十三季辛亥 六月壬戌. 傳旨承政院, 每月初一 十一 二十一日, 世子會師傅賓客, 進講仍設酒果, 熱時歙酒則汗出疾作. 師傅進酌於世子, 世子不得已歙之, 書筵官亦不得已歙之, 於六月除會講乎. 雖會講只行茶禮乎. 左代言金宗瑞, 右副代言宋仁山等 以爲會講之法纔立, 不可遽革, 且無極熱廢禮之文, 只行茶禮爲便. 同副代言李兢, 以爲六七月除會講, 始於八月爲可. 從宗瑞等議.

세종 권52 궁정茶禮

세종 13년 신해(1431) 6월 30일. 승정원에 전지하기를 "매월 초 1일·11일·21일은 세자의 사부와 빈객이 모여서 진강하고 인하여 주과를 베푸나, 더울 때에 술을 마시면 땀이 나서 병이 생기게 된다. 사부가 세자에게 술잔을 바치면 세자가 부득이 하여 마시고 서연관도 부득이하여 마시게 되니, 6월에는 회강을 없앨 것인가. 비록 회강을 할지라도 茶禮만 거행할 것인가" 하니 좌대언 김종서와 우부대언 송인산 등은 "회강하는 법을 겨우 세웠는데 갑자기 고칠 수 없사오며, 또 심한 더위라고 하여 례를 폐한다는 글이 없으니, 茶禮만을 거행하는 것이 편하옵니다" 하고 동부대언 리긍은 "6·7월에는 회강을 없애고 8월부터 시작하는 것이 가하옵니다" 하니, 김종서 등의 의논에 따랐다.

284 [世宗] 卷五十四 宮廷茶禮 及 接使人情

十三秊辛亥 十二月壬寅. 命安崇善, 回贈昌盛, 細麻布五十匹, 石燈盞三事, 彩花席六張, 茶鍾二十, 尹鳳, 張定安, 各細麻布二十五匹, 石燈盞三事, 彩花席六張, 茶鍾二十, 東宮 回贈昌盛 細麻布四十匹, 尹鳳 二十匹, 張定安十匹.

세종 권54 궁정茶禮 및 접사인정

세종 13년 신해(1431) 12월 11일. 안숭선에게 명하여 창성에게 세마포 50필, 석등잔 3벌, 채화석 6장, 茶鍾 20개를 회증하고 윤봉과 장정안에게도 각각 세마포 25필, 석등잔 3벌, 채화석 6장, 茶鍾 20개를 회증하고, 동궁 창성에게는 세마포 40필을, 윤봉에게는 세마포 20필을, 장정안에게는 세마포 10필을 회증하였다.

285 [世宗] 卷五十四 宮廷茶禮 及 接使人情

十三秊辛亥 十二月甲辰. 昌盛 求茶, 蔘, 贈三使臣各三十斤.

세종 권54 궁정茶禮 및 접사인정

세종 13년 신해(1431) 12월 13일. 창성이 茶와 인삼을 요구하니, 세 사신에게 각각 30근을 주었다.

286 [世宗] 卷五十六 茶房官制

十四秊壬子 四月乙巳. 下詳定所曰 內侍, 茶房, (中略) 衣襨差備而已. (下略)

세종 권56 茶房관제

세종 14년 임자(1432) 4월 17일. 상정소에 하명하기를 "내시, 茶房은 (중략) 衣襨의대를 챙기는 일뿐이다" 하였다. (하략)

287 [世宗] 卷六十一 宮廷茶禮

十五季癸丑 閏八月辛未. 兩使臣詣闕辭, 上出勤政殿門外, 迎入勤政殿, 行茶禮畢, 上送至勤政門.

세종 권61 궁정茶禮

세종 15년 계축(1433) 윤8월 21일. 두 사신이 대궐에 나아가 하직하는데, 상이 근정문 밖에 나아가 맞아들이어 근정전에서 茶禮를 거행하고, 상이 근정문까지 전송하였다.

288 [世宗] 卷六十二 宮廷茶禮 及 接使人情

十五季癸丑 十一月乙酉. 命都承旨安崇善, 同知中樞院事元閔生, 回謝昌盛 麻布九十五匹, 石燈盞三事, 彩花席六張, 茶, 蔘三十斤, 張奉 麻布六十匹, 石燈盞三事, 茶, 蔘三十斤, 彩花席六張, 李祥 麻布三十五匹, 石燈盞三事, 茶, 蔘三十斤, 彩花席六張. (下略)

세종 권62 궁정茶禮 및 접사인정

세종 15년 계축(1433) 11월 6일. 도승지 안승선, 동지중추원사 원민생에게 명하여 회사로 창성에게 마포 95필, 석등잔 3벌, 채화석 6장, 茶, 삼 30근을, 장봉에게 마포 60필, 석등잔 3벌, 茶, 삼 30근, 채화석 6장을, 리상에게 마포 35필, 석등잔 3벌, 茶, 삼 30근, 채화석 6장을 주었다. (하략)

289 [世宗] 卷六十二 宮廷茶禮

十五季癸丑 十一月丙戌. 使臣張奉 欲先歸鳳山詣闕辭, 上不豫出迎于思政殿門內, 引入殿內. 使臣請曰 上向南小人坐於南. 上固辭曰 君旣爲欽差不當如是. 奉更請曰 夫有國則有君臣之分. 予雖欽差, 本是國民. 安敢與殿下對坐乎. 上固辭, 奉曰 殿下向南, 小人坐東. 上從之. 行茶禮訖, 欲辭出時, 奉請曰 上在坐予行辭禮. 上不從, 强請, 上權從之. 奉行稽首四拜曰 請殿下憐我父母一族. 上曰 予當矜恤. 奉辭出, 上送于思政殿門外.

세종 권62 궁정茶禮

세종 15년 계축(1433) 11월 7일. 사신 장봉이 먼저 봉산에 돌아가고자 하여 대궐에 나아가 하직하니, 상이 몸이 평안하지 못하여 사정전의 문안에 나와 맞이하고 전내로 인도해 들이었다. 사신이 청하여 말하기를 "전하께서 남쪽을 향해 앉으십시오, 소인이 남쪽에 앉겠습니다" 하매 상이 굳이 사양하여 말하기를 "그대가 이미 황제의 봉명 사신이 되었으니 그렇게 할 수는 없소" 하니, 장봉이 청하기를 "나라가 있으면 임금과 신하의 분수가 있는 것입니다. 제가 비록 황제의 사신으로 왔으나 본디 이 나라의 백성입니다. 어찌 감히 전하와 마주 앉을 수 있겠습니까" 하였으나 상이 굳이 사양하니, 장봉이 말하기를 "전하께서 남향으로 앉으십시오. 소인은 동쪽에 앉겠습니다" 하매 상이 그대로 따랐다. 茶禮를 거행하여 마치고 하직하고 나가려 할 때에 장봉이 청하기를 "전하께서 자리에 앉으시면 제가 하직하는 배례를 드리겠습니다" 하였으나 상이 듣지 않으니 장봉이 굳이 청하매, 상이 할 수 없이 그대로 따랐다. 장봉이 머리를 조아려 네 번 절하고 말하기를 "전하께서는 저의 부모와 일족을 어여삐 여겨 주소서" 하니, 상이 말하기를 "내가 마땅히 긍휼하겠소" 하였다. 장봉이 하직하고 나가니, 상이 사정전 문밖까지 전송하였다.

290 [世宗] 卷六十二 宮廷茶禮

十五秊癸丑 十一月甲午. 使臣李祥 詣闕辭, 上出迎于思政殿門內, 引入思政殿, 東西相向坐, 行茶禮, 送于思政殿門內.

세종 권62 궁정茶禮

세종 15년 계축(1433) 11월 15일. 사신 리상이 대궐에 나아가 하직하니, 상이 사정전 문안에 나와서 맞이하고, 사정전으로 인도해 들어가서 동서에 서로 마주앉아 茶禮를 거행한 뒤, 사정전 문안에서 전송하였다.

291 [世宗] 卷六十二 宮廷茶禮

十五秊癸丑, 十一月丙申, 使臣王欽 王武等 詣闕, 上出迎于勤政門外, 引入勤政殿, 行茶禮訖辭出, 上送至勤政門內, 命安崇善 元閔生等, 送至于太平館.

세종 권62 궁정茶禮

세종 15년 계축(1433) 11월 17일. 사신 왕흠, 왕무 등이 대궐로 나아오니, 상이 근정전 문밖까지 나와 맞이하고 인도하여 근정전에 들어가서 茶禮를 거행하기를 마치고 하직하니, 상이 근정전 문안까지 전송하고 안숭선, 원민생 등에게 명하여 태평관까지 전송하게 하였다.

292 [世宗] 卷六十二 宮廷茶禮 及 接使人情

十五秊癸丑 十二月甲寅. 命都承旨安崇善, 回贈王武 王欽麻布六十匹, 茶, 蔘四十斤. 仍言 殿下病猶未痊, 大人從近發程, 明日殿下乘輦來慰. 答曰 殿下若須來慰, 則我等 禮當先往. 雖然殿下病若未痊, 不宜動勞, 我等亦不可詣闕, 令殿下起動. 崇善 回啓, 命崇善還往 語諸使臣曰 賓旅旣久, 而主不往見, 是豈禮也哉. 然諸大人憐恤寡人勿令動勞, 當令世子代行.

세종 권62 궁정茶禮 및 접사인정

세종 15년 계축(1433) 12월 5일. 도승지 안숭선에게 명하여 왕무와 왕흠에게 회증으로 마포 60필과 茶, 삼 40근을 주게 하였다. 이에 말하기를 "전하께서 아직 병이 쾌유되지 않았으나 대인께서 근간에 떠나실 터이므로, 내일 전하가 輦연을 타고 오셔서 위로하겠다고 하였습니다" 하니, 대답하기를 "전하께서 만약 꼭 와서 우리를 위로하신다면 우리들이 례의상 당연히 먼저 가서 뵈어야 할 것입니다. 비록 그러하나 전하께서 병이 아직 쾌차하지 않았다면 거동을 하지 않으심이 옳사옵고 우리들 또한 대궐에 나아갈 수 없사오니, 전하를 기동하지 말도록 하십시오" 하므로 안숭선이 돌아와 아뢰니, 상이 안숭선에게 명하여 도로 가서 여러 사신들에게 말하기를 "손님이 려관에 계신 지가 이미 오래되었는데 주인이 가보지 않았으니, 이것이 어찌 례라고 하겠습니까. 그러나 여러 대인들이 과인을 가엾게 여기어 움직여 노고하지 말라고 하니, 마땅히 세자로 하여금 대행하게 하겠습니다" 하였다.

293 [世宗] 卷六十二 宮廷茶禮 及 接使人情

十五季癸丑 十二月丁巳. 命都承旨安崇善, 問安于崔, 孟兩使臣, 仍贈回奉 痲布十五匹, 茶, 蔘二十斤于孟捏可來, 痲布十匹, 茶, 蔘二十斤于崔眞. 眞屛人密語曰 吾有品好段子二十匹, 未得和賣意欲進上何如. 崇善答曰 初至已進, 且將未畢貿易之物進上何如. 眞深愧曰 但欲與君商議耳.

세종 권62 궁정茶禮 및 접사인정

세종 15년 계축(1433) 12월 8일. 도승지 안숭선에게 명하여 최·맹 두 사신에게 문안하게 하고, 이어 회증으로 마포 15필, 茶, 삼 20근을 맹날가래에게 주고, 마포 10필, 茶, 삼 20근을 최진에게 주었다. 최진이 사람들을 내보내고 가만히 말하기를 "내게 품질이 좋은 단자 20필이 있는데, 화매하지 못하였기에 왕께 진상할까 하는 뜻이 있는데 어떻겠습니까?" 하매 안숭선이 대답하기를 "처음에 왔을 때에 이미 진상한 바가 있었으며, 또 무역하다가 다하지 못한 나머지 물품을 진상한다는 것이 어떻겠습니까?" 하니, 최진이 매우 부끄러워하며 말하기를 "다만 그대와 상의하고자 하였을 뿐입니다" 하였다.

294 [世宗] 卷六十二 宮廷茶禮

十五季癸丑 十二月戊午. 上率王世子及文武百官, 幸太平館, 見兩使臣, 行茶禮後辭別還宮, 命留王世子代設餞宴.

세종 권62 궁정茶禮

세종 15년 계축(1433) 12월 9일. 상이 왕세자와 문무백관을 인솔하고 태평관에 거동하여 두 사신을 보고 茶禮를 거행한 뒤에 하직하고 환궁하였다. 왕세자에게 머물도록 명하여 대신 사신의 전별연을 베풀게 하였다.

295 [世宗] 卷六十二 宮廷茶禮

十五季癸丑 十二月辛酉. 戶曹啓, 外方各官雖當禁酒時, 稱爲茶禮備設饌果, 實爲未便. 況平安 黃海道, 今當失農, 使客煩多糜費之弊不可不慮. 本國大小使客, 勿設茶禮. 從之.

세종 권62 궁정茶禮

세종 15년 계축(1433) 12월 12일. 호조에서 아뢰기를 "지방의 각 고을에서는 비록 금주하는 때를 당하였더라도 茶禮라 일컫고 반찬과 과일을 갖추어 설비하니, 실로 온당하지 않습니다. 더군다나 평안도 · 황해도는 지금 농사를 실패하였는데 사객의 왕래가 번거롭게 많아서 막대한 비용을 내게 하는 폐단을 걱정하지 않을 수 없습니다. 우리나라의 크고 작은 사신에게는 茶禮를 설행하지 말게 하소서" 하니, 그대로 따랐다.

296 [世宗] 卷六十三 茶房官制

十六季甲寅 正月癸巳. 吏曹啓, 豐壤 離宮典守以內侍, 茶房別監, 各二人, 樂天亭典守以內侍, 茶房, 別監, 各一人, 相遞入番, 仍給兩日一度 從之.

세종 권63 茶房관제

세종 16년 갑인(1434) 1월 15일. 리조에서 아뢰기를 "풍양 리궁의 수직은 내시, 茶房, 별감 각 2명으로 하고, 락천정의 수직은 내시, 茶房, 별감 각 10명이 서로 번갈아 들게 하되 연 2일을 한번으로 돌게 하소서" 하니, 그대로 따랐다.

297 [世宗] 卷六十四 茶事

十六季甲寅 四月戊午. 成均生員方運等 上書曰 (中略) 近季以來, 水 旱相仍季穀不登, 吾民之生, 朝夕不繼, 彼僧之食, 豐饒如一, 民飢而死者有矣, 僧飢而死者鮮矣. 不蠶不耕, 坐獲溫飽, 虛費億兆之財, 無益毫釐之用遞. 生驕恣或游於茶酒之肆, 自相誇尙, 或相與小民爭利, 謀營貨財, 擁畜妻子, 悖淸淨之方, 彰穢惡之行, 仍何窺其室者, 聽慈悲之設, 而靡不悅從, 過其門者, 聞罪福之言, 而亦皆敬信乎. (下略)

세종 권64 찻일

세종 16년 갑인(1434) 4월 11일. 성균관 생원 방운 등이 상서하기를 "(중략) 근년 이래로 수재와 한재가 서로 잇달아 햇곡식(季穀)이 익지 못하매 우리 백성의 생계가 조석을 이어 나가지 못하는데, 저 승들이 먹을 것은 풍년이나 흉년이나 마찬가지이어서 백성이 굶어 죽는 자가 있어도 승이 굶어 죽는 자는 드뭅니다. 누에도 치지 않고 밭도 갈지 않은 자가 앉아서 따뜻하고 배부름을 누리게 되어 억조의 재산을 허비하되 털끝만큼도 재정에 리익

됨이 없나이다. 거기에다 급기야는 교만하고 방자한 버릇이 생기어 어떤 자는 茶肆(茶집=茗肆)나 술집에 나와 놀면서 스스로 서로 잘난 척하고 뽐내며, 어떤 자는 약한 백성과 서로 리익을 다투어 재물 모으기를 꾀하고, 처자를 끼고 먹이어 청정한 곳을 더럽히고 추악한 행동을 드러내오니, 어찌 그 집을 엿보는 자들이 자비의 베풂을 듣고 기뻐서 따르며, 그 문을 지나는 자들이 죄 주고 복 준다는 말을 듣고 또한 모두 공경하고 믿을 수 있겠습니까" 하였다. (하략)

298 [世宗] 卷六十六 宮廷茶禮

十六季甲寅 十月乙卯. 上率世子及羣臣, 幸慕華館, 迎敕至景福宮, 行禮如常儀. (中略) 上曰 去季使臣回還時, 人口之數, 預先計得無有隱誤, 牛馬家産, 敕到後始推故, 在遠未及計得. 馬十匹及已曾奏達完聚, 本國人五口, 因親夫哀乞, 今夏盡皆送還, 此外人馬家財, 無有隱漏, 但其時在遠馬匹, 未及送還, 深切兢惶. 幸天使忖度我心. 使臣曰 欲與殿下, 差遣宰相及李滿住所遣人等, 一時復命 李滿住使人來, 則使我等知會. 上曰 是. 行茶禮訖, 使臣歸太平館, 上送至勤政門內, 文武羣臣, 詣太平館行禮. (下略)

세종 권66 궁정茶禮

세종 16년 갑인(1434) 10월 12일. 상이 세자와 여러 신하를 거느리고 모화관에 거둥하여 칙서를 맞고 경복궁에 이르러 례를 행하기를 보통 때의 의식과 같이 하였다. (중략) 상이 말하기를 "지난해에 사신이 돌아갈 때에 인구의 수효는 미리 계산하여 알았기 때문에 숨기고 잘못된 것이 없었고, 우마와 가산은 칙서가 이른 뒤에 비로소 추심하였기 때문에 먼 곳에 있는 것은 미처 계산할 수가 없었습니다. 말 10필과 이미 일찍이 주달하여 완취한 본국 사람 5명은 그 남편의 애걸로 인하여 금년 여름에 모두 다 돌려보냈으니, 이 밖에 인마와 재산으로서 숨기고 빠진 것이 없고, 다만 그때 먼 곳에 있는 마필을 미처 돌려보내지 못하였으니 매우 황송한 일입니다. 바라건대 사신께서 내 마음을 알아주시오" 하였다. 사신이 말하기를 "전하께서는 보내는 재상과 리만주가 보내는 사람들과 더불어 동시에 복명하고자 하오니, 리만주의 사인이 오거든 우리들에게 알려 주소서" 하니, 상이 말하기를 "그리 하겠소" 하였다. 茶禮를 거행하기를 마치고 사신이 태평관으로 돌아가는데 상이 근정문 안까지 전송하고, 문무 여러 신하들은 태평관에 가서 례를 행하였다. (하략)

299 [世宗] 卷六十六 茶房官制

十六季甲寅 十一月辛卯. 都承旨安崇善啓曰 守令六期之法, 所以久其任, 而除人民迎送之弊也. 近觀內侍, 茶房, 軍錄事等 去官者 或六月除守令, 而歲末殿最居下, 或歲末除守令, 而六月殿最居下, 以此觀之, 未見其久任之意. (下略)

세종 권66 茶房관제

세종 16년 갑인(1434) 11월 17일. 도승지 안숭선이 아뢰기를 "수령[308]의 륙기의 법은 그 직임에 오래 있게 하여 백성의 수령을 맞고 보내는 폐단을 없애자는 것이다. 근래에 보건대 내시, 茶房, 군록사 등 거관한 자가 혹 6월에 수령이 제수되면 연말 전최[309]에 하등이 되고, 혹 연말에 수령이 제수되면 6월 전최에 하등이 되니, 이것으로 본다면 오래 맡긴다는 뜻을 보지 못하였습니다" 하였다. (하략)

300 [世宗] 卷六十六 茶房官制

十六季甲寅 十一月壬辰. 受常參視事, 上曰 近來守令居殿者, 皆內侍, 茶房出身人也. 前朝之季, 率以吏典去官參外, 秩卑者爲守令故, 庸瑣不法, 太祖爰念此弊, 先革支縣, 定爲州郡之額, 愼簡賢能以差遣之, 至於內侍, 茶房, 去官者亦皆愼簡差任, 然殿最之際其在下列者, 皆內侍, 茶房, 去官之人, 是何故也. 領議政黃喜啓曰 內侍, 茶房不經庶務, 徒滿差季遽受臨民之職, 故其弊如此. 上曰 予當熟議處之.

세종 권66 茶房관제

세종 16년 갑인(1434) 11월 18일. 상참을 받고 정사를 보는데 상이 말하기를 "근래에 수령으로서 최하의 성적을 받는 자는 모두 내시, 茶房의 출신자들이다. 전조 말년에는 대개가 리전 출신으로 거관한 참외로서 품질이 낮은 사람으로 수령을 임명하였기 때문에 용렬하고 불법한 일이 많았는데, 태조께서 이것을 생각하시어 먼저 지현을 혁파하여 주군의 수를 정하고, 어질고 능한 사람을 신중히 선택하여 임명해 보냈으며 내시, 茶房의 거관한 자에 이르러서는 또한 모두 신중히 뽑아서 임명하였으나 전최할 때 하등에 있는 자는 모두 내시, 茶房의 거관한 사람들이니 이는 무슨 까닭인가" 하니, 령의정 황희가 아뢰기를 "내시, 茶房은 여러 가지 사무를 거치지 않고 년한만 채우고 갑자기 수령의 직책을 받았기 때문에 그 폐단이 이와 같은 것입니다" 하였다. 상이 말하기를 "내가 마땅히 잘 의론하여 처리하겠다" 하였다.

301 [世宗] 卷六十八 宮廷茶禮

十七季乙卯 四月丁卯. 使臣李忠 金角 金福等, 奉敕率處女, 從婢九名, 唱歌婢七名, 執饌婢三十七名來. 上迎至景福宮. 受敕如儀, 敕曰 婦女金黑等 五十三名, 久留京師, 朕憫其有鄕土之思, 亦有父母兄弟之望, 今遣內官李忠, 內史金角 金福, 送回王可悉訪其家歸之, 勿令失所, 李忠等 就令展省畢, 即回京故

---

308) **守令** 太守와 邑令. 조선 시대 東班의 外官職으로 각 고을을 다스리던 觀察使 이하의 府尹, 牧使, 府使, 郡守, 縣監, 縣令을 통틀어 이르는 말.

309) **殿最** 관찰사(觀察使)가 수령(守令)의 치적(治績)을 조사하여 보고하던 일.

敕. (中略) 上遂向東南坐, 婢子等陞月臺, 其衣服首飾皆用華制以漢禮, 行八拜鞠躬低頭, 斂手俯仰, 狀類舞蹈. 仍俯伏叩頭而降, 命饋于南廊, 上與使臣行茶禮, 使臣歸太平館, 上送至勤政門內. (下略)

세종 권68 궁정茶禮

세종 17년 을묘(1435) 4월 26일. 사신 리충 · 김각 · 김복 등이 칙서를 받들고 처녀, 종비 9명, 창가비 7명과 집찬비 37명을 거느리고 왔다. 상이 맞아 경복궁에 이르러 의식과 같이 칙서를 받들었다. 칙서에 말하기를 "부녀 김흑 등 53명이 오래 경사에 머물러 있으니, 짐이 그들이 고향을 생각하고 있는 것을 불쌍히 여기고, 또 부모형제가 보고 싶어 할 것이므로 이제 내관 리충, 내사 김각, 김복 등을 보내어 돌려보내니, 왕이 모두 그 집을 찾아서 돌려보내어 처소를 잃지 말게 하고 리충 등은 성묘가 끝나거든 곧 경사로 돌아오게 하라. 그러므로 칙유하노라" 하였다. (중략) 상이 드디어 동남향하여 앉고 비자들은 월대에 올라와 의복과 수식은 모두 명국 제도를 쓰고 명국의 례절로 8배를 행하였는데, 몸을 굽히고 머리를 숙이고 손을 모으고 구부렸다 우러렀다 하여 그 모양이 무용하는 것 같았다. 인하여 부복하여 고두례를 하고, 남랑에서 음식을 대접하기를 명하고, 상이 사신과 더불어 茶禮를 거행한 뒤에 사신이 태평관으로 돌아가니, 상이 근정문 안까지 배웅하였다. (하략)

302 [世宗] 卷六十八 宮廷茶禮

十七季乙卯 六月癸丑. 使臣李忠詣闕, 上出迎勤政門外, 引入殿內相話, 上立使臣跪. 使臣固請, 上坐北向南, 自坐東南隅, 行茶禮訖, 卽還太平館.

세종 권68 궁정茶禮

세종 17년 을묘(1435) 6월 13일. 사신 리충이 예궐하니, 상이 근정문 밖에 나가 맞이하여 대궐 안으로 인도하여 들여 서로 이야기하였는데, 상은 서고 사신은 꿇어앉았다. 사신이 굳이 상께서 북쪽으로 앉으시어 남향하기를 청하고, 자기는 동남쪽 모퉁이에 앉아 茶禮를 행하여 끝나매, 곧 태평관으로 돌아갔다.

303 [世宗] 卷六十八 宮廷茶禮 及 接使人情

十七季乙卯 六月丁巳. 命都承旨辛引孫, 將石燈盞二事, 彩花席四張, 茶, 蔘二十觔, 贈使臣金福. 福曰 本朝之民, 待以中國人例, 感謝罔極.

세종 권68 궁정茶禮 및 접사인정

세종 17년 을묘(1435) 6월 17일. 도승지 신인손을 명하여 석등잔 2벌과 채화석 4장, 茶, 삼 20근씩을 사신 김복에게 주었다. 김복이 말하기를 "본조의 백성을 명국 사람의 례로 대접하니 감사하기 그지없습니다" 하였다.

304 [世宗] 卷六十八 宮廷茶禮

十七季乙卯 六月戊午. 使臣金福 詣闕辭, 上接見于勤政殿行茶禮.

세종 권68 궁정茶禮

세종 17년 을묘(1435) 6월 18일. 사신 김복이 예궐하여 하직하니, 상이 근정전에서 접견하고 茶禮를 거행하였다.

305 [世宗] 卷六十九 宮廷茶禮

十七季乙卯 七月庚午朔. 使臣金角詣闕, 上出迎勤政門外, 引入殿內, 上南向, 角西向坐, 行茶禮. 角還館, 上送至庭中.

세종 권69 궁정茶禮

세종 17년 을묘(1435) 7월 1일. 사신 김각이 예궐하니, 상이 근정전 문밖에 나가 맞이하여 근정전 안으로 들어와서 상은 남쪽을 향하여 앉고, 김각은 서쪽을 향하여 앉아 茶禮를 거행하였다. 김각이 관으로 돌아가니 상이 뜰 가운데까지 나와 전송하였다.

306 [世宗] 卷六十九 宮廷茶禮

十七季乙卯 七月癸巳. 兩使臣詣闕, 上迎勤政門外, 引入勤政殿. 兩使臣固請上南向, 自北向行再拜禮, 上起立 使臣仍跪相話, 行茶禮訖. 辭別而出, 上送至殿階上.

세종 권69 궁정茶禮

세종 17년 을묘(1435) 7월 24일. 두 사신이 예궐하니, 상이 근정문 밖에서 영접하여 근정전으로 인도해 들어왔다. 두 사신이 상에게 굳이 청하여 남쪽을 향하도록 하고, 그들은 북쪽을 향하여 재배례를 행하니, 상은 일어서고 사신은 그대로 꿇어 앉아 서로 이야기하면서 茶禮 거행하기를 마치매, 리별의 인사를 하고 나가니 상이 그들을 전송하러 전계 위까지 나아갔다.

307 [世宗] 卷七十一 宮廷茶禮

十八季丙辰 一月庚寅. 舍人魏亨, 詣闕辭, 上御勤政殿行茶禮.

세종 권71 궁정茶禮

세종 18년 병진(1436) 1월 24일. 사인 위형이 예궐하여 하직하니, 상이 근정전에 나아가서 茶禮를 거행하였다.

308 [世宗] 卷七十七 榷茶鹽

十九秊丁巳 五月丙寅. 戶曹報政府曰 鹽法之興尙矣, 管仲相齊用鹽莢以階覇業, 厥後若酒, 鐵, 茶之榷旋作旋罷, 獨鹽法無代不行焉. 今大明創業, 便行私鹽, 私茶, 私礬之禁, 載諸律令立法甚嚴, 以中國平衍, 沃野之地物産之饒, 蓄積之多, 而必摧此數件之利, 盖以軍國之中, 凶荒之備不可不預也. (下略)

세종 권77 茶와 소금의 전매

세종 19년 정사(1437) 5월 1일. 호조에서 의정부에 보고하기를 "염법을 일으킨 것은 더 논할 것도 없이 관중[310]이 제나라를 섬길 때에 염법을 써서 패업을 이룩하였고, 그 뒤에도 술, 철, 茶 등을 도매한 일과 같은 것은 잠시 행하였다가 돌이켜 파하였으나 염법만은 행하지 아니한 시대가 없었습니다. 명나라가 창업하여 사염, 私茶, 사반 등을 금하는 법을 행하여 률령에 실어 법을 세우기를 심히 엄하게 하였으니, 명국은 땅이 평평하고 들이 기름진 곳이어서 물산이 넉넉하고 축적이 많은데도 반드시 이 몇 가지 리익을 독점하는 것은 대개 군국의 한가운데에는 흉년의 준비를 미리 하지 않을 수 없기 때문이다" 하였다. (하략)

309 [世宗] 卷八十一 賜糧食等類

二十秊戊午 四月甲子. 以李藝僉知中樞院事, 遣于對馬州. (中略) 宗貞盛 苧麻布, 緜紬各十匹, 綵花, 滿花席各十張, 人蔘五十斤, 虎豹皮各二領, 松子二石, 乾柿子一百貼, 黃栗十斗, 蜜果, 茶食各五角, 淸蜜五瓶, 燒酒五十瓶及魚物.

세종 권81 사량식등류

세종 20년 무오(1438) 4월 11일. 리예를 첨지중추원사로 삼아 대마주에 파견하였다. (중략) 종정성에게 저마포, 면주각 10필, 채화석, 만화석각 10장, 인삼 50근, 호피, 표피각 2령, 송자 2석, 건시자 1백 접, 황률 10두, 밀과, 茶食 각 5각, 청밀 5병, 소주 50병 및 어물 등을 하사하였다.

310 [世宗] 卷八十四 茶房官制

二十一秊己 三月庚戌. 禮曹啓, 講武後豐呈儀注, 前期攸司, 設王世子座於御座東南西向, 設宗室二品以上, 駙馬座於王世子之後小南. 文武羣官二品以上, 座於御座西南每等, 異位重行相向北上. 承旨座於西南隅東上, 茶房提調設壽樽於殿上, 近南北向 (中略) 司饔提調進案, 樂作, 近侍進花訖, 樂止. 議政詣尊所北向立, 樂作, 茶房提調酌酒, 議政受盞詣御座前, 北向跪, 羣官皆跪. 茶房提

---

310) **管仲** 관중(?~BC 645). 춘추시대 齊의 宰相으로 名은 夷吾, 字는 仲, 謚 敬 또는 敬仲. 桓公을 섬겨 부국강병에 힘쓰고 제후를 규합하여 환공으로 하여금 五覇의 으뜸이 되게 하였다. 鮑叔牙와의 우정으로 유명하며 이를 管鮑之交라 이른다.

調傳奉, 置于座前, 議政府伏興退復位跪, 王世子宗室及隨駕文武羣官皆起立. 殿下擧盞訖, 樂止. 議政以下皆俯伏興, 以次入就坐, 王世子宗室及隨駕文武羣官皆坐. 司饔提擧供王世子卓, 執事官設羣臣卓槭花, 司饔提調進食. 樂作 食訖, 樂止. 提擧供王世子食, 執事官設羣臣食, 食訖 茶房提調進盞. 樂作 擧訖, 樂止. (下略)

세종 권84 茶房관제

세종 21년 기미(1439) 3월 2일. 례조에서 강무한 뒤의 풍정의주에 대해 아뢰기를 "기일에 앞서 관청에서 왕세자의 자리를 어좌 동남쪽에 서향하게 설치하고, 종실 2품 이상과 부마의 자리는 왕세자의 자리 뒤 조금 남쪽에 설치한다. 문무군관 2품 이상의 자리는 전하의 자리 서남쪽에 설치하되 품등마다 자리를 달리 하여 겹줄로 하고 마주보게 하여 북쪽이 위가 되게 한다. 승지의 자리를 서남쪽 모퉁이에 설치하되 동쪽이 위가 되게 하고, 茶房제조가 수준을 전상에 설치하되 남쪽 가까이 북향하게 한다. (중략) 사옹제조가 案안을 올리면 풍악을 연주하고, 근시가 꽃을 올리고 나면 풍악이 그친다. 의정[311]이 준소 앞에 나아가서 북향하여 서면 풍악을 연주하고, 茶房제조가 술을 따르면 의정이 잔을 받아 어좌 앞으로 나아가 북향하여 꿇어앉아 올리면 군관도 모두 꿇어앉는다. 茶房제조가 잔을 전해 받들어 자리 앞에 놓고 의정이 구부렸다 엎드렸다 일어나서 물러나 제자리로 돌아와 꿇어앉으면 왕세자와 종실과 대가를 따르던 문무 군관이 다 일어선다. 전하께서 잔을 드시고 나면 풍악이 그친다. 의정 이하가 다 구부렸다 엎드렸다 일어나서 차례로 들어가 자리로 나아가 앉고, 왕세자와 종실과 따라갔던 문무 군관도 다 앉는다. 사옹제거가 왕세자에게 상을 올리고 집사관이 군관의 상을 진설하면 꽃을 뿌리고, 사옹제조가 밥을 올린다. 풍악을 연주하고, 먹고 나면 풍악이 그친다. 제거가 왕세자에게 밥을 올리고 집사관이 신하들의 밥을 진설하고, 먹고 나면 茶房제조가 잔을 올린다. 풍악이 시작되고, 마시고 나면 풍악을 그친다. (하략)"

311 [世宗] 卷八十七 茶房官制

二十一季己未 十一月丙寅. 慶尙道左道都節制使李澄玉, 上備邊之, (中略) 今各道謀避軍役, 閑檖者 頗多, 請自今中外閑檖者, 竝皆推刷以充各軍, 東班 知印, 錄事, 內侍, 茶房, 各司吏典, 前啣別坐及西班內禁, 別侍, 甲士隊長, 隊副, 防牌等 有去官人, 則吏兵曹據去官之數, 移牒中外, 京中則漢城府, 外方則監司, 都節制使, 同議試才以送, 吏兵曹更試充差, 不中者 還送其道, 凡從仕者 皆從軍出身以爲恒式, 下兵曹.

311) **議政** 조선 시대 의정부(議政府)의 영의정(領議政), 좌의정(左議政), 우의정(右議政)의 총칭(總稱).

세종 권87 茶房관제

세종 21년 기미(1439) 11월 22일. 경상도좌도도절제사 리징옥이 비변책을 올리기를 (중략) "이제 각 도에 군역을 모피하고 한산하게 지내는 자가 자못 많사오니, 청하옵건대 지금부터는 중외의 한산한 자는 모두 다 추쇄하여 각 군에 보충하게 하고, 동반의 지인, 록사, 내시, 茶房, 각사의 리전, 전함별좌와 서반의 내금, 별시, 갑사대장, 대부, 방패 등에 거관하는 사람이 있으면 리조와 병조에서 거관하는 수효에 의거하여 중외에 이첩하여, 경중에서는 한성부에서, 외방에서는 감사와 도절제사가 함께 의논해서 재주를 시험하여 보내면 리조와 병서에서 다시 시험하여 보충하되, 합격하지 못한 자는 그 도로 돌려보내어 무릇 종사하는 자는 모든 군의 출신을 항식으로 삼으소서" 하니, 병조로 내려 보냈다.

312 [世宗] 卷九十三 宮廷茶禮

二十三季辛酉 九月丁未. 賜諡後奠儀, 執事者 奠祝版於靈座之左設, 香罏香合 幷燭於靈座前設, 尊於戶外之左設, 洗二於東階東南北向盥洗在東, 盞洗在西. 有酒盞三 茶盞一. 諸執事洗又於東南北向. 執事者 盥手, 洗盞, 拭盞, 升自東階, 置于尊所, 奉 饌升奠于靈座前. (中略) 司儀贊俯伏, 興, 平身, 喪主俯伏, 興, 平身, 司儀引喪主出戶, 詣尊所西向立, 執事者酌茶, 酒. 司儀引喪主詣靈座前, 北向跪, 執事者進茶酒, 喪主酌茶, 三奠酒. (下略)

세종 권93 궁정茶禮

세종 23년 신유(1441) 9월 14일. 시호를 내린 뒤의 전드리는 의식은 집사자가 축판을 령좌 왼편에 진설하고, 향로와 향합과 초를 영좌 앞에 진설한다. 전을 지게문 밖(戶外) 왼편에 설치하고, 洗세 둘을 동계 동남쪽에 북향하여 설치하며, 관세는 동쪽에 있고 잔세는 서쪽에 있다. 술잔이 셋이고 茶잔이 하나이다. 여러 집사의 洗세도 또한 동남쪽에 북향하여 설치한다. 집사자가 손을 씻고 잔을 씻어서 닦아 가지고 동계로 올라가 전소에 두고, 찬을 받들어 가지고 올라가서 령좌 앞에 놓는다. (중략) 사의가 '부복, 흥, 평신'이라 찬하여 상주가 구부렸다 엎드렸다 일어나서 몸을 바로 한다. 사의가 상주를 인도하여 지게문을 나와 전소에 나아가서 서향하여 서게 하면 집사자가 茶와 술을 따른다. 사의가 상주를 인도하여 영좌 앞에 나아가 북향하여 꿇어앉게 하면 집사자가 茶와 술을 올려서 상주가 茶를 올리고, 세 번 술을 드린다. (하략)

313 [世宗] 卷九十三 宮廷茶禮

二十三季辛酉 九月丁未. 祖奠儀, 其日有司 設喪主位於庭東近北北向, 執事者 奠祝版於靈座之左設. 香罏, 香合, 幷燭於靈座前設, 尊於戶外之左北向設, 設洗二於東階東南北向 盥洗在東, 盞洗在西. 有酒盞三, 茶盞一. 諸執事洗 又於東南北向. (中略) 司儀引喪主詣盥洗位盥洗訖, 升自東階, 詣靈座前 北向跪. 執事者一人, 捧香合, 執事者一人, 捧香罏跪進, 喪主三上香, 執事者 奠于靈座前. 執事者 進茶酒, 喪主酌茶 三尊酒. (下略)

세종 권93 궁정茶禮

세종 23년 신유(1441) 9월 14일. 조전의[312]는 그날에 유사가 상주의 자리를 뜰 동쪽에 북쪽으로 가까이 북향하여 설치하고, 집사자가 축판을 령좌의 왼편에 놓는다. 향로, 향합과 초를 령좌 앞에 진설하고 전을 지게문 밖 왼편에 북향하여 설치하고, 洗세 둘을 동계의 동남쪽에 북향하여 설치하고 관세는 동쪽에, 잔세는 서쪽에 있다. 술잔이 셋이고 茶잔이 하나이다. 여러 집사의 洗세 또한 동남쪽에 북향하여 설치한다. (중략) 사의가 상주를 인도하여 관세 위에 나아가 관세하게 하고, 이를 마치면 동계로 올라가 령좌 앞에 나아가서 북향하여 꿇어앉는다. 집사자 각 1인은 향합과 향로를 받들어 꿇어앉아서 올리면 상주가 세 번 상향하고, 집사자가 령좌 앞에 올려 놓는다. 집사자가 茶와 술을 올리면 상주가 茶를 올리고, 세 번 술을 올린다. (하략)

314 [世宗] 卷九十三 宮廷茶禮

二十三季辛酉 九月丁未. 啓殯奠儀, 其日有司 設喪主位於庭東近北北向, 設告啓殯官位於喪主之後近南. 執事者一人, 執拭柩之巾, 陪其後俱北向. 執事者 奠祝版於靈座之左, 設香鑪 香合, 幷燭於靈座前. 設奠於戶外之左北向, 設洗二於東階東南北向盥洗在東, 盞洗在西. 有酒盞三, 茶盞一. 諸執事洗 又於東南北向. 時至 執事者 盥手, 洗盞, 拭盞, 升自東階, 置于尊所, 奉饌升, 奠于靈座前. 司儀引告啓殯官, 入就位, 執事者 從之. 司儀引喪主入就位北向立, 司儀唱 再拜, 哭. 喪主再拜哭盡哀, 內外俱再拜, 哭盡哀. 司儀引喪主, 詣盥洗位盥洗 訖, 升自東階, 詣靈座前北向跪. 執事者一人, 奉香合, 執事者一人, 奉香鑪跪進, 喪主三上香. 執事者 奠于靈座前, 執事者 進茶 酒, 喪主酌茶, 三奠酒. (下略)

세종 권93 궁정茶禮

세종 23년 신유(1441) 9월 14일. 빈소를 여는 존의는 그날에 유사가 상주의 자리를 뜰의 동쪽에 북쪽으로 가까이 북향하여 설치하고, 빈소 여는 것을 고하는 관원(告啓殯官)의 자리를 상주 뒤에 남쪽으로 가까이 설치한다. 집사자 1인이 널 닦을 수건을 가지고 그 뒤에서 모시되 모두 북향한다. 집사자가 축판을 령좌 왼편에 놓고 향로, 향합과 촉을 령좌 앞에 진설한다. 전을 지게문 밖 왼쪽에 북향하여 설치하고 洗세 둘을 동계의 동남쪽에 북향하여 설치하고, 관세는 동쪽에, 잔세는 서쪽에 있다. 술잔이 셋이며 茶잔이 하나이다. 여러 집사의 洗세 또한 동남쪽에 북향하여 설치한다. 때가 되면 집사자가 손을 씻고 잔을 씻어서 닦아 가지고 동계로 올라가 존소에 두고 찬을 받들어 올라가서 령좌 앞에 놓는다.

사의가 고계빈관을 인도하여 들어와 자리에 나아가게 하고 집사자도 이를 따른다. 사의가 상주를 인도하여 들어와서 자리에 나아가 북향하여 서게 하고, 사의가 '재배, 곡'을 창한다. 상주가 재배하고 곡하기를 슬프게 하면 내외가 모두 재배하고 곡하기를 슬프게 한다. 사의가 상주를 인도하여 관세 자리에 나아가서 관세하게 하고, 이를 마치면 동계로 올라가

312) **祖奠儀** 발인 전에 영결을 고하는 의식.

령좌 앞에 나아가서 북향하여 꿇어앉게 한다. 집사자 1인은 향합을 받들고, 집사자 1인은 향로를 받들어 꿇어앉아 올리면 상주가 세 번 상향한다. 집사자가 령좌 앞에 올려놓고 茶와 술을 올리면 상주가 茶를 드리고 세 번 술을 드린다. (하략)

315 [世宗] 卷九十三 宮廷茶禮

二十三季辛酉 九月丁未. 遣奠儀, 其日有司, 設喪主位於庭東近北北向. 有司國葬都監進輴(肩轝)於中門外當中南向, 進柳車於外門外, 當中南向. 儀仗, 明器序列於柳車前, 執事者 奠祝版於靈座之左設. 香鑪, 香合, 幷燭於靈座前設, 尊於戶外之在北向設, 洗二於東階東南北向 盥洗在東, 盞洗在西. 有酒盞三, 茶盞一. 諸執事洗 又於東南北向. (中略) 司儀引喪主, 詣盥洗位盥洗訖, 升自東階, 詣靈座前北向跪. 執事者 一人, 奉香合, 執事者 一人, 奉香鑪跪進, 喪主三上香, 執事者 奠于靈座前. 執事者 進茶 酒, 喪主酹茶, 三奠酒. (下略)

세종 권93 궁정茶禮

세종 23년 신유(1441) 9월 14일. 견전의[313]는 그날에 유사가 상주의 자리를 뜰 동쪽에 북쪽으로 가까이 북향하여 설치한다. 유사 國葬都監국장도감이 순[314]을 중문 밖 가운데 내어다가 남향하여 놓고, 류차는 외문 밖 한가운데에 내어다가 남향하여 놓는다. 의장, 명기는 순서대로 류거 앞에 벌여 놓고 집사자가 축판을 령좌의 왼편에 놓는다. 향로, 향합과 초를 령좌 앞에 진설하고 전을 지게문 밖 왼편에 북향하여 설치한다. 洗세 둘을 동계의 동남쪽에 북향하여 설치하고 盥洗관세는 동쪽에 있고 盞洗잔세는 서쪽에 있다. 술잔이 셋이고 茶잔이 하나이다. 여러 집사의 洗세 또한 동남쪽에 북향하여 설치한다. (중략) 사의가 상주를 인도하여 관세 위에 나아가 관세하게 하고, 이를 마치면 동계로 올라가 령좌 앞에 나아가서 북향하여 꿇어앉게 한다. 집사자 각 한 사람씩 향합과 향로를 받들어 꿇어앉아서 올리면 상주가 세 번 상향하고 집사자가 령좌 앞에 올려놓는다. 집사자가 茶와 술을 올리면 상주가 茶를 올리고, 세 번 술을 올린다. (하략)

316 [世宗] 卷九十三 宮廷茶禮

二十三季辛酉 九月丁未. 路祭儀, 前一日 忠扈衛設靈帳於城外南向, 執事者設靈座於帳內近北 南向. 其日 執事者 奠祝版於靈座之左設, 香鑪, 香合, 幷燭於靈座前. 次設禮饌, 設尊於帳東南北向, 設洗二 盥洗在東, 盞洗在西. 有酒盞三, 茶盞一. 於帳外近東北向, 諸執事洗 又於東南 北向. 儀仗將至, 議政府六曹, 隨地立班, 異位重行俱北向. 竢靈車至, 攝僉知通禮, 詣靈車前跪告, 請靈車小駐. 告訖, 俯伏, 興, 退 通贊 贊再拜, 衆官皆再拜. 執事者 詣盥洗位盥洗

---

313) **遣奠儀** 발인할 때 門前에 제사 지내는 의식.
314) **輴** 肩轝, 즉 규모가 작은 상여.

訖, 洗盞, 拭盞, 置于奠所. 奉禮郞引班首, 詣盥洗位盥洗訖, 詣靈座前北向立. 奉禮郞贊跪, 班首跪, 衆官皆跪. 執事者 一人, 奉香 合, 執事者 一人, 奉香鑪跪進, 班首三上香, 奠鑪于案上. 執事者 進茶 酒, 班首酹茶, 三奠酒. 奉禮郞贊俯伏, 興, 小退北向跪, 祝進靈座之左西向跪, 讀祭文 訖, 通贊 贊俯伏, 興, 平身, 退復位, 衆官皆俯伏, 興, 平身. 通贊 贊再拜, 衆官皆再拜退. 攝僉知通禮, 詣靈車前跪告, 請靈車進發, 俯伏 興, 退 執事撤饌, 執事者二 參外, 祝 文官參外, 通贊一 奉禮郞一 通禮門.

세종 권93 궁정茶禮

세종 23년 신유(1441) 9월 14일. 로제의 의식은 하루 전에 충호위315)가 령장을 성 밖(城外)에 남향하여 설치하고, 집사자가 령좌를 장막 안에 북쪽으로 가까이 남향하여 설치한다. 그날에 집사자가 축판을 영좌의 왼편에 설치하고, 향로와 향합, 촉을 영좌 앞에 진설한다. 다음에 례찬을 진설하고 전을 장막의 동남쪽에 북향하여 설치하고 洗세 둘을 盥洗관세는 동쪽에, 盞洗잔세는 서쪽에 있다. 酒盞이 셋이요, 茶盞이 하나이다. 장막 밖에 동쪽으로 가까이 북향하여 설치하고 여러 집사의 洗세 또한 동남쪽에 북향하여 설치한다. 의장이 장차 이르면 의정부와 륙조가 땅의 형편에 따라 반렬을 지어 서되, 자리(位)를 달리 하여 겹줄(重行)로 해서 모두 북향한다. 령차가 이르기를 기다려 섭첨지통례가 령거 앞에 나아가서 꿇어앉아 고하기를 '령거를 잠깐 머무르시기를 청합니다' 한다. 고하기를 마치고 나서 부복하였다 일어나서 물러간다. 통찬이 '재배'를 찬하면 중관이 모두 재배한다. 집사자가 관세위에 나아가 관세하고 나서 잔을 씻고 닦아서 존소에 둔다. 봉례랑이 반수를 인도하여 관세자리에 나아가 관세하게 하고 령좌 앞에 나아가 북향하여 서게 한다. 봉례랑이 '궤'를 찬하여 반수가 꿇어앉으면 중관이 모두 꿇어앉는다. 집사자 1인이 향합을 받들고 집사자 1인이 꿇어앉아 향로를 받들어 올리면 반수가 세 번 상향하고 향로를 안위에 올려놓는다. 집사자가 茶와 술을 올리면 반수가 茶를 올리고 세 번 술을 올린다. 봉례랑이 '부복, 흥, 소퇴북향궤'를 찬하면 축이 령좌의 왼편으로 나아가서 서향하여 꿇어앉아 제문을 읽고, 이를 마치면 통찬이 '부복, 흥, 퇴'를 찬하면 중관이 모두 구부렸다 엎드렸다 일어나서 평신한다. 통찬이 '재배'를 찬하여 중관이 모두 재배하고 물러난다. 섭첨지통례가 령거 앞에 나아가 꿇어앉아서 고하기를 '령거가 떠나기를 청합니다' 하고 부복하였다 일어나서 물러가고 집사자가 음식을 거두어 치운다. 집사자 2인 참외316), 祝축 1인 문관참외, 통찬 1인, 봉례랑317) 1인 통례문318)이다.

315) **忠扈衛** 조선 시대 궁궐을 지키고 제사 때 제관의 자리를 마련하는 일을 맡아 하던 군대.
316) **參外** =參下. 조선 시대 칠품 이하의 벼슬. 조회에 참여할 수 없는 하급 관리.
317) **奉禮郞** 나라의 큰 의식이 있을 때 절차에 따라 종친과 문무백관을 인도하는 집사관.
318) **通禮門** 고려, 조선 시대에 조회와 제사에 관한 의식을 맡아 보던 관아.

317 [世宗] 卷一百二 賜糧食等類

二十五季癸亥 十二月甲午. 禮曹復書宗貞盛曰 (中略) 殿下深嘉之特賜, 鞍具馬一匹, 白紬子, 白緜布各一十匹, 黑麻布, 白苧布各五匹, 虎皮五領, 松子一百斤, 雜彩花席一十張, 米 豆各三百石, 淸蜜一十斗, 燒酒五十瓶 乾柹子一百貼, 茶一十斤, 桂二角, 茶食二角, 鯉魚五十尾, 天鵝五隻, 惟照領.

세종 권102 사량식등류

세종 25년 계해(1443) 12월 14일. 례조에서 종정성에게 회답하는 글을 보내기를 (중략) "전하께서 깊이 아름답게 여기시어 특별히 안구마 1필, 백주자, 백면포각 10필, 흑마포, 백저포각 5필, 호피 5령, 잣 100근, 잡채화석 10장, 미, 두각 300석, 청밀 10두, 소주 50병, 건시자 100첩, 茶 10근, 계 2각, 茶食 2각, 잉어 50마리, 천아 5척을 주시는 것이니 조령하기 바라오" 하였다.

318 [世宗] 卷一百四 賜糧食等類

二十六季甲子 四月己酉. 招撫官康勸善回自一岐島啓. (中略) 此民依貧窮渡唐, 雖乘一岐本居之船, 對州執貢船, 諸物後旣捐流船, 時于此等搶彼船, 更不巧朝鮮之敵. 予從先祖不退戴天恩于今, 領納貴使白細苧布四匹, 白細緜紬四匹, 燒酒十瓶, 桂一角, 茶食一角等, 深意無極爲致報意. 使武和有肆郎左衛門 助遣賊徒一仁, 此男聊不得寸物. (下略)

세종 권104 사량식등류

세종 26년 갑자(1444) 4월 30일. 초무관 강권선이 일기도에서 돌아와 아뢰기를 (중략) "이 백성들은 빈궁하여 중원으로 간 것인데, 비록 일기도에 본래 있던 배를 탔으나 대마주에서 공선과 여러 물건을 빼앗은 것은 뒤에 류선(정체 모를 도둑 배)에 빼앗긴 바, 이때에 그들은 그 배를 약탈하였으므로 더욱 조선과 적이 될 줄은 생각지 못했습니다. 저는 선조 때부터 끊임없이 천은을 입어 왔고, 지금 귀사가 가지고 온 백세저포 4필, 백세면주 4필, 소주 10병, 계 1각, 茶食 1각 등을 받자오니 고맙기 한이 없어 사의를 표합니다. 무화유사랑좌위문으로 하여금 적도 1인을 함께 보내오나, 이 남자는 조그마한 물건도 얻은 것이 없습니다" 하였다. (하략)

319 [世宗] 卷一百四 賜糧食等類

二十六季甲子 五月丙寅. 倭人藤九郎等 二十六人來, 賜藤九郎鞍具馬一匹, 米二百石, 豆一百石, 緜紬十匹, 緜布十匹, 麻布五匹, 苧布五匹, 虎皮四領, 雜彩花席七張, 燒酒四十瓶, 茶五觔, 衣一襲, 笠, 鞾, 其餘麾下賞賜有差, 賞捕賊倭之功也.

세종 권104 사량식등류

세종 26년 갑자(1444) 5월 17일. 왜인 등구랑 등 26인이 오니, 등구랑에게 안장 갖춘 말 1필과 쌀 200석, 콩 100석, 면주 10필, 면포 10필, 마포 5필, 저포 5필, 호피 4령, 잡채화석 7장, 소주 40병, 茶 5근, 의복 1습, 갓과 장화를 내려 주고, 기타의 휘하에게도 상으로 하사하기를 차등 있게 하였는데, 왜적을 잡은 공으로 상을 준 것이었다.

320 [世宗] 卷一百五 茶房官制

二十六季甲子 閏七月丙辰. 傳旨吏曹. (中略) 今後咸吉道各官民內, 別侍衛甲士取才者, 三才內二才入則取, 吏典取入才者, 書算內一才則取, 內侍, 茶房, 知印, 錄事取才者, 書, 算, 律, 家禮, 元續六典, 內三才入則取, 隊長, 副取才者, 除差備, 襲蔭取才者, 講經三處內, 一處入則取. (下略)

세종 권105 茶房관제

세종 26년 갑자(1444) 윤7월 9일. 리조에 전지하기를 (중략) "지금부터는 함길도의 각 고을에 사는 백성들 중에서 별시위나 갑사를 취재할 때에는 3재에 2재만 합격하면 뽑고, 리전을 취재할 때에는 서와 산 두 가지 중에 한 가지만 합격하면 뽑으며, 내시, 茶房, 지인, 록사를 취재할 때에는 서, 산, 률, 가례, 원속륙전 중에서 세 가지만 합격하면 뽑고, 대장이나 대부의 취재에 합격한 자는 차비군을 거치지 않고 바로 임명하며, 습음 취재 때에는 강경 세 곳 중에서 한 곳만 합격하면 뽑도록 한다." (하략)

321 [世宗] 卷一百五 賜糧食等類

二十六季甲子 閏七月己亥. 禮曹 致書于對馬州太守宗貞盛曰 (中略) 一. 宗彦七一季, 使送船隻, 內四隻上京, 支持其餘三隻, 聽令留浦興販足下其知之. 其別幅 大般若經一部, 白細緜紬一十匹, 白細苧布一十匹, 黑細麻布一十匹, 虎皮二領, 豹皮二領, 松子四石, 蒜二石, 燒酒三十瓶, 桂四角, 茶食四角, 淸蜜六斗, 乾大口魚二百尾, 乾鯉漁一百尾, 乾鮒魚三百尾, 白米一十石, 白粘米二石, 眞末二石, 子千代熊 處諸緣具韡子一部, 海獺皮鞍籠一箇, 籐鞭一箇, 豁鼻白臉紅沙騸馬一匹. (下略)

세종 권105 사량식등류

세종 26년 갑자(1444) 윤7월 22일. 례조에서 대마주태수 종정성에게 글을 보내기를 (중략) "一. 종언칠의 1년간 사송선척 중에서 4척은 서울에 올라오게 하여 지대하고, 그 나머지 3척은 포구에 머물러서 무역하도록 들어 주었으니, 족하는 이를 아시오" 하였는데, 그 별폭에는 대반약경 1부, 백세면주 10필, 백세저포 10필, 흑세마포 10필, 호피 2령, 표피 2령, 잣 4석, 마늘 2석, 소주 30병, 계 4각, 茶食 4각, 청밀 6두, 건대구어 200미, 건리어 100미, 건부어

300미, 백미 10석, 백점미 2석, 밀가루 2석입니다. "아들인 천대웅에게 보내는 것은 제연구 화자 1부, 해달피안롱 1개, 등편 1개, 활비백검홍사편마 1필입니다" 하였다. (하략)

322 [世宗] 卷一百十一 榷茶鹽

二十八季丙寅 二月辛丑. 義鹽色啓, 謹按禹貢以靑州爲貢鹽, 周官設鹽官, 雖有官而未始不在民也. 至管仲 以魚鹽富國, 厥後秦之鹽利, 倍於古, 自漢而下, 或海租 或魚池, 且宋慶曆季閒, 朝議欲弛茶鹽之法, 范仲淹曰 國家用度, 常患不數, 如減用度, 則除茶鹽之法可矣. 如不能減損, 則必取於農, 孰若取於游手乎. 朝議遂寢. (下略)

세종 권111 茶와 소금의 전매

세종 28년 병인(1446) 2월 3일. 의염색에서 아뢰기를 "삼가 상고해 보건대, 우공에는 청주로써 공염을 삼고 주관에는 염관을 설치했는데, 비록 관직은 있지마는 처음부터 민간에 있지 않은 적이 없습니다. 관중에 이르러 물고기와 소금으로 나라를 부강하게 하였고, 그 뒤 진나라의 소금 리익은 옛날보다 배가 되었으며, 漢한나라로부터 내려오면서 혹은 바다의 조세를 받기도 하고 혹은 물고기에 세를 받기도 하였습니다. 또 宋송나라의 경력년간(1041~1048)에는 조정의 의론이 茶와 소금의 전매하는 법을 늦추고자 하니 범중엄[319]이 말하기를 '국가의 용도는 상시 넉넉지 못함을 걱정하고 있는데, 만약 용도를 줄일 수가 있다면 茶와 소금의 전매하는 법을 없애도 되겠지마는 능히 감손할 수가 없다면 반드시 농민에게 취할 것이니, 어찌 놀고 지내는 사람에게 취하는 것과 같겠는가?' 하여 조정의 의론이 마침내 중지되었다. (하략)"

323 [世宗] 卷一百十一 茶房官制

二十八季丙寅 三月甲午. 禮曹啓, (中略) 輝德殿入直宗親, 駙馬及內侍, 丙直茶房, 殿直等 期季內入番時, 著衰服, 祥, 禫服色, 與百官同. (下略)

세종 권111 茶房관제

세종 28년 병인(1446) 3월 27일. 례조에서 아뢰기를 (중략) "휘덕전에 입직한 종친, 부마와 내시, 내직茶房, 전직 등은 기년 안에 입번할 때는 최복(상복)을 입고 대상과 담제의 복색은 백관과 같게 한다" 하였다. (하략)

---

319) **范仲淹** 범중엄(989~1052). 北宋 때의 학자, 정치가. 강소성 蘇州 출생. 字는 希文, 시호는 文正.

324 [世宗] 卷一百十三 宮廷茶禮

二十八季丙寅 七月乙酉. 晝茶儀, 午正時至, 陵司設香鑪, 香合, 幷燭於靈座前, 次捧茶甁及鍾置于尊所戶外, 西向俯伏跪. 內侍入戶內西向俯伏興, 詣靈座前俯伏跪, 三上香, 小退跪. 內竪擧空案一就階上, 陵司傳捧入戶以授內侍. 內侍傳捧置于靈座前. 內侍以槃盛兩色餠 各色實菓, 淸蜜, 漢菜 各一器 筯楪置于案. 陵司以鍾 酌茶, 以授內侍, 內侍傳捧置于槃, 俱出戶外俯伏如一食頃. 內侍還入俯伏跪 徹饌.

세종 권113 궁정茶禮

세종 28년 병인(1446) 7월 19일. 晝茶儀는 오정에 시각이 되면 릉사가 향로, 향합과 촉을 령좌 앞에 설치하고, 다음에 茶甁과 茶鍾을 받들어 존소의 지게문 밖에 두고 서향하여 부복하고 꿇어앉는다. 내시가 지게문 안에 들어가서 서향하여 부복하였다가 일어나서 령좌 앞에 나아가 부복하고 꿇어앉아 세 번 상향하고 조금 뒤로 물러나서 꿇어앉는다. 내수가 공안 1개를 들고 섬돌 위에 나아가면, 릉사가 전해 받들어 지게문에 들어와서 내시에게 준다. 내시가 전해 받들어 령좌 앞에 놓은 다음 반에 두 가지 색의 떡과 각색 과실, 청밀, 한채 각기 한 그릇과 저접을 소반에 둔다. 릉사가 잔에 茶를 담아 내시에게 주면, 내시가 전해 받들어 쟁반에 두고 모두 지게문 밖에 나와서 부복하기를 일식경과 같이 한다. 내시가 도로 들어가서 부복하고 꿇어 앉아 제찬을 거두어 치운다.

325 [世宗] 卷一百十三 宮廷茶禮

二十八季丙寅 七月乙酉. 輝德殿朝夕上食儀, 宗親 駙馬 輪番直宿 爲獻官. 每日時至, 殿司設香鑪, 香合, 幷燭於靈座前設, 尊於戶外近東. 掌膳內侍告饌膳調熱, 獻官詣廚省視實饌俱畢, 入就殿庭東廊西向再拜. 內侍一人, 詣戶外西向俯伏興入, 詣靈座前北向俯伏, 興, 捲帳徹虞主匱上盞袱, 俯伏, 興, 小退跪. 殿司及內直茶房別監詣戶外西向俯伏跪, 內竪擧空案二就階上, 殿司內直傳捧, 入戶以授內侍. 內侍傳捧置于靈座前. 次捧匙筯楪, 次以槃盛九楪列置于正案進饌 訖, 獻官升自東階, 入戶西向俯伏, 興, 詣靈座前, 北向俯伏跪. 內直一人, 捧香合, 殿司一人, 獻官 三上香, 殿司奠鑪于案. 茶房一人, 酌酒, 殿司一人, 以盞受酒, 授獻官獻, 官受盞以盞 授內侍, 奠于靈座前. 獻官俯伏, 興, 降復位. 亞獻終獻同. 內侍撤饌, 乃退 晝茶儀與英陵晝茶儀同.

세종 권113 궁정茶禮

세종 28년 병인(1446) 7월 19일. 휘덕전의 조석 상식의는 종친과 부마가 륜번으로 직숙하여 헌관이 된다. 매일 시각이 되면 전사가 향로, 향합과 초를 령좌 앞에 설치하고 존을 지게문 밖 동쪽 가까이 설치한다. 장선내시가 찬선이 고루 익었음을 고하면 헌관이 주방에 나아가서 살펴보고 찬구에 담기를 마치면 들어와서 전정의 동쪽 행랑에 나아가서 서향하여 두 번 절한다. 내시 1인이 지게문 밖에 나아가서 서향하여 부복한다. 일어나서 들어와 령좌 앞에 나아가서 북향하여 부복하였다가 일어나서 장을 걷고 虞主匱우주궤 위에 덮인 복을 걷어치우고 부복하였다가 일어나서 조금 뒤로 물러나서 꿇어앉는다. 전사, 내직, 茶房別監이 지게문 밖에 나아가서 서향하여 부복하여 꿇어앉고, 내수가 빈 소반 2개를 들고 섬돌 위에 나아가면 전사, 내직이 전해 받들어 지게문에 들어와서 내시에게 준다. 내시가 전해 받들어 령좌 앞에 둔다. 다음에 시저접을 받들고 쟁반에 구접을 담아 정안에 벌려 놓고 제찬을 올리고 이를 마치면 헌관이 동계로 올라와서 지게문에 들어와 서향하여 부복하였다 일어나서 령좌 앞에 나아가 북향하여 부복하고 꿇어앉는다. 내직 1인은 향합을 받들고 전사 1인은 향로를 받들어 헌관이 세 번 상향하고 전사가 향로를 안에 드린다. 茶房 1인은 술을 따르고 전사 1인은 술잔에 술을 받아 헌관에게 주면 헌관이 술잔을 받아 술잔을 내시에게 주어 령좌 앞에 드리게 한다. 헌관에게 부복하였다 일어나서 내려와 제자리로 돌아간다. 아헌과 종헌도 같다. 내시가 제찬을 거두어 치우고는 곧 물러간다. 晝茶儀와 영릉 晝茶儀가 같다.

326 [世宗] 卷一百十五 宮廷茶禮

二十九秊丁卯 正月壬午. 世子詣英陵, 行晝茶禮.

세종 권115 궁정茶禮

세종 29년 정묘(1447) 1월 19일. 세자가 영릉에 나아가서 晝茶禮[320]를 거행하였다.

327 [世宗] 卷一百十五 宮廷茶禮

二十九秊丁卯 二月丙辰. 改茶房爲司尊院.

세종 권115 궁정茶禮

세종 29년 정묘(1447) 2월 24일. 茶房을 고쳐 사존원이라 한다.

328 [世宗] 卷一百十五 宮廷茶禮

二十九秊丁卯 三月辛未. 世子詣英陵, 行晝茶禮.

세종 권115 궁정茶禮

세종 29년 정묘(1447) 3월 9일. 세자가 영릉에 나아가서 晝茶禮를 거행하였다.

---

320) **晝茶禮** 왕이나 왕비의 장례 후 3년 안에 혼전과 릉소에 드리는 제사.

329 [世宗] 卷一百十五 賜糧食等類

二十九季丁卯 三月戊寅. (上略) 禮曹參議李先齊, 致書宗貞盛曰 足下能繼父志, 誠心効順久而不懈, 我殿下深嘉之, 遣官賚酒饌勞慰, 且聞足下遇災特賜米, 豆, 布貨等物, 具在別幅. 燒酒三十瓶, 淸酒一百瓶, 桂, 茶食, 燒餠各二角, 淸蜜五斗, 天鵝五隻, 乾大口魚二百尾, 鮒魚四百尾, 鯉魚五十尾, 靑魚二千尾, 松子二石, 乾枾五十貼, 白米三石, 粘白米, 蕎麥米各二石, 小豆一石, 麥末二石. 特賜白細緜紬, 白細緜布各十匹, 白細苧布, 黑細麻布各五匹, 糙米一百石, 黃豆五十石. 去季貞盛家, 火故云遇燒.

세종 권115 사량식등류

세종 29년 정묘(1447) 3월 16일. (상략) 례조참의 리선제가 종정성에게 서신을 보내기를 "족하가 능히 아버지의 뜻을 계승하여 성심으로 귀순하여 오래 되어도 게으르지 않으니, 우리 전하께서 매우 이를 가상하게 여겨 관원을 보내어 주찬을 가지고 가서 위로하게 하고, 또 족하가 재앙을 만났단 말을 들으시고는 특별히 미두, 포화 등 물건을 내리니 별폭에 상세히 기재되어 있다. 소주 30병, 청주 1백 병, 계, 茶食과 구운 떡각 2각, 청밀 5두, 천아 5척, 건대구어 200마리, 부어 400마리, 리어 50마리, 청어 20마리, 잣 2석, 건시 50첩, 백미 3석, 점백미 3석, 교맥미 각 2석, 소두 1석, 맥말 2석을 내리고 특별히 백세면주, 백세면포 각 10필과 백세저포, 흑세마포 각 5필과 조미 100석, 황두 50석을 내리노라" 하였는데, 지난해에 종정성의 집에 불이 난 까닭으로 재앙을 만났다고 한 것이다.

330 [世宗] 卷一百十六 宮廷茶禮

二十九季丁卯 閏四月己丑. 世子行晝茶禮于英陵.

세종 권116 궁정茶禮

세종 29년 정묘(1447) 윤4월 27일. 세자가 영릉에 晝茶禮를 거행하였다.

331 [世宗] 卷一百十七 茶房官制

二十九季丁卯 八月丁丑. 上不御殿, 命領集賢殿事河演等, 試重試文臣于勤政殿庭, 試以擬集賢殿, 進八駿圖箋. 是日司饔, 茶房, 禮賓, 依舊例, 設饌具酒半, 上命中官, 賜內醞珍差, 實儒林盛事也. 演因題八駿詩一絶, 八駿乃太祖潛邸征戰時, 所御馬也. 上命文臣, 和其詩作, 軸藏于集賢殿. 翼日 發策以試別試, 諸生講經入格五十人入赴. 又命錦城大君瑜, 領中樞院事李順蒙, 右贊成金宗瑞等, 試式科于光化門外.

세종 권117 茶房관제

세종 29년 정묘(1447) 8월 18일. 상이 정전에 나오지 않고 집현전사 하연 등에게 명하여 중시를 치를 문신들을 근정전 뜰에서 시험 보이는데, 시제를 '집현전에서 팔준도를 올리는 전을 모의함(擬集賢殿進八駿圖箋)'으로 하였다. 이 날에 사옹, 茶房, 례빈에서 구례에 따라 음식과 술을 조금 차렸는데, 상이 중관에게 명하여 내온과 진수를 하사하니 실로 유림의 성사이었다. 하연이 팔준시 절구 1수를 지으니, 팔준이란 것은 태조가 잠저 시절에 전쟁할 때 쓰던 말이다. 상이 또 문신들에게 명하여 그 시를 화운하게 하여 축을 만들어 집현전에 간직하게 하였다. 이튿날에 책문을 내어서 별시 볼 유생들을 시험하였는데, 강경에 입격한 50인이 들어와 응시하였다. 또 금성대군 유와 령중추원사 리순몽, 우찬성 김종서 등에게 명하여 무과를 광화문 밖에서 시험하게 하였다.

332 [世宗] 卷一百十七 宮廷茶禮

三十二季庚午 正月甲辰. 命壽嶲君玹, 左副承旨李季甸, 往議于政府曰 世子扶持迎詔後, 未得詣大平館, 與使臣無相見節次, 予以爲勤政殿東邊設帳幕, 見使臣行私禮, 與使臣言曰 父王言 今日旣有大變, 聖上新登寶位, 普天之下一則極悲, 一則極歡. 況臣身蒙列聖卵翼之恩, 未由圖報, 今日予心之懷, 兩大人諒之, 予以病未出, 極爲無禮, 長子亦以病, 未能行禮, 尤爲無禮極爲愧恥, 極爲惶懼, 以此言之何如. 皇甫仁 朴從愚 鄭苯 鄭甲孫曰 上敎允當. 但漢人, 每與人上接, 必行茶禮, 請行茶禮爲便, 從之. 上又謂承政院曰 世子與使臣相接時, 笏陪雲劍從入乎否. 都承旨李思哲等 啓曰 東宮儀仗本不得入殿庭, 只令書筵, 擔事承旨等 官入參.

세종 권117 궁정茶禮

세종 32년 경오(1450) 1월28일. 수춘군 현과 좌부승지 리계전에게 명하여 의정부에 가서 의론하게 하기를 "세자를 부축하여 붙들고 조서를 맞이한 뒤에 태평관에 나갈 수 없으므로 사신과 상견하는 절차가 없으니, 내 생각에는 근정전 동변에다 장막을 설치하고 사신을 만나 보는 사례를 행하고", 사신에게 말하기를 "부왕께서 말씀하시되 '오늘날 이미 큰 변란이 있고 성상께서 새로 보위에 오르시니, 온 천하가 한편으론 지극히 슬퍼하고 한편으론 지극히 즐거워합니다. 하물며 신이 몸소 렬성의 란익지은을 입고 보답할 길이 없었는데, 오늘 나의 심회를 두 어른께서 량해하여 주셨으며, 내가 병으로 나가지 못하여 지극히 무례한데 큰아들도 또한 병 때문에 례를 행하지 못하니, 더욱 무례하게 되어 몹시 부끄럽고 매우 황송하다'고 하셨습니다. 이렇게 말하면 어떠할까" 하니, 황보인 · 박종우 · 정분 · 정갑손이 아뢰기를 "상교가 이치에 합당하옵니다. 다만 漢人한인이 매양 대접할 때에는 반드시 茶禮를 거행하오니, 청하옵건대 茶禮를 거행하는 것이 좋을 듯합니다" 하매 그대로 따랐다. 상이 또 승정원에 이르기를 "세자가 사신과 서로 만날 때에 홀배와 운검도 따라 들어가는가, 아니 들어가는가?" 하니, 도승지 리사철 등이 아뢰기를 "동궁의 의장은 본래 전정에 들어갈 수 없는 것이오니, 다만 서연, 첨사, 승지 등의 관원만이 입참하게 하소서" 하였다.

333 [世宗] 卷一百十七 宮廷茶禮

三十二季庚午 閏正月丙午朔. 翰林侍講倪謙, 刑科給事中司馬恂來, 命首陽大君, 率百官迎于慕華館, 結綵棚光化門外, 陳雜戲. 世子自移御所, 徑詣景福宮勤政殿庭迎詔. 其詔曰 (中略) 朝廷亦振族盡逐胡虜, 抽四方精兵會于京師, 以備不虞. 皇帝仁明, 英武 厚德之至, 爲太上皇帝, 不受賀, 不御宴, 今吾等之來, 殿下迎慰絡繹於道 感激, 則有之公然受宴, 實愧於心. 今後不要設宴, 只是喫飯. 且世子扶病迎詔, 尤見敬朝廷之意. 行茶禮罷, 使臣歸太平館, 首陽大君 代行下馬宴. (下略)

세종 권117 궁정茶禮

세종 32년 경오(1450) 윤1월 1일. 명나라 한림시강 예겸과 형과급사중 사마순이 오니, 수양대군에게 명하여 백관을 거느리고 모화관에서 맞이하게 하고 광화문 밖에 채붕을 맺고 잡희를 베풀게 하였다. 세자가 이어소에서 바로 경복궁 근정전 뜰에 나아와서 조서를 맞이하였다. 그 조서에 이르기를 (중략) "조정에서 진의 족속을 없애버리고 오랑캐를 모두 쫓아내고 사방에서 정병을 뽑아 경사에 모아 의외의 사변에 대비하였습니다. 황제께서는 인자하시고 명철하시며 영걸하고 용맹하시며, 후덕이 지극하시어 태상황제를 위하여 하례도 받지 않고 잔치에도 나가지 아니하시는데, 지금 우리들이 오매 전하께서 맞이하여 위로하심이 길에 끊이지 아니하니, 감격하기는 하오나 공공연히 잔치 받으니 진실로 마음에 부끄럽습니다. 이 뒤로는 잔치를 베푸실 필요가 없고 다만 밥만을 먹겠습니다. 또 세자께서 병환 중이신 몸으로 조서를 맞이하시니, 더욱 조정을 공경하시는 뜻을 알겠습니다" 하였다. 茶禮를 거행하기를 마치고 사신이 태평관으로 돌아가니, 수양대군이 하마연을 대리로 행하였다. (하략)

334 [世宗] 卷一百十七 宮廷茶禮

三十二季庚午 閏正月丁未. 禮曹定王子代行宴, 朝廷使儀, 其日迎接都監設正使座, 於太平館正廳北壁南向, 副使座 於東壁西向, 王子座 於西壁近南東向. 俱烏漆交倚. 若正使 副使俱南向, 則設王子座於東壁. 司尊院設酒卓於廳內, 近南北向. 王子至館 入次. 前一日, 忠扈衛, 設次於大門外近南. 時至, 就見使者, 出至正廳西階下, 使者出, 正廳各就前立. 王子由西門入, 就前揖, 使者答揖. 使者就座, 王子就座. 司尊別監一人 捧茶甌, 一人 捧茶鍾盤, 俱入立於酒卓東. 捧鍾者 在西差退 司饔別座三人 捧果盤, 一人立於正使之右東向, 一人立於副使之左北向, 一人立於王子之右北向. 司饔提擧以鍾受茶, 立進于王子,茶將至王子, 起坐少前, 立使者亦起, 坐酒禮亦同. 王子執鍾, 就正使前進茶, 正使受鍾, 權受通事. 提擧又以鍾受茶立, 進于王子, 王子執鍾, 就副使前進茶, 副使受鍾. 王子少退, 提擧又以鍾受茶立, 進于正使. 正使執鍾, 就王子前進茶, 王子執鍾, 通事以權受茶鍾立, 進于正使, 正使執鍾. 使者就座, 王子就座歃訖, 提擧各進使者及王子前立, 受鍾 俱復於茶盤. 以出初擧茶訖, 司饔別坐 各位進果, 俱以盤出, 少頃, 司尊別監二人分立, 于酒卓東西, 又別監四人, 列立于酒卓後, 樂師 歌者及琴瑟 分東西階升, 坐於月臺上, 司饔別坐三人, 各捧果盤, 分就每位立, 如茶禮.

세종 권127 궁정茶禮

세종 32년 경오(1450) 윤1월 2일. 례조에서 왕자가 조정 사신에게 연회를 대행하는 의식을 정하기를 "그 날에 영접도감이 정사의 자리를 태평관의 정청 북벽에 남향하여 설치하고 부사의 자리를 동벽에 서향하여 설치하고, 왕자의 자리를 서벽에 남쪽으로 가까이 동향하여 설치한다. 모두 검은 옻칠한 교의이다. 만일 정사와 부사가 모두 남향이면 왕자의 자리는 동벽에 설치한다. 사존원에서 주탁을 청 내에 설치하되 남쪽으로 가까이 북향하여 설치한다. 왕자가 태평관에 이르러 막차로 들어간다. 하루 전에 충호위에서 막차를 대문 밖에 남쪽으로 가까이 설치한다. 시각이 되면 나아가서 사자를 보는데, 나가서 정청의 서계 아래에 이르면 사자가 정청에 나와서 각기 앞으로 나아가 선다. 왕자가 서문으로 들어가서 앞으로 나아가 읍하면 사자가 답례로 읍한다. 사자가 자리에 앉으면 왕자도 자리에 앉는다. 사존별감 한 사람이 茶鍾을 받들고 한 사람이 茶鍾槃을 받들어 함께 들어가 주탁의 동쪽에 선다. 茶鍾을 받든 자는 서쪽에 있되 조금 뒤로 물러나 있다. 사옹별좌 3인이 과반을 받들고 1인은 정사의 오른쪽에 동향하여 서고 1인은 부사 왼쪽에 북향하여 서며, 1인은 왕자의 오른쪽에 북향하여 선다. 사옹제거가 茶鍾으로 茶를 받아 가지고 서서 왕자에게 드리면 茶가 장차 이르게 되면 왕자가 자리에서 일어나 조금 앞으로 나아가 서고, 사신도 역시 자리에서 일어난다.

주례도 또한 이와 같다. 왕자가 茶鍾을 잡고 정사 앞으로 나아가 茶를 드리고, 정사는 茶鍾을 받아서 우선 통사[321]에게 준다. 제거가 또 茶鍾으로 茶를 받아 서서 왕자에게 드리면 왕자가 茶鍾을 잡고 부사 앞으로 나아가서 茶를 드리고, 부사는 茶鍾을 받는다. 왕자가 조금 물러나면 제거가 또 茶鍾으로 茶를 받아 가지고 서서 정사에게 드린다. 정사가 茶鍾을 잡고 왕자 앞으로 나아가 茶를 드리면 왕자가 茶鍾을 잡고, 통사가 茶種을 받아 정사에게 드리면 정사가 茶種을 잡는다. 사신이 자리에 나아가고 왕자가 자리에 나아가서 마시고 나면 제거가 각기 사신과 왕자 앞으로 나아가 서서 茶鍾을 받아 모두 茶盤에 도로 놓는다. 처음에 茶 들기를 마치면 사옹별좌가 각기 자리에서 과일을 올리고 함께 과반을 가지고 나온다. 조금 지나서 사존별감 두 사람이 주탁 동서에 나누어 선다. 또 별감 4인이 주탁 뒤에 벌여 선다. 악사가 가자와 금슬을 거느리고 동서 계단으로 나누어 올라가서 월대 위에 앉

321) **通事** 고려 시대 내시부의 종9품의 벼슬(=通人). 조선 시대의 통역관.

는다. 사옹별좌 세 사람이 각각 과반을 받들고 나누어 자리마다 나아가서 서기를 茶禮와 같이 한다.

335 [世宗] 卷一百二十七 宮廷茶禮

三十二季庚午 閏正月戊申. 倪謙 司馬恂, 謁文廟 讀碑文曰 好, 但登三邁五之語, 於侯國大過, 遂入明堂, 敎官及學生, 行再拜禮, 使臣皆答拜. 館伴鄭麟趾, 金何與參判李邊, 假大司成提學尹祥, 假司成副提學鄭昌孫, 陪使臣而坐, 行茶禮, 使臣問 本國科擧之制何. 曰 以講經爲初場, 賦表爲中場, 策問爲終場. 使臣曰 講何書乎. 何曰 四書五經也. 卽還太平館.

세종 권127 궁정茶禮

세종 32년 경오(1450) 윤1월 3일 예겸과 사마순이 문묘에 배알할 제, 비문을 읽으면서 말하기를 "좋소, 다만 등삼매오란 말은 제후나라로서는 크게 지나치시오" 하고, 드디어 명륜당에 들어가니, 교관과 학생이 재배례를 행하매 사신이 모두 답배하였다. 관반 정린지, 김하와 참판 리변과 가대사성제학 윤상, 가사성부제학 정창손이 사신을 모시고 앉아 茶禮를 거행할 제, 사신이 묻기를 "본국의 과거 제도가 어떠합니까?" 하매 김하[322]가 말하기를 "강경[323]으로 초장을 하고 부표로 중장을 하고, 책문[324]으로 종장을 삼습니다" 하니, 사신이 말하기를 "무슨 글을 강하오" 하매, 김하가 말하기를 "사서오경을 강론합니다" 하였다. 곧 태평관으로 돌아갔다.

336 [世宗] 卷一百二十七 宮廷茶禮 及 接使人情

三十二季庚午 閏正月壬子. 司馬恂 請茶匙二部, 命與之.

세종 권127 궁정茶禮 및 접사인정

세종 32년 경오(1450) 윤1월 7일. 사마순이 茶匙 두 자루를 청하니, 명하여 주게 하였다.

337 [新增東國輿地勝覽] 第五十二卷 安州牧 樓亭, 萬景樓 — 張寧

江上危樓離俗**氛**　舊初經過未相**聞**
風雲企壑高低見　草樹人家遠近**分**
午竈茶煙蒼冉冉　方塘桃漲綠沄**沄**

---

322) **金何** (?~1462). 조선 전기의 문신. 중원어를 잘하여 역관으로 사신의 접대는 물론, 주청사로서 명나라를 오가면서 외교에 큰 공을 세웠다. 시호는 정선(靖宣).

323) **講經** 조선 시대 성균관과 四學의 유생, 생원, 진사를 대상으로 사서삼경을 암송하던 과거 시험.

324) **策問** 정치에 관한 계책을 물어서 답하게 하던 과거 시험.

咨詢已遍歸期促　一倚雕闌日又**曛**

七言律 文韻⇒氛聞分沄曛

신증동국여지승람 제52권 안주목 루정, 만경루 — 장녕(?~?)

강상에 높은 누각 속기를 떠났건만
첫 봄에 지날 때는 듣지도 못하였네.
바람 구름 언덕 골이 높고 낮게 보이고
초목과 인가는 멀고 가까이 나눠 있다.
낮 부엌에는 茶煙이 염염히 푸르고
네모진 연못에는 복숭아 꽃 일렁일렁.
사신 자순 이미 마쳤으니 돌아갈 길 바쁜데
아롱진 난간에 기대 보니 날 또한 저물었네.

338 **[東文選]** 第十卷 僑居 — 柳方善

僑居活計**情**　便覺漸忘**形**
覓句償詩債　煎茶解酒**酲**
玄經方欲草　陋室已會**銘**
盡日渾無暇　還將笑此**生**

五言律 庚・青韻⇒淸形酲銘生

동문선 제10권 나그네살이 — 류방선(1388~1443)

객지의 맑은 살림을 헤아렸는데
점점 망형함을 깨닫겠네.
詩句 찾아 글빚을 갚고
茶를 달여 술 취함 풀었네.
『太玄經』[325]을 바야흐로 草초하고자 한데
루실은 이미 이름을 새겼네.
종일토록 한가로울 겨를 없어
도리어 이 인생을 웃어 보네.

---

325) **『太玄經』** 漢 揚雄(BC 53~AD 18)이 周易에 비겨 지은 책. '玄'은 천지만물의 起源, '太'는 그 공덕을 형용한다.

339 [東文選] 第八卷 暮日昭陽江行 — 李先齊

(上略)
今季暮旱又倍前　　渴歠茶湯代酒**杯**
苗不入土昭雲章　　藹藹南畝飛黃**埃**
(下略)　　　　　　　　七言古 灰韻⇒杯埃

동문선 제8권 봄날 소양강行 — 리선제(세종 1419~1450 時 문신)

(상략)
금년 봄 가뭄이 전보다 배나 심해
목말라도 술 대신 茶나 마신다.
모도 못 심은 채 구름이 활짝 걷어
논둑길에 펄펄 흙먼지만 날린다.
(하략)

340 [東文選] 第十一卷 贈日本僧 — 崔恒

(上略)
文談凌雲漢　　詞源倒九**河**
道安堪齒列　　靈徹可肩**差**
旅館初傾蓋　　淸燈乍啜**茶**
金盆聞軟語　　玉塵共高**哦**
却愛圓機活　　方憐巧笑**瑳**
錫懷前日卓　　松憶昔季**摩**
(下略)　五言長律 麻韻⇒河差茶哦瑳摩

동문선 제11권 일본 승에게 증함 — 최항(1409~1474)

(상략)
빛나는 문치 은하수를 릉가하고
사원은 구하가 뒤집혀 쏟치는 듯
도안326)과 나란히 설만 하고
령철(唐나라 僧)이 어깨를 견줄 듯.
려관에서 처음 일산 마주하여327)

---

326) **道安** 東晉 때의 高僧 佛圖澄의 제자, 襄陽 檀谿寺를 세우다. 秦王 苻堅이 양양을 취하고 安을 얻고 기뻐하여 말하되, "내가 10만 군사로 양양을 취하여 한 사람 반을 얻었으니, 安公이 사람이요, 習鑿齒가 반 사람이다" 하였다.
327) **일산 기울여(傾蓋)** 孔子가 길을 가다가 程子를 처음 만나서 일산을 기울이고 이야기 하였다.

등불 아래 잠깐 茶를 마시며
금분 앞에 부드러운 말씀을 듣고
옥주[328]로 함께 높이 시를 읊었네.
처음엔 원기가 활한[329] 것을 사모했고
차차 웃음으로 깊게 사귀어
전일은 석장 꽂는 산에 따라 올랐고
작년엔 소나무를 함께 만졌네.
(하략)

341 [世宗] 卷一百五十 地理志 慶尙道

慶尙道, 在三韓時, 爲辰韓至三國爲新羅, 及高麗太祖幷新羅 百濟, 置東南都部署, 使置司慶州, 成宗十四秊乙未, 分境內爲十道, 以尙州所管, 爲領南道, 慶州 金州所管, 爲領東道, 晋州所管, 爲山南道. 其後不知何時合爲慶尙道. (中略) 貢虎皮, 豹皮, (中略) 雀舌茶, 石茸, 眞茸. (下略)

세종 권150 지리지 경상도

경상도는 삼한 때에는 진한 땅이었고 삼국 때에는 신라 땅이었는데, 고려 태조가 신라와 백제를 병합함에 이르러 처서 동남도부서를 설치하고 사를 경주에 두었다가 성종 14년(995) 을미에 경내를 10도로 나누어 상주의 관할은 령남도로 하고, 경주 · 금주의 관할은 영동도로, 진주 관할은 산남도로 하였었는데, 그 뒤 어느 때인지 알 수 없으나 합하여 경상도로 되었다. (중략) 공물은 호랑이가죽, 표범가죽 (중략) 작설茶, 石耳석이, 眞耳진이이다. (하략)

342 [世宗] 卷一百五十 地理志 慶州府 密陽都護府

密陽都護府, 使一人, 本推火郡 新羅景德王改爲密城郡, 高麗因之, 顯宗九秊戊午, 置知郡事. (中略) 土貢蜂蜜, 黃蠟, 漆, 芝草, 雀舌, 石茸. (中略) 嚴光寺 在府東有雀舌茶. (下略)

세종 권150 지리지 경주부 밀양도호부

밀양도호부는 사1인, 본래 추화군인 것을 신라 경덕왕(742~765)이 밀성군으로 고쳤는데, 고려에서 그대로 따르다가 현종 9년 무오(1018)에 지군사를 두었다. (중략) 토공은 꿀, 황랍, 옻, 지초, 작설茶, 석이. (중략) 엄광사 부 동쪽에 있다. 작설茶가 난다. (하략)

---

328) **玉麈** 南北朝 시대에 淸淡을 하는 선비들이 白玉麈尾를 손에 들고 談論하였는데, 백옥주 미는 사슴꼬리에 옥으로 자루를 한 것이다.
329) **처음엔 …… 活한** 禪家 用語로, 機鋒이 圓活하다는 뜻이다.

343 [世宗] 卷一百五十 地理志 蔚山郡

蔚山郡, 本屈阿火村, 新羅婆娑王置縣, 景德王改名河曲, 一作河西. (中略) 土貢蜂蜜, 黃蠟, 漆, 紙, 篠, 簜, 狐皮, 獐皮, 魚皮, 占察皮, 芝草, 雀舌茶, 乾竹笋. (下略)

세종 권150 지리지 울산군

울산군은 본디 굴아화촌인데, 신라 파사왕(80~112)이 현을 설치하였고 경덕왕이 이름을 하곡으로 고치고 혹은 하서라고도 한다. (중략) 토공은 꿀, 황랍, 옻, 종이, 가는 대(篠), 왕대(簜), 여우가죽, 삵괭이가죽, 노루가죽, 어피, 점찰피, 지초, 작설茶, 마른 죽순이다. (하략)

344 [世宗] 卷一百五十 地理志 晉州牧

晉州牧, 百濟居列城, 新羅文武王二秊癸亥, 卽唐高宗龍朔三秊 取以爲州, 神文王四秊乙酉 卽唐垂拱元秊, 陞居列州, 爲菁州置摠管 居列一名居陁, 景德王改爲康州, 惠恭王復爲菁州. (中略) 土貢, 蜂蜜, 黃蠟, 鹿脯, 文魚, 銀口魚, 蕈蕈, 石茸, 松茸, 芝草, 雀舌茶, 席. (下略)

세종 권150 지리지 진주목

진주목은 백제 거렬성인데 신라 문무왕 2년 계해에, 즉 당나라 고종 룡삭 3년(663)이다. 이를 탈취하여 州주를 만들고 신문왕 4년 을유, 바로 당나라 수공 원년(685)이다. 거렬주를 올려서 청주로 하고 총관을 두었으며, 거렬은 일명 거타라고도 한다. 경덕왕이 강주로 고치고 혜공왕이 다시 청주로 하였다. (중략) 토공은 꿀, 황랍, 사슴포, 문어, 은구어, 표고버섯, 석이・송이버섯, 지초, 작설茶, 자리(席)이다. (하략)

345 [世宗] 卷一百五十 地理志 咸陽郡

咸陽郡, 本速含郡, 景德王改爲天嶺郡, 高麗成宗乙未, 陞爲許州都團練使, 顯宗壬子罷團練使, 降爲含陽郡, 屬陜川任內 後含改爲咸, 明宗二秊, 初置監務, 本朝太祖四秊乙亥, 陞爲知郡事. (中略) 土貢, 蜂蜜, 黃蠟, 石茸, 漆, 紙, 鹿脯, 狐皮, 獐皮, 藥材 蓮花蘂, 牧丹皮, 茅香, 土産銀口魚, 雀舌茶, 竹笋, 柿. (下略)

세종 권150 지리지 함양군

함양군은 본디 속함군인데 경덕왕(742~765)이 천령군으로 고치고, 고려 성종 을미년에 허주도단연사로 올렸다가 현종 임자년(1012)에 단연사를 폐지하고 함양군으로 낮추어 합천 임내에 붙였고, 뒤에 含을 咸으로 고쳤다. 명종 2년(1172)에 처음으로 감무를 두었는데, 본조 태조 4년(1395) 을해에 지군사로 올렸다. (중략) 토공은 꿀, 밀랍(黃蠟), 석이, 옻, 종이, 사슴포, 여우가죽, 노루가죽이며, 약재는 연화예(연밥), 목단껍질, 모향이요, 토산은 은어, 작설茶, 죽순, 감이다. (하략)

346 [世宗] 卷一百五十 地理志 固城縣

固城縣, 本小伽揶國, 新羅取之置古自郡, 景德王改爲固城郡. (中略) 土貢, 蜂蜜, 黃蠟, 蕈蕈, 松茸, 雀舌茶, 沙魚. (下略)

세종 권150 지리지 고성현

고성현은 본디 소가야국(駕洛國)인데 신라에서 이를 취하여 고자군을 설치하고, 경덕왕이 고성군으로 고쳤다. (중략) 토공은 꿀, 밀랍(黃蠟), 표고버섯, 송이버섯, 작설茶, 모래무지이다. (하략)

347 [世宗] 卷一百五十 地理志 河東縣

河東縣, 本韓多沙郡, 景德王改爲河東郡, 高麗因之, 顯宗戊午, 屬晋州任內, 明宗壬辰, 始置監務. (中略) 土貢, 蜂蜜, 黃蠟, 蕈蕈, 柹, 乾蛤, 漆, 紙, 簜, 鹿皮, 獐皮, 狸皮, 藥材, 天門冬, 防風, 土産, 雀舌茶, 鮑. (下略)

세종 권150 지리지 하동현

하동현은 본디 한다사군인데 경덕왕(742~765)이 하동군으로 고치고, 고려에서 그대로 따랐다가, 현종 무오년(1018)에 진주 임내에 붙였으며, 명종 임진년(1172)에 비로소 감무330)를 두었다. (중략) 토공은 꿀, 밀랍(黃蠟), 표고버섯, 감, 말린 조개, 옻, 종이, 왕대, 사슴가죽, 노루가죽, 삵괭이가죽이며, 약재는 천문동, 방풍이요, 토산은 작설茶, 생포이다. (하략)

348 [世宗] 卷一百五十 地理志 山陰縣

山陰縣, 本知品川縣, 景德王改今名爲闕城 領縣, 顯宗戊午, 屬陝州任內, 恭讓王庚午, 始置 監務. (中略) 土貢, 蜂蜜, 黃蠟, 雀舌茶, 松茸, 石茸. (下略)

세종 권150 지리지 산음현

산음현은 본디 지품천현인데 경덕왕(742~765)이 지금의 이름으로 고쳐서 궐성군의 령현으로 삼았고, 현종 무오년(1018)에 합주 임내에 붙였다가, 공양왕 경오년(1390)에 비로소 감무를 두었다. (중략) 토공은 꿀, 밀랍(黃蠟), 작설茶, 송이버섯, 석이이다. (하략)

349 [世宗] 卷一百五十 地理志 鎭海縣

鎭海縣, 高麗顯宗戊午, 屬晋州任內, 恭讓王庚午, 始置監務, 本朝因之, 太宗癸巳, 例改爲縣監. (中略) 土貢, 蜂蜜, 黃蠟, 漆, 紙, 鹿皮, 山獺皮, 狐皮, 蕈蕈, 雀舌茶, 簜, 魚膠. (下略)

330) **監務** 지방의 군, 현에 파견된 관직.

세종 권150 지리지 진해현

진해현은 고려 현종 무오년(1018)에 진주 임내에 붙였다가 공양왕 경오년(1390)에 비로소 감무를 두었는데, 본조에 그대로 따랐다가 태종 계사년(1413)에 례에 의하여 현감으로 고쳤다. (중략) 토공은 꿀, 밀랍(黃蠟), 칠, 종이, 사슴가죽, 검은담비가죽, 여우가죽, 표고버섯, 작설茶, 왕대(簜), 魚膠어교이다.(하략)

350 [世宗] 卷一百五十一 地理志 全羅道

全羅道, 本百濟之地, 至義慈王十九季庚申 唐高宗顯慶四季 新羅太宗王與唐將蘇定方, 滅百濟, 遂倂其地, 景德王分爲全武二州都督府. (中略) 貢, 蜂蜜, 黃蠟, 虎皮, 豹皮, (中略) 梔子, 雀舌茶, 松花. (下略)

세종 권151 지리지 전라도

전라도는 본래 백제의 땅이다. 義慈王 19년 庚申(659)에 당나라 高宗 顯慶 4년 신라 太宗王이 당나라 장수 소정방과 더불어 백제를 멸하고 마침내 그 땅을 합쳤는데, 경덕왕이 전주, 무주 두 도독부로 나누었다. (중략) 공물은 꿀, 밀랍(黃蠟), 호피, 표범가죽, (중략) 치자, 작설茶, 송화이다. (하략)

351 [世宗] 卷一百五十一 地理志 古阜郡

古阜郡, 本百濟古沙夫里郡, 新羅改爲古阜郡, 藥材, 雀舌茶, 天門冬, 茅香, 麥門冬. (下略)

세종 권151 지리지 고부군

고부군은 본래 백제의 고사부리군이었는데 신라에서 고부군으로 고쳤다. 약재는 작설茶, 천문동, 모향, 맥문동이다. (하략)

352 [世宗] 卷一百五十一 地理志 沃溝縣

沃溝縣, 知縣事一人. 本百濟馬西良縣, 新羅改今名爲臨陂, 領縣, 高麗因之. (中略) 土宜, 五穀, 桑, 麻, 楮, 莞, 栗, 茶. (下略)

세종 권151 지리지 옥구현

옥구현은 지현사 1인. 본래 백제의 마서량현이었는데 신라에서 지금 이름으로 고쳐서 임피의 령현으로 삼았고, 고려에서도 그대로 따랐다. (중략) 토의는 오곡, 뽕나무, 마, 닥나무, 왕골, 밤, 茶이다. (하략)

353 [世宗] 卷一百五十一 地理志 扶安縣

扶安縣 職銜與沃溝同 扶寧縣, 本百濟皆火縣, 新羅改扶寧縣, 保安縣, 本百濟欣良買縣, 新羅改喜安縣, 皆爲古阜領縣. (中略) 土貢, 狐, 狸, 水獺皮, 沙魚, 天鵝, 黃毛, 茶, 席. (下略)

세종 권151 지리지 부안현

부안현(職銜은 沃溝와 같다.) 부녕현은 본래 백제의 개화현이었는데 신라에서 부령현으로 고치고, 보안현은 본래 백제의 흔량매현이었는데 신라에서 희안현으로 고치어 모두 고부의 령현으로 삼았었다. (중략) 토공은 여우가죽, 삵괭이가죽, 수달가죽, 모래무지, 고니(天鵝), 족제비털, 茶, 자리(席)이다. (하략)

354 [世宗] 卷一百五十一 地理志 井邑縣

井邑縣, 本百濟井村, 新羅改井邑縣, 爲太山領縣, 高麗改爲古阜, 屬縣後置監務. (中略) 土貢, 蜂蜜, 狐, 狸, 山獺皮, 黃毛, 漆, 席, 棗, 柿, 筍, 茶. (下略)

세종 권151 지리지 정읍현

정읍현은 본래 백제의 井村정촌이었는데 신라에서 정읍현으로 고쳐서 태산의 령현으로 삼았고, 고려에서 고부의 속현으로 삼았다가 뒤에 감무를 두었다. (중략) 토공은 꿀, 여우가죽, 삵괭이가죽, 검은담비가죽, 족제비털(黃毛), 옻, 자리, 대추, 감, 죽순, 茶이다. (하략)

355 [世宗] 卷一百五十一 地理志 羅州牧

羅州牧, 本百濟發羅郡, 改錦山郡羅, 季甄萱稱後百濟王, 盡有其地, 未幾錦山人附于後高麗王弓裔, 弓裔 後梁太祖, 乾化元季辛未 命高麗太祖爲精騎大監師, 舟師攻取, 改爲羅州, 成宗十五季丙申 宋太宗至道二季 新定十道爲羅州. (中略) 土貢, 豹, 狸, 狐, 山水獺皮, 黃毛, 豹尾, 土藤箱子, 木緜, 席, 雀舌茶, 薑, 筍. (下略)

세종 권151 지리지 라주목

라주목은 본래 백제의 발라현이었는데 신라에서 금산군으로 고쳤다. 신라 말년에 견훤이 후백제왕이라 일컫고 모두 그 땅을 차지하였는데, 얼마 안 가서 금산 사람들이 후고구려 왕 궁예에게 붙으니, 후량 태조 건화원년신미(911) 궁예가 명하여 고려 태조를 정기태감으로 삼고 주사를 거느리고 공격하여 빼앗게 하여 라주로 고쳤다. 성종 15년 병신 宋 태종 지도 2년(996)에 새로 10도를 정했는데 라주로 되었다. (중략) 토공은 표범가죽, 삵괭이가죽, 여우가죽, 검은담비가죽, 수달피, 족제비털(黃毛), 표범꼬리, 등나무상자, 목화, 자리, 작설茶, 새앙, 죽순이다. (하략)

356 [世宗] 卷一百五十一 地理志 靈巖郡

靈巖郡, 本百濟月奈郡, 新羅改靈巖, 高麗成宗十五秊丙申, 改朗州安南都護府, 顯宗九秊戊午, 復降爲知靈巖郡事, 本朝因之. (中略) 土貢, 雀舌茶, 芝草. (下略)

세종 권151 지리지 령암군

령암군은 본래 백제의 월내군이었는데, 신라에서 령암으로 고쳤다. 고려 성종 15년 병신(996)에 랑주안남도호부로 고쳤다가 현종 9년 무오(1018)에 다시 지령암군사로 강등하였고, 본조에서도 그대로 따랐다. (중략) 토공은 작설茶, 지초이다. (하략)

357 [世宗] 卷一百五十一 地理志 靈光郡

靈光郡, 本百濟武尸伊縣, 新羅改爲武靈郡, 高麗改靈光, 本䩭因之, (中略) 土貢, 虎, 狐, 狸, 山獺, 水獺皮, 黃毛, 沙魚, 水魚, 魚膠, 石榴, 棗, 榧子, 雀舌茶, 芝草, 烏竹, 席. (下略)

세종 권151 지리지 령광군

령광군은 본래 백제의 무시이현이었는데 신라에서 무령군으로 고쳤고 고려에서 령광으로 고쳤으며, 본조에서도 그대로 따랐다. (중략) 토공은 범가죽, 여우가죽, 삵괭이가죽, 검은담비가죽, 물개가죽(水獺皮), 족제비털, 모래무지, 숭어, 부레(魚膠), 석류, 대추, 비자, 작설茶, 지초, 烏竹오죽, 자리(席)이다. (하략)

358 [世宗] 卷一百五十一 地理志 康津縣

康津縣, 道康縣, 本百濟道武郡, 新羅改陽武郡, 高麗改道康郡, 爲靈巖郡屬縣, 明宗二秊壬辰 宋孝宗乾道八秊, 置監務, 耽津縣, 本百濟冬音縣, 新羅改耽津縣, 爲道康領縣, 高麗改爲靈巖任內, 太宗十七秊丁酉, 徒兵馬節制使, 營于道康古邑,合兩縣. (中略) 土貢, 狐, 狸皮, 黃毛, 芝草, 雀舌茶, 全鮑, 常藿, 藁膏, 石茸, 榧子, 漆, 藥材, 麥門冬, 人參, 鹿茸, 土産, 銀口魚, 篛. (下略)

세종 권151 지리지 강진현

강진현, 도강현은 본래 백제의 도무군이었는데 신라에서 양무군으로 고쳤고, 고려에서 도강군으로 고쳐서 령암군의 속현으로 삼았다가 명종 2년 임진(1172, 宋 孝宗 乾道 8년)에 감무를 두었다. 탐진현은 본래 백제의 동음현이었는데 신라에서 탐진현으로 고쳐서 도강의 령현으로 삼았고, 고려에서 령암의 임내로 고쳤는데 태종 17년 정유(1417)에 병마절제사영을 도강의 옛 읍에 옮기고 두 현을 합하여 강진으로 하고 읍을 탐진현에다 정하였다. (중략) 토공은 여우가죽, 삵괭이가죽, 족제비털, 지초, 작설茶, 전복, 상곽, 표교, 석이, 비자, 옻이요, 약재는 맥문동, 인삼, 록용이요, 토산은 은어, 왕대다. (하략)

359 [世宗] 卷一百五十一 地理志 茂長縣

茂長縣, 茂松縣, 本百濟松彌知, 新羅改茂松縣, 長沙縣本百濟上老縣, 新羅改長沙縣, 皆爲靈武領縣. (中略) 土貢, 狐, 狸皮, 黃毛, 沙魚, 乾水魚, 魚膠, 漆, 島阿鳥油, 席, 雀舌茶. (下略)

세종 권151 지리지 무장현

무장현은 본래 백제의 송미지현이었는데 신라에서 무송현으로 고쳤으며, 장사현은 본래 백제의 상로현이었는데 신라에서 장사현으로 고쳤으며, 모두 령무의 령현으로 삼았었다. (중략) 토공은 여우가죽, 삵괭이가죽, 족제비털, 모래무지, 건수어, 부레(魚膠), 옻, 도아조유, 자리, 작설茶이다. (하략)

360 [世宗] 卷一百五十一 地理志 咸平縣

咸平縣, 咸豊縣, 本百濟屈乃縣, 新羅改咸豊縣, 爲務安郡領縣, 高麗時屬靈光任內. (中略) 土貢, 狐, 狸皮, 黃毛, 芝草, 雀舌茶, 笋席. (下略)

세종 권151 지리지 함평현

함풍현은 본래 백제의 굴내현이었는데 신라에서 함풍현으로 고쳐서 무안군의 령현으로 삼았고, 고려 때 령광의 임내에 붙이었다. (중략) 토공은 여우가죽, 살쾡이가죽, 족제비털, 지초, 작설茶, 죽순이다. (하략)

361 [世宗] 卷一百五十一 地理志 南平縣

南平縣, 本百濟未冬未里縣, 新羅改玄雄縣, 一云永平郡, 爲武州屬縣, 高麗改南平縣, 屬羅州任內. (中略) 土貢, 狐, 水獺皮, 黃毛, 雀舌茶, 席, 石榴, 漆. (下略)

세종 권151 지리지 남평현

남평현은 본래 백제의 미동미리현이었는데 신라에서 현웅현으로 고쳐서(일명 영평군) 武州무주(광주)의 속현으로 삼았고, 고려에서 남평현으로 고쳐서 라주의 임내에 속하게 하였다. (중략) 토공은 여우가죽, 수달피, 족제비털(黃毛), 작설茶, 자리, 석류, 옻이다. (하략)

362 [世宗] 卷一百五十一 地理志 務安縣

務安縣, 本百濟勿阿郡, 新羅改務安郡, 高麗惠宗元秊甲辰晋少帝開運元秊改勿良郡. (中略) 土貢, 狐, 狸皮, 黃毛, 沙魚, 水魚, 石榴, 榧子, 雀舌茶, 笋, 席. (下略)

세종 권151 지리지 무안현

무안현은 본래 백제의 물아군이었는데 신라에서 무안군으로 고쳤으며, 고려 혜종 원년 갑진(944)에 물량군으로 고쳤다. (중략) 토공은 여우가죽, 삵괭이가죽, 족제비털, 모래무지, 숭어, 석류, 비자, 雀舌茶, 죽순, 자리이다. (하략)

363 [世宗] 卷一百五十一 地理志 高敞縣

高敞縣, 本百濟毛良夫里縣, 新羅改高敞縣, 爲武靈領縣, 高麗改爲古阜屬縣, 後以昌德縣兼監務. (中略) 土貢, 狐皮, 黃毛, 漆, 蜂蜜, 黃蠟, 棗, 石榴, 席, 笋, 雀舌茶. (下略)

세종 권151 지리지 고창현

고창현은 본래 백제의 모량부리현이었는데 신라에서 고창현으로 고쳐 무령의 령현으로 삼았고, 고려에서 고부의 속현으로 삼았다가 뒤에 창덕현으로써 감무를 겸하게 하였다. (중략) 토공은 여우가죽, 족제비털(黃毛), 칠, 꿀, 밀(黃蠟), 대추, 석류, 자리, 죽순, 작설茶이다. (하략)

364 [世宗] 卷一百五十一 地理志 興德縣

興德縣, 本百濟上染縣, 新羅改尙質縣, 爲古阜郡領縣. (中略) 土貢, 狐, 狸皮, 黃毛, 沙魚, 席, 竹皮, 方席, 雀舌茶, 石榴, 蜂蜜, 黃蠟, 漆. (下略)

세종 권151 지리지 흥덕현

흥덕현은 본래 백제의 상염현이었는데 신라에서 상질현으로 고쳐서 고부군의 령현으로 삼았다. (중략) 토공은 여우가죽, 삵괭이가죽, 족제비털(黃毛), 모래무지, 자리, 대껍질방석, 작설茶, 석류, 꿀, 밀(黃蠟), 옻이다. (하략)

365 [世宗] 卷一百五十一 地理志 長城縣

長城縣, 本百濟古尸伊縣, 新羅改岬城郡. (中略) 土貢, 狐, 狸皮, 黃毛, 漆, 蜂蜜, 黃蠟, 榧子, 雀舌茶, 笋. (下略)

세종 권151 지리지 장성현

장성현은 본래 백제의 고시이현이었는데 신라에서 갑성군으로 고쳤다. (중략) 토공은 여우가죽, 삵괭이가죽, 족제비털(黃毛), 칠, 꿀, 밀(黃蠟), 비자, 작설茶, 죽순이다. (하략)

366 [世宗] 卷一百五十一 地理志 淳昌郡

淳昌郡, 本百濟道實郡, 新羅改爲淳化郡. (中略) 土貢, 黃毛, 漆, 蜂蜜, 黃蠟, 棗, 柿, 梨, 石榴, 茶. (下略)

세종 권151 지리지 순창군

순창군은 본래 백제의 도실군이었는데 신라에서 고쳐 순화군이 되었다. (중략) 토공은 족제비털(黃毛), 옻, 꿀, 밀(黃蠟), 감, 배, 석류, 茶이다. (하략)

367 [世宗] 卷一百五十一 地理志 光陽縣

光陽縣本百濟馬老縣, 新羅改晞陽縣, 爲順天領縣. (中略) 藥材, 白梅, 鹿茸, 乾薑, 麥門冬, 茶. (下略)

세종 권151 지리지 광양현

광양현은 본래 백제의 마로현이었는데 신라에서 희양현으로 고쳐서 순천의 령현으로 삼았다. (중략) 약재는 흰 매화, 록용, 말린 생강, 맥문동, 茶이다. (하략)

368 [世宗] 卷一百五十一 地理志 長興都護府

長興都護府, 使一人, 本百濟烏次縣, 新羅改爲烏兒縣, 爲寶城郡領縣. (中略) 茶所十三, 饒良, 守太, 七百乳, 井山, 加乙坪, 雲高, 丁火, 昌居, 香餘, 熊帖, 加佐, 居開, 安則谷. (中略) 土貢, 黃毛, 漆, 蜂蜜, 乾笋, 蕈蕈, 梨, 柚子, 全鮑, 乾紅蛤, 紅大蝦, 狸,狐, 山獺皮, 席, 茶, 石茸. (下略)

세종 권151 지리지 장흥도호부

장흥도호부는 사 1인, 본래 백제의 오차현이었는데 신라에서 오아현으로 고쳐 보성군의 령현으로 삼았다. (중략) 茶所가 13이니 요량, 수태, 칠백유, 정산, 가을평, 운고, 정화, 창거, 향여, 웅점, 가좌, 거개, 안칙곡이다. (중략) 토공은 족제비털(黃毛), 옻, 꿀, 말린 죽순, 표고, 배, 유자, 전복, 말린 홍합, 붉은 큰새우, 삵괭이가죽, 여우가죽, 검은담비가죽, 자리, 茶, 석이이다. (하략)

369 [世宗] 卷一百五十一 地理志 潭陽都護府

潭陽都護府, 使一人, 本百濟秋子兮郡, 新羅改秋成郡, 高麗明宗壬辰, 置監務. (中略) 土貢, 虎, 狸, 狐, 山獺皮, 黃毛, 漆, 柿, 橘, 石榴, 梨, 梅, 粉藿, 蜂蜜, 黃蠟, 棗, 芝草, 笋, 沙魚, 全鮑, 紅蛤, 大蝦, 茶, 蕈蕈. (下略)

세종 권151 지리지 담양도호부

담양도호부는 사 1인, 본래 백제의 추자혜군이었는데 신라에서 추성군으로 고쳤고, 고려 명종 임진에 감무를 두었다. (중략) 토공은 범가죽, 삵괭이가죽, 여우가죽, 검은담비가죽, 칠, 족제비털(黃毛), 감, 귤, 석류, 배, 매, 콩가루, 꿀, 밀(黃蠟), 대추, 지초, 죽순, 모래무지, 전복, 홍합, 큰새우, 茶, 표고이다. (하략)

370 [世宗] 卷一百五十一 地理志 順天都護府

順天都護府, 使一人, 本百濟歃平郡一云武平, 新羅改昇平郡. (中略) 土貢, 虎, 狸, 狐, 山獺皮, 黃毛, 漆, 柿, 橘, 石榴, 梨, 梅, 藿, 蕓, 蜂蜜, 黃蠟, 棗, 芝草, 笋, 沙魚, 全鮑, 紅蛤, 大蝦, 茶, 蔈膏, 緜花, 烏竹, 竹皮方席. (下略)

세종 권151 지리지 순천도호부

순천도호부는 사 1인, 본래 백제의 삽평군이었는데 일명 무평이라 하고, 신라에서 승평군으로 고쳤다. (중략) 토공은 범가죽, 삵괭이가죽, 여우가죽, 검은담비가죽, 족제비털(黃毛), 칠, 감, 귤, 석류, 배, 매화, 粉藿분곽, 꿀, 밀(黃蠟), 대추, 지초, 죽순, 모래무지, 전복, 홍합, 붉은 큰 새우, 茶, 표고, 목화, 오죽, 대방석이다. (하략)

371 [世宗] 卷一百五十一 地理志 茂珍郡

茂珍郡, 本百濟茂珍州都督, 一云奴只, 新羅取百濟仍爲都督. (中略) 土貢, 豹, 狐, 狸, 山獺皮, 黃毛,漆, 土藤箱子, 棗, 柿, 梨, 石榴, 木瓜, 茶. (下略)

세종 권151 지리지 무진군

무진군은 본래 백제의 무진주도독이었는데 일명 노지라고 하며, 신라에서 백제를 차지하여 그대로 도독으로 하였다. (중략) 토공은 표범가죽, 여우가죽, 삵괭이가죽, 검은담비가죽, 족제비털(黃毛), 칠, 등나무상자, 대추, 감, 배, 석류, 모과, 茶이다. (하략)

372 [世宗] 卷一百五十一 地理志 寶城郡

寶城郡, 本百濟伏忽郡, 新羅改寶城郡. (中略) 藥材 麥門冬, 天門冬, 鹿角霜, 白歛, 茶, 梅, 水泡石, 烏魚骨, 乾薑. (下略)

세종 권151 지리지 보성군

보성군은 본래 백제의 복홀군이었는데 신라에서 보성군으로 고쳤다. (중략) 약재는 맥문동, 천문동, 록각상, 가위톱(白歛), 茶, 梅매, 속돌(水泡石), 오징어 뼈, 말린 새앙(乾薑)이다. (하략)

373 [世宗] 卷一百五十一 地理志 樂安郡

樂安郡, 本百濟分嵯郡, 新羅改分嶺郡. (中略) 土貢, 黃毛, 漆, 蜂蜜, 黃蠟, 鬱金葉 ,蕈蕈, 紅大蝦, 狐, 狸皮, 茶, 石茸. (下略)

세종 권151 지리지 락안군

락안군은 본래 백제의 분차군이었는데, 신라에서 분령군으로 고쳤다. (중략) 토공은 족제비털(黃毛), 칠, 꿀, 밀랍(黃蠟), 울금잎(鬱金葉), 표고, 붉은 큰새우, 여우가죽, 삵괭이가죽, 茶, 석이이다. (하략)

374 [世宗] 卷一百五十一 地理志 高興縣

高興縣, 知縣事一人, 兼兆陽鎭僉節制使, 本長興府猫部曲. 方言古伊部曲. 高麗忠烈王十一秊乙酉元世祖至元二十二秊 以土人譯語行首柳庇之功, 陞爲監務, 改高興縣. (中略) 土宜, 五穀, 桑, 麻, 木緜, 石榴, 梨, 柿, 栗. 土貢, 狐, 狸皮, 黃毛, 漆, 蜂蜜, 黃蠟, 蕈蕈, 紅大蝦, 席, 石茸, 粉藿, 榧子, 橘, 茶, 藥材. (下略)

세종 권151 지리지 고흥현

고흥현은 지현사가 1인이니, 조양진첨절제사를 겸하며, 본래 장흥부의 묘부곡이다. 방언에 고이부곡이라고 한다. 고려 충렬왕 11년 을유(1285) 元 世祖 至元 22년에 본토 사람 역어행수 류비의 공으로써 감무로 승격하여 고흥현으로 개칭하였다. (중략) 토의는 오곡, 뽕나무, 삼, 목면, 석류, 배, 감, 밤이다. 토공은 여우가죽, 삵괭이가죽, 족제비털(黃毛), 칠, 꿀, 밀랍(黃蠟), 표고, 붉은 큰새우, 자리, 석이, 콩가루, 비자, 귤, 茶, 약재이다. (하략)

375 [世宗] 卷一百五十一 地理志 同福縣

同福縣, 本百濟豆未只縣, 新羅改同福縣, 爲谷城郡領縣, 高麗初爲寶城任內, 縣人諺傳, 本縣古屬于寶城郡, 以釋祖琰之鄕陞爲監務, 本朝太祖三秊甲戌, 兼和順縣爲監務, 太宗五秊乙酉, 以縣合于和順改稱福順, 十六秊丙申, 復爲同福縣, 古茶所一, 瓦村今稱, 瓦旨茶貢里. (中略) 土貢, 黃毛, 漆, 蜂蜜, 黃蠟, 席, 茶. (下略)

세종 권151 지리지 동복현

동복현은 본래 백제의 두미지현이었는데 신라에서 동북현으로 고쳐서 곡성군의 령현으로 삼았다. 고려 초에 보성의 임내로 하였는데 현 사람의 속설에 전하기를 "본현이 예전에는 보성군에 속하였는데, 승 조염의 향이라 하여 감무로 승격하였다" 하며, 본조 태조 3년(1394) 갑술에 화순현을 겸하게 하여 감무로 하였다가 태종 5년(1405) 을유에 현을 화순에 합쳐서 복순이라 개칭하였고, 16년(1406) 병신에 다시 동복현으로 하였다. 옛 茶所가 1이니 와

촌이었는데, 지금 와지茶貢里라고 한다. (중략) 토공은 족제비털, 옻, 꿀, 밀랍(黃蠟), 자리, 茶이다. (하략)

376 [世宗] 卷一百五十一 地理志 珍原縣

珍原縣, 本百濟丘斯珍兮縣. (中略) 土貢, 狸, 山獺皮, 黃毛, 漆, 笋, 斑猫, 席, 茶, 石榴, 榧子, (下略)

세종 권151 지리지 진원현

진원현은 본래 백제의 구사진혜현이다. (중략) 토공은 삵괭이가죽, 검은 담비가죽, 족제비털(黃毛), 옻, 죽순, 반묘, 자리, 茶, 석류, 비자이다. (하략)

377 [新增東國輿地勝覽] 第二十二—四十卷 各卷 土山歸(茶産地 如下記)

第22卷 蔚山郡 第22卷 梁山郡 第26卷 密陽都護府
第30卷 晉州牧 第31卷 昆陽郡(泗川) 第31卷 河東郡
第31卷 山陰縣(山靑) 第31卷 丹城縣(山靑) 第32卷 固城縣
第32卷 晉海縣(鎭海) 第33卷 古埠縣(井邑) 第34卷 興德縣(高敞)
第34卷 沃溝縣 第34卷 泰仁縣(井邑) 第35卷 羅州牧
第35卷 光山縣 第35卷 靈巖郡 第36卷 靈光郡
第36卷 咸平郡 第36卷 高敞縣 第36卷 長成縣
第36卷 珍原縣(寶城) 第36卷 茂長縣(高敞) 第36卷 南平縣
第36卷 務安縣 第37卷 珍島郡 第37卷 康津縣
第37卷 海南縣 第39卷 南原都護府 第39卷 潭陽都護府
第39卷 淳昌郡 第40卷 順天都護府 第40卷 樂安郡
第40卷 寶城郡 第40卷 綾城縣(和順) 第40卷 光陽縣
第40卷 興陽縣(高興) 第40卷 同福縣(和順) 第40卷 和順縣

(世宗 卷一百五十卷)

신증동국여지승람 제22~40권 각권 토산귀(茶産地 여하기)

제22권 울산군 제22권 양산군 제26권 밀양도호부
제30권 진주목 제31권 곤양군(사천) 제31권 하동군
제31권 산음현(산청) 제31권 단성현(산청) 제32권 고성현
제32권 진해현(진해) 제33권 고부현(정읍) 제34권 흥덕현(고창)
제34권 옥구현 제34권 태인현(정읍) 제35권 라주목
제35권 광산현 제35권 령암군 제36권 령광군
제36권 함평군 제36권 고창현 제36권 장성현
제36권 진원현(보성) 제36권 무장현(고창) 제36권 남평현

제36권 무안현	제37권 진도군	제37권 강진현
제37권 해남현	제39권 남원도호부	제39권 담양도호부
제39권 순창군	제40권 순천도호부	제40권 낙안군
제40권 보성군	제40권 능성현(화순)	제40권 광양현
제40권 흥양현(고흥)	제40권 동복현(화순)	제40권 화순현

(세종 권150~151권)

378 [燃藜室記述] 卷三 世宗朝名臣金汶 — 李肯翊 編纂

金汶號西軒, 彦陽人, 庚子文科官室直提學早卒. 公聰明過人, 博通經史, 尤長於史學人有問歷代故事者, 應聲曰 在某冊卷第幾張, 百不一失. 上之命撰訓義, 公之功居多, 眷遇日隆早卒. 公性能酒, 嘗在集賢殿, 或曰 宋朝論茶品, 以紫蘇湯爲第一, 事林廣記, 禁中佳味以蒸鷄爲第一, 公微笑曰 紫蘇湯何如甕頭新酒, 蒸鷄何如牛心炙, 滿坐皆笑. 筆苑雜記

연려실기술 권3 세종조 명신 김문 — 리긍익(1736~1806) 편찬

김문(?~1448)의 호는 서헌이며 본관은 언양이다. 경자년에 문과에 급제하였고 벼슬이 직제학에 이르렀으며 일찍 죽었다. 공의 총명이 남보다 지나쳐서 경사에 널리 통하였으며 더욱이 사학에 밝았으므로 력대의 고사를 묻는 자 있으면 곧 "아무 책 몇째 장에 있습니다" 하고 대답하였는데, 백에 하나도 틀림이 없었다. 세종이 선비들에게 명하여 『통감훈의』를 편찬했을 때에 그의 공이 가장 많았으므로 총애가 높았으나 한스럽게도 일찍 죽었다. 공은 천성이 술을 잘 마셨다. 일찍이 집현전에 있을 때 어떤 이가 말하기를 "宋朝송조에서 茶品을 논할 때는 자소탕을 제일로 삼았고, 『사림광기』에는 궁중의 아름다운 음식으로 찐 닭을 제일로 삼았습니다" 하매, 그는 미소를 지으면서 "자소탕이 항아리 속의 새로 익은 술에 비해서 어떠하며, 찐 닭이 우심적[331]에 비해서 어떤 것이 낫겠습니까?" 하여 만좌 모두 웃었다.

379 [文宗] 卷二 宮廷茶禮

卽位季庚午 六月丁丑. 召政府大臣議曰 (中略) 上敎允當. 又議曰 賜謚, 賜祭, 賜賻則於大平館迎命, 誥命, 冕服則於王宮迎命禮也, 但一時俱到則迎接之禮何以處之, 僉曰 使臣入境當問於使臣爲便, 從之. 又議曰 議者以爲一國之慶莫大於受誥命, 冕服, 結綵棚以迎之可也, 然綵棚有儺禮, 戲謔之事, 茶亭則無儺禮, 宜以茶亭迎之 設小綵棚, 前列人獸雜象, 雜象口中, 迸出高從棚綵植, 大筒注水水自. 時俗謂之茶亭. 此言然乎. 僉曰 綵棚藩國儀注所不載, 且方在喪中, 不可爲也, 茶亭雖非戲謔, 亦不可也. (下略)

---

331) **牛心炙** 소의 염통으로 만든 구이.

문종 권2 궁정茶禮

문종(재위 1451~1452) 즉위년 경오(1450) 6월 5일. 정부 대신을 불러 의논하기를 (중략) "상교가 윤당합니다" 하였다. 또 의논하기를 "사시, 사제, 사부는 태평관에서 맞이하고 고명과 면복은 왕궁에서 맞이하는 것이 례인데, 다만 동시에 함께 이르면 영접하는 례를 어떻게 조처할 것인가?" 하니, 모두 말하기를 "사신이 국경에 들어오거든 사신에게 묻는 것이 편하겠습니다" 하니, 그대로 따랐다. 또 의논하기를 "의논하는 자가 말하기를 '국가의 경사가 고명과 면복을 받는 것보다 더 큰 것이 없으니, 채붕[332]을 맺어서 영접하는 것이 가하나 채붕은 나례의 희학하는 일이 있고 茶亭은 나례가 없으니 마땅히 茶亭으로 맞아야 한다'고 하니, 작은 채봉을 설치하고 그 앞에 사람과 짐승 등 잡상을 벌려 세우고, 채봉 뒤에서 큰 동이를 놓고 물을 부으면 물이 잡상의 입으로부터 흩어져 나와서 솟아오른다. 시속에서 이것을 茶亭이라 한다. 이 말이 그러한가?" 하니, 모두 말하기를 "채붕은 번국의주에 실려 있지 않고, 또 바야흐로 喪中상중에 있으니 할 수 없고, 茶亭은 비록 희학은 아니라도 또한 불가합니다" 하였다. (하략)

380 [文宗] 卷三 宮廷茶禮

卽位季庚午 八月甲戌. 使臣太監尹鳳, 奉御鄭善等, 捧詔敕來, 上以素服, 素儀仗率百官幸慕華館. 使臣將至, 上御青羅胸背紅鞓素玉帶, 百官服鞹服以迎, 至勤政殿受詔敕訖, 上降就幄次御冕服拜賜如儀. (中略) 故敕上就幄次, 釋冕服御素服, 翼善冠升殿, 見使臣行茶禮.

문종 권3 궁정茶禮

문종 즉위년 경오(1450) 8월 3일. 명국 사신인 태감 윤봉과 봉어 정선 등이 조칙을 받들고 오니, 상이 소복과 소의장 차림으로 백관들을 거느리고 모화관에 거둥하였다. 사신이 장차 이르러 행어할 제 상은 青羅청라의 흉배와 홍정과 소옥대 차림으로, 백관들은 조복을 입고 맞이하여 근정전에 이르러 조칙을 받고 나서 상이 내려와 악차에 나아가서 면복을 입고 배사하기를 의식대로 하였다. (중략) 상이 악차에 나아가서 면복을 벗고 소복을 입어 익선관을 쓰고 전상에 올라와서 사신을 보고 茶禮를 거행하였다.

381 [文宗] 卷三 宮廷茶禮

卽位季庚午 八月丙子. 鄭善詣闕, 上迎于勤政門內, 入思政殿行茶禮. 善請上坐交倚於北壁, 自坐無足牀於東壁. 贈善毛衣一領, 命右承旨鄭而漢, 宦者洪得敬, 饋頭目于賓廳. 善啓曰 前日進易換馬, 皇帝喜甚, 又倪謙司馬恂, 賫安平手書以獻, 皇帝曰 甚善. 正是趙子昂體也. 稱贊不置.

---

332) **綵棚** 임금 또는 명국의 敕使가 행차하는 곳의 城門이나 다리 또는 假家 등에 내걸어 장식하던 색실, 색종이, 색헝겊 등의 총칭.

문종 권3 궁정茶禮

문종 즉위년 경오(1450) 8월 5일. 정선이 예궐하니 상이 근정문 안에서 맞이하여 사정전으로 들어와서 茶禮[333]를 거행하였다. 정선이 상에게 북벽에서 교의에 앉기를 청하고 자신은 동벽에서 무족상(발 없는 평상)에 앉았다. 정선에게 모의 1령을 주고 우승지 정모, 한모, 환관 홍득경에게 명하여 두목을 빈청에서 접대하게 하였다. 정선이 아뢰기를 "전일에 바꾼 말을 바치니 황제께서 매우 기뻐하였으며, 또 예겸과 사마순이 안평대군이 손수 쓴 글씨를 가지고 가서 바치니, 황제께서 말하시기를 '매우 좋다. 꼭 이것이 조자앙(元나라 趙孟頫의 字)의 서체로다' 하면서 칭찬하였습니다" 하였다.

382 [文宗] 卷三 宮廷茶禮 及 來使人情

卽位季庚午 八月丁丑. 尹鳳進錦犀瑪瑠帶一腰, 段子二匹, 青畫白鍾五事, 紫色鍾六事, 畫盌子十事, 純青小盌子十事, 純青酒注一事, 大中楪六十事, 青畫沙盤九事, 青畫臺盞一事, 羊二十七頭, 內宮羅一匹, 段子一匹. 東宮段子二匹, 純青鍾六事. 鄭善進段子三匹, 紫楪二十七事, 花茶鍾六事, 青苗金酒注一把, 青畫白堤盌十事, 內宮羅一匹, 段子一匹. 東宮段子二匹, 青畫茶鍾六事.

문종 권3 궁정茶禮 및 래사인정

문종 즉위년 경오(1450) 8월 6일. 윤봉이 금서마류대 1요, 단자 2필, 青畫白鍾청화백종 5사, 紫色鍾자색종 6사, 畫盌子화완자 10사, 純青小盌子순청소완자 10사, 순청주주 1사, 대접, 중접 60사, 청화사반 9사, 청화대잔 1사, 양 27두를 바치고 내궁에게 라 1필과 단자 1필, 동궁에게 단자 2필, 純青鍾순청종 6사를 바쳤다. 정선이 단자 3필, 자접 27사, 畫茶鍾화다종 6사, 청묘금주주 1把, 青畫白堤盌청화백제완 10사를 바치고, 내궁에게 라 1필과 단자 1필, 동궁에게 단자 2필, 青畫茶鍾청화다종 6사를 바쳤다.

383 [文宗] 卷三 宮廷茶禮 及 接使人情

卽位季庚午 八月己丑. 上受賜謚于仁政殿如儀. (中略) 禮畢行焚黃祭, 遂幸太平館勞使臣, 行茶禮 還宮命李季甸, 金何賚, 貂皮百領, 石燈盞四事, 分贈兩使臣.

문종 권3 궁정茶禮 및 접사인정

문종 즉위년 경오(1450) 8월 18일. 상이 인정전에서 사시(황제가 하사한 시호) 받기를 의식과 같이 하였다. (중략) 례를 마친 후에 분황제를 지내고 마침내 태평관으로 거둥하여 사신을 위로하고 茶禮를 거행하였다. 환궁하여 리수전과 김하에게 명하여 초피 1백 령, 석등잔 4사를 가지고 가서 두 사신에게 나누어 주게 하였다.

---

333) **茶禮** 임금이 사신에게 茶를 대접하던 의식.

384 [文宗] 卷四 茶房官制

卽位秊庚午 十月庚辰. 集賢殿直提學朴彭秊上書. (中略) 三曰 學校敎化之源, 賢士之闕也. 祖宗以來, 敎養有道, 多士輩出. 自循資之法出, 而士習大變, 秊齒稍長者, 始不專於學, 或籍忠順衛, 或入內侍, 茶房在學者, 率多童騃之流, 與小學無異. (下略)

문종 권4 茶房관제

문종 즉위년 경오(1450) 10월 10일. 집현전 직제학 박팽년이 상서하였다. (중략) 그 셋째는 이러하였다. "학교는 교화의 근원이요, 어진 선비의 관문입니다. 조종 이래로 교양하는 데 도가 있어서 많은 선비가 배출되었습니다. 순자의 법이 나오면서부터 선비의 습속이 크게 변하였으니, 나이가 조금 많은 자는 비로소 학업에 전념하지 않아도 충순위에 적을 올리거나 혹은 내시, 茶房에 들어가므로 학교에 있는 자는 대개 나이 어린 무리가 많아 『소학』과 다름이 없습니다. (하략)

385 [文宗] 卷十二 宮廷茶禮

二秊壬申 三月辛丑. (上略) 上曰 于亦知之, 但祖宗行之已久, 至於我身, 而遽草, 則是顯楊其失敢爲自賢也. 是子日夜軫處而未得其處置之當也. 然盡草則難矣, 只設茶亭小棚可也. 遂下傳旨于禮曹, (中略) 上曰 予斷不用大棚矣. 雖茶亭之棚亦欲罷去, 當以此議論詣政府. 舍人李禮長, 將本府議啓曰 綵棚雖爲弊法, 然慶事不可廢也. 臣等謹稽綵棚之制, 大棚長則七十五尺, 廣六十尺, 中棚則長六十尺, 廣四十尺, 請設中棚以飾茶亭. 命召許詡引見曰, 止設中棚飾茶亭可. (下略)

문종 권12 궁정茶禮

문종 2년 임신(1452) 3월 8일. (상략) 상이 말하시기를 "나도 또한 이를 알고 있지마는 다만 조종께서 시행한 지가 이미 오래 되었는데 나에게 이르러서 갑자기 고친다면, 이것은 그 실수를 세상에 드러내어 감히 스스로 잘난 체하는 것이다. 이것은 내가 밤낮으로 생각하여도 그 처치의 적당함을 얻지 못한 것이다. 그러나 다 고치는 것은 어려우니, 다만 茶亭의 작은 채붕을 설치하는 것이 옳겠다 하고는 마침내 전지를 례조에 내렸던 것인데, (중략) 상이 말하기를 "나는 결코 큰 채붕은 사용하지 않을 것이다. 비록 茶亭의 채붕일지라도 또한 혁파하여 제거하려고 하니, 마땅히 이를 정부에 가서 의론하라" 하였다. 사인 리례장이 의정부의 의논을 가지고 아뢰기를 "채붕이 비록 폐법이 되지마는 경사이므로 폐지할 수는 없습니다. 신 등이 삼가 채붕의 제도를 상고해 보건대, 큰 채붕은 길이가 75척이고 너비가 60척이며, 중간 채붕은 길이가 60척이고 너비 40척이니, 청컨대 중간 채붕을 설치하여 茶亭을 장식하소서" 하였다. 허후를 불러오도록 명하여 인견하고 말하기를 "다만 중간 채붕을 설치하여 茶亭을 장식하면 되겠다." (하략)

386 [文宗] 卷十二 宮廷茶禮

二秊壬申 三月戊午. 上率百官迎敕于慕華館, 還至景福宮, 行禮如儀. 敕曰 (中略) 上改御淺淡服典, 使臣相接行茶禮敍寒暄. 使臣出, 上送于勤政門外餞送.

문종 권12 궁정茶禮

문종 2년 임신(1452) 3월 25일. 상이 백관을 거느리고 모화관에서 칙사를 맞이하고 경복궁으로 돌아와서 행례하기를 의식대로 하였다. 칙서에 이르기를 (중략) 천담복[334]을 고쳐 입고 사신과 서로 접해 앉아 茶禮를 거행하고 한훤[335]을 물었다. 사신이 나가니 상이 근정전문 밖에서 전송하였다.

387 [端宗] 卷二 宮廷茶禮

卽位秊壬申 八月庚午. 召皇甫仁, 金宗瑞, 李穰, 尹炯, 許詡, 鄭陟, 姜孟卿等, 議迎詔事目以啓, 一. 迎詔時奏樂與否, 令問禮官問使臣施行. 一. 彩棚, 儺禮, 從使臣言勿設, 但依前例結彩. 一. 初相會時, 除茶禮, 從之.

단종 권2 궁정茶禮

단종(재위 1453~1455) 즉위년 임신(1452) 8월 8일. 황보인, 김종서, 리양, 윤형, 허후, 정척, 강맹경 등이 불리어 조칙을 맞이할 때 일의 사목을 의논하여 아뢰기를 "一. 조칙을 맞이할 때 음악을 연주할지의 여부는 문예관으로 하여금 사신에게 물어서 시행하게 할 것. 一. 채붕, 나례는 사신의 말을 따라서 베풀지 말고 다만 전례에 의하여 결채만 할 것. 一. 처음 상회례 때에 茶禮를 없앨 것" 하니, 그대로 따랐다.

388 [端宗] 卷二 宮廷茶禮

卽位秊壬申 八月丁丑. 議政府據禮曹呈啓, 大行大王下玄宮後, 若工役未畢, 請依朱文公家禮, 紙榜標記, 安於假丁字閣, 行朝夕上食, 及晝茶禮, 役畢燒之, 從之.

단종 권2 궁성茶禮

단종 즉위년 임신(1452) 8월 17일. 의정부에서 례조의 정문에 의거하여 아뢰기를 "대행대왕(文宗을 말함)의 현궁을 내린 뒤에 공역을 마치지 못하면, 청컨대 주문공 가례에 의하여 지방(종이에 글을 써서 만든 신주)의 표기를 가정자각에 안치하고, 조석의 상식과 晝茶禮[336]를 거행하고, 끝나면 이를 불사르소서" 하니, 그대로 따랐다.

---

334) **淺淡服** 제사 때 입는 엷은 옥색의 옷.
335) **寒暄** 날씨의 춥고 더움을 묻는 례의, 곧 안부.
336) **晝茶禮** 임금, 왕비의 장례를 마친 뒤에 혼전 또는 산릉에서 낮에 지내던 차례.

389 [端宗] 卷二 宮廷茶禮

卽位季壬申 八月壬午. 明使 吏部郞中陳鈍, 行人司司正李寬, 到改服亭, 見高用智等著黑麻布圓領曰 淺淡服不是吉服. 今日隨駕官亦令皆衣黑衣. (中略) 皇帝冊封太子, 萬世之基本, 頒詔天下臣子職分, 有何勞昔. 卽揖出, 魯山送勤政門外. 孟卿 何率承文院官員, 禮曹兵曹郞官, 各一人, 備鼓吹, 儀仗, 香亭, 龍亭, 送詔于大平館, 使臣出南大廳, 孟卿以詔書授鈍曰 詔書謄寫後, 殿下再著而送以此進留. 鈍曰 殿下看詔書甚善, 有何遲緩. 魯山以衰服, 至大平館御室, 釋衰服, 以翼善冠, 白圓領, 白韡, 烏犀帶, 乘轎以入. 鈍等迎于中門內, 陞大廳行揖禮將坐, 鈍等曰 此館吾等下處, 請殿下坐東, 我等坐西. 魯山謂鈍等曰 不敢請大人坐東. 鈍等坐東, 魯山坐西行茶禮. (下略)

단종 권3 궁정茶禮

단종 즉위년 임신(1452) 8월 22일. 명나라 사신 리부랑중 진둔과 행인사사정 리관이 개복정에 도착하여 고용지 등이 흑마포 원령을 입은 것을 보고 말하기를 "이것은 천담복이지 길복은 아니다. 오늘은 수가하는 관원들도 또한 모두 흑의를 입게 하시오" 하였다. (중략) "황제가 태자를 책봉함은 만세의 기본이요, 조서를 천하에 반강함은 신하된 자의 직분이니, 무슨 로고가 있겠습니까?" 하고 즉시 읍하고 나가니, 로산군이 근정문 밖까지 전송하였다. 강맹경, 김하가 승문원 관원과 례조랑관, 병조랑관을 각각 한 사람씩 거느리고 고취와 의장과 향정, 룡정을 갖추고 조서를 태평관으로 보내니, 사신이 남쪽 대청에 나오므로 강맹경이 조서를 진둔에게 주면서 말하기를 "조서를 등사한 뒤에 전하께서 재차 보고 보내라고 하시어서 그 때문에 늦어졌습니다" 하니 진둔이 말하기를 "전하께서 조서를 보신 것은 매우 잘 하였습니다. 무슨 늦음이 있겠습니까?" 하였다. 로산군이 최복(상복) 차림으로 태평관 어실에 이르러서 최복을 벗고 익선관과 백원령, 백화, 오서대로 교자를 타고 들어갔다. 진둔 등이 중문 밖에서 맞이하여 대청에 올라가 읍례를 행하고 곧 앉으려 하니 진둔 등이 말하기를 "이 태평관은 우리들이 머무는 곳이나, 청컨대 전하께서는 동쪽에 앉으시고 우리들은 서쪽에 앉게 하소서" 하므로 로산군이 진둔 등에게 이르기를 "불감합니다. 청컨대 대인이 동쪽에 앉으시오" 하니 진둔 등이 동쪽에 앉고, 로산군은 서쪽에 앉아 茶禮를 거행하였다. (하략)

390 [端宗] 卷三 宮廷茶禮

卽位季壬申 閏九月丙子. 宣詔官陞, 詣月臺東向讀詔訖, 魯山率百官四拜山呼, 又四拜訖, 還就幄次. 有等出小次, 魯山釋冕服, 以白袍, 烏犀帶, 翼善冠送有等, 于勤政門內. 以殯在思政殿故, 不陞殿行茶禮. (下略)

단종 권3 궁정茶禮

단종 즉위년 임신(1452) 윤9월 17일. 선조관이 올라서 월대에 나아가 동쪽을 향하여 조서 읽기를 마치자 로산군이 백관을 거느리고 네 번 절하며 산호[337]하고, 또 네 번 절하기를 마치고 다시 악차로 돌아왔다. 김유 등이 소차로 나오자 로산군이 면복을 벗고 백포, 오서대, 익선관으로 김유 등을 근정문 안에서 전송하였다. 빈이 사정전에 있기 때문에 전에 올라 茶禮[338]를 거행하지 아니하였다. (하략)

391 [端宗] 卷三 宮廷茶禮

卽位季壬申 閏九月丙子. (上略) 魯山如大平館, 以冕服率百官, 拜謚誥, 賻物, 以素服, 入與宥等再拜. 宥等跪扣頭, 請魯山南面而立欲行私禮, 魯山讓之. 宥等立於東南隅, 向西北再拜, 執交倚移近南曰 我等本土民, 乃殿下家奴, 何敢對坐. 魯山曰 今大人奉命而來, 不可如此. 昔尹, 鄭兩大人亦對坐. 宥等曰 尹鄭 是禮, 我等亦是禮也. 於是移魯山交倚於近北, 移宥等交倚於近南而坐, 行茶禮訖, 旣而設宴還宮下. (下略)

단종 권3 궁정茶禮

단종 즉위년 임신(1452) 윤9월 17일. (상략) 로산군이 태평관에 가서 면복차림으로 백관을 거느리고 시고와 부물에 배례하고, 다시 소복차림으로 들어와서 김유 등과 재배하였다. 김유 등이 꿇어앉아 머리를 조아리며 로산군에게 남향해 서기를 청하여 사례를 행하고자 하니 로산군이 사양하였다. 김유 등이 동남쪽의 모퉁이에 서서 서북을 향해 두 번 절하고 손으로 교의를 잡아 남쪽 가까이 옮겨 놓고 말하기를 "우리들은 본토의 백성으로 곧 전하의 가노인데 어찌 감히 마주앉겠습니까?" 하니 로산군이 말하기를 "이제 대인이 명을 받들고 왔으니 이와 같이 하는 것은 옳지 않다. 예전에 윤, 정 두 대인도 또한 마주앉았었다" 하였다. 김유 등이 말하기를 "윤, 정은 그것이 禮이고, 우리들은 또한 이것이 례입니다" 하니, 이에 로산군의 교의를 북쪽 가까이 옮기고 김유 등의 교의를 남쪽 가까이 옮겨 놓고 앉아 茶禮 거행하기를 마치고 얼마 후에 잔치를 베풀고 환궁하였다. (하략)

392 [端宗] 卷三 宮廷茶禮

卽位季壬申 閏九月丁亥. 遣姜孟卿, 李邊, 請金宥等, 宴于王宮. 宥等曰 昨日議定, 殿下坐北, 我等於西席地而坐. 孟卿等曰 何敢如此. 當依前例, 東西相向而坐. 宥等曰 不可. 遂詣壽康宮, 入翰启廳月臺上, 望見宴卓在東西呼, 邊啓曰 我等本國百姓, 何敢對坐. 讓之再三, 遂不就坐, 魯山使邊告曰 若然則予坐北, 請大人坐東. 又不從移宥等宴卓于西, 行茶禮, 侈贈鞍具馬各一匹. 宥等叩頭就坐.

---

337) **山呼** 백성들이 만세를 부르고 임금을 환호함.
338) **茶禮** 명국의 사신을 맞아서 宮廷 접빈관에서 茶를 대접하던 의식.

단종 권3 궁정茶禮

단종 즉위년 임신(1452) 윤9월 28일. 강맹경, 리변을 보내어 김유 등을 청하여 왕궁에서 잔치하였다. 김유 등이 말하기를 "어제 의논해 정하거늘, 전하는 북쪽에 앉고 우리들은 서쪽에서 땅에 자리를 깔고 앉도록 하였다" 하니 강맹경 등이 말하기를 "어찌 감히 이같이 하겠습니까? 마땅히 전례대로 동·서로 마주 앉아야 합니다" 하였다. 김유 등이 말하기를 "불가하다" 하고 드디어 수강궁에 나아가 조계청 월대 위에 들어가서 연탁이 동·서로 있는 것을 바라보고 리변을 불러 말하기를 "우리들은 본국 백성인데 어찌 감히 마주 앉겠습니까?" 하고 두세 번 사양하며 드디어 자리에 나아가지 아니하니, 로산군이 리변을 시켜 고하기를 "만약 그러하다면 나는 북쪽에 앉을 것이니, 청컨대 대인은 동쪽에 앉으라" 하여도 따르지 아니하므로 김유 등의 탁자를 서쪽으로 옮기고 茶禮를 거행한 뒤에 안장 갖춘 말 각각 한 필을 주니 김유 등이 머리를 조아리고 자리에 나아갔다.

393 [端宗] 卷四 宮廷茶禮 及 接使人情

卽位秊壬申 十月丙申. 是日行焚黃祭, 復如大平館, 明使出中門內, 迎入再拜, 叩頭謝賜家舍. 魯山曰 大事已完, 感激無已. 遂行茶禮還宮. 遣姜孟卿, 李邊, 將貂皮一百張, 石燈盞四事, 分贈宥等.

단종 권4 궁정茶禮 및 접사인정

단종 즉위년 임신(1452) 10월 8일. 이 날 분황제를 행하고 다시 태평관에 가니, 명나라 사신이 중문 안에 나와 맞이하고 두 번 절하여 고두하고 집을 내려준 일에 감사하였다. 로산군이 말하기를 "큰 일이 이미 끝났으니 감격함을 금할 수 없다" 하고 茶禮를 거행하고 환궁하였다. 강맹경, 리변을 보내어 초피 1백 장, 석등잔 4사를 가지고 김유 등에게 나누어 주었다.

394 [端宗] 卷四 宮廷茶禮

卽位秊壬申 十月丁未. 如顯陵行晝茶禮.

단종 권4 궁정茶禮

단종 즉위년(1452) 10월 19일. 현릉에 가서 晝茶禮를 거행하였다.

395 [端宗] 卷九 宮廷茶禮

元秊癸酉 十一月丙寅. 經筵官進講畢, 左司諫成三問啓曰 昔周公負成王, 朝諸侯所以定天下之心也. 今主上幼沖, 深居宮中, 羣臣一不接見, 恐人心未有乏也. 請初一十六日, 以白衣御勤政門, 受羣臣朝參, 羣臣獲覩龍顔, 人心無可乏矣. 傳曰 予當議諸大臣. 三問更啓曰 經筵非朝廷比, 或有時優. 故古有賜茶, 賜坐之禮. 臣自去秊, 或閒一日, 二日每入講, 未得仰覩龍顔, 請依古例賜坐. 傳曰 予當從之.

단종 권9 궁정茶禮

단종 원년 계유(1453) 11월 14일. 경연관이 진강을 마치자 좌사간 성삼문이 아뢰기를 “옛날에 주공이 성왕을 업고 제후의 조회를 받은 것은 천하의 마음을 정하기 위한 바입니다. 지금 주상께서 유충하시어 궁중에 깊이 거처하시면서 여러 신하들을 한 번도 접견하지 않으시니, 인심이 정하여지지 않을까 두렵습니다. 청컨대 초하루와 16일에 백의로써 근정문에 납시어 군신들의 조참을 받으시면 군신들이 룡안을 뵈올 수 있어 인심이 거의 정해질 수 있을 것입니다” 하니, 전지하시기를 “내가 마땅히 대신에게 의논하겠다” 하였다. 성삼문이 다시 아뢰기를 “경연은 조정과 견줄 바가 아니므로 간혹 때때로 특별히 우가함이 있어야 합니다. 그러므로 옛날에는 賜茶 賜座사좌의 례[339]가 있었습니다. 신이 지난해부터 간혹 하루나 이틀 걸러서 매양 들어가 진강하였으나 룡안을 우러러 뵈올 수 없었으니, 청컨대 고례에 의하여 사좌하소서” 하니, 전지하기를 “내 마땅히 따르겠다” 하였다.

396 [端宗] 卷十一 宮廷茶禮 及 接使人情

二秊甲戌 五月丙辰. 親行晝茶禮于顯陵, 嬰守陵官尹師路, 侍陵宦官李貴各緜布圓領, 綠羅塔胡藍羅帖裏, 苧布帖裏各一領, 黑笠各一頂, 斜皮韡各一, 鞍具馬各一匹.

단종 권11 궁정茶禮 및 접사인정

단종 2년 갑술(1454) 5월 6일. 친히 晝茶禮를 현릉에서 거행하고 영수릉관 윤사로와 시릉환관 리귀에게 각각 면포원령, 록라탑호, 람라첩리, 저포첩리 각 1벌, 흑립 각 1정, 사피화 각 1개, 안장 갖춘 말 각 1필을 하사하였다.

397 [端宗] 卷十一 賜糧食等類

二秊甲戌 七月己卯. 日本國一岐州志佐源義奉書于禮曹曰 竊聞, 大國輔臣謀反, 天兵愚討, 猶未盡除, 吾率兵航海而合力共征, 以顯藩臣之忠, 禮曹奉旨答書曰 曩者姦臣交結, 潛圖不軌, 皆巳伏辜國家泰帖如舊. 足下專人馳問, 且有効力之意, 殿下嘉之, 特賜白細苧布, 白緜紬各五匹, 雜彩花席五張, 鞍具馬一匹, 屛風一坐, 松子五十觔, 燒酒五十甁, 桂茶食各四角, 虎豹皮各二張, 乾靑魚二千尾, 大口魚二百尾, 乾鯉魚五十尾, 乾鮒魚四百尾, 乾柹子五十貼, 竝土宜正布十三匹, 就付回价, 惟照領.

---

339) **賜茶, 賜座의 禮** 임금이 신하들과 함께 茶를 마시고, 또 같은 자리에 앉아서 담소하던 禮.

단종 권11 사량식등류

단종 2년 갑술(1454) 7월 30일. 일본국 일기주의 지좌원의가 례조에 봉서하기를 "그윽이 듣건대, 대국 보신이 모반하여 천병을 다 토벌하였으나 아직도 다 제거되지 않았다 하니 제가 군병을 인솔하고 바다를 건너가서 힘을 합하여 같이 정벌함으로써 번신의 충성을 나타내고자 합니다" 하니, 례조에서 교지를 받들어 답서하기를 "지난번에 간신들이 서로 결탁하여 은밀히 불법한 일을 도모하였다가 모두 이미 법에 굴복하였고 국가의 태평함이 예와 같습니다.

족하가 전인340)을 보내고 묻고 또 힘을 다할 뜻이 있어, 전하께서 이를 가상히 여기시고 특히 백세저포, 백면주 각각 5필, 잡채화석 5장, 안장 갖춘 말 1필, 병풍 1좌, 송자 50근, 소주 50병, 계피, 茶食 각 4각, 호피, 표피 각각 2장, 건청어 2천 미, 대구어 200미, 건리어(마른 잉어) 50미, 건부어(마른 붕어) 400미, 곶감(乾柿子) 50첩과 아울러 우리 土宜토의의 정포 13필을 하사하였기에 이를 회개(回禮의 使价)에 부치니, 살펴 받으시기 바라오" 하였다.

398 [端宗] 卷十二 賜糧食等類

二秊甲戌 十二月癸未. 以僉知中樞院事元孝然, 爲對馬州敬差官. 其賫去禮物, 白細緜紬一十匹, 白細緜布一十匹, 白細苧布五匹, 黑細麻布五匹, 糙米一百石, 黃豆五十石, 燒酒三十瓶, 淸酒一百瓶, 蜜果二櫃, 茶食二櫃, 燒餠二櫃, 大鮒魚四百尾, 乾大口魚二百尾, 鯉魚五十尾, 天鵝五隻, 松子五石, 乾柿子五十貼, 其賫去事目. 一. 島主若問爲來事則答曰 曾有之約, 使船一秊毋過五十隻. 今秊使船頗違前約, 故來問其故耳. (下略)

단종 권12 사량식등류

단종 2년 갑술(1454) 12월 7일. 첨지중추원사 원효연을 대마주경차관으로 삼았는데, 그가 싸가지고 간 례물은 백세면주 10필, 백세면포 10필, 백세저포 5필, 흑세마포 5필, 조미(현미) 100석, 황두 50석, 소주 30병, 청주 1백 병, 밀과 2궤, 茶食 2궤, 소병 2궤, 큰 붕어 400마리(尾), 건대구어 200마리, 잉어 50마리, 천아(고니) 5척, 잣 5석, 곶감 50접이고, 그가 싸가지고 간 사목은 이러하였다. "一. 도주가 만약 온 일에 대하여 물으면 대답하기를 '일찍이 정한 약속에 사선341)은 1년에 50척을 넘지 못한다'고 하였는데, '금년에 사선이 자못 전약을 어겼기 때문에 그 까닭을 물으러 온 것이다'라고 하라." (하략)

399 [端宗] 卷十二 宮廷茶禮

三秊乙亥 四月戊戌. 遣都承旨申叔舟, 問安于使臣, 世祖亦問安, 使臣强對禮, 坐之東壁, 館伴朴仲孫, 權蹲及申叔舟坐西壁, 行茶禮. (下略)

---

340) **專人** 어떤 소식이나 물건 등을 전하려고 특별히 보내는 사람.
341) **使船** 대마도에서 보내는 선박.

단종 권12 궁정茶禮

단종 3년 을해(1455) 4월 23일. 도승지 신숙주를 보내어 사신에게 문안하고 세조도 또한 문안하니, 사신이 상대례342)를 강권하여 세조는 동벽에 앉고 관반 박중손과 권준 및 신숙주는 서벽에 앉아 茶禮를 거행하였다. (하략)

400 [端宗] 卷十四 宮廷茶禮

三秊乙亥 四月丁酉. 其迎詔儀前三日, 禮曹宣攝內外, 各供其職, 前一日, 忠扈衛設帳殿於慕華館西北南向, 攸司立紅門於帳殿之北結綵, 又於崇禮門, 城內街巷, 及景福宮門結綵. (中略) 引禮引使者, 出就耳房, 奉禮分引宗親, 及文武百官, 由東西偏門出, 釋鞹服. 掖庭署撤闕庭及案, 設使者座在東, 殿下座在西. 引禮引使者由東正門, 升殿就拜位掖庭署臨就設褥席. 西向立, 判通禮導殿下, 西正門, 升殿就拜位掖庭署臨就設褥席. 東向立. 判通禮俯伏跪, 啓請鞠躬再拜 興 平身 殿下與使者, 鞠躬 再拜 興 平身, 就座設署席, 行茶禮.

단종 권14 궁정茶禮

단종 3년 을해(1455) 4월 22일. 그 영조의343)는 기일 전 3일에 례조에서 내외에 선섭하여 각기 그 직책을 다하게 하고, 기일 전 1일에 충호위에서 장전344)을 모화관 서북쪽에 설치하되 남향하게 하고, 유사에서 홍문을 장전의 북쪽에 세우고 결채345)하며, 또 숭례문과 성내의 거리와 경복궁 문에 결채한다. (중략)

인례가 사자를 인도하여 이방346)으로 나아가고, 봉례랑이 종친과 문무백관을 나누어 인도하여 동서편문으로 나와 조복을 벗는다. 그리고 액정서347)에서 궐정과 안을 철거하고 사자의 자리를 동쪽에 베풀고 전하의 자리를 서쪽에 베푼다. 인례가 사자를 인도하여 동쪽 정문으로 들어와 전에 올라 절할 자리에 나아가 액정서에 임시 욕석을 베푼다. 서향하여 서고 판통례가 전하를 인도하여 서쪽 정문으로 들어와 전에 올라 절할 자리에 나아가 액정서에 임시 욕석을 베푼다. 동향하여 선다. 판통례가 부복하고 꿇어앉아 '국궁, 재배, 홍, 평신'을 계청하여 전하와 사자가 몸을 굽히고 두 번 절하고 일어나 몸을 바로 한 다음에 자리로 나아가 욕석을 베푼다. 茶禮348)를 거행한다. (하략)

---

342) **相對禮** 서로 마주앉아 茶禮를 행하던 禮.
343) **迎詔儀** 조칙을 맞이하는 의식.
344) **帳殿** 정식 茶室이 아닌 장막을 치고 하는 임시 차실.
345) **結綵** 색실, 색헝겊, 색종이 등을 다리나 지붕, 문 위에 내걸어 五色으로 아름답게 장식하던 일. 임금의 행차나 명국의 敕使를 맞이할 때 환영하기 위해 만듦.
346) **耳房** 正室의 東西에 붙어 있는 조그마한 部屋.
347) **掖庭署** 조선조 태조 1년(1392)에 설치한 왕명의 전달, 임금이 쓰는 붓과 벼루의 공급, 궁중 열쇠의 보관, 대궐 뜰의 설비 등을 맡아 보았으며, 고려의 掖庭局을 계승한 관청임.
348) **茶禮** 명국의 사신을 맞아서 茶를 대접하던 의식.

401 [世祖] 卷二 賜糧食等類

元秊乙亥 十一月庚辰. 禮曹參議洪允成, 奉敎致書于對馬州太守 宗盛職曰 (中略) 一秊愼毋過一兩次以爲恒式, 兼曉諭此意於諸處, 使彼此兩便, 永保鄰好, 不亦可乎. 仍希回示, 今將特賜糙米二十石, 黃豆一十石, 虎皮二張, 桂二角, 茶食二角, 松子一石, 乾鯉魚一百尾, 燒酒二十瓶, 淸酒四十瓶, 就付護軍井大郎送去, 惟照領. 禮曹佐郎康輻, 亦以此意致書于宗盛直, 仍送特賜糙米五石, 黃豆五石, 虎皮一張, 桂一角, 茶食一角, 燒酒十瓶, 淸酒三十瓶, 乾鯉魚一百尾.

세조 권2 사량식등류

세조(재위 1456~1468) 원년(1456) 11월 9일. 례조참의 홍윤성이 교지를 받들어 대마주태수 종성직에게 치서하기를 (중략) "1년에 한두 차례를 지남이 없도록 이에 신중을 기하여 이를 항식으로 삼고, 겸하여서 이 뜻을 여러 곳에 효유하여 피차가 서로 편리하게 하여 길이 련국의 정호를 보전함이 또한 옳지 않겠는가? 곧 회시를 바라며, 이제 특별히 하사한 조미 20석, 황두 10석, 호피 2장, 계피 2각, 茶食 2각, 잣 1석, 마른 잉어 1백 마리, 소주 20병, 청주 40병을 가지고 이를 호군 정대랑에게 붙여서 보내니 살펴서 령수하기 바란다" 하였고, 례조좌랑 강폭이 또한 이런 뜻으로 종성직에게 치서하고, 곧 특별히 하사한 조미 5석, 황두 5석, 호피 1장, 계피 1각, 茶食 1각, 소주 10병, 청주 30병, 마른 잉어 1백 마리를 보냈다.

402 [世祖] 卷二 茶房官制

元秊乙亥 十二月丙寅. 論濟州道安撫使曰 柑橘薦宗廟, 供賓客其用甚切. (中略) 種乳柑者, 體小皮軟烈, 其味品倍常, 封進之際, 因柔軟易致毁爛, 茶房却退, 論劾隨之, 守命畏責, 遂使義味終不入貢, 自仝擇取別器盛, 頓閒以佗物, 不令觸破, 題標別進議者之. (下略)

세조 권2 茶房관제

세조 원년 을해(1455) 12월 25일. 제주도안무사에게 유시하기를 "감귤은 종묘에 천신[349]하고 빈객을 대접하므로 그 쓰임이 매우 절실하다. (중략) 또 乳柑유감을 심어 柑子감자[350]가 된 것은 몸은 작고 껍질이 연하고 잘 터지며 그 맛이 보통 것보다 갑절 좋으나, 봉하여 진상할 때에 부드럽고 연함으로 인하여 쉽게 물러 허물어지므로 茶房에서 퇴각하고 론핵이 뒤 따라 일어나니 수령들이 책임을 두려워하여 드디어 맛이 좋은 물건을 공상하지 않게 되었으니, 이제부터는 별도로 그릇을 만들어 담고 사이에 다른 물건을 끼워서 부딪쳐 깨어지지 않게 하고, 표를 써서 특별히 올리게 하소서' 라고 하였다." (하략)

---

349) **薦神** 시절을 따라 새로 난 과일이나 농산물을 먼저 신주나 神에게 제사 지내는 일.
350) **柑子** 홍귤 나무의 열매로 갈증과 술독을 풀어 주고 대변을 부드럽게 한다.

403 [世祖] 卷四 宮廷茶禮 及 接使人情

二季丙子 七月丙戌. 上宴明明使于思政殿, 尹鳳以病不與. 贈金興馬一匹, 黑麻布二十匹, 白苧布二十匹, 黑麻布帖裏, 白苧布帖裏,各一領, 邊兒寢席八張, 紫草笠一頂, 雀舌茶五㪷.

세조 권4 궁정茶禮 및 접사인정

세조 2년 병자(1456) 7월 19일. 상이 명나라 사신을 사정전에서 연회하였다. 윤봉은 병으로 참여하지 못하였다. 김흥에게 말 1필, 흑마포 20필, 백저포 20필, 흑마포첩리, 백저포첩리 각 1령, 변아침석 8장, 자색초립 1정, 雀舌茶 5말을 주었다.

404 [世祖] 卷八 宮廷茶禮

三季丁丑 六月丁酉. 明使詣成均館, 謁聖禮訖, 坐明倫堂, 生員, 進士, 幼學四百餘人, 分東西序立, 行再拜禮. 明使呼東西行頭, 生員, 贈以鮮魚二盤, 黍米一盤. 館伴戶曹判書朴元亨, 禮曹參判盧叔仝 及左贊成申叔舟, 禮曹判書洪允成, 兼成均司成金鉤, 金末等, 入謁行禮. 叔舟告明使曰 殿下聞大人謁聖, 遣臣輩來耳. 俱各就坐. 行茶禮畢, 高閏執筆出題. (下略)

세조 권8 궁정茶禮

세조 3년 정축(1457) 6월 5일. 명나라 사신이 성균관에 거서 알성례를 끝마치고 명륜당에 앉으니 생원, 진사, 유학 4백여 인이 동서로 나누어 차례대로 서서 재배례를 행하였다. 명나라 사신이 동서의 행두(행렬의 첫머리에 쓴 사람) 생원을 불러서 신선한 생선 두 쟁반과 기장 쌀 한 쟁반을 주었다. 관반호조판서 박원형, 례조참판 로숙동과 좌찬성 신숙주, 례조판서 홍윤성, 겸성균사성 김구, 김말 등이 들어가서 보고 례를 행하였다. 신숙주가 명나라 사신에게 고하기를 "전하께서 대인들의 알성하신다는 소문을 듣고 신들을 보내어 왔습니다" 하고, 함께 각각 자리에 나아갔다. 茶禮 거행하기를 마치자, 고윤이 붓을 잡아 출제하였다. (하략)

405 [世祖] 卷十六 宮廷茶禮

五季己卯 四月己未. 幸慕華館, 迎敕至勤政殿, 受敕行禮如儀. (中略) 軏近南向西北行禮, 上向東答拜. 軏趨出, 上與嘉猷行茶禮, 命禮曹判書洪允成, 就東廊, 與軏行茶禮. (中略) 上章大平館, 將設下馬宴, 明使辭. 上固請明使出, 上與之行禮. 上坐西壁, 陳嘉猷東壁, 王軏於東壁差退近南而坐. 奏樂行茶禮. (下略)

세조 권16 궁정茶禮

세조 5년 기묘(1459) 4월 8일. 모화관에 거둥하여 칙사를 맞이하고는 근정전에 이르러 칙서를 받고 행례하기를 의식대로 하였다. (중략) 왕월이 남쪽 가까이에서 서북을 향하여 행례하니 상이 동쪽을 향하여 답배하였다. 왕월이 빨리 걸어서 나가니 상이 진가유와 더불어 茶禮를 거행하고 례조판서 홍윤성에게 명하여 동곽에 나아가서 왕월과 더불어 茶禮를 거행하였다. (중략) 상이 태평관에 거둥하여 하마연351)을 베풀려고 하는데 명나라 사신이 사양하므로 상이 굳이 청하니 명나라 사신이 나와서 상이 그와 더불어 행례하였다. 상이 서벽에 앉고, 진가유는 동벽에 앉고 왕월은 동벽에서 조금 물러나 남쪽 가까이에 앉았다. 음악이 연주되고 茶禮를 거행하였다. (하략)

406 [世祖] 卷十六 宮廷茶禮 及 接使人情

五秊己卯 四月辛酉. 命判內侍府事田畇, 賓脯, 鱐, 海菜, 松子, 淸蜜等物, 分贈明使, 嘉猷不受, 軏受之. 嘉猷及軏游觀漢江, 館伴朴元亨, 曹孝門 及右贊成權擥, 禮曹判書洪允成, 行僉知中樞院事金守溫隨行. 命都承旨尹子雲, 左副承旨李克堪, 賚宣醞往, 慰明使. 登濟川亭, 徧觀題詠, 與諸宰相, 行茶禮, 乘舟泛流. (下略)

세조 권16 궁정茶禮 및 접사인정

세조 5년 기묘(1459) 4월 10일. 판내시부사 전균에게 명하여 육포, 건어, 해채, 잣, 청밀 등의 물건을 가지고 가서 명나라 사신에게 나누어 주니, 진가유는 받지 아니하였으나 왕월은 받았다. 진가유와 왕월이 한강을 유람하니 관반 박원형, 조효문과 우찬성 권람, 례조판서 홍윤성, 행첨지중추원사 김수온이 따라서 갔다. 도승지 윤자운과 좌부승지 리극감에게 명하여 선온352)을 가지고 가서 명나라 사신을 위로하게 하였다. 제천정에 올라서 현판의 제영353)을 두루 살펴보고는 여러 재상들과 더불어 茶禮를 거행하고 배를 타고 물 위에 띄웠다. (하략)

407 [世祖] 卷十六 宮廷茶禮

五秊己卯 四月壬戌. 御康寧殿, 引見左議政姜孟卿, 兵曹判書韓明澮, 左贊成黃守身, 右贊成權擥, 左參贊朴仲孫, 工曹判書李邊, 戶曹判書李承孫, 禮曹判書洪允成, 吏曹參判曺錫文 仁壽 府尹權摯, 吏曹參議任孝仁, 承旨等, 議奏本節目. 命行僉知中樞院事金何, 都承旨尹子雲, 往大平館, 請明使至, 上出勤政門外, 相揖引入思政殿坐定, 行茶禮. (下略)

세조 권16 궁정茶禮

세조 5년 기묘(1459) 4월 11일. 상이 강녕전에 나아가서 좌의정 강맹경, 병조판서 한명회, 좌찬성 황수신, 우찬성 권람, 좌참찬 박중손, 공조판서 리변, 호조판서 리승손, 례조판서 홍윤성, 리조판서 조석문, 인수부 윤권지, 리조참의 임효인과 승지 등을 인견하고, 주본의 절목을 의논하

---

351) **下馬宴** 明나라 사신이 우리나라에 도착하던 날에 임금이 태평관에서 베풀던 위로연.
352) **宣醞** 임금이 신하에게 술을 하사하던 일 또는 그 술, 司醞署에서 만듦.
353) **題詠** 제목을 붙여서 쓴 시.

도록 하였다. 행첨지중추원사 김하와 도승지 윤자운에게 명하여 태평관에 가서 명나라 사신을 청하여 오도록 하고, 상이 근정문 밖에 나아가서 서로 읍하고 인도하여 사정전에 들어와 앉아서 茶禮를 거행하였다. (하략)

408 [世祖] 卷十七 賜糧食等類

五季己卯 八月壬申. 禮曹參議徐居正, 奉書對馬州太守宗公足下. 想惟起居清裕, 爲慰慰. 我殿下 差遣僉知中樞院事宋處儉等官, 通信貴國, 經由貴州異護送. 玆將不腆土宜, 白細苧布五匹, 白細緜紬五匹, 黑細麻布五匹, 人參三十觔, 松子一百四十觔, 邊兒寢席十張, 豹皮四張, 粳米二十石, 燒酒五十瓶, 蜜果子五櫃, 茶食五櫃, 淸蜜五斗, 就付本使惟照領, 清秋時屆順序自保. (下略)

세조 권17 사량식등류

세조 5년 기묘(1459) 8월 23일. 례조참의 서거정은 "대마주태수 종공족하에게 서신을 올린다. 기거가 청유하다 하니 위안이 되고 위안이 된다. 우리 전하께서 첨지중추원사 송처검 등의 관원을 보내어 귀국에 통신하면서 귀주(대마주)를 경유하게 되니 호송하기를 바란다. 이에 변변치 못한 토산물인 백세저포 5필, 백세면주 5필, 흑세마포 5필, 인삼 30근, 잣 140근, 변아침석 10장, 표피 4장, 갱미(맵쌀) 20석, 소주 50병, 밀과자 5궤, 茶食 5궤, 청밀 5두를 본사에게 부송하니 령수하기를 바라며, 맑은 가을이 다가오는데 절후에 따라 스스로 보전하기를 바란다" 하였다. (하략)

409 [世祖] 卷十九 宮廷茶禮

六季庚辰 三月己卯. 欽差正使禮科給事中張寧, 副使錦衣衛都指揮武忠, 賫敕諭至, 上率百官, 迎于慕華館. (中略) 寧等至, 上迎敕至景福宮, 行禮如儀. (中略) 上受敕畢, 與寧等行茶禮. (下略)

세조 권19 궁정茶禮

세조 6년 경진(1460) 3월 2일. 흠차정사 례과급사중 장녕과 부사 금의위도지휘 무충이 칙유를 가지고 오니, 상이 백관을 거느리고 모화관에서 맞이하였다. (중략) 장녕 등이 이르니, 상이 칙서를 맞이하고 경복궁에 이르러 의식과 같이 례를 행하였다. (중략) 칙서 받기를 끝마치고 장녕 등과 더불어 茶禮를 거행하였다. (하략)

410 [世祖] 卷十九 宮廷茶禮 及 接使人情

六季庚辰 三月癸未. 命判內侍府事田畇, 賫魚肉, 醢, 菓等物, 贈明使 及張敬, 張寧, 却之曰 日用皆殿下供饋, 且昨日舟中之饋尙不盡食, 受之何爲. 畇固請, 寧 忠 敬, 只受文魚, 鹿尾, 雀舌茶, 海菜.

세조 권19 궁정茶禮 및 접사인정

세조 6년 경진(1460) 3월 6일. 판내시부사 전균에게 명하여 어육, 식온, 과실 등의 물건을 가지고 가서 명나라 사신과 장경, 장녕에게 주도록 하니, 물리치고 말하기를 "일용을 모두 전하께서 공궤하여 주시고, 또 어제 배 안의 음식도 다 먹지 못하였는데 이를 받더라도 무엇 하겠는가?" 하였다. 전균이 굳이 청하니, 장녕, 무충, 장경이 다만 문어, 록미, 雀舌茶, 해채만을 받았다.

411 [世祖] 卷十九 宮廷茶禮

六季庚辰 三月癸未. 張寧詣成均館謁聖訖, 鄕明倫堂, 諸生禮謁, 假館官鄭麟趾, 金鉤, 李邊, 館伴朴元亨, 李純之 及左承旨李克堪, 左副承旨成任等參謁, 分東西就坐. 寧問曰 諸生幾何. 克堪答曰 近五百人. 曰皆在都中乎. 答曰 卿大夫適子 及諸道所貢選士. 使臣曰 猶用宋法. 又曰 終身不第者何以處之. 答曰 不第者皆老儒冠. 寧曰 艱哉. 又問曰 中鄕試不中會試者何以處之. 答曰 赴會試不中者, 更赴鄕試中格然後赴會試. 寧曰 選法嚴矣. 見壁上陳鑑, 高閏所題詩, 笑曰 聖人之門, 不敢作文字, 我則不敢. 克堪請留設酌. 寧曰 副大人未寧, 不敢留. 只行茶禮乃還.

세조 권19 궁정茶禮

세조 6년 경진(1461) 3월 6일. 장녕이 성균관에 나아가서 알성하는 례를 끝마치고 명륜당에 올라가니, 제생들이 례알하였다. 가관관 정린지, 김구, 리변과 관반 박원형, 리순지와 좌승지 리극감, 좌부승지 성임 등이 참알하여 동서로 나누어 자리에 나아갔다. 장녕이 묻기를 "제생은 몇 명입니까?" 하므로 리극감이 대답하기를 "5백 명 가까이입니다" 하였다. "모두 도성 안에 삽니까?" 하므로 대답하기를 "경, 대부의 적자와 여러 도에서 뽑아 올린 선비들입니다" 하였다. 사신이 말하기를 "아직도 송나라의 법을 씁니까?" 하고 또 말하기를 "종신토록 급제하지 못하는 자는 어떻게 처리합니까?" 하므로 대답하기를 "급제하지 못하는 자는 모두 유관으로 늙습니다" 하니, 장녕이 말하기를 "어려운 일이로다" 하고 또 묻기를 "향시에 합격하고 회시에 합격하지 못하는 자는 어떻게 처리합니까?" 하므로 대답하기를 "회시에 나아가서 합격하지 못하는 자는 다시 향시에 나아가서 합격한 다음에라야 회시에 나아갑니다" 하니, 장녕이 말하기를 "선거의 法이 엄하도다" 하였다. 벽 위에 진감, 고윤의 글제를 낸 시를 보고 웃으면서 말하기를 "성인의 문에서는 감히 문자를 짓지 못하니, 나는 감히 짓지 않겠습니다" 하였다. 리극감이 머물러 술자리를 청하니, 장녕이 말하기를 "부대인이 편찮으니, 감히 머물지 못하겠습니다" 하므로, 다만 茶禮만을 거행하고 돌아왔다.

412 [世祖] 卷二十四 賜糧食等類

七季己卯 四月壬辰. 日本國對馬州太守宗成職母死, 遣上護軍皮尙宜, 宣慰. 禮曹致書曰 今因來使, 說稱慈闈乘化, 又失火, 殿下聞之傷痛. 兼承通諭諸島飢輩, 因商出來聲息, 殿下嘉之, 特遣官宣慰給. 賜物件具在別幅. 致賻 白苧布一十匹, 白緜紬一十匹, 白緜布一十匹, 正布一百匹, 白紙三百卷, 糙米一百石, 黃豆一百石, 淸蜜一十五斗, 松子一十三斗, 胡麻三十斗, 芝麻三十斗, 芙蓉片香大禮具燭二十枚, 以失火賜糙米五十石, 黃豆五十石, 果于二櫃, 茶食二櫃, 燒餠二櫃. (下略)

세조 권24 사량식등류

세조 7년 기묘(1462) 4월 22일. 일본국 대마주태수 종성직의 어미가 죽었으므로 상호군 피상의를 보내어 선위하게 하였다. 례조에서 글을 보내기를 "금번에 온 사인이 자당이 별세하고 또 실화한 것을 말하므로 전하께서 이를 듣고 가슴 아파하였다. 겸하여 여러 섬의 굶주린 무리가 장사로 연유하여 도둑질하러 나오려는 것을 달래었다는 것을 듣고 전하께서 가상히 여기시어 특별히 관원을 보내어 선위한다. 내려주는 물건은 별폭에 갖추어 있다" 하였다. 부의로 보내는 것은 "백저포 10필, 백면주 10필, 백면포 10필, 정포 100필, 백지 300권, 조미 100석, 황두 100석, 청밀 15두, 송자 13두, 참깨 30두, 들깨 30두, 부용편향대례에 촉을 갖춘 것 20매이다" 하였고, 失火실화로는 "조미 50석 황두 50석, 과자(과실) 2상자, 茶食 2상자, 소병 2상자이다" 하였다.

413 [世祖] 卷三十三 宮廷茶禮

十秊甲申 五月庚午. 上備法駕迎詔敕于慕華館, 還至景福宮勤政殿, 受詔敕. (中略) 上謂湜等曰 萬里備程勞動大人. 湜曰 聖皇新登寶位, 於親王賞賜尙不及焉, 以貴國世世敬事𢀭廷, 而今殿下事大尤謹, 故天子有賜. 上曰 欽承帝賚, 不勝感激. 湜等曰 路上屬遣人垂問, 贈賚兼至多謝. 上曰 但表忱爾, 仍請坐行茶禮. 湜等出, 上送至弘禮門. 王世子先詣大平館, 行相會禮. 命仁山君洪允成, 都承旨盧思愼問安. 上隨至大平館, 下馬宴上行. (下略)

세조 권33 궁정茶禮

세조 10년 갑신(1465) 5월 18일. 상이 법가를 준비하여 모화관에서 조칙을 맞이하고 돌아와 경복궁 근정전에 이르러 조칙을 받았다. (중략) 상이 김식 등에게 이르기를 "만 里리의 먼 길에 대인들이 수고하였습니다" 하니, 김식이 말하기를 "성황께서 새로 보위에 오르시니 친왕에게도 賞賜상사가 아직 미치지 못하였는데, 귀국에서 대대로 조정을 공경하여 섬기었고, 지금 전하께서 더욱 삼가 사대하시기 때문에 천자께서 상사가 있은 것입니다" 하므로, 상이 말하기를 "삼가 황제의 하사를 받드니, 감격스러움을 이기지 못하겠습니다" 하였다. 김식 등이 말하기를 "로상에서 잇달아 사람을 보내어 문안하시고 주시는 물건도 겸하여 이르니, 매우 감사합니다" 하므로 상이 말하기를 "다만 정성을 표한 것뿐입니다" 하고 곧 앉기를 청하고 茶禮를 거행하였다. 김식 등이 나가니, 상이 홍례문까지 전송하였다. 왕세자가 먼저 태평관에 나아가서 상회례를 행하였다. 상이 인산군 홍윤성, 도승지 로사신에게 명하여 문안하게 하고, 상이 뒤따라 태평관에 이르러 하마연을 베풀었다.

414 [世祖] 卷三十三 宮廷茶禮

十年甲申 六月戊子. 明使至開城府, 遣本府斷事官金磧, 問上起居. 上與申叔舟議別遣韓官, 回答叔舟對曰 明使方在我國境內, 使人問安甚合於禮. 曩者倪謙之來也, 世宗亦不豫, 謙不修問安之禮. 今使臣此擧可謂知禮矣. 宜速遣堂上官將人情若干物謝之. 上曰 卿言甚合予意. 卿所云人情物何者可乎. 叔舟對曰 如油紙席, 刀子, 馬裝, 蓑衣, 人蔘, 雀舌茶, 路上所需之物可也.

세조 권33 궁정茶禮

세조 10년 갑신(1465) 6월 6일 明나라 사신이 개성부에 이르러 본부의 단사관 김적을 보내어 상의 기거를 물었다. 상이 신숙주와 더불어 조관을 보내어 회답할는지를 의논하니, 신숙주가 대답하기를 "명나라 사신이 바야흐로 우리나라 경내에 있으니 사람을 보내어 문안하는 것이 매우 례에 합당합니다. 지난번에 예겸이 왔을 때에 세종께서도 또한 편찮으셨으나 예겸은 문안의 례를 닦지 않았습니다. 지금 사신의 이와 같은 행동은 례를 안다고 이를 만합니다. 속히 당상관을 보내어 인정상 주는 약간의 물건을 가지고 사례하는 것이 마땅합니다" 하였다. 상이 말하기를 "경의 말이 매우 내 뜻에 합치한다. 경이 말한 인정상 주는 물건이란 어떤 것이 좋겠는가?" 하니, 신숙주가 대답하기를 "유지석, 도자, 마장, 사의(도롱이), 인삼, 雀舌茶와 같이 로상에서 소용되는 물건들이 좋을 것입니다" 하였다.

415 [世祖] 卷三十三 宮廷茶禮 及 接使人情

十年甲申 六月壬辰. 左承旨尹贊到黃海道鳳山, 謁明使具傳上命, 金湜曰 殿下卽今起居何如. 贊曰 疾已向差, 但未能臨韓, 仍贈毛馬粧各一事, 油席各二張, 虎骨柄刀子各一部, 雀舌茶各五斤, 人蔘各二十斤, 蓑衣各一部, 理馬諸錄各一部, 鑼鍋各一事曰 殿下令臣奉薄物以爲路上之備. 湜等曰 謝殿下誠意.

세조 권33 궁정茶禮 및 접사인정

세조 10년 갑신(1465) 6월 10일. 좌승지 윤찬이 황해도 봉산에 이르러 명나라 사신을 알현하고 상의 명을 자세히 전하니, 김식이 말하기를 "전하께서 이제 기거가 어떠하십니까?" 하였다. 윤찬이 말하기를 "병은 이미 차도가 있으나 다만 조회에 임할 수가 없는 정도입니다" 하고, 이어서 모마장각 1벌씩과 유석각 2장, 호골병도자 각 1부, 雀舌茶 각 5근, 인삼 각 20근, 사의 각 1부, 리마제록 각 1부, 라과 각 1벌씩을 주면서 말하기를 "전하께서 신으로 하여금 박한 물건을 받들어서 로상의 준비물로 삼게 하였습니다" 하니, 김식 등이 말하기를 "전하의 성의에 감사합니다" 하였다.

416 [睿宗] 卷四 宮廷茶禮

元季己丑 閏二月己未. 欽差太監崔安, 鄭同, 沈澮等賚詔敕而來, 上韋慕華館迎詔敕如儀, 至景福宮行禮. (中略) 明使往太平館, 百官分半先往行禮. 上幸太平館, 率百官拜賜祭賻, 入與明使行茶禮, 出御, 御室俄而入, 行下馬宴. (下略)

예종 권4 궁정茶禮

예종(재위 1469~1469) 원년(1469) 윤2월 4일. 흠차태감 최안, 정동, 심회 등이 조칙을 가지고 왔다. 상이 모화관에 거둥하여 의식대로 조칙을 맞이하고 경복궁에 례식을 행하였다. (중략) 명나라 사신이 태평관에 가자 백관들이 반으로 나누어 먼저 례를 행하였다. 상이 태평관에 거둥하여 백관을 거느리고 사제부[354]에 배례하고 들어가서 명나라 사신과 더불어 茶禮[355]를 거행하였으며, 나와서 어실에 나아갔다가 조금 뒤 들어가 하마연[356]을 행하였다. (하략)

417 [睿宗] 卷四 宮廷茶禮

元季己丑 閏二月甲子. 明使請停晝茶禮, 從之.

예종 권4 궁정茶禮

예종 원년(1469) 윤2월 9일. 명나라 사신이 晝茶禮 정지하기를 청하니, 그대로 따랐다.

418 [睿宗] 卷四 宮廷茶禮 及 接使人情

元季己丑 閏二月辛未. 幸景福宮, 御勤政門外西庭幄次. (中略) 行茶禮訖, 還宮. 命宦官田畇, 贈安等 獐, 鹿, 文魚, 命都承旨權瑊, 又贈苧麻布, 貂皮, 石燈盞等物. (下略)

예종 권4 궁정茶禮 및 접사인정

예종 원년(1469) 윤2월 16일. 상이 경복궁에 거둥하여 근정문 바깥 서쪽 뜰 악차[357]에 나아갔다. (중략) 茶禮 거행하기를 마치고 환궁하였다. 환관 전균에게 명하여 최안 등에게 노루, 사슴, 문어를 주게 하고 도승지 권감(1423~1487)에게 명하여 저마포, 초피, 석등잔 등의 물긴을 또 주게 하였다. (하략)

---

354) **賜祭賻** 황제가 하사한 제사와 부의.
355) **茶禮** 명국의 사신을 맞아서 태평관에서 茶를 대접하던 의식.
356) **下馬宴** 명국의 사신이 도착한 당일에 태평관에서 임금이 직접 베풀던 잔치.
357) **幄次** 임금이 거둥할 때 쉴 수 있게 막을 친 곳.

419 [睿宗] 卷四 宮廷茶禮

元秊己丑 閏二月丁丑. 崔安等往興天寺, 掛皇帝皇后所送, 幡安 及沈澮, 又各懸私幡燒香禮佛. 又往圓覺寺亦如之周覽. 佛像幡盖壁畫 及海藏殿嘆曰 太好. 繪曰 制度極精巧天下難得. 住持僧請入西室, 行茶禮, 仍饋飯, 竝饋頭目等于禪堂, 命都承旨權瑊往慰.

예종 권4 궁정茶禮

예종 원년(1469) 윤2월 22일. 최안 등이 흥천사에 가서 황제와 황후가 보낸 표기(幡)를 걸고, 최안과 심회가 또 사사로운 표기를 각각 달고서 향을 피우고 례불하였다. 또 원각사에 가서도 이와 같이 하였다. 불상, 번개, 벽화 및 해장전을 두루 보고 감탄하기를 "매우 좋다!" 하고 심회가 말하기를 "제도가 극히 정교하여 천하에 얻기 어렵다" 하였다. 주지승이 서쪽 방에 들어가기를 청하여 茶禮를 거행하고, 인하여 밥을 대접하면서 아울러 두목들에게도 선당에서 대접하고, 도승지 권감에게 명하여 가서 위로하게 하였다.

420 [睿宗] 卷五 茶事

元秊己丑 四月丁巳. 鄭同, 沈繪往見姜玉家, 過圓覺寺使頭目二人點香. 又往車孝軿家, 皆行茶禮, 同請繪歷入鄭擧家, 遣左承旨李克增, 賫宮醞設宴以慰.

예종 권5 찻일

예종 원년(1469) 4월 4일. 정동, 심회가 강옥의 집을 가서 보고 원각사를 지나가다가 두목 2인으로 하여금 점향하게 하였다. 또 차효주 집에 가서 모두 茶禮를 거행하였는데, 정동이 심회에게 지나는 길에 정거의 집에 들르자고 청하므로, 좌승지 리극증을 보내어 궁온[358]을 가져가서 잔치를 베풀어 위로하게 하였다.

421 [睿宗] 卷五 宮廷茶禮 及 接使人情

元秊己丑 五月甲申朔. 崔安等詣闕辭, 上御慶會樓下, 行茶禮, 遂幸大平館, 設餞宴酒半, 上召頭目等親賜酒, 命月山大君婷, 耆山君今上諱. 出見安等, 安等答禮. 永順君溥, 蓬原君鄭昌孫, 高靈君申叔舟, 綾城君具致寬, 領議政韓明澮等以次行酒. 宴罷賜宴卓于忠勳府, 遣都承旨權瑊, 賫宮醞賜之, 又命瑊贈衣服, 鞾, 布等物于安等.

358) **宮醞** 궁에서 빚어 내린 술.

예종 권5 궁정茶禮 및 접사인정

예종 원년 기축(1469) 5월 1일. 최안 등이 예궐하여 하직하니, 상이 경회루 아래에 나아가 茶禮를 거행하고 드디어 태평관에 거둥하여 전별연을 베푸는 도중에 상이 두목 등을 불러 친히 술을 내려주고, 월산대군 정과 잘산군(성종의 諱)에게 명하여 나와서 최안 등을 보게 하니 최안 등이 답례하였다. 영순군 부, 봉원군 정창손, 고령군 신숙주, 릉성군 구치관, 령의정 한명회 등이 차례로 술을 돌리었다. 잔치가 파하자 연탁을 충훈부에 내려주고, 도승지 권감을 보내어 궁온을 가져가서 내려주게 하고, 또 권감에게 명하여 의복, 화, 포 등의 물건을 최안 등에게 주게 하였다.

422 **[睿宗]** 卷六 宮廷茶禮

元秊己丑 七月庚寅. 太妃詣永昌殿, 行晝茶禮.

예종 권6 궁정茶禮

예종 원년 기축(1469) 7월 9일. 태비가 영창전에 나아가서 晝茶禮[359]를 거행하였다.

423 **[睿宗]** 卷七 宮廷茶禮

元秊己丑 八月乙亥. 上詣永昌殿, 行晝茶禮.

예종 권7 궁정茶禮

예종 원년 기축(1469) 8월 24일. 상이 영창전에 나아가 晝茶禮를 거행하였다.

424 **[睿宗]** 卷七 宮廷茶禮

元秊己丑 九月丁酉. 上詣永昌殿, 行茶禮, 太妃亦別行茶禮.

예종 권7 궁정茶禮

예종 원년 기축(1469) 9월 17일. 상이 영창전에 나아가 晝茶禮를 거행하였고, 태비도 따라 茶禮를 거행하였다.

425 **[睿宗]** 卷八 宮廷茶禮

元秊己丑 十一月辛卯. 太妃詣永昌殿, 行茶禮.

예종 권8 궁정茶禮

예종 원년 기축(1469) 11월 11일. 태비께서 영창전에 나아가서 茶禮를 거행하였다.

---

359) **晝茶禮** 인산(因山) 뒤 3년상(三秊喪) 안에 혼전(魂殿)이나 산릉(山陵)에서 낮에 지내는 祭式茶禮.

426 [成宗] 卷一 宮廷茶禮 及 接使人情

卽位秊己丑 十二月辛亥. 賜請承襲使權瑊, 黑氈笠, 沈束香纓子具一, 鴉靑匹段貂皮耳掩一, 鴉靑匹段貂皮耳掩幷毛冠一, 貂鼠皮毛冠一, 鴉靑匹段裌圓領一, 貂皮匹段虛胸一, 灰色紬狐皮襖子一, 紬襦裏肚一, 紬衫兒二, 灰色紬襦塔胡一, 灰色紬襦帖裹一, 狐皮裹白鹿皮鞾氈精黑斜皮套鞋具一, 馬皮油鞾氈精油套鞋具一, 豆錫妝飾三, 幷刀子一, 別人情笠帽一, 百箇小燭二十柄, 單刀子三十部, 扇子五十把, 邊兒寢席十張, 人參三十斤, 表紙三卷, 白厚擣錬紙五卷, 白注紙五十卷, 冊紙五十卷, 十一升黑麻布四十匹, 十一升白苧布二十五匹, 雀舌茶一斗, 藿三百斤, 茶食二角, 大桂二角, 貂皮二十張, 無心筆一百柄, 油煙墨十笏, 告訃請謚使宋文琳, 亦賜之有差.

성종 권1 궁정茶禮 및 접사인정

성종(재위 1470~1494) 즉위년(1469) 12월 2일. 청승습사 권감에게 흑전립, 심속향영자구 1개, 아청필단, 초피이엄 1개, 아청필단 초피이엄 병모관 1개, 초서피모관 1개, 아청필단 겹원령 1개, 초피필단 허흉 1개, 회색 주호피오자 1개, 주유리두 1개, 주삼아 2개, 회색 주유탑호 1개, 회색 주유첩리 1개, 호피리백록피화 전정흑사피화혜구 1개, 마피유화 전정유투혜구 1개, 두석장식 3개, 병도자 1개, 별인정립모 1백개, 소촉 20병, 단도자 30부, 선자 50파, 변아침석 10장, 인삼 30근, 표지 3권, 백후도련지 5권, 백주지 50권, 책지 50권, 11새(升布)[360] 흑마포 40필, 11새 백저포 25필, 雀舌茶 1두, 곽 300근, 茶食 2각, 대계 2각, 초피 20장, 무심필 1백 병, 유연묵 10홀을 하사하고, 고부청시사 송문림에게도 차등이 있게 하사하였다.

427 [成宗] 卷五 宮廷茶禮

元秊庚寅 五月戊寅. 上幸太平館, 具冕服拜祭物賻物如儀. 祭文一道, 祭物一壇, 闊生綃五百匹, 麻布五百匹, 戔香五斤, 檀香二炷. 釋冕服, 還翼善冠, 白袍, 烏犀帶與使臣, 行相會禮. 上令通事語, 兩天使曰 皇恩至重罔知所措, 又訓戒丁寧諭以賊, 情感激益深, 仍就座行茶禮.

성종 권5 궁정茶禮

성종 원년(1470) 5월 1일. 상이 태평관에 거둥하여 면복을 갖추고 제물과 부의에 의식과 같이 배례하였다. 제문 1도, 제물 1단, 활생초 5백필, 마포 5백필, 전향 5근, 단향 2주이다. 면복을 벗고 도로 익선관, 백포, 오서대를 갖추고 사신과 더불어 상회례를 행하였다. 상이 통사를 시켜 두 명국 사신에게 말하기를 "황제의 은혜가 지극히 중하여 몸 둘 바를 알지 못하겠으며, 또 훈계함이 정녕[361]하여 적의 정세를 효유[362]하니 감격함이 더욱 깊습니다" 하니, 인하여 자리에 나아가서 茶禮를 거행하였다.

---

360) **升** 피륙의 날을 세는 단위를 나타낼 때는 升을 '새'로 쓴다.

361) **丁寧** 친절함. 재삼(再三) 간절히 충고함.

362) **曉諭** 깨우쳐 일러줌.

428 [成宗] 卷五 宮廷茶禮 及 接使人情

元秊庚寅 五月壬寅. 命都承旨李克增, 賚宣醞往, 餞于碧蹄, 仍贈天使 黑麻布十五匹, 白苧布一十匹, 鴉靑匹段貂皮虛胸一領, 毛馬妝一部, 蓑衣一部, 油席一事, 油鞍籠一事, 毛鞭一事, 環刀一柄, 弓二張, 矢一部 及韃服, 弓帽, 箭帽二部, 紫草笠一頂, 花兒鹿皮護膝一部, 銅硯鑪一事, 黃毛筆五十柄, 兎毛筆五十柄, 油煙墨二十笏, 書鎭二事, 中樸頭一百, 大樸頭二十枚, 人蔘三十斤, 上品表紙二卷, 中品表紙二卷, 雀舌茶三斗. (下略)

성종 권5 궁정茶禮 및 접사인정

성종 원년 경인(1470) 5월 25일. 도승지 리극증에게 명하여 선온[363]을 가지고 벽제에 가서 전송하세 하고, 인하여 명국 사신에게 흑마포 15필, 백저포 10필, 아청필단초피허흉 1령, 모마장 1부, 사의 1부, 유석 1사, 유안롱 1사, 모편 1사, 환도 1자루, 활 2장, 화살 1부와 건복, 궁모, 전모 2부, 자초립 1정, 화아록피호슬 1부, 동연로 1사, 황모필 50병, 토모필 50병, 유연묵 20홀, 서진 2사, 중박두 100매, 대박두 20매, 인삼 30근, 상품표지 2권, 중품표지 2권, 雀舌茶 3두를 주었다. (하략)

429 [成宗] 卷六 宮廷茶禮 及 接使人情

元秊庚寅 六月丁巳. 上欲宴天使, 命都承旨李克增往請之. (中略) 上出仁政門外, 迎入天使上殿, 請上坐北, 上固辭, 天使跪請不已, 上不得已南向近西. 而天使坐東, 行茶禮. 上親贈人情物, 雀舌茶三斗, 六張連幅油芚一事, 笠帽二十事, 毛馬妝一部, 弓一張, 大箭一部, 韃服具弓箭帽一部, 狐皮四十張, 交牀一事, 上品表紙二卷, 中品表紙二卷, 頭目各笠帽三事, 扇子三把. 遂設宴上行酒. 密城君琛, 上黨府院君韓明澮, 仁山府院君洪允成, 昌寧府院君曹錫文, 寶城君容, 樂安君巙, 以次而行天使回杯訖, 手酌玉杯, 歆申叔舟, 韓明澮, 李克增, 吳伯昌, 遂罷出.

성종 권6 궁정茶禮 및 접사인정

성종 원년 경인(1470) 6월 10일. 상이 명국 사신에게 잔치하고자 하여 도승지 리극증에게 명하여 이를 청하게 하니, (중략) 명국 사신이 이르니, 상이 인정문 밖에 나아가서 맞아들였다. 명국 사신이 전에 올라서 상에게 북쪽 자리에 오르기를 청하니, 상이 굳이 사양하였으나 명국 사신이 꿇어앉아 청하여 마지아니하므로 상이 부득이 남향하여 서쪽 가까이로 앉고, 명국 사신이 동쪽에 앉아서 茶禮를 거행하였다. 상이 친히 인정물로써 雀舌茶 3두, 륙장련폭유둔 1벌(事), 립모 20벌(事), 모마장 1부, 궁 1장, 대전 1부, 건복구궁전모 1부, 호피 40장, 교상 1벌(事), 상품 표지 2권, 중품 표지 2권을 주었고, 두목에게는 각각 립모 3벌(事),

---

363) **宣醞** 임금이 신하에게 술을 하사하던 일. 司醞署에서 만든다.

선자 3자루(把)를 주었다. 드디어 잔치를 베풀고 상이 술을 돌렸다. 밀성군 침, 상당부원군 한명회, 인산부원군 홍윤성, 창녕부원군 조석문, 보성군 합, 악안군 녕이 차례대로 술을 돌렸다. 명국 사신이 술잔을 되돌리기를 마치고 손수 옥배에 술을 따라서 신숙주, 한명회, 리극증, 오백창에게 마시게 하고, 드디어 잔치를 파하고 나갔다.

430 [成宗] 卷七 賜糧食等類

元秊庚寅 九月丙子. (中略) 貴島人至我國, 諸島釣魚者, 絡繹不絶, 不嚴立禁防, 姦細之徒必有因而生釁者, 故與先島主正約, 每船留一人爲質, 以我國船軍一人, 押行前往孤草島等處, 釣魚. (中略) 其賜物宗貞國鞍子一部, 諸緣具馬一匹, 黑馬麻布十匹, 白緜布十匹, 白緜紬十匹, 虎皮 豹皮各二張, 中鼓一面, 鉦一口, 人參二十斤, 糙米五十石, 黃豆五十石, 淸蜜十斗, 柏子十五斗, 燒酒三十瓶, 淸酒一百瓶, 桂二角, 茶食二角, 彩花席十張, 連四幅紬席二事, 連六幅紬席二事, 又別賜宗貞國妻子, 米豆各五十碩. 時貞國 小二殿軍中妻子留島故有此賜. 小二殿賴忠, 鞍子一部, 綠諸具馬一匹, 黑麻布十匹, 白緜布十匹, 白緜紬十匹, 虎皮 豹皮各二張, 中皷一面, 鉦一口, 人參二十斤, 糙米五十碩, 黃豆五十碩, 淸蜜十斗, 栢子十五斗, 燒酒三十瓶, 淸酒一百瓶, 桂二角, 彩花席十張, 連四幅油席二事, 連六幅油席二事. 守護代官宗盛俊 黑麻布二匹, 白緜紬二匹, 白緜布二匹, 桂一角, 茶食一角, 燒酒十瓶, 栢子十斗, 彩花席三張, 米, 豆各十五碩, 宗貞秀 黑麻布二匹, 白緜紬二匹, 白緜布二匹, 桂一角, 茶食一角, 燒酒十瓶, 栢子十斗, 彩花席三張, 米, 豆各十五碩. (下略)

성종 권7 사량식등류

성종 원년 경인(1470) 9월 1일. (중략) 귀도 사람이 우리나라 여러 섬에 와서 고기 낚는 자가 연이어 끊어지지 않으므로, 만일 엄격하게 금하고 막는 법을 세우지 않으면 간사한 무리가 반드시 그것을 인하여 사건을 일으킬 것이므로, 선도주와 더불어 약정하기를 "배마다 1인을 남겨 두어 볼모로 삼고, 우리나라 수군 1인이 데리고 고초도 등지에 가서 고기를 낚게 한다"고 하였고 (중략) 그들에게 내려주는 물건은 종정국에게 말안장 1부, 모든 부속 도구를 갖춘 말 1필, 흑마포 10필, 백면포 10필, 백면주 10필, 호피, 표피 각각 2장, 중고 1면, 징(鉦) 1구, 인삼 20근, 쌀, 콩 각 50석, 청밀 10두, 잣 15두, 소주 30병, 청주 100병, 계 2각, 茶食 2각, 채화석 10장, 련 4폭 유석 2사, 련 6폭 주석 2사이고, 또 별도로 종정국의 처자에게 쌀, 콩 각 50석을 주었다. 이때에 종정국은 소이전의 군중에 가고 처자만이 대마도에 머물러 있었으므로, 이 선물이 있었다. 소이전 뢰충에게 말안장 1부, 모든 부속 도구를 갖춘 말 1필, 흑마포 10필, 백면포 10필, 백면주 10필, 호피, 표피 각각 2장, 중고 1면, 징 1구, 인삼 20근, 조미 50석, 황두 50석, 청밀 10두, 잣 15두, 소주 30병, 청주 1백 병, 계 2각, 茶食 2각, 채화석 10장, 련 4폭 유석 2사, 련 6폭 유석 2사를 내려주었다. 수호대관 종성준에게 흑마포 2필, 백면주 2필, 백면포 2필, 계 1각, 茶食 1각, 소

주 10병, 잣 10두, 채화석 3장, 쌀, 콩 각 15석을 내려 주었으며, 종정수에게 흑마포 2필, 백면주 2필, 백면포 2필, 계 1각, 茶食 1각, 소주 10병, 잣 10두, 채화석 3장, 쌀, 콩 각 15석을 내려 주었다. (하략)

431 [成宗] 卷九 宮廷茶禮

二季辛卯 三月朔甲戌. 上詣光陵行祭, 又詣崇恩殿, 行茶禮. (下略)

성종 권9 궁정茶禮

성종 2년 신묘(1471) 3월 1일. 상이 광릉에 가서 제사를 거행하고, 또 숭은전에 가서 茶禮를 거행하였다. (하략)

432 [成宗] 卷九 宮廷茶禮

二季辛卯 三月丁丑. 大王大妃, 王大妃, 仁粹王妃, 詣光陵行別祭, 次詣崇恩殿, 進茶禮. (下略)

성종 권9 궁정茶禮

성종 2년 신묘(1471) 3월 4일. 대왕대비, 왕대비, 인수왕비가 광릉에 나아가서 별제를 거행하고, 다음에 숭은전에 나아가서 茶禮를 올렸다. (하략)

433 [成宗] 卷二十 賜糧食等類

三季壬辰 七月壬子. 宗貞國特送可臥老而信都老等辭. 禮曹答書曰 (中略) 眞荏子二碩, 淸蜜五斗, 桂三角, 茶食三角, 海松子二碩, (中略) 守護代官宗盛俊處書契曰我殿下深嘉島主輸誠益篤, 特加褒獎用示殊恩, 兼賜足下 白細緜布五匹, 黑細麻布五匹, 虎皮一張, 豹皮一張, 米一十五碩, 黃豆一十五碩, 燒酒一十瓶, 桂一角, 茶食一角照領. 宗貞秀處書契曰, 島主能誠心事大, 凡於通論旋卽奉行, 我殿下深用喜悅, 特加褒賞, 兼賜足下, 白細緜布五匹, 黑細麻布五匹, 虎皮一張, 豹皮一張, 米一十五碩, 黃豆一十五碩, 燒酒一十瓶, 桂一角, 茶食一角, 照領.

성종 권20 사량식등류

성종 3년 임진(1472) 7월 17일. 종정국의 특송 가와로, 이신도로 등이 하직하였다. 례조의 답서에 이르기를 (중략) 진임자 2석, 청밀 5두, 계 3각, 茶食 3각, 해송자 2석이고, (중략) 수호대관 종성준에게 보내는 서계에 이르기를 "우리 전하께서 도주가 더욱 돈독하게 정성을 바치는 것을 깊이 가상하게 여기어 특별히 포장을 더하여 특수한 은혜를 보이고, 겸하여 족하에게 백세면포 5필, 흑세마포 5필, 호피 1장, 표피 1장, 쌀 15석, 황두 15석, 소주 10병, 계 1각, 茶食 1각을 하사하니, 참조하여 수령하라" 하였다. 종정수에게 보낸 서계에 이르기를 "도주가 능히 성심으로 큰 나라를 섬기어 무릇 통유하는 일을 곧 봉행하니, 우리 전하께서 깊이 즐거워하여 특별히 포상을 가하고, 겸하여 족하에게 백세면포 5필, 흑세마포 5필, 호피 1장, 표피 1장, 쌀 15석, 황두 15석, 소주 10병, 계 1각, 茶食 1각을 하사하니, 참조하여 수령하라" 하였다. (하략)

434 [成宗] 卷三十三 入貢物

四季癸巳 八月戊辰. 日本國 防, 長, 攝, 泉四州太守, 大內別駕多多良政弘 遣源周德來獻土. (中略) 初修聘禮, 而求財施於禮甚不可也, 當蒙寬恕也. 不腆土宜注名于後, 大刀二把, 扇子十把, 鏡奇十箇, 螺甲二, 硯十面, 樽一雙, 梔子百斤, 牛皮五十枚, 厚茶百斤.

성종 권33 입공물

성종 4년 계사(1473) 8월 9일 일본국 방, 장, 섭, 천의 4주 태수, 대내별가 다다량정홍이 원주덕을 보내어 와서 토산물을 바치었다. "(중략) 처음으로 빙례364)를 닦음에 있어 시재를 요구하는 것은 례의상 너무나 옳지 못하나 너그러이 용서하시기를 바랍니다. 보잘것없는 토산물의 이름을 다음에 注記주기하니, 대도 2파, 선자 10파, 경렴 10개, 라갑 2, 벼루 10면, 준 1쌍, 치자 100근, 우피 50매, 厚茶(譯按餠茶) 100근입니다" 하였다.

435 [成宗] 卷三十四 賜糧食等類

四季癸巳 九月庚寅. 下書永安道觀察使鄭蘭宗曰 兼司僕浪將家老, 今歸本家, 其給米, 豆幷十碩, 鹽十碩, 醬一石, 及食物, 酒, 肉其見父時茶禮, 及母墳拜掃時澆奠, 亦可豐備給之.

성종 권34 사량식등류

성종 4년 계사(1473) 9월 2일. 영안도관찰사 정란종에게 하서하기를 "겸사복 랑장가로가 이제 본가로 돌아가는데 쌀과 콩 아울러 10석, 소금 10석, 장 1석과 음식물, 술, 고기를 주도록 하고, 아비를 만나볼 때의 茶禮와 어미 무덤에 성묘할 때의 요전365)도 풍족하게 갖추어서 주는 것이 좋겠다" 하였다.

436 [成宗] 卷五十六 宮廷茶禮

六季乙未 六月丙戌. 禮曹啓, 前受敎恭惠王后, 守陵官侍陵內侍, 服齊衰自祥至再朞, 著淺淡服,祭時同 陵參奉, 飯監至練, 用練布裹紗帽, 各差備人用練布, 爲頭巾, 自祥至再朞著淺淡服,祭時同 魂殿入直宗親, 內官, 參奉, 及各差備人

364) **聘禮** 諸侯가 大夫를 다른 나라에 사신으로 보내는 례. 또는 납폐의 예물.
365) **澆奠** 산소에 차려놓는 제물(祭物).

服, 與陵所祿官以下各差備人同. 五禮禫祭儀, 若內喪在先, 則十五月而禫, 宗親, 文武百官無陪祭, 亞獻官以下諸執事服吉服. 臣等參詳, 陵所則在再期之內, 守侍陵官以下, 各差備人服, 當依前受敎, 昭敬殿, 則旣已從吉獻官, 諸執事, 自禫祭日 竝吉服. 一殿之內入直宗親, 及祿官差備人等, 獨服淡服未便. 請竝依五禮儀施行, 禫後各祭, 及朝夕上食, 晝茶禮亦依文昭殿例行之, 再期間 勿用樂. 從之.

성종 권56 궁정茶禮

성종 6년 을미(1475) 6월 9일. 례조에서 아뢰기를 "그 전에 하교를 받으니, 공혜왕후(성종의 첫째 비)의 수릉관 시릉내시가 제최(喪服)를 입는 데 상[366]으로부터 재기(만 2년)에 이르기까지 천담복을 입고, 제사 때에도 같다. 릉참봉과 반감은 련(小祥)에 이르기까지는 련포를 사용하여 사모를 싸며, 각 차비인도 연포를 사용하여 두건을 만들고 상으로부터 재기에 이르기까지 천담복을 입으며, 제사 때에도 같다. 혼전에 입직하는 종친, 내관, 참봉 및 각 차비인의 의복도 릉소록관 이하 각 차비인과 더불어 같이 한다고 하였습니다. 『오례담제의』에 만약 내상이 앞에 있으면 15개월 만에 담제를 지내고 종친, 문무백관의 배제가 없으며, 아헌관 이하 제집사는 길복을 입는 것으로 되어 있습니다. 신 등이 자세히 참고하여 보니, 릉소라면 재기의 안에 있어서는 수시릉관 이하 각 차비인의 의복은 마땅히 앞에서 받은 하교에 의할 것이지마는 소경전이라면 이미 종길[367]하여 헌관, 제집사는 담제[368]일로부터 모두 길복으로 하고 있습니다. 한 전 안에서 입직하는 종친 및 록관, 차비인들만 홀로 담복을 입는 것은 적당하지 못합니다. 청컨대 『오례의』에 의하여 시행하게 하고, 담제 뒤의 각 제사 및 조석의 상식과 晝茶禮도 문소전의 례에 의하여 행하게 하되, 재기(만 2년)의 사이에는 풍악을 쓰지 말게 하소서" 하니, 그대로 따랐다.

437 [成宗] 卷五十九 宮廷茶禮

六秊乙未 九月辛酉. 上詣光陵行祭如儀, 上又詣奉先殿 行茶禮. (下略)

성종 권59 궁정茶禮

성종 6년 을미(1475) 9월 15일. 상이 광릉에 나아가 제사 거행하기를 의식과 같이 하고, 상이 또 봉선전에 나아가 茶禮를 거행하였다. (하략)

366) **祥** 사후 1년을 소상, 2년을 대상이라 함.
367) **從吉** 喪服을 입어야 하는 기간 중에 잠시 吉服으로 바꾸어 입거나 완전히 길복으로 바꾸어 입는 것.
368) **禫祭** 대상(大祥)을 지낸 그 다음 다음 달에 지내는 제사.

438 [成宗] 卷六十四 賜糧食等類

七秊丙申 二月丙戌. 金自貞 賫去禮曹書契曰 (中略) 桂二角, 茶食二角, 燒餅二角, 乾大口魚二百尾, 海松子五碩, 乾柹子五十貼, 清蜜一十斗. 又宗貞秀, 宗盛俊, 宗出羽守貞秀處, 皆有書契賜物, 宗貞秀 震黑細麻布二匹, 白細緜紬二匹, 白細緜布二匹, 桂一角, 茶食一角, 燒酒一十瓶, 海松子一十斗, 彩花席三張, 糙米五十碩, 黃豆五十碩, 宗盛俊處 黑細麻布二匹, 白細緜紬二匹, 白細緜布二匹, 桂一角, 茶食一角, 燒酒一十瓶, 海松子一十斗, 彩花席三張, 糙米一十五碩, 宗出羽守貞秀 震黑細麻布二匹, 白細苧布二匹, 白細緜布二匹, 桂一角, 茶食一角, 燒酒一十瓶, 海松子一十斗, 寢席三張.

성종 권64 사량식등류

성종 7년 병신(1476) 2월 11일. 김자정이 가지고 가는 례조의 서계에 이르기를 "(중략) 계 2각, 茶食 2각, 소병 2각, 건대구어 2백 미, 해송자 5석, 건시자 50첩, 청밀 10두입니다" 하였다. 또 종정수, 종성준, 종출우수정수에게도 모두 서계와 사물이 있었으니 종정수에게는 흑세마포 2필, 백세면주 2필, 백세면포 2필, 계 1각, 茶食 1각, 소주 10병, 해송자 10두, 채화석 3장, 조미 50석, 황두 50석이고, 종성준에게는 흑세마포 2필, 백세면포 2필, 계 1각, 茶食 1각, 소주 10병, 해송자 10두, 채화석 3장, 조미 15석이고, 종출우수정수에게는 흑세마포 2필, 백세저포 2필, 백세면포 2필, 계 1각, 茶食 1각, 소주 10병, 해송자 10두, 침석 3장이었다.

439 [成宗] 卷六十四 宮廷茶禮

七秊丙申 二月甲午. 遠接使徐居正來復命, (中略) 上請兩使就勤政殿, 行茶禮訖, 使臣出就館.

성종 권64 궁정茶禮

성종 7년 병신(1476) 2월 20일. 원접사 서거정이 와서 복명[369]하니 (중략) 상이 두 사신을 청하여 근정전에 나아가서 茶禮를 거행하고, 이를 마치자 사신이 나가서 객관으로 나아갔다.

440 [成宗] 卷六十四 宮廷茶禮

七秊丙申 二月甲午. 上幸太平館小留御室, 乃出至館中門外, 天使出迎于塞門外, 入就座行茶禮.

369) **復命** 명령을 받고 일을 처리한 사람이 그 결과를 보고함.

성종 권64 궁정茶禮

성종 7년 병신(1476) 2월 20일. 상이 태평관에 거둥하여 어실에 잠시 머물렀다가 곧 나와서 태평관의 중문 밖에 도착하니, 명나라 사신이 나와 색문 밖에서 맞이하여 들어가 자리에 나아가서 茶禮를 거행하였다.

441 [成宗] 卷六十四 宮廷茶禮

七秊丙申 二月戊戌. 天使詣昌德宮, 上迎入仁政殿. 兩使就上前曰 殿下再枉, 設宴慰之, 我等卽欲進謝, 只緣謁文廟歆宗親酒, 遲謝惶恐. 上曰 于之往慰禮也, 今蒙兩大人枉臨, 多感多感. 遂就座行茶禮, 仍設宴.

성종 권64 궁정茶禮

성종 7년 병신(1476) 2월 24일. 명나라 사신이 창덕궁에 나아오니, 상이 맞이하여 인정전으로 들어갔다. 두 사신이 상의 앞으로 나아와서 말하기를 "전하께서 두 번이나 왕림하여 연회를 베풀어서 위로해 주시므로 우리들이 즉시 나아가서 사례하려고 하였으나, 다만 문묘에 참배하고 종친의 술을 마신 일로 인하여 사례가 늦어지게 되었으니 황공합니다" 하니, 상이 말하기를 "내가 가서 위로하는 것이 례절인데, 지금 두 대인께서 왕림하였으니 감사하고 감사합니다" 하였다. 마침내 자리에 나아가서 茶禮를 거행하고 이어 연회를 베풀었다.

442 [成宗] 卷六十四 宮廷茶禮

七秊丙申 二月己亥. 上幸景福宮, 請天使宴于勤政殿. 兩使至, 上迎入勤政殿, 兩使就上前曰 昨日旣多煩擾今日, 又皃招深感殿下厚意. 上曰 秖增枉勞, 有何煩擾. 遂就座行茶禮, 仍設宴.

성종 권64 궁정茶禮

성종 7년 병신(1476) 2월 25일. 상이 경복궁에 거둥하여 두 명나라 사신을 청해서 근정전에서 연회하려고 하였다. 두 사신이 이르자 상이 맞이하여 근정전에 들어가니, 두 사신이 상의 앞에 나아와서 말하기를 "어제는 번거롭고 소란함이 많았는데, 오늘 또 부르심을 받으니 전하의 후한 뜻에 매우 감사합니다" 하니, 상이 말하기를 "다만 왕림한 로고만 더하게 했을 뿐인데 무슨 번거롭고 소란스러움이 있었겠습니까?" 하였다. 마침내 자리에 나아가서 茶禮를 거행하고, 이어 연회를 베풀었다.

443 [成宗] 卷六十四 宮廷茶禮 及 接使人情

七秊丙申 二月己亥. 命同副承旨韓僩, 齎人情往大平館, 贈天使. 正使覽物目單子, 言曰 此無乃送行之物歟. 殿下厚意我等十分感荷, 又何此爲然. 却之則不恭. 仍書紙尾曰 筆, 墨, 紙, 硯固不敢辭, 冊紙五十卷, 未免過多, 所以不受. 法帖, 小刀子亦付家人紫領之, 布匹人蔘則非所敢受也. 僴曰 紙乃文房所用, 蔘是路上茶具, 請勿却. 若大人不受, 我將何顏回啓乎. 請之再三, 正使笑而受之, 唯不受布子, 副使皆受之.

성종 권64 궁정茶禮 및 접사인정

성종 7년 병신(1476) 2월 25일. 상이 동부승지 한한에게 명하여 인정물을 가지고 태평관에 가서 명나라 사신에게 선물하도록 하였다. 정사가 물목단자를 보고 말하기를 "이것은 행인을 전송하는 물건이 아닙니까? 전하의 후의는 우리들이 충분히 감사하고 있는데, 또 어찌 이런 것을 하십니까? 그러나 이를 물리친다면 공손하지 못한 일이 될 것입니다" 하고 이어서 종이 끝에 쓰기를 "붓, 먹, 종이, 벼루는 진실로 사양할 수가 없는 것이지만, 책지 50권은 너무 많음을 면하지 못하기 때문에 받지 않겠습니다. 법첩[370]과 소도자는 또한 가인들에게 부치는 것이니, 이를 받도록 하고 포필과 인삼은 감히 받을 수가 없습니다" 하였다. 한한이 말하기를 "종이는 곧 문방의 소용되는 것이고 인삼은 로상의 茶具이니, 청컨대 물리치지 마십시오. 만약 대인께서 받지 않는다면 내가 장차 무슨 얼굴로 돌아가 성상께 아뢰겠습니까?" 하면서 재삼 청하니, 정사가 웃으면서 이를 받았으나 포자만은 받지 않았으며, 부사는 이를 다 받았다.

444 [成宗] 卷六十九 如大馬回使人情

七秊丙申 七月丁卯. 對馬島宣慰使金自貞, 馳啓聞見事件. (中略) 五月十四日, 島主使人言曰 當擇吉受賜, 姑留待之. 國分寺住持崇睦, 使弟子崇堪, 送胡椒二斤, 茶葉三斤, 崇睦卽島主同母弟也.

성종 권69 여대마회사인정

성종 7년 병신(1476) 7월 26일. 대마도선위사 김자정이 보고 들은 사건을 치계한 것은 이러하였다. "(중략) 5월 14일, 도주가 사람을 시켜서 말하기를 '좋은 날을 가려서 하사한 것을 받은 것이 타당하겠으니, 조금 더 체류하면서 기다리십시오' 하였다. 국분사 주지 승목이 그의 제자 승감을 시켜서 호초 2근, 茶葉 3근을 보냈는데, 승목은 바로 도주의 친복동생입니다."

445 [成宗] 卷六十九 如大馬回使茶禮

七秊丙申 七月丁卯. 對馬島宣慰使金自貞, 馳啓聞見事件. (中略) 五月二十七日, 臣令押物, 賚領禮物, 先置於島主家廳事, 臣奉書契, 島主下庭, 鞠躬祗迎. 臣由中門, 陞廳事近東西向立. 島主陞檐下行, 而往四拜, 就廳事北向跪. 臣就書契授島主, 島主受之, 授執事人, 俛伏, 興, 還就拜位, 行四拜訖. 島主入廳事, 近

370) **法帖** 習字의 기본이 되는 書帖.

西東向立, 相對再拜. 島主子貞秀, 病不出, 其書契, 禮物島主幷受之. 島主引臣入廳事, 西偏房客東主西相對. 而坐代官宗貞秀亦近南東向坐, 行茶禮島主問.

성종 권69 여대마회사茶禮

성종 7년 병신(1476) 7월 26일. 대마도선위사 김자정이 보고 들은 사건을 치계한 것은 이러하였다. "(중략) 5월 27일, 신이 압물에게 명령하여 그들이 례물을 가져가서 먼저 도주가의 청사에다 두게 하고 신이 서계를 받들고 가니, 도주가 뜰에서 내려와 국궁하면서 공경히 영접하였습니다. 그래서 신은 중문을 경유하여 청사에 나아와서 동쪽 가까이 서쪽을 향하여 섰습니다. 도주가 처마 아래로 나아와 이르러 4배하고 청사에 나아가서 북쪽을 향하여 꿇어앉았습니다. 신이 서계를 도주에게 주니 도주가 받아서 집사인에게 넘겨주고서 부복하고 일어나 도로 배위에 나아가 네 번 절하였습니다. 절을 마치고 도주가 청사에 돌아와 서쪽 가까이서 동쪽을 향하여 서서 서로 마주보고 두 번 절하였습니다. 도주의 아들 정수는 병으로 참석하지 못하였으므로 서계와 례물은 도주가 함께 수령하였습니다. 도주가 신을 인도하여 청사 서편 방에서 객은 동쪽에, 주인은 서쪽에 서로 마주 보고 앉았습니다. 그리고 대관 종정수도 역시 남쪽 가까이서 동쪽을 향해 앉아서 茶禮를 거행하였습니다."

446 [成宗] 卷六十九 如大馬回使人情

七季丙申 七月丁卯. 對馬島宣慰使金自貞, 馳啓聞見事件. (中略) 五月二十八日, 島主使國長, 問安雙古郡守宗國次, 司直皮古破知, 各持環刀一柄, 宗石見守國古, 持長劒一柄, 同來贈臣强之乃受. 代官宗貞秀 弟宗茂勝持酒肴, 來饋又贈臣茶葉一封, 胡椒一斤, 扇子一柄, 贈通事, 官, 伴倘梔子各一封, 扇子各一柄, 仍言去甲午季以特送, 親覲大國, 特蒙殿下恩德, 至今感激何日忘之, 今聞殿下安寧不勝慶拜之. 至玆將薄物聊表區區之誠.

성종 권69 여대마회사인정

성종 7년 병신(1476) 7월 26일. 대마도선위사 김자정이 보고 들은 사건을 치계한 것은 이러하였다. "(중략) 5월 28일, 도주가 국장을 시켜서 문안하게 하였습니다. 쌍고군수 종국차와 사직 피고파지가 환도 1자루를, 종석견수국고는 장검 1자루를 가지고 함께 와서 신에게 억지로 증정하므로 받았습니다. 그리고 대관 종정수의 아우 종무승이 술과 안주를 가지고 와서 대접하였고 또 신에게 茶葉 1봉, 호초 1근, 부채 1병을 증정하였으며, 통사, 군관, 반당에게는 치자 각 1봉, 부채 각 1병을 증정하면서 인하여 말하기를 '지난 갑오년(1474년, 성종 5년)에 특송으로 대국에 친조하여 특별히 전하의 은덕을 받아 지금까지 감격하고 있으니 언제인들 그것을 잊어버리겠습니까? 이제 전하께서 안녕하시다는 말씀을 들으니 너무나 기쁜 마음 감출 수 없습니다. 그래서 이런 보잘것없는 물품을 가지고 와서 구구한 정성을 표합니다' 라고 하였습니다."

447 [成宗] 卷六十九 如大馬回使茶禮

七季丙申 七月丁卯. 對馬島宣慰使金自貞, 馳啓聞見事件. (中略) 六月初四日, 島主使人邀臣, 至其第島主與子秀庭下迎, 引入廳事西偏房, 客東主西相向對揖, 貞秀就前揖, 臣答揖, 各就坐行茶禮.

성종 권69 여대마회사茶禮

성종 7년 병신(1476) 7월 26일. 대마도선위사 김자정이 보고 들은 사건을 치계한 것은 이러하였다. "(중략) 6월 4일, 도주가 사람을 시켜서 신을 초청하므로 그의 집에 갔더니 도주와 아들 정수가 뜰에서 내려와 영접하면서 청사의 서편방으로 인도하여 들어가 객은 동쪽에, 주인은 서쪽에서 서로 마주보고 읍하였으며, 정수가 앞으로 나아와서 읍을 하므로 신도 읍으로 답례하고, 각각 자리에 앉아 茶禮를 거행하였습니다."

448 [成宗] 卷七十五 賜糧食等類

八季丁酉 正月丁未. 禮曹啓 日本國通信使事目, 一. 盤纏十升麻布二十五匹, 九升麻布二十五匹, 五升正布三十匹, 五升緜布三十匹, 糙米六十碩, 雜彩花席三十張, 乾鯉魚二百尾, 脯肉五十貼, 桂十角, 各色醢八缸, 乾飯十碩, 栢子八碩, 虎皮三領, 豹皮二領, 雀舌茶二十斤, 各色菹二十缸, 虎脯四十貼, 虎肉有祭茶食十角, 乾沙魚二百尾, 淸蜜十五瓶, 各容一斗, 登油十五斗, 燒酒一百瓶, 各色佐飯二十箱, 黃栗四十斗, 淸酒三百瓶, 乾猪六十口, 油芚十番, 已上雜物, 令掌戶曹考京外官會計京中 及忠淸, 全羅, 慶尙道分定.

성종 권75 사량식등류

성종 8년 정유(1477) 1월 8일. 례조에서 일본국 통신사 사목을 아뢰기를 '一. 반전[371]으로 10새마포 25필, 9새마포 25필, 5새정포 30필, 5새면포 30필, 조미 60석, 잡채화석 30장, 마른 잉어(乾鯉魚) 200미, 포육 50첩, 계 10각, 여러 가지 젓갈 8항, 건반 10석, 백자 8석, 호피 3령, 표피 2령, 雀舌茶 20근, 여러 가지 김치 20항, 호포 40첩, 호육유제 茶食 10각, 건사어 200미, 청밀 15병, 각용 1두, 등유 15두, 소주 100병, 여러 가지 자반 20상, 황율 40두, 청주 300병, 건저 60구, 유둔 10번, 이상 여러 가지 물건은 호조의 담당 관리를 시켜 경중과 외방 관아의 회계를 상고하여 경중과 충청도, 전라도, 경상도에 나누어 배정한다' 하였다.

449 [成宗] 卷九十九 貢物

九季戊戌 十二月戊申, 韓致亨賫來皇帝求索物目, 紫緜紬, 綠緜紬, (中略) 耳石

371) **盤纏** 旅費, 로자(路資), 반비(盤費)를 이름.

菌, 香蕈, 海內所出好的物件, 蜜板茶食, 生鰒魚鮓, 石首魚卵鮓, 紅蛤鮓, 銀口魚鮓, 白蛤鮓, 白蝦鮓, 燒酒黃的紅的, 松子, 人參. (下略)

성종 권99 공물

성종 9년 무술(1478) 12월 21일. 한치형[372]이 가져온 황제가 요구하는 물목은 자면주, 록면주, (중략) 석이버섯, 향점, 국내에서 나는 좋은 물건, 밀판茶食, 생복어젓, 석수어란젓(조기알젓), 홍합젓, 은구어젓, 백합젓, 흰새우젓, 소주 노란 것과 붉은 것, 잣, 인삼이다. (하략)

450 [成宗] 卷一百十 宮廷茶禮

十季己亥 閏十月癸亥. 上幸慕華館, 迎勑至景福宮受勑如儀. (中略) 萬里路上辛苦而來, 大人之行曾是不意, 沿路各處館持諸事豈無闕失. 使臣答曰 安州, 平壤, 開城等處, 殿下委遣, 宰相厚慰, 兼致人情, 處處州府館待優厚, 安有闕失. 乃就坐行茶禮訖, 還就坐. 殿下更勿起動故, 已於殿上拜肅而來, 今乃如是動勞, 惶恐多謝. 上曰 禮當如是. 相揖就座, 行茶禮, 仍設下馬宴. (下略)

성종 권101 궁정茶禮

성종 10년 기해(1479) 윤10월 11일. 상이 모화관에 거둥하여 칙사를 맞이하고 경복궁에 이르러 칙서받기를 의식대로 하였다. (중략) "만리나 되는 먼 길을 고생하면서 왔는데 대인의 행차는 일찍이 생각지 않았던 것이므로 연로 각처의 려관에서 접대하는 여러 가지 일들 가운데 어찌 빠뜨린 것이 없겠습니까?" 하니, 사신이 대답하기를 "안주, 평양, 개성 등지에 전하께서 재상을 보내어 후하게 위로하고 겸하여 인정까지 주셨으며, 곳곳의 주부에서 려관의 접대가 매우 후했으니 어찌 빠뜨림이 있었겠습니까?" 하였다. 이에 자리에 나아가 茶禮를 거행하고 이를 마치자 도로 자리에 와서 앉았다. "저는 전하께서 다시 기동하지 마시기를 원한 까닭으로 이미 전상에서 절하고 하직하고서 왔는데, 지금 이같이 기동하시는 수고를 하시니 황공하고 감사합니다" 하였다. 상이 말하기를 "례로써 이같이 함이 마땅합니다" 하였다. 서로 읍하고 자리에 나아가 茶禮를 거행하고 이어서 하마연을 베풀었다. (하략)

451 [成宗] 卷一百二十九 宮廷茶禮

十二季辛丑 五月庚寅. (中略) 知道兩使叩頭啓曰 古時堯, 舜, 禹, 湯之德, 萬古流傳, 殿下盛德, 堯, 舜一般, 流傳萬世. 上曰 安敢比我於堯, 舜. 上使曰 殿下便是當今堯, 舜. 語訖就坐, 行茶禮, 後兩使辭出, 上送至勤政門外. (下略)

---

372) **韓致亨** 한치형(1434~1502) 조선 전기의 문신. 본관 청주, 字는 通之, 시호는 質景이다.

성종 권129 궁정茶禮

성종 12년 신축(1481) 5월 16일. (중략) 두 사신이 머리를 조아리고 아뢰기를 "옛날에 요, 순, 우, 탕 임금의 덕이 만고에 유전하는데, 전하의 성덕이 요, 순과 일반이니 만세의 유전할 것입니다" 하니, 상이 말하기를 "어찌 감히 나를 요, 순에게 비교합니까?" 하자, 상사가 말하기를 "전하께서는 곧 지금의 요, 순입니다" 하였다. 또 말하기를 끝마치고 자리에 나아가서 茶禮를 거행한 뒤에 두 사신이 하직하고 나가니, 상이 전송하여 근정문 밖까지 이르렀다. (하략)

452 [成宗] 卷一百二十九 宮廷茶禮

十二年辛丑 五月庚寅. 上幸太平館, 至中門外, 兩使出迎入大廳叩頭啓曰 殿下多受熱, 多勞動. 上曰 皇恩至重, 不覺勞熱. 兩大人到館, 禮當早來相會, 因百官賀禮, 不曾來耳. 兩使曰 不敢不敢, 一國慶事, 合當受賀. 上曰 感承皇恩, 百官許陞一階. 上大人親戚中, 有秩高可陞堂, 上官者故陞之. 副大人親戚, 皆秩卑故陞二三階. 兩使曰 不敢當 語訖, 兩使親執御座與宴卓, 移設近北, 行茶禮.

성종 권129 궁정茶禮

성종 12년 신축(1481) 5월 16일. 상이 태평관에 거둥하여 중문 밖에 이르니, 두 사신이 나와서 맞이하여 대청으로 들어가서 머리를 조아리고 아뢰기를 "전하께서 더위에 많이 로동하셨습니다" 하니, 상이 말하기를 "황제의 은혜가 지극히 무거운지라, 로동과 열기를 느끼지 못 하겠습니다. 두 대인께서 태평관에 도착하자 례로써 마땅히 빨리 와서 서로 만나보아야 할 것이나 백관들의 하례로 인하여 일찍이 오지 못 하였습니다" 하자, 두 사신이 말하기를 "괜찮습니다, 괜찮습니다. 한 나라의 경사에 하례를 받으시는 것이 합당합니다" 하였다. 상이 말하기를 "황제의 은혜를 감격하여 받들었으므로 백관들에게 1계급씩 승자하도록 허락하였습니다. 상대인의 친척 중에서 직질이 높아서 승자할 당상관이 있었기 때문에 이를 올렸습니다. 부대인의 친척은 모두 직질이 낮았기 때문에 2·3계급씩 올렸습니다" 하니, 두 사신이 말하기를 "과분한 말씀입니다" 하고 말을 끝마치자, 두 사신이 친히 어좌와 연탁을 잡아 북쪽 가까이 옮겨 설치하고 茶禮를 거행하였다.

453 [成宗] 卷一百二十九 宮廷茶禮 及 接使人情

十二年辛丑 五月辛卯. 上幸景福宮, 使臣將至, 上出詣勤政門外祗迎位. 聖旨旣入, 上入受聖旨欽賜物於勤政殿. 三大妃及中宮受欽賜於思政殿. 訖上與兩使行私禮, 上曰 欽賜表裏是就穿不得, 玉帶便就繫來服以拜賜. 兩使曰 俺們也回到朝廷, 將殿下就繫玉帶來見我們的意思, 奏朝廷知道. 上曰 不敢. 兩使曰 昨日重賞衣服, 鞍馬, 根來頭目亦賜帽子, 衣服, 殿下大恩說不能盡. 仍叩頭就座, 行茶禮辭出, 上送至勤政門外.

성종 권129 궁정茶禮 및 접사인정

성종 12년 신축(1481) 5월 17일. 상이 경복궁에 거둥하여 사신이 장차 이르려 하니, 상이 나가서 근정문 밖 기영위에 나아갔다. 성지가 이미 들어오자 상이 들어와 근정전에서 성지와 흠사물을 받았다. 삼대비와 중궁은 사정전에서 흠사물을 받았다. 상이 두 사신과 더불어 사례를 행하고, 상이 말하기를 "흠사하신 표리를 곧 나아가서 꿰매어 입을 수가 없으나 옥대는 곧 나아가서 매고 와서 착복한 채로 삼가 주신 것을 받겠습니다" 하니, 두 사신이 말하기를 "우리들도 또한 명국 조정에 돌아가면 전하께서 나아가 옥대를 매고 와서 우리들을 보려 하던 의사를 명국 조정에 주달하여 알게 하였습니다" 하므로, 상이 말하기를 "괜찮습니다" 하였다. 두 사신이 말하기를 "어제 상과 의복과 안마를 후하게 주셨고, 따라온 두목에게도 또한 모자와 의복을 내려 주셨으니, 전하의 큰 은혜를 말로써 다할 수 없습니다" 하고, 이어서 머리를 조아리고 자리에 나아가서 茶禮를 거행하고서 하직하고 나가니, 상이 전송하여 근정문 밖에까지 이르렀다.

454 [成宗] 卷一百二十九 宮廷茶禮

十二季辛丑 五月辛卯. 上幸太平館, 設翌日宴. 上至中門外, 兩使出迎入大廳叩頭啓曰 一國重事都完了, 謝殿下千千歲. 上曰 皇恩重大說不能盡, 行茶禮.

성종 권129 궁정茶禮

성종 12년 신축(1481) 5월 17일. 상이 태평관에 거둥하여 익일연을 베풀었다. 상이 중문 밖에 이르니, 두 사신이 나와서 맞이하여 대청으로 들어가서 고두하면서 아뢰기를 "온 나라의 중대한 일이 모두 끝났으니, 전하께 천천세 하소서" 하니, 상이 말하기를 "황제의 은혜가 무겁고 큰 것을 말로써 능히 다할 수 없습니다" 하고, 茶禮를 거행하였다.

455 [成宗] 卷一百三十 宮廷茶禮 及 接使人情

十二季辛丑 六月戊午. 上幸景福宮, 宴兩天使于慶會樓下. 行茶禮訖, 贈兩使人情物件, 兩使就謝.

성종 권130 궁정茶禮 및 접사인정

성종 12년 신축(1481) 6월 15일. 상이 경복궁에 거둥하여 경회루 아래에서 두 명국 사신에게 잔치를 베풀었다. 茶禮를 거행하기를 마치고 두 사신에게 인정물을 주니, 두 사신이 상 앞에 나아가 사례하였다.

456 [成宗] 卷一百三十一 宮廷茶禮 及 接使人情

十二季辛丑 七月壬午. 夜四更上使詣闕, 至仁政門內, 行謝恩禮訖, 卽欲回館, 上命右承旨盧公弼, 請留上使, 强欲回館, 公弼固請陞階上, 出迎上使, 叩頭啓

曰 每遣承旨宰相問病, 又累蒙重賜, 天恩粉骨難報. 欲待天明來謝, 只怕聖體起動早來, 反致勞動, 不勝惶恐. 上曰 大人不安時, 我欲就公館一見, 只怕大人起動, 不敢耳. 今大人犯夜而來, 多感多感. 上使叩頭謝. 上請入殿, 行茶禮. 上命都承旨金升卿, 贈人情禮物, 上使就上前, 致謝叩頭乃出.

성종 권131 궁정茶禮 및 접사인정

성종 12년 신축(1481) 7월 9일, 밤 사경373)에 상사가 대궐에 나아가 인정문 안에 이르러 사은례를 행하고 곧 객관으로 돌아가려 하기에 상이 우승지 로공필에게 명하여 머물도록 청하게 하였으나 상사가 굳이 객관으로 돌아가려 하므로 로공필이 굳이 청하여 전계에 오르게 하니, 상이 나가서 맞이하였다. 상사가 고두하며 아뢰기를 "번번이 승지와 재상을 보내어 문병하시고, 또 후한 사물을 거듭 받았으므로 천은은 뼈가 가루가 되어도 보답할 수 없습니다. 날이 밝거든 와서 사례하려 하였으나, 성체가 기동하실 것을 염려하여 일찍이 왔더니, 도리어 로동하시게 하였으니 황공하옵니다" 하였다. 상이 말하기를 "대인이 편치 않을 때에 내가 공관에 한번 가 보려 하였으나, 대인이 기동할 것을 염려하여 감히 못하였소. 이제 대인이 밤을 무릅쓰고 왔으니 매우 감사하오" 하니, 상사가 고두하여 사례하였다. 상이 청하여 전내에 들어오게 하여 茶禮를 거행하였다. 상이 도승지 김승경에게 명하여 인정물을 주게 하니, 상사가 상 앞에 나아가 사례하며 고두하고 나갔다.

457 [成宗] 卷一百三十二 宮廷茶禮 及 接使人情

十二季辛丑 八月乙巳. 宴使臣于仁政殿兩使至. (中略) 命都承旨金升卿, 贈人情禮物, 各白苧布十四, 黑麻布十四, 狐皮七十張, 豹皮三張, 表紙一卷, 油芚二事, 笠帽四十事, 細竹扇四百把, 蓑衣諸緣具一部, 雀舌茶二斗, 胡椒二斗, 妝弓一張, 大箭一部, 兩使各執賜弓, 就上前啓曰 賞賜繁頻, 又賜此等物件, 殿下天恩說不能盡.

성종 권132 궁정茶禮 및 접사인정

성종 12년 신축(1481) 8월 3일. 사신을 인정전에서 맞이하여 잔치를 베풀었다. (중략) 도승지 김승경에게 명하여 인정례물로 각각 백저포 10匹, 흑마포 10필, 호피 70장, 표피 3장, 표지 1권, 유둔 2사, 립모 40벌, 세죽선 400자루(把), 사의제록구 1부, 雀舌茶 2말, 호초 2말, 장궁 1장, 대전 1부를 주니, 두 사신이 각각 내려 준 활을 잡고 상 앞에 나아와 아뢰기를 "상을 내려 주심이 빈번하였는데 또 이런 물품을 내리시니, 전하의 천은은 말로써 다하지 못하겠습니다" 하였다.

---

373) **四更** 새벽 1시에서 3시 사이.

458 [成宗] 卷一百三十二 宮廷茶禮 及 人情禮物

十二季辛丑 八月庚戌. 兩使詣闕拜辭. 上使於敦化門外五拜叩頭旋卽還館. 上命都承旨金升卿, 追至路上請來, 上使辭以有嫂服, 不敢入闕庭遂去, 副使至仁政門外, 上迎入殿內, 副使啓曰 小民每有所求輙蒙賞賜, 罪當萬死. 請殿下立, 受叩頭禮. 上曰 何每使我失禮乎. 副使請之再三, 上固讓不得已從之. 副使叩頭啓曰 願殿下矜憐小民親戚. 上行茶禮訖, 命左承旨李吉甫贈人情禮物, 副使叩頭謝, 先進雙杯. (下略)

성종 권132 궁정茶禮 및 인정례물

성종 12년 신축(1481) 8월 8일. 두 사신이 대궐에 나아와서 배사하였다. 상사는 돈화문 밖에서 5배하고 머리를 조아려 곧 관으로 돌아갔다. 상이 도승지 김승경에게 명하여 뒤따라 가서 오기를 청하니, 상사는 사양하며 형수의 복이 있으므로 감히 대궐 안에까지 들어갈 수 없다 하고 곧 가버렸고, 부사가 인정문 밖까지 이르러 오니 상이 전내로 맞아들였다. 부사가 아뢰기를 "소민은 요구할 때마다 바로 상을 주시니 죄가 만사에 해당합니다. 청컨대 전하께서는 서 계신 채로 고두례를 받으소서" 하니, 상이 말하기를 "어찌 매양 나로 하여금 실례하게 하오?" 하였는데, 부사가 재삼 청하자 상이 굳이 사양하다가 부득이 그대로 따랐다. 부사가 머리를 조아리며 아뢰기를 "원컨대 전하께서는 소민의 친척을 불쌍히 여겨 주소서" 하였다. 상이 茶禮를 거행하기를 마치고 좌승지 리길보에게 명하여 인정례물을 주니, 부사가 머리를 조아리며 사례하고 먼저 쌍배를 올렸다. (하략)

459 [成宗] 卷一百三十四 賜糧食等類

十二季辛丑 十月壬寅. 宗貞國特送, 宗茂勝等辭, 曹答書曰 承書得審動履佳勝爲慰爲慰, 所獻禮物, 謹已啓稟收訖第. 念貴島世輸誠款, 有加無替, 凡所以藩衛我國永固邦交者, 靡不盡心, 我殿下亦嘉其惟是也. 其所以待之之禮, 視古爲優不負足下至誠歸附之意. (中略) 特賜馬二匹, 鞍子二面, 綵段三匹, 生綃三匹, 緜紬二百匹, 緜布三百匹, 正布三百匹, 米太幷二百碩, 桂三角, 茶食三角, 栢子一碩, 燒酒二百甁, 淸酒五十甁, 乾雉一百首, 豹皮三張, 虎皮五張, 油芚二張, 油席三張. (下略)

성종 권134 사량식등류

성종 12년 신축(1481) 10월 1일. 종정국이 특송한 종무승 등이 하직하였는데, 례조의 답서는 이러하였다. "글을 받아 보고 기거가 편안하다 하니 다행한 일이며, 보내 준 례물은 상께서 거두셨습니다. 생각건대 귀도가 대대로 정성을 다해오되 그것이 더할지언정 줄어들지 않는 것은 우리의 번방으로서 영구히 교섭하려는 진심이 있기 때문이며, 우리 전하께서 또한 가상히 여기십니다. 대접하는 례도를 예전보다 더욱 두텁게 하는 것도 족하의 지성으로 귀부하는 뜻을 저버리지 않으려는 데에서 나온 것입니다. (중략) 특별한 하사품은 말 2필, 안자 2면, 채단 3필, 생초 3필, 면주 200필, 면포 300필, 정포 300필, 쌀과 콩 200석, 계피 3각, 茶食 3각, 잣 1섬, 소주 200병, 청주 50병, 건치 100마리, 표피 3장, 호피 5장 유둔 2장, 유석 3장입니다. (하략)

460 [成宗] 卷一百五十三 賜糧食等類

十四季癸卯 四月乙丑. 宗貞國特送, 平國幸等辭. 其答書曰 (中略) 聊將不腆土宜, 就付來使, 具在別簡, 幷領納. 但本國凶歉相仍,本國凶歉相仍, 而又皇朝使臣連歲沓至, 所費甚移, 國用不敎, 後若陸續求請, 則恐無以盡副所望, 圖書欲杜奸僞之萌耳. 若貴州拘於避忌, 則何必改爲. 仍舊爲便. 別幅 緜紬五百匹, 緜布一千匹, 黑麻布三十匹, 米豆幷二百碩, 松子二碩, 虎, 豹皮各二張, 淸蜜六斗, 桂二角, 茶食一角, 燒酒二十瓶, 雜彩花席五張, 四張付油席二事.

성종 권153 사량식등류

성종 14년 계묘(1483) 4월 3일. 종정국이 특송한 평국행 등이 하직하였다. 그 답서에 이르기를 (중략) "애오라지 변변치 못한 土宜토의를 가지고 來使래사에게 부치어 보내며 별폭의 간찰에 갖추었으니 아울러 수령하시기 바랍니다. 다만 본국은 흉년이 계속되고 또 명국의 사신이 해마다 답지하여 소비되는 것이 너무 많아서 국용도 넉넉지 못합니다. 뒤에 만약 계속하여 청구한다면 소망을 다 부응하지 못할까 염려되며, 도서도 간위의 싹(萌)을 막으려고 하는 것입니다. 만일 귀주에서 기피할 것 같으면 어찌 반드시 고치겠습니까? 그 전대로 하는 것이 편하겠습니다" 하였고, 별폭에는 면주 500필, 면포 1천 필, 흑마포 30필, 쌀, 콩 아울러 200석, 송자 2석, 호피, 초피 각 2장, 청밀 6두, 계 2각, 茶食 1각, 소주 20병, 잡채화석 5장, 사장부유석 2사이었다.

461 [成宗] 卷一百九十七 賜糧食等類

十七季丙午 十月丁丑. 宗貞國特送, 宗職經辭. 其回答書契曰 在逃賊徒, 能誠心捕送, 俱已伏罪, 良用嘉悅. 賜島主宗貞國 馬一匹, 鞍子一, 綵段, 生綃各二匹, 緜紬百匹, 緜布, 正布各二百匹, 米, 豆 幷百碩, 桂, 茶食各三角, 海松子一碩, 燒酒二十瓶, 淸酒五十瓶, 乾雉百首, 豹皮三張, 虎皮五張, 油芚二張, 油席三張, 代官宗茂勝 及島主子宗貞秀 綵段, 生綃各一匹, 緜紬三十匹, 緜布五十匹, 正布四十匹, 米, 豆幷五十碩, 桂, 茶食各一角, 燒酒十瓶. (下略)

성종 권197 사량식등류

성종 17년 병오(1486) 10월 6일. 종정국이 특송한 종직경이 拜辭배사하였다. 그 회답하는 서계에 이르기를 "도망한 적도를 능히 성심으로 잡아 보내어 모두 이미 죄를 받았으니 참으로 기쁘다" 하고 도주 종정국에게 마 1필, 안자 1, 채단, 생초 각각 2필, 면주 100필, 면포, 정포 각각 200필, 쌀과 콩 아울러 100석, 계, 茶食 각각 3각, 해송자 1석, 소주 20병, 청

주 50병, 건치 100수, 초피 3장, 호피 5장, 유둔 2장, 유석 3장을 내리고, 대관 종무승과 도주의 아들 종정수에게 채단, 생초 각각 1필, 면주 30필, 면포 50필, 정포 40필, 쌀과 콩 아울러 50석, 계, 茶食 각 1각, 소주 10병을 주었다. (하략)

462 [成宗] 卷二百十三 宮廷茶禮

十九季戊申 二月乙未. (中略) 柳子光曰 臣見我國風俗衣服飮食, 極爲奢侈, 在中韓則不然. 設高足牀, 所食不過二三器, 行茶禮. (下略)

성종 권213 궁정茶禮

성종 19년 무신(1488) 2월 1일. (중략) 유자광이 말하기를 "신이 우리나라의 풍속을 보건대 의복과 음식이 극히 사치스럽습니다마는 중조에 있어서는 그렇지 않습니다. 다리가 높은 상에 차리되 먹는 것은 두세 그릇에 지나지 않으며, 茶禮를 거행할 따름입니다." (하략)

463 [成宗] 卷二百十四 宮廷茶禮

十九季戊申 三月申時. 天使奉詔敕, 至慕華館, 上具冕服出迎. (中略) 上曰 於禮爲當何謝之有. 遂就坐俄行茶禮, 兩使遂出, 上送至勤政門外, 兩使捧詔書出. (下略)

성종 권214 궁정茶禮

성종 19년 무신(1488) 3월 13일. 신시에 명국 사신이 조서와 칙서를 받들고 모화관에 이르니, 상이 면복을 갖추고 나아가 맞이하였다. (중략) 상이 말하기를 "례로써 당연한 것인데 어찌 감사함이 있겠습니까?" 하였다. 드디어 자리에 나아가 잠깐 동안에 茶禮를 거행하고 두 사신이 드디어 나가니, 상이 근정문 밖에 이르러 전송하고, 두 사신은 조서를 받들고 나갔다. (하략)

464 [成宗] 卷二百十四 宮廷茶禮

十九季戊申 三月己卯. 兩天使詣成均館謁聖, 命都承旨宋瑛, 左承旨韓堰, 從行. 兩使謁聖訖, 坐明倫堂, 館官儒生以次行禮, 行茶禮後天使出. 仍向漢江, 登濟川亭開宴, 達城君徐居正, 西河君任元濬, 禮曹判書柳輊, 兵曹判書魚世謙, 僉知中樞府事李淑瑊, 及館伴許琮, 鄭蘭宗, 承旨宋瑛, 韓堰, 李季男, 參焉, 酒三巡而罷. 乘舟順流而下, 至楊花渡, 登望遠亭, 又開宴, 天使樂甚, 日暮乃罷.

성종 권214 궁정茶禮

성종 19년 무신(1488) 3월 15일. 두 명국 사신이 성균관에 나아가 알성[374]하니 도승지 송영, 좌승지 한언에게 명하여 종행하게 하였다. 두 사신이 알성하기를 마치고 명륜당에 좌정하니 관관, 유생이 차례로 행례하고 茶禮를 거행한 뒤에 명국 사신이 나갔다. 이어서 한강으로 나아가 제천정에 올라가 잔치를 여니 달성군 서거정, 서하군 임원준, 례조판서 류지, 병조판서 어세겸, 첨지중추부사 리숙감, 관반 허종, 정란종, 승지 송영, 한언, 리계남이 참여하여 술을 세 순배 하고 파하였다. 배를 타고 돌아 내려와 양화도에 이르러 망원정에 올라가 또 잔치를 여니, 명국 사신이 심히 즐거워하였으며, 날이 저물어서야 파하였다.

465 [成宗] 卷二百三十二 宮廷茶禮

二十秊己酉 九月甲戌. 上詣光陵親祭, 詣奉先殿謁世祖睟容, 行茶禮. (下略)

성종 권232 궁정茶禮

성종 20년 기유(1489) 9월 19일. 상이 광릉에 거둥하여 친히 제사지내고, 봉선전에 나아가 세조의 수용[375]을 배알하고 茶禮를 거행하였다. (하략)

466 [成宗] 卷二百六十五 宮廷茶禮

二十三秊壬子 五月丙申. 罷漏後, 上幸慕華館, 王世子隨駕, 兩使到弘濟院, 聞上已幸慕華館曰 我等安敢住歇. 當直向慕華館. 兩使至慕華館, 入自西牆小門, 就幕次易服, 留敕書于大廳, 以詔書出自正門. 上具冕服, 迎詔如儀, 乘輦先導, 至景福宮受詔其. (中略) 正使曰 然, 聖天子遣我兩人擎頒詔敕, 特賜彩段以此也. 行茶禮兩使出, 每步請上陞階, 上輒讓之.

성종 권265 궁정茶禮

성종 23년 임자(1492) 5월 27일. 파루[376]한 다음에 상이 모화관에 행차하고 왕세자가 수가하였는데, 량사가 홍제원에 이르러 상이 이미 모화관에 거둥하였다는 말을 듣고 말하기를 "우리들이 어떻게 감히 머물러 쉬겠는가. 마땅히 모화관으로 바로 가야 하겠다" 하였다. 량사가 모화관에 이르러 서쪽 담장에 있는 작은 문으로 들어가 막차에 나아가 옷을 바꾸어 입은 뒤, 칙서는 대청에 놓아두고 조서를 가지고서 정문으로 나왔다. 상이 면복 차림으로 의식대로 조서를 맞이하고 련을 타고 선도하여 경복궁에 이르러 조서를 받았다. (중략) 정사가 말하기를 "그렇습니다. 성천자께서 우리 두 사람을 보내어 조칙을 반포하게 하고 특별히 채단을 내려 주시는 것은 그래서입니다" 하였다. 茶禮를 거행하고 량사가 나가는데 걸음을 옮길 때마다 상에게 뜰에 오르기를 청하니, 상이 번번이 사양하였다.

---

374) **謁聖** 성균관 문묘의 孔子神位에 참배하는 일.
375) **睟容** 온화하고 윤택이 있는 용모.
376) **罷漏** 三更에 큰 쇠북을 33번 울려서 통행금지와 해제를 알리던 일.

467 [成宗] 卷二百六十五 宮廷茶禮

二十三季壬子 五月戊戌. 遣都承旨鄭敬祖, 問安于兩使. 敬祖將還, 兩使招館伴及敬祖曰 使命以禮爲重, 賓主以敬爲主, 而昨日之宴, 進饌行酒者, 於國王則必跪伏, 於我輩不然, 敬賓之意當如是耶. 吾等自帝都東來, 王侯都督莫不俯伏, 今爾國何不敬之甚耶. 吾今欲詣成均謁聖, 仍詣王府, 我還後國王亦必來見, 若令羣臣跪起俯伏, 則吾當出接, 不然不相見也. (中略) 座行茶禮及宴, 正使執盞就上前曰 王國禮樂文物, 與朝廷無異, 但語音不同, 我兩人不能盡意可恨. 上曰 東人性本魯鈍, 雖學華音, 兩大人所言, 安能盡傳. 寡人亦未盡意, 誠如大人所言.

성종 권265 궁정茶禮

성종 23년 임자(1492) 5월 29일. 도승지 정경조를 보내어 량사에게 문안하였다. 정경조가 돌아오고자 하니 량사가 관반과 정경조를 불러 말하기를 "사명은 례를 중하게 여기고 빈주는 공경을 위로 하는 것인데, 어제 연회 때에 찬을 내고 술을 돌리는 자가 국왕에게는 반드시 꿇어 엎드리면서 우리들에게는 그렇게 하지 아니하였으니, 손님을 공경하는 뜻이 마땅히 그래야 하겠습니까? 우리들이 제도에서 동으로 오는데 왕후나 도독들이 부복하지 않는 자가 없었거늘, 지금 그대 나라는 어찌 심히 공경하지 않습니까? 우리가 지금 성균관에 나아가 알성하고 왕부에 가고자 하는데, 우리가 돌아온 뒤에 국왕께서도 반드시 와서 볼 것이니, 만약 군신으로 하여금 꿇어앉았다가 일어나며 부복하게 한다면 우리가 마땅히 나가서 영접하겠지만, 그렇지 않으면 만나보지 않을 것입니다" 하였다. (중략) 자리에 나아가 茶禮를 거행하고 잔치가 시작되자 정사가 술잔을 들고 상 앞에 나아가 말하기를 "왕의 나라는 례악과 문물이 중원 조정과 다름이 없으나 다만 語音어음이 같지 아니하여 우리 두 사람이 다 전달할 수 없으니 한스럽습니다" 하니, 상이 말하기를 "우리나라 사람은 성품이 본래 로둔하여 비록 중원의 어음을 배우기는 하지만 두 대인이 말한 것을 어떻게 다 전할 수 있겠습니까? 과인 역시 뜻을 다할 수 없음은 진실로 대인이 말한 것과 같소" 하였다.

468 [成宗] 卷二百八十八 賜糧食等類

二十五季甲寅 三月乙卯. 對馬島敬差官權柱辭, 禮曹致書于宗貞國曰 (中略) 去土物具在別幅. 白細緜布七匹, 黑細麻布五匹, 白細苧布五匹, 豹皮二張, 四張付油席二浮, 彩花席五張, 糙米七十碩, 黃豆五十碩, 燒酒三十瓶, 淸酒一百瓶, 桂二桶, 茶食二桶, 乾大口魚二百尾, 松子五碩, 乾柿子五十貼, 淸蜜十斗. 又致書于宗彦七貞秀, 仍賜黑細麻布二匹, 白細緜布二匹, 白細緜紬二匹, 彩花席二張, 桂一桶, 燒酒十瓶, 松子十斗, 茶食一桶, 糙米三十五碩, 黃豆三十碩, 又致書于宗伊豫守茂勝, 仍賜黑細麻布二匹, 白細緜紬二匹, 白細緜布二匹, 彩花席二張, 桂一桶, 茶食一桶, 燒酒十瓶, 松子十斗, 糙米一十五碩.

성종 권288 사량식등류

성종 25년 갑인(1494) 3월 26일. 대마도경차관 권주가 하직하니, 례조에서 종정국에게 치서하기를 (중략) "가지고 갈 토물은 별폭에 갖추어져 있습니다" 하였는데, 그 별폭에는 백세면포 7필, 흑세마포 5필, 백세저포 5필, 초피 2장, 사장부유석 2부, 채화석 5장, 조미 70석, 황두 50석, 소주 30병, 청주 100병, 계 2통, 茶食 2통, 건대구어 200미, 송자 5석, 건시자 50첩, 청밀 10두이었다. 또 종언칠정수에게 치서하고는 인하여 흑세마포 2필, 백세면포 2필, 백세면주 2필, 계 1통, 소주 10병, 송자 10두, 茶食 1통, 조미 35석, 황두 30석을 하사하였으며, 또 종이예수무승에게 치서하고는 인하여 흑세마포 2필, 백세면주 2필, 백세면포 2필, 채화석 2장, 계 1통, 茶食 1통, 소주 10병, 송자 10두, 조미 15석을 하사하였다.

469 [成宗] 卷二百九十 入貢物

二十五季甲寅 五月戊戌. 琉球國 中山府主 使僧 天章等來聘, 其書曰 (中略) 對州人平皮古三甫羅, 自去歲此島下向矣. 聞說彼一族, 世歸貴國臣列官位依, 斯爲幸奉, 問陛下袞衣安否之次語曰 近季號此國使者, 渡貢船爲商賣. 是則謀書也, 不知其出處, 傳聞驚畏不少. 仍而謹遣使僧, 以致聘禮 (中略) 別幅木香苗小桶一箇, 椰子苗二本, 藤苗小桶一箇, 胡椒砂糖付小壺一箇, 胡椒三十斤, 白檀五十斤, 丁子二十斤, 藤席大小二枚, 桄葉席二枚, 菓子盆十枚, 南蠻琉璃一箇, 青色白雙一地, 華紋一雙, 染付一雙, 合七箇, 杯玉琉璃一箇, 染付一雙, 白色中有紋一雙, 合五箇, 萬季寶數百十五顆, 香一本十四斤, 長八尺青瓷嗽器一箇, 付嗽茶盌一箇, 以上十六種.

성종 권290 입공물

성종 25년 갑인(1494) 5월 11일. 류구국 중산부주 사승 천장 등이 래빙하였는데, 그 글에 이르기를 (중략) 대마주 사람 평피고삼보라가 지난해부터 이 섬에 내려왔습니다. 들으니 저들 일족은 대대로 귀국에 귀부하여 신하로 벼슬다리에 끼었는데, 이것을 다행으로 여긴다고 하며 폐하와 곤의(삼공)의 안부를 받들어 물은 다음에 말하기를 '근년에 이 나라의 사신이라고 부르는 자가 공선을 타고 건너와서 장사를 한다' 하니, 이것은 모서[377]입니다. 그것이 어느 곳에서 나왔는가는 모르지만, 전해 듣고서 놀랍고 두려움이 적지 않았습니다. 인해서 삼가 사승을 보내어 빙문[378]하는 례를 이루도록 하였는데 (중략) "별폭에는 목향묘소통 1개, 야자묘 2본, 등묘소통 1개, 호초사탕부소호 1개, 호초 30근, 백단 50근, 정자 20근, 등석대소 2매, 광엽석 2매, 과자분 10매, 남만유리 1개, 청색 백쌍 1지, 화문 1쌍, 염부 1쌍, 합 7개, 배옥 유리 1개, 염부 1쌍, 백색 중유문 1쌍, 합 5개, 만년보수 115과, 향 1본 14근, 장팔척 청자수기 1개, 부수 茶盌 1개 이상 16종이었다."

377) **謀書** 위조된 문서 또는 문서를 거짓으로 꾸밈.
378) **聘問** 禮物을 가지고 방문함.

470 [新增東國輿地勝覽] 第三卷 漢城府 佛宇, 僧伽寺 — 鄭麟趾

巉巖山路險　攜杖更攀**蘿**
檐際行雲宿　窗前瀉瀑**多**
煮茶罐細吼　汲水井微**波**
數箇高僧在　觀空或放**歌**
五言律 歌韻⇒羅多波歌

신증동국여지승람 제3권 한성부 불우, 승가사 — 정린지(1396~1478)

높은 바위 산길은 험한데
지팡이 짚고 또 겨우살이 휘어잡네.
처마 가엔 가던 구름 머물고
창 앞엔 쏟아지는 폭포 많을세라.
茶를 달이니 병에서 가는 소리 나고
물을 길으니 우물에 작은 물결 지네.
서너 명 높은 스님 있어
空공한 것 보기도 하고 노래도 부르네.

471 [續東文選] 卷之三 贈性哲上人 — 金守溫

(上略)
迎我秩秩筵　坐我涼涼**席**
日暮山昏昏　幽壑雲漠**漠**
夜深聲寥寥　松風吹瑟**瑟**
煮茗接軟語　團圝初促**膝**
玄幾訊老禪　微言扣妙**訣**
多慚紅塵中　俗累顧莫**釋**
(下略) 五言長古 藥·質·屑韻⇒席漠, 瑟膝, 訣釋

속동문선 권3 성철상인에게 드림 — 김수온(1409~1481)

(상략)
나를 널찍한 마루로 인도하고
나를 서늘한 자리에 앉히네.
날 저물어 산이 컴컴해지니
깊숙한 골 안에 구름이 막막[379]

밤 깊어 온갖 소리 다 잠잠한데
솔바람만 휘휘 불어오누나.
茶를 달여 마시며 부드러운 말[380]
도란도란 무릎을 처음 맞대고
로선사에게 현기를 물어도 보며
미묘한 말 묘결을 물어도 보네.[381]
내사 부끄럽네, 홍진 중에서
속된 무리를 숫제 못 벗었더니.
(하략)

472 [續東文選] 第十五卷 序·樂閑軒詩序 — 金守溫

閑忙之名, 昉於何人乎. 得非以仕者爲忙, 而退者爲閑乎. (中略) 今公開府封侯, 位極人臣, 鍾鼎玉帛以記其勳烈, 高牙大纛以崇其門戶. 然公之心, 常欲風花雪月爲友, 山家野店爲居, 茅茨逈於林表, 臺榭俯於碧澗, 梅牕日暖, 竹塢煙深, 煮茗邀僧, 淸談永夕, 而不知身有蓋世之勳萬鍾之祿也. 推其志意所存理義所詣, 則蓋將刊落紛華, 獨其道俱, 超然於萬物之表者也. 然則公之所忘者, 富貴也貧賤也, 公之所樂者, 寬閑寂寞之道也. 烏可以公身之忙, 而謂可以害公閑之樂哉.(下略).

속동문선 제15권 서·한헌시 즐김에 서함 — 김수온(1409~1481) 시

'한가하다' '바쁘다'는 명칭이 어떤 사람에게서 시작되었을까. 아마 벼슬하는 사람을 바쁘다 하고 은퇴한 사람을 한가하다고 한 것이 아니겠는가. (중략) 지금 공은 정부의 고위대신으로서 지위가 신하로서 최고에 달하였으며, 종정과 옥백으로 그의 공적을 기념하며 높은 깃발과 큰 독으로 그의 저택을 우람하게 하였다. 그러나 공의 마음은 항상 바람과 꽃, 눈과 달로 벗을 삼으며, 산간의 집과 들판의 술집으로 거처를 삼으며 초가의 숲 밖에 멀리 있으며, 난간이 푸른 시내를 굽어보는 곳, 매화 핀 창가에 햇볕이 따사하며, 대숲 언덕에 연기가 깊은 장소에서 茶를 달이고 승을 맞이하여 고상한 애기로 긴긴 밤을 새우면서 자신이 세상을 덮을 만한 공로와 만종의 봉록을 갖고 있는 것을 알지 못하고 있다. 그러니 그의 취지의 소재와 의리의 조예를 미루어 보면 아마 장차 화려함을 떠나 홀로 도와 함께 만물 밖에 초연한 사람이다. 그런즉 공이 잊어버린 것은 부귀며 빈천이요, 공의 즐거워하는 것은 느긋하고 한가하며 적막한 도이다. 어찌 공의 일신이 바쁘다 하여, 한가로운 즐김을 방해할 수 있겠는가. (하략)

---

379) **漠漠** 널리 깔려 있는, 어둡침침한 모양.
380) **軟語** 불교 十善의 하나에 柔軟語가 들어 있다.
381) **玄機** 현기는 심오한 道理. 妙訣은 뛰어난 方法을 말함.

473 [新增東國輿地勝覽] 第四十五卷 高城郡 佛宇, 楡岾寺 — 任成

寶地憐淸淨　名藍出等**夷**
秋霜凝玉砌　翰日射金**楣**
大駕親臨幸　神功見設**施**
廚閑僧煮茗　樓逈客吟**詩**
雲物朝朝變　林巒處處**奇**
寰中那有此　勝槪要深**知**

五言排律 支韻⇒夷楣施詩奇知

신증동국여지승람 제45권 고성군 불우, 유점사 — 임성(1421~1484)

보배로운 땅 청정하기도 한데
이름난 절은 예사롭지 않네.
가을 서리는 옥섬돌에 엉기고
아침 해는 금차양에 비치누나.
임금님 친히 거둥하시니
신기한 공 있어 많은 시설 갖췄네.
부엌이 한가하니 승은 茶를 달이고
먼 루대에서 객은 시를 읊누나.
풍경은 아침마다 변하는데
수풀 멧부리는 가는 곳마다 기이하네.
속세에서야 어찌 이것이 있으랴.
좋은 경치를 깊이 알아 구하리니.

474 [續東文選] 第四卷 濟川翫月 — 李承召

月入秋江江水**靜**　百尺寒臥浮圖**影**
對月須傾斗十千　何用月團三百**餠**
淸輝冷氣上下**澈**　森然竪我兩鬢**髮**
倚遍欄干十二巧　牛夜深深更奇**絶**
但願長照樽中**酒**　何知鏡圓與鉤**曲**

梗韻⇒靜影餠. 屑韻⇒澈髮通絶. 語韻⇒酒曲通

속동문선 제4권 내 건너는 달을 완상함 — 리승소(1422~1484)

추강에 달이 들어 강물이 고요한데
100자(尺) 탑 그림자가 차갑게 누웠구나.
달을 대해 모름지기 십천 두주를 기울일지니
月團 300餠을 무엇에 쓰리.
맑은 빛 써늘한 기운이 위아래에 사무쳐
내 두 귀밑머리가 빳빳이 곤두서는구나.
란간에 기대니 십이수 교묘하고
두우는 밤 깊으니 다시 기절하누나.
장상 술잔을 비쳐 주기 바라거니
어찌 둥근 거울과 굽은 갈고리를 알리.

475 [續東文選] 卷之四 題安堅山水圖冬景 — 徐居正

其一
江雲黯黯釀作**雪**　玉龍夜凍鱗甲**裂**
前山後山白皚皚　渚淸沙白江可**啜**
七言絶 屑韻⇒雪裂啜

其二
遙看老樹黑如**雲**　松風怒作洪濤**喧**
誰家簾幕開晴窗　火鑪擁坐杯氤**氳**
七言絶 元韻⇒雲喧氳

其三
漁舟之子向何**許**　短棹歸來入浦**漵**
老僧信脚攜短笻　寺在虛無不知**處**
七言絶 語韻⇒許漵處

其四
憶昔探梅驢倒**騎**　江天欲雪未雪**時**
當時我亦畫中人　畫中不覺又有**詩**
七言絶 支韻⇒騎時詩

其五
我今披圖手摩**挲**　玉樓赤票銀海**花**
老來無興到剡谿　石鼎聊試陶公**茶**
七言絶 麻韻⇒挲花茶

속동문선 권4 안견의 겨울풍경 산수도에 제함 — 서거정(1420~1488)

기1
강 구름 컴컴하여 눈을 비추니
옥룡이 밤에 얼어 비늘 갑옷이 찢어지네
앞산 뒷산이 흰 빛 일색
맑은 물가, 흰 모래, 강이 마심직도 하구나.

기2
멀리 바라보니 큰 나무가 검은 구름 같은데
성난 솔바람이 물결처럼 들리는데
뉘 집에서 창을 열고 장막 안에서
화로를 끼고 앉아 훈훈한 술잔을 드는고.

기3
저기 저 뱃사공은 어디로 향하는가
노(櫓)를 저어 포구로 돌아오는데
늙은 승은 지팡이 들고 천천히 가네
절은 아득히 어데 있는지.

기4
나도 전에 당나귀를 거꾸로 타고 매화 찾아 갔더니
강 하늘에 눈이 올 듯 말 듯 할 때
그 때에 나도 그림 속의 사람
그림 속에 나도 모르게 또 시가 있는 줄.

기5
이제 그림을 펴고 손으로 만져 보니
옥루도 표나고 은해382)에 꽃이 어른어른
늙어서 이젠 섬계383)에 갈 홍치가 없어
돌솥에 애오라지 도공384)의 茶를 달이네.

---

382) **玉樓, 銀海** 玉樓는 어깨요, 銀海는 눈(目)이다.
383) **剡谿** 王徽之가 눈 오는 달밤에 戴安島를 문득 생각하고 섬에까지 배를 저어 갔다.
384) **陶公** 陶穀이 눈 오는 날에 눈물에 茶를 달여 먹은 고사를 인용한 것인 듯하다.

(上略)

紫閣時同直　青綾夜共**眠**
將身近螭陛　滿袖動龍**涎**
燭向談時剪　茶從醉後**煎**
論交期皓白　信誓有蒼**玄**
管鮑曾投漆　期牙又續**絃**
一生思附驥　萬事又憐**蚿**

(下略)　五言排律 先韻⇒眠涎煎玄絃蚿

속동문선 제6권 남원 량성지에게 백운시를 보냄 — 서거정(1420~1488)

(상략)

때로는 자각[385]에 함께 당직하였고
밤에는 청릉에서 함께 잠잤다.
몸을 가지어 리폐[386]를 가까이 했고
소매에 가득 룡연[387]을 움직였다.
이야기할 때에는 촛불 심지를 자르고
취한 뒤에는 茶를 달였었다.
사귐을 말할 때는 늙기를 기약했고
미더운 맹세는 창현에 있었다.
관포[388]는 일찍이 漆漆칠칠을 던졌고
기아[389]는 또 거문고 줄이었다.
일생을 驥尾기미[390]에 붙기를 생각했고
모든 일에는 蚿현[391]을 불쌍히 여겼다.

(하략)

385) **紫閣** 자줏빛으로 칠한 궁전. 紫闥이라고도함.
386) **螭陛** 궁전의 섬돌.
387) **龍涎** 룡문이라 함은 관직에 추천되었다는 말인데, 이 글의 저자인 서거정이 이 량성지의 추천을 받았다는 말이다.
388) **管鮑** 춘추시대 齊나라의 유명한 정치가 管仲과 鮑叔은 젊었을 때 우정이 깊은 것으로 유명하여 지금도 우정 두터운 것을 管鮑之交라 한다.
389) **期牙** 예전에 伯牙는 거문고를 잘 타고 鍾子期는 거문고 소리를 듣고 그 타는 사람의 마음을 잘 이해하였다 한다.
390) **驥尾** 驥는 하루에 천리 길을 달릴 수 있는 좋은 말인데, 파리가 그 말꼬리에 붙어 있으면 그 파리도 천리를 갈 수 있다 하여 위대한 인물에 붙어 있으면 그 사람도 잘된다는 말로 쓰인다.
391) 노래기(蚿)는 발이 많아도 더 잘 달아나지 못하고 기(夔)라는 짐승은 발이 하나 뿐인데도 역시 잘 달아나므로 夔는 노래기를 쓸데없이 발이 여럿이라고 불쌍하다 하고, 뱀은 발 없이도 역시 잘 달아나므로 기를 불쌍하게 여긴다고 하는 莊子의 말이 있으니, 여러 가지 재주를 가지고도 곤궁한 사람에게 비유한 말이다.

477 [續東文選] 第七卷 林亭晩吟次岑上人韻 — 徐居正

城市那無隱者**家**　林亭幽絶隔囂**譁**
秊秊爲種幾多樹　續續自開無數**花**
白蟻戰酣山雨至　黃蜂衙罷谿日**斜**
移時軟共高僧話　石鼎松聲送煮**茶**

七言律 麻韻⇒家譁花斜茶

속동문선 제7권 림정에 저물도록 잠상인의 운에 차운하며 음미하다 — 서거정(1420~1488)

성시라 어찌 은자의 집이 없으랴
림정이 아주 깊숙하여 세상의 시끄러움을 멀리했나니.
해마다 얼마나 많은 나무를 심어
계속해서 스스로 무수한 꽃이 피네.
흰 개미가 한창 싸우매 산의 비가 내리고
누런 벌이 일을 마치매 시내의 해가 저무네.
다른 날에 조용히 고승과 이야기할 때에는
돌솥의 소나무 소리로 달인 茶를 보내리라.

478 [續東文選] 第七卷 南至後二日入淸齋寄子深知院 — 徐居正

老病情懷已寂**然**　靑銅曉攬感流**秊**
日南至後初添線　風北來時欲折**緜**
紙帳遮寒成獨坐　木鑪偸暖穩長**眠**
詩家風味依然在　喚取龍團雪水**煎**

七言律 先韻⇒然秊緜眠煎

속동문선 제7권 이틀 뒤 남쪽에 와 청재에 들어 그대 심지원에 보냄 — 서거정(1420~1488)

늙고 병든 정회가 이미 쓸쓸하거니
새벽에 청동(화로)을 잡으며 빠른 세월 느낀다.
해는 남쪽으로 온 뒤에 처음으로 선을 보태는데
바람이 북쪽에서 돌 때는 솜옷을 찢으려 한다.
종이 장막으로 추위를 막고 홀로 앉았다가
나무 화로의 따스한 기운을 틈타 편히 푹 잤다.
시가의 멋은 의연히 여기 있나니
아이 불러 龍團茶 가져다 설수에 달인다.

479 [新增東國輿地勝覽] 第十一卷 楊州牧 佛宇, 水落寺 — 徐居正

重登準擬最高**峯**　歷井捫參可盪**胸**
白日頭邊過一鳥　青山眼底戲羣**龍**
金銀佛刹三千界　錦繡山河百二**重**
更欲攜師一歸去　煮茶聲裏坐高**春**

七言律 冬韻⇒峯胸龍重春

신증동국여지승람 제11권 양주목 불우, 수락사 — 서거정(1420~1488)

다시 견주어도 최고봉
적력한 우물에 삼성 지나며 흉금 씻는다.
한낮엔 새 한 마리 머리 스쳐 날아가고
청산엔 여러 용이 눈 아래 노는 듯.
금은불찰은 已今當 3千 세계요
금수강산은 百千으로 거듭 겹쳤네.
다시 선사와 일체만법 귀거래하며
저물도록 煮茶聲 속에 곧추 앉았네.

480 [佔畢齋集] 茶園(二首) — 金宗直

其一
欲奉靈苗壽聖**君**　新羅遺種久無**聞**
如今擷得頭流下　且喜吾民寬一**分**

七言絶 文韻⇒君聞分

其二
竹外荒園數畝**坡**　紫英鳥嘴幾時**誇**
但令民療心頭肉　不要籠加粟粒**芽**

七言絶 麻韻⇒坡誇芽

점필재집 다원(2수) — 김종직(1431~1492)

기1
령묘로 성군 익수하고자 하나
신라 유종을 견문한 지 오래라.
지금에 두류산 아래서 딸 수 있을 듯

이 기쁨 우리 백성 조금은 느긋하리니.

기2
대밭가 거친 밭 몇 뙈기 언덕에
자영 烏嘴茶를 어느 때나 과시할지.
다만 백성들 심신을 치료하리니
바구니에 속립아[392]를 채우자 함 아니라오.

481 [續東文選] 第二十一卷 錄 · 頭流記行錄 — 金宗直

某生長嶺南頭流, 乃吾鄕之山也. 而游宦南北, 靨埃汨沒, 秊齒已四十, 尙不得一游焉. (中略)十四日戊寅, 德峯寺僧解空來, 使爲鄕導, 韓百源請從. (中略) 迦葉殿之北峯, 有二巖突立, 所謂坐高臺也. 其一, 下蟠上尖, 頭戴方石,闊纔一尺. 浮屠言者, 有能禮佛於其上, 得證果. 從者玉崑廉丁, 能陟而拜, 予在寺望見, 亟遣人叱止之. 此輩頑愚, 幾不辨菽麥, 而能自判命如此, 浮屠之能誑民, 擧此可知. 法堂有蒙山畫幀, 其上有贊云, 頭陁第一是爲抖擻. 外已遠靨, 內已離垢. 得道居先, 入滅於後. 雪衣雞山千秋不朽. 傍印淸之小篆, 乃匪懈堂之三絶也. 東砌下有靈谿, 西砌下有玉泉, 味極甘, 以之煮茗則中泠惠山, 想不能過. 泉之西, 壞寺巋然, 此古靈神也. (下略)

속동문선 제21권 록 · 두류기행록 — 김종직(1431~1492)

아무개는 령남에 생장하였으니 두류산은 바로 고향 산이다. 그런데도 남북으로 벼슬살이하여 티끌 속에 골몰하다 보니 나이는 벌써 40이건만 아직까지 한 번도 구경할 기회를 얻지 못했다. (중략) 14일 무인에 덕봉사 승 해공이 와서 길을 인도하는 역할을 맡고 한백원이 따라 나섰다. (중략) 가섭전의 북쪽 봉우리에 두 바위가 우뚝이 서 있으니, 이른바 좌고대다. 그 하나는 아래가 반듯하고 위는 뾰족하여 머리에 모난 돌을 이고 있는데 넓이는 겨우 한 자쯤 된다. 승들의 말이, "그 위에 올라가서 례불하는 자가 있으면 효과를 얻는다" 하니 따르던 옥곤과 렴정이 선뜻 올라가서 절을 하므로 나는 절에서 바라보고 빨리 사람을 보내어 꾸짖어 제지하였다. 이것들이 둔하고 어리석어 거의 숙맥을 구별 못할 정도인데, 능히 스스로 목숨을 거는 것이 이와 같으니 승들이 백성을 속이는 수단은 이 일만 보아도 알 수 있다. 법당에 몽산의 화정이 있고 그 위에 찬이 있는데 "두타 제일이 바로 두수[393]가 된다. 외형도 이미 티끌과 멀고 내심도 이미 예를 벗었도다. 남 먼저 도를 얻고 맨 뒤에 입멸하였다. 설의 계산이 천추에 썩지 않도다" 하였고, 곁에 印章인장에는 청지소

392) **粟粒芽** 北宋 휘종 때 황실에 공납하던 고급 茶. (頭綱, 水芽, 瑞雲霜龍, 銀線冰芽 등의 茶를 만드는 材料가 되는 穀食 낟알 같은 싹)

393) **抖數** 梵語로 抖多라고도 한다. 譯에 抖數修治 洗浣 등의 뜻이라 하였음. 세속에서 승이 돌아다니며 밥을 빌어 苦行을 닦는 것을 頭陀라 칭함. 불가 용어로는 번뇌를 떨어 버린다는 뜻. 孟郭의 詩에 '抖數靨埃衣'라는 구절이 있다.

전이라 하였으니, 바로 비해당의 삼절(詩書畫)이다. 동쪽 섬돌 아래는 령계가 있고 서쪽 섬돌 아래는 옥천이 있는데, 물맛이 극히 달아서 茶를 달여 마시면 중랭천 혜산천도 이보다 낫지 못할 듯하다. 샘의 서쪽에 무너져 가는 절이 우뚝하니, 이는 옛날의 령신사다. (하략)

482 [續東文選] 第二十一卷 錄 · 游金剛山記 — 南孝溫

白頭山, 起自女眞之界, 南延於鞫鮮國海邊數千里. 其山之大者, 在永安道曰五道山, 在江原道曰金剛山, 在慶尙道曰智異山, 而泉石之最秀且奇者, 金剛爲冠. (中略) 過安養東轉山腰也, 躑躅緜竹, 靑紅滿徑. 赴彌陀庵, 庵後有七峯列立, 庵前有水, 乃鬱淵下流也. 請於主僧解逢, 歙茶一盌, 食後, 左歷明水地藏觀音三庵, 右歷養心靈碎二庵, 十王百川水, 於此與萬瀑洞合流. 過此則川石靑黑色.自彌陀行十餘里,抵長安寺,寺乃新羅法興王所創, 元鞫順帝, 與奇皇后重創. 門外, 有天王二軀, 最內有法堂, 坐有大佛三軀, 中佛二軀. 佛前有金額曰, 皇帝萬萬世. 堂之四面, 有小佛一萬五千軀, 皆元帝所作. 其東側, 有無盡燈, 燈內四面, 皆銅鏡, 中置一燭, 傍立衆僧形, 及燃燭則衆僧皆如執燭然. 亦元帝所作, 五王佛之上, 又有五中佛, 福城正所作也. 堂之西室, 有達摩眞, 東北隅, 有羅漢殿堂, 坐有金佛五軀, 左右有土羅漢十六軀. 羅漢之傍, 各有侍奉僧二軀, 技極精巧. 羅漢殿之南, 有一室, 室內有大藏經函. 刻木成三層, 屋中有鐵臼, 置鐵柱其上, 上屬屋樑, 置函其中, 執屋一隅而搖之, 則三層自回可玩. 亦元帝所作. 觀畢, 住持祖澄, 饋茶飯. (中略) 有客僧竹熙者, 爲余炊飯, 飯後與竹熙性通等, 歸見佛頂庵, 庵於去季, 災於火矣. 登佛頂臺, 臺中有穴, 連山下深潭, 有風出其中. 僧云昔有龍女出此穴奉, 茶於佛頂祖師. 其語甚尨. 臺下, 有靑鶴, 季季育兒其中云. 余坐臺上, 望見東有海水, 西有雁門, 北有上開心寂滅柏田等寺, 其下白巖成一壁, 有瀑㳍垂下十一層, 半入林表, 余所望見者, 六層而已. 黃昏, 還投成佛庵, 是日山行六十里. (下略)

속동문선 제21권 록 · 금강산 유람기 — 남효온(1454~1492)

백두산이 女眞녀진 경계에서 기원되어 남으로 조선국 해변 수천 리에 뻗쳤다. 그 산의 큰 것은 영안도에 있어서는 오도산이요, 강원도에 있어서는 금강산이며 경상도에 있어서는 지리산인데, 수석이 가장 빼어나고 또 특이한 것은 금강산이 제일이다. (중략)
안양암을 지나서 동으로 산 중턱을 돌아드니 붉은 척촉과 푸른 면죽이 길가에 가득하다. 미타암에 당도하니 암자 뒤에 칠봉이 열립해 있고 암자 앞에 물이 있는데, 이 물은 바로 울연의 하류다. 주승 해봉에게 청하여 茶 한 잔을 얻어 마시고 식사 후에 왼편으로 명수, 지장, 관음 세 암자를 지나고 바른편으로 양심, 령쇄 두 암자를 지나니, 십왕백천수가 여기 와서 만폭동과 더불어 합류한다. 이곳을 벗어나니 냇가 돌들이 청흑색으로 변하였다. 미타암으로부터 십여 리를 향하여 장안사에 당도하니, 이 절은 바로 신라 법흥왕이 초창하였고 원나라 순제가 기황후와 더불어 중창하였다. 바깥문에는 천왕이 둘 있고 맨 안에 법당이 있고, 좌상에 큰 부처 셋과 중 부처 둘이 있다. 부처 앞에 금으로 쓴 액자에 '황제 만만세'라 적혀 있다. 법당의 4면에 작은 부처만 5천이 있는데, 모두 원 황제 소작이다. 그 동쪽 모퉁이에 무진등이 있는데, 그 등 내부 4면은 모두 동경으로 되고 가운데에다 촛불 하나를 두고 곁으로 여러 승의 형상을 세워, 이내 초에 불을 붙이면 여러 승이 모두 촛불을 잡고 있는 듯하다. 역시 원 황제 소작이요, 다섯 왕불 위에 또 다섯 중불이 있는데, 복성정의 소작이다. 당의 서실에 달마의 초상이 있고 동북 모퉁이에 나한전이 있고 당에는 금불 다섯이 있으며, 좌우로 라한의 소상 16개가 있다. 라한 곁에 각각 시봉승 둘씩이 딸려 기술이 극히 정밀하고 교묘하다. 라한전의 남쪽에 한 집이 있고, 그 집안에 대장경함이 있다. 나무로 새겨 3층집을 만들고 그 가운데 철구가 있고, 철주를 그 위에 두어 위로 집 대들보와 연속하게 하고, 함을 그 가운데 두어 집 한 모퉁이를 잡고 흔들면 3층이 저절로 돌아가게 되니 구경할 만하다. 역시 원 황제 소작이다. 구경을 다하고 나니 주지 조징이 茶와 밥을 대접하였다. (중략)
객승 죽희란 자가 나를 위하여 식사를 준비하였었는데, 식사를 마친 후에 죽희, 성통과 더불어 불정암을 가보니 암자가 지난 해 화재를 만났다. 불정대에 올라가니 대 가운데 구멍이 있어 산 밑 깊은 못에 통하여 바람이 그 속에서 나온다. 승이 말하기를 "옛적에 룡녀가 이 구멍에서 나와 茶를 불정조사에게 받들었다" 하는데, 그 말이 매우 순진하다. 대 아래에 청학이 해마다 그 가운데서 새끼를 기른다고 한다. 나는 대 위에 앉아 바라보니 동에는 바다가 있고 서에는 안문봉이 있고, 북에는 상개심, 적멸, 백전 등 절이 있고, 그 아래는 흰 바위가 한 벼랑을 이루고 폭포가 아래로 드리워 11층을 내려가는데, 반은 숲 속에 들었고 내가 바라본 것은 6층일 따름이다. 저물녘에 돌아와 성불암에서 류숙하였다. 이날 산길을 걸은 것이 60리였다. (하략)

483 [續東文選] 第十卷 傷春 — 申從護

茶甌歃罷睡初**輕**　　隔屋聞吹紫玉**笙**
燕子不來鶯又去　　滿庭紅雨落無**聲**

七言絶 庚韻⇒輕笙聲

속동문선 제10권 봄의 상심 — 신종호(1456~1497)

茶 달여 마신 뒤에 졸음 가벼울 제
담을 격해 옥피리소리 바람결에 들리누나.
제비는 오지 않고 꾀꼬리마저 가곤
뜰에 가득 붉은 꽃비 소리 없이 지는구나.

484 【新增東國輿地勝覽】 第十一卷 楊州牧 佛宇, 妙寂寺 — 申從濩

燕坐生臺下　琳宮夜寂**寥**
看梅詩自瘦　煮茗酒微**銷**
深院棋聲急　珠簾燭影**搖**
明朝向京洛　歸路也迢**迢**

五言律 蕭韻⇒寥銷搖迢

신증동국여지승람 제11권 양주목 불우, 묘적사 — 신종호(1456~1497)

한가히 생대 밑에 앉아 있으니
림궁에 밤들어 적적하구나.
매화 보고 시 지으니 격이 여위고
茶 달이며 술 마시니 취기 가신다.
깊은 원에 바둑 소리 급하고
주렴에 촛불이 일렁거린다.
밤이 새면 서울로 떠나야 할 터
돌아가야 할 길이 아득도 하구나.

485 【新增東國輿地勝覽】 第十一卷 楊州牧 佛宇, 水落寺 — 無名氏

高春落日煮茶**聲**　偃蹇靑山不世**情**
俯視片雲平地起　看飛瀑布半空**明**
滿樓花雨沾衣濕　欹枕松濤徹骨**淸**
更欲攜師一歸去　靑蓮結社送殘**生**

七言律 庚韻⇒聲情明淸生

신증동국여지승람 제11권 양주목 불우, 수락사 — 무명씨

저녁 해 떨어지고 茶 달이는 소리
청산은 거만한 듯 세정이 없다.
굽어보니 조각구름 평지에 일고
쳐다보니 폭포는 반공에 밝힌다.
루정 가득 꽃비에 옷이 젖는데
베갯머리 송도는 뼛속을 맑힌다.
다시 선사와 일체중생 공귀거려니
청연에라 결연하여 여생을 보내리라.

486 【續東文選】 卷之三 詠對馬島 — 金訢

跨海別有天　環島自成**聚**
民物多漁人　村居半鹽**戶**
兒童亦佩刀　婦女解搖**櫓**
蔭茅代陶瓦　剖竹作弓**弩**
竹籬鬧螃蟹　石山少秔**稌**
羹臛煮葛根　矢房挿鷄**羽**
蚌蛤充粻糧　椒荈資商**賈**
炷艾醫疾病　灼骨占風**雨**
檀施奉浮屠　逋逃萃祠**宇**
脫履知敬長　同席不避**父**
椎髻齒多染　合掌背微**傴**
(下略) 五言古 麌韻⇒聚戶櫓弩稌羽賈雨宇父傴

속동문선 권3 대마도를 읊다 — 김흔(1448~?)

바다 건너 별유천지가 있으니
섬(島)이 취락을 이루었네.
백성들은 어민이 많고
마을은 거지반 소금구이 집들.
어린애들도 칼을 차고
부녀도 노 저을 줄을 아네.
띠(茅) 지붕 덮어 기와를 대신하고
대를 쪼개어 화살 만드네.
대울타리엔 게들이 와글와글
자갈밭엔 찰벼 메벼가 적네.
고깃국엔 칡뿌리를 끓이고
전통엔 닭의 깃을 꽂고
조개로 양식을 대신하고
후추와 茶가 주요한 상품.
쑥뜸으로 병을 고치고
(짐승의) 뼈를 구워서 풍우를 점치고
시주를 잘하여 부처를 받들고
죄 짓곤 도망쳐 신사에 모이고
신을 벗어 어른을 공경하고
한 자리에 앉아 아비를 피하지 않고

뾰족 상투에 이(齒)를 흔히 물들이고
합장할 때 등을 약간 구부리네.
(하략)

487 [續東文選] 卷之三 以奉親官舍 要自擇得郡 江南差可喜 十四字爲韻 — 兪好仁

(上略)
撚髭管溪**山**　做此一大**官**
柳眼已舒眉　山鳥聲開**關**
探詩冰山路　物華屬駭**觀**
卸鞍步琱臺　山暝松月**團**
胡僧進日注　數盌澆肺**肝**
此身已麤外　莫作使君**看**
(下略)　五言古 寒・刪韻⇒山官關觀團肝看

속동문선　권3 관사에서 奉親하며 군수를 擇得, 강남에서 14운 지음을 기뻐함 — 유호인(1445~1494)

(상략)
수염 꼬며 계산을 관활하면서
내사 이 큰 벼슬을 하고 있네.
버들눈은 벌써 눈썹을 펴고
멧새들은 짹짹 소리 들리네.
시를 찾아 빙산 길을 찾아갔더니
온갖 물색 참으로 놀랍더구먼.
말에서 내려 절(寺)로 걸어서 가니
어두운 산 소나무 새의 둥그런 달.
승이 일주茶를 내와서
몇 잔으로 간과 폐를 적시네.
저 승아, 나는 벌써 세속 떠난 몸
나를 숫제 원님으로 보지를 마소.
(하략)

488 [續東文選] 卷之三 賦雪用王荊公韻 — 曺偉

塡空玉屑飛　匝地銀濤**湧**
天花巧剪裁　六出實奇**種**
光寒眩眺望　戚凜穿襲**擁**

玲瓏綴枝條　汗漫堆丘**壠**
山客樵擔濕　江翁蒻笠**重**
一色月同皎　萬竅風兼**洶**
牢閉袁安扃　深沒東郭**踵**
日出旋成澌　雲披俄抉**壟**
啅簷鳥雀愁　蟄壞蝗螟**恐**
詠鹽謝女才　授簡司馬**寵**
郡齋臥紬被　無事豈非**冗**
聊煎陶穀茶　緬懷李愬**勇**
寂寞伴誰吟　空櫟飢鼠**拱**

五言古 冬韻⇒湧種擁壠重洶踵壟恐寵冗勇拱

속동문선 권3 왕형공의 운을 써서 '눈'을 짓다 — 조위(1454~1503)

공중을 메워 옥가루가 날고
땅에 가득히 은물결이 솟누나.
하늘 꽃을 교묘히 말아 베었으니
륙출[394]이 참으로 신기도 하네.
빛이 싸늘하니 바라보기 눈부시고
추운 위엄이 름름하여 겹겹 옷도 뚫네.
송이송이 가지 끝에 매달리고
더미더미 언덕에 쌓이누나.
나무꾼의 나뭇짐을 흠씬 적시고
어옹의 부들삿갓이 무거워지네.
한 빛으로 달과 함께 희고
일만 구멍에 바람과 어울려 술렁이네.
원안[395]의 집 문이 꽉 닫히고
동곽[396]선생의 발자국이 깊이 묻히네.
해 뜨자 고대 녹아 물이 되고
구름이 열리니 문득 쏟아지누나.
처마 쪼면서 참새들이 시름하고
흙 속에 들었던 황충이도 무서워하네.
소금이라 읊은 사가의 딸의 재주[397]

394) **六出** 눈(雪)의 딴 이름. 눈의 모양이 륙판(六瓣)이기 때문이다.
395) **袁安** 袁安(?~92). 後漢초의 관료로 자는 卲公. 원안 자신을 포함하여 4대에 걸쳐 三公을 배출한 후한시대 명문가 汝南원씨의 시조이다.
396) **東郭** 姜燦(1557~1603). 호는 동곽, 자는 德輝이다. 조선 중기의 문신으로 1592년 단천 군수로 있을 때 임진왜란으로 두 왕자가 적의 포로가 되자 의병을 모아 싸웠다. 동부승지와 병조참의를 지냈다.

간을 주었으니 사마의 은총[398]
군재에 명주 이불을 쓰고 누워 있으니
한가함도 오히려 귀찮은 것.
애오라지 도곡[399]의 茶를 달이고
멀리 리소[400]의 용맹을 생각하네.
쓸쓸히 누구와 함께 시를 읊으랴
빈 들보에 주린 쥐가 웅크렸을 뿐.

489 [續東文選] 第五卷 迦葉庵 — 曹偉

其一
連筒泉水出嵒**腹**　來瀉庵前寒更**涤**
山僧掬歙慰鞠飢　淸甘遠勝康王**谷**
七言古 屋韻⇒腹涤谷

其二
客至呼僧烹日**鑄**　活火風鑪翻雪**乳**
誰持三盌寄盧仝　更將絶品誇陸**羽**
七言古 麌韻⇒注乳羽

其三
平生厭食幾斗**虀**　肺枯吻渴無由**津**
花甌快傾如卷雪　頓覺六用俱淸**新**
七言古 眞韻⇒虀津新

속동문선 제5권 가섭암 — 조위(1454~1503)

기1
줄줄 샘물이 바위에서 나와
암자 앞에 쏟아지니 써늘하고 맑아라.

397) **謝家의 딸의 재주** 晉나라 謝安이 눈 오는 날에 집안 子女들과 놀면서 시를 읊기를 "흰눈이 紛紛하니 무엇과 같으냐" 하니, 그 조카가 "공중에 소금 흩는 것을 견줄 만하네" 하였다. 그 질녀 道溫이 "버들개지 바람에 날아 일어나는 것보다 못하네" 하였다.
398) **司馬의 은총** 謝莊의 雪賦에, 梁王이 兎園에서 놀다가 눈이 오니 司馬相如에게 簡을 주면서 "글을 지으시오." 하였다.
399) **陶穀** 宋나라 新平 사람, 字는 秀實. 눈 오는 날에 미인을 데리고 雪水에 茶를 달여 마시는데, 미인은 前黨太尉 집에 있던 사람이었다. 묻기를 "당태위도 이런 운치를 알던가" 하니, 미인은 "그는 비단 장막 안에서 羔兒酒를 마시면서 우리들더러 나직이 노래 부르라 하였습니다" 했다.
400) **李愬** 唐將 李愬가 눈 오는 밤 군사를 이끌고 몰래 淮西에 들어가 吳元濟를 잡았다.

산승이 움켜 마셔 아침에 요기하니
맑고도 단맛이 강왕곡 샘물보다 훨씬 낫네.

기2
객이 오면 승 불러 日鑄茶를 달여
풍로 센 불에 雪乳가 넘치네.
누가 세 사발을 로동에게 부치며
다시 절품으로 륙우에게 자랑할까.

기3
내가 평생에 먼지 몇 말을 먹어
폐가 시들고 입술이 말라 윤기가 없더니.
꽃잔에 쾌히 눈 같은 茶를 기울이자
오장육부가 모두 청신해지네.

490 [新增東國輿地勝覽] 第五十一卷 平壤府 題詠, 永明尋僧 — 成俔

茶甁細作蚯蚓**號**　看經夜燭紅流**膏**
鬢絲禪榻風颼颼　夜闌共作蒼松**濤**
七言絶 豪韻⇒號膏濤

신증동국여지승람 제51권 평양부 제영, 영명사 승을 찾아 — 성현(1439~1504)

茶甁에 茶 달이는 소리 지렁이가 우는 듯
경을 보는 밤 촛불 발그레 흘러내리누나.
흰 머리로 앉은 선탑에 바람이 우수수 부는데
밤 깊어 푸른 소나무에 물결소리 일어나네.

491 [慵齋叢話] 卷之二 成俔

(上略) 甲寅嘗元子誕生, 余爲獻官行此事也. 大抵昭格署皆憑中朝道家之事, 太一殿祀七星諸宿, 其像皆被髮女容也. 三淸殿祀玉皇上帝太上老君普化天尊梓潼帝君等十餘位, 皆男子像也. 其餘內外諸壇, 設四海龍王神將冥府十王水府諸神, 題名位版者無慮數百矣. 獻官與署員, 皆白衣烏布致齋, 以冠笏禮服行祭祭奠諸果餈餠茶湯與酒. (下略)

용재총화 권2 성현(1439~1504)

(상략) 갑인년(1494) 봄에 원자가 탄생하실 때 내가 헌관이 되어 행사를 맡았다. 대개 소격서는 명국 도가의 행사를 모방하여 태일전에서 칠성과 제수를 제사지내는데, 그 상은 모두 머리를 풀어 헤친 여자 모양이었다. 삼청전에서는 옥황상제, 태상로군, 보화천존, 재동제군 등 10여 위를 제사지내었는데 모두 남자의 형상이었다. 그 외 안팎의 모든 단에는 사해룡왕신장명부십왕, 수부의 모든 신을 모시어 위패에 이름을 쓴 것이 무려 수백이었다. 헌관과 서원은 모두 흰 옷에 검은 두건으로 재를 올렸고, 또 관을 쓰고 홀을 들고 례복을 입고 제사를 지냈으되 제전은 과실, 인절미, 茶, 술이었다. (하략)

492 [慵齋叢話] 卷之三 成俔

桑谷與騎牛李公相善, 李公居城南, 桑谷居西山, 相距纔五里許, 或杖屨相從, 或以詩相酬唱. 桑谷於園裏構小齋, 名曰 衛生堂, 每聚家僮, 日以劑藥爲事. 李公作詩曰,

肅洒新堂白板**平**　圖書花竹有深**情**
墻頭嫩綠三槐樹　好箇黃鸝一兩**聲**
七言絶 庚韻⇒平情聲

李公嘗到堂, 桑谷令恭度公烹茶於窗外, 茶水漏, 更添佗水, 李公嘗之曰 此茶汝添二生水, 公能辨水味, 以忠州達川水爲第一, 自金剛山出來, 漢江中之牛重水爲第二, 俗離山之三陀水爲第三.

용재총화 권3 성현(1439~1504)

상곡(成石堋401)은 기우리공(李行)402)과 서로 좋아하였는데, 리공은 城성 남쪽에 살고 상곡 은 서산에 살면서 서로 5리쯤 떨어져 있었으며, 혹 지팡이를 짚고 상종하기도 하고 혹 서로 시를 수창하기도 하였다. 상곡은 정원 속에 자그마한 집을 지어 위생당이라 하고 항상 집안 아이종을 모아 매일 약을 조제하는 것으로써 일을 삼았다. 리공이 시를 짓기를,

깨끗한 새 집의 흰 판자문이 새롭고
도서와 화죽은 깊은 정이 있도다.
담 머리에 세 그루 느티나무(槐樹)는 연한 초록빛인데
좋구나, 꾀꼬리 한두 마리 우는 소리.

---

401) **桑谷** 成石堋(?~1414)의 號. 고려 말~조선 전기의 문신. 본관은 昌寧, 字는 自由, 諡는 靖平이다.
402) **騎牛** 李行(1352~1432)의 號. 고려 말~조선 전기의 문신. 본관은 驪州, 字는 周道, 號는 騎牛子, 白巖, 諡는 文節이다.

라 하였다. 한 번은 리공이 당에 이르니, 상곡이 공도공[403]을 시켜 창 밖에서 茶를 달이게 하였는데, 茶물이 새어 다시 다른 물을 부었더니 리공이 맛을 보고 "이 茶에 네가 두 가지 생수를 부었구나" 하였다.
공은 물맛을 분간할 수 있었는데, 충주 달천수를 제1로 삼고, 금강산에서 나와 한강 가운데로 흐르는 우중수를 제2, 속리산의 삼타수를 제3으로 삼았다.

493 [慵齋叢話] 卷之四 四人連作詩 — 淸甫 李塏, 仁叟 朴彭季, 泛翁 申叔舟, 謹甫 成三問

(上略)
淸 初疑飣梨栗　却訝積倉**庾**
仁 霧捲猶唅呀　雲深若盲**瞽**
泛 仰者立驕將　低則伏降**虜**
謹 松檜秊深老　巖崖歲久**蠱**
淸 陽晢氣融融　草木光煦**煦**
仁 朱明布新律　茂林增翠**堵**
泛 白帝扇金風　紅樹照玉**宇**
謹 木落增憔悴　形枯失媚**嫵**
淸 一山儘難窮　四時景可**取**
仁 樵聽橫晩笛　僧聞喧夜**鼓**
泛 貼安周鼎危　峩然戴殷**冔**
謹 儼然大帝立　簇若羣臣**扈**
淸 西林津寬寺　南壓漢江**滸**
仁 小憐跂而及　大厭仰不**俯**
泛 上磨明星熒　下瞰周原**膴**
謹 禪社茶何冷　村墟酒須**酤**
淸 窮經尋山室　頤神受天**祐**
仁 韜夕對蒼翠　坐臥看訓**詁**
泛 賦詠雖酷好　學術則鹵**粗**
謹 願乞山英靈　聊益我肺**腑**
淸 用以期遠大　致身可相**輔**
(下略)　五言古連 虁韻
⇒庾瞽虜蠱煦堵嫵取鼓冔扈滸俯膴酤祐詁粗腑輔

403) **恭度公** 공도공은 시호이다. 글의 文勢로 본다면 그때 成氏집에 젊은 사람이 있은 듯하나, 누구인지 알 수 없다.

용재총화 권4 4人 련작시 — 청보 리개, 인수 박팽년 , 범옹 신숙주, 근보 성삼문

(상략)
청보404) 처음에는 배와 밤을 괴어 났나 의심하다가 문득 노적을 쌓았나 의심하도다.
인수405) 안개가 걷히매 입을 벌린 듯 구름이 깊으매 눈이 먼 것 같도다.
범옹406) 높은것은 교만한 장수 선 듯하고 낮은것은 항복한 오랑캐가 엎딘 듯하구나.
근보407) 소나무 전나무는 해 지날수록 늙고 바위와 언덕은 해 오랠수록 병들도다.
청보 양춘의 기운은 융융하고 초목의 빛은 훈훈하도다.
인수 주명408)이 신률을 펴니 무림은 푸른 담을 더한 듯.
범옹 백제409)가 금풍을 불게 하니 홍수는 옥우에 비쳤도다.
근보 나뭇잎 떨어지니 초췌함을 더하고 형용이 마르니 곱고 아리따움을 잃었도다.
청보 온산을 진실로 다 보기 어렵고 사시에 경치는 취할 만하도다.
인수 저녁 때 초동이 부는 젓대 소리랑 밤중에 승이 치는 요란한 북소리 들으리라.
범옹 주정의 위태로움을 편안하게 하고 높다랗게 殷憂은우를 쓴 듯하구나.
근보 엄연한 것은 임금이 선 듯하고 모인 것은 여러 신하가 호종하는 듯.
청보 서쪽으로는 진관사를 숲으로 가리게 하였고 남쪽으로는 한강물을 눌렀도다.
인수 작게는 발돋우어 미칠 만한 것이 예쁘고 크게는 우러러 굽히지 못하는 것이 싫도다.
범옹 위로는 명성의 반짝임을 갈 만하고 아래는 넓은 평야 풍성함을 볼 만하다.
근보 선사의 茶는 어찌 그리 시원한가? 촌려에서 술은 모름지기 살 만하다.
청보 경문을 궁구하려니 산 절을 찾겠고 정신을 기르니 하늘의 도움을 받도다.
인수 아침저녁으로 창취를 대하여 앉았다 누웠다 옛 서적을 보도다.
범옹 시를 짓고 읊조리는 것 비록 몹시 좋아하나 학술은 거칠고 추하도다.
근보 산의 영령에게 비노니 이럭저럭 내 폐부를 넉넉하게 하소서.
청보 이것으로써 원대하기를 기약하니 몸을 이루어 서로 보좌할 만하다.
(하략)

494 [慵齋叢話] 卷之八 成俔

(上略) 如四月八日燃燈七月望日盂蘭盆臘月八日浴佛, 爭施茶果餠物, 供佛而邀僧, 僧徒作唄, 紅妝繡裳, 坌集山谷, 頗有醜聲聞於外, 季少尼輩, 多有産兒逃亡者. (下略)

404) **淸甫** 李塏(1417~1456)의 字. 韓山人 號 白玉軒, 謚 義烈 後改忠簡 死六臣.
405) **仁叟** 朴彭季(1417~1456)의 字. 順天人 號 醉琴軒, 謚 忠正 死六臣.
406) **泛翁** 申叔舟(1417~1475)의 字. 高靈人 號 保閑齋, 希賢堂, 謚 文忠.
407) **謹甫** 成三問(1418~1456)의 字. 昌寧人 號 梅竹軒 謚 忠文.
408) **朱明** 五色에 붉은 朱는 여름빛이라 한다.
409) **白帝** 백색은 가을빛이라 한다.

용재총화 제8권 성현(1439~1504)

(상략) 4월 8일 연등과 7월 보름 우란분410), 12월 8일 욕불(灌佛) 때에는 다투어 茶, 과자, 떡 같은 것을 시주하여 부처에 공양하고 승을 먹이는데, 승들은 노래 부르고 성장한 부녀자들은 산골짜기에 모여들어 자못 추잡한 소문이 밖에까지 들렸으며, 나이 어린 여승들은 아이를 낳고 도망가는 자가 많았다. (하략)

495 [續東文選] 第十卷 春寒次大虛韻 — 許琛

銅壺滴瀝佛燈**殘**　萬壑松濤夜色**寒**
喚起十秊纛土夢　擁鑪新試小龍**團**
七言絶 寒韻⇒殘寒團

속동문선 제10권 춘한에 대허411)의 운을 차운함 — 허침(1444~1505)

구리병 물방울 지고 부처 등불만 남아
만학 솔 물결에 밤빛은 차가워라.
티끌 흙 십년 꿈을 깨워서 일으키어
새삼스레 화로 끼고 小龍團을 시험하오.

496 [續東文選] 第八卷 夜坐有吟 — 金壽童

城西十里隔纛**凡**　身世堪誇吏隱**兼**
擘岸晩風飜夕浪　漏雲纖月入疏**簾**
鬪茶新試錙銖火　械帙仍懸甲乙**籤**
客裏不禁春興惱　邇來詩酒癖難**砭**
七言律 鹽韻⇒凡兼簾籤砭

속동문선 제8권 밤에 앉아 음미함 — 김수동(1457~1512)

성 서쪽 10리가 속세와 막혔으니
리은412)을 겸한 신세를 자랑할 만하누나.
언덕을 치는 늦은 바람은 저녁 물결을 뒤집는데
구름에서 새어나온 가느다란 달은 성긴 발에 드나니.
茶를 달이기 다투노라 새로이 치수413)의 불을 시험하고

---

410) **盂蘭盆** 음력 1월 보름날 또는 7월 보름에 지내는 불사.
411) **大虛** 림경식(林景軾 1099~1161)의 字, 고려의 문신.
412) **吏隱** 吏 노릇하는 것이 곧 숨어 산다는 말.

질책을 펴고는 이내 갑을의 첨[414]을 꽂도다.
나그네라 봄 흥의 괴로움을 금하지 못하거니
근래에 시와 술의 성벽을 고치기 어려워라.

497 [松窩雜說] 李墍 撰

(上略) 思齋先生 又有寄黃書云 (中略) 聞君之衣食第宅, 百倍於吾, 豈可更不知止, 以畜無用之物乎. 所不可闕者, 惟書一架, 琴一張, 友一四, 履 一雙, 迎睡一枕, 納涼一窗, 負暄一楹, 煎茶一鑪, 扶老一笻, 尋莔一驢耳. (下略)

송와잡설 리기(1522~1600) 지음

(상략) 사재 선생[415](金正國 1485~1541)이 다시 황서를 부쳐와 이르기를 (중략) 듣건대, 그대의 의식과 제택을 듣자니 나보다 백배라 하니, 어찌 그칠 줄을 알지 못하고 무용지물을 모으려는가? 빠뜨릴 수 없는 것은 오직 책 한 시렁, 거문고 한 벌, 벗 한사람, 신 한 켤레, 잠청할 베개 하나, 바람 통할 창문 하나, 茶 달일 화로 하나, 늙은 몸을 부축할 지팡이 하나, 봄 경치를 찾아다닐 한 마리 나귀뿐이려니. (하략)

498 [東文選] 第六十四卷 記 · 淸讌閣記 — 金緣

王以聰明淵懿篤實輝光之德, 崇尙儒術, 樂慕華風. 故於大內之側, 迎英書殿之北, 慈和之南, 別創寶文淸燕二閣. 一以奉聖宋皇帝御製詔敕書畫, 揭爲訓則, 必拜稽肅容, 然後仰觀之. 一以集周孔軻雄已來, 古今文書, 日與老師宿儒, 討論敷暢先王之道, 藏焉修焉息焉游焉. (中略) 今入翰進貢使資諒, 賫桂香御酒龍鳳茗團珍菓實皿來歸. 嘉與卿等, 樂斯盛美. 臣僚皆皇駭恐懼, 逡伏階陛, 辭以固陋不敢干盛禮, 王趣令就坐. 溫顔以待之, 備物以享之. (下略)

동문선 第64권 기 · 청연각 기 — 김연(1487~1544, 中宗 時 文臣)

왕께서는 총명하시며 깊고 아름다우시며 진실하고, 빛나는 덕을 가지고 유학을 숭상하고 중원 풍을 즐겨 사모하였다. 그러므로 대궐 옆이며 영영서전의 북편과 자화전의 남편에 따로 보문각과 청연각의 두 건물을 세우셨다. 한 곳에는 송황제가 지은 조칙과 글씨, 그림을 받들어 걸어 놓고 교훈으로 삼았으며 반드시 절하고 몸가짐을 엄숙히 한 뒤에 이를 쳐다보았다. 한 곳에는 주공, 공자, 맹자, 揚雄양웅 이하로 고금의 서적을 모아 놓고 날마다 늙은 스승과 공부가 높은 학자들과 더불어 토론하시며 선왕의 도를 천명하시어 사모하여 공

413) **錙銖** 茶를 잘 달이는 것에는 불을 알맞게 때는 법이 있는데, 한 치 한 푼의 눈을 다투는 저울처럼 세밀하게 주의하는 것이다.
414) **籤** 많은 책에 甲과 乙을 분류하여 籤으로 표시한다.
415) **思齋** 김정국(金正國, 1485~1541) 조선 중기의 문신. 본관 의성, 자는 國弼, 호는 思齋, 八餘居士, 諡號는 文穆이다.

부하며 쉬며 놀고 하였다. (중략) 지금 송나라에 들어갔던 진공사 資諒자량이 계향과 황제의 술, 龍鳳茶, 진기한 과일과 좋은 그릇들을 받아 가지고 돌아왔다. "나는 기뻐서 경들과 함께 이 성대한 일을 즐기려 한 것이다" 하니, 신하들은 모두 놀라고 두려워하는 마음으로 계단 아래로 물러가 엎드리어 고루한 몸으로 감히 성대한 예절에 참여 할 수 없음을 사양하였으나, 왕은 빨리 자리에 앉으라고 독촉하였다. 온화한 얼굴로 접대하며 갖은 음식물을 먹여 주었다. (하략)

499 【新增東國輿地勝覽】 第十二卷 長湍都護府 山川, 臨津渡 — 陳嘉猷

莎明江水碧　樹暝渚煙**浮**
官舫連催發　漁綸尙未**收**
柳風淸酒暈　花氣襲茶**甌**
自笑皇華客　星軺不暫**留**

五言律 尤韻⇒浮收甌留

신증동국여지승람 제12권 장단도호부 산천, 임진나루 — 진가유(?~?)

모래는 밝은데 강물은 푸르고
수림은 어두운데 물안개 오르네.
官舫관방은 연달아 떠나라고 재촉하는데
낚싯줄은 아직도 거두지 않았네.
버들 바람은 주훈을 맑혀 주는데
꽃향기는 茶 사발에 스며드네.
자소로다, 황제 칙사인 나그네려니
수레(星軺)를 잠시도 멈출 수 없네.

500 【新增東國輿地勝覽】 第二十七卷 昌寧縣 驛院, 茶見院

茶見院 在縣北二十九里.

신증동국여지승람 제27권 창령현 역원, 茶見院

茶見院은 창녕현의 북쪽 29리에 있다.

501 【新增東國輿地勝覽】 第二十九卷 咸昌縣 驛院, 茶方院

茶方院 在縣東八里.

신증동국여지승람 第29권 함창현 역원, 茶方院
茶方院은 함창현의 동쪽 8리에 있다.

502 [新增東國輿地勝覽] 第三十卷 晉州牧 土産條 楮·柿·茶

新羅興德王時, 入唐回使大廉, 持茶種來, 使植智異山, 至聖德王時始盛焉. 河演新茶詩,

晉池風味臘前**春**　智異山邊草樹**新**
金屑玉糜煎更好　色淸香絶味尤**珍**
七言絶 眞韻⇒春新珍

신증동국여지승람 第30권 진주목 토산, 닥종이·감·茶
신라 흥덕왕[416] 때에 大廉대렴이 당나라에 사신으로 들어갔다가 돌아오면서 茶 종자를 가지고 와서 지리산에 심게 하였더니, 성덕왕[417] 때에 이르러 성하였다. 하연의 新茶詩에,

晉池진지 풍미는 臘前랍전의 봄인데
지리산 가에 초목이 새롭다.
금가루 옥싸라기 달일수록 더욱 좋아
깨끗한 빛깔과 특이한 향기 맛이 더욱 진기하다.

하였다.

503 [新增東國輿地勝覽] 第三十三卷 益山郡 山川, 都順山

俗稱施茶山在郡東五里

신증동국여지승람 第33권 익산군 산천, 도순산
도순산은 속칭 茶 나는 산으로 익산군 동쪽 5리에 있다.

504 [新增東國輿地勝覽] 第三十七卷 康津縣 佛宇, 白蓮社 — 金紐

明遠樓高眼界**新**　遙看滄海鏡無**塵**
倚墻脩竹風前響　近檻幽花雪裏**春**
客子詩篇堪遣興　山僧茶果解留**人**

416) **興德王** 新羅 第42代 王(在位 826~836).
417) **聖德王** 新羅 第33代 王(在位 702~737).

登臨半日還歸去　　從此雲嵐入夢**頻**
七言律 眞韻⇒新臺莒人頻

신증동국여지승람 제37권 강진현 불우, 백련사 — 김뉴(1420~?)

명원루 높아 눈앞이 새로우니
멀리 보이는 푸른 바다 티끌 없는 거울.
울 옆의 긴 대 바람에 소리 내고
난간 앞 그윽한 꽃눈 속의 봄이라.
나그네 시편을 읊으며 흥겹게 보내는데
승은 茶果를 내어 사람을 만류하네.
한 나절 올라가 놀다 돌아왔더니
이로부터 구름안개 꿈속에 자주 드네.

505 **[新增東國輿地勝覽]** 第三十八卷 濟州牧 佛宇, 逝川庵 — 僧慧日

(上略)
安流得數里　　澄淨涵靑**天**
道人有宗海　　卓庵向川**邊**
旣從山水樂　　且奇香火**緣**
涼秋佳月夕　　掃石開茗**筵**
(下略)　　五言古 先韻⇒天邊緣筵

신증동국여지승람 제38권 제주목 불우, 서천암 — 승 혜일(?~?)

(상략)
편안히 흐르는 것이 몇 리 되는데
맑고 깨끗하여 푸른 하늘을 비쳤네.
도 닦는 사람 종해란 이가 있어
냇가에 암자를 세웠네.
이미 산수의 락을 따르고
또 향화의 인연을 부치었다.
서늘한 가을 아름다운 달밤에
바위를 쓸고 茶 마시는 자리를 열었다.
(하략)

506 [新增東國輿地勝覽] 第四十卷 順天都護府 佛宇, 松廣寺

高麗僧仲褰, 初以南省 亞元脫身往松廣寺修眞, 崔怡爲知奏事以書遣茶香及楞嚴經, 使還請報書, 師曰 予已絶俗, 何修書往復爲使强迫之, 且以詩贈, 師卽次韻云,

> 瘦鶴靜翹松頂月　　閑雲輕逐嶺頭**風**
> 箇中面目同千里　　何更新翻語一**通**
> 七言絶 東韻⇒風通

卒不以書答.

신증동국여지승람 제40권 순천도호부 불우, 송광사

고려 승 **仲褰**중활이 처음에 남성아원418)으로 몸을 빼어 송광사에 가서 승이 되어 도를 닦았다. **崔怡**최이가 지주사가 되었을 제, 편지를 써서 茶와 香과 릉엄경을 보냈다. 사자가 돌아갈 제 편지 답장을 써 달라 하니, 대사는 말하였다. "내 이미 세상과 인연을 끊었는데 무엇 하려고 편지를 래왕한단 말인가?" 그러나 사자는 억지로 재촉하고 또 시를 지어 주니, 대사는 곧 여기에 차운하기를

> 수척한 학은 고요히 소나무 위 달빛 속에 앉았고
> 한가한 구름은 가볍게 고개 위의 바람을 따르네.
> 이 가운데 면목 천리가 같으리니
> 어찌 다시 새로이 말을 만들어 통하리.

하고, 끝내 편지 답장을 하지 않았다.

507 [新增東國輿地勝覽] 第四十卷 和順縣 山川, 茶花山

茶花山 在縣東五里.

신증동국여지승람 제40권 화순현 산천, 茶꽃산

茶꽃산(茶花山)은 화순현의 동쪽 5리에 있다.

418) **南省亞元** 南省은 禮曹를 말하는 것이고 亞元은 과거에 두 번째로 합격하였다는 말이다.

508 [新增東國輿地勝覽] 第四十一卷 黃州牧 宮室, 客館 — 史道(?~?)

一夜瓊花滿去**塗**　曉來驚見白平**鋪**
兎思巖谷迷初穴　鴈過汀洲失舊**蘆**
宿麥可占蘇子句　孤舟堪畫剡溪**圖**
計程午到生陽館　引手烹茶沸竹**鑪**

七言律 虞韻⇒塗鋪蘆圖鑪

신증동국여지승람 제41권 황주목 궁실, 객관 — 사도(?~?)

하룻밤 사이에 눈꽃(雪花)이 갈 길에 가득하니
새벽에는 하얗게 깔린 것 놀라겠네.
토끼는 바위 골짜기 생각하나 있던 구멍 못 찾고
기러기는 물가로 지나다가 갈대밭 잃었으리.
숙맥[419]은 蘇子소자의 글귀를 지을 만도 한데
외로운 배는 섬계도[420] 그림만 하네.
가는 길 계산하니 점심참에 생양관에 이르러
손으로 대화로에 茶를 달이리라.

509 [新增東國輿地勝覽] 第四十一卷 平山都護府 驛院, 麒麟驛

在府西六十里丞. 本道屬驛十一, 茶滿, 元山, 延陽, 眞木, 朴山, 文羅, 安山, 位羅, 所串, 所坪, 新興. 丞一人.

신증동국여지승람 제41권 평산도호부 역원, 기린역

평산도호부의 서쪽 60리쯤에 있으며 丞승이 있다. 본도에 속할 역이 11이니 茶滿, 원산, 연양, 진목, 박산, 문라, 안산, 위라, 소곶, 소평, 신흥이다. 승 1인.

510 [新增東國輿地勝覽] 第四十一卷 平山都護府 驛院, 茶井院

茶井院 在縣北二十一里.

신증동국여지승람 제41권 평산도호부 역원, 茶井院

茶井院은 평산현의 북쪽 21리에 있다.

---

419) **宿麥** 보리는 지난 해 심어서 금년에 수확하기 때문에 宿麥이라 함.
420) **剡溪圖** 東晉 王子猷(王徽之)가 눈 오고 달 밝은 밤에 섬계에 있는 친구 생각이 나서 곧 흥에 겨워 배를 타고 밤새도록 갔다가 흥이 다하여 다시 돌아온 이야기가 있다.

511 [新增東國輿地勝覽] 第四十四卷 江陵大都護府 樓亭條 寒松亭

寒松亭 在府東十五里. 東臨大海, 蒼松鬱然. 亭畔有茶泉石竈石臼, 卽述郞仙徒所游處.

신증동국여지승람 제44권 강릉대도호부 루정, 한송정

한송정은 강릉부 동쪽 15리에 있다. 동쪽으로 큰 바다에 임했고 소나무가 울창하다. 정자 곁에 茶泉, 석조, 석구가 있는데, 곧 술랑 선도들이 놀던 곳이다.

512 [新增東國輿地勝覽] 第四十四卷 江陵大都護府 樓亭, 寒松亭

東人詩話朴惠肅信, 少有時譽, 按江原愛江陵妓紅妝, 情頗珍重. (中略) 尹語廉使曰 此地有古仙遺跡, 山頂有茶竈距此數十里有寒松亭, 亭亦有四仙碑至今仙曹神侶, 往來其閒, 花朝月夕, 人或見之, 但可望不可近也. (下略)

신증동국여지승람 제44권 강릉대도호부 루정, 한송정

동인시화에 朴惠肅信박혜숙신이 젊어서부터 명망이 있었다. 강원도 按廉使안렴사로 있으면서 강릉 기생 홍장을 사랑하여 애정이 매우 깊었다. (중략) 부윤이 안렴사에게 말하였다. '이 지역에는 옛 선인의 유적이 있고 산꼭대기에는 茶 달이던 아궁이가 있으며, 또 여기에서 수십 리 거리에 한송정이 있고 정자에 또 사선의 비석이 있으며, 지금도 신선의 무리가 그 사이에 오가는데, 꽃 피는 아침과 달 밝은 저녁에 간혹 본 사람도 있소. 그러나 다만 바라볼 수는 있어도 가까이 갈 수는 없다.' (하략)

513 [新增東國輿地勝覽] 第四十四卷 江陵大都護府 古跡, 石竈, 石池, 石井

俱在寒松亭傍, 四仙所游之時茶具也.

신증동국여지승람 제44권 강릉대도호부 고적, 석조, 석지, 석정

모두 한송정 곁에 있으며, 네 선인이 놀이할 때 달이던 茶具였다.

514 [新增東國輿地勝覽] 第四十四卷 江陵大都護府 題詠, 佛華樓

佛華一簇**樓**　偸暇占高**游**
沈鑪雲縹緲　茗盌雪飀**飂**
伏檻窺黃鵠　臨流狎白**鷗**
寂寥逈隔世　何更尋仙**洲**

五言古 尤韻⇒樓游飂鷗洲

신증동국여지승람 제44권 강릉대도호부 제영, 불화루

불화루 한 덕장에
여가 틈타 유람하였더니,
沈香심향 화로엔 구름이 아련하고
茶잔에는 눈(雪)이 부글거린다.
헌함에 엎드려 황곡을 엿보고
물에 임해서 백구와 친압한다.
고요하게 속세와 멀리 격했으니
무엇하러 신선을 다시 찾으리.

515 **[新增東國輿地勝覽]** 第五十一卷 平壤府 題詠(八詠), 永明尋僧

古寺居僧尙掩**扃**　隔墻冉冉茶煙**靑**
呼僧談笑共煨芋　坐久風來聞塔**鈴**

七言絶 靑韻⇒扃靑鈴

신증동국여지승람 제51권 평양부 제영(팔영), 영명사 승을 찾아

옛 절에 스님이 살았는데 아직 빗장 잠기고
담 너머 茶 달이는 푸른 연기.
승 불러 담소하며 같이 토란 굽노라니
이슥고 바람이 와서 풍경 소리 덩그렁.

516 **[新增東國輿地勝覽]** 第五十二卷 安州牧 樓亭, 百祥樓 — 唐皐

百祥登眺此回**初**　偶値歸程暫歇**車**
一帶氷川光皎潔　千林烟樹影蕭**疏**
多情館伴能迎賞　何處仙人獨好**居**
歙罷茶甌共歸去　雪風尖利入窗**虛**

七言律 魚韻⇒初車疏居虛

신증동국여지승람 제52권 안주목 루정, 백상루 — 당고(?~?)

백상루에 올라봄은 이번이 처음인데
우연히 돌아가는 길에 잠깐 수레 멈추었네.
띠같이 빙 두른 얼은 시내 빛도 결백하고

숲의 안개 낀 나무 그림자 쓸쓸하다.
다정한 려관 주인 賞客상객을 맞았으니
어디에 선인이 홀로 좋아 앉았는가.
茶잔 다 비우고 모두 돌아가니
눈바람 송곳같이 문틈으로 스며든다.

517 【新增東國輿地勝覽】 第五十二卷 安州牧 樓亭, 萬景樓 — 張寧

江上危樓離俗氣　　菁初經過未相**聞**
風雲丘壑高低見　　草樹人家遠近**分**
午竈茶煙蒼冉冉　　方塘桃漲綠沄**沄**
咨詢已遍歸期促　　一倚雕闌日又**曛**

七言律 文韻⇒聞分沄曛

신증동국여지승람 제52권 안주목 루정, 만경루 — 장녕(?~?)

강가 높은 루각 속기를 떠났건만
첫 봄 지날 때는 듣지도 못하였네.
바람 구름 언덕 골이 높고 낮게 보이고
초목과 인가는 멀고 가까이 나눠 있다.
낮 부엌에는 茶 연기 면면하고
네모진 연못에는 복숭아꽃 일렁일렁.
사신 자순은 이미 모두 마쳤으니 돌아갈 길 바쁘고
아롱진 난간에 기대 보니 날 또한 저물었네.

518 【梅月堂詩集】 卷一 古風 — 金時習

坐久不能寐　　手剪一寸**燭**
霜風聒我耳　　微霰落牀**額**
心地淨如水　　翛然無礙**隔**
正是忘物我　　茗盌宜自**酌**

五言古 陌韻⇒燭額隔酌

매월당시집 권1 고풍[421] — 김시습(1435~1493)

오래도록 앉아 잠들지 못하고
한 치 남은 심지를 자른다.
서리 바람 내 귀에 들려오더니
싸락눈 寢牀침상머리에 떨어진다.
마음속 깨끗하기 물 같아서
씻은 듯 엉김도 막힘도 없다.
바로 너와 나를 모두 잊고
茶사발 몸소 따르니 좋다.

519 [梅月堂詩集] 卷一 述懷, 放言 — 金時習

(上略)
爲人性疏慵　於事太多**懶**
山月有燈燭　松風有絃**管**
閑中經數卷　渴來茶七**盌**
心當游此樂　何暇較長**短**
(下略)　　五言古 旱韻⇒懶管盌短

매월당시집 권1 술회, 방언 — 김시습(1435~1493)

(상략)
사람됨의 성격 방만하여서
일에 게으른 것 너무 많으오.
산에 달이 뜨면 등촉이 있고
소나무에 바람 불면 관현[422]이 있다네.
한가하면 聖經성경 두어 권 읽고
목마르면 일곱 잔 茶를 마시네.
마음은 이 樂락으로 노는 게 마땅하니
어느 겨를에 길고 짧은 것 따지랴?
(하략)

---

421) **古風** 唐 이전의 고체시. 律詩나 絶句같이 법칙이 엄격하지 아니한 自由詩에 가깝다.
422) **管絃** 관악기와 현악기를 아울러 이르는 말

520 [梅月堂詩集] 卷一 述懷, 獨坐逢人啜茶賦詩 — 金時習

兩耳聊聊獨坐**時**　　半簾斜日映花**枝**
秊來漸覺無拘束　　滿肚幽懷卽是**詩**

七言絶 支韻⇒時枝詩

매월당시집 권1 술회, 홀로 앉아 있다가 사람을 만나서 茶를 마시며 지은 시 — 김시습(1435~1493)

두 귀에 아무런 들림 없어 홀로 앉아 있을 때에
半簾반렴[423] 비낀 해가 꽃가지에 비치네.
년래에 점점 구속 없음을 깨달아서
뱃속 가득한 깊은 회포 그것이 곧 시가 된다.

521 [梅月堂詩集] 卷一 述懷, 謾成 — 金時習

早歲身强健　　殘秊病入**脾**
徑行從所好　　茶飯任便**宜**
木落山容瘦　　庭空月色**奇**
呼兒供藥餌　　來困且支**頤**

五言律 支韻⇒脾宜奇頤

매월당시집 권1 술회, 게으름 — 김시습(1435~1493)

젊어서는 내 몸이 건강하더니
만년에는 신병이 뱃속에 드네.
지름길[424]로 가는 것도 좋아함을 따름이요
茶 마시고 밥 먹는 것 편한 대로 함이라.
낙엽 떨어지니 산 모양 수척해지고
빈 뜰에는 달빛이 기이하다.
아이 불러 약 먹을 것 가져오라 하고
나른하면 또 턱을 고인다.

---

423) **半簾** 반쯤 내린 발
424) **지름길** '直情徑行'이라는 말은 '곧은 마음 그대로 점잖은 사람은 지름길로 가지 않는다. '君子子徑'은 선현의 경계를 따르지 않는다.'는 의미이다.

522 [梅月堂詩集] 卷一 述懷, 戱甚走題 — 金時習

江淹五色筆　釘餃五色**毬**
千古漫悠悠　已往不可**求**
眼前有生涯　筆下雲煙**繆**
詩成自有韻　戞戞如鳴**球**
我願得其妙　不勞空哦**咻**
淸溪咽如笙　草堂淸而**幽**
景物自蕭條　宛轉盈雙**眸**
朗吟詩數篇　靄靄萅雲**浮**
擲地不成響　罰我三千**觩**

五言古 尤韻⇒毬求繆球咻幽眸浮觩

매월당시집 권1 술회, 심한 희담을 붓 달려 쓰다 — 김시습(1435~1493)

강엄425)의 오색 붓은 한낱 꿈이요
정교426)의 오색 공은 창작이라네.
천년 동안 부질없이 유유한데
이미 간 것 구할 수 없네.
눈앞에 살아가는 것 있음이라
붓 아래에 구름과 연기 얽혀져 있네.
시 이루면 자연히 운치가 있어서
알알함이 방울 울리는 것 같네.
나는 그 沙理사리 얻기가 소원이라
수고하지 않고 공연히 노래 부르네.
맑은 시냇물 흐느낌이 생황 같은데
초당은 맑고도 그윽하도다.
경치는 자연히 소조한데
분명하게 두 눈에 가득 차오네.
랑랑하게 시 두어 편 읊었더니

---

425) **江淹** 『南史』 江淹傳에 '강엄이 꿈에 어떤 사람이 와서 붓을 달라 하여 가졌던 오색 붓을 주었는데, 그 뒤로는 다시 좋은 문장을 쓰지 못했다'는 기사가 있다.

426) **釘餃** 지금의 銅匠. 『唐詩記事』 胡令能에 "令能이 젊었을 때 철공업으로 생활하는데, 그가 사는 동네가 예전 列子라는 명현이 살던 곳이었다. 그의 집은 가난했어도 茶果를 얻으면 먼저 '列子님께 올립니다' 하고서 총명하기를 바랐더니, 어느 날 꿈에 웬 사람이 와서 영능의 배를 가르고 책 한권을 넣어 주고 갔다. 그 후 시를 잘 짓게 되었는데, 세상에서 胡釘餃 銅匠이라 하였다(令能 少爲負局鏤釘之業 以所居列子之里 家貧遇茶果必祭列子 以求聰明 或夢人割其腸 以一卷書內之 遂能吟詠 裨學尤邃 世謂胡釘餃者也)" 한다.

뭉게뭉게 봄 구름이 떠오른다.
땅에 던져도 아무런 소리 안 나니
나에게 삼천 말의 벌주나 주소.

523 [梅月堂詩集] 卷一 述懷, 燈下 — 金時習

燈下茶聲咽　　惺惺坐似**株**
是身如幻沫　　此影竟塗**糊**
夜雪敲窗冷　　山雲羃地**無**
花明餘燼落　　堗暖卷氍**毹**
(下略)　　五言律 虞韻⇒株糊無毹

매월당시집 권1 술회, 등불 아래서 — 김시습(1435~1493)

등불 아래 茶 달이는 소리 나는데
똑똑히 앉았으니 나무그루와 같다.
이 몸은 물거품과 같은데
이 그림자 끝내 멍청하여라.
밤눈이 창을 두드려 랭랭한데
산 구름은 땅에 덮여 없어진다.
꽃 밝더니 남은 불꽃이 떨어지고
구들 따뜻하여 담요를 걷는다.
(하략)

524 [梅月堂詩集] 卷二 閑適, 耽睡 — 金時習

竟日臥耽睡　　懶慢不出**戶**
圖書抛在牀　　卷帙亂旁**午**
瓦罏起香煙　　石鼎鳴茶**乳**
不知海棠花　　落盡千山**雨**
五言律 麌韻⇒戶午乳雨

매월당시집 권2 한적, 잠을 즐기다 — 김시습(1435~1493)

종일토록 누워서 잠만 탐하다가
게을러서 문 밖에도 안 나갔네.
책들을 책상 위에 던져 버려

권으로 질로 어지러이 흩어져 있네.
질화로에서는 향기 피어오르고
돌솥에는 茶乳가 부글거리네.
미처 알지 못하였구나 해당화가
비 젖어 온 산 잎이 다 졌구나.

525 [梅月堂詩集] 卷二 卽景, 曉意 — 金時習

昨夜山中雨　今聞石上**泉**
窗明天欲曙　鳥聒客猶**眠**
室小虛生白　雲收月在**天**
廚人具炊黍　報我嫩茶**煎**

五言律 先韻⇒泉眠天煎

매월당시집 권2 즉경, 새벽의 마음 — 김시습(1435~1493)

어젯밤 산 중에 비가 오더니
오늘 돌 위의 샘물소리 들리네.
창 밝아 날은 새려 하는데
새소리 요란한데 나그네는 자고 있네.
방은 작아도 허공이 훤하게 보임은
구름 걷혀 하늘에 달이 있음일세.
부엌에선 기장밥 지어 놓고
나더러 嫩茶[427] 달였다고 하네.

526 [梅月堂詩集] 卷二 卽景, 薄暮 — 金時習

(上略)
鑪灰如雪火猩**紅**　石鼎烹殘茗一**鍾**
喫了上方高臥處　數聲淸磬和風**松**

七言絶 東·冬韻⇒紅鍾松

427) **嫩茶** 雀舌茶를 말함.

매월당시집 권2 즉경, 해질녘에 — 김시습(1435~1493)

(상략)
화로의 재 눈 같은데 불빛은 벌겋고
돌솥에 茶 한 잔 달이는 일이 남았네.
茶 마시고 상방에 높이 누운 곳에
두어 마디 맑은 경쇠 소리 솔바람에 화답하네.

527 [梅月堂詩集] 卷二 卽景, 曉色 — 金時習

滿庭霜曉色凌**凌**　巖溜無聲疊作**氷**
老鴉附枝迎旭日　凍雲依石襯疏**藤**
閑中詩與棋爲祟　病裏茶兼藥可**仍**
紙帳氈牀初睡覺　篝鑪火氣暖騰**騰**
七言律 蒸韻⇒凌氷藤仍騰

매월당시집 권2 즉경, 새벽빛 맞아 — 김시습(1435~1493)

뜰 가득 서리에 새벽빛 쌀쌀한데
바위에 소리 없이 방울져 얼음 되어 쌓이네.
늙은 까마귀는 가지에 앉아 아침 해를 맞이하고
언 구름 바위에 의지하고 등덩굴 속옷으로 입었네.
한가한 중에 시와 바둑이 빌미가 되지만
병중에는 茶가 약을 겸하니 그대로가 좋으리.
종이 휘장 담요 깐 침상에서 막 잠을 깨니
대(竹) 화로 불기운이 따뜻하게 피어오르네.

528 [梅月堂詩集] 卷三 釋老, 贈峻上人(二十首中 其四) — 金時習

一炷淸香一卷**經**　一輪孤月一谿**聲**
鼎中甘茗黃金賤　松下茅齋紫綬**輕**
漂渺煙霞心與潔　嬋娟水月性常**明**
閑眠盡日無人到　自有淸風撼竹**楹**
七言律 庚韻⇒經(通)聲輕明楹

매월당시집 권3 석로, 준대사에게 주다(20수중 기14) — 김시습(1435~1493)

한 줄기 맑은 향에 한 권의 불경이요
한 바퀴 외로운 달 한 개울의 물소리일세.
솥 속의 甘茶가 황금도 천하게 여기고
솔 아래 띠 집에서 자수428)를 가벼이 보네.
아득한 안개는 마음과 같이 깨끗하고
고운 수월처럼 성품도 항상 밝도다.
종일 한가로이 찾는 이 없고
청풍만이 때때로 대 난간을 흔드네.

529 [梅月堂詩集] 卷三 釋老, 贈峻上人(二十首中 其十五) — 金時習

半生江海友如**雲**　　今日相逢道味**眞**
飛錫獨行潭底影　　敷牀數息樹邊**身**
四千經偈留胸臆　　百二山河轉一**塵**
氣味蕭然無與話　　煮茶鐺水細粼**粼**

七言律 眞韻⇒雲(通)眞身塵粼

매월당시집 권3 석로, 준대사에게 주다(20수중 기15) — 김시습(1435~1493)

반평생을 강과 바다 또한 구름을 벗하여
오늘 서로 만나니 도의 맛을 알겠네.
지팡이 저으며 홀로 가는 못 밑 그림자
나무 아래 평상에서 몸을 자주 쉬네.
사천 권의 불경, 게송 가슴속에 두고
온갖 산과 내 한 티끌로 輾轉전전했네.
기미 소연하여 더불어 얘기할 이 없고
茶 달이는 솥에서 가늘게 끓는 물소리.

530 [梅月堂詩集] 卷三 釋老, 贈峻上人(二十首中 其十七) — 金時習

參透禪關話葛**藤**　　列峯如戟碧層**層**
尋根拔蔕君知否　　摘葉尋枝我不**能**
藥杵聲中敲翠竹　　茶鐺影裏點紅**燈**

---

428) **紫綬** 정삼품 당상관 이상의 관원이 차던 印綬.

自然會得禪家趣　　肯向傍人說上**乘**

七言律 蒸韻⇒藤層能燈乘

매월당시집 권3 석로, 준대사에게 주다(20수중 기17) — 김시습(1435~1493)

선의 관문 뚫으려고 갈등하는데
벌려 있는 산봉우리 창인 양 층층이 푸르렀네.
뿌리 찾아 꼭지 뽑는 것 그대 아는가 모르는가
잎 따고 가지 찾는 건 나는 하지 못하네.
茶방아 소리에 푸른 대 두드리고
茶솥 그림자 속에 붉은 등 켜 놓았네.
자연히 선가의 취미 깨달아 알았거니
즐거이 옆 사람 향해 큰 법(上乘)을 얘기하네.

531 [梅月堂詩集] 卷三 釋老, 贈敏上人(三首中 其三) — 金時習

有客有客美如**英**　　秊未三十文藝**精**
翩翩雲鵠繼鍾**王**　　顆顆驪珠優盛**唐**
白雲堆裏攜我**游**　　偶然別我還神**州**
神州茫茫三千**里**　　游絲紛紛惹行**李**
遺我舊愁千萬**緖**　　快哉遙遙向南**浦**
南浦舊波綠可染　　可浣一段舊懷**苦**
中秊作惡知幾何　　那似別爾猿啼**處**
十秊浪游山水閒　　煙霞痼疾怕寒**暑**
壯志未消筋力疲　　恰似瘦鶴空軒**擧**
萬卷圖書老此山　　願子歸來吾遲**汝**
佗秊煎茶石澗**邊**　　衫袖共拂靑山**煙**

七言長 庚・陽・尤・紙・語麌. 先韻⇒英精. 王唐. 游州. 里李. 緖浦苦處暑擧汝. 邊煙

매월당시집 권3 석로, 민대사에게 주다(3수중 기3) — 김시습(1435~1493)

객이 있네, 아름답기 꽃과 같은 객이 있고
나이 서른 안됐지만 문예는 아주 정숙하네.
풍류는 운곡으로 종왕429)을 계승하여
알알이 려룡의 구슬430) 같아 盛唐성당보다 뛰어나네.

429) **종왕(鍾王)** 종은 魏의 種繇(151~200), 王은 왕희지로 모두 명필이다.
430) **려룡의 구슬(驪珠)** 위룡의 턱 아래에 달린 값진 구슬. 『莊子』「列禦寇篇」에 '千金之珠 必在九重之淵

흰 구름 쌓인 그 속에 나를 이끌고 놀다가
우연히 나와 이별하고 신성한 땅으로 돌아가니
신성한 땅 망망하기 삼천리나 되는데
하루살이 어지러이 나그네 행장 들춰내어
천만 가지 봄 근심을 내게 남겨 주었네.
장쾌하다! 머나먼 남포 향해 가는데
남포의 봄 물결 그 푸름 물들여진 듯
한 조각 봄 생각의 괴로움마저 씻어낼 듯.
중년에 받는 괴로움 얼마인지 아는가?
어찌 잔나비 우는 소리 나는 곳에서 그대 이별함과 같아.
십년 세월 방랑하며 산수 사이에 놀다 보니
안개 노을 고질 됐어도 차고 더운 게 겁나서
큰 뜻이야 사라졌을까만 힘이 쇠잔하여
여윈 학이 공연히 높이 날려는 거와 똑같아.
만 권의 도서 가지고 이 산에서 늙으려 하니
원컨대 그대 돌아오라, 내 그대를 기다리리.
돌 시냇가에서 언젠가 茶를 달일 적에
옷소매로 우리 함께 청산의 안개를 떨쳐 보세나.

532 【梅月堂詩集】 卷三 釋老, 題昇曦道人 詩卷 — 金時習

獨樂亭前羃酒**漿**　　金仙牀下換茶**香**
名高列傳言非爽　　道透禪燈韻已**彰**
流水浮雲三世過　　落花啼鳥百季**忙**
操心澹泊眞無累　　貞靜佳蹤沒不**亡**

七言律 陽韻⇒漿香彰忙亡

매월당시집 권3 석로, 승희도인 시책에 쓰다 — 김시습(1435~1493)

독라정 그 앞에는 술 항아리 덮여 있고
금선상 그 아래엔 茶 향기로 감도네.
이름 높아 렬전에 실은 말뿐 아니요
선등에 도통하여 운치 벌써 드러났네.
흐르는 물 뜬 구름처럼 삼생이 다 지나가고
새 울자 꽃 지니 한평생 바빴네.
조심하고 담박하니 진실로 煩累번루함 없고
안존한 좋은 자취 오래 잊지 않으리.

而魏龍頷下'라 하였다.

533 [梅月堂詩集] 卷三 釋老, 送壽隱上人歸故山 詩卷 — 金時習

碧山深處結茅**菴**　菴下澄澄萬丈**潭**
行處㵎從雲共居　住時閑與月同**龕**
煎茶小室煙生廚　採藥遠峯雲滿**籃**
不二法門怎麼認　前三三與後三三

七言律 覃韻⇒菴潭龕籃三

매월당시집 권3 석로, 수은대사를 보내고 옛 산으로 돌아가는데, 시책에 쓰다 — 김시습(1435~1493)

푸른 산 깊은 곳에 암자 한 채 얽었는데
암자 밑엔 맑고 맑은 만 길 깊은 못이로세.
가는 곳 되는대로 구름 따라 함께 가고
머물 때엔 한가로이 달과 더불어 감실에 있네.
茶 달이는 작은 방 부엌인 양 연기 나고
먼 산 약 캐는 들 바구니엔 구름만 가득.
불이법문431)을 어떻게 인식하나
저 앞에도 많고 많네, 저 뒤에도 많고 많네.

534 [梅月堂詩集] 卷三 釋老, 醉次四佳韻 贈山上人 — 金時習

山中無紀曆　景物可能**知**
日暖野花發　風薰檐影**遲**
園收霜栗後　鑪煮雪茶**時**
且莫窮籌筭　百秊推類**玆**

五言律 支韻⇒知遲時玆

매월당시집 권3 석로, 취해서 四佳의 운을 따라 지어 산대사에게 주다 — 김시습(1435~1493)

산중이라 기록된 책력 없네만
풍물 보면 짐작해 알 수 있다네.
날 따뜻해지면 들꽃이 피어나고
바람 훈훈해지면 처마 그늘 더디 가네.
동산에서 서리 맞은 밤 거둔 뒤요
화로에는 눈 녹여 茶 달일 때라.

431) **不二法門** 相對 차별을 없애고 絶對 차별 없는 이치를 나타내는 法門.

아직은 그리 깊이 계산하지 마라.
백년쯤은 유추하여 이를 알리라.

535 **[梅月堂詩集]** 卷三 釋老, 洛山寺 贈禪上人(二首中 其一) — 金時習

一見淸標似舊**知**　羡牆面目已多**時**
節操落落松筠態　容止昻昻鸞鶴**儀**
禪榻靜看滄海月　茶泉閑攪碧潭**螭**
從師問道佗時去　積翳玄眸肯刮**鎞**

七言律 支韻⇒知時儀螭鎞

매월당시집 권3 석로, 락산사 선대사에게 주다(2수중 기1) — 김시습(1435~1493)

언뜻 보아 깨끗한 그 의표 옛 친구 같은데
담장에 면목하고 사모한 지 벌써 오래 되었소.
절조 크고 높은 모양 소나무와 대나무요
몸가짐 밝고 높아 난새와 학의 거동이라.
고요히 참선 의자에서 창해의 달을 보는데
茶泉에는 한가로이 푸른 못의 蛟龍교룡 흔드네.
대사 따라 도를 물으려 어느 땐가 가게 되면
검은 눈동자에 쌓인 백태 긁어내는 금칼 되시리.

536 **[梅月堂詩集]** 卷三 釋老, 洛山寺 贈禪上人(二首中 其二) — 金時習

貿貿人閒萬事**非**　欲從莊列學三**機**
浮生有恨風燈變　浪死何裨鷇鳥**飛**
天女供茶香廚淨　山猿擎鉢道腴**肥**
何緣恒聽無生話　石室松龕共爾**依**

七言律 微韻⇒非機飛肥依

매월당시집 권3 석로, 락산사 선대사에게 주다(2수중 기2) — 김시습(1435~1493)

흐리고 무지한 인간이라 만 가지 일 다 글렀는데
장자와 렬자 따라 삼기[432]를 배우고자.
뜬 인생 한 되는 건 바람 앞 등불인 양 변화하는 것

---

432) **三機** 疑家, 疑德, 質士를 말한다. 『逸周書』 5權解에 '政有三機 五權 汝格之哉三機, 一疑家, 二疑德, 三質士, 疑家無授衆 疑德無擧士 質士無遠齊 旴敬之哉 天命無常 敬在三機'라 하였다.

부질없이 죽는 게 새끼새 나는 데 무슨 도움되리.
천녀433)가 茶를 받드니 향주434)가 깨끗하고
산 원숭이435) 바리때 받드니 도 기름지고 살찌네.
무슨 인연 얻어 무생설 들으며
돌집 소나무 다락에서 그대와 함께 의지하리.

537 [梅月堂詩集] 卷三 隱逸, 習之山居(四首中 其四) — 金時習

紙帳蒲團土堗**溫**　南窗紅日暖梅**魂**
道人手劈龍茶餠　煮雪淸瀾注小**樽**
七言絶 元韻⇒溫魂樽

매월당시집 권3 은일, 산에 기거(寄居)한 버릇(4수중 기4) — 김시습(1435~1493)

종이휘장 부들방석 흙구들이 따뜻한데
남쪽 창 붉은 해에 매화의 넋이 따뜻해라.
도인 손수 龍團茶436) 내어 덩어리를 쪼개더니
눈 녹은 맑은 물에 달여 작은 단지에 붓네.

538 [梅月堂詩集] 卷三 寺觀, 龍泉寺 — 金時習

梵宮牢落似村**家**　茶罷鐘聲楲暮**鴉**
松檜陰中僧入定　薜蘿垣上蘚生**花**
雲飛屐上思靈運　風動帽簷憶孟**嘉**
耐可息心如惠遠　朱甍粉壁鎖煙**霞**
七言律 麻韻⇒家鴉花嘉霞

매월당시집 권3 사관, 룡천사 — 김시습(1435~1493)

범궁(절)이 헐어 시골집인 양 초라한데
茶 마시자 종소리에 석양 까마귀 흩어지네.
소나무 전나무 그늘 속에 승은 定정에 들었는데

---

433) **天女** 하늘을 날아다니며 하계 사람과 왕래한다는 여자 仙人. 머리에 화만(華鬘)을 쓰고 몸에는 깃옷을 입고 있으며 음악을 좋아한다고 한다.
434) **香廚** 절의 부엌. 杜甫의 「嶽麓山道林二寺詩」에 '塔劫宮墻壯麗敵 香廚松道淸涼俱'라 하였다.
435) **산 원숭이** 山猿은 로에스트 원숭이를 말하며, 로에스트게논, 마운틴 원숭이라고도 한다. 흰 수염이 인상적이다.
436) **龍團茶** 上等茶의 이름. 곧 大龍團, 小龍團, 龍團鳳餠, 龍團勝雪, 銀線冰芽 등의 궁중용 餠茶를 이름.

청미래 칡덩굴 얽힌 담 위에 이끼 꽃이 활짝 피었네.
나막신 위에 구름 나니 령운437)을 생각하고
바람이 갓 챙을 들썩이니 맹가438)가 기억나네.
참고 마음 가라앉히기 혜원439) 같으면
붉은 기와 흰 벽에 안개노을 매달아 놓으리라.

539 [梅月堂詩集] 卷四 雨雪, 雨後 — 金時習

雨過虛檐納晩**涼**　處處風露襲衣**裳**
蟬藏葉底聲猶澁　虹挿谿心影有**芒**
詩瘦從來因病得　離情多爲故人**忙**
生涯點檢無拘束　一鼎新茶一炷**香**
七言律 陽韻⇒涼裳芒忙香

매월당시집 권4 우설, 비온 후에 — 김시습(1435~1493)

비 지나가니 빈 처마에 늦게 서늘함 들어
곳곳에 바람과 이슬 옷에 덮쳐 오네.
매미는 잎새 밑에 숨었지만 소리가 깔끄럽고
무지개는 시내 복판에 꽂혔는데 그림자에 뿔 있네.
시로 수척한 것 전부터 병으로 얻은 것이요
이별의 정 많은 벗으로 하여 바쁘네.
생애를 점검해도 구속될 것 없나니
한 솥의 햇茶와 한 줌의 향이라네.

540 [梅月堂詩集] 卷四 雨雪, 風雨交作, 俄而開霽(二首中 其一) — 金時習

風雨掩柴**門**　四山雲霧**昏**
客能排悶極　貧可祛喧**煩**
茶竈煙初起　香罏火尙**溫**

437) **靈運** 謝靈運은 南朝 때 宋나라 사람으로 문장과 학식이 뛰어났다. 등산을 좋아하여 언제나 큰 나막신을 신었는데, 산을 오르려면 앞굽을 떼고, 산에서 내려오면 뒷굽을 떼어 신었다고 한다. 『宋書』 卷六十七 「謝靈運傳」.

438) **孟嘉** 晉나라 江夏 사람. 字는 萬年. 9월 9일에 여럿이 龍山에 올라가 주연을 베풀었는데, 그의 모자가 바람에 날려 벗겨져도 모르고 酒興이 康康하여서 그것이 9월 9일의 故事로 전해 온다.

439) **惠遠** 惠遠法師라고도 하며, 중원 淨土宗의 初祖로 숭봉되는 晉代의 高僧. 廬山 東林寺에서 白蓮社를 결성. 杜甫의 시에 '그야말로 려산의 길목에 들어서서 혜원 따라 노니는 듯싶기만 하오(似得廬山路, 眞隨惠遠游).' 라는 구절이 나온다.

黑雲多漏日　　窗隙射𣈆**暾**

五言律 元韻⇒門昏煩溫暾

매월당시집 권4 우설, 풍우 섞여 치더니 조금 있다가 갬(2수중 기1) — 김시습(1435~1493)

바람비에 사립문 닫았는데
사면 산엔 구름 안개 어둡다.
객 있어 답답한 것 지극함을 재치고
가난한 것 떠들고 시끄러움을 버릴 수 있네.
茶 달이는 아궁이엔 연기 일기 시작하고
향로에는 불이 아직 따뜻하다.
검은 구름에 햇살 많이 새어 나오고
창틈으로 아침 햇빛 쏘아대네.

541 [梅月堂詩集] 卷四 雨雪, 雪霽 口占(草稿) 數聯 — 金時習

瓊屑粘枝落　　琮璜觸石**喧**
千山明霽色　　一徑羃煙**痕**
凍樹鳴飢鶻　　晴崖叫老**猿**
有茶當美醞　　無語坐𣈆**暾**

五言律 元韻⇒喧痕猿暾

매월당시집 권4 우설, 눈이 개인 뒤 구점(초고) 몇 련 — 김시습(1435~1493)

옥가루 가지에 붙었다가 떨어지니
종황[440]이 돌에 부딪쳐 시끄럽구나.
일천 산 비 개이고 산색 밝은데
오솔길엔 아지랑이 흔적 가려 있네.
언 나무엔 주린 매 울고 있고
갠 벼랑엔 늙은 원숭이 울부짖는다.
茶 있으면 아름다운 술 제격이라
말없이 아침 햇볕에 앉아 있다네.

---

440) **종황(琮璜)** 正服에 차는 寶玉. 周郊祀樂章에 '黼黻龍衣備 琮璜寶器完'이라 하였다.

542 [梅月堂詩集] 卷四 雨雪, 萅雪戲題(三首中 其三) — 金時習

泥團腫拆紅朮**芽** 雪汁嫩消靑苔**花**
濃雲謾被碧天色 冷氣逼我黃金**茶**

七言古 麻韻⇒芽花茶

매월당시집 권4 우설, 봄눈에 장난으로 쓰다(3수중 기3) — 김시습(1435~1493)

진흙덩이 터고 붉은 삽주싹 나오는데
설수로 곱게 푸른 이끼꽃을 녹여내네.
짙은 구름 부질없이 푸른 하늘빛 덮었고
찬 기운 나의 황금茶에 언뜻 다가드네.

543 [梅月堂詩集] 卷四 山嶽, 五臺山(六首中 其五) 右西臺 — 金時習

西巘高峯甚孤**絶** 于筒水潭氣淸**冽**
上人攜甁自煎茶 禮拜西方極樂**佛**

七言絶 屑韻⇒絶冽佛通

매월당시집 권4 산악, 오대산(6수중 기5) 우서대 — 김시습(1435~1493)

서산의 높은 봉우리 외롭게도 끊겼는데
우통수 못물은 기운이 맑고 차네.
대사는 병에 길어 손수 茶를 달이고
서방의 극락세계 부처님께 예배하네.

544 [梅月堂詩集] 卷四 竹筧(二首中 其一) — 金時習

刳竹引寒泉 琅琅終夜**鳴**
轉來深澗涸 分出小槽**平**

五言絶 庚韻⇒鳴平

매월당시집 권4 대 홈통(2수중 기1) — 김시습(1435~1493)

대를 쪼개 찬 샘물 끌어 왔느니
졸졸졸 밤새도록 울어댄다.

굴러오던 산골 물 말라 깊더니
작은 구유 평평히 차서 분출하네.

545 [梅月堂詩集] 卷四 竹筧(二首中 其二) — 金時習

細聲和夢咽　　淸韻入茶**煎**
不費垂寒綆　　銀牀百尺**牽**
五言絶 先韻⇒煎牽

매월당시집 권4 대 홈통(2수중 기2) — 김시습(1435~1493)

가느다란 소리 잠결에 흐느끼고
맑은 운치 달이는 茶에 든다.
헛되이 차가운 두레박줄 내리지 않고
은상까지 백 척을 끌었다오.

546 [梅月堂詩集] 卷四 谿澗, 憩澗中盤石 — 金時習

盤石鋪澗底　　澗水流不**鳴**
分流不浸處　　石面如砥**平**
可以坐十人　　亦可安茶**鐺**
我喜投笻杖　　或坐又復**臥**
枕流慕古人　　可洗靨土**涴**
耽游忘却還　　不覺日西**過**
起起懵懂骸　　咄咄水上**坐**
五言古 庚·箇韻⇒鳴平鐺. 臥涴過坐

매월당시집 권4 계간, 외딴 시내 속 반석에 쉬면서 — 김시습(1435~1493)

반석이 시내 밑에 깔려 있는데
냇물은 소리 없이 흐르네.
갈라져 흘러 젖지 않는 곳에
돌 면이 숫돌처럼 평평하구나.
여남은 사람이 앉을 수도 있고
茶 달이는 솥 넉넉히 놓을 수 있네.
난 기뻐 지팡막대 던져 버리고
앉았다 누웠다 내 멋대로 하네.

흐르는 물을 베개 삼고 옛사람 사모함은
진토에 더럽힌 것 씻을 수 있음이라.[441]
노는 데 빠져서 돌아갈 것 잊었더니
서산에 해 넘어감을 까맣게 몰랐네.
일어나라! 일어나라! 멍청한 해골아[442]
허허! 물위에만 마냥 앉아 있으려나?[443]

547 [梅月堂詩集] 卷四 亭樹, 松亭 — 金時習

松亭寂寂松枝**蟠**　幅巾藜杖來盤**桓**
影落一庭碧苔潤　聲撼半天淸風**寒**
擧頭不見有赫日　側耳時聽搖狂**瀾**
茶煙颺處鶴飛去　藥杵敲時雲闌**珊**
人楲夕陽禽鳥鳴　正是客去棋初**殘**

七言古 寒韻⇒蟠桓寒瀾珊殘

매월당시집 권4 정자나무, 소나무 정자 — 김시습(1435~1493)

소나무 정자 적적하고 솔가지는 서렸는데
복건과 청려장[444]으로 와서 서성거리네.
뜰에 가득 그림자 떨어져 푸른 이끼 윤택하고
하늘 반만큼 소리 흔들어 맑은 바람이 차갑네.
머리 들어도 붉은 해 있는 걸 보질 못하고
귀 기울이면 미친 물결 흔들리는 소리 들리네.
茶 달이는 연기 나는 곳에 학 날아가고
약절구에 공이질할 때 구름이 머뭇거리네.
사람 흩어진 석양에 새들만 우는데
바로 그때 손님 가고 바둑 처음 남은 때일세.

548 [梅月堂詩集] 卷四 菓實, 園中瓜 五詠(五首中 其二) — 金時習

甛瓜爛熟蔕自落　剝而食之甘如**蜜**
綠皮初學老萊衣　霜肌可療相如**渴**

---

441) **鎗**은 '노구솥 쟁', 涴은 '더럽힐 와'.
442) **懵懂** 어리석어 사리에 어두움.
443) **咄咄** 돌돌은 뜻밖의 일에 놀라 지르는 소리.
444) **靑藜杖** 명아주로 만든 지팡이.

玉液瓊漿塡其腹　一嚼也勝浮萍**實**
老夫山中學樊圃　細雨手種瓜與**瓞**
葉底離離不知數　對客啮氷雜茗**雪**
兀然坐我淸虛府　却喜肝臟滌蒸**鬱**
可惜汩沒鏖中人　萬事相依瓜與**葛**
七言古 質・曷・屑. 物 通韻⇒蜜渴實瓞雪鬱葛

매월당시집 권4 과실, 밭 가운데 오이에 대한 다섯 가지 읊다(5수중 기2)
— 김시습(1435~1493)

참외는 잘 익으면 꼭지가 절로 떨어지니
벗겨서 먹어 보면 달기가 꿀과 같다네.
푸른 껍질 처음에는 로래자445)의 옷 배웠고
서리 같은 살은 바로 상여446)의 갈증을 치료할 수 있네.
옥 진액과 구슬 물이 뱃속에 차 있어
한번만 씹어도 부평 열매447)보다 낫네.
늙은 사람 산 중에서 번지448)의 밭가는 걸 배워서
가랑비 속에 손수 참외 오이 심었더니
잎새 밑에 주렁주렁 수도 없이 달렸네.
손님 맞아 단 얼음과 茶에 눈(雪)을 섞고
맑고 깨끗한 내 집에 오뚝하게 앉았으니
찌는 듯 답답함을 씻어 도리어 기쁘네.
애처로운 건 티끌 속에 골몰해 하는 사람들
만사를 서로 기대길 오이와 칡덩굴 같이 하네.

549 [梅月堂詩集] 卷四 器用, 地鑪 — 金時習

山房淸悄夜何**長**　閑剔燈花臥土**牀**
賴有地鑪偏饒我　客來時復煮茶**湯**
七言絶 陽韻⇒長牀湯

---

445) **老萊子** 춘추 시대 楚나라 사람 로래자는 나이 70이 되어서도 五色 옷을 입고 부모 앞에서 어린애 같이 춤을 추어 어버이를 기쁘게 하였다는 효자.

446) **相如** 漢司의 文人 司馬相如. 자는 長卿, 성도 사람. 子虛, 上林, 大人 등의 賦는 漢, 魏, 六朝의 文人의 모범이 된다. 그는 晩季에 渴症病으로 고생하였다.

447) **浮萍實** 소설 『列國志』에 楚나라의 昭王이 강에서 이상스러운 열매를 얻었는데, 크기가 말과 같았다. 非常하게 달고 맛있었으나 무슨 열매인지 몰라 후일에 孔子에게 물었더니 "그것은 浮萍의 열매" 라고 하였다.

448) **樊遲** 『論語』 「子路篇」에 번지가 공자에게 오곡 키우는 법을 가르쳐 달라고 청하자, 공자는 "나는 늙은 농사꾼만 못하다"고 하였다. 번지가 다시 채소 가꾸는 법을 가르쳐 달라고 청하자, 공자는 "나는 또 늙은 채소장이만 못하다(樊遲請學稼 子曰 吾不如老農 請學爲圃 曰吾不如老圃 樊遲出 子曰 小人哉 樊須也)" 라고 한 데에서 나온 말. 학술, 문장으로 들어가는 입구를 이름.

매월당시집 권4 그릇 쓰기, 땅 화로 — 김시습(1435~1493)

산방은 맑고 쓸쓸한데 밤은 어이 긴가
한가로이 등불 돋우며 흙마루에 누워 있네.
땅속 화로에 힘입어 나를 넉넉하게 하고
손님 올 땐 다시금 茶도 달인다네.

550 [梅月堂詩集] 卷五 茶, 雀舌 — 金時習

南國莗風軟欲**起**　茶林葉底含尖**觜**
揀出嫩芽極通**靈**　味品曾收鴻漸**經**
紫筍抽出旗槍閒　鳳餅龍團徒範**形**
碧玉甌中活火**烹**　蟹眼初生松風**鳴**
山堂夜靜客圍坐　一啜雲腴雙眼**明**
黨家淺斟彼粗人　那識雪茶如許**淸**

七言古 紙·靑·庚韻⇒起觜. 靈經形烹鳴明淸

매월당시집 권5 茶, 작설 — 김시습(1435~1493)

남국의 봄바람 부드럽게 일려는데
茶 숲 잎새 밑에 뾰족한 부리 머금었네.
연한 싹을 가려내면 지극히 신령과 통해
그 맛과 품류는 옛 홍점[449]의 『茶經』에 수록됐네.
紫筍은 잎과 줄기 그 사이에서 뽑아낸 것
鳳餠, 龍團茶[450] 이름은 그냥 모양을 본뜬 걸세.
푸른 옥병 속에 넣어 활화로 달여 낼 제
게눈[451] 거품 일자 솔바람 소리 울리네.
산당(절) 고요한 밤에 객이 둘러앉아
雲腴茶[452] 한잔 마시면 두 눈이 밝아지네.
黨당의 집서 조금 맛보니 저인 촌사람인가
어찌 알리, 雪腴茶가 그처럼 맑은 것을.

---

449) **鴻漸** 唐나라 陸羽의 字. 호는 桑苧翁 또 竟陵子인데 『太子文學』을 지었다. 唐書 196권에 '성질이 茶를 좋아하여 『茶經』 3편을 지었으며, 茶를 파는 사람들이 그를 제사하여 茶神으로 삼았다(性嗜茶 著有茶經三篇 言茶之原之法具甚備 後世遂祀羽爲茶神)'는 기록이 있다.

450) **鳳餠, 龍團茶** 宋代 황실에 공납하던 上品의 茶. 품질이 좋은 茶 잎을 갈아서 반죽하여 일정한 크기와 모양의 틀에 굳힌 것으로, 표면에 鳳과 龍 무늬를 놓았다. 龍團茶·鳳餠茶를 통틀어 龍鳳茶라고 한다. 『大觀茶論』에 '建溪之貢 龍團 鳳餠 名冠天下 接龍鳳者 餠上印以龍鳳文也' 라 하였다.

451) **게눈(蟹眼)** 茶 물을 끓일 때 일어나는 작은 거품이 게눈과 같다는 뜻.

452) **雲腴** 떡차의 異稱으로 雲脚·雲腴 等 200여 종류의 명칭이 있었다. 皮日休의 시에 '雲腴처럼 맛있고 王腦처럼 둥글다' 라 하였다.

551 [梅月堂詩集] 卷五 茶, 煮茶(二首) — 金時習

其一

松風輕拂煮茶**煙**　裊裊斜橫落澗**邊**
月上東窗猶未睡　挈甁歸去汲寒**泉**
七言絶 先韻⇒煙邊泉

其二

自怪生來厭俗**塵**　入門題鳳已經**春**
煮茶黃葉君知否　却恐題詩洩隱**淪**
七言絶 眞韻⇒塵春淪

매월당시집 권5 茶, 茶 달이기(2수) — 김시습(1435~1493)

기1

솔바람 솔솔 茶 달이는 연기 불어
하늘하늘 가로 풍겨 시냇가에 잦아드네.
동창에 달 떠올라도 잠 아직 못 이루고
항아리 들고 돌아가서 찬 샘에 물 긷네.

기2

날 적부터 티끌세상 싫은 걸 스스로 괴이쩍게 여겨
입문하여 鳳(봉453))자 쓴 게 벌써 청춘 다 지나갔네.
茶 달이는 누런 잎새454) 그대는 아는가
시 쓰며 숨어 삶이 누설될까 두렵네.

---

453) **鳳자를 씀(題鳳)** 사람을 만나러 갔다가 못 만나는 일. 이 시에서는 작자가 세상 사람과 인연을 끊고 은거함을 말한다. 晉나라의 竹林七賢의 하나인 嵇康이 呂安이라는 사람과 사이가 좋아 서로 생각이 날 때마다 천리라도 달려갔었다. 어느 날 려안이 찾아 왔는데 마침 혜강이 없었다. 이에 려안은 집 안에 들어가지도 않고 문 위에 '鳳'이란 글자를 써놓고 돌아가 버렸는데, 그것은 혜강을 조롱한 것이었다. 왜냐하면, '鳳'은 '凡, 鳥'로 분해할 수 있으니, 혜강이 뛰어난 인물인 줄 알았는데 알고 보니 평범한 인간에 불과하였다는 뜻이다(嵇康與呂安善 每一相思 千里命駕 安後來 値康不在 喜出戶廷之 不入 題門上作鳳字而去 喜不覺 猶以爲欣故 鳳字凡鳥也). 그러므로 이 말은 사람을 조롱할 때, 또 사람을 찾아가 못 만났다는 뜻으로 쓰인다.

454) **누런 잎새에 시를 씀(黃葉題詩)** 詩話에 나오는 紅葉題詩의 '紅'을 '黃'으로 바꾸어 놓은 것. 그 시화의 내용은 "盧偓이라는 시인이 서울에 과거 보러 왔다가 우연히 궁중에서 흘러나오는 개울물에서 빨간 잎에 시가 쓰인 것을 발견했다. '물은 저다지도 바삐 흐르건만, 나는 궁중에서 하루 종일 일이 없네. 빨간 나뭇잎에 간절한 뜻 붙이노니, 부디 잘 가서 인간에 이르소서' 한 것이었다. 그 뒤 宣宗이 그 시를 쓴 궁녀를 내어 보내자 로악이 그를 얻어 살았다(盧偓舍人 應擧京師 偶臨御溝 見一紅葉 上有紅葉 上有詩云 "水流何太急 宮中盡日閑 殷勤謝紅葉 好去到人閒 及宣宗出宮人 盧獲其人)" 라는 것이었다. 이와 비슷한 이야기는 『太平廣記』에도 나오는데 '紅葉良媒'라는 말도 많이 쓰인다. 이 시에서 궁녀가 자기 심정을 남에게 알리는 것과는 반대로 알려지기를 꺼렸기 때문에 락엽을 태워버린 것이다.

552 [梅月堂詩集] 卷六 尋訪, 南山訪七休 — 金時習

七休居士休休者　　得休休處便休**休**
雲山花月長爲伴　　詩酒香茶自買**憂**
翦燭夜歛淸夜永　　銷沈宵短繼宵**游**
欲知七休遨游處　　風滿池塘五月**秋**

七言古 尤韻⇒休憂游秋

매월당시집 권6 심방, 남산의 칠휴를 방문하여 — 김시습(1435~1493)

칠휴거사455) 당신이 아름답고 착한 것은
아름다움 얻은 곳이 아름답기 때문이라.
운산과 화월로 항상 짝을 삼으며
시, 술과 香茶로 제 근심을 사는구려.
촛불 돋아 야음하니 맑은 밤이 길어지고
소침하여 밤 짧으니 밤을 이어 노는구려.
칠휴의 오유456)한 곳 알려고 한다면
바람이 지당에 찬 오월추457)를 찾아보게.

553 [梅月堂詩集] 卷六 送別, 送友人之枕江亭(二首中 其二) — 金時習

嗟君此別意何**如**　　搖鑾煎茶問故**居**
鼎石鶴歸秋夜月　　巴山猿叫暮江**廬**
五侯池館蛙鳴處　　十里煙嵐麥秀**墟**
揚袂一辭勞遠去　　故山猿鶴正憐**渠**

七言律 魚韻⇒如居廬墟渠

매월당시집 권6 송별, 침강정에 가는 친구를 보내며(2수중 기2) — 김시습(1435~1493)

아! 그대 이 이별을 어떻게 생각하오
요진458)에 茶 달이며 고거를 물어 보오.
정석의 저 두루미 추야월에 돌아오고

---

455) **七休居士** 손순효(孫舜孝 1427~1497)의 호. 조선 시대의 문신. 자는 경보(敬甫), 호는 물재(勿齋), 七休居士, 시호(諡號)는 문정(文貞)이다.
456) **遨游** 재미있게 노는 것.
457) **五月秋** 陰曆 五月 모내기로 바쁜 季節.
458) **搖鑾** 쇠하거나 흐트러지는 모양.

파산의 원숭이는 모강려[459]에 울부짖소.
오후[460]의 지관은 개구리가 울던 곳
십리나 낀 안개 속 보리 성한 터에서
소매 들어 한마디로 멀리 감을 위로하니
고산의 원학들도 그대 이별 슬퍼하오.

554 [梅月堂詩集] 卷七 疾病, 病劇不能赴程還山 — 金時習

將向東都路數**千**　故山松竹尚依**然**
維摩有疾元非疾　蘇晉逃禪豈愛**禪**
茶可澆腸斟酌歙　病能省行薦取**愆**
乾坤一箇長亭耳　那有東西我欲**旋**
七言律 先韻⇒千然禪愆旋

매월당시집 권제7 질병, 병이 극심하여 길 떠나 환산하지 못하다 — 김시습(1435~1493)

동도(경주)로 향하려면 갈 길은 수천 리인데
고향의 솔과 대는 아직도 의연하구나.
유마[461]에게는 병 있어도 원래 병이 아니지만
소진[462]의 선 피함이 어찌 선을 사랑함인가
茶는 창자를 씻을 만하여 부어서 마셨고
병은 행실 살펴봄에 띠를 띠어도 허물되네.
우주란 하나의 장정[463]에 불과하니
어찌 동서 있다고 내가 돌아가리오.

555 [梅月堂詩集] 卷七 山居集句(百首中 其六十六) — 金時習

杏花零落寺門**前** 張籍　隔闊西菴又幾**秊** 鼇川
啜罷杯茶各歸去 蒙齋　寺臨千頃夕陽**川** 崔塗
七言絶 先韻⇒前秊川

---

459) **暮江廬** 중원 陝西省 西鄕현에 있다.
460) **五侯** 公, 侯, 伯, 子, 男 5계급의 봉작 또는 지방 州牧의 관장.
461) **維摩** 석가여래의 在家 弟子. 집에 있으면서 불도를 닦아 보살(菩薩)이 되었다.
462) **蘇晉** 당나라 사람으로 珣子, 進士 및 大禮科에 모두 급제하였다. 현종이 監國할 때 많은 制命이 그에게서 나왔다.
463) **長亭** 10리마다 두었던 驛站.

매월당시집 권7 산거집구(100수중 기66) — 김시습(1435~1493)

살구꽃은 절문 앞에 사뿐사뿐 떨어지니 장적[464]
서쪽 암자 격해 삶이 또 몇 해나 되었는가? 오천
한잔 茶를 다 마시자 각기 제 길을 돌아가니 몽재[465]
절은 천경[466] 석양 내에 높이 임해 있구나. 최도

556 [梅月堂詩集] 卷七 山居集句(百首中 其七十七) — 金時習

如今一事亦無**之** 秋江　　小鼎煎茶面曲**池** 韋應物
忽喜靜中生意動 張志龍　　山風吹折桂花**枝** 許渾

七言絶 支韻⇒之池枝

매월당시집 권7 산거집구(100수중 기77) — 김시습(1435~1493)

오늘은 한 일도 이렇다 할 것 없어 추강[467]
작은 솥에 茶 달이며 굽은 못을 향해 있네. 위응물[468]
문득 고요 속에 기꺼이 사는 뜻을 알겠으니 장지룡
산바람 불어 계화 가지를 꺾어 놓았네. 허혼[469]

557 [梅月堂詩集] 卷七 山居集句(百首中 其二十八) — 金時習

山染嵐光帶日**黃** 羅豫章　　柴門空掩竹間**房** 蒙齋
世間安樂爲淸福 南峯　　聊爲煎茶一據**牀** 放翁

七言絶 陽韻⇒黃房牀

---

464) **張籍** 장적(766?~830?). 江蘇省 蘇州 사람으로 자는 문창(文昌)이다. 두보(杜甫)·백거이(白居易)와 同時代 文人이다. 한유(韓愈)의 추천으로 國子博士가 되었으나, 눈이 멀어 태상시태축(太常侍太祝)이라는 낮은 벼슬로 가난 속에 살았다.

465) **蒙齋** 李安道(1541~1584). 조선 중기 문신으로 본관은 진성(眞城). 자는 요원(遙原), 아몽(阿蒙), 호는 몽재(蒙齋). 조부는 퇴계 이황((退溪 李滉).

466) **千頃** 일천 이랑. 한없이 넓음을 형용한 것이다.

467) **秋江** 南孝溫(남효온 1454~1492). 조선 전기의 문신으로 생육신 중 한 사람이며, 본관 의령(宜寧). 자 백공(伯恭), 호 추강(秋江), 행우(杏雨), 최락당(最樂堂). 시호 문정(文貞).

468) **韋應物** 위응물(737~804). 唐代의 시인. 田園山林의 고요한 정취를 소재로 한 작품을 많이 썼다. 당나라 자연파 시인의 대표자로 왕유(王維) 등과 함께 왕맹위유(王孟韋柳)로 불렸다.

469) **許渾** 허혼(791~854?). 唐代의 시인. 목주(睦州:浙江省)·영주(郢州:湖北省) 등의 자사(刺史)를 역임해 활동했다. 자연의 정취를 즐기기도 하고 비분강개하는 정열을 가진 시인이기도 했다.

매월당시집 권7 산거집구(100수중 기28) — 김시습(1435~1493)

산기운으로 물들어 누런빛을 띠었으니 라예장470)
사립문은 대 사이의 방 헛되이 가리었네. 몽재
세상에선 안락을 청복471)이라 하지마는 남봉472)
애오라지 상에 의거하여 茶나 달이네. 방옹473)

558 [梅月堂詩集] 卷七 山居集句(百首中 其七十) — 金時習

冷淡生涯靜更**嘉** 秋江 炊煙不動竹籬**斜** 放翁
拾脫採澗俱淸節 同人 來與山人共煮**茶** 疊山
七言絶 麻韻⇒嘉斜茶

매월당시집 권7 산거집구(100수중 기70) — 김시습(1435~1493)

랭담한 생활에는 고요함이 더욱 좋은데 추강
취사 연기 부동하여 대울타리 비꼈구나. 방옹
냇가에서 알 줍고 캠은 모두가 청절이라 동인
돌아와서 산인들과 함께 茶를 달이리라. 첩산474)

559 [梅月堂詩集] 卷七 山居集句(百首中 其七十七) — 金時習

銀河淡淡瀉天**池** 蒙齋 燒竹煎茶夜臥**遲** 姚合
月又漸高霜又下 正孫 古壇松樹半無**枝** 盧綸
七言絶 支韻⇒池遲枝

---

470) **豫章** 羅從彦(나종언 1072~1135). 북송(北宋) 말기, 남송 초기의 유학자. 자 중소(仲素). 시호 문질(文質). 福建省 南劍 출생. 예장 선생(豫章先生)이라고 불렸다.

471) **淸福** 청한(淸閒)한 복. 좋은 복.

472) **南峯** 鄭芝衍(정지연 1527~1583). 조선 중기 문신으로 본관 동래(東萊). 자 연지(衍之). 호 남봉(南峯). 이어 지평, 부교리, 헌납, 집의 등을 거쳐 경연관, 부응교, 직제학 등을 역임하였다.

473) **放翁** 陸游(륙유 1125~1210)의 호. 자 무관(務觀). 山陰(浙江省) 출생. 북송 대표적 시인으로, 약 50년간에 1만 首에 달하는 중원 詩史上 최다작을 남겼다.

474) **疊山** 謝枋得(사방득 1226~1289)의 號. 남송(南宋) 말기의 정치가이며 학자. 江西省 사람으로 字는 군직(君直)이며, 문절(文節) 선생이라고도 한다.

매월당시집 권7 산거집구(100수중 기77) — 김시습(1435~1493)

은하수는 담담하게 천지로 흐르는데 몽재
대를 살라 茶 달이며 밤늦어서 눕는다. 요합475)
달은 점점 높아지고 서리는 또 내리는데 정손
옛 제단 소나무는 반쯤이나 가지 없네. 로륜

560 [梅月堂詩集] 卷七 山居集句(百首中 其九十八) — 金時習

石鼎煎茶橘穀**香** 千巖　見人無力下禪**牀** 趙州
從來大道無拘束 大慧　分付梅花作主**張** 藏一
七言絶, 陽韻⇒香牀張

매월당시집 권7 산거집구(100수중 기98) — 김시습(1435~1493)

돌솥에 茶 달이니 귤껍질 향기 천암
사람 보면 힘없이 선상에서 내려오네. 조주476)
종래부터 큰 도는 구속이 없는 거라 대혜477)
매화에게 분부 주장을 삼으리라. 장일

561 [梅月堂詩集] 卷七 調詞, 山中看月 — 金時習 詞

念奴嬌
小窗靜倚看青山　遠碧蛾眉新**畫**
煙淡雲收光欲**滴**　更看氷輪倒**掛**
篆香初熏　茶煙欲起
景致多蕭**洒**　幽人多**愛**
好山佳境心**快**　人世風波須**臾**
推遷如夢　使人多勞**憊**
錯了千般　那箇悟些子
風流閑**話**　百尺麤**埃**

---

475) **姚合** 요합(?~?). 賈島(가도 119~843 당시인), 李賀(리하 790~816 당시인)와 같은 시기의 시인.
476) **趙州** 趙州和尙. 당나라의 禪僧 종심(從諗)을 가리킨다. 本姓은 학(郝)씨임. 남천보원(南泉普願)의 법제자로 趙州의 관음원에 주석하면서 法化가 크게 떨쳐 趙州古佛의 명호를 얻었다.
477) **大慧** 대혜(1089~1163). 宋나라 임제종(臨濟宗)의 승려로 법사(法嗣)를 지내며 사대부의 존경을 받았다. 宣州 출생으로 字 담해(曇海), 號 묘희(妙喜), 운문(雲門), 諡號 보각선사(普覺禪師).

難逢如此淸涼**界**　　須知這裏幾般伎倆摧**敗**

調詞 用韻⇒畫滴掛洒愛快臾憊子話埃界敗

매월당시집 권7 조사, 산중에서 달을 보다 — 김시습(1435~1493) 사

노교를 생각하며
작은 창에 고요히 기대어 청산을 바라보니
멀리 푸르른 아미478)는 새로운 그림일세.
연기 맑고 구름 개니 빛이 방울져 떨어지려 하는데
다시 달이 거꾸로 걸려 있음 보겠네.
전향479) 향기가 나기 시작하고
茶 연기는 일고자 하니
경치가 유달리 소쇄480)하여
유인481)이 많이 사랑하리라.
좋은 산과 아름다운 경치 마음을 상쾌해
인간 세상의 풍파도 잠깐이라.
미루어 바꾸니 꿈과 같아서
사람으로 하여금 흔히 고단하게 하네.
천 가지를 착오한 뒤에야 그것을 깨달아 얻는 것이
풍류와 한가로운 담화에도 티끌은 백 척이나 높은 것.
이 같은 청량 세계는 얻기 어려운데
모름지기 이 속에서 몇 가지 기량이 꺾이고 부서짐을 알아야 할 것.

562 [梅月堂詩集] 卷八 和陶, 和淵明歓酒詩(二十首中 其十六) — 金時習

永日撰詩史　　燈下修茶**經**
好古漸知趣　　博學無所**成**
分座與山人　　隤醉同田**更**
霜芋收後園　　秋菊盈前**庭**
人以紛雜喧　　我以堅白**鳴**
唯有麴先生　　千古知我**情**

五言古 靑・庚韻⇒經成更庭鳴情

---

478) **蛾眉** 가늘고 길게 굽이진 누에나방의 촉각처럼 아름다운 미인의 눈썹.
479) **篆香** 篆字와 같이 가늘게 일어나는 향의 연기. 전자 모양으로 만든 향이라고도 한다.
480) **蕭灑** 말쑥하고 깨끗한 모양.
481) **幽人** 세상을 피하여 숨어 사는 사람. 隱者.

매월당시집 권8 화도, 도연명의 '음주시'를 화운함(20수중 기16) — 김시습(1435~1493)

긴긴 날엔 시사를 편찬하고
등불 밑에선 『茶經』을 수련한다.
옛것 좋아 취미를 점점 알지만
박학해도 성공한 것 하나 없다네.
자리를 산인에게 나누어 주고
취해 누움 田夫전부482)와 함께하네.
서리 맞은 토란 후원에서 거둬들이자
가을 국화 앞뜰에 가득하였네.
사람들은 분잡하게 지껄이는데
나만은 견백483) 때문에 울고 있다네.
오직 한분 국선생484)이 여기 있어서
천고에 내 뜻을 알아주누나.

563 [梅月堂詩集] 卷八 和陶, 和怨詩楚調 — 金時習

寒暑自相代　日月跳丸**然**
遷延已云老　餘生復幾**秊**
更希賢聖心　至理無黨**偏**
我有數閒屋　亦有三畝**田**
所安在無事　不計喧市**廛**
尋常喫茶飯　飽來憑牀**眠**
動翫萬化變　靜看四序**遷**
幽禽啼舍北　好山排窗**前**
渺渺江浸沙　歷歷樹含**煙**
觀物庶窮理　可以追前**賢**
五言古 先韻
⇒然秊偏田廛眠遷前煙賢

---

482) **田夫** 늙은 農夫, 시골 사람.

483) **堅白** 戰國時代 趙나라 公孫龍이 내어 건 일종의 궤변(詭辯). 눈으로 돌을 볼 때 빛이 흰 것은 아나 굳은 것은 모르고, 손으로 만질 때 굳은 것은 아나 흰 것은 모르는 것처럼 堅白石의 존재는 동시에 성립할 수 없다는 것.

484) **국선생** 麴君 · 麴生이라고 하며 술의 애칭이다. 고려 시대 李奎報(1168~1241)가 지은 가전체 작품인 麴先生傳은 계세징인(戒世徵人)의 목적을 가진 풍자문학으로 술(누룩)을 의인화하여 지은 작품이 있다.

매월당시집 권8 화도, 원시초조에 화운함 — 김시습(1435~1493)

차고 더움 스스로 바뀌어 가니
세월 빠르기가 탄환 같구나.
천연[485]하는 가운데 벌써 늙었으니
여생이 또 몇 해나 남아 있는가.
다시 성현 바라는 마음가짐은
지극한 리치 편당 없음에서라.
나에겐 몇 간의 집이 있으며
또한 삼무[486]의 밭도 있다네.
편안하게 여기는 건 무사함이 있어
시전에서 떠드는 것 따지지 않네.
예사로 茶와 밥을 먹고 나서는
배부르면 상에 기대 잠이 드누나.
움직이면 만물의 변화를 보고
고요하면 사시의 변천을 보네.
깊은 숲 새집 뒤에서 울어대고
좋은 산은 창 앞에 늘어서 있네.
아득하게 강물은 모래를 적시고
뚜렷하게 나무는 연기를 머금었네.
물상 보고 이치를 거의 따지니
앞서 현인 따를 만하다 하겠네.

564 [梅月堂詩集] 卷九 宕游關西錄 後志 — 金時習

余自少跌宕不喜名利, 不顧生業, 唯以淸貧守志爲懷, 素欲放浪山水, 遇景吟翫. (中略) 或倚澗邊之石, 或登巍峨之峯, 見松櫟尖天, 蔬菌狼藉, 鳥獸之奇怪草木之精華, 皆使我欣然吟哦, 或題樹葉, 或書巖崖. 還于蓬廬, 翛然默坐, 煮茗茹蔬, 足以遣慮, 而忘情矣. 若吾在宦, 途欲窮此淸翫不可得也, 而又不能自在游戲矣. 嗚呼 人生天壤之閒, 戚戚於利名營營於生業, 以困其身, 如鷦鷯之戀苕, 匏瓜之繫樹, 豈不苦哉. 是爲志以激俗士. 時天順戊寅秋, 山人淸寒志.

매월당시집 권9 질탕하게 관서에서 논 기록 뒤에 쓴다 — 김시습(1435~1493)

어려서부터 질탕하여 명리를 기뻐하지 않으며, 생업을 돌보지 아니하고 다만 청빈하게 뜻을 지킴으로써 회포를 삼아 평소 산수에 방랑하면서 좋은 경치를 만나는 대로 구경도 하고자 하였다. (중략) 어떤 때에는 시냇가 돌에 의지하고 어떤 때에는 높은 봉우리에 올라가

---

485) **遷延** 머뭇거림. 꾸물거림. 준순(逡巡).
486) **三畝** 田畓의 면적 단위. 6척 사방 '步', 100步를 '畝', 현대에는 100m²를 1畝라 한다.

소나무와 참나무가 하늘을 치솟고 버섯이 낭자하며, 새와 짐승의 기괴함과 풀과 나무의 정화를 보니, 모두 나로 하여금 흔연히 시를 읊조리게 함에, 혹은 나뭇잎에 쓰고 혹은 바위 벼랑에 써 놓았다. 오두막집으로 돌아와 숙연하게 잠자코 앉아 茶를 달이고 나물을 먹으니, 사려를 떨치고 속정을 잊어버림에 족하였다. 만약 내가 벼슬길에 있으면서 이 깨끗한 구경을 다하려 하였다면 얻을 수 없었을 것이요, 그리고 자유자재하게 놀지도 못하였을 것이다. 아! 인생이 천지 사이에서 생겨나 명리에 근심하고, 생업에 급급함으로써 그 몸을 고달프게 하기를 뱁새가 들완두를 그리워하고 박이 나무에 매달리듯 한다면 어찌 괴롭지 아니하랴! 이에 志지를 지어 세속 선비들을 격려한다. 때는 천순 무인년(세조 3년, 1458) 가을에 산사람 **淸寒子**청한자가 쓰다.

565 [梅月堂詩集] 卷九 寓普賢寺書懷贈人 — 金時習

自我來普**賢**　心閑境亦**便**
石鼎沸新茗　金鑪生碧**煙**
以我方外人　從游方外**禪**
問道道愈梗　觀心心更**硏**
了無纖纛迹　只有孤雲**旋**
人生百秊內　此樂何如**焉**

五言古律 先韻⇒賢便煙禪硏旋焉

매월당시집 권9 보현사에 우거하면서 회포를 써서 상인에게 주다 — 김시습(1435~1493)

내가 보현사에 오고서부터
마음도 한가하니 지경487)도 편안해.
돌솥에다 햇茶를 달이고
쇠향로엔 푸른 연기 피어오르네.
나 같은 방외488)의 사람으로서
속세를 떠난 선사를 따라 놀면서
도 물으니 도는 더욱 굳어져 버리고
관심489)하려면 마음을 다시 닦아야겠네.
분명히 작은 티끌은 자취가 없는데
외로운 구름만이 돌고 도누나.
사람살이 백 년이란 세월 동안에
이 같은 즐거움이 어떠하겠는가.

487) **地境** 어떠한 處地나 形便.
488) **方外** 世俗을 超越한 世界.
489) **觀心** 불교에서 자기 마음의 本性을 觀照하는 일.

566 [梅月堂詩集] 卷九 詠山中草木(七首中 其三) — 金時習

地椒生峯危　香辣勝蒙**頂**
挹之碧澗月　煎此青石**鼎**
軟語方外人　活火明炯**炯**
不收陸羽經　不入官家**茗**
端坐上方窗　激我瞢睡**醒**

五言古 迥韻⇒頂鼎炯茗醒

매월당시집 권9 산중의 초목을 읊다(7수중 기3) — 김시습(1435~1493)

지초는 봉우리의 위태한 데서 자라도
향랄함이 蒙頂茶490) 보다 낫네.
달이 잠긴 푸른 시냇물 떠다가
이것을 푸른 돌솥에 달이네.
방외의 사람과 도란거리는데
활력 있는 불은 형형히 밝도다.
륙우의 『茶經』에다 신지 않았고
관가의 茶에도 들지 못했네.
상방 창을 향해 단좌하여
내 봄잠을 깨워 주는구나.

567 [梅月堂詩集] 卷九 與根師話 — 金時習

十笏禪房靜　根師道眼**明**
香銷銅篆冷　茶沸玉甌**鳴**
軟語移時坐　靑山不世**情**
此峯吾欲隱　重與話平**生**

五言律 庚韻⇒明鳴情生

매월당시집 권9 근사와 이야기하다 — 김시습(1435~1493)

열 자 되는 선방은 고요만 한데
근사의 도안은 밝기도 하네.
향 사위니 구리 화로 篆字전자는 차갑고

490) **蒙頂茶** 茶의 이름. 四川省 名山條에 '蒙山에서 나므로 이 이름을 붙였다' 한다.

茶 달이니 옥사발이 울어대네.
부드러운 말 잠시나마 앉아서 하니
청산은 세상 정은 아니로세.
이 산속에 내가 숨어서
평생 그대와 애기하고자 하오.

568 [梅月堂詩集] 卷九 出長慶門外煮茗 — 金時習

朝出長慶門　晩歸永明**寺**
緩步菁江湄　踏損紅錦**地**
不省漫吟哦　遠近亦不**記**
興闌卽知還　游觀亦無**次**
大同江水深　鳧鴨相和**鳴**
日暮風起沙　浪打箕子**城**
我行正菁暮　花褪穠陰**成**
明朝向名山　更向風月**窩**
信美非吾土　茶煎金粟**芽**
五言古 寘・庚・麻韻⇒寺地記次. 鳴城成. 窩芽

매월당시집 권9 장경문 밖에 나가 茶를 달이며 — 김시습(1435~1493)

아침에 장경문을 나아갔다가
늦게야 영명사491)로 돌아왔구나.
천천히 봄날 강가를 걸어서 가니
붉은 비단 같은 땅을 밟아 해쳤네.
부질없이 시 읊느라 살피지 못해
원근도 제대로 기억 못하네.
흥이 깊어 돌아옴을 즉시 아니
유람도 역시나 차례가 없네.
대동강 강물은 깊고 깊은데
오리 떼는 서로 화답해 우누나.
날 저물자 모래바람 이니
물결이 기자성492)을 때리는구나.

---

491) **永明寺** 평양 금수산(錦繡山)에 있는 절. 고구려 광개토왕이 지은 아홉 절의 하나. 조선 시대에 선교 양종 서른여섯 본사의 하나가 되었다.
492) **箕子墓** 평양 을밀대(乙密臺) 아래에 있는 이른바 箕子의 무덤. 고려 15대 肅宗 7년(1102) 墳形을 찾아 제사 지냈다고 하나, 이 무덤이 지자의 東來說에서 그의 것이라는 根據가 없음.

내 행차가 바로 늦은 봄철이라서
꽃은 지고 짙은 숲을 이루었구나.
내일 아침 명산으로 향하여 갔다가
다시 또 경승지를 향해 가리라.
진실로 아름다움 내 땅이 아니니
좁쌀 같은 황금싹을 茶로 달인다.

569 [梅月堂詩集] 卷九 洞仙驛 — 金時習

洞府如仙境　人居似武**陵**
禮殊樽俎異　山疊紫霞**蒸**
麥壟風吹細　茶原暖氣**騰**
行行回首望　岊嶺碧稜**稜**

五言律 蒸韻⇒陵蒸騰稜

매월당시집 권9 동선역에서 — 김시습(1435~1493)

동부는 신선의 경계 같은데
인거는 무릉과 비슷하구나.
례 다르니 준조493)도 서로 다른데
산 겹겹이니 자줏빛 노을이 피네.
보리밭엔 산들바람 일고
茶 심은 둔덕엔 따뜻한 기운 오르네.
가다가 머리 돌려 바라다보니
절령494)의 푸름이 릉릉495)하여라.

570 [梅月堂詩集] 卷九 雷劍泉 — 金時習

淸泉流湛湛　雷劍擘雲**根**
不許黽繩混　長留桂兎**痕**
夜聞聲似佩　晨汲色如**琨**

493) **樽俎** 제향 때 술을 담는 樽과 고기를 담는 俎를 이름.
494) **절령** 慈悲嶺, 황해도 황주군 · 봉산군 · 서흥군(현재 황북 연탄군 · 봉산군) 경계에 있는 고개. 절령(岊嶺)이라고도 한다. 높이 489m로 황주 남동쪽 25km에 있으며 예로부터 개성에서 평양으로 통하는 정치적, 군사적 요충지였다. 고려시대 역신 崔坦이 난을 일으켜 西京을 비롯한 北界 54城과 자비령 以北 6城을 가지고 몽골에 귀순, 이곳을 東寧府라 칭함으로써 자비령이 麗와 元의 국경이 되었다.
495) **稜稜** 유달리 거칠고 세력이 있는 모양.

試煮龍團餅　嘗來可解**煩**
五言律 元韻⇒根痕琨煩

매월당시집 권9 뢰검천에서 — 김시습(1435~1493)

맑은 샘이 흐르기를 담담도 하니
뢰검천이 바위를 쪼개고 솟아나네.
맹꽁이 混居혼거를 허락지 않고
계수나무 옥토끼는 오래 머무네.
밤에 듣는 소리 佩玉패옥 같은데
새벽에 물 길으면 빛이 옥 같네.
살피며 龍團鳳餠[496]을 달이니
맛을 보고 번뇌 풀어낼 만하네.

571 [梅月堂詩集] 卷十 客中, 望中秋月 — 金時習

中秋何以慰淸**愁**　一味新茶滿玉**甌**
丹桂幾經寒暑變　氷輪應輾古今**秋**
夜談牛渚追前事　乘興南樓憶舊**游**
來歲不知何處看　十分流彩遍南**州**
七言律 尤韻⇒愁甌秋游州

매월당시집 권10 여행 중, 중추의 달을 바라보며 — 김시습(1435~1493)

중추에 무엇으로 맑은 수심 위로하나
맛좋은 햇茶가 옥사발에 가득하네.
단계는 한서를 몇 번이나 겪었나
영륜[497]은 응당 고금의 가을에도 굴리리라.
우저에서 야담 전의 일을 추억하고
남루에서 흥이 나니 옛 유람을 생각하네.
내년엔 어디에서 또 볼지 모르지만
모든 류채를 남주에다 두루 펴리라.

---

496) **龍團餠** 龍團鳳餠. 上等茶의 이름. 곧 大龍團 · 小龍團 · 龍團鳳餠 · 龍團勝雪 · 銀線冰芽 등의 궁중용 餠茶를 이름.
497) **永輪** 달을 비유하며, 永鏡이라고도 함. 蘇軾의 「宿九仙山詩」에 '夜半老僧呼客起雲峰缺處湧永輪' 이라 하였다.

572 [梅月堂詩集] 卷十 眞佛菴 — 金時習

以石名眞佛　菴中住老**禪**
路回千嶂下　人傍五雲**邊**
水石心無累　煙霞景自**姸**
行童煮山茗　貯月汲寒**泉**

五言律 先韻⇒禪邊姸泉

매월당시집 권10 진불암에서 — 김시습(1435~1493)

돌 가지고 참 부처라 이름 했지만
암자 안에 늙은 선사 살고 있다네.
길을 돌아 일천 봉 아래로 가니
사람들이 오운498)가에 가까이 있다네.
수석이 좋아 마음엔 근심 없는데
山水산수의 경치는 저절로 어여쁘네.
행자가 山茶를 달인다고
달을 담아 찬 샘물을 길어 오네.

573 [梅月堂詩集] 卷十 閑意 — 金時習

煖日烘窗紙　烏牀釋硯**冰**
煎茶邀好客　說偈迓禪**僧**
出定看新雪　經行擔小**藤**
自從逃世網　生事轉騰**騰**

五言律 蒸韻⇒冰僧藤騰

매월당시집 권10 뜻이 한가로워 — 김시습(1435~1493)

따뜻한 햇살 창호지에 비추니
검은 상의 언 벼룻물 녹이는구나.
茶 달여서 좋은 손을 맞이하고
偈頌게송 읊어 선승을 영접하누나.
선정499)에서 나오자 처음 눈을 보고
망태 메고 오솔길 가네.

---

498) **五雲** 五色雲, 仙女가 노는 곳. 四溟大師詩에 '我本靑山鶴 常游五色雲—' 이라 하였다.
499) **禪定** 참선하여 三昧境에 이름. 정신을 집중하여 진리를 직관하는 경지에 다다르는 일.

스스로 세상 그물 벗어난 뒤로
일은 등등500)이 생겨나는구나.

574 [梅月堂詩集] 卷十 長安寺 — 金時習

松檜陰中古道**場**　我來剝啄叩禪**房**
老僧入定白雲鎖　野鶴移棲淸韻**長**
曉日升時金殿耀　茶煙颺處蟄龍**翔**
自從游歷淸閑境　榮辱到頭渾兩**忘**

七言律 陽韻⇒場房長翔忘

매월당시집 권10 장안사에서 — 김시습(1435~1493)

소나무와 전나무 그늘 속의 옛 도장501)에
내가 와서 박탁502)하며 선방을 두드리네.
늙은 승 선정 들고 백운만 서려
야학 옮겨 깃드니 맑은 운치 길어지네.
새벽에 해 떠오를 제 금빛 전각 빛나고
茶 김 날리는 곳 숨은 룡이 날개 치네.
청한한 경계를 두루 유람하면서부터
영욕503)을 마침 둘 다 잊어버렸네.

575 [梅月堂詩集] 卷十一 佳城寺羅漢堂與僧話 — 金時習

風靜疏簾月滿**堂**　煎茶軟語坐筠**牀**
半庭殘雪留人跡　一樹寒梅著夜**霜**
欲抛機心皆是妄　擬遣軀慮亦能**狂**
世間夢想何窮盡　且作新詩笑一**場**

七言律 陽韻⇒堂牀霜狂場

500) **騰騰** 성하게 일어나는 모양.
501) **道場** 불교 또는 도교를 수업하는 곳. 여기에서는 보리수 아래의 金剛座佛에 공양하는 곳을 인용하여 일반 도량을 말한다.
502) **剝啄** 소곤소곤하는 음성을 형용한 의성어. 또는 방문자의 발자국 소리와 문 두드리는 소리를 말한다.
503) **榮辱** 영예와 치욕. 명예와 수치.

매월당시집 권11 가성사의 라한당에서 승과 함께 말하며 — 김시습(1435~1493)

성근 발에 바람 자고 달빛만 절집 가득
茶 달이며 오순도순 대 평상에 앉았으니
뜰 반 남은 눈에 인적이 머물렀는데
한 그루 찬 매화 밤 서리 내렸구나.
기심[504]을 버림은 모두가 망령이라
속된 생각 보내고자 함도 미칠 일이라
세상의 몽상들을 어찌 다 없앨 건가
두어라 새로이 시 지으면 한바탕 웃으리라.

576 [梅月堂詩集] 卷十一 來蘇寺 — 金時習

梵宮倚山**隈**　　夕陽樓閣**開**
僧尋泉脈去　　鶴避茗煙**廻**
寺古松千尺　　山深月一**堆**
無人堪問話　　庭畔獨徘**徊**

五言律 灰韻⇒隈開廻堆徊

매월당시집 권11 래소사에서 — 김시습(1435~1493)

범궁(절)이 산모퉁이 의지했는데
석양에 루각이 열려 있다오.
승은 샘 줄기를 찾아가는데
학은 茶 달이는 연기 회피하누나.
오래된 절 솔은 천 길 자랐고
산은 깊어 달무리지고
말 물어볼만한 이 없어서
뜰 가에 나 홀로 서성이네.

577 [梅月堂詩集] 卷十一 川原驛樓 — 金時習

原平宜遠樹　　曖曖接人**家**
地饒田收秫　　山低貢有**茶**
蘆峯雲黯淡　　楞嶽岫槎**牙**

---

504) **機心** 간교하게 속이거나 책략을 꾸미는 마음. 機械之心.

收拾江湖景　　登臨日半**斜**

五言律 麻韻⇒家茶牙斜

매월당시집 권11 천원역의 누각에서 — 김시습(1435~1493)

평원에 숲은 멀고
희미하게 인가에 접해 있구나.
기름진 땅 밭에서는 차조를 거두고
산이 낮아 茶를 공납한다오.
갈대 재(峯)에는 구름이 암담한데
릉악 뫼 부리가 뾰족하구나.
강호의 경치를 수습하고서
올라가니 해가 반쯤 기울었더라.

578 [梅月堂詩集] 卷十一 寓居山驛看杏花 — 金時習

杏花枝上有鳴**鳩**　　天外斜陽影半**樓**
樓上玉人橫短笛　　一聲吹落綠楊**洲**

七言絶 尤韻⇒鳩樓洲

매월당시집 권11 산역에 우거하면서 살구꽃을 보며 — 김시습(1435~1493)

살구꽃 가지 위에 비둘기 우는데
하늘 밖 지는 해는 루에 반쯤 비치고
루 위에 옥인이 단적을 비껴들고
한 가락 록양주를 불어 떨치네.

579 [梅月堂詩集] 卷十一 元監司遣醫問病 — 金時習

太醫問病到　　云自監司**來**
竹裏一間屋　　花前三茗**杯**
辱言還自謝　　投札眼重**回**
恩波何以報　　粉骨似塵**埃**

五言律 灰韻⇒來杯回埃

매월당시집 권11 원감사가 의원을 보내어 문병하다 — 김시습(1435~1493)

태의505)가 문병하러 와서
감사가 보내어 왔다고 말하네.
대숲 속 한 칸 작은 집
꽃 앞에서 석 잔 茶를 마시네.
욕언을 도리어 사례하고
보낸 편지에 눈이 거듭 놀라네.
은혜를 무엇으로 보답할 것인가
뼈를 부수어 티끌같이 되게 하네.

580 [梅月堂詩集] 卷十一 見巖寺 — 金時習

古木千秊地　禪宮何代**開**
竹房僧掛錫　松蓋鶴留**胎**
慰客新煎茗　添香自撥**灰**
浮生安足道　个是出䴷**埃**

五言律 灰韻⇒開胎灰埃

매월당시집 권11 견암사에서 — 김시습(1435~1493)

고목 서 있는 천 년 된 이 땅
선궁을 어느 대에 세웠다더냐?
죽방엔 승이 석장506) 걸어 놓았고
솔 日傘일산에 학이 보금자리 마련했네.
객 위로하려 새로 茶를 달이는데
향 더하여 손수 재를 헤치네.
부생을 어찌 다 말할 수 있으랴
그것이 티끌세상 나온 것일세.

581 [梅月堂詩集] 卷十二 養茶 — 金時習

秊秊茶樹長新**枝**　蔭養編籬謹護**持**
陸羽經中論色味　官家榷處取槍**旗**
春風未展芽先抽　穀雨初回葉半**披**

505) **太醫** 벼슬 이름으로 궁중의 의사를 말한다.
506) **錫杖** 道士, 僧侶가 짚는 지팡이. 禪杖.

好向小園閑暖地　不妨因雨著瓊**蕤**

七言律 支韻⇒枝持旗披蕤

매월당시집 권12 茶 기르기 — 김시습(1435~1493)

해마다 茶나무에 새 가지가 자라네.
그늘에 키우노라 울을 엮어 보호하네.
륙우의『茶經』속엔 향 색 미를 논했는데
관가에서 도거리[507] 할 적엔 창기[508]만을 취한다네.
봄바람이 아직 불지 않아도 싹이 먼저 터나오고
곡우 때가 돌아오면 잎이 반쯤 피어나네.
작은 동산 한난한 곳을 좋아해 뻗어 나가면
비 때문에 옥 같은 꽃 드리워도 무방하리라.

582 [梅月堂詩集] 卷十二 看雪 — 金時習

六出花從空裏**來**　開窗閑臥看低**徊**
解傳天上無香蘂　能點人閒不種**梅**
東郭抱貧循路去　子猷乘興漾舟**回**
老夫無事圍爐畔　拈卻陶公茗一**杯**

七言律 灰韻⇒來徊梅回杯

매월당시집 권12 눈을 보며 — 김시습(1435~1493)

여섯 모[509]가 진 꽃이 공중으로부터 내리는데
창을 열고 누워서 보니 낮게 맴도는구나.
천상의 향기 없는 꽃을 전해 줄줄 알아
인간에 심지 않은 매화를 피워 주네.
동곽[510]은 가난을 안고 길을 따라 돌아가고
자유[511]는 홍겨워서 배를 타고 돌아오네.

---

507) **도거리** 따로따로 나누지 않고 한데 합쳐서 몰아치는 일.

508) **槍旗** 茶 움이 뾰족하게 자란 것을 槍, 열린 것을 旗라 한다. 歐陽脩의 詩에 "함께 봄싹을 시음하자 기약했는데, 槍旗 어느 때나 푸를까(共約試春芽 槍旗幾時綠)"라 하였다.

509) **六出** 함박눈을 말하며, 눈의 모양이 六瓣이기 때문이다.

510) **東郭** 漢나라 때 齊사람이다. 산에 들어가 은거하였는데 재상 曹參이 끌어다 上賓으로 삼았다. 매우 가난하여 그 신바닥이 떨어져 가죽이 없고 맨발로 땅을 밟고 다녔다는 고사가 있다.

511) **子猷** 왕휘지(王徽之)의 字. 晉 會稽 사람으로 왕희지(王羲之 307~365)의 아들. 唐 李翰이 지은『蒙求』중에 '子猷尋戴'가 나오는데, 王徽之(字 子猷)가 눈 온 후 달밤에 홀로 술을 마시며 左思의 招隱詩를 읊다가 隱者인 戴逵(字 安道)를 만나러 조속히 작은 배를 타고 홍에 겨워 갔다가 홍이 다하여 다시

늙어 가며 일이 없어 화로 가에 둘러앉아
도공의 茶 한 잔을 달이어 마시네.

583 [梅月堂詩集] 卷十二 與日東僧俊長老話 — 金時習

遠離鄕曲意蕭**條**　古佛山花遣寂**寥**
鐵罐煮茶供客飮　瓦鑪添火辦香**燒**
春深海月侵蓬戶　雨歇山麖踐藥**苗**
禪境旅情俱雅淡　不妨軟語徹淸**宵**

七言律 蕭韻⇒條寥燒苗宵

매월당시집 권12 일동승 준장로와 이야기하며 — 김시습(1435~1493)

고향을 멀리 떠나니 뜻이 쓸쓸도 하여
옛 절 산꽃이 고적함을 보내누나.
쇠 茶罐에 茶를 달여 손님 마시게 제공하고
질화로에 불을 돋우며 향 사위어 갖추네.
봄 깊으니 해월이 쑥 지게문[512]에 비추이고
비 멎으니 산 사슴 약초 싹을 밟아대네.
선의 경계 나그네 정 모두 아담하니
오순도순 밤새도록 말하여도 무방하리.

584 [梅月堂詩集] 卷十三 與僧夜坐 — 金時習

半輪明月照西**牀**　小罐煎茶熱炷**香**
共是操心同一致　莫將玄白錯商**量**

七言絶 陽韻⇒牀香量

매월당시집 권13 승과 밤에 앉아서 — 김시습(1435~1493)

반둥근 밝은 달이 서쪽 상에 비치는데
작은 다관에 茶 달이며 향불을 피워 놓네.
함께 마음잡으니 운치도 하나같고
검고 흰 것 가지고 생각하기 착오 말아라.

돌아온 이야기이다.
512) **蓬戶** 쑥대로 엮은 문으로 가난한 사람의 집을 이름.

585 [梅月堂集] 卷十三 和鍾陵山居詩(二十四首中 五首) — 金時習

四美年年到處**兼**　谿光山色映蓬**簾**
藥園鹿戲何曾惱　茶竈菌生亦不**嫌**
萬事省來貧是樂　一身閑了老非**厭**
笑看塵世悠悠者　無太麁疏便太**纖**

七言律 鹽韻⇒兼簾嫌厭纖

매월당시집 권13 종릉산거시에 화운하여(24수중 5수) — 김시습(1435~1493)

해마다 사미513)를 도처에서 겸했거니
개울빛과 산빛이 쑥대 발에 비치네.
약초밭에 사슴이 장난친다고 성낼 것 있나
茶 달이는 부엌에 버섯이 나도 싫어하지 않네.
만사를 자세히 보면 가난도 바로 즐거움이요
한 몸이 한가하면 늙음도 싫어할 것 아니네.
웃으며 티끌세상의 유유함을 보나니
너무 굵지 않으면 곧 너무 가늘더라.

586 [梅月堂詩集] 卷十三 和鍾陵山居詩(二十四首中 其十八) — 金時習

雀舌香芽手漫**煎**　此間滋味頗陶**然**
誰爲四海棲棲者　我已平生蕩蕩**焉**
道學只從心上得　天機肯向語中**傳**
顔瓢點瑟無人會　自有風流滿眼**前**

七言律 先韻⇒煎然焉傳前

매월당시집 권13 종릉산거시에 화운함(24수중 기18) — 김시습(1435~1493)

雀舌514)의 향기로운 싹 손수 달이니
그 사이에 자미515)가 자못 도연516)하여라.
누구라 사해 위해 바빠할 것인가
나는야 평생에 무질서한 사람이라.

---

513) **四美** 良辰, 美景, 賞心, 案事를 말한다.
514) **雀舌** 綠茶의 이름.
515) **滋味** 맛이 좋고 양분이 많은 음식.
516) **陶然** 술에 거나하게 취하여 기분이 좋은 모양, 또는 기분 좋게 취함.

도학은 마음 위를 따라야만 얻으리니
하늘 기틀 즐겨 말속 향하여 전하랴?
안표[517]와 점슬[518]을 아는 이 없지만
스스로 풍류 있어 눈앞에 가득하네.

587 [梅月堂詩集] 卷十四 冬至 二首(運數得剝而復, 因以作詩志之) — 金時習

其一
至日江陵客　長安憶故人
一陽今正復　千里更誰**親**
小豆煎茶鼎　孤燈伴老**身**
浮名五十載　遇復可能**伸**
五言律 眞韻⇒人親身伸

其二
逢剝多衰耗　今辀喜復**來**
天心元本靜　物化自相**催**
希韻生琴調　吹陽動管**灰**
從知人生事　亦有笑顔**開**
五言律 灰韻⇒來催灰開

매월당시집 권14 동지 2수(운수가 剝에서 復이 됨을 얻었으므로 시를 지어 적다)
— 김시습(1435~1493)

기1
동짓날 강릉의 나그네 되어
장안의 옛 친구를 생각하누나.
陽양이 하나[519] 이제 바로 돌아왔는데
천리에 다시금 누가 있어 친하리오!
팥을 茶솥에다 끓여내면서
외로운 등 아래 늙은 몸 됐네.

---

517) **顔瓢** 顔子(顔回)가 가난을 즐기는 것을 말한다. 『論語』「雍也篇」에서 공자가 말하기를 "어질도다, 顔回여! 한 도시락의 밥과 한 표주박의 물로 陋巷에 있음을 남들은 견디지 못하는데, 회는 그 즐거움을 고치지 아니하니 어질도다, 회여!" 한 데서 유래했다.

518) **點瑟** 曾點(曾參의 父)의 거문고를 말한다. 『論語』「先進篇」에 "'점아! 너는 어떠냐?' 하니 거문고를 타다가 쨍 하고 놓고 일어나 말했다."고 하였다. 그가 한 말은 천지의 화육과 그 공을 한가지로 한 곳에 귀착하였으므로 공자가 칭찬했다 한다.

519) **一陽** 十月의 十이라는 숫자는 陰數이고, 겨울은 陰의 계절이다. 특히 10월은 음이 極盛한 달인데 11월의 '一'은 陽數이므로 "양력 동짓달에는 '一陽'이 생기기 시작한다"라는 말을 했다. 『周易』에는 '自五月姤卦一陰始生 至此七爻 而一陽復'이라 하였다.

뜬 이름 받은 지 오십년 만에
復복[520]을 만났으니 펴볼 수 있을런가!

기2
剝박[521]을 만나 쇠하고 없어짐 많더니
오늘 아침 복이 온 걸 기뻐한다네.
하늘마음 원래부터 고요한 것인데
물체의 변화함이 절로 서로 재촉하네.
드문 운치는 거문고 가락에서 나고
부는 양기는 관[522]의 재를 움직이게 하네.
따라서 알겠네 사람 세상의 일을
역시 웃는 얼굴 열릴 때 있는 줄을!

588 【梅月堂詩集】 卷十四 與善行鬪牋蒱戲題 — 金時習

鄕牋只四白　馬跡五圈**耳**
命屯盧變犢　運通花防**已**
日與爾而爭　勝欣敗可**喜**
昔日寓上黨　以困消永**日**
又在城東山　雙六與爾**喝**
今來不得意　非此何以**活**
新詩朗吟餘　大叫呼的**裂**
爾若不勝也　起去煎雀**舌**
五言古 紙・質・曷・屑韻⇒耳已喜. 日喝活裂舌

매월당시집 권14 선행과 투전놀음을 하고서 장난으로 쓰다 — 김시습(1435~1493)

시골의 투전은 백이 넷이요
마적은 동그라미가 다섯뿐이네.
재수가 없으면 로가 독으로 변하고
운이 통하면 화가 이미 막아내네.
날마다 그대와 다툼하는데
이기면 기쁘고 져도 기쁘네.

---

520) **復** 회복한다는 뜻의 『周易』의 괘 이름이다.
521) **剝** 『周易』의 卦 이름으로 불길한 괘이다.
522) **管** 동지가 되면 땅의 기운이 올라오기 시작하는데, 그것을 알리기 위해 짧게 자른 대통을 땅속에 세워 놓고 그 밑에 갈대 태운 재를 깔아 놓으면 '그 재가 동지가 드는 시각부터 오른다(冬至到而葭灰飛)'라는 故事成語 歲時條에서 나온 말이다.

예전에 상당에 몸 붙여 있을 때
곤란한 것으로 긴 날을 소일했고.
또 성 동쪽 산에 있을 적에는
쌍륙으로 너와 서로 소리쳤었지.
이제 와선 마음에 드는 일이 없으니
이게 아니면 무엇으로 살아 갈까나.
새로운 시를 큰 소리로 읊고 난 뒤에
큰 소리로 찢어지도록 부르짖노라.
네가 만일 이기지 못하거든
일어나 가서 雀舌茶[523]나 달여 내라.

589 [梅月堂詩集] 卷十四 戲爲五絶(五首中 其四) — 金時習

旨酒禁臠不可得　　淹菜糲飯日日**飽**
飽後偃臥又入睡　　睡覺啜茗從吾**好**
七言古 皓韻⇒飽好

매월당시집 권14 장난으로 다섯 절구를 짓다(5수중 기4) — 김시습(1435~1493)

맛 좋은 술 좋은 고기야 얻을 수 없네만
절인 나물에 거친 밥으로 나날이 배부르네.
배부른 뒤엔 벌떡 누워 다시 잠에 들어가고
자고 깨면 茶를 마셔 나 좋은 대로 따르네.

590 [梅月堂詩集] 卷十四 排悶一三韻 — 金時習

嶺外東風急　　巖中雪意**渾**
氣候多不一　　塞寞向誰**論**
出犁尋枯木　　階聽翻菜**根**
據梧同惠子　　懸榻異陳**蕃**
慷慨如王粲　　離騷似屈**原**
天寒溪竹瘁　　霧重紙窗**昏**
悄悄無人到　　寥寥絶世**喧**
秋風思帝子　　萋草憶王**孫**

523) **雀舌** 막 돋아난 어린 茶싹을 참새 혀에 비유하였다. 중원과 우리나라 茶의 統稱으로 불린다. 百濟, 駕洛, 新羅, 晉, 隋, 唐 以來의 고급 茶의 대명사로 곧 '雀舌茶'를 이른다.

嶽色殊鞘暮　谿雲自吐**呑**
放歌懷甯戚　淸嘯傲劉**琨**
季少功名貴　齡隤隱晦**尊**
擁鑪烹粥茗　結社入鷄**豚**
此是桑楡景　何須欲乞**墦**

五言排律 元韻⇒渾論根蕃原昏喧孫呑琨尊豚墦

매월당시집 권14 번민을 없애는 13운 — 김시습(1435~1493)

산마루 밖엔 동풍이 급해졌는데
바위 속엔 눈 올 뜻이 온통 찼네.
기후가 흔히 한결같지 못하여
삭막한 것 누굴 향해 말하랴.
산 딱따구리는 마른나무 찾아다니고
뜰의 쥐는 나물뿌리 씹어대누나.
거문고 타는 것은 혜자[524]와 같고
걸상 달아 놓는 건 진번[525]과 다르네.
비분강개하는 건 왕찬[526]과 같고
시름을 만난 건 굴원[527]과 같으니
날씨 차서 개울의 대나무 말랐고
안개 무거워 종이창이 어둑어둑하네.
쓸쓸해도 사람 하나 오는 이 없고
적막해서 사람 세상 시끄러운 것 끊겼네.
가을바람에 임금의 아들을 생각하고
봄풀에 왕의 손자 생각해 낸다네.
산빛은 아침저녁 달라지는데
골짜기 구름 저절로 삼켰다 토하네.
목 놓아 노래함은 녕척[528]을 생각함이요
맑은 휘파람 부는 건 류곤[529]을 업신여김이라.

---

524) **惠子** 전국시대의 학자로 宋人 惠施를 말함. 能辯하고 장주(莊周)의 벗으로 魏 惠王 相臣이 되었다.
525) **陳蕃** 후한 말기 사람으로 자는 仲擧. 예장 태수가 되어 지방의 명사인 서유(徐孺)를 특별히 대우했는데, 걸상(榻) 하나를 따로 만들어 놓고 꼭 서유에게만 앉게 하고, 서유가 가면 높이 매달아 두었다.
526) **王粲** 사국시대 魏나라 사람. 악양루에 올라가 '登樓賦'를 지어 시대상을 비분했다.
527) **屈原** 전국 시대 楚나라 사람으로 이름은 平, 자는 原, 호는 靈均. 임금에게 忠諫이 용납되지 않자, 마침내 멱라수(汨羅水)에 몸을 던져 죽었다. 굴원이 지은 『楚辭』의 편명 '離騷'의 騷는 憂. 근심을 만난다는 뜻이다.
528) **甯戚** 춘추 시대 衛나라 사람으로, 극빈하여 수레를 끌어 먹고 살다가 齊에 이르러 수레 밑에서 소를 먹이며 우각(牛角)을 두드리고 노래하자, 桓公이 이를 기이하게 여겨 管仲에게 명하여 벼슬을 주고 國相으로 삼았다.

나이 젊어서는 공명이 귀했지만
나이 늙어지면 숨는 것이 높은 걸세.
화로를 끼고 앉아 茶죽 끓이고
둘레를 정하고 닭 돼지를 안으로 들이네.
이것이 그 상유530)의 풍경이어니
어찌하여 무덤가에 구걸하려는가?

591 [梅月堂詩集] 卷十四 謝人送胡椒茶具(三首中 其二) — 金時習

餐淡蔬爲鮓　家貧茗是**醝**
雖甘閑味好　頗苦欠情**多**
映案堆紅粒　粘匙點白**鹺**
爲官有薄俸　其奈役心**何**

五言律 歌韻⇒醝多鹺何

매월당시집 권14 호초와 茶具 보낸 것을 사례하다(3수중 기2) — 김시습(1435~1493)

음식이 싱거워 나물이 반찬 되고
집이 가난하니 茶가 그대로 술일세.
한가함 달게 여겨도 맛은 좋고
자못 쓴 게 흠이지만 정이 듬뿍 담겼네.
소반에 비친 게 붉은 낱알 쌓이고
숟가락에 붙는 건 흰 소금 점일세.
벼슬하면 박해도 봉급이 있네만
마음에 역사함을 어찌할 거나?

592 [梅月堂集外集] 卷一 金鰲神話, 南炎浮洲志 — 金時習

成化初, 慶州, 有朴生者. 以儒業自勉, 常補大學館, 不得登一試, 常怏怏有憾. 而意氣高邁, 見勢不屈, 人以爲驕俠. 然對人接話, 淳愿慤厚, 一鄉稱之. 生嘗疑浮屠巫覡鬼神之說, 猶豫未決, 旣而質之中庸, 參之易辭, 自負不疑. (中略) 一日, 於所居室中夜挑燈, 讀易, 支枕假寐, 忽到一國, 乃洋海中一島嶼也. 其地無草木沙礫. 所履非銅則鐵也. 晝則烈焰亘天, 大地融冶. 夜則凄風自西, 砭人肌骨, 吒波不勝. (中略) 生俯伏在地, 不能仰視 王曰 土地殊異, 不相統攝, 而識

529) **劉琨** 晉나라 사람으로 字는 越石. 五胡의 난에 적병에 포위되었으나 근심하지 않고 휘파람을 불고 있었다는 고사에서 유래했다.
530) **桑楡** 晩秊의 광경으로, 해질 때를 사람의 老秊에 비유하였다.

理君子, 豈可以威勢屈其躬也. 挽袖而登殿上, 別施一牀, 卽玉欄金牀也. 坐定王呼侍者, 進茶. 生側目視之, 茶則融銅, 果則鐵丸也. 生且驚且懼, 而不能避, 以觀其所爲. 進於前則香茗佳果, 馨香芬郁. 薰于一殿, 茶罷. (下略)

매월당집외집 권1 금오신화, 남쪽 염부주 이야기 — 김시습(1435~1493)

성화[531] 초기에 경주에 박생이란 사람이 살고 있었다. 그는 유학에 뜻을 두어 일찍부터 태학관에서 보강하였으나 한 번도 과거에 합격하지 못하여 항상 원망스런 감정을 품고 있었다. 그는 뜻과 기상이 매우 고상하여 세력에 굴복하지 않았으므로 남들은 다 그를 오만한 청년이라 하였다. 그러나 그는 남과 교제할 때에는 태도가 성실하고 순박하였으므로 마을 사람들이 다 그를 칭찬해 마지않았다. 박생은 일찍부터 부도(불교), 무격, 귀신 등의 모든 설에 대하여 의심을 품고 있었으나 어떠한 결단을 내리지 못하였는데, 뒤에 『중용』과 『주역』을 읽고서 자기의 학설을 의심하지 않게 되었다. (중략) 어느 날 박생은 자기의 거실에서 밤에 등불을 돋우고 『주역』을 읽다가 베개를 괴고 옷을 입은 채 잠들었는데, 홀연히 한 나라에 이르니 곧 바다 속의 한 섬이었다. 그 땅에는 전혀 초목이라고는 나지 않았고 모래와 자갈도 없었다. 발에 밟히는 것은 모두 구리가 아니면 쇠뿐이었다. 낮이면 센 불길이 하늘까지 뻗쳐 땅덩이가 녹아내리는 듯하고, 밤이 들면 쌀쌀한 바람이 서쪽에서 불어와 사람의 뼈끝을 에는 듯이 몸에 부딪히는 타파[532]를 견딜 수 없었다. (중략) 박생이 땅에 엎드려 감히 쳐다보지 못하니, 왕은 말하였다. "피차 사는 지역이 달라 서로 통제할 권리도 없을 뿐 아니라, 리치에 통달하신 선비님을 어찌 위력으로 몸을 굽히게 할 수 있으리오" 하고는 곧 박생의 소매를 잡고 대궐에 올라 특별히 한 좌석을 마련해 주었는데, 그것은 백옥 난간에 놓인 금으로 된 자리였다. 좌정한 왕은 시자를 불러 茶를 내게 하였다. 박생이 곁눈질하여 보니, 茶는 구리를 녹인 액체이고 과실은 쇠로 만든 경단이었다. 박생이 놀랍고 두려웠으나 감히 피할 수가 없었으므로 그들이 하는 짓만 보고 있었다. 시자가 茶果를 앞에 올려놓으니 향기 나는 茶와 맛좋은 과실로 해서 향기가 온 궁궐에 풍겼다. 茶를 마쳤다. (하략)

593 【梅月堂集外集】 卷一 金鰲神話, 龍宮赴宴錄 — 金時習

松都, 有天磨山, 其山高揷而峭秀, 故曰 天磨山. 中有龍湫, 名曰 瓢淵. 窄而深, 不知其幾丈, 溢而爲瀑可百餘丈. 景槪淸麗, 游僧過客, 必於此而觀覽焉. 夙著異靈, 載諸傳記, 國家歲時, 以牲牢祀之. (中略) 神王曰 坐. 三人一時就坐, 生乃跼蹐而登, 跪於席邊. 神王曰 安坐. 座定行茶一巡, 神王告曰 寡人止有一女, 已加冠笄, 將欲適人, 而弊居僻陋, 無迎待之館, 花燭之房. 今欲別構一閣, 命名佳會. 工匠已集, 木石咸具, 而所乏者上樑文耳. 側聞秀才名著三韓, 才冠百家, 故特遠招. 幸爲寡人製之. (中略) 題畢進呈, 神王笑閱, 使人授生. 生受之,

531) **成化** 明나라 憲宗의 연호(1465~1487). 成化 원년은 조선 世祖 11년(1465)에 해당된다.
532) **咤婆** 불교에서 이르는 장애(障礙).

跪讀, 三復賞玩, 卽於座前, 題二十韻, 以陳盛事. 詞曰

天磨高出漢　巖溜遠飛**空**
直下穿林壁　奔流作巨**淙**
波心涵月窟　潭底閟龍**宮**
變化留神迹　騰拏建大**功**
煙熅生細霧　駘蕩起祥**風**
碧落分符重　青丘列爵**崇**
乘雲朝紫極　行雨駕青**驄**
金闕開佳燕　瑤階奏別**鴻**
流霞浮茗盌　湛露滴荷**紅**
揖讓威儀重　周旋禮度**豐**
衣冠文璨爛　環珮響玲**瓏**
魚鼈來朝賀　江河亦會**同**
靈機何恍惚　玄德更淵**沖**
苑擊催花鼓　樽垂吸酒**虹**
天姝吹玉笛　王母理絲**桐**
百拜傳醪醴　三呼祝華**嵩**
煙沈霜雪果　盤映水晶**葱**
珍味充喉潤　恩波浹骨**融**
還如湌沆瀣　宛似到瀛**蓬**
歡罷應相別　風流一夢**中**

五言長律 東韻⇒空淙宮功風崇驄鴻紅豐瓏同沖虹桐嵩葱融蓬中

매월당집외집 권1 금오신화, 용궁 잔치에 초대받다 — 김시습(1435~1493)

송도에 천마산533)이 있는데, 그 산은 공중에 높이 솟아 험준하므로 천마산이라 한다. 그 산속에 룡추534)가 있는데 이름을 박연이라 한다. 못의 둘레는 좁으나 깊이는 몇 길이나 되는지 알 수 없으며, 물이 넘쳐서 폭포를 이루고 있는데, 깊이는 백여 길이나 될 것 같다. 경치가 맑고 아름다워 구경 오는 스님이나 손들은 반드시 이곳을 관람하였다. 옛날부터 여기에는 룡신이 살고 있다는 이상한 전설이 전기에 실려 전해오므로 국가에서도 세시를 당하면 큰 소를 잡아 (룡신에게) 제사를 지내게 하였다. (중략) 룡왕은 말하였다. "앉으십시오." 세 사람은 일시에 자리에 앉았으나 한생은 국척535)하여 올라가서 자리의 가에 꿇어앉

533) **天磨山** 개성 松嶽山 북쪽에 있는 산. 『東國輿地勝覽』에 '天磨山은 松嶽山 북쪽에 있는데, 여러 봉우리가 높이 하늘에 솟아 멀리서 바라보면 푸른 기운이 엉겼기 때문에 天磨라 부른다'고 하였다.

534) **龍湫** 龍沼. 폭포가 떨어지는 바로 밑에 깊은 웅덩이.

았다. 룡왕은 말하였다. "편히 앉으십시오." 좌정하고 茶를 한차례 돌린 뒤에 룡왕이 한생에게 말하였다. "과인의 슬하에는 오직 딸이 하나 있을 뿐인데, 이미 혼인할 시기가 되어서 장차 적합한 남자와 례를 치르려 하나 가옥이 루추하여 사위를 맞이할 집도, 화촉을 밝힐 만한 방도 없습니다. 그래서 이제 따로 루각을 하나 지을까 하여 집의 이름을 가회각536)이라 하기로 하였습니다. 工匠공장도 이미 모았고 목재와 석재도 다 준비하였습니다만, 없는 것이 상량문537)입니다. 풍문에 들으니, 선생은 이름이 삼한에 떨치며 재주가 백가에 으뜸간다 하므로, 특별히 부하들을 먼 곳까지 보내어 모셔 오게 한 것입니다. 과인을 위하여 상량문 한 편을 지어 주시면 고맙겠습니다." (중략) 글쓰기를 마치고 룡왕에게 바치니, 룡왕은 웃으면서 이 시를 보고 난 뒤에 사람을 시켜 한생에게 주었다. 한생은 이 시를 받아 꿇어앉아 읽고 세 번이나 거듭 상완한 뒤에 그 자리에서 20운을 지어 성대한 일을 노래하였다. 그 가사는 이러하였다.

> 높이 솟은 천마산, 공중에 나는 폭포
> 곧바로 내려 숲을 뚫고 빨리 흘러 큰 시내 되었어라.
> 물속엔 월궁이 잠겨 있고 못 밑엔 룡궁이 깊었어라.
> 신기한 변화 자취 남고 하늘 올라 공을 세워
> 엷은 안개 자욱이 끼고 상서로운 바람 부네.
> 하늘에서 명령 받아 청구538)의 높은 작위
> 구름타고 자신전 조회하고 비 내려 청총마를 달리네.539)
> 금궐 위에 잔치 열고, 옥계 앞에 풍류지어
> 찻사발엔 운기 뜨고 연잎엔 이슬 젖네.
> 위의도 정중하건만 례법은 더욱 높아
> 의관과 문채 찬란하고 환패소리 쟁쟁하여라.
> 물고기 자라 조회 드리고 물 신령들도 모였으니
> 조화가 어찌 황홀하던지 숨은 덕이 더욱 깊으셔라.
> 북을 쳐서 꽃을 피게 하고 술잔 속에는 무지개가 있네.
> 천녀는 옥피리를 불고 서왕모540)는 거문고를 타네.
> 백번 절하고 술잔 올리며 만수무강하시라 세 번 외치네.
> 얼음 같은 과일에다 수정 같은 채소까지 있어
> 온갖 진미에 배부르고 깊은 은혜는 뼈에 스며라.
> 신선의 이슬을 마신 듯 봉래산에 구경 온 듯
> 즐거움 다하여 헤어지려니 풍류마저 한바탕 꿈과 같아라.

---

535) **跼蹐** 몹시 두려워 몸을 굽힘.
536) **佳會閣** 佳會는 佳緣의 회합이란 뜻이니, 가회각은 꽃다운 인연을 맺는 모임을 가지는 집을 의미한다. 『周易』 乾卦에 '佳會足以合禮' 라 하였다.
537) **上樑文** 상량할 때 축복하는 글. 이 글의 체재는 모두 騈儷文이다.
538) **靑丘** 우리나라의 異稱.
539) **紫晨殿** 唐代의 궁전 이름. 靑驄馬는 흰 바탕에 푸른 빛깔이 섞인 총이말,
540) **서왕모** 神話에 나오는 女仙. 崑崙山에 살며 不死藥을 가졌다고 한다.

594 [寒齋文集] 茶賦 幷序 — 李穆

한재문집 茶노래글 서문 — 리목(1471~1498)

▌譯註篇 第一章 序文

凡人之於**物**
或玩焉 或味焉樂之終身 而無厭者 其性矣乎
若李白之於**月**
劉伯倫之於酒 其所好雖殊 而樂之至則一也.
余於茶**越**乎
其莫之知 自讀陸氏經 稍得其性心甚**珍**之
昔中槪樂琴而賦 彭澤愛菊而歌 其於微尙加**顯**矣
況茶之功最高 而未有頌之者 若廢**賢**焉
不亦謬乎 於是考其**名**
驗其産上下其品 爲之賦 或曰 茶自入稅 反爲人**病**
子欲云云乎 對曰**然**
然是豈天生物之 本意乎 **人**也
非茶也 且余有疾 不暇及此**云**
韻⇒物月一越. 珍顯賢. 名病. 然人云

역주편 **제1장 서문**
무릇 사람이 물건에 대해서
혹은 완상하고, 혹은 맛보고 종신 동안 즐기며 싫어하지 않음이 그 성품인지라.
곧 달에는 리태백541)이요
술에는 류백륜542)이라, 그 좋아하는 바가 비록 달라도 즐김에 이르면 한가지라.
나는 茶를 지나치며
그를 알지 못했는데 륙우의 『茶經』543)을 읽고부터 그 성품이 매우 보배로움을 점차 알게 되었다.
옛날 중산544)의 거문고 즐긴 부와 팽택545)이 국화를 사랑한 노래가 미상하고 더욱 현저하거늘,

---

541) **李白** (701~762). 唐의 大詩人 字는 太白, 號는 靑蓮, 蜀(四川) 出身으로 浪漫主義詩人, 寫主義의 詩人인 杜甫와 함께 詩宗으로 불린다. 著書『李太白 詩集』30권.
542) **劉伯倫** 劉伶의 字, 魏-晉間 沛國(패국) 學者. 老子思想 追從者로 완적 嵇康(혜강) 등과 交流, 竹林七賢(완적, 혜강, 산도, 유령, 완함, 상수, 왕융)의 一人.『酒德頌』作者.
543) **陸氏經** 陸羽(733~804, 唐代 복주 경릉, 今 호북성 천문현 사람, 字 鴻漸, 自號를 桑苧라 했음)가 지은 책. 차를 직접 체험하여 764년『茶經』3권을 완성했다.
544) **中槪** 중산대부를 지낸 嵇康. 三國의 魏나라 사람. 字는 叔夜로 老莊學에 심취한 竹林七賢의 一人.
545) **彭澤** 陶淵明(365~427) 東晉末의 文豪. 字는 연명 또는 元亮. 五柳先生으로 자처, 靖節先生으로 존칭. 팽택 현령 80여 일로 관계를 자진하여 물러남. 저서『도연명집』중 '歸去來辭'가 유명하다.

하물며 茶의 공덕이 으뜸인데도 기리는 이 없는 것은 어진 이를 버려둠과 같으니
또한 그릇되지 아니한가? 이에 그 이름을 상고하고
그 생산된 상하의 품수를 증험하여 부로 지으려니, 혹 누가 말하기를
茶는 세금으로 들여오는데, 도리어 사람에게 병폐가 되어도
그대는 하려는가 하자 상대하여 이르리니,
그러나 그러함이 어찌 하늘이 만물을 낸 본뜻인가, 사람이지
茶가 아니로다. 또한 나는 근심이 있어서 이에 미칠 겨를이 없노라 하리라.

譯註篇 第二章 茶名

其辭曰
有物於此 厥類孔**多**
曰茗 曰荈 曰蕣 曰**菠**
仙掌 雷鳴 鳥嘴 雀舌 頭金 蠟面 龍鳳
召的 山提(挺) 勝金 靈草 薄側 仙芝 嫩蘂
運 慶 福 祿 華英 來泉 翎毛 指合 淸口
獨行 金茗 玉津 雨前 雨後 先春 早春
進寶 雙溪 綠英 生**黃**
或散 或片 或陰 或**陽**
含天地之粹氣 吸日月之休**光**.

韻⇒多菠. 黃陽光

역주편 제2장 차 이름
글에 일렀으되
이에 대한 품물은 그 종류가 매우 많이 있다.
명이니 천이니 꽈리니 시금치니 하고
선장, 뢰명, 조취, 작설, 두금, 랍면, 룡봉,
소적, 산제(혹 山挺, 京挺, 金挺), 승금,
령초(혹 獨行靈草), 박측, 선지, 란예(혹 嫩蘂),
운합, 경합, 복합, 록합, 화영, 래천, 령모(혹 黃翎毛), 지합, 청구,
독행(혹 獨行靈草), 금명, 옥진, 우전, 우후, 선춘, 조춘,
진보, 쌍계(혹 雙勝), 록영, 생황이라.
혹 산차(잎차)로 혹 조각차(덩이차)로, 혹 그늘이나 볕에서
천지 순수한 기운을 머금고 해와 달 머무는 빛을 들이쉬었네.

譯註篇 第三章 生產地

其壤則,
石橋 洗**馬** 太湖 黃**梅**

羅源 麻步 婺 **處** 溫 台 龍**溪**
荊 峽 杭 蘇 **明** 越 商**城** 王**同 興** 廣 **江**
福 開順 劍南 **信** 撫 饒 洪 **筠 袁**
昌 康 嶽 鄂 **山** 同 潭 鼎 **宣**
歙 鴉 **鍾 蒙 霍** 蟠柢丘陵之厚 揚柯雨露之**澤**
韻⇒馬處. 梅溪. 荊明城興. 同江. 信筠袁. 昌康. 山宣. 鍾蒙. 霍澤

역주편 제3장 생산지 괄호 안은 현재 지명
그 땅546)은
① 석교현(지금의 하남성 남양현) ② 세마현(지금의 호북성 기수현) ③ 태호(舒州 지금의 안휘성 잠산현, 태호현)
④ 황매현(지금의 호북성 황매현) ⑤ 라성현(지금의 호북성 기양현)
⑥ 마보산(지금의 안휘성 六安市에서 호북성 마성시의 대별산 일대) ⑦ 무주(지금의 절강성 금화시)
⑧ 처주(지금의 절강성 여수시) ⑨ 온주(지금의 절강성 영가현) ⑩ 태주(지금의 절강성 임해시)
⑪ 룡계(지금의 복건 무이산 남쪽 영안시와 룡암시 사이의 구룡강 유역) ⑫ 형문군(지금의 호북성 형문현)
⑬ 협주(지금의 호북성 의창시) ⑭ 항주(지금의 절강성 항주시) ⑮ 소주(지금의 강소성 소주시)
⑯ 명주(지금의 절강성 소흥시) ⑰ 월주(지금의 절강성 녕파시) ⑱ 상성(지금의 하남성 상성현 광산현)
⑲ 왕동(려주; 지금의 안휘성 합비현) ⑳ 홍국(지금의 강서성 赣공현) ㉑ 광덕(지금의 안휘성 광덕현)
㉒ 강문(지금의 광동성 강문시 동강과 서강 하구의 홍콩만 연안) ㉓ 복산(지금의 안휘성 무원현)
㉔ 개순구(지금의 안휘성 곽구현) ㉕ 검남(지금의 복건성 일원) ㉖ 신주(지금의 강서성 상요현)
㉗ 무주(지금의 강서성 임천현) ㉘ 요주(지금의 강서성 파양현) ㉙ 홍주(지금의 강서성 남창현)
㉚ 균주(지금의 강서성 고안현) ㉛ 원주(지금의 강서성 의춘현) ㉜ 건창(지금의 강서성 봉신현)
㉝ 남강군(지금의 강서성 성자현) ㉞ 악주(지금의 호남성 악양현) ㉟ 악현(지금의 호남성 악주)
㊱ 곽산(지금의 안휘성 륙안시) ㊲ 王同(지금의 안휘성 려주) ㊳ 담주(지금의 호남성 장사시)
㊴ 정주(지금의 호남성 상덕시) ㊵ 선주(지금의 안휘성 선주시) ㊶ 섭주(지금의 안휘성 황산시)
㊷ 아산(同鴉, 鴉. 현 절강성 가흥현) ㊸ 종태현(지금의 절강성 평호현) ㊹ 몽현(지금의 하남성 상구현)
㊺ 곽산(지금의 안휘성 륙안주)
뿌리는 구릉에 두텁게 서리고 가지는 우로의 은택으로 드날린다.

譯註篇 第四章 茶林風光

造其處則
崆峴嶱**嶱** 嶮巇屼**嵂**
峪嶏巖**嵲** 嵣嶙峛峛
呀然或放 豁然或**絶**
崦然或**隱** 鞠然或**窄**
其上何所**見** 星斗咫**尺**

546) **其壤** 그 생산되는 땅. 元의 馬端臨이 지은 『文獻通考』(1310년 전후) 卷18 「征榷考五, 榷茶」 中 '宋制榷貨務六'의 '收茶場'과 '買茶場'의 지명이다.

其下何所**聞**
江海吼口窆 靈禽兮翖颬 異獸兮拏**攫**
奇花瑞草 金碧珠**璞**
蕁蕁蓑蓑 磊磊落**落**
徒盧之所趑趄　魑魈之所逼**側**
於是谷風乍起 北斗轉**璧**
氷解黃河 日躔靑**陸**
草有心而未萌
木歸根而欲**遷**
惟彼佳樹 百物之**先** 獨步早**晉**
自專其**天**
紫者 綠者 靑者 黃者 早者 晩者 短者 長者
結根竦**幹** 布葉垂陰 黃金芽兮
已吐 碧玉蕤兮
成林晻曖蓊蔚 阿那嬋**媛**
翼翼焉 與與焉
若雲之作霧之興 而信天下之壯**觀**也
洞嘯歸來 薄言采**采** 擷之捋之 負且**載**之.
韻⇒巑岏嶕絶. 隱見聞. 窄尺. 攫璞落. 側璧陸. 遷先晉天幹媛觀. 采載

역주편 제4장 茶숲의 풍광

만드는 곳은
산은 높고 험하여 아스라이 높이 솟았고,
쭝긋쭝긋 그늘은 낮게 잇닿아 아련하고
혹 트이고 뚫린 듯 혹 잘리며,
해 지듯이 혹 숨고 굽은 듯 혹 좁혔구나.
그 위에 보이는 것이 무엇인가, 성두[547]는 지척이요.
그 아래서는 무엇이 들리는가
강 바다 소리치며 구르는데 신령스런 새 지저귀며 날고
기이한 짐승 끌어 잡으며 노닌다.
진귀한 꽃 상서로운 풀 찬란한 진주구슬이어라.
우거져 드리우니 너덜겅 흘러내려
사냥개 무리도 멈칫거리는 곳, 두억시니[548] 이매[549]가 다가선 듯.
이 골짜기에 돌개바람 스산한데 북두는 벽옥길 돌아 (이른 봄) 오니

547) **星斗** 南斗六星과 北斗七星을 통틀어 이르는 말.
548) **두억시니** 모질고 사나운 귀신의 하나.
549) **魑魅** 얼굴은 사람, 몸은 짐승의 형상으로 되어 있다는 네 발 가진 도깨비.

얼음 풀린 강은 누렇고 해는 푸른 뭍을 돌아왔는데
풀은 지심(땅속)에서 움트지 않았고
나무는 뿌리에서 물기 돌아 옮기려는데
오직 저 차나무는 백물에 앞서서 홀로 이른 봄을 걸으며
스스로 하늘을 전유한다.
자주, 초록, 푸른 놈, 노랑, 올물, 늦물, 짧은 것, 긴 것
뿌리 맺혀 솟은 줄기, 잎 펼쳐 드리워진 응달에 황금싹이여!
쏟아 솟친 푸른 옥 드리워,
어둡고 무성한 숲을 이루니 아리땁고 어여쁘구나.
더더욱 가지런한 아우러짐이여
구름이듯 안개 지어 오르니 참으로 천하에 장관이로다.
휘파람 부는 골에 와 여린 것 따고, 듬뿍 따서 지고 또 실어 나른다.

▌譯註篇 第五章 七盌茶

搴玉甌而自濯　　煎石泉而旁**觀**
白氣漲口　　夏雲之生溪**巒**也.
素濤鱗生　　莔江之壯波**瀾**也.
煎聲颼颼　　霜風之嘯篁**柏**也.
香子泛泛　　戰艦之飛赤**壁**也.
俄自笑而自酌　　亂雙眸之明**滅**
於以能輕身者　　非上**品**耶
能掃痾者　　非中**品**耶
能慰悶者　　非次**品**耶
乃把一瓢　　露雙脚陋
白石之煮　　擬金丹之熟
啜盡一盌　　枯腸沃雪
啜盡二盌　　爽魂欲**仙**
其三盌也　　病骨醒頭風**痊**
心兮若魯叟
抗志於浮**雲**　　鄒老養氣於浩**然**
其四盌也　　雄豪發　　憂忿空氣兮
若登太**山**　　而小天下
疑此俯仰之不能**容**
其五盌也　　色魔驚**遁**
餐尸盲聾**身**兮
若雲裳而羽衣　　鞭白鸞於蟾**宮**

其六盌也　方寸日月
萬類蘧蒢神兮
若驅巢許　而僕夷齊　揖上帝於玄虛
何七盌之未半 鬱淸風之生襟
望閶闔兮 孔邇隔蓬萊之蕭森.
韻⇒觀巒瀾. 柏壁. 滅雪. 品3字. 仙痊雲然山遁身神. 容宮. 許虛. 襟森

역주편 제5장 일곱 주발의 茶
옥사발 내어 몸소 씻고 돌 샘물 달이며 두루 살피니
부리에 넘쳐 솟치는 흰 김은 여름구름으로 시내 등성이에 핀다.
비늘로 솟아나는 흰 놀 봄 강에 세찬 물결이요
끓는 소리 쉬—쉬— 서릿바람에 대 잣나무 휘파람 소리로다.
향기 둥둥 떠 번짐, 전함 닫던 적벽이로다.
잠시 스스로 웃으며 자작하니
두 눈동자 밝았다 흐렸다 어지러운데
능히 몸 가벼운 것은 상품 아니리!
지병을 쓸어주는 것 중품 아니랴!
번민을 위로하는 것 次品이 아니랴!
이에 한 표주박을 잡으니 두 다리 추하게 드러내고
白石을 삶아 금단[550] 익힘에 견주겠는가?
한 잔을 다 마시니 마른 창자가 씻기고
두 잔을 다 마시니 상쾌한 넋은 신선이 되고자
셋째 사발은 병골이 씻기고 두풍이 나으매
로수[551]와 같은 마음이로다.
부운에 들린 뜻은 추로[552]의 호연지기를 기름이요.
넷째 사발은 웅호함 일고
우울과 비분의 기운을 비우고 태산에 오른 듯 천하가 작은데
이 어찌 부앙[553] 불능타 하리.
다섯째 사발에 색마가 놀라 달아나고
제사상 시동의 맹롱한 몸[554]이라.
구름치마 깃저고리 입은 듯 월궁으로 백란조 채찍 하네.
여섯째 사발에 해와 달이 한 치의 마음[555]에 들고

---

550) **金丹** 仙術로 조제한다는 長生不死의 묘약. 丹藥.
551) **魯叟** 魯國(今 산동성)의 늙은이. 春秋時代의 大儒. 이름은 丘, 字는 仲尼. 孔子(BC 551~BC 479)의 異稱.
552) **鄒老** 추국(今 산동성 추평현)의 노인. 戰國時代의 大儒 孟子(BC 372~BC 289). 이름은 軻, 子思의 弟子(자사는 孔子의 손자이며 공자의 弟子인 曾子의 弟子).
553) **俯仰** 아래를 굽어봄과 위를 쳐다봄.
554) **餐尸盲聾** 옛날 祭祀牀에 神位 대신 앉히던 아이. 즉 尸童이 눈멀고 귀먹어서 먹지 못하다가 잘 차려 먹는다는 비유.

온갖 것이 거적[556]인양 신기하여라.
소보와 허유[557] 몰고 백이숙제[558]를 따르듯 천궁의 상제께 읍하노라.
어찌 일곱째 사발은 반도 비우기 전에
울금향 맑은 바람[559]이 옷깃에 일며
창합 바라 뵈는 가까운 봉래산정[560]의 소삼함이여.

譯註篇 第六章 五功效

若斯之味譯註　五功極長且妙
而論功之　不可**闕**也
當其涼生玉堂　夜闌書榻
欲破萬卷　頃刻不**輟**
董生脣腐　韓子齒**豁**
靡爾也　誰解其**渴**　其功一也
次則　讀賦漢宮　上書梁獄
枯槁其形　憔悴其**色**
腸一日而九回　若火燎乎腷**臆**
靡爾也 誰敍其**鬱**　其功二也
次則　一札天**頒**　萬國同**心**
星使傳命　列侯承**臨**
揖讓之禮旣**陳**　寒暄之慰將**訖**
靡爾也　賓主之情誰協　其功三也
次則天台幽人　青城羽客
石角噓氣　松根鍊**精**
囊中之法欲試　腹內之雷乍**鳴**
靡爾也　三彭之蠱誰**征**　其功四也
次則　金谷罷宴　兎園回**轍**
宿醉未**醒**　肝肺若**裂**

---

555) **方寸** 四方 한 치의 최소 분량, 四方 한 치의 심장, 곧 마음. 『한서 식화지』『촉지 제갈량전』.
556) **蘧篨** 거적의 소리를 한자로 빌려 적음(音譯假借·取音).
557) **巢許** 巢父(소보)와 許由, 堯때의 高士. 堯가 天下를 맡기려 하였으나 사양하고 숨었다는 仙人들.
558) **夷齊** 伯夷와 叔齊 고죽군의 아들 형제. 무왕의 반란을 반대하여 그의 록이 부끄럽다고 수양산에 들어가 굶어 죽었다.
559) **鬱淸風** 향기가 특출한 나리과 향목의 鬱金香(울금향). 李白의 詩, '蘭陵美酒鬱金香'에서 茶 향기를 비유하였다.
560) **蓬萊** ① 여름철의 金剛山. ② 지금의 호북성 황강현 양자강 가에 있는 산. 山 위에 閣이 있음. ③ 史記 封禪書에 '蓬萊 方丈 瀛州를 三神山이라 한다. 渤海中에 있는데 仙人들이 머물러 不死藥을 만든다. 거기 있는 짐승은 희다. 黃金色과 白銀으로 궁궐을 지었다.'고 했다. 渤海는 東夷의 民族史 彊域이다.

靡爾也　五夜之酲誰輟
自註　唐人以茶爲輟酲使君　其功五也
韻⇒闕輟豁渴一鬱訖. 色臆. 頒陳. 心臨. 精鳴征醒. 轍裂輟

역주편 제6장 5공효
이 같은 맛과 신묘함이 극장일지니
공덕 헤아림을 빠뜨릴 수 없노라.
그 서늘함 이는 옥당을 지키며 밤새도록 책상에서
만권 서책을 읽고자 잠시도 그치지 않을 제
동생[561]의 입술이 썩고 한유[562]의 이가 뚫릴 때
너 없으면 누가 그 목마름 풀랴, 그 공이 첫째요.
다음은 한궁에서 글을 읽고 량의 감옥에서 상서한 추양이[563]
그 형체는 깡마르고 그 안색은 초췌하며
창자가 하루에 아홉 번씩 뒤집혀 답답한 가슴 불타듯 할 때
너 없이 누가 그 울분 풀었으랴, 그 공이 둘째요.
다음은 천자의 한 반찰을 만국이 합심코자,
사신은 칙명을 전하고 제후가 임하여 받들 때에
상견의 례를 베풀고 한훤지례[564]로 위로할 제
네가 없으면 손과 주인의 정으로 누가 맞으랴, 그 공이 셋째요.
다음은 천태산 선인과 청성 선인이
돌 끝에 기를 내불며 송근의 련단을 정제할 제
낭중의 법으로 시험하고자 뱃속에 우렛소리 울렁거릴 때
네가 없으면 삼방의 벌레[565] 독을 누가 다스리랴, 그 공이 넷째요.
다음은 금곡[566]의 잔치가 파하거나 토원[567] 잔치에서 돌아올 제
숙취에서 깨어나지 못하고 간과 폐가 찢기듯 할 제
네가 없으면 오야[568]에 술을 깨어 누가 그치게 하랴,
自註 당나라 사람은 "茶는 술을 깨워 그치게 하는 사신이라" 했다. 그 공이 다섯째이다.

---

561) **董生** 名邵南 唐나라 安豐人 韓愈와 交分(韓子가 '董生行'을 지어 보냄)하였다. 『小學』.
562) **韓愈** 唐宋八大家(唐 3인 宋 5인)의 一人(768~824)으로 柳宗元(唐宋八大家의 1인)과 함께 古文復興에 힘썼다.
563) **上書梁獄** 梁의 감옥에서 상서하여 풀려난 鄒陽의 고사. 『漢書列傳』.
564) **寒暄之禮** 만나서 서로 안부를 물으며 인사하는 禮.
565) **三彭之蠱** 도교에서 말하는 三尸(或 三蟲)의 벌레독, 사람의 몸 안에 있다가 천제께 그 사람의 부정을 밀고한다는 벌레.
566) **金谷** 石崇(249~308, 西晉 南皮, 지금의 하북성 남피현 사람)이 하양(지금의 하남 맹현)에 설치한 金谷別墅를 말함.
567) **兎園** 梁나라 孝王의 別莊.
568) **五夜** 五更, 밤을 다섯으로 나누어 일컬음(甲夜; 오후7~9시, 乙夜; 오후 9~11시, 丙夜; 오후11~1시, 丁夜; 오전1~3시, 戊夜; 오전3~5시).

▌譯註篇 第七章 六德

吾然後**知**　茶之又有六**德**也
使人壽修　有帝堯大舜之**德**焉
使人病**已**　有俞附扁鵲之**德**焉
使人氣淸　有伯夷楊震之**德**焉
使人心逸　有二老四皓之**德**焉
使人仙　有黃帝老子之**德**焉
使人禮　有女熙公仲尼之**德**焉.
斯乃玉川之所**嘗**　贊陸子之所**嘗**
樂聖俞以之了**生**　曹鄴以之忘**歸**
一村菖光**静**　樂天之心**機**
十季秋月却　東坡之睡**神**
掃除五害　凌厲八**眞**
此造物者之蓋有幸
而吾與古**人**之　所共**適**者也
豈可與儀狄之狂**藥**
裂腑爛腸　使天下之人德損
而命促**者**　同日**語**哉
韻⇒知已. 德7字. 嘗2字. 生靜. 歸機神眞人. 適(叶)藥. 者語

역주편 제7장 륙덕

나는 그 후에 알았으니 茶는 또 여섯 가지 덕이 있음을.
사람이 천수를 누리고자 제요와 대순[569]의 덕을 갖추고
사람이 병고를 그치게 하고자 유부 편작[570]의 덕을 갖추고
사람이 기를 맑게 하고자 백이와 양진[571]의 덕을 갖추고
사람이 마음을 일탈하고자 이로 사호[572]의 덕을 갖추며
사람이 선인이고자 황제[573]와 로지[574]의 덕을 갖춘다.

---

569) **帝堯大舜** 唐堯(帝堯陶唐氏 ⇒ 堯임금 BC 2357~2256)와 舜虞(帝舜有虞氏 ⇒ 舜임금 BC 2255~2206) 堯舜時代라 하여 東洋의 理想時代를 말함. 堯 舜은 각각 100세 이상 살았다고 한다. 『孟子』에 '舜은 諸馮에서 나시고 負夏에 옮기셔서 鳴條에서 마치시니 東夷의 사람이시니라. 文王은 岐周에서 나셔서 畢郢에서 마치시니 西夷의 사람이시니라.' 이때의 東西 분계는 華山(甘肅省)이다.

570) **유부편작(俞附扁鵲)** 俞附는 황제 때의 名醫, 扁鵲은 전국시대의 名醫, 두 사람이 다 덕과 仁으로 仁術을 폈다고 한다.

571) **백이양진(伯夷楊震)**; 伯夷는 商代 孤竹君의 長子, 周의 반란이 성공하자 숙제와 함께 수양산으로 들어가 굶어 죽었다고 함. 양진(?~142)은 동한의 弘農 華陰(지금의 섬서성 화음현) 사람으로 박학청빈한 학자이다. 字 伯起.

572) **二老四皓** 二老⇒周初 孤竹君의 맏아들인 伯夷와 大(태)公望. 四皓⇒鬚眉(수미)가 새하얀 네 늙은이. 진시황 때 國難을 피하여 商山으로 隱遁하였다. 東園公, 綺里季, 夏黃公, 甪里(록리) 선생, 商山 四皓.

573) **黃帝** 황제⇒황제 유웅씨(BC 2692~2592). 伏羲氏, 神農氏를 이은 삼황의 一人.

사람이 禮에 서고자 주공[575]과 공자[576]의 덕을 갖춤이니
이는 옥천[577]이 시험한 바요, 륙우가 시험한 바요,
매성유[578]가 즐겨 함께 삶을 마쳤으며
조업[579]은 그로써 돌아가기 잊었다.
한 마을에 봄빛처럼 고요한 백락천[580]의 심기요
십년 동안 가을달 물리쳤음은 소동파[581]의 깊은 꿈이었으니
오해[582]를 소제하고 팔진[583]으로 힘차게 나아가는
이는 조물주의 은총이시라.
나는 옛사람과 함께 마주하여 지내는 바일지라.
어찌 의적[584]의 미친 약을 함께 하여
장부 찢기고 창자 문드러지게 하며
천하 사람으로 하여금 덕을 손상하고
천명을 재촉하는 자와 한날에 말하랴.

譯註篇 第八章 修行

喜而歌曰　我生世兮　風波**惡**
如志乎養生　捨汝而何**求**
我攜爾歙　爾從我**游**
花鞘月**暮**　樂且無**斁**
傍有天**君**　懼然戒曰
生者死之本　死者生之**根**
單治內而外凋　嵇著論而蹈**艱**
曷若泛虛舟於智**水**　樹嘉穀於仁**山**

---

574) **老子** 春秋時代의 哲人. 이름은 耳, 字는 伯陽, 시호는 聃(담)이다. 『德道經』의 著者.
575) **희공(女熙公)** 희공⇒주나라의 性. 周의 文王과 武王을 도와 建國初期 武文基礎를 닦은 周公旦, 周聖 등으로 불림. 시호는 元, 文王의 三子. 武王의 弟.
576) **仲尼** 孔子의 字.
577) **玉川** 盧仝(약 795~835). 號는 玉川子. 唐代의 詩人. 著書 중 '茶歌'는 陸羽의 『茶經』과 함께 唐 중엽 以後에 茶를 認識시키는 데 크게 影響을 주었다.
578) **梅聖兪** 梅堯臣(1002~1060). 字 聖兪, 北宋의 宣城(今 안휘성 선성현) 사람. 著書로 『唐載記』 『毛詩小傳』 『宛陵集』 등 茶詩를 많이 남겼다.
579) **曹鄴** (약 816~875). 唐의 詩人. 著書로 『曹祠部 詩集』이 있다.
580) **白樂天** 白居易(772~846). 唐代의 詩人. 字는 樂天, 號는 香山居士. 산서성 태원 사람으로 71권의 저서가 있다.
581) **蘇東坡** 蘇軾(1037~1101). 北宋의 學者. 號는 東坡居士, 字는 子瞻. 父 蘇洵(1008~1065)과 아우 蘇轍(1039~1112)과 함께 唐宋 八大家의 한 사람.
582) **五害** 다섯 가지 自然災害로 '水, 旱, 風霧雹霜, 厲, 蟲'을 이름.
583) **八眞** 修己治人(수기치인)의 팔조목, 즉 격물치지, 성의, 정심, 수신, 제가, 치국, 평천하(格物 致知 誠意 正心 修身 齊家 治國 平天下)를 뜻한다. 『大學』.
584) **의적(儀狄)** 夏나라 때의 釀酒 始祖라 함.

神動氣而入妙　樂不圖而自**至**
是亦吾心之茶　又何必求乎**彼**也
韻⇒惡暮斁. 求游. 君根艱山. 水至彼

역주편 제8장 수행
기꺼이 노래로 이르리라. 내가 세상에 나오니 풍파가 모질도다.
양생[585]의 뜻을 좇을진대 너를 버리고 무엇을 구하리오.
나는 너를 지녀 마시고, 너는 나를 따라 사귀느니
꽃피는 아침 달뜨는 저녁에 좋아하며 싫어하지 않으리라.
하느님 모시고 두려움과 경계로 말하리니
삶은 죽음의 밑이요 죽음은 삶의 뿌리이매
속은 쉽게 다스려도 밖으로 조락함을, 혜저론[586]으로 어렵게 도습한들
어찌 '지수[587]에 빈 배를 띄우고 인산[588]에 좋은 곡식을 심음'과 같으리.
신기로이 움직이는 기운 현묘에 들고
즐거움 도모치 않아도 저절로 이르니,
이 또한 내 마음의 차이거늘
또 어찌 반드시 저 무엇을 구하리오.[589]

595 [虛庵茶詩] 夜坐煎茶 — 鄭希良

夜如何其天欲雪　青燈古屋寒無**眠**
手取牀頭苔蘚鍑　瀉下碧海冷冷**泉**
撥開文武火力均　壁月浮動生青**煙**
松風颼颼響空谷　飛流激激鳴長**川**
雷驚電走怒未已　急輪轉越轘轅**巓**
須臾雲捲風復止　波濤不起淸而**漣**
大瓢一傾冰雪光　肝膽炯徹通神**仙**
徐徐鑿破混沌竅　獨御神馬游象**先**

---

585) **養生** ①부모 살아계실 제 잘 봉양함(養이 去聲), ②자신의 건강과 장수를 위하여 섭생함(養이 上聲).
586) **嵇著論** 혜강(嵇康)이 지은 『養生論』. 嵇康은 三國 魏나라 사람으로 字는 叔夜, 竹林七賢(완적, 혜강, 산도, 상수, 유령, 완함, 왕융)의 한사람. 老莊學派.
587) **智水** 智者樂水의 줄임말. 슬기로운 사람은 겸손하여, 그 성품이 물과 같아서 자연히 물을 좋아한다는 뜻. 『論語』에 '智者樂水 仁者樂山'라 하였다.
588) **仁山** 仁者樂山의 줄임말. 仁者는 天命을 따라 욕심에 움직이지 않으므로, 고요한 마음이 山과 같아서 자연히 山을 좋아한다는 뜻.
589) **又何必求乎彼也** 이 결어 앞에 '如志乎養生 捨汝而何求, 양생의 뜻을 좇을진대 너를 버리고 무엇을 求하리요' 하는 전제가 있다. 何求와 何必求로 뒤에 뜻을 더 강조하며 '又彼'로 이 부문을 결언함이 곧 한재 선생의 고아한 茶飯日常의 인품을 엿보게 한다. 茶를 지니고 五功 六德에 이를 수 있는 삶인데, 그 밖에 또 더하여 저(彼) 무엇을 원하랴?

回看向來勃谿地　妖魔俗念俱茫**然**
但覺心源浩自運　揮斥物外逍遙**天**
漸窮佳境到妙處　拍手浪吟離騷**篇**
(吾聞)上界眞人好淸淨　呼吸沆瀣糞濊**痊**
餐霞服玉可延秊　洗髓伐毛童顔**鮮**
我自世間看如此　豈與枯槁爭長**秊**
(君不見)盧仝飢三百片　文字汗漫空五**千**
七言古 先韻⇒眠泉煙川巓連仙先然天篇痊鮮秊千

허암茶詩 밤에 앉아서 茶 달이기 — 정희량(1469~?)

밤이 얼마쯤 되었는지 눈이 오는데
푸른 등의 옛집은 추워서 잠 안 오네.
상머리 이끼 긴 솥을 손수 들어다가
푸른 바다처럼 맑고 찬 샘물을 쏟아 붓고
문무의 화력을 고르게 다스리면
벽 위에 달 떠오르고 맑은 김 서리네.
솔바람 우수수 빈 골짜기에 울리듯
날아서 흐르는 물이 부딪쳐 긴 내에 울리듯
천둥에 번개 달리는 기세 채 그치기 전에
급히 가던 수레가 환원[590]으로 굴러 넘어가 떨어지듯
잠깐 구름이 걷고 바람 멎으니
파도는 일지 않고 맑고 잔잔하네.
큰 표주박 한번 기울이니 얼음 눈처럼 빛나
간담이 뚫리어 신선과 통한다네.
천천히 뚫어 깨어 혼돈 구멍 뚫리어
홀로 신마를 타고 선천 세계에서 노니네.
돌아보니 예전 마음속 발계[591]에
요마와 속념이 모두 망연히 사라지고
다만 심원의 호연을 깨달아 스스로 옮기느니
힘차게 벗어난 물외의 하늘을 소요하네.
내 들으니 상계 진인은 깨끗함을 좋아하여
항해[592]를 호흡하여 분예의 병을 고친다네.
놀 먹고 옥을 먹어 천수를 늘일 수 있으니

---

590) **轘轅** 河南省에 있는 산, 또는 關所의 이름.
591) **勃谿** 다투다. 어그러지다.『莊子』則婦姑勃谿.
592) **沆瀣** 子時 丑時에 神仙이 마신다는 북쪽 하늘에서 내리는 맑은 이슬 기운.

골수를 씻고 털을 베어 동안처럼 곱다네.
나 또한 세상을 보기 이와 같은데
어찌 마른 나무와 오래 살기를 다투리.
그대 못 보았던가, 굶주린 로동이 삼백 조각[593] 희롱한 것을.
도덕경 오천 언은 부질없는 한만한 문자.

596 [虛庵茶詩] 獨坐煎茶 奉呈梅溪 — 鄭希良

日長旅館閒生睡　　煮啜瓊漿病眼**開**
拚洗百秊蠹土穢　　姑山親見玉人**來**
七言絶 灰韻

一陣松風四壁**寒**　　夢回蝴蝶覺神**閒**
晴窗盡日焚香坐　　心在鴻濛太極**閒**
七言絶 寒韻

南江懶膾金鱗鯽　　北戶閒揮玉麈**風**
朗讀離騷成一快　　天敎我輩不曾**窮**
七言絶 東韻

局上枯棋三百片　　胸中文字五**千**
想見先生獨樂　　水邊林下神**仙**
七六言古 先韻

허암茶詩 홀로 앉아서 茶를 달여 매계에게 받들어 올리다 — 정희량(1469~?)

해가 긴 려관에서 한가로이 졸리기에
고운 茶 달여 마시니 병난 눈이 열리네.
백년의 흙먼지와 때를 털고 씻은 듯
고야산[594]을 몸소 보니 미인이 오네.

한바탕 솔바람에 사방의 벽이 차갑고
나비로 맴돌던 꿈이 깨니 정신이 안정되네.
온종일 맑은 창가에서 향을 사르며 앉으니
마음은 홍몽[595]과 태극 사이에 있네.

---

593) **盧仝飢三百片 文字汗漫空五千** 盧仝의 「走筆謝孟諫議新茶」 中의 五言句 '三盌搜枯腸 惟有文字五千卷 四盌發輕汗 平生不平事 盡向毛孔散—'
594) **姑射山** 神仙이 산다는 산 이름.
595) **鴻濛** 천지자연의 원기. 광대한 모양. 천지가 아직 나누어지기 이전의 상태.

남강에선 금붕어 회를 싫어하였고
북녘 창에는 한가로이 눈보라 흩날리네.
리소[596]를 랑독하니 온통 상쾌해지는 것을
우리들 천교를 일찍이 다하지 않았는가?

바둑판 위에 죽은 바둑돌은 3백인데
가슴속 문자가 오천[597]이라네.
선생 홀로 즐김 미루어 헤아리니
물가 숲속의 신선이라오.

597 [虛庵茶詩] 瀟湘八景, 江村暮雪 — 鄭希良

江村日落天杳茫　　荻葦蕭疏響晚雪
蟄龍愁吟凍生鱗　　睡鷗不動寒徹骨
孤舟獨向者誰子　　兀坐蓬窗滯行色
谿上高人定淸曠　　安得往尋同茗蓆

. 七言古 月・職韻⇒雪骨. 色蓆

허암茶詩　소상팔경, 눈 오는 저녁 강마을 — 정희량(1469~?)

강마을 저물어 묘연한데
물 갈대 덤불 늦눈이 스쳐 운다.
생린 얼리는 은사의 신음
뼈 에는 추위 붙어서 자는 갈매기.
조각배에 홀로 가는 그대 뉘라서
봉창에 우뚝 앉아 골몰한 행색이여.
계상의 고사 머문 청광한 곳
어찌 찾아 茶자리를 함께하지 않으리.

596) **離騷** 屈原이 지은 『楚辭』의 편명. 참소를 만나 궁정에서 쫓겨난 몸으로 戀君의 정을 읊은 일종의 서정시.
597) **文字五千** 老子의 德道經 字數를 唐代 詩人인 盧仝이 「走筆謝孟諫議新茶」에 '三椀搜枯腸惟有文字五千卷'이라 引用했다.

598 [虛庵茶詩] 五言古詩 — 鄭希良

我愛琴軒翁　處世樂幽**寂**
梅梢新月上　淸光撒虛**壁**
衆念死灰靜　閉戶自怡**懌**
手拊三尺桐　細彈松風**曲**
彈罷月徘徊　起立梅露**滴**
斯人信淸曠　每許同茗**薦**
萬里各相望　鄙吝生离**臆**
遙知唱楚些　招此天涯**魄**

五言古 錫·陌·沃·職韻⇒寂壁懌曲滴薦臆魄

허암茶詩 오언고시 — 정희량(1469~?)

자애하여 추녀 아래에서 거문고를 타며
세속의 고적함을 즐기네.
매화나무 끝 새 달이 걸리니
맑은 달빛 빈 벽에 흩어지네.
많은 상념들이 고요히 재가 되어 사라지고
문 닫으니 저절로 오는 기쁨.
손수 만져 다듬은 석 자 거문고
가볍게 타니 송풍의 곡조로다.
탄주598) 그치니 배회하는 달
곧추 선 매화나무 방울지는 이슬.
이 사람의 신의가 맑고 밝으니
매번 허락하여 茶 자리를 함께하네.
만 리 밖에 서로 바라노라니
다랍고599) 인색하게 떠난 회억.
멀리서 알까『楚辭초사』노래로 불러
하늘 물가 달빛을 초대하네.

598) **彈奏** 가야금, 거문고, 바이올린 따위의 현악기를 탐. 彈文.
599) **다랍다** 때나 찌꺼기 따위가 있어 조금 지저분하다. 언행이 순수하지 못하거나 조금 인색하다는 뜻.

599 【虛庵茶詩】 雪後錄奉梅溪先生 — 鄭希良

客窗偏惜歲將**殘**　　蘆荻蕭疏雪滿**山**
塞外風高鷹翅健　　陣前雲起箭聲**寒**
不妨夜月相乘興　　何事詩人獨閉**關**
擁碣煎茶淸味永　　況論杯酒作舊**顏**

七言律 寒・刪韻⇒殘山寒關顏

허암茶詩 눈 내린 뒤 록봉 매계 선생[600]께 — 정희량(1469~?)

객창 애처로이 한 해 또 기우는데
갈대 억새 뒤섞이고 산 가득한 눈.
성채 밖 높바람[601]에 힘찬 매의 무리
군진 앞 구름일고 차가운 전성.
가림 없는 밤 달 서로 흥을 돋우건만
웬일인지 시인은 홀로 폐문했구나.
돌 새워 茶 달이니 전영한 청미인데
하물며 몇 잔 술에 舊興춘흥겨움에랴!

600 【虛庵茶詩】 五言律詩 — 鄭希良

海上逢佳節　　傷心鬢自**華**
詩添今日興　　茗折去年**芽**
世事眞難料　　吾生本無**涯**
舊風公道在　　吹八逐臣**家**

五言律 麻韻⇒華芽涯家

허암茶詩 오언율시 — 정희량(1469~?)

해상은 좋은 때를 맞는데
상심한 구레나룻 저절로 피어.
시는 오늘의 홍을 더하나
茶는 지난 해 싹이네.

---

600) **梅溪** 文瑾(1471~?)의 號. 조선 시대 중종 때의 문신으로 字는 士輝, 號 梅溪, 雙槐. 조광조와 함께 중종의 신임을 받아 형조참판이 되었으나 훈구파 남곤 등의 무고로 좌천, 기묘사화 때 조광조의 처형을 공박하다가 파직됨.

601) **높바람** 된바람. 매섭게 부는 바람. 北風을 이르는 말.

세상일 헤아리기 진실로 어려운데
내 삶 무애한 본원이여.
공도[602]에 있을 봄바람
축신[603] 집 쫓아 불어드네.

601 [虛庵茶詩] 五言古詩 — 鄭希良

我愛申思仲　峩洋頗同**調**
讀書尋山寺　放情窮巖**嶅**
古壁燈炯炯　寒窗雨蕭**蕭**
煮茗澆舌本　曠朗吟離**騷**
君時臨晉帖　玉樹生秋**毫**
縱談雜奇怪　拍手相昤**豪**
人事安足時　摵落如牛毛
嶺南隔雲水　塞北多蓬**蒿**
欲見郍可得　懷哉增鬱**陶**
五言古 蕭·豪韻⇒調嶅蕭. 騷毫豪毛蒿陶

허암茶詩 오언고시 — 정희량(1469~?)

자애의 번뇌 거듭 사유를 잇는데
운해 자못 동조하는
산사 찾아 글 읽다가
암오[604]에 흩어 정 비우고
낡은 벽 형형한 등불
시린 창엔 쓸쓸한 빗소리
茶 달여 혀 밑에 흘리며
광랑한 『초사 리소경』을 읊조린다.
그대 때로 진첩을 그려
옥수에 추호[605]를 돋게 하며
放談방담 기괴히 흩트리다
손뼉 치며 호협하며 서로 돕느니
사람 일 흡족한 때 안일하나

602) **公道** 공중에 통행하는 도로. 공평한 길. 바른 도리. ↔ 私道.
603) **逐臣** 쫓겨난 신하, 客臣. 逐客.
604) **巖嶅** 바위와 잔돌 많은 곳.
605) **秋毫** 가을철에 짐승들의 털갈이로 새로 돋아나는 털. 아주 微細함을 비유.

뿔뿔이 흩어지면 우모이러니
령남은 운수에 막혔는가
북변 성 밖에 나그네 시름 많은데
보고자 한들 어찌 얻으랴
회포만 더욱 울적하느니.

602 [虛庵茶詩] 五言古詩 — 鄭希良

(上略)
斯人信淸曠　每許同茗**席**
萬里各相望　鄙吝生离**憶**
遙知唱楚些　招此天涯**魄**
五言古 陌韻⇒席憶魄

허암茶詩 오언고시 — 정희량(1469~?)

(상략)
이 사람 청광한 소식으로
매양 茶자리 함께 하자네.
만 리를 각기 서로 바라니
鄙吝비린한 离憶리억이 생겨나네.
멀리 『초사』 부를 줄 알아
여기 천애의 혼백 부른다.

603 [燕山君] 卷六 宮廷茶禮

元秊乙卯　六月甲寅. 問禮官金壽童, 自碧蹄來啓, 臣到碧蹄夜已二鼓, 三天使皆寢, 唯上天使不寐, 臣就謁上天使寢房上使曰　明日不欲封王耶, 儀註何來遲耶. 臣對曰　儀註改書臨畢而誤書數字, 於是殿下卽罪誤書者, 又令佗人改書而來故, 遲緩至此. 臣又言曰　明日若雨, 則恐不得行禮, 今方日長吉時非一待, 晴行禮何如. (中略) 王受詔敕如儀禮訖, 王就西階下幕次, 天使等 就東階下幕次. 有頃, (中略) 王曰　皇恩罔極, 頂戴不起, 三大人萬里之路辛苦而來. 王天使曰　王事不可憚勞, 且齂廷知國王賢德矣. 遂各就坐, 行茶禮. (中略) 茶禮旣畢, 將別王送至勤政門階下, 上使曰　殿下陞階然後, 我等當乘轎. 王讓之, 再三上, 副使, 又請之, 甚牢王陞一級. 自此每級相讓陞, 至四級, 而王曰　已陞至此, 何敢盡陞, 請三大人乘轎, 然後當盡陞. (下略)

연산군 권6 궁정茶禮

연산군(재위 1495~1506) 원년 을묘(1495) 6월 3일. 문례관 김수동이 벽제로부터 와서 아뢰기를 “신이 벽제에 이르니 밤이 벌써 이경이라, 세 명국 사신이 모두 잠자리에 들었는데 상사만이 잠들지 않았으므로 신은 상사를 침방으로 찾아가 뵈었더니, 상사의 말이 ‘명일에 왕을 책봉하지 않으려오? 의주[606]가 어째서 오지 않소’ 하매 신이 대답하기를 ‘의주를 고쳐 써서 다 끝날 무렵에 두어 자를 잘못 썼소. 그래서 전하께서는 곧 잘못 쓴 자에게 죄를 주고, 또 다른 사람을 시켜 고쳐 써 오기 때문에 이렇게 늦어진 것이오’ 하고, 신은 또 말하기를 ‘명일에 만약 비가 온다면 례를 거행하지 못할까 염려되는데, 이제 바야흐로 날은 길고 좋은 때가 한 번만 있는 것이 아니니, 완전히 갠 다음에 례를 거행하는 것이 어떻겠소.’ (중략)

왕은 조칙 받기를 의례대로 끝마치고 서계 아래 막차로 나아가고 명국 사신들은 동계 아래 막차로 나아갔다. 잠시 뒤에 (중략) 왕이 이르시기를 “황은이 그지없어 머리에 이고 일어나지 못할 지경이거니와 세 분 대인도 만 리 길을 오시느라 수고하였소” 하매, 왕 사신이 말하기를 “국가의 일에 어찌 수고랄 것이 있겠소, 더구나 조정에서 국왕의 어진 덕을 알고 있나이다” 하였다. 드디어 각기 좌석에 앉아서 茶禮를 거행하였다. (중략) 茶禮가 끝나고 작별할 적에 왕은 전송하여 근정문 섬돌 아래까지 내려갔는데, 상사가 말하기를 “전하가 섬돌에 오르신 뒤에 우리들은 가마를 타겠소” 하매, 왕은 재삼 사양하니 상사, 부사가 또 굳이 청하므로 왕은 한 계단을 올랐다. 이로부터 계단마다 서로 사양하여 네 계단까지 오르매, 왕은 말하기를 “이미 여기까지 올라왔으니, 어찌 꼭 다 올라야만 되오? 청컨대 세 분 대인은 가마를 타시오. 그래야만 마저 오르겠소” 하였다. (하략)

604 [燕山君] 卷六 宮廷茶禮

元秊乙卯 六月甲子. 王如大平館, 以前疾恐未能成禮, 令王子君, 議政等代行, 只行茶禮而還. 使臣等欲詣闕修謝, 館伴等語曰 殿下力疾而來, 未得成禮而還, 大人雖欲致謝, 恐未能出接也. 使臣等遂不往.

연산군 권6 궁정茶禮

연산군 원년 을묘(1495) 6월 13일. 왕이 태평관에 갔으나 병환 때문에 례식을 치러내지 못할까 걱정되어 왕자군, 의정 등으로 하여금 대행하게 하고 茶禮만 거행하고 돌아왔다. 사신들이 대궐에 나아가서 사례하려 하자, 관반[607] 등이 말하기를 “전하께서 병을 참고 오셨다가 례식을 치루지 못하고 돌아가셨으니, 대인이 비록 사례하려 하셔도 나와서 만나지 못하실 것만 같습니다” 하니, 사신들이 마침내 가지 않았다.

---

606) **儀註** 나라의 典禮에 관한 節次를 적은 책.

607) **館伴使** 서울에 묵고 있던 외국 사신을 접대하기 위해 太平館이나 東平館에 임시로 임명한 정3품 관원.

605 [燕山君] 卷十 宮廷茶禮

元季乙卯 十一月甲午. 司諫李宜茂等啓, 十一日敎曰 予雖啓大妃恐不得, 請然將啓稟, 十二日經筵敎曰 恐傷母后之志, 又敎曰 將極諫. 上敎如是故臣等竊謂此, 必慈旨也. 若非慈旨, 則殿下何有此敎耶. 且殿不前敎云 予知其非道, 今此設齋之命若出於殿下, 則何可以非道事先王乎. 殿下前敎云慈旨, 今則曰 予意, 此殿下欲塞臣等之語而敎之如此耳. 若然則人君之失得莫大於此, 設齋特小事耳. 願殿下愼勿以此爲心. 且永思殿茶禮用素膳, 而於宰樞饋酒之時, 用肉甚未穩, 請自今勿令用肉. 不聽.

연산군 권10 궁정茶禮

연산군 원년 을묘(1495) 11월 15일. 사간 리의무 등이 아뢰기를 "11일 하교에 '내가 대비께 계품하더라도 청하는 대로 안 될 것 같으나 계품은 하겠다' 하였고, 12일 經筵경연에서의 하교에는 '모후의 뜻을 상할까 염려된다' 하시고, 또 '장차 극간하겠다'고 하교하셨습니다. 상교가 이러하기 때문에 신들은 이것이 반드시 자전의 뜻이라고 생각합니다. 만약 자전의 뜻이 아니라면 전하께서 어찌 이와 같이 하교하셨겠습니까? 또 전하의 전번 하교에서 '내가 그것이 도리가 아닌 줄을 안다'고 하였으니, 이제 재를 지내라는 명이 만일 전하께서 나온 것이라면 어찌 비도로 선왕을 섬길 일이겠습니까? 전하의 전번 하교에는 '자전의 뜻'이라 하시고 이번엔 '내 뜻'이라 하셨으니, 이는 전하께서 신들의 말을 막으려고 이렇게 하교하셨을 것입니다. 만일 그렇다면 임금으로서의 실수가 이보다 더 큰일은 없으며, 재를 지내는 것은 오히려 작은 일입니다. 전하께서는 아예 이런 마음을 가지지 마소서. 또 영사전 茶禮에는 소선[608]을 쓰면서 재추[609]들에게 술을 줄 때에는 고기를 쓰는 것은 매우 온당치 못하오니, 이제부터 고기를 쓰지 마소서" 하였으나 들어 주지 않았다.

606 [燕山君] 卷四十五 宮廷茶禮

八季壬戌 八月丁未. 禮曹啓, 孝思廟親祭時, 及朝夕上食, 應行儀制. 一 親祭除百官陪祭, 只以贊禮近侍通禮行事. 一 亞 終獻官, 一品宗親, 執事官依例. 一 祭饌依各殿. 一 除晝茶禮, 只行朝夕上食.

연산군 권45 궁정茶禮

연산군 8년 임술(1502) 8월 8일. 례조가 효사묘에 친제할 때와 아침저녁의 상식에 응당 거행할 의례의 제도를 다음과 같이 아뢰었다.

一. 친제에는 백관들이 임금을 모시고 함께 제사지내는 것을 그만두고, 찬례[610]하는 근시와 통례[611]로서 행사할 것.

608) **素膳** 변변하지 못한 음식.
609) **宰樞** 宰府의 宰臣과 중추원의 樞臣을 아울러 이르는 말.
610) **贊禮** 제향 때 임금을 인도하여 行禮하게 하던 소임.

一. 아헌관(나라 제사 때 아헌을 맡아보던 임시 제관)과 종헌관(나라 제사 때 종헌을 맡아보던 임시 제관)은 1품 종친과 집사관이 례에 따라 할 것.
一. 제찬은 각 전의 례에 따를 것.
一. 晝茶禮는 그만두고 다만 아침저녁의 상식만 거행할 것.

607 [燕山君] 卷五十 宮廷茶禮

九季癸亥 九月乙酉. 傳曰 王鐸之來, 不設綵棚耶. 承旨成世純啓, 有慶事則設綵棚, 此迎敕而已故不設耳. 議政府六曹, 請宴等事議于政丞等停之何如. 且開城府宴享時, 例送妓工, 今則無別宣慰使, 勿送女樂, 宗宰問安并停之何如. 且迎敕下馬宴茶禮等儀, 例遣問禮官議之, 今無問禮官, 若遠接使到開城府, 則遣禮曹郎廳往議何如. 從之.

연산군 권50 궁정茶禮

연산군 9년 계해(1503) 9월 22일. 전교하기를 "왕탁이 오는데 채붕[612]을 설치하지 않을 것인가" 하니, 승지 성세순이 아뢰기를 "경사가 있으면 채붕을 설치하는데, 이번은 칙서[613]를 맞이할 뿐이므로 설치하지 않습니다. 의정부와 륙조에서 잔치에 청하는 등의 정승들에게 의논하여 그만두는 것이 어떠하리까? 또 개성부에서 잔치할 때는 기생과 악공을 보내는데 이번에는 선위사가 없으니 기녀와 악공을 보내지 말고 종실, 재상의 문안도 모두 그만두는 것이 어떠하리까? 또 칙서를 맞이할 때 하마연 茶禮 등의 의식에는 준례에 문례관을 보내어 의논하는데, 이번은 문례관이 없으니 원접사가 개성부에 이르게 되면 례조랑청을 보내어 의논함이 어떨까 합니다" 하니, 그대로 좇았다.

608 [燕山君] 卷五十二 宮廷茶禮

十季甲子 三月己丑. 尹弼商, 柳洵, 申用漑, 成希顔議, 孝思廟祭禮, 一依宗廟例, 四時大享, 及朔望祭用粢盛腥薦, 而朝夕水刺, 晝茶禮, 依文昭殿例行之. 且今已上謚, 祭時祝文不可, 仍用慈親之號, 請改神主以正王后位號, 於祝文稱臣稱諱何如. 從之.

연산군 52권 궁정茶禮

연산군 10년 갑자(1504) 3월 28일. 윤필상, 류순, 신용개, 성희안이 의논드리기를 "효사묘[614]의 제사 드리는 례절은 종묘의 예에 의하여 4계절의 큰 향사와 초하루 보름 제사에는 자성[615]과 성천[616]을 쓰고, 아침저녁의 수라[617]와 晝茶禮는 문소전[618]의 례에 의하여 행하소

---

611) **通禮** 韓會, 제사에 관한 의식을 맡은 관아인 通禮院의 정3품 벼슬.
612) **綵棚** 영접할 임시 자리.
613) **敕書** 임금의 명령을 기록한 글.
614) **孝思廟** 연산군의 어머니 尹氏의 사당.

서. 또 지금은 이미 시호를 올렸으니, 제사 때의 축문에 그 전대로 자친의 호칭을 쓰는 것이 불가하니, 청컨대 신주를 고쳐 왕후의 위호를 바로 잡고 축문에도 신이라 칭하고 휘를 칭하는 것이 어떠하리까?" 하니, 그대로 좇았다.

609 **[續東文選]** 第二十一卷 錄·金骨山錄 — 李冑

金骨山 在珍島郡治西二十里, 中嶽峻岋, 四面皆石, 望之若玉芙蓉. 西北抵海坤支蜿蜒南騖可二里而爲艮岾又東可二里而爲龍莊山, 至碧波渡而止. (中略) 歲戊午秋, 冑以罪謫來島上, 其冬遍觀此山, 得所謂三窟者, 心記之. 越四季壬戌秋九月, 冊封王世子, 是日大赦國中, 獨戊午一時被罪搢紳之士, 不在原例. 余私自訟曰 士君子生斯世, 必以忠孝自期, 今我罪惡深重,爲聖韓棄物, 欲爲臣而不得忠於君, 欲爲子而不得孝於親, 有兄弟, 朋友, 妻子而又不得兄弟, 朋友, 妻子之樂, 吾非人類也, 忽忽益無人世意. 一日佩童子一榼酒, 踽踽然行投西窟, 攜衲子彦顒智純, 直抵上窟, 窟, 併佛殿齋廚, 總二閒, 空曠, 季多無有居僧, 落葉塡門, 鼴沙滿房, 山風觸之, 海霧侵之, 霾陳瘴積, 不可堪處. 於是, 掃鼴沙塗牖壁, 斬木爨竈, 啓戶通氣, 日中飯一盂, 晨昏茶一盌, 將鳴鷄以聽曉, 察前潮而候時, 寢息聽意, 動作隨便. (下略)

속동문선 제21권 록·금골산 기록 — 리주(?~1504)[619]

금골산은 진도 읍내에서 서쪽으로 20리 지점에 있는데, 중봉이 가장 높고 사면이 모두 돌로 되어 바라보면 옥부용과 같다. 서북은 바다에 닿고 지맥이 구불거리며 남으로 달려 2리쯤 가서 간점[620]이 되고, 또 동으로 2리쯤 가서 룡장산이 되어 벽파도에 이르러 그쳤다. (중략) 무오년(1498) 가을에 나(李冑)는 죄를 짓고 이 섬으로 귀양살이 와서 그해 겨울에 이 산을 둘러보고 이른바 삼굴이 있다는 것을 알게 되어 마음에 기억해 두었었다. 4년이 지난 임술년(1502) 가을 9월 왕세자를 책봉하고, 이 날 국 중에 대사령을 내렸는데, 유독 무오년 한 때에 죄를 입은 진신[621]의 선비는 사면 줄에 끼이지 못했다. 나는 혼자서 자탄하여 말하기를 사군자가 이 세상에 나면 반드시 충효로써 스스로 기대하는데, 지금 나는 죄

615) **粢盛** 국가 제향 때 쓰는 祭物로 기장, 피를 말함.
616) **腥薦** 날고기 제수(祭需).
617) **水剌** 임금에게 올리는 밥을 구중에서 이르는 말.
618) **文昭殿** 태조 5년(1396)에 지어 신의왕후(神懿王后)의 위패를 모시고 인조전(仁昭殿)이라 했던 것을 태종 8년(1408) 태조가 죽자 같이 봉안하여 문소전으로 고쳤다.
619) **李冑** 리위(?~1504) 조선 초기의 문신. 본관은 고성(固城). 字는 주지(冑之), 號는 망헌(忘軒). 김종직의 문인이며 김굉필, 남효온, 김일손, 리계맹 등과 교분이 있었다. 무오사화 때 김종직의 문인으로 몰려 진도로 귀양 갔으며, 1504년 (연산군 10년) 갑자사화 때 김굉필 등과 함께 사형되었다. 詩에는 성당(盛唐)의 품격이 있으며, 기걸(奇傑)스럽고 힘찬 시풍을 지녔다고 평가되었다. 도승지에 추증되었으며, 문집으로 '망헌집'이 전한다.
620) **艮岾** 24방위의 하나인 동북. 開方. 고개.
621) **搢紳** 笏을 큰 띠에 꽂는다는 뜻으로, 높은 벼슬아치나 행동이 점잖고 지위가 높은 사람을 이른다.

악이 지중하여 성조에서 버림받은 물건이 되었으니, 신하 노릇을 하고 싶지만 임금에게 충성할 수도 없고, 자식 노릇을 하고 싶지만 부모에게 효도할 수도 없으며, 형제, 붕우, 처자가 있지만 또한 형제, 붕우, 처자의 낙을 누리지도 못하니, 사람의 종자가 아니라는 생각이 들어 더욱 이 세상을 살아갈 뜻이 없었다. 하루는 동자에 술 한 병을 들리고 외로이 행하여 서굴에 들러 승 언옹 · 지순을 끌고 곧장 상굴에 당도하니, 굴과 아울러 불전 재주가 모두 2칸인데 비워 둔 햇수가 너무도 많고 사는 승도 없어 낙엽이 문을 메우고 먼지와 모래가 방에 가득하며, 산바람이 부딪치고 바다 안개가 스며들어 흙먼지가 가득히 쌓여 거처할 수가 없었다. 이에 먼지를 쓸어내고 벽을 바르며, 나무를 베어 부엌에 불을 때고 문을 열어 공기를 통하게 하며, 한낮에 밥 한 사발을 먹고 아침저녁으로는 茶 한 잔을 마시며, 닭의 울음을 들어 새벽인 줄 알고 앞바다의 밀물을 살펴 때를 짐작하며, 침식을 마음대로 하고 동작을 편하게 따랐다. (하략)

610 [中宗] 卷十三 宮廷茶禮

六季辛未 二月癸未. 金壽童, 柳順汀, 成希顔, 盧公弼, 權鈞, 姜渾, 李蓀, 金應箕, 洪景舟, 申用漑, 鄭光弼, 李坫, 朴說, 安潤德, 高荊山, 安瑭, 洪淑, 成夢井, 李繼孟等議, 本翰視學儀, 設講榻於御座之西南向, 似是臨講時移御之座. (中略) 視學儀只設御座, 而無講榻之文, 高麗之制亦然. 則帝王因時損益不同, 不必拘於一例. 今次講榻之設, 終無一定之論, 則雖刪而去之, 似無不可. 但今儀註云 侍講官以下, 行酒五爵而止. 方問難之際迭起, 而行禮已爲煩擾, 饔膳之進, 必至喧聒甚, 非所以潛心性理至誠求道之盛意也. 聖上宗主斯道, 蒐求曠典以新一代之耳目, 而獨此一事有未盡善. 臣等竊謂刪去行酒之禮, 俟論難旣畢, 只賜茗歓雖違儀註允合事體. (下略)

중종 권13 궁정茶禮

중종(재위 1506~1544) 6년 신미(1511) 2월 2일. 김수동, 류순정, 성희안, 노공필, 권조, 강혼, 리손, 김응기, 홍경주, 신용개, 정광필, 리점, 박설, 안윤덕, 고형산, 안당, 홍숙, 성몽정, 리계맹 등이 의논드리기를 "본조의 『시학의』에는 강탑을 어좌 서쪽에 남향하여 설치하는데, 이것은 강의할 때 移御이어하는 좌석인 것 같습니다. (중략) 『시학의』를 보니, 다만 어좌를 설치한다 하였고 강탑에 대한 글은 없으며, 고려의 제도도 그러합니다. 그런즉 제왕이 때에 따라 손익함이 같지 않은 것이니, 반드시 한 가지 례에 구애될 것이 없습니다. 이번 강탑의 설치는 끝내 일정한 의론이 없으니, 삭제하여 버리더라도 불가함이 없을 것 같습니다. 다만 지금 儀註의주에 이르기를 '시강관 이하는 술 다섯 잔을 돌리고 그친다' 하였는데, 바야흐로 문난할 때에 있어서 서로 일어나 례를 행하는 것이 이미 번거롭고 소란하며, 옹선[622]이 나오면 반드시 떠들게 될 것이니, 이야말로 성리에 잠심하여 지성으로 도를 구하는 큰 뜻이 아닙니다. 성상께서 사도[623]를 높이 받드시며, 폐하였던 전례를 널리 찾아서 일대의 이목을 새

622) **饔膳** 잘 차린 맛있는 음식.

롭게 하시는데, 이 한 가지 일에 있어서만은 다 선하지 못함이 있습니다. 신 등의 생각으로는, 술 돌리는 례의를 삭제하고 론난이 다 끝나기를 기다려서, 茶만 하사하여 마시게 함이 儀註의주에는 어그러지지만 사체624)에는 합당할 것 같습니다. (하략)

611 [中宗] 卷三十一 宮廷茶禮

十三秊戊寅 正月丁未. 御朝講. 執義朴壕, 司諫鄭忠樑, 啓河宗海等四人, 及元彭祖, 金錫哲, 李世應, 文敬仝事不允. 傳曰 今日當進茶禮于上殿, 其停晝講以人日也. (下略)

중종 권31 궁정茶禮

중종 13년 무인(1518) 1월 7일. 조강625)에 나아갔다. 집의 박호, 사간 정충량, 하종해 등 네 사람과 원팽조, 김석철, 리세응, 문경동의 일을 아뢰었으나 윤허하지 않았다. 전교하기를 "오늘은 상전께 茶禮를 올려야 하니 주강626)을 정지하라" 하였는데, 인일627)이기 때문이었다. (하략)

612 [中宗] 卷三十七 茶事

十四秊己卯 十月庚午. 御朝講. (中略) 近日臺官論忠淸道觀察使柳雲事, 臣聞雲於都事金公藝, 父母茶禮時往見之, 以淸州官婢乃舊奴也唱歌, 似不甚妨, 且其鎭川樓上, 唱歌事是虛語也. (中略) 光祖曰 長坤乃大臣也, 以愛惜人材而啓之耳. (中略) 長坤豈有私意哉. 此事果李延慶所啓也, 若於父母茶禮時唱歌, 則豈甚不可哉. 延慶所聞亦豈可盡信. 樓上唱歌事更聞之, 則專是虛事耳. 延慶有慷慨之志故, 聞之卽啓, 長坤之言可斟酌而聽也. (下略)

중종 권37 찻일

중종 14년 기묘(1519) 10월 10일. 조강에 나아갔다. (중략) "근일 대관이 충청도관찰사 류운의 일을 논하였으나, 신이 듣건대 류운이 도사 김공예의 부모 茶禮628) 때 가서 보고 청주의 관비(전에 妓女였다.)를 시켜 노래를 부르게 하였다 하니 그리 해로울 것이 없으며, 또 진천의 루상에서 노래를 불렀다는 것은 헛말입니다. (중략) 조광조가 아뢰기를 리장곤은 대신이니 인재를 아껴서 아뢴 것입니다. (중략) 리장곤에게 어찌 사사로운 뜻이 있겠습니까? 이 일은 과연 리연경이 아뢴 것인데, 부모 茶禮 때에 노래를 불렀다면 어찌 크게 잘못 된 일이겠습니까? 리연경이 들은 것도 어찌 죄다 믿을 수 있겠습니까? 루상에서 노래를 불렀다는 일

623) **斯道** 聖賢(성현)의 길. 孔孟(공맹)의 가르침.
624) **事體** 일의 이치와 체면. 일이 되어가는 형편.
625) **朝講** 이른 아침에 강연관(講筵官)이 왕에게 진강(進講)하는 일.
626) **晝講** 法講의 한 가지. 經筵特進官 이하가 임금을 모시고 午時에 행하였다.
627) **人日** 음력 정월 초이렛날. 날씨로 그 해의 농사일을 점친다고 한다.
628) **父母茶禮** 부모가 살아계실 때 또는 별세 후 삼년간 생신에 지내던 차례.

은 다시 들으니 전혀 없었던 일이었습니다. 리연경은 강개한 뜻을 가졌으므로 듣고서는 곧 아뢰었으니, 장곤의 말은 짐작해서 들으셔야 합니다." (하략)

613 [中宗] 卷四十一 宮廷茶禮

十六年辛巳 四月己酉. 傳曰 迎敕差吉爲之, 則出宮及茶禮時服色何以爲之. 袞等啓曰 出宮時服色若以白色, 則素儀仗甚難, 不得已從吉也. 茶禮時天使若不變服, 則上亦不變可也.

중종 권41 궁정茶禮

중종 16년 신사(1521) 4월 28일. 전교하기를 "칙서를 맞을 때 길례를 따라 거행한다면 궁을 나갈 때와 茶禮를 베풀 때의 복색은 어떻게 해야 하겠는가?" 하매, 남곤 등이 아뢰기를 "궁을 나갈 때의 복색을 흰색으로 한다면 흰 의장을 준비하기가 매우 곤란하니 부득이 길례를 따라야 합니다. 茶禮를 베풀 때 명나라 사신이 변복하지 않는다면 상께서도 변복하지 않도록 하소서." 하였다.

614 [中宗] 卷四十一 宮廷茶禮

十六年辛巳 四月庚戌. 通事李和宗, 以天使之言來啓曰 世子何時欲見俺等, 而今不見耶. 和宗對曰, 年幼未冠, 不可爲禮. 天使曰 俺等則曾無不見之語也. (中略) 都承旨尹希仁聞天使之言來啓曰 癸亥年亦有見世子之例, 今何獨不見乎. 臣曰 其時天使亦强請故, 不得已許之, 然不成儀, 多致顚沛. 此意大人等亦豈不聞乎. 天使曰 然則俺等回程時, 當見而歸四拜事, 俺等以本國人, 一路宴享, 殊蒙厚恩兼致謝拜後再拜, 殿下當免答. 持平金銛來勤政門啓曰 今聞茶禮仍用吉服, 如迎敕差不得已借吉. 至於私禮, 輒還喪服正合於禮. 今若如是則一時之事體, 尤爲傷毁也. (下略)

중종 권41 궁정茶禮

중종 16년 신사(1521) 4월 29일. 통사 리화종이 명나라 사신의 말로 와서 아뢰기를 "명나라 사신이 '세자가 어느 때 우리들을 만나려 하기에 지금까지 만나게 하지 않는가?' 하므로, 제가 '나이가 어려서 아직까지 관례를 하지 않았기 때문에 예모를 차릴 수가 없어서입니다' 하였더니, 명나라 사신이 '우리들이 일찍이 보지 않겠다고 말한 적이 없었다' 했습니다." (중략) 도승지 윤희인이 명나라 사신의 말을 듣고 와서 아뢰기를 "명나라 사신이 '계해년에도 세자를 만나 본 례가 있는데, 지금은 어찌 만날 수 없단 말인가?' 하기에, 신이 '그 때는 명나라 사신이 억지로 청했기 때문에 마지못해 허락했던 것입니다. 그러나 예의를 차리지 못해서 실례한 점이 많았습니다. 이런 사정을 대인들이 못 들었을 리가 있겠습니까?' 했더니, 명나라 사신이 '그렇다면 우리들이 돌아갈 때 만나보고, 사배에 관한 일은 우리는 원래 본국 사람으로서 오는 길에 연향을 베풀어, 특별한 은전을 입었기에 감사하는 뜻으로 사배629)한 뒤에 두 번 절하겠으니, 전하께서는 '답례를 하지 않도록 하라' 했습니다." 지평 김섭이 근정전 문에 와서 아뢰기를 "지금 듣건대 茶禮 때 길복을 입기로 했다 하는데, 칙서를 맞을 때는 부득이 길례로 했던 것입니다. 그러나 사례630) 때에는 곧바로 상복을 입도록 하는 것이 례에 합당합니다. 지금 이렇게 길복으로 하는 것은 한 때의 사체에 있어 더욱 손상되는 일입니다" 하였다. (하략)

615 [中宗] 卷四十二 宮廷茶禮

十六季辛巳 五月庚午. 傳曰 承旨徐厚其往太平館, 以李繼孟所聞之言復之曰 近因事故, 一不相會心固未安. 今聞大人等欲來, 賓主之禮, 決不可如是. 予當親進聽其所言, 願大人不來, 以稟其旨. 且卽遣史官, 問于三公曰 予往彼來勢不獲已. 則予意以爲天使旣免白衣還著吉服, 而歠酒食肉恬若平時, 請行宴禮何如. 檢閱宋純牧三公議而來啓, 其議皆曰 彼使方在喪中, 必不安受宴享. 而且事期太迫至, 如牀品皆從略預備, 似不可爲宴享節次宜, 是暫行茶禮.

중종 권42 궁정茶禮

중종 16년 신사(1521) 5월 19일. 전교하기를 "승지 서후는 태평관에 가서 이계맹에게 들은 말로 복명631)하기를 '근일에 사고로 말미암아 한 번도 서로 만나지 못하니 마음에 진실로 미안하다' 하였다. 지금 들으니 대인들이 오려고 한다 하는데 빈주 례의에 결코 그렇게 할 수는 없다. 내가 친히 나아가 말하는 것을 들어야 할 것이니, 대인은 오지 말라 하고는 그들의 뜻을 알아보라" 하고, 또 곧 사관을 보내서 삼공에게 묻기를 "내가 가려 하고 저들이 오려 하는 것은 서로 당연한 일이다. 내 생각으로는 명나라 사신이 이미 흰 옷을 벗고 길복으로 갈아입고서 음주와 식육을 평시와 같이 하니, 연례를 행하도록 청함이 어떠한가?" 하였다. 검열 송순목이 삼공의 의논을 모아 가지고 와서 아뢰었는데, 그 의론은 모두 이러하였다. "저들 사신이 상중에 있으니, 반드시 연향 받는 것을 불안해 할 것입니다. 그리고 또 일의 기간이 너무 촉박하니 상차림 같은 것을 모두 간략하게 예비해야 하고, 연향의 절차를 밟는 것은 마땅히 불가할 것 같으니, 잠시 茶禮를 거행함이 좋겠습니다."

616 [中宗] 卷四十五 宮廷茶禮

十七季壬午, 六月庚辰, 謝恩使姜澂, 回自京師. 上御思政殿引見, 問中原事何如. 澂曰 三月初七日, 皇帝謁聖, 橫經問難, 臣見玉河館, 主事言之曰, 我亦儒者, 雖在平時亦且請觀國子監, 況値盛事深欲入參. 主事答曰 爾是禮義邦儒臣故, 如是可與二三人參觀. 卽通于禮部郞中孫存, 存以書示曰, 爾以文獻邦文官,

---

629) **謝拜** 감사의 뜻으로 하는 절.
630) **私禮** 비공식적으로 사사로이 차리는 인사.
631) **復命** 명령을 받고 일을 처리한 사람이 그 결과를 보고함.

欲入參其意美其書爾情而來. 如是者再然後, 臣略爲書啓送之, 卽達于尙書, 遂奏于皇帝, 許令觀光至. (中略) 東邊, 閣老大學士與六部尙書, 西邊, 都督一品以上, 東階上, 翰林侍講官列立, 西邊亦然. 祭酒論難畢後叩頭下來, 在西司業亦如祭酒儀, 畢後行茶禮, 鴻臚官大聲, 讀聖旨, (其聖旨大槪勉諸生勤業之意也). 讀畢羣臣五拜. (下略)

중종 권45 궁정茶禮

중종 17년 임오(1522) 6월 5일. 사은사 강징이 북경에서 돌아왔다. 상이 사정전에 나아가 인견하고 中原중원의 사정이 어떠한가를 묻자, 강징이 아뢰기를 "3월 초이렛날 황제가 알성[632] 한 다음 경서를 손에 들고서 질문하고 론란하였는데, 신이 옥하관[633] 주사를 보고 이르기를 '나도 유학자이기에 비록 평시라 하더라도 국자감[634] 관람을 청하고 싶었는데, 더구나 성대한 행사를 만나게 되므로 입참하고 싶은 마음 간절하다' 하니, 주사가 '당신은 예의가 있는 나라의 儒臣유신인 까닭으로 두서너 사람들과 참관하게 하겠다' 하고, 즉시 예부랑중 손존에게 통고하자, 손존이 서면으로 알리기를 '당신은 문헌의 나라 문관이므로 입참하고자 하는 것이 아름다운 뜻이니, 당신들의 심정을 써 오라' 했습니다. 이러하기를 두어 번 한 다음 신이 대강 서계[635]를 만들어 보내자, 즉시 상서에게 전달하여 드디어 황제에게 주달하니, 관광하도록 윤허했습니다." (중략) 동쪽에는 각로태학사 및 륙부의 상서가 있고, 서쪽에는 도독 1품 이상, 동쪽 뜰 위에는 한림시강관들이 있었으며, 서쪽 또한 그러했습니다. 제주의 론난을 마친 머리를 조아리고 내려오자 서쪽에 있던 사업[636]이 또한 제주 의식대로 하였고, 끝난 다음 茶禮를 거행하는데 홍려사 관원이 소리를 크게 하여 성지(대개 제생에게 학업에 부지런하기를 권면하는 뜻)를 읽었고, 다 읽자 군신이 다섯 번 절을 했습니다. (하략)

617 [中宗] 卷五十一 宮廷茶禮

十九秊甲申 九月丙戌. 傳曰 被擄於野人者, 我國刷還甚多, 而前日問于禮部, 則云 韓廷不知也. 雖刷還一人, 宜奏于帝, 而刷還之人, 遼東獨知而不以聞, 此事當修文書而奏之歟, 抑令使臣言于禮部歟. 今日使行, 雖未及議遣, 正韓使亦將入送. 今日三公, 皆會于査對, 遣注書收. 議三公議啓曰 唐人之被擄者, 皆建州衛, 毛鄰衛野人等所爲也. 我國之刷還者甚多, 而遼東不以聞焉, 此必懼其得罪而然也. 然我國使臣, 於遼東多有資賴, 若不先告於遼東, 而徑遼于韓廷, 則遼東必怨我矣. 但今正韓使入歸至遼東, 行茶禮後問于大人曰 凡刷還人, 我國以至誠解送其將, 此意奏聞乎否聞, 其答說後, 更議處之何如. 上曰 可.

---

632) **謁聖** 文廟의 공자 신위에 참배.
633) **玉河館** 中原에 간 우리나라 사신 일행이 머무는 사관.
634) **國子監** 儒學訓導의 政令을 맡고, 국자학 이하의 모든 학교를 다스리던 교육 행정 관청. 1342년에 成均館으로 이름을 고쳤다.
635) **書啓** 편지. 書記. 奉命官의 復命書.
636) **司業** 고려 때 국자감 또는 조선 때 성균관의 정4품 벼슬.

중종 권51 궁정茶禮

중종 19년 갑신(1524) 9월 25일. 전교하기를 "야인에게 사로잡힌 자를 우리나라가 쇄환[637] 한 것이 매우 많은데, 전일 례부에 물으니 '조정에서는 알지 못한다' 하였다. 비록 한 사람을 쇄환하더라도 황제에 아뢰어야 마땅한데, 쇄환한 사람을 료동에서만 알고 아뢰지 않았으니, 일을 응당 문서에 써서 아뢰어야 할 것인가, 아니면 사신을 시켜 례조에 말해야 할 것인가? 오늘 사신이 갈 때에는 미처 의논하여 보내지 못하였더라도 정조사 또한 들여보내려 한다. 오늘 삼공이 모두 사대[638]에 모였으니 주서를 보내어 수의하라" 하매, 삼공이 의논 아뢰기를 "당인이 사로잡혔던 것은 다 건주위, 모린위의 야인들의 한 짓입니다. 우리나라가 쇄환한 자가 매우 많으나 료동에서 아뢰지 않았는데, 이것은 죄 받을 것을 두려워해서 그랬을 것입니다. 그러나 우리나라 사신이 료동에서 힘입는 것이 많이 있는데, 료동에 먼저 알리지 않고 바로 조정에 아뢰면 료동이 우리를 원망할 것입니다. 다만 이제 정조사가 들어갈 때에 료동에 가서 茶禮를 거행한 뒤에 대인에게 묻기를 '무릇 쇄환한 사람은 우리나라가 지극한 정성으로 보내려고 하니, 이 뜻을 아뢸 것인가?' 하여, 그 대답을 들은 뒤에 다시 의논하여 처치하는 것이 어떠하겠습니까?" 하니, 상이 "그리하라" 하였다.

618 [中宗] 卷五十三 宮廷茶禮

二十季乙酉 二月癸丑. 傳曰 親拜光陵, 則行茶禮于奉先殿也.

중종 권53 궁정茶禮

중종 20년 을유(1525) 2월 24일. 전교하기를 "광릉을 친히 참배하려면 봉선전에 茶禮를 거행해야 한다" 하였다.

619 [中宗] 卷五十三 宮廷茶禮

二十季乙酉 三月庚申. 布營使安潤德等, 回自豊壤宮, 以結陣形勢爲圖, 以進啓曰 豊壤宮宿御所內外城, (以軍爲城結.) 陣形勢大槪如此 道路, 橋梁, 宮室可及修理. 但此宮久允空, 多濕氣, 又多有穢臭, 堗室之後, 毒蟲屢見. 大抵久遠空闕, 一蕲修理亦所忌也, 率爾宿御至爲未安. 臣等以爲, 奉先殿可爲齋所, 再遣從事官往審, 則垣墻高峻, 御室溫潔, 四面無民田踏損之處, 內外城結陣處甚便. 大駕若宿御于此殿, 則隨駕臣庶孰不爲聖體安心乎. 且豊壤宮, 傍近民田其未耕者, 欲竢行幸後, 耕種恐至奪民時, 而其已耕者, 必爲軍馬踏損也. 傳曰 往季拜光陵時, 行茶禮于奉先殿, 故亦知其欄墻與齋室也. 前日與大臣議時, 以謂若宿此殿, 常先行茶禮然後拜陵, 以此爲未便故, 以豊壤宮爲宿所耳. 此宮果久遠不

---

637) **刷還** 외국에서 유랑하는 동포를 본국으로 데려옴.

638) **査對** 살펴 대조하는 것. 여기서는 정조사(正朝使)가 가져갈 표문(表文)의 자구(字句)에 잘못된 것이 없는지를 사대하는 것을 말한다.

修, 以此在下之意, 皆以奉先殿爲便矣. 大抵陵與殿本是同位, 齋宿于殿翌日行茶禮後拜陵, 以豐壤宮, 爲大晝停何如, 其更議于三公.

중종 권53 궁정茶禮

중종 20년 을유(1525) 3월 1일. 포영사 안윤덕 등이 풍양궁에서 돌아와, 결진할 상황에 대한 도표를 만들어 올리고 아뢰기를 "풍양궁 숙어소의 안팎 성을 결진할 상황은 대략 도표와 같고, 도로와 교량, 궁실도 가급적 수리하기로 했습니다. 다만 이 궁은 오래 비어 있어서 습기가 많고 또한 악취가 심했으며, 온돌방 뒤에서는 독충이 자주 나타났습니다. 무릇 먼 데 있는 오래된 빈 궁궐을 하루아침에 수리하기는 개운치 않는 일입니다. 경솔하게 류숙하는 것이 지극히 불안합니다. 신등의 생각에 봉선전이 재소로 할 만하기에 다시 종사관을 보내 살펴보게 하였는데, 담장이 높고 어실이 온화하고 정결하며, 사방에 민간의 전답이 손상된 곳이 없어 안팎 성처럼 진을 칠 곳이 매우 편리하다고 했습니다. 대가[639]가 만일 이 봉선전에서 류숙하신다면 수가[640] 신하들이 모두 성체를 위해 안심이 될 것입니다. 또 풍양궁은 근방 민간의 전답에 경작하지 않은 것은 행행 뒤까지 기다렸다가 종자 심을 시기를 빼앗기게 될까 두렵고, 이미 경작을 한 것도 반드시 군마에게 짓밟히게 될 것입니다" 하니, 전교하기를 "지난해 광릉을 참배할 때 봉선전에서 茶禮를 거행했었기 때문에 欄墻란장이나 재실 형편을 알고 있다. 전일에 대신들과 의논할 때 '만일 봉선전에서 류숙하려면 먼저 茶禮를 거행한 다음에 릉을 참배해야 한다'고 하므로, 이것이 불편하기 때문에 류숙할 곳을 풍양궁으로 한 것이다. 이 궁은 과연 오래도록 수리를 하지 않아, 이 때문에 아랫사람들의 뜻이 모두 봉선전이 편리하다고 여기는 것이다. 대저 릉과 전은 원래 동위하니, 봉선전에서 재숙[641]한 이튿날 茶禮를 거행한 다음에 릉을 참배하기로 하고, 풍양궁은 대주정소[642]로 하는 것이 어떠할지 다시 삼공에게 의논하라" 하였다.

620 [中宗] 卷五十三 宮廷茶禮

二十秊乙酉 三月辛酉. 三公議啓曰 臣等初議, 先行茶禮而後, 拜陵似爲未安故啓之耳. 今更思之, 御容所在, 與陵寢無輕重之差, 上敎允當. 傳曰 三公之議如此, 奉先殿行茶禮後, 拜陵爲當.

중종 권53 궁정茶禮

중종 20년 을유(1525) 3월 2일. 삼공이 의론을 아뢰기를 "신등이 당초 의론할 때, 먼저 茶禮를 거행한 다음에 릉을 참배하는 것이 미안하여 아뢰었던 것입니다. 지금 다시 생각해 보건대 어용[643]을 모신 곳과 릉침[644]이 경중의 차이가 없으니, 성상의 분부가 지당하십니

639) **大駕** 임금이 타는 수레.
640) **隨駕** 거둥 때 임금을 모시고 따라감.
641) **齋宿** 하룻밤을 재계하면서 지냄. 재계는 不淨한 일을 멀리하고 心身을 깨끗이 하는 일.
642) **大晝停所** 낮 동안 머무는 곳.
643) **御容** 임금의 肖像.
644) **陵寢** 陵墓와 같은 말. 임금의 묘.

다” 하니, 전교하기를 “삼공의 의론이 이러하니, 봉선전에서 茶禮를 거행한 다음에 릉을 참배함이 합당하다” 하였다.

621 [中宗] 卷五十三 宮廷茶禮

二十秊乙酉 三月戊辰. 日出時, 上行茶禮于奉先殿, 百官於大門外陪祭.

중종 권53 궁정茶禮

중종 20년 을유(1525) 3월 9일. 해 뜰 무렵에 상이 봉선전에서 茶禮를 거행하는데, 백관들이 대문 밖에서 제사를 배행645)하였다.

622 [中宗] 卷五十五 宮廷茶禮

二十秊乙酉 十月乙卯, 聖節使 先來通事金利錫入來言. 八月初二日夕, 使至通州棄雜物, 率十二人抄, 賚咨文先發, 行徹夜急馳, 初三日平明入帝京, 卽日呈咨文于鴻臚寺, 仍告禮部主客司郎中陳九川. 郎中曰 今方雨水, 慮爾等必不及期, 今爾一行從人雖不得一時齊到, 爾等先到, 將得參慶禮, 甚爲可嘉. 禮部外郎盛錦語臣等曰 爾等進方物之日, 郎中賜茶, 勿以爲尋常. (下略)

중종 권55 궁정茶禮

중종 20년 을유(1525) 10월 30일. 성절사의 선래통사 김이석이 들어와 아뢰었다. “8월 초이튿날 저녁에 사신이 통주에 이르러 잡물들은 놓아두고 12명만 데리고 자문646)을 가려 챙겨 가지고 먼저 길을 떠나 밤새도록 급히 달려서 초사흗날 평명647) 경사에 들어가 즉일로 홍려사에 자문을 드리고, 이어 례부의 주객 사랑중 진구천에게 고하였습니다. 그러자 랑중이 ‘지금 바야흐로 비가 오므로 당신들이 반드시 기일에 대지 못할까 싶었는데, 지금 당신들 일행을 따라오는 사람들이 비록 한꺼번에 일제히 오지는 못했지만 당신들만이라도 먼저 도착하여 장차 경사스러운 례식에 참예하게 되었으니, 매우 아름답게 되었다’ 했습니다. 례부외랑 성금이 신들에게 말하기를 “당신들의 방물을 바치는 날 랑중이 茶를 내놓은 것을 대수롭지 않게 여기지 마시오” 하였다. (하략)

623 [中宗] 卷五十六 茶法

二十秊乙酉 十二月戊戌. 御朝講. 上曰 宋太祖慮茶法重困民力, 新法之立, 未有不貽弊於民者, 故曰 遵先王之法, 而過者未之有也. 我國亦有法煩, 而不行之弊. (下略)

---

645) **陪行** 윗사람을 모시고 따라감.
646) **咨文** 조선 시대 때 명나라와 왕복하던 외교문서.
647) **平明** 동트는 새벽녘. 平旦.

중종 권55 茶法

중종 20년 을유(1525) 12월 14일. 조강에 나아갔다. 상께서 이르기를 "송 태조가 茶法648)이 거듭 백성의 힘을 지치게 할 것을 염려했는데, 새 법을 세우면 백성에게 폐해를 끼치지 않을 수가 없기 때문에 '선왕의 법대로 준행하고서 잘못되는 일은 없다'고 한 것이다. 우리나라도 법이 번잡하기만 하고 준행하지 않는 폐단이 있다." (하략)

624 [中宗] 卷五十七 宮廷茶禮

二十一秊丙戌 七月戊戌. 傳于政院曰 齊陵拜陵前例, 穆淸殿只行拜禮. 雖不行祭, 依光陵親祭時, 奉先殿茶禮例爲之. 出宮第三日, 入開城府, 第四日, 先茶禮于穆淸殿, 次行親祭于齊陵. 翌日, 謁聖取士事言于禮曹.

중종 권57 궁정茶禮

중종 21년 병술(1526) 7월 17일. 정원에 전교하였다. "제릉에 참배할 적에 전례에는 목청전에서 배례만 거행했었다. 비록 제사를 지내지는 않더라도 광릉649)에 친제할 때 봉선전 茶禮를 올리는 례에 따라 거행하겠다. 대궐에서 출발한 제3일에 개성부에 들어가겠고, 제4일에는 먼저 목청전에서 茶禮를 거행하고, 다음에 제릉에 친제650)를 거행하겠다. 그리고 다음날 알성(문묘 참배) 하고 취사할 일로 례조에 알리라."

625 [中宗] 卷六十二 宮廷茶禮

二十三秊戊子 八月甲子. 憲府啓曰 前此觀稼打圍時, 大駕住小晝停, 則大小人員各退依幕而或啜茶乃則也, 近日見打圍觀稼時, 大駕不入小晝停, 則駕前駕後, 爭捧茶啖於馬上, 至爲擾亂, 無禮莫甚, 請幷痛禁. 傳曰 所啓至當, 常時予亦以爲擾亂, 但宰相亦因循爲之, 而又似細瑣, 故不爲命禁也. 在廢朝時, 如此之事痛禁, 而間有被罪之人也, 依啓禁之可也. 且如箭串等處遠幸, 則各司支供婢子, 必不得歸也. 如慕華館, 則親閱之時, 凡所支供, 亦可以男人爲之, 而必皆以婢子爲之, 御幕近處, 多有女人之聲, 人君擧動, 豈宜若是乎. 不特此也. 闕內公會, 如望闕禮, 侑日之時, 男女混雜出入, 至爲不當, 竝宜禁之.

중종 권62 궁정茶禮

중종 23년 무자(1528) 8월 25일. 헌부에서 아뢰기를 "이에 앞서서는 관가나 타위(사냥) 때 대가가 소주정소651)에서 쉬게 되면 대소인원들이 각기 의막으로 물러가 茶를 마시기도 하는 것이 규례인데, 요사이는 타위나 관가 때 보면 대가가 소주정소에 들어가지도 않았는

---

648) **茶法** 茶를 전매(專賣)하는 법.
649) **光陵** 世祖와 貞熹王后의 陵.
650) **親祭** 임금이 직접 올리는 제사.
651) **小晝停所** 임금이 거둥 때 도중에서 쉬는 곳

데 대가 앞이나 뒤에서 다투어 말 위에서 茶啖을 들어, 지극히 요란하고 무례하기 막심하니 아울러 통렬하게 금단하기 바랍니다" 하니 전교하기를 "아뢴 말이 지당하다. 평소 나도 요란하다고 여겼으나, 다만 재상들도 인습하여 하고, 또한 세쇄(사소)한 일 같아서 금단을 명하지 않았었다. 폐조 때에도 이러한 일을 통렬히 금단하고 더러는 죄를 입은 사람도 있었다. 아뢴 대로 금단하는 것이 가하다. 또 전관 같은 데로 멀리 행차하면 각사의 음식을 보내주는 일을 맡은 녀종들이 반드시 따라갈 수 없지만, 모화관 같은 데에서 친열할 적에는 무릇 지공하는 것을 남자들에게 시켜도 되는데, 반드시 모두 녀종들이 하게 하여 御幕어막 근처에서 녀인들의 소리가 많이 나게 되니, 임금의 거둥 때에 이렇게 해서 되겠는가? 이것만이 아니다. 대궐 안에서는 공회[652]때나 망궐례[653]와 衙日아일[654] 같은 때에도 남녀가 혼잡하게 드나드는 것이 지극히 부당하니, 아울러 금단해야 한다" 하였다.

626 [中宗] 卷六十七 宮廷茶禮 及 六曹

二十五季庚寅 三月丙午. 上延訪政府全數. 上曰 近者雨土雨血, 果是非常之變. 而凡於經筵, 左右大臣侍從之臣, 皆入焉, 故延訪之事, 不果別爲之也. 昨者弘文館上箚子, 請延訪, 而以月食, 亦未也. 邇來邊報不絶, 季凶尤甚, 多有憂念之事, 而災變之作, 亦不知何爲而出也. 以弘文館箚子見之, 文獻通考 所載雨血之應, 至爲驚駭, 此上下所當恐懼憂念之時也. (中略) 大凡聞見之事, 必有虛僞之弊矣. 此事則敬差官, 欲設茶禮, 載妓以去, 而聞馬頭驛子戲弄, 其驛子, 一日之內, 刑訊三次, 卽死杖下云. 雖刑曹, 一應作罪, 當刑訊之人, 皆爲啓稟, 守令亦稟監司, 而後爲之, 其愼刑之意, 非偶然也. 若敬差官, 果殺人於杖下, 則甚不可也. 此關於紀綱之事, 所當審問. (下略)

중종 권67 궁정茶禮 및 륙조

중종 25년 경인(1530) 3월 16일. 상이 정부 전원을 延訪연방하였다. 상이 이르기를 "근자에 雨土우토와 雨血(피비)가 오니, 과연 비상한 재변이다. 무릇 경연에 좌우 대신과 시종신이 모두 들어오기 때문에 연방하는 일은 과연 특별히 하지 않았는데, 어제 홍문관에서 올린 차자[655]를 올려 대신의 연방을 청하였고, 월식이 있은 것도 또한 아니다. 요즈음 변방의 경보가 끊어지지 않고 년운의 흉변이 더욱 심하여 걱정스런 일이 많이 있는데, 재변이 일어나는 이유도 어째서 일어나는 것인지 모르겠다. 홍문관에서 올린 차자를 보면, 『문헌통고』에 기재된 雨血(피비)에 대한 조응이 지극히 놀랍고 해괴하니, 이때는 상하가 마땅히 두려워하고 걱정해야 할 때이다." (중략) "무릇 듣고 보는 일에는 반드시 거짓된 폐단이 있습니다. 이 일에 있어서는 경차관[656]이 茶禮를 베풀려고 기녀를 싣고 갔었는데, 말을 모는 마부

---

652) **公會** 공사(公事)를 토의하기 위해 모임.

653) **望闕禮** 음력(陰曆) 초하루와 보름에 각 지방(地方)의 원이 궐패(闕牌)에 절하던 의식(儀式).

654) **衙日** 특별히 임금이 정무(政務)를 듣는 날. 6日마다 한 달에 6번의 六衙日과 1日·11日·21日·25日의 四衙日이 있었다.

655) **箚子** 간단한 서식으로 하는 상소문의 한 체.

가 희롱했단 말을 듣고 그 마부를 하루에 세 차례나 형신[657]하여 장하[658]에서 즉사했다고 합니다. 비록 형조라 할지라도 언제나 죄진 자에 대하여 마땅히 형신해야 할 사람이면 모두 계품(임금에게 아뢺)하고, 수령도 감사에게 품달한 뒤에 형신을 하고 있으니, 그 형을 삼가는 뜻이야말로 우연한 것이 아닙니다. 만약 경차관이 장하에서 사람을 죽였다면 매우 옳지 않으며, 이것은 기강에 관계되는 일이니 마땅히 심문해야 합니다." (하략)

627 [中宗] 卷七十 宮廷茶禮

二十六季辛卯 三月辛丑. 上詣孝敬殿, 行晝茶禮.

중종 권70 궁정茶禮

중종 26년 신묘(1531) 3월 16일. 상이 효경전에 나아가 晝茶禮를 거행하였다.

628 [中宗] 卷七十 宮廷茶禮

二十六季辛卯 三月辛亥. 上詣孝敬殿, 親行晝茶禮, 及夕上食還宮.

중종 권70 궁정茶禮

중종 26년 신묘(1531) 3월 26일. 상이 효경전에 나가 친히 晝茶禮 및 저녁상식을 거행한 뒤 환궁하였다.

629 [中宗] 卷七十 宮廷茶禮

二十六季辛卯 五月乙未. 上詣孝敬殿, 親行晝茶禮, 仍行夕上食.

중종 권70 궁정茶禮

중종 26년 신묘(1531) 5월 12일. 상이 효경전에 나아가 몸소 晝茶禮를 거행하고 이어 저녁상식을 거행하였다.

630 [中宗] 卷七十 地理

二十六季辛卯 五月丙申. 黃海道延安府境, 有地火. 延安府界茶井里中, 自前季十一月初爲始地中火生, 延燒烟氣上蒸, 廣百餘尺, 長二百步許. 熱如溫堗, 足不能履, 掘而視之, 其色如炭, 如灰. 吹之則火焰輒熾, 燔可一尺許. 其里古老人曰 此地乃居民李孫求田也. 季季水沈, 去壬申季九月間連燒, 翌季五月滅火. 至前季十一月復火. 云此乃監司之啓.

---

656) **敬差官** 지방에 임시로 보내던 벼슬. 민정을 살피고 전곡(田穀)의 손실을 조사하는 일을 맡음.

657) **刑訊** 形具로 고문하여 자백시킴. 刑問.

658) **杖下** 장형을 집행하는 그 자리. 杖刑은 五刑의 하나로 곤장(棍杖)으로 볼기를 치는 형벌.

중종 권70 지리

중종 26년 신묘(1531) 5월 13일. 황해도 연안부 지경에 지화(화산)가 있었다. — 황해감사의 계장은 다음과 같다. — "연안부 茶井里의 땅속에서 지난해 11월 초부터 불이 활활 타오르고 연기가 꽉 끼었는데, 그 너비는 1백여 척이고 길이는 2백 보나 되었습니다. 뜨겁기는 온돌과 같아서 발로 밟을 수가 없었고, 파서 살펴보니 숯 같기도 하고 재 같기도 했습니다. 입으로 불어 보니 화염이 한 자 정도나 피어올랐습니다. 그 마을에 사는 로인의 말에 의하면 '이 땅은 리순구의 밭이다. 해마다 물에 잠겨 있었는데 지난 임신년 9월 사이에 계속 불꽃이 피어올랐다가 다음해 5월에 불이 꺼졌다. 그러더니 지난 해 11월에 다시 불꽃이 피어올랐다' 했습니다."

631 [中宗] 卷七十 宮廷茶禮

三十秊乙未 八月戊戌. 遼東大人宣慰使戶曹參議鄭士龍, 平安道觀察使潘碩枰狀啓曰 臣等來到義州, 累遣人探問湯站, 則本月初五日, 遼東鎭撫康鎭等四名, 先到江上. 令李和宗往見, 行茶禮問其來由. 康鎭等, 木牌持來以示曰 牌付本國犯人呂戒等, 令義州官申送前來云. 和宗答曰 此呂戒何如人耶. (下略)

중종 권70 궁정茶禮

중종 30년 을미(1535) 8월 10일. 료동대인선위사 호조참의 정사룡과 평안도관찰사 심석평이 장계를 올렸는데, 내용은 다음과 같다. "신들이 의주에 와서 여러 번 사람을 보내어 탕참(명국지명)을 탐문하였는데, 이달 5일에 료동진무 강진 등 4명이 먼저 강가에 왔습니다. 그래서 리화종을 시켜 가서 만나 보고 茶禮를 거행한 다음, 그들이 온 까닭을 물어 보았더니 강진 등이 목패를 가지고 와 보이면서 '패에 씌어 있는 본국의 범인 려계 등을 의주 관아에서 신송659) 시켜 주기 바라서 왔다' 하므로, 리화종이 답하기를 '려계는 어떤 사람인가?' 하였습니다." (하략)

632 [中宗] 卷七十 宮廷茶禮

三十秊乙未 九月癸酉. 世子, 遣侍講院輔德黃琦問安.(因進香醞二十五瓶, 長桂二桶, 茶食四皿)

중종 권70 궁정茶禮

중종 30년 을미(1535) 8월 15일. 세자가 시강원 보덕 황기를 보내어 문안하였다(香醞 25병, 長桂 2통, 茶食 4그릇을 올렸다.).

---

659) **申送** 죄인을 포박하여 보냄.

633 [中宗] 卷七十 宮廷茶禮

三十季乙未 九月癸酉. 傳曰 亞獻官金謹思 終獻官金安老 鞍具馬各一匹, 齊陵祭執事穆淸殿茶禮執事, 各加一資, 資窮者代加. 布營使曺閏孫 支應使柳溥各賜段衣一件, 韡一部, 布營使從事官, 支應使從事官, 各賜別造弓一張. 捧物膳司饔院提調, 賜段衣一件, 郞官賜別造弓一張. 厚陵攝行獻官, 賜熟馬一匹, 執事各賜兒馬一匹, 京畿觀察使, 開城府留守, 各賜段衣一件, 韡一部, 京畿都事, 開城府經歷, 都事, 坡州牧使, 高陽郡守, 楊州牧使, 長湍府使, 豐德郡守, 開城府敎授, 穆淸殿參奉, 齊陵參奉, 厚陵參奉, 各賜紬衣一件, 景德宮直, 別造弓一張, 賜給可也.

중종 권70 궁정茶禮

중종 30년 을미(1535) 9월 15일. 전교하였다. "아헌관 김근사와 종헌관 김안로에게 안장 갖춘 말 각 1필씩을 주고 제릉에 제사 지낼 때의 집사자와 목청전 茶禮 집사자에게 각각 일자를 더하고 자궁된 자에게는 대신 더 주라. 포영사 조윤손과 지응사 류부에게는 각각 단의 1건, 가죽신 1켤레씩을 하사하고 포영사 종사관과 지응사 종사관에게는 각각 別造弓별조궁 1장을 하사하라. 음식물(物膳)을 관장한 사옹원 제조에게는 단의 1건, 랑관에게는 별조궁 1장을 하사하라. 후릉 제사에 헌관을 대행한 자에게는 숙마660) 1필, 집사자에게는 각각 아마661) 1필씩 하사하고 경기관찰사와 개성부 류수에게는 단의 1건과 가죽신 1켤레씩을 하사하고, 경기도사, 개성부의 경력과 도사, 파주목사, 고양군수, 양주목사, 장단부사, 풍덕군수, 개성부교수, 목청전참봉, 제릉참봉, 후릉참봉에게는 각각 紬衣주의 1건씩을 하사하고, 경덕궁 궁지기에게는 별조궁 1장을 하사하라."

634 [中宗] 卷八十一 宮廷茶禮

三十一季丙申 四月乙酉. 譯官李和宗, 回自遼東因押解而去啓曰 臣去三月初四日越江, 初六日進湯站, 守堡官韓承慶問曰 爲何事來. 臣答曰 爲走回唐人而來 (中略) 本國臣民, 痛憤州吏者也. (中略) 我國飽聞大人淸德, 決無夾江之憂. 承慶答曰 我在本堡, 誰敢越我志. 我有法度, 不須再言. 行茶禮而退 (下略)

중종 권81 궁정茶禮

중종 31년 병신(1536) 4월 1일. 역관 리화종이 료동에서 돌아와(押解하는 일 때문에 갔었다) 아뢰기를 "신이 지난 3월 4일 강을 건너서 6일에 탕참(명국 지명)에 들어갔더니 수보관 한승경이 '무슨 일로 왔는가?' 하고 묻기에 신이 야인들에게 잡혔다가 우리에게로 탈출해온 당나라 사람 때문에 왔다고 답했습니다. (중략) 이는 본국 신민들의 주리에 대해 매우 분노하는 것이다. (중략) '우리나라에서는 대인의 맑은 덕을 한껏 듣고 있으니, 결단코 강가의 근심이 없

---

660) **熟馬** 잘 길든 말. 벼슬아치의 공로에 대하여 내리는 賞賜의 한 가지.
661) **兒馬** 아직 길이 안 든 어린 말. 벼슬아치가 조그마한 공을 세웠을 때 내려 주던 말.

을 것으로 안다' 하니, 한승경이 답하기를 '내가 本堡본보에 있는데 누가 감히 내 뜻을 어기겠는가? 나에게도 법도가 있으니 다시 말하지 말라' 하므로 茶禮를 거행하고 물러 나왔습니다." (하략)

635 [中宗] 卷八十三 宮廷茶禮

三十二秊丁酉 二月己卯. 義州迎慰使吳潔復命, 引見于思政殿. 潔曰 今月二十日, 天使越江到義州迎慰幕次, 州官張彦良入行禮, 天使坐交倚而受之. 州官交倚在西壁下, 州官立於交倚之前至久, 而天使不許坐. 旣設宴將進饌案, 州官意謂當坐, 無許坐之命, 而自坐, 天使招通事問之曰 州官不許坐而自坐何耶. 於是州官卽起立, 天使卽令還坐. 州官進酒連進三杯, 天使皆坐而受之. 歠訖, 而還授虛盞時, 其傍亦有頭目, 而必授州官. 其後州官又連進四杯, 又坐而受, 歠訖, 還授虛盞如初禮. (中略) 禮畢後, 天使還入房, 令通事李和宗, 錄行禮官等職掌姓名而觀之. 其後還出大廳, 設迎慰宴, 臣等入行揖禮, 退立於交椅下, 天使卽命之坐. 臣先進迎慰杯, 連進三杯. 其後行茶禮, 茶禮後, 臣先就兩使前行酒, 天使連歠二杯後, 第三杯許臣歠之. 行酒至于西壁, 天使卽令臣坐故, 故不得行酒於西壁. (下略)

중종 권83 궁정茶禮

중종 32년 정유(1537) 2월 30일. 의주영위사 오결이 복명하니, 사정전(경복궁의 편전)에서 인견하였다. 오결이 아뢰기를 "이달 20일에 사신이 강을 건너 의주의 영위하는 막차에 이르렀을 때에 주관 장언량이 들어가 례를 하였으나 사신은 교의에 앉아서 받았습니다. 주관의 교의는 서벽 아래에 있었는데, 주관이 그 교의 앞에 오래도록 서 있었으나 사신이 앉도록 허낙하지 않았습니다. 이미 잔치를 벌여 장차 음식상을 바치려 하므로 주관이 앉아야 하겠다고 생각하여 앉도록 허낙하는 명이 없는데 스스로 앉으니, 사신이 통사를 불러서 '주관이 앉도록 허낙하지 않았는데 스스로 앉는 것은 무엇 때문이냐?' 하였습니다. 이에 주관이 곧 일어서니, 사신이 도로 앉게 하였습니다. 주관이 술을 바칠 때에 석 잔을 잇달아 바쳤는데, 사신이 다 앉아서 받았습니다. 다 마시고 빈 잔을 돌려줄 때에는 그 곁에도 두목이 있었으나 반드시 주관에게 주었습니다. 그 뒤에 주관이 또 넉 잔을 잇달아 바쳤는데, 또 앉아서 받아 마시기를 마치고 처음의 례와 같이 빈 잔을 돌려주었습니다. (중략) 례가 끝난 뒤에 사신이 도로 방에 들어가 통사 리화종을 시켜 례를 행한 관원들의 직장과 성명을 쓰게 하여 보았습니다. 그 뒤에 도로 대청에 나와 영위연을 베풀었는데, 신들이 들어가 읍례를 하고 교의 아래로 물러나서 서니, 사신이 곧 앉으라고 명하였습니다. 신이 먼저 영위하는 잔을 바쳤는데, 석 잔을 잇달아 바쳤습니다. 그 뒤에 茶禮를 거행하고, 茶禮 뒤에 신이 먼저 두 사신 앞에 가서 술을 권하였는데, 사신이 두 잔을 잇달아 마신 뒤에 셋째 잔을 신에게 마시게 하였습니다. 술을 권하며 서벽[662]에 이르니 사신이 곧 신을 앉게 하였으므로, 서벽에서는 술을 권하지 못하였습니다. (하략)

662) **西壁** 모여 앉을 때 벼슬의 차례로 보아 서쪽 좌석에 앉던 벼슬. 議政府의 右參贊, 弘文館의 校理와 修撰 등.

636 [中宗] 卷八十四 宮廷茶禮

三十二季丁酉 三月癸未. 平壤延慰使蘇世讓復命. 引見于思政殿, 世讓曰 天使二十九日, 入平壤, 欲見箕子廟, 檀君廟, 臣等曰 路由文廟前, 若過行則須謁聖也. 天使乘轎至文廟前, 儒生祗迎, 天使入而謁聖, 見夫子塑像, 稱嘆曰 眞文獻之邦也. 至箕子廟 檀君廟, 行揖禮, 因往練光亭, 喜嘆曰 天下絶勝也. 又至挹灝樓, 風月樓, 游覽訖, 因步至大同館前鰲山下, 親自手捫茶亭, 細觀雜像, 至欲登鰲山而還至. (下略)

중종 권84 궁정茶禮

중종 32년 정유(1537) 3월 4일. 평양에 나갔던 연위사 소세양이 복명하였다. 사정전에서 인견하니, 소세양이 아뢰기를 "명나라 사신이 29일에 평양에 들어왔는데, 기자묘와 단군묘를 참배하려 하기에 신들이 '길이 문묘 앞을 통과하므로 지나가려면 알성(문묘 참배)을 해야 한다' 하였습니다. 사신이 교자를 타고 문묘 앞에 이르자 유생들이 정중히 맞이했는데, 사신이 들어가 알성하고 부자(공자)의 소상을 보고 감탄하기를 '참으로 문헌의 나라다' 하였습니다." 기자묘와 단군묘에 이르러 읍례를 하고, 이어 련광정으로 갔는데 기뻐하고 감탄하며 천하에 없는 경치라고 하였습니다. 또 읍호루, 풍월루에 이르러 구경하고 나서 이내 걸어서 대동관 앞의 오산 밑에 이르러서는 친히 손으로 茶亭(茶具들이 놓인 탁자)을 만져 보고 잡상들을 세밀히 관찰하였으며, 오산에도 올라가려고 하다가 도로 그만두었습니다. (하략)

637 [中宗] 卷八十四 宮廷茶禮

三十二季丁酉 三月己丑. 禮曹判書尹仁鏡, 遠接使鄭士龍, 來自洪濟院, 上引見于幕次. (中略) 且如頒詔後, 殿上行茶禮, 分東西而坐, 此意最善, 以闕庭初徹遽, 分上下而坐, 心甚未安, 是以不敢也. 我等卽依行禮. 至於大平館, 設宴, 乃汝國王敬朝廷, 而樂嘉賓, 行禮無差, 乃無可議. 我等之意, 謂汝國王至館當行時, 我二人讓汝國王居左, 我等居右, 至上廳行茶禮, 設坐我等亦讓汝國王上席, 我二人前席相陪, 此則我等之禮. 所當自盡者. (中略) 上曰 詔使之北坐, 不能禁之矣. 茶禮時詔使何以坐之于南行位乎. 無前例讓之可也. 洪鱗曰 北壁至尊之位也. 使詔使坐北, 殿下坐南, 甚不可也. 三公亦引見而議之, 金安老曰 田命淳通事云 見中原之禮, 主人居南, 而讓賓居北. 今此茶禮時, 請上居北, 宴享時, 欲自居北, 互相推尊, 似非卑待之禮也. 然此禮更爲辭讓於太平館爲當. (下略)

중종 권84 궁정茶禮

중종 32년 정유(1537) 3월 10일. 예조판서 윤인경과 원접사 정사룡이 홍제원에서 돌아오니 상이 막차에서 인견하였다. (중략) 또 조서를 반포한 다음, 殿전 위에서 茶禮를 거행할 적에 동서로 나누어 앉는 것은 뜻이 매우 좋으나 대궐에 처음 들어가서 상하로 나누어 앉은 것은 마음에 매우 미안하므로 감히 할 수가 없다. 우리들이 곧 그 례절에 따라 행례하겠다. 태평관에서 연회를 가질 때에는 곧 당신 국왕께서 우리 조정을 공경하고 좋은 손님을 반기어 하는 일이니 행례를 틀리는 것이 없게 해야 의논의 소지가 없게 될 것이다. 우리들의 생각에는, 당신 국왕께서 태평관으로 나와 행례할 적에 우리 두 사람이 당신의 국왕에게 양보하여 왼편에 앉게 하고 우리들은 오른편에 앉으며, 대청으로 올라가 茶禮를 거행할 때 좌석의 배치 또한 우리들이 당신의 국왕에게 윗자리를 양보하고, 우리들 두 사람은 앞자리에 함께 배석해야 한다고 생각하니, 이는 우리 측의 례의에 있어서 유감이 없는 것이다. (중략)

상이 이르기를 "조사가 북쪽에 앉는 일은 금할 수 없겠다. 茶禮 때에 조사를 어찌 남쪽 줄의 자리에 앉힐 수 있겠느냐? 이런 전례가 없으니 양보해야 한다" 하므로, 박홍린이 아뢰기를 "북쪽 벽 밑은 지존한 자리입니다. 조사를 북쪽에 앉게 하고 전하께서 남쪽에 앉으시는 것은 매우 옳지 않습니다" 했다. 또 삼공을 인견하고 의논하니, 김안로가 아뢰기를 "전 명순통사의 말이 '중원의 례를 보면 주인이 남쪽에 있고 북쪽은 손님에게 양보하더라'고 했습니다. 이번 茶禮 때에 성상께 북쪽에 앉도록 청하고, 연향 때에 자신들이 북쪽에 앉으려고 하는 것은 서로가 서로를 높이는 일이지 낮게 대우하는 례가 아닌 듯합니다. 그러나 이러한 례를 태평관에서는 다시 사양하는 것이 합당할 듯합니다." (하략)

638 [中宗] 卷八十四 宮廷茶禮

三十二秊丁酉 三月己丑. 傳于禮曹判書尹仁鏡, 都承旨朴洪鱗曰 (中略) 正使曰 皫廷知東方有賢王, 特頒慶詔, 斯豈偶然哉. 賢王知皫廷有各別之恩, 而言之如此, 多謝多謝. 請各就坐. 司饔提調等進果盤于殿下, 郎官(司饔院郎官) 分進果盤于兩使. 提調三人奉茶鍾列立, 上起立, 兩使亦起立相就. 提調各進茶鍾, 上就正使前換鍾, 又就副使前換鍾, 換鍾時各拱手. 換鍾畢, 各就座擧鍾, 相屬歠茶訖. 果盤各進, 擧筯相示嘗果. 司饔提調進殿下前, 各受虛鍾而出. (下略)

중종 권84 궁정茶禮

중종 32년 정유(1537) 3월 10일. 예조판서 윤인경과 도승지 박홍린에게 전교하였다. (중략) 정사가 말하기를 "조정에서 동방에 훌륭한 왕이 있음을 알고서 특별히 경사스러운 조서를 반포한 것이니, 이 어찌 우연한 일이겠습니까? 현왕께서 조정이 각별한 은덕을 내린 것임을 아시고서 이처럼 말씀하시니 대단히 감사합니다" 하고서 각기 자리에 앉자고 청했다. 사옹원 제조 등이 과반을 전하에게 올리고 랑관(사옹원 랑관)은 과반을 두 사신에게 나누어 올렸다. 제조 세 사람이 茶鍾을 받쳐 들고 늘어서자 상이 일어서니 두 사신도 일어서서 서로 다가갔다. 제조가 각각 茶鍾을 올리니, 상이 정사 앞으로 나아가 茶鍾을 바꾸고 또 부사 앞으로 나아가 茶鍾을 바꾸었는데, 茶鍾을 바꿀 적에 각자 공수하였다. 茶鍾 바꾸기가 끝나자 각자 자리로 나아가 茶鍾을 들고서 서로 다가앉아 茶를 마셨다. 과반을 각각 올리니 젓가락을 들어 서로 과일을 맛본다는 뜻을 표시하였다. 사옹원 제조가 전하 앞으로 나아가 각자의 빈 茶鍾을 받아 내왔다. (하략)

639 [中宗] 卷八十四 宮廷茶禮

三十二季丁酉 三月己丑. 傳于承旨黃憲曰 館中茶禮時, 欲以予坐于北, 此禮固不堪當. 大抵南北相向之禮, 與儀註所載不同. 前賢大人, 皆以儀註用之. 今恐改之未便, 爾歸大平館, 先以此意稟于天使. (下略)

중종 권84 궁정茶禮

중종 32년 정유(1537) 3월 10일. 승지 황헌에게 전교하였다. "태평관에서의 茶禮 때에 나를 북쪽에 앉히려고 한다는데 참으로 감당할 수 없다. 대체로 남북으로 마주 향하는 례는 의주[663]에 기록되어 있는 것과 다르다. 전에 현대인들은 모두 의주대로 거행했었다. 지금 그것을 고치는 것은 온당하지 못할 듯하니, 너는 태평관에 가서 먼저 이런 뜻으로 사신에게 품하라." (하략)

640 [中宗] 卷八十四 宮廷茶禮

三十二季丁酉 三月己丑. 黃憲還自天使之所啓于御室曰 天使到館, 卽問於和宗曰 俺等書送之禮卽坐次也使無可否耶. 和宗答云, 以此事承旨已來矣. 天使卽招臣問之, 臣答曰 茶禮時, 殿下居北, 詔使居南之禮, 甚爲未安. 考前謄錄, 皆如儀註, 分東西行禮, 而未見南北之禮. 請依前例爲之. (中略) 上曰 天使欲爲居北, 則不可以東西相向之禮更言也. 當聽其居北矣. 茶禮時予之居北未安之意, 則言之何如. (下略)

중종 권84 궁정茶禮

중종 32년 정유(1537) 3월 10일. 황헌이 사신의 처소에서 돌아와 어실에서 아뢰기를 "사신이 태평관에 이르러 즉시 리화종에게 '우리들이 써서 보낸 례에 곧 좌석 차례에 관한 것이다. 대하여 왜 아무 회답이 없습니까?' 하고 묻자, 리화종이 '이 일 때문에 승지가 이미 왔다'고 하였습니다. 사신이 즉시 신을 불러 묻기에 신이 대답하기를 '茶禮 때 전하는 북쪽에 앉고, 조사는 남쪽에 앉는 례는 매우 미안한 일입니다. 이전의 『등록』을 고찰해 보아도 모두 의주대로 하여 동서로 나뉘어 례를 행하였고 남북으로 한 례는 보지 못하였으니, 전례대로 하기 바랍니다' 하였습니다." (중략) 상이 말하기를 "사신이 북쪽에 자리하려고 한다면 동서로 마주 향하는 례를 다시 말할 수 없으니, 북쪽에 있도록 하는 것을 들어 주어야겠다. 茶禮 때에 내가 북쪽에 있는 것은 미안하다는 뜻을 말하는 것이 어떻겠는가?" 하였다. (하략)

641 [中宗] 卷八十四 宮廷茶禮

三十二季丁酉 三月庚寅. 傳于政院曰 昨於茶禮時, 只雲劍侍立, 而司饔院提調, 不卽侍立, 予與天使出立已久, 而不趁時進杯, 且果盤進止事亦不趁時, 頭

663) **儀註** 나라의 전례(典禮)에 관한 절차(節次)를 적은 책.

目十人數小, 而其饋酒亦不能趁時. 天使所見非徒國體埋沒, 法令之不嚴莫有甚於此時, 其令禁府郎廳持鐵鎖立門外, 司饔院提調如有緩慢, 卽令詔獄推之.

중종 권84 궁정茶禮

중종 32년 정유(1537) 3월 11일. 정원에 전교하였다. "어제 茶禮 때 운검[664]만 시립하였고 사옹원 제조는 즉시 시립하지 않아, 내가 사신과 나가서 선 지 오래되었는데도 때맞추어 茶잔을 올리지 않았고, 또 과반을 올리는 것도 때에 맞추어 하지 못했으며, 두목[665]은 10명으로 수가 적었는데도 술 먹이는 것을 또 제때에 하지 못했다. 사신들이 보기에 나라의 체면이 깎였을 뿐만 아니라, 법령이 엄격하지 못한 것이 이때보다 더한 적이 없었으니, 의금부 랑청[666]으로 하여금 철쇄를 가지고 문 밖에 섰다가 사옹원 제조가 혹시 완만한 짓을 한다면 즉시 조옥에서 추문하게 하라."

642 [中宗] 卷八十四 宮廷茶禮

三十二季丁酉 三月庚寅. 行翌日宴. 午時, 上自御室至館大門內降輿, 兩使趨出中門外迎之. 入于大廳, 相對各揖. 上告兩使曰 今承兩大人惠製, 不勝感激. 謹當奉置, 爲東方世世之寶也. 請謝揖. 仍請各揖, 就坐. 進果盤, 行換茶禮如儀訖. 上遣通事告于兩使曰 寡人有所言, 請告. (下略)

중종 권84 궁정茶禮

중종 32년 정유(1537) 3월 11일. 익일연[667]을 거행하였다. 오시에 상이 어실로 부터 태평관 대문 안에 이르러 가마에서 내리니, 두 사신이 중문 밖까지 달려 나와 맞이했다. 대청으로 들어가 서로 마주하여 각각 읍을 했다. 상이 두 사신에게 말하기를 "오늘 은혜롭게 두 대인께서 지어 주신 글을 받고 매우 감격하였습니다. 잘 간직해 두고 우리 동방의 대대로 전할 보물로 삼겠습니다. 사례하는 읍을 하겠습니다" 하고, 이어 각기 읍하고 자리에 앉기를 청했다. 과반을 내오자 換茶禮를 의식대로 거행한 다음, 상이 통사를 보내 두 사신에게 말하기를 "과인이 할 말이 있으므로 말하겠습니다" 하였다. (하략)

643 [中宗] 卷八十四 宮廷茶禮

三十二季丁酉 三月辛卯. 問禮官任弼亨, 來自漢江而啓曰 天使見世子宴享儀註, 言曰 坐位若如此, 則何敢受此宴享乎. 當卽速去. 左議政金安老見之, 而告于天使曰 此非新造之禮, 亦非世子所自爲之禮也, 以舊例書來, 而稟於大人矣. 天使曰, 恐其譯者, 不得詳傳以實, 故以書示之, 其書曰 東西相向, 乃是汝國王之禮,

---

664) **雲劒** 임금이 거둥할 때 칼을 차고 임금의 신변을 보호하는 임시직. 別雲劍.
665) **頭目** 명국 사신 일행 중 무역을 목적으로 하여 따라온 북경 상인을 일컫는 말.
666) **郎廳** 조선 시대 후기 비변사, 선혜청, 준천사, 오군영 등에 두었던 실무관직.
667) **翌日宴** 명국 사신이 도착한 이틀날에 베푸는 잔치.

若如此行之, 則是父子無別, 上下不倫了, 不如不宴之爲愈也. 況東西之禮, 經無明文, 不知汝國, 何故執行之. 顧謂賓東主西者, 乃指行步之時言之, 非指坐位也. 亦不當稱我等爲使臣, 豈知禮者若是. 進茶之禮, 亦只照國王行. (下略)

중종 권84 궁정茶禮

중종 32년 정유(1537) 3월 12일. 문례관 입필형이 한강에서 돌아와 아뢰기를 "사신이 세자께서 초청하는 연향의 의주를 보고 말하기를 '좌석 차례를 이렇게 한다면 어찌 이런 연향을 받겠느냐, 즉시 떠나겠다' 하므로 좌의정 김안로가 보고서 사신에게 고하기를 '이는 새로 만든 례도 아니고, 또한 세자께서 스스로 만든 례도 아니며, 그 전의 관례대로 써 가지고 와서 대인께 품하는 것이다' 하였습니다. 사신이 '통역하는 사람이 사실대로 자세하게 전하지 못할까 싶으므로 글을 써서 보여 주겠다' 하였는데, 그 글에 '동쪽과 서쪽으로 서로 마주하는 것은 곧 당신 나라의 국왕께서 잔치할 때의 례이니, 만일 이렇게 거행한다면 이는 父子가 구별이 없고 상하가 순서가 없는 것이어서 잔치를 하지 않는 것만 못하다. 더구나 동쪽과 서쪽으로 앉는 례는 글에도 명문이 없는 것인데, 당신들의 나라에서 무슨 까닭으로 굳이 집행하려 하는지 모르겠다. 따지고 보면 손님은 동쪽, 주인은 서쪽이라는 것은 걸어갈 경우를 가리켜 말한 것이지, 앉는 자리를 가리키는 것은 아니다. 또 우리들을 사신이라고 칭호하는 것도 합당하지 못하니, 어찌 례를 아는 사람이 이렇게 하느냐. 茶를 올리는 례를 행할 때에도 다만 국왕의 의사에만 따라 행했었다.'" (하략)

644 [中宗] 卷八十四 宮廷茶禮

三十二季丁酉 三月癸巳未時. 兩使至下輿于慶會南門外. 上出迎于階下, 相讓而入. 至于樓下, 兩使竝立于東, 上立于西, 請各拜. (中略) 兩使答曰 多領賢王厚意飽見, 江山勝景, 夜深極歡而還. 多謝多謝, 言訖各就座, 行茶禮訖. 上使賢宗系單字曰 (中略) 還至樓下各揖就坐. 進人情物件單子, 于兩使前, 正使曰 禮物太多, 不敢受也. 且人蔘多至三十餘斤, 請減之. 上曰 此乃湯茶之蔘, 請勿却. 兩使曰 俺等亦已獻物, 當依命. (下略)

중종 권84 궁정茶禮

중종 32년 정유(1537) 3월 14일 未時미시. 두 사신이 경회루 남문 밖에 이르러 가마에서 내리자, 상이 섬돌 아래까지 나가 맞이하여 서로 사양하면서 들어왔다. 경회루 아래에 이르러 두 사신은 나란히 동쪽에 서고 상은 서쪽에 서서 각각 절을 하자고 청하였다. (중략) 사신이 답하기를 "현명하신 왕의 후의를 더없이 입어 강과 산의 좋은 경치를 한껏 구경하며 밤이 깊도록 즐거움을 다하다 돌아오니 매우 감사합니다" 하였다. 말이 끝나자 각기 자리에 나아가 茶禮를 거행하고 나서 상사가 종계에 관한 단자를 보며 말했다. (중략) 경회루 아래로 돌아와 각기 읍하고 자리에 나아갔다. 인정을 표하는 물건 단자를 두 사신 앞에 내놓으니, 정사가 말하기를 "례물이 너무 많아 감히 받지 못하겠습니다. 또한 인삼 30여 근은 너무 많으니 줄이시기 바랍니다" 하므로, 상이 말하기를 "이는 곧 茶를 끓이는 인삼이니 물리치지 마십시오" 하니, 두 사신이 말하기를 "우리들도 이미 물건을 드렸으니 마땅히 말씀대로 하겠습니다" 하였다. (하략)

645 [中宗] 卷八十四 宮廷茶禮

三十二秊丁酉 三月甲午巳時. 兩使至, 上具翼善冠, 衮龍袍出迎于勤政門外. 相讓而入至殿內, 行各揖訖. 上曰 聞大人將於十七日發程云, 寡人不勝缺望. 請爲寡人更留數日. 兩使曰 爲賢王多留至五六日, 何敢更留. 上曰 若然則明日欲行上馬宴. 兩使曰 多謝多謝. 行換茶禮訖, 以改宗系單子呈于副使, 副使曰 多謝當齎還, 與上使同議, 告于閣老先生. (下略)

중종 권84 궁정茶禮

중종 32년 정유(1537) 3월 15일 巳時사시. 두 사신이 오므로 상이 익선관에 곤룡포 차림으로 근정전 문 밖까지 나가 맞이하였다. 서로 사양하며 들어와 근정전 안에 이르러 각기 읍하는 례를 하였다. 상이 말하기를 "듣건대 대인들께서 17일에 길을 떠나려 하신다니, 과인이 매우 서운합니다. 과인을 위해 다시 며칠 더 머무르시기 바랍니다" 하니, 두 사신이 말하기를 "현명하신 왕을 위해 5·6일이나 머물렀는데 어찌 감히 또 다시 머무르겠습니까?" 하므로, 상이 말하기를 "만일 그렇게 하신다면 내일 상마연을 거행하고 싶습니다" 하니, 두 사신이 "매우 감사합니다" 하였다. 換茶禮 거행을 끝내고 종계를 개정한 단자를 부사에게 내놓으니, 부사가 말하기를 "감사합니다, 가지고 돌아가 상사와 함께 의논하여 각로선생에게 말하겠습니다" 하였다. (하략)

646 [中宗] 卷八十四 宮廷茶禮

三十二秊丁酉 三月乙未. 上自幕次, 乘肩輿至中門下輿, 兩使出門. 上立門右, 兩使立門左, 相讓而入廳內. 上使曰 前日慶會池, 石橋名, 以晴虹, 更思之, 改晴虹爲長虹似當. 仍慶會樓, 疑秀亭, 長虹橋, 棲鳳亭, 恭順堂, 百祥樓等額字進之. 副使亦以雙龍松, 盤虯松, 納淸亭, 快哉亭, 臨津亭, 海雲亭, 在江陵判書沈彦光別墅 等額字進之. 上就兩使前相揖訖. 上曰 所賜多矣, 欲謝拜. 天使曰 殿下所賜甚多, 殿下何用謝拜. 强請相揖, 而各就座, 行換茶禮後, 上使譯官, 言於天使曰 我國宗系之事, 昨已陳之悉矣. (下略)

중종 권84 궁정茶禮

중종 32년 정유(1537) 3월 16일. 상이 막차로부터 견여668)를 타고 중문 아래 이르러 가마에서 내리니, 두 사신이 문까지 나왔다. 상께서는 문 오른쪽에 서고 두 사신은 문 왼쪽에 섰다가 서로 양보하며 대청 안으로 들어섰다. 상사가 말하기를 "전일에 경회루의 못 석교

668) **肩輿** 두 사람이 메게 된 간단한 가마.

이름을 '청홍'이라고 했었는데 다시 생각해 보니 '청홍'을 고쳐 '장홍'이라 하는 것이 합당한 듯합니다" 하고, 이어 경회루, 응수정, 장홍교, 서봉정, 공순당, 백상루 등의 액자 쓴 것을 내 놓았고, 부사는 또한 쌍룡송, 반규송, 납청정, 쾌재정, 림진정, 해운정(강릉에 있는 판서 심언광의 별장) 등의 액자 쓴 것을 내놓았다. 상이 두 사신 앞에 나아가 서로 읍하기를 마치고, 상이 말하기를 "주신 것이 많으므로 사례하는 절을 하고 싶습니다" 하니, 사신이 말하기를 "전하께서도 주신 것이 매우 많습니다. 전하께서 어찌 사례하는 절을 한다고 하십니까?" 하고 서로 읍하기를 극구 청하고 각자 자리에 앉아서 換茶禮를 거행한 후에 상이 역관을 시켜 사신에게 말하기를 "우리나라 종계일은 어제 이미 다 말씀드렸습니다." (하략)

647 [中宗] 卷八十四 宮廷茶禮

三十二秊丁酉 三月丙申午時. 天使出來, 上迎入館內, 行餞宴禮, 兩使告于上前曰 連日設宴, 今日又疊遣承旨請留, 足見賢王之盛意. 但一別之後相見無期, 只於夢裏而已. 上曰 今日下雨請留, 而不從, 主人之誠未盡故, 如此不勝缺望之至. 兩使曰 足見賢王之誠意. 然行事已定不可遏也. 多謝多謝. 正使曰 相別之後更會無期, 只增悄然而已. 上告于兩使曰 君子贈人以言, 寡人以一言爲贈. 孟子曰 修天爵則人爵從之. 今見兩大人, 皆天子之重臣, 天爵已修, 人爵不期至而自至矣. 大人佗日, 必陞公卿之位, 輔佐聖天子, 致泰和雍熙之治, 願毋忘今日寡人之言. 兩使曰 多謝多謝, 謹承嘉言善訓, 不勝感激. 古云 聞善言, 則拜, 禮當拜謝. 上曰 不敢當不敢當. 正使曰 我亦一言爲贈. 保其家邦, 壽考無彊. 副使曰 至誠事大以安一邦, 殿下世子, 世世蔓福, 莅政百歲, 與大明同享大平之福, 不勝至願. 上曰 多謝多謝, 請就坐行茶禮. (下略)

중종 권84 궁정茶禮

중종 32년 정유(1537) 3월 17일 오시. 명나라 사신이 나오자 상이 태평관 안으로 맞아들여 전별연을 거행하였는데, 두 사신이 상 앞에서 말하기를 "연일 잔치를 베풀어 주시고 오늘 또 다시 승지를 보내 머무르기를 청하시니, 현왕의 성대한 뜻을 알겠습니다. 다만 한번 작별한 다음에는 서로 만날 기약이 없고 꿈속에서나 보게 될 것입니다" 하니, 상이 말하기를 "오늘은 비가 내리는데 머무르기를 청하여도 들어 주지 않으시니, 주인의 성의가 극진하지 못하여 그러는 것 같아 지극히 실망됨을 견디지 못하겠습니다" 하였는데, 두 사신이 말하기를 "현왕의 성의를 알겠습니다. 그러나 행사가 이미 정해져 있어 물릴 수가 없습니다. 매우 고맙습니다" 하고, 정사가 말하기를 "작별하고 나면 다시 만날 기약이 없는지라 단지 쓸쓸해짐만 더할 뿐입니다" 하였다.
상이 두 사신에게 말하기를 "군자는 사람에게 말로써 기증하는 것이니, 과인이 한 마디 말을 기증하겠습니다. 맹자의 말이 '천작669)을 닦으면 인작670)은 따라오게 되는 것이다' 했

669) **天爵** 사람에게 갖추어진 자연의 미덕, 하늘이 준 벼슬이라는 뜻으로 仁義忠信.
670) **人爵** 작위(爵位), 관록(官祿) 따위 사람이 정한 영예(榮譽).

습니다. 지금 두 대인을 보건대 모두 천자의 중신이시니, 천작을 이미 닦았으므로 인작은 오기를 기다리지 않아도 자연히 이르게 될 것입니다. 대인들께서 앞으로 반드시 공경의 자리에 오르실 것이니, 어진 천자를 보좌하여 태평하고 화락한 다스림을 이루시면, 오늘 과인이 한 말을 잊어버리지 마시기 바랍니다" 하니, 두 사신이 말하기를 "매우 고맙습니다, 삼가 아름다운 말씀과 어진 교훈을 받고 보니 감격스러움을 견디지 못하겠습니다. 옛말에 '어진 말을 들으면 절을 한다' 하였으니 마땅히 배사하겠습니다" 하므로, 상이 말하기를 "감히 감당하지 못하겠습니다" 하니, 정사가 말하기를 "나도 또한 한마디 말씀을 기증하겠습니다. 국가를 보존해 가며 만수무강하소서" 하고, 부사가 말하기를 "지성으로 사대하여 온 나라를 편안하게 하고, 전하의 세자들이 대대로 복을 받아 수 백세토록 정사를 해가며, 명국과 함께 태평한 복을 누리게 되기를 기원합니다" 하므로, 상이 말하기를 "매우 고맙습니다" 하고서 자리에 앉기를 청하여 茶禮를 거행하였다. (하략)

648 [中宗] 卷九十 宮廷茶禮

三十四季己亥 四月辛丑. 義州迎慰使丁玉亨復命, 上引見於思政殿. 玉亨曰 "去二十六日, 天使越江入州館. 至五里程下轎, 乘馬而來, 坐大廳, 遠接使先入行再拜禮, 臣次入行禮, 仍進曰 殿下問安, 上使答曰 多謝, 副使亦然. 時日已昏矣. 又進庭排贈物件, 兩使曰 未見國王物不可受, 而禮單則當受云. 茶禮後, 臣先進迎慰爵各二杯, 而相揖就坐. (下略)

중종 권90 궁정茶禮

중종 34년 기해(1539) 4월 4일. 의주영위사 정옥형이 복명하자 상이 사정전에서 불러 보았다. 정옥형이 아뢰기를 "지난 26일 사신이 강을 건너 의주 관사에 들었습니다. 5리쯤 되는 곳에 이르러서 가마를 내려 말을 타고 와서 대청에 좌정하자 원접사가 먼저 들어가 두 번 절하고 신이 그 다음에 들어가 배례를 하고 나서 이어 전하의 문안을 드렸더니, 상사는 매우 감사하다 하고 부사 역시 같은 말이었습니다. 그 때는 날이 이미 저물었었습니다. 또 뜰에 진열해 놓은 선물의 목록을 올렸더니 두 사신이 말하기를 '국왕도 아직 만나지 못했으니 물품은 받을 수 없소. 그러나 례물 단자만 받겠소' 하였습니다. 茶禮를 마친 후에 신이 먼저 영위하는 술 각각 두 잔을 드리고 서로 읍을 하고서 자리에 앉았습니다." (하략)

649 [中宗] 卷九十 宮廷茶禮

三十四季己亥 四月癸卯. 安州迎慰使戶曹判書尹仁鏡復命, 上引見於思政殿, 仁鏡曰 天使發自定州, 當宿嘉山, 而過嘉山至安州. 渡淸川江於舟上行茶禮, 入邑之時, 下轎乘馬, 入門之時, 下馬步行. 臣祇迎詔, 又祇迎天使, 兩使相顧笑語, 而入坐大廳. (下略)

중종 권90 궁정茶禮

중종 34년 기해(1539) 4월 6일. 안주영위사 호조판서 윤인경이 복명하자, 상이 사정전에서 불러 보았다. 윤인경이 아뢰기를 "사신이 정주를 출발하여 가산에서 묵어야 할 것인데 가산을 지나서 안주에 도착하였습니다. 청천강을 건너면서 배 안에서 茶禮를 거행하고 고을로 들어올 때는 가마에서 내려 말을 타고, 문을 들어올 때는 말에서 내려 걸어서 들어왔습니다. 신이 공경스럽게 조서를 맞이하고 또 사신을 맞아들이자, 두 사신은 서로 돌아보고 웃고 이야기하면서 들어와 대청에 앉았습니다." (하략)

650 [中宗] 卷九十 宮廷茶禮

三十四季已亥 四月丁未. 尹漑李應星回啓曰 以傳敎之意, 告于兩使, 兩使曰 留詔書, 俺等已奏准而來, 國王若親請, 則當於此處留之. 兩使下小次啜茶, 上具翼善冠袞龍袍, 會兩使於殿上相對立. 上令通事告曰 特許留詔旣感皇恩. (中略) 上曰 今承尊敎尤增感激. 各揖就坐, 行茶禮如儀畢, 上令通事告曰 兩大人先往館裏小歇, 寡人隨進再會. 兩使曰 依命. 卽起立, 各揖而出, 相讓而下. 至勤政門外, 兩使請上入門然後, 乃敢坐轎, 上請兩使乘轎然後, 乃敢入門, 相讓久之, 兩使出光化門, 上入小次.

중종 권90 궁정茶禮

중종 34년 기해(1539) 4월 10일. 윤개와 리응성이 회계하기를 "전교하신 뜻을 두 사신에게 아뢰었더니, 두 사신이 말하기를 '조서를 모셔 두는 일은 우리들이 이미 아뢰어 윤허를 받고 왔으니 국왕이 만약 직접 청한다면 이곳에 놓아 둘 것이요' 했습니다" 하였다. 두 사신이 소차671)에 내려 茶를 마시고 있을 때, 상이 익선관에 곤룡포를 갖추고 전상에서 두 사신과 만나 마주보고 섰다. 상이 통사를 시켜 고하기를 "조서를 모셔 둘 것을 특별히 허락하시니 황은에 감격합니다." (중략) 상이 말하기를 "지금 높으신 가르침을 받으니 감격이 더합니다" 하였다. 각각 읍하고 자리에 나가 茶禮를 거행하고 의식을 끝낸 뒤, 상이 통사를 시켜 고하기를 "두 대인께서 먼저 관으로 가시어 조금 기다리시면 과인이 곧 따라가 만날까 합니다" 하니, 두 사신은 명대로 하겠다고 하고 즉시 일어나 각기 읍하고 나와서 서로 사양하며 내려왔다. 근정문 밖에서 두 사신은 상이 문 안으로 들어간 뒤에 교좌를 타겠다고 청하고, 상은 두 사신이 교자를 타고 떠난 뒤에 대문을 들어가겠다고 청하며 서로 한참동안 사양하다가 두 사신이 광화문을 나가자 상이 소차로 들어갔다.

651 [中宗] 卷九十 宮廷茶禮

三十四季已亥 四月戊申. 上乘輿至館中門, 兩使出迎, 相讓而入. 兩使曰 昨者盡日勞動, 今又早臨, 謝不能盡, 請行謝揖. 上曰 寡人誠敬不孚, 兩大人不許少

671) **小次** 작은 帳幕. 춘분에 五帝를 제사 지내고 물러나 있는 곳.

留, 寡人不勝缺望. 兩使曰 俺等重違殿下之誠, 加留一日, 當於十六日發行, 以副殿下之意. 上曰 一日之留, 烏得以盡主人愛佳賓之心請益. 正使曰 迎駕爲大, 一日亦多, 不可加留. 上曰 多謝. 兩使曰 "俺等昨受厚惠, 而頭目等亦蒙厚賜仰謝不已. 上曰 薄物何謝之有. 於是, 行茶禮如儀畢, 上行酒如儀畢, 兩使又各行回杯如儀畢. (下略)

중종 권90 궁정茶禮

중종 34년 기해(1539) 4월 11일. 상이 수레를 타고 관의 중문에 이르자 두 사신이 마중 나와 서로 앞을 양보하며 들어갔다. 두 사신이 말하기를 "어제 하루 종일 수고하시고 또 일찍 나오시니 사례를 다할 길이 없어 읍으로 사례하고자 합니다" 하니, 상이 말하기를 "과인의 정성과 공경심이 미덥지 못하여 두 대인이 조금도 머물기를 허락하지 않으시니 과인이 실망을 감당치 못하겠습니다" 하자, 두 사신이 말하기를 "우리들이 전하의 성의를 어기기가 어려워서 하루를 더 머물러 16일에 출발하여 전하의 뜻에 부응하고자 합니다" 하므로, 상이 말하기를 "하루 더 머무르시는 것으로 어떻게 주인이 좋은 벗을 사랑하는 본의를 다할 수 있겠습니까. 청컨대 더 머무르십시오" 하니, 정사가 말하기를 "어가를 맞이하는 일이 큰일이라 하루도 많으니 더 머무를 수는 없습니다" 하였다. 상이 "대단히 감사합니다" 라고 하자, 두 사신이 말하기를 "우리들은 어제 후한 대접을 받았고, 두목들도 후사를 입어 우러러 감사함을 감당치 못합니다" 하니, 상이 말하기를 "변변찮은 물건에 어찌 사례할 것이 있겠습니까?" 하였다. 이에 茶禮를 의식대로 거행하여 마치고 상이 의식대로 술 돌리는 례를 행하여 끝내자, 두 사신도 의식대로 각각 잔 돌리는 례를 행하여 끝냈다. (하략)

652 [中宗] 卷九十 宮廷茶禮 及 來使人情

三十四季已亥 五月乙未. 伴送使蘇世讓 復命後啓曰 (中略) 天使所請硯子, 華察, 薛廷寵, 謂世讓曰 欲得好硯, 須從後寬送. 仍以見樣都贈世讓, 曰依此樣造送云. 已令平安道觀察使精造矣, 後日赴京使臣入去時, 令觀察使直送乎. 齎來看品後付送乎. 且天使臨別時, 所贈手巾二, 銀小鑷二, 香茶一封, 上淸元 (藥名, 主治暑氣) 一封, 扇子二把, 及在湯站(明國地名) 所送扇子二把, 小臣不敢擅便, 敢獻. (下略)

중종 권90 궁정茶禮와 래사인정

중종 34년 기해(1539) 5월 28일. 반송사 소세양이 복명672)하고서 아뢰었다. (중략) "사신이 청해 온 벼루는 화찰 설정총이 소세양에게 '좋은 벼루를 갖고 싶은데 꼭 마련해서 보내 주시오' 하고는 벼루 모형을 소세양에게 주면서 그 모형대로 만들어 보내 달라고 하였다. 평안

672) **復命** 명을 받고 일을 처리한 사람이 그 결과를 보고함. 복신(復申).

도관찰사에게 잘 만들도록 당부했는데, 다음에 부경사신이 들어갈 때 관찰사에게 직접 보내라고 해야겠습니까, 아니면 가져오게 하여 품질을 보고서 보내야겠습니까? 그리고 사신이 작별할 때 기증한 수건 2장, 은동곳 2개, 香茶 1봉, 상청원(약 이름으로 주로 더위 먹었을 때 쓴다.) 1봉, 부채 2자루와 탕참(명국 지명)에서 보내온 부채 2자루는 소신이 마음대로 할 수 없어 이렇게 올립니다" 하였다. (하략)

653 [仁宗] 卷一 宮廷茶禮

元秊乙巳 二月庚申. 幸景思殿, 行晝茶禮及夕上食.

인종 권1 궁정茶禮

인종(재위 1545~1545) 원년 을사(1545) 2월 27일. 경사전에 거둥하여 晝茶禮 및 저녁상식을 거행하였다.

654 [仁宗] 卷一 宮廷茶禮

元秊乙巳 三月丁卯. 上詣景思殿, 行晝茶禮.

인종 권1 궁정茶禮

인종 원년 을사(1545) 3월 5일. 상이 경사전에 나아가 晝茶禮를 거행하였다.

655 [仁宗] 卷一 宮廷茶禮

元秊乙巳 三月庚辰. 上詣景思殿, 行茶禮, 仍行夕上食.

인종 권1 궁정茶禮

인종 원년 을사(1545) 3월 18일. 상이 경사전에 나아가 茶禮를 거행하고 이어서 저녁상식을 거행하였다.

656 [仁宗] 卷二 宮廷茶禮

元秊乙巳 四月甲午. 三公啓曰 近來視事, 每於檐下, 別無災異而如是, 臣等之意以爲未便也. 在先韓, 雖以冬雷之變避正殿, 豈可以此而延及今日乎. 況檐下排設, 不合人君初政威儀乎. 請設交倚殿坐. 且近來景思殿朔祭親行, 每仍行韓上食, 今當夜短之時, 一擧兩行, 恐勞上體. 況當華使之來, 禮貌甚多, 上候雖視前稍歇元氣尙虛, 如韓上食, 晝茶禮等事, 別以佗日行之何如. (下略)

인종 권2 궁정茶禮

인종 원년 을사(1545) 4월 2일. 삼공이 아뢰기를 "근래에는 시사[673]를 번번이 처마 밑에서 하시는데 별다른 재변이 없어도 이렇게 하시니, 신들의 생각에는 미편한 듯합니다. 선조에서는 겨울에 천둥의 재변 때문에 정전을 피하였지만 어찌 이 때문에 오늘까지 미칠 수 있겠습니까. 더구나 처마 밑의 배설은 임금 초정 때의 위의에 합당치 않습니다. 교의를 설치하고 전좌하소서. 또 근래 경사전의 삭제[674]를 친히 거행하시고 번번이 이어서 아침상식을 행하시나, 이제 밤이 짧은 때에 한꺼번에 두 가지를 거행하시면 옥체를 피로하게 할까 두렵습니다. 더구나 명국 사신이 올 때에는 례모가 매우 많은데, 상께서 기후가 전보다는 나으실지라도 원기가 아직 허약하시니, 아침상식이나 晝茶禮 등의 일은 따로 다른 날에 거행하는 것이 어떠하겠습니까?" 하였다 (하략)

657 [仁宗] 卷二 宮廷茶禮

元季乙巳 四月壬寅. 上詣景思殿, 行晝茶禮.

인종 권2 궁정茶禮

인종 원년 을사(1545) 4월 10일. 상이 경사전에 나아가 晝茶禮를 거행하였다.

658 [仁宗] 卷二 宮廷茶禮

元季乙巳 四月丙辰. 政院啓曰 天使當於二十八日入來, 而今日習儀, 上終日勞動, 又明日行晝茶禮. 天使接待節目爲多繼, 自今各別調保, 各司所爲之事, 亦多有之, 明日晝茶禮, 請停何如. 傳曰 明日晝茶禮, 予何勞焉. 天使來則久廢此禮, 故欲乘閒爲之耳. 但該掌豈無所爲果如所啓, 停行可也.

인종 권2 궁정茶禮

인종 원년 을사(1545) 4월 24일. 승정원에서 아뢰기를 "명나라 사신이 28일에 들어올 것인데, 오늘 습의에 상께서 종일 노동하시고 또 내일은 晝茶禮를 거행할 것입니다. 사신을 접대하는 절목이 많으므로 이제부터 각별히 조보하여야 하고 각사가 할 일도 많이 있으니, 내일의 晝茶禮는 멈추는 것이 어떠하겠습니까?" 하니, 전교하기를 "내일의 晝茶禮에 내가 무슨 로고가 있겠는가. 명나라 사신이 오면 이러한 례를 오랫동안 폐지할 것이므로 틈을 타서 하려고 한 것이다. 다만 해당 장례관이 어찌 그 례를 행하지 않겠는가. 과연 아뢴 바와 같으니 멈추도록 하라" 하였다.

---

673) **視事** 관청에 나가서 사무를 봄.

674) **朔祭** 왕실에서 매달 음력 초하룻날 조상에게 지내던 제사.

659 [仁宗] 卷二 宮廷茶禮

元秊乙巳 四月庚申. 上留景福宮, 卯時由敦義門, 出慕華館迎詔. (中略) 天使在東, 上在西相向而立, 將行拜禮, 司鑰先鋪褥席於上前, 促鋪天使褥席, 則下人不知置處驚擾喧囂久, 而持來則乃挾褥席典, 與上褥席大不相稱, 上顧左右, 令撤褥席, 行拜禮分東西以坐, 行茶禮訖. (下略)

인종 권2 궁정茶禮

인종 원년 을사(1545) 4월 28일. 상이 경복궁에 있다가 묘시에 돈의문을 거쳐 모화관에 나가 조칙을 맞이하였다. (중략) 명국 사신은 동쪽에, 상은 서쪽에 서로 마주 서서 배례를 거행하려 할 때에 사약675)이 먼저 상 앞에 요 자리를 깐 다음, 명국 사신의 자리를 깔도록 독촉하였는데, 하인이 둔 곳을 몰라서 놀라 떠들썩하다가 한참 만에 가져온 것이 좁은 요 자리라 상의 요 자리와 아주 서로 맞지 않았다. 상이 좌우의 신하를 돌아보고 요 자리를 치우게 하고, 배례를 거행하고 동서로 나누어 앉아서 茶禮를 거행하였다. (하략)

660 [仁宗] 卷二 宮廷茶禮

元秊乙巳 五月乙丑, 請宴于慶會樓, 兩天使至, 上出門外慶會南門, 相讓而入, 至樓下各揖, 就坐行茶禮畢, 遂行酒. (下略)

인종 권2 궁정茶禮

인종 원년 을사(1545) 5월 4일. 경회루에 청하여 잔치하였다. 량사가 이르니, 상이 문(경회루 남문) 밖에 나가서 서로 사양하며 들어와 경회루 아래에 이르러 각각 읍하고, 자리에 앉아 茶禮 거행하기를 마치고 드디어 술을 돌렸다. (하략)

661 [仁宗] 卷二 宮廷茶禮

元秊乙巳 五月丙寅. 上幸慕華館, 行副天使餞宴, 兼上馬宴.副使先急回程無暇及於上馬宴, 故此日兼行. 副使至, 上出館之大門, 外迎之, 相讓而入抵大廳, 各就坐. 茶禮畢, 上行酒時告曰 大人文章, 禮法景仰無已. 再三勸留, 而以帝命不可久滯於外辭之故, 不敢固請耳. 副使曰 微生到貴國, 得見盛禮足矣. 又承賢殿下屢設大宴, 或遣內臣, 多示款待之意, 感懼兼極. (下略)

인종 권2 궁정茶禮

인종 원년 을사(1545) 5월 5일. 상이 모화관에 거둥하여 부사를 위한 전별연과 상마연을 거행하였다. 부사가 먼저 바삐 돌아가므로 상마연에 미칠 겨를이 없기 때문에 이날 아울러

---

675) **司鑰** 조선 시대 궁궐 내 각 문의 자물쇠와 열쇠를 관리하던 잡직(雜職).

거행하였다. 부사가 이르니, 상이 관의 대문 밖에 나가 맞이하였다. 서로 사양하며 들어와 대청에 이르러 각각 자리에 앉았다. 茶禮를 마치고 상이 술을 나눌 때에 말하기를 "대인의 문장과 례법을 우러러 마지않습니다. 재삼 머물기를 권하여도 황제의 명 때문에 외방에 오래 지체할 수 없다고 사양하시므로, 감히 굳이 청하지 못합니다" 하니, 부사가 말하기를 "미천한 몸이 귀국에 이르러 성례를 볼 수 있었던 것만도 만족합니다. 또 어진 전하께서 여러 번 큰 잔치를 베풀고 혹 내신을 보내어 환대하는 뜻을 많이 보이셨으니, 감사하고 황공하기가 아울러 지극합니다." (하략)

662 [仁宗] 卷二 宮廷茶禮

元季乙巳 五月壬申. 上幸慕華館天使至 司禮監太監 張奉, 內官監太監 吳猷, 以封王詔命奉使來. 上先還宮止于勤政殿, 西階下小幄次候之. 天使入闕, 龍亭前導(有詔敕置于龍亭中), 上出立西階下, 祗迎位鞠躬. 天使上殿, 方頒詔, 上率百官奉詔禮. 畢還入幄次, 待天使退立於東階上, 上由西階陞進相與揖讓, 而入殿之中央. 上告曰 皇朝廷優待小邦, 父王在世時, 曾亦受賜多矣, 今旣薨逝猶遣使弔祭, 又於孤子之身特冊封誥命, 皇恩稠疊, 哀感罔極. 兩使曰, 皇曰 皇朝廷常以爲東方有賢王事, 忽不諱聞諱驚悼有倍, 尋常特遣俺等來耳. 旣行茶禮了, 兩使請退歇于舍館, 上勸留不得, 乃曰 幸大人先往, 孤子當隨進更作會. 副使曰 恐玉體添勞. 正使曰 是禮也. 遂辭出. 上幸大平館, 親行下馬宴. 宴旣設, 上自御室出乘小輦, 下于館之中門, 則兩使已先出待之矣. 仍與相讓而入于宴次, 各就坐啜茶畢, 上先行酒, 兩使亦各以次行之, 歙訖. 兩使請止酒曰 天氣盛熱, 殿下大勞, 何必至於禮完, 此亦足見賢殿下厚意. 上曰 初會欽差大人于宴席, 禮不可輕罷, 請再行酒後罷之." 兩使依命, 遂固請止之. 上不得已辭出, 兩使尾之乃於中門外, 相揖而罷.

인종 권2 궁정茶禮

인종 원년 을사(1545) 5월 11일. 상이 모화관에 거둥하였다가 명국 사신이 이르니 **사례감태감 장봉, 내관감태감 오유**가 왕을 봉하는 소명 때문에 사명 받들고 왔다. 상이 먼저 환궁하여 근정전에 이르러, 서쪽 계단 아래에 있는 작은 악차에 머물러 기다렸다. 명국 사신이 대궐에 들어올 때에 룡정이(룡정 안에 조칙이 안치되었다) 전도하였는데, 상이 서쪽 계단 아래에 있는 기영위에 나가 서서 국궁하였다. 명국 사신이 전 위로 올라와 바야흐로 반조할 때에 상이 백관을 거느리고 봉조676)하였다. 례가 끝나고 도로 악차에 들어가 명국 사신이 물러나와 동쪽 계단 위에 서기를 기다렸다가 상이 서쪽 계단으로 올라가 서로 읍양하며 殿전

676) **奉詔** 奉天承運皇帝詔曰 朕奉天明命主宰寰宇凡推行乎 庶政必卒循乎 舊章其於錫封之典 未嘗以海內外而有閒焉 故皇 鮮國王姓諱往膺世爵藩守東方職貢 各修粤逾三紀邇者 陪臣告計禮部以襲封請念 玆爵土宜有攸屬 今封王之世子諱爲皇 鮮國王嗣理國政 本國大小臣民其悉奉敎令以佐王修身謹 行遵我王度輯寧疆境 克紹先緒庶共亭太平之休 故玆詔示俾咸知悉.

의 중앙으로 들어갔다. 상이 고하기를 "조정이 小邦소방을 우대하여 부왕이 살아 계실 때에도 은혜를 받은 것이 많았는데, 이제 훙서[677]에 있어서도 사신을 보내어 조제하고 또 고자[678]의 몸에 특별히 책봉하여 고명하시니, 황제의 은혜가 거듭 많아 애감이 그지없습니다" 하니, 량사가 말하기를 "조정에서 늘 동방에 어진 임금이 있다 하였는데, 갑자기 훙서를 당하여 부음을 듣고, 놀라움과 슬픔이 여느 일보다 훨씬 더하여 특별히 우리를 보내서 왔습니다" 하였다. 茶禮를 거행하고 나서 량사가 사관에 물러가 쉬겠다고 청하자 상이 머무르기를 권했으나 부득이하여 이에 말하기를 "대인이 먼저 가시면 고자가 뒤따라가서 다시 만나겠습니다" 하니, 부사가 말하기를 "옥체의 로고를 더하실까 두렵습니다" 하니, 정사는 말하기를 "이것이 례입니다" 하고는 드디어 나갔다. 상이 태평관에 거둥하여 친히 하마연을 거행하였다. 잔치가 준비되고 나서 상이 어실에서 나와 소련을 타고 태평관의 중문으로 내려가니, 량사가 이미 먼저 나와서 기다렸다. 이어서 서로 사양하며 연차로 들어가 각각 자리에 앉아 茶를 마시고 나서, 상이 먼저 술을 돌리고 량사도 각각 차례로 술을 돌렸다. 술 마시기를 마치고 량사가 술을 그만두기를 청하며 말하기를 "날씨가 몹시 덥고 전하께서 매우 피로하신데, 어찌하여 반드시 례를 완전히 해야만 하겠습니까. 이것으로도 어진 전하의 후의를 넉넉히 알 수 있습니다" 하니, 상이 말하기를 "연석에서 흠차대인[679]을 처음으로 만났으므로 례를 가벼이 그만둘 수 없으니, 다시 술을 나눈 뒤에 그만두소서" 하였다. 량사가 명을 따르고, 드디어 그만두기를 굳이 청하자, 상이 마지못하여 작별하고 나가니, 량사가 뒤따라 나가 중문 밖에서 서로 읍하고 헤어졌다.

663 [仁宗] 卷二 宮廷茶禮

元秊乙巳 五月癸酉. 上幸太平館, 親行翌日宴. 上下輦步及中門, 則兩使已出迎門外矣. 相與揖讓而入至大廳, 兩使曰 昨旣勞動今又榮臨, 益感厚賜. 請行謝拜. 上從之, 各就坐啜茶畢, 遂行酒. 禮未完, 兩使曰 賢殿下待俺等, 實有誠與敬之, 兼盡感銘至骨不知所云. 但日氣極熱陪殿下久坐未安, 請止酒. 上曰 昨日未得從容相奉, 猶用懷恨, 大人何遽爲出此言也, 請更進一杯. 兩使依命, 仍强請止之, 上不得已從其請. 宴旣罷, 遂與相讓而出, 又於中門外, 各揖而辭之.

인종 권2 궁정茶禮

인종 원년 을사(1545) 5월 12일. 상이 태평관에 거둥하여 친히 익일연을 거행하였다. 상이 련에서 내려 걸어서 중문에 가니, 량사가 이미 문 밖에 마중 나왔다. 서로 읍양하며 들어가 대청에 이르렀는데, 량사가 말하기를 "어제 로동하셨고 이제 또 영임하시니, 후사에 더욱 감사합니다. 사배하겠습니다" 하니, 상이 그대로 따르고서 각각 자리에 앉아 茶를 마시고 나서 드디어 술을 나누었다. 례가 아직 끝나기 전에 량사가 말하기를 "어진 전하께서

677) **薨逝** 왕공귀인(王公貴人)의 죽음의 존칭. 천자의 죽음은 '붕(崩)'이며 제후의 죽음은 '훙(薨)'이다. 훙거(薨去).

678) **孤子** 아버지를 여의고 어머니만 모시고 상중(喪中)에 있는 사람의 자칭(自稱).

679) **欽差** 칙명(敕命)을 띠고 사신으로 감, 또는 그 사람. 칙사(敕使).

우리들을 대우하는 데에 참으로 정성과 공경을 아울러 다하시니, 감명이 뼈에 사무쳐 말할 바를 모르겠습니다. 다만 날씨가 매우 더워서 전하를 모시고 오래 앉아 있기가 미안하니, 술을 그만두기를 청합니다" 하니, 상이 말하기를 "어제 서로 조용히 만나지 못하였으므로 오히려 한스러운 마음을 품었는데, 대인은 어찌하여 갑자기 이런 말씀을 하십니까. 술 한 잔을 더 드십시오" 하였다. 량사가 명을 따르고 그만두기를 굳이 청하니, 상이 마지못하여 그 청을 따랐다. 잔치가 파하고 나서 드디어 서로 사양하며 나가, 또 중문에서 각각 읍하고 작별하였다.

664 [仁宗] 卷二 宮廷茶禮

元秊乙巳 五月辛巳. 上幸昌慶宮, 親行晝茶禮于景思殿, 仍問安于大妃殿. 將戒嚴大駕未動, 檢詳以三公意啓曰 近來以天使之故, 自上勞動已爲極矣, 而如此陰雨之日, 更煩擧動, 恐致玉體勞傷. 答曰 近因大聽, 久廢省視故, 欲乘閒爲之. 今雖雨不可止也, 況予之氣候亦不至於疲憊乎 遂行.

인종 권2 궁정茶禮

인종 원년 을사(1545) 5월 20일. 상이 창경궁에 거둥하여 경사전에서 친히 晝茶禮를 거행하고 이어서 대비전에 문안하였다. 장차 계엄하여 대가가 움직이기 전에 검상[680]이 삼공의 뜻으로 아뢰기를 "근래 명국 사신 때문에 상께서 로동이 이미 극도에 이르렀는데, 이처럼 비가 내리는 날에 다시 거둥을 번거롭게 하시면 옥체가 피로하여 손상될 것이 염려됩니다" 하니, 답하기를 "요즈음 대청 때문에 오래 보살피지 못하였으므로 틈을 타서 하려는 것이다. 지금 비가 내리더라도 그만둘 수 없는데, 더구나 내 기후도 피곤하지 않은데 있겠는가?" 하고 드디어 거둥하였다.

665 [仁宗] 卷二 宮廷茶禮

元秊乙巳 六月壬辰朔. 上幸太平館, 親行上馬宴. 兩使出迎于中門, 上與之相讓而入, 各就坐啜茶畢, 遂行酬酢之禮. 禮半, 兩使曰 中韓使臣往來此邦, 豈獨在今爲然. 累次太監使日記, 俺等無不探見, 固已知其爲文明禮義之國, 亦必有以忠厚誠敬之道, 接我使臣, 而及至今日, 益信夫所見實符於所聞, 衣冠禮數秩然有文. 嗣服新王允矣, 仁聖過愛俺等, 惟欲是從, 其爲恩寵多於前度之詔使遠矣. 俺等雖無似, 亦豈無情木石人哉. 請行謝拜. 上辭謝再三, 不得已而答拜. 俄而兩使以未治行裝, 多有所事, 固請止酒, 上亦迫乎勢而從之, 禮未盡而罷.

---

680) **檢詳** 조선 시대 의정부의 랑관(郎官). 정5품 벼슬.

인종 권2 궁정茶禮

인종 원년 을사(1545) 6월 1일. 상이 태평관에 거둥하여 친히 상마연을 거행하였다. 량사가 중문에 나와서 맞이하니, 상이 함께 서로 읍양하며 들어가 각각 자리에 앉아서 茶를 마시고 나서, 드디어 수작하는 례를 행하였다. 례가 반쯤 지났을 때에 량사가 말하기를 "명국 사신이 이 나라에 왕래한 것이 어찌 금세에 있어서만 그러하겠습니까. 여러 차례 있었던 태감인 사신의 일기를 우리가 모두 찾아보고서 본디부터 문명한 례의의 나라이고 또한 반드시 충후하고 성경한 도리로 우리 사신을 접대할 줄 알았는데, 오늘에 이르러 우리가 본 바가 실로 들은 바와 같이 의관과 례수가 질서 정연하여 接道접도가 있습니다. 사복하신 새 임금께서 참으로 인성하고 우리를 너무 사랑하여 바라는 대로 들어 주시니, 그 은총이 저번 조사보다 훨씬 나았습니다. 우리들이 아무리 변변치 못하더라도 어찌 정 없는 목석 같은 사람이겠습니까. 사배를 하겠습니다" 하니, 상이 두세 번 사양하다가 마지못하여 답배하였다. 잠시 후에 량사가 행장을 꾸리지 못하였기 때문에 할 일이 많이 있다며 굳이 술을 그만두기를 청하니, 상도 형세를 좇아 그대로 따라 례를 다하지 못하고 파하였다.

666 [仁宗] 卷二 宮廷茶禮

元秊乙巳 六月癸巳. 上幸慕華館, 親行餞宴. 天使至, 上於館門外出迎, 相與揖讓而入, 各就其坐. 先啜茶, 次行酒, 酒禮未完, 兩使以日晩行忙, 强請罷宴, 上勸留再三, 不得已而從其請, 遂與之揖讓而出, 至于大門, 兩使曰 從此永別再會無期矣. 上曰 暑熱長程好歸去無恙. 言訖兩使辭行各乘轎登途, 上良久佇立目送之.

인종 권2 궁정茶禮

인종 원년 을사(1545) 6월 2일. 상이 모화관에 거둥하여 친히 전별연을 거행하였다. 명국 사신이 이르니, 상이 관문 밖에 나가 맞이하여 서로 읍양하며 들어가 각각 자리에 앉았다. 먼저 茶를 마시고 다음에 술을 돌리고, 주례가 끝나기 전에 량사가 날은 저물고 갈 길은 바쁘다고 굳이 잔치 파하기를 청하자, 상이 두세 번 머무르기를 권하다가 마지못하여 그 청을 따르니, 드디어 서로 읍양하며 나가 대문에 이르러, 량사가 말하기를 "이제부터 헤어지면 다시 만날 기약이 없습니다" 하니, 상이 말하기를 "더위에 먼 길을 탈 없이 잘 가십시오" 하였다. 말이 끝나자 량사가 작별하고 각각 轎子교자를 타고 길을 떠나니, 상이 한참 머물러 서서 바라보며 배웅하였다.

667 [仁宗] 卷二 宮廷茶禮

元秊乙巳 六月戊申. 三公啓曰 "明日景思殿晝茶禮後, 大妃殿問安事有傳敎矣. 但上體時未永寧, 而日氣太炎熱, 若勞動於此時, 則將恐重證之, 或發請停之." 答曰 予氣候今則大歇, 雖當酷暑, 不可安坐而久廢祭禮也. 近因待詔使, 又有病患, 久闕子職, 予甚愴焉.

인종 권2 궁정茶禮

인종 원년 을사(1545) 6월 17일. 삼공이 아뢰기를 "내일 경사전의 晝茶禮를 거행한 뒤에 대비전에 문안하겠다는 일을 전교하였습니다. 다만 상의 옥체가 아직 강령하시지 못하고 날씨가 매우 더운데, 이때에 로동하시면 혹시 중병이 생길까 염려되니 멈추소서" 하니, 답하기를 "내 기후가 이제는 매우 좋아졌으니, 무더위를 당하였더라도 편안히 앉아서 오래도록 제례를 그만둘 수 없다. 요즈음 조사를 접대하고 병환도 있어서 아들로서 할 일을 오랫동안 못하였으니, 내가 슬프도다" 하였다.

668 [仁宗] 卷二 宮廷茶禮

元秊乙巳 六月己酉. 上詣景思殿, 行晝茶禮, 問安于慈殿. 慈殿饋酒, 隨駕侍從, 諸將, 又賜侍從盛胡椒素囊子.

인종 권2 궁정茶禮

인종 원년 을사(1545) 6월 18일. 상이 경사전에 나아가 晝茶禮를 거행하고 자전에게 문안하였다. 자전이 수가한 시종, 諸將제장에게 술을 내리고 또 시종에게 호초를 넣은 흰 주머니를 내렸다.

669 [栗谷全書] 卷一 水鐘寺 — 李珥

初驚足難著　稍喜眼無**遮**
氣爽知天近　山平覺地**賒**
晴州回曠野　斜日隱長**沙**
一洗文園渴　多僧進晚**茶**

五言律 麻韻⇒遮賒沙茶

율곡전서 권1 수종사 — 리이(1536~1584)

첫걸음 붙이기 어려워 놀라는데
점차 눈 가릴 것 없어 좋다.
공기 상랑하니 하늘 근처 알고
산 고르니 땅이 아득함 알겠네.
개인 고을의 광야를 돌아서
해는 기울어 장사에 숨네.
한결 목마른 문원을 씻으니
여러 승이 늦게 딴 茶를 내온다.

670 **[栗谷全書]** 卷一 山中 — 李珥

採藥忽迷路　千峰秋葉**裏**
山僧汲水歸　林末茶煙**起**
五言絶 紙韻⇒裏起

율곡전서 1권 산중 — 리이(1536~1584)

약 캐다 홀연 미로인데
천 봉우리가 추엽 속이네.
산승 물 길어 돌아가자
숲 끝에 茶煙이 이네.

671 **[栢潭先生文集]** 卷五 讀茶經 — 具鳳齡

我欲詠茶詩　煙霞爽牙**隔**
不如讀茶經　氷雪生肺**膈**
茶詩狀皮膚　茶經搜血**脈**
鴻漸信奇士　相骨遺毛**色**
一讀通神靈　再讀鍊精**魄**
因復啜玉乳　習習風生**腋**
依然駕我仙　飛上淸都**白**
五言古 陌·職韻⇒隔膈脈色魄腋白

백담선생문집 5권 茶經을 읽다 — 구봉령(1520~1585)

내 茶詩를 읊고자 하니
연하가 이 사이를 시원케 하나,
茶經을 읽는 것만 못해도
빙설이 허파 사이에서 이네.
茶詩로는 피부를 형상하며
茶經의 혈맥을 더듬는다.
홍점은 진실로 기이한 선비
골상을 보며 모색을 남겼네.
일독에 신령과 소통하고
재독에 정혼을 연마하네.

거듭 玉乳[681]를 마심으로 인하여
솔솔 겨드랑이에 바람이 이네.
의연히 내 선학을 타고
청도[682]의 달 속으로 날아 오르네.

672 [明宗] 卷三十四 宮廷茶禮

二十二季丁卯 三月丁丑. 上詣文德殿, 行晝茶禮, 夕上食.

명종 권34 궁정茶禮

명종(재위 1545~1567) 22년 정묘(1567) 3월 22일. 상이 문덕전에 나아가 晝茶禮와 저녁상식을 거행하였다.

673 [明宗] 卷三十四 宮廷茶禮

二十二季丁卯 四月壬辰. 上詣文德殿, 行大祥祭. 仍行朝上食, 晝茶禮.

명종 권34 궁정茶禮

명종 22년 정묘(1567) 4월 7일. 상이 문덕전에 나아가 대상제를 지내고, 이어 아침상식과 晝茶禮를 거행하였다.

674 [宣祖] 卷二 宮廷茶禮

元季戊辰 二月癸未. 天使太監張朝 行人司行人歐希稷 入迎詔門. 上率百官祗迎. (中略) 天使旣入, 上就相見. 天使坐交倚于東, 上坐交倚于西, 行茶禮, 後百官堂上官, 先就楹內, 再拜, 堂下官隨就楹外, 再拜而出. (下略)

선조 권2 궁정茶禮

선조(재위 1568~1608) 원년 무진(1568) 2월 3일. 명국사신 태감 장조와 행인사행인 구희직이 영조문에 들어오니, 상이 백관을 거느리고 지영하였다. (중략) 명국 사신이 들어오니 상이 나아가 상견례를 하였다. 명국 사신은 동쪽에서 교의에 앉고, 상은 서쪽에서 교의에 앉아 茶禮를 거행한 뒤에 백관과 당상관은 먼저 기둥 안쪽에 들어가 재배하고, 당하관은 따라가 기둥 밖에서 재배하고 나왔다. (하략)

---

681) **玉乳** 宋代 高級 餠茶를 이름.
682) **淸都** 天帝의 宮闕을 말함. 『列子』「周穆王」, '淸都紫微, 鈞天廣樂, 帝之所居.'

675 [宣祖] 卷三十三 宮廷茶禮

二十五季壬辰 十二月癸丑. 備邊司啓曰 (中略) 臣等妄意, 似當出接于龍灣館正廳, 請諸將, 重行相見. 只行茶禮, 猶愈於全不接見. 而李提督亦言 將官甚多, 重行相見, 只行一鍾茶而罷, 無妨云. 若行此禮, 則將官之今日晩發者, 亦當參也. (下略)

선조 권33 궁정茶禮

선조 25년 임진(1592) 12월 27일. 비변사에서 아뢰기를 (중략) "신들의 망령된 생각으로는 마땅히 룡만관 정청에 나아가 접견하고, 제장을 청하여 상견례를 다시 행하셔야 할 것입니다. 茶禮만 거행하더라도 오히려 전혀 접견하지 않는 것보다는 나을 것입니다. 리제독 역시 말하기를 '장관이 매우 많으니 다시 상견례를 행하되, 茶 한 잔으로 끝내도 무방합니다' 하였습니다. 만약 이런 례를 행하면, 오늘 늦게 출발하는 장관들 역시 참석할 것입니다." (하략)

676 [宣祖] 卷三十四 宮廷茶禮

二十六季癸巳 正月戊午. 上接待劉員外黃裳于龍灣館. (中略) 黃裳曰 (中略) 此實皇上念本國恪謹之誠也. 願本國體皇上之意也. 行茶酒, 上曰 以小邦之故, 貽君父之憂, 動天下之兵, 日夜感泣. (下略)

선조 권34 궁정茶禮

선조 26년 계사(1593) 1월 3일. 상이 원외랑 류황상을 룡만관에서 접대하였다. (중략) 류황상이 말하기를 (중략) "조선에서는 황상의 뜻을 체득하십시오" 하였다. 茶禮를 거행하고 술을 돌리고, 상이 말하기를 "소방의 일로 군부에게 근심을 끼쳐 천하의 군대를 출동케 하였으니 밤낮으로 감읍합니다." (하략)

677 [宣祖] 卷三十九 宮廷茶禮

二十六季癸巳 六月戊子. 上幸安興館, 接見經略, 諸臣皆步從. 上至中門外, 經略出迎. (中略) 經略曰 旣爲四拜, 以謝皇恩, 不須別拜. 經略請行茶禮. 進茶, 經略與上就筵中, 換茶鍾就坐歠. (下略)

선조 권39 궁정茶禮

선조 26년 계사(1593) 6월 5일. 상이 안흥관에 나아가 경략[683]을 접견하는데 여러 신하는 모두 도보로 따랐다. 상이 중문 밖에 이르자 경략이 나와서 맞이하였다. (중략) 경략이 말하기를 "이미 4배를 하여 황은에 사례하시었으니 따로 배례할 필요가 없습니다" 하고, 경략이 茶禮 거행할 것을 청하기에 茶를 내었다. 경략이 상과 함께 자리에 나아가 茶鍾을 교환하고 좌석에 나아가 茶를 마시었다. (하략)

---

683) **經略使(경략사)** 변방에 둔 군사상(軍事上)의 장관(長官).

678 [宣祖] 卷四十五 宮廷茶禮

二十六秊癸巳 閏十一月壬辰. 領議政柳成龍問安于天使, 來啓曰 (中略) 天使出茶相對, 仍曰 各脫團領, 只以便服, 會坐談論, 可也, 臣等辭以不敢, 天使固要, 乃不敢辭. 天使招臣等於所接房外, 設位以坐, 遠接使李恒福亦參. 臣仍請行酒禮, 天使許之. (下略)

선조 권45 궁정茶禮

선조 26년 계사(1593) 윤11월 12일. 영의정 류성룡이 명국 사신에게 문안하고 와서 아뢰었다. "(중략) 사신은 茶를 내고 마주하여 말하기를 '각각 단령을 벗고 편복만으로 모여 앉아 이야기하자'고 하기에, 신들이 감히 그럴 수 없다고 사양하였으나, 사신이 굳이 요구하므로 감히 사양하지 못하였습니다. 사신이 접대하던 방 밖으로 신들을 불러 자리를 마련하여 앉혔고 원접사 리항복도 참석하였는데, 신이 이어서 주례 행하기를 청하니 사신이 허락하였습니다." (하략)

679 [宣祖] 卷四十六 宮廷茶禮

二十六秊癸巳 十二月丁卯. 上以鹽鐵使洪進啓辭, 問于大臣, 備邊司回啓曰 自古兵興之際, 常患於財穀乏絶, 理財之方, 無所不至. 至於搉酒, 搉茶, 雖非美政, 猶且爲之. 以中國之力猶然, 況我國乎. (下略)

선조 권46 궁정茶禮

선조 26년 계사(1593) 12월 18일. 상이 염철사 홍진이 아뢴 내용에 대해 대신에게 하문하였다. 비변사에서 회계684)하기를 "예로부터 군대를 일으킬 때에는 항상 재곡의 결핍을 걱정하여 왔기 때문에, 재정을 판출하는 방도에 대해 강구하지 않은 것이 없었습니다. 심지어 榷酒法각주법, 榷茶法각차법까지 실시했었는데, 이것이 좋은 법은 아니지만 그래도 실시했었는데, 명국의 국력으로도 오히려 이러했는데 하물며 우리나라는 어떠하겠습니까? (하략)"

680 [宣祖] 卷六十四 宮廷茶禮

二十八秊乙未 六月乙丑. 上接見劉參將 (中略) 上請茶, 遂行茶禮. 右承旨鄭淑夏, 以禮單進, 上曰 姑徐之. 上顧謂都承旨趙仁得曰 無可接話之語. 賊情問之, 如何. 仁得對曰 上敎允當. (下略)

---

684) **回啓** 임금의 下問에 대하여 심의(審議)하여 아룀.

선조 권64 궁정茶禮

선조 28년 을미(1595) 6월 24일. 상이 류참장을 접견하였다. (중략) 상이 茶를 청하여 茶禮를 거행하였다. 우승지 정숙하가 례물 단자를 올리니, 상이 잠시 보류하라고 하였다. 상이 도승지 조인득을 돌아보며 이르기를 "계속할 화제가 없는데 적의 정세를 묻는 것이 어떻겠는가?" 하니, 조인득이 대답하기를 "상의 교윤이 마땅하십니다" 하였다. (하략)

681 [宣祖] 卷七十二 宮廷茶禮

二十八秊丙申 二月丙寅. 平安道觀察使尹承吉馳啓曰 (中略) 步軍六千餘名, 成三行列立, 相公進迫陣前, 有一騎不意高聲, 騎軍整立不動. 而相公一行及我國人等, 驚惶失色, 胡人拍手大笑. 老胡兄弟, 設茶以慰, 謂余相公曰 老爺此行, 難信眞假. 若以誠心到此, 則我亦以誠心待之. (下略)

선조 권72 궁정茶禮

선조 28년 병신(1596) 2월 29일. 평안도 관찰사 윤승길이 치계하였다. (중략) 보군 6천여 명은 3렬로 벌려 섰는데, 상공이 그 진 앞에 접근하여 나아갈 때, 어떤 기군이 뜻 모를 큰소리를 치니 기군들이 부동자세로 정렬해 섰다. 이에 상공 일행과 우리나라 사람들이 놀라서 어리둥절해 하니, 호인들은 손뼉을 치면서 크게 웃었다. 로호의 형제가 茶를 내어 위로하기에, 내가 상공에게 말하기를 '로야의 이번 행차에 대해 그 진가를 믿기 어렵소. 만약에 성심으로 여기에 왔다면 우리 역시 성심으로 대접하겠다.' (하략)

682 [宣祖] 卷七十六 宮廷茶禮

二十八秊丙申 六月甲辰. 上幸南別宮, 接見葉 遊擊 (中略) 上請行茶禮, 上與遊擊, 各執茶杯而歃. 遊擊曰 前者令人呈揭帖. (下略)

선조 권76 궁정茶禮

선조 28년 병신(1596) 6월 8일. 상이 남별궁에 거둥하여 섭유격을 접견하였다. (중략) 상이 茶禮 행하기를 청하여 상과 섭유격이 각각 茶잔을 들고 마셨다. 섭유격이 말하기를 "전에 사람을 시켜 국왕에게 게첩[685]을 바쳤습니다." (하략)

683 [宣祖] 卷七十六 茶事

二十九秊丙申 六月庚戌. 上御別殿 講 周易 (中略) 應南曰 遊擊色喜, 仍饋之茶曰 此國, 文獻之邦, 而俺麤劣武人也, 勸勵之歌, 豈可以觀之哉. (下略)

---

685) **揭帖** 내어 걸어 붙임. 또는 그런 문서.

선조 권76 찻일

선조 29년 병신(1596) 6월 14일. 상이 별전에 나아가『주역』을 강하였다. (중략) 김응남이 아뢰기를 "섭유격이 희색을 띠고 茶를 대접하며 말하기를 '이 나라는 문헌의 나라이고, 나는 어리석은 무인이거늘 권려가[686]가 어찌 볼 만하겠는가' 하였다." (하략)

684 [宣祖] 卷八十八 茶事

三十季丁酉 五月乙巳. 午時, 引見大臣, 及備邊司有司堂上于便殿. (中略) 上曰, 楊總兵何日欲發乎. 成龍曰, 毛承先輈來小臣家, 問之則行期定不得云. 上曰, 唐官往宰相家, 則何以待之. 應南曰, 前者(葉遊擊), 再往臣家, 以蜜水代茶, 相接爾. (下略)

선조 권88 찻일

선조 30년 정유(1597) 5월 15일. 오시에 대신과 비변사의 유사당상을 편전에서 인견하였다. (중략) 상이 이르기를 "양총병은 어느 날이나 길을 출발하려 하는가?" 하니, 류성룡이 아뢰기를 "모승선이 아침에 소신의 집에 왔기에 물었더니, 출발할 날을 아직 정하지 못하였다"고 하였습니다. 상이 이르기를 "당관이 재상가에 들르면 어떻게 대접하는가?" 하니, 김응남이 아뢰기를 "섭유격이 신의 집에 두어 번 왔는데 꿀물로 茶를 대신해 대접했습니다." (하략)

685 [宣祖] 卷八十八 宮廷茶禮

三十季丁酉 五月己酉. 劉都司來. 上出中門以迎, 行拜禮就座. 上曰 小邦, 酷被寇禍, 荷天輈拯濟, 至今保存, 皇恩罔極. 大人來此, 而殘破之地, 支待不獲稱情, 未安未安. 乃行茶禮及酒禮於座上.

선조 권88 궁정茶禮

선조 30년 정유(1597) 5월 19일. 류도사가 왔다. 상이 중문까지 나가 영접하여 배례를 거행하고 자리로 나아가 앉았다. 상이 말하기를 "우리나라가 왜구의 재앙을 혹심하게 입었으나 명나라의 구원을 힘입어 지금까지 보존되었으니, 황은이 망극합니다. 대인이 이곳에 오셨으나 잔파[687]된 곳이어서 대접이 여의치 못하니, 대단히 미안합니다" 하였다. 이어 茶禮와 주례를 좌상에서 거행하였다.

686 [宣祖] 卷九十二 宮廷茶禮

三十季丁酉 九月庚寅. 巳正, 上幸慕華館, 迎慰楊經理(名鎬). 上與經理出座, 相揖進茶, 經理啜茶訖, 遂長揖而出. 旗鼓官掠奪左右入侍史官草冊, 注書朴承業檢閱柳穡, 爲旗鼓所奪. (下略)

---

686) **勸勵歌** 격려하고 권장하는 詩.
687) **殘破** 상함, 또는 상하고 부서짐.

선조 권92 궁정茶禮

선조 30년 정유(1597) 9월 3일. 사정[688]에 상이 모화관에 거동하여 양경리를 영접하여 위로하였다. 상이 양경리와 더불어 좌석에 나와 서로 읍하고 茶를 대접하니, 양경리가 茶를 다 마시고 장읍[689]하고서 나갔다. 그러자 기고관이 좌우에 입시한 사관[690]의 초책을 빼앗았는데, 주서 박승업, 검열 류색이 기고관에게 빼앗긴바 되었다. (하략)

687 [宣祖] 卷九十三 宮廷茶禮

三十秊丁酉 十月 四日辛酉. 上御別殿, 楊經理接見, 回禮也. 上曰 大人來臨陋地, 不勝未安, 請作拜以謝. 經理曰 不敢. 俺當作拜以謝枉顧之意. 上曰 不敢. 請作揖. 經理從之, 仍作揖, 上座. 進茶, 上下座, 行茶禮, 俄而經理固辭上曰 請拜. 經理不從, 作揖而出.

선조 권93 궁정茶禮

선조 30년 정유(1597) 10월 4일. 상이 별전에 나아가 양경리를 접견했다. 회례이다. 상이 말하기를 "대인이 이 루지에 왕림하니 미안함을 견딜 수 없습니다. 절을 하여 사례하기를 청합니다" 하니, 양경리가 말하기를 "당치 않습니다. 제가 절을 해서 만나주신 뜻에 감사해야 합니다" 하자, 상이 말하기를 "그럴 수 없습니다. 읍으로 합시다" 하니, 양경리가 따라서 그대로 읍한 뒤에 자리에 앉았다. 茶가 나오자 상은 자리에서 내려와 茶禮를 거행하였는데 조금 후 양경리가 굳이 사양하였다. 상이 말하기를 "절을 청합니다" 하였으나 양경리가 따르지 않으므로 읍만 하고 나왔다.

688 [宣祖] 三十秊 丁酉(1597) — 南部 茶生産地 日侵에 依한 焦土化(編註)

선조 30년 정유(1597) — 남부 차 생산지 일침에 의한 초토화(편주)

정유재란시 침략구는 움직이는 것이면 몰살하여 식용했고, 生民생민은 七體截斷칠체절단하여 屠戮도륙하고 首級수급의 戰利品전리품을 耳鼻이비로 잘라갔다. 이때에 지상은 물론 매장문화재와 인간문화재까지를 휩쓸어 가고 전답의 熟穀숙곡은 불태웠다. (海南尹氏 大同譜引)

689 [宣祖] 卷一百 榷茶酤

三十一秊戊戌 五月乙未. 備邊司啓曰 國計至急, 策無所出. 自古軍興之際, 不得不以理財裕食爲務. 甚至茶酤之利, 亦皆爲之, 誠出於不得已也. (下略)

---

688) **巳正** 巳時의 중심 시각, 곧 오전 10시.
689) **長揖** 두 손을 마주 잡고 앞으로 올렸다가 내리는 인사.
690) **史官** 력사의 편찬을 맡아 초고 쓰는 일을 맡아 보던 벼슬. 례문관의 검렬 또는 승정원의 주서를 이른다.

선조 권100 茶와 고의 전매

선조 31년 무술(1598) 5월 11일. 비변사에서 아뢰기를 "국계가 매우 위급한데 묘책이 없습니다. 예로부터 군사를 일으킬 즈음에는 재물을 축적하여 군량을 풍족하게 하는 것으로 급무를 삼지 않은 적이 없었습니다. 심지어는 茶酤[691]의 리익까지도 모두 취했으니, 그것은 참으로 부득이하였기 때문입니다. (하략)

690 [宣祖] 卷一百一 茶事

三十一秊戊戌 六月内子. (上略) 上曰 往事已矣, 言之無益. 今日言事, 止宜著實商議. 經理事, 不可緩也, 必須今明內爲之. 天朝論議激發, 則或不無陷於罪籍, 今日事, 不但爲楊大人一身, 實係我國家存亡. 若或小緩, 則其閒邪議橫生, 已無及矣. 楊大人以我國人, 性稟弛緩, 不能莅事, 每於接見, 輒言之. 前日言於予曰 貴國有茶, 何不採取. 使左右, 取茶來示曰 此南原所産也, 厥品甚好. 貴邦人何不喫了. 予曰 小邦習俗, 不喫茶矣. 此茶採取, 賣諸遼東, 則十斤當銀一錢, 可以資生. 西蕃人喜喫膏油, 一日不喫茶則死矣. 中國採茶賣之, 一秊得戰馬萬餘匹矣. 予曰 此非六安茶之流, 乃鵲舌茶也. 對曰 此一般也. 貴國啜人參茶, 此湯也, 非茶也. 啜之中心煩熱, 不如啜之爽快矣. 使貴國陪臣喫茶, 則心開氣擧, 而百事能做矣. 仍贈予茶二包, 似是爾若喫茶, 則或可做事, 以警之之意也. 此非爲茶言之, 專爲不做事而發, 設辭言之也. 鄭琢曰 '此直戲侮之言也. 怠慢之氣, 豈喫茶所能療也. (下略)

선조 권101 찻일

선조 31년 무술(1598) 6월 23일. (상략) 상이 이르되, "이미 지나간 일이니 말해도 소용이 없다. 오늘 말한 일들은 착실히 상의[692]해야 할 것이다. 양경리에 대한 일은 늦춰서는 안되니, 반드시 오늘이나 내일 중으로 해야 한다. 명국에서 론의가 격렬하게 일어나면 죄적에 빠지게 될는지도 모르니, 오늘의 일은 양대인 일신만을 위한 것이 아니라 실은 우리나라의 존망이 달려 있는 것이다. 만일 조금이라도 완만히 하면, 그 사이에 사의가 마구 일어나서 어찌할 수 없게 될 것이다. 양대인이 우리나라 사람들은 성품이 완만하여 직무를 제대로 수행하지 못한다고 접견할 때마다 말하였다. 그리고 지난번 나에게 '귀국에는 茶가 있는데 왜 채취하지 않는가?' 하고는 좌우 사신을 시켜 茶를 가져오라고 하여 보여주며, '이것은 남원에서 생산된 것인데 그 품질이 매우 좋소. 그런데 귀국 사람들은 무엇 때문에 이것을 마시지 않는가?' 하기에, 내가 '우리나라는 풍습이 茶를 마시지 않는다'고 하였다. 그는 다시 '이 茶를 채취해서 료동에 내다 판다면 10근에 1전은 받을 수 있으니 그것만으로도 생활이 가능할 것이다.
서번 사람들은 기름기를 즐겨 먹기 때문에 하루라도 茶를 마시지 않으면 죽을 지경이다.

691) **茶酤** 榷茶는 茶에 세금을 매기는 것이고, 각고(榷酤)는 정부에서 술을 전매(專賣)하는 일.
692) **商議** 서로 이야기함. 어떤 일을 의론하여 꾀함. 協議.

그래서 명국에서는 茶를 채취하여 팔아서 1년에 戰馬전마 1만여 필씩을 사고 있다' 하기에, 내가 '이것은 六安茶의 종류가 아니고 鵲舌茶이다' 하니, 답하기를 '그것은 마찬가지이다. 귀국에서는 人蔘茶를 마시는데, 이것은 탕이지 茶가 아니다. 그것을 마시면 마음에 번열이 생기므로 마음이 상쾌해지는 茶를 마시는 것만 못하다. 귀국의 배신들이 茶를 마신다면 마음이 열리고 기운이 솟아나서 온갖 일들을 잘할 수 있을 것이다' 하고는, 이어 나에게 茶 두 봉지를 주었는데, 이는 당신도 茶를 마시면 일을 잘할 수 있을 것이라는 뜻으로 깨닫게 하려는 것처럼 보였다. 이는 또 茶를 위해 말한 것이 아니라 오로지 일을 잘하지 못한다 하여 꺼낸 말이니, 계획적으로 한 말이다" 하자, 정탁이 아뢰기를 "이것은 단지 희롱하고 업신여기는 말일 뿐입니다. 태만한 기운이 어떻게 茶를 마신다고 고쳐질 수 있겠습니까" 하였다. (하략)

691 [宣祖] 卷一百二 宮廷茶禮

三十一季戊戌 七月丙戌. 辰時, 上幸劉提督下處, 行再揖, 上坐. (中略) 劉曰 賴賢王盛惠, 粗得平安. 行茶後, 行酒禮. 上曰 大人以我國之事, 遠赴南中. 寡人之子當隨往, 而但地方殘破, 支供不可不爲, 從官不可不率, 此以爲慮. (下略)

선조 권102 궁정茶禮

선조 31년 무술(1598) 7월 3일. 진시에 상이 유제독의 처소에 거둥하여 두 번 읍하고 자리에 앉았다. (중략) 유제독이 말하기를 "현왕께서 융숭한 은혜를 베푸신 덕택에 평안합니다" 하였다. 茶禮를 거행하고 난 뒤에 주례를 거행하였다.
상께서 말하기를 "대인께서 우리나라의 일로 멀리 남방까지 가시니 과인의 자식이 의당 수행하여야 합니다만, 지방이 잔파693)되었는데 지공694)도 마련해야 하고 종관695)도 거느려야 하니, 이 점이 걱정입니다." (하략)

692 [宣祖] 卷一百六 宮廷茶禮

三十一季 戊戌 十一月甲申. 上幸邢軍門(玠)所館處, 軍門迎入, 行拜禮 (中略) 軍門曰 "近以中路之師小衂, 俺過用心慮, 寢食不安矣. 軍門進小茶, 遂用茶禮 (下略)

선조 권106 궁정茶禮

선조 31년 무술(1598) 11월 3일. 상이 군문 邢玠형개가 관사에 나아가니, 군문이 맞아들여 배례를 행하였다. (중략) 군문이 말하기를 "근일 중로의 군대가 기세가 꺾여 제가 지나치게 마음을 썼더니 침식이 편치 못합니다" 하고, 군문이 小茶를 내어 茶禮에 사용하였다. (하략)

---

693) **殘破** 상함. 또는 상하고 부서짐.
694) **支供** 음식을 보내어 줌.
695) **從官** 임금을 따라 다니는 벼슬아치.

693 [宣祖] 卷一百六 宮廷茶禮

三十一季 戊戌 十一月己酉. 備邊司啓曰 臣斗壽等, 今韓進經理衙門, 謁見後仍呈呈文, 經理出立楹外, 答曰 (中略) 臣等叩頭而退, 仍留臣斗壽, 進前對茶, 更爲叩頭而退. 且今日呈文時, 堂上以上進參者只五人, 事體未安. 敢啓. 傳曰 知道.

선조 권106 궁정茶禮

선조 31년 무술(1598) 11월 28일. 비변사에서 아뢰기를 "신 윤두수 등이 오늘 아침에 경리가 아문에 나아가 알현한 후 정문을 올리니 경리가 기둥 밖에 나와 서서 답하기를 (중략) 신들은 머리를 조아리고 물러 나오고, 신 윤두수는 남았다가 앞에 나아가 茶를 마시고 다시 머리를 조아리고 물러 나왔습니다. 또 금일 정문할 때에 당상관 이상 참석한 자가 5명뿐이어서 사체가 온당치 않았습니다. 감히 아뢰니다" 하니, 알았다고 전교하였다.

694 [宣祖] 卷一百一十一 宮廷茶禮

三十二季己亥 四月己巳. 上還至吳副摠惟忠館, 副摠先往都院衙門. 上入幕次以待之時, 日氣甚熱, 館宇湫隘, 從臣皆露坐於墻壁之間. 汗流浹背, 副摠小子自內出一鍾茶, 進于上前.

선조 권111 궁정茶禮

선조 32년 기해(1599) 4월 20일. 상이 돌아오는 길에 부총 오유충의 숙소에 이르렀는데 부총은 앞서 도원아문으로 떠났었다. 상이 군막에 들어가서 기다리는데 이때 날씨가 매우 덥고 객사도 협소하여 시종하던 신하들이 모두 담벽 사이에 나와 앉아 있었다. 흐르는 땀이 등을 적셨는데 부총의 작은아들이 안에서 한 종지의 茶를 가져와 상에게 올렸다.

695 [宣祖] 卷一百一十二 宮廷茶禮

三十二季己亥 閏四月丁酉. 姜守備良棟來, 以禮單獻之曰 此物家鄕土產, 敢進薄敬 上曰 不敢當不敢當. 請茶 (中略) 中韓地方, 尙且如是, 況外服乎 茶訖, 行酒禮. 呈禮單. (下略)

선조 권112 궁정茶禮

선조 32년 기해(1599) 윤4월 19일. 수비 강량동이 와서 례물 단자를 바치며 말하기를 "이 물건은 고향의 토산물인데 변변치 않지만 감히 드립니다" 하니, 상이 말하기를 "감당할 수 없소이다" 하고, 茶禮를 청하였다. (중략) "명국의 조정도 이러한데 하물며 외방인들 어떠하겠습니까" 하였다. 茶禮를 마치자 주례를 거행하고 례물 단자를 증정하였다. (하략)

696 [宣祖] 卷一百一十七 宮廷茶禮

三十二秊己亥 九月丁巳. 上幸于左遊擊聰所館處, 行拜禮. (中略) 遊擊曰 高情盛意, 豈可以一言盡謝. 進茶, 遊擊曰 俺將去已矣, 善後軍丁在此者, 糧餉須極力措置. 軍心一失, 不可復合. (下略)

선조 권117 궁정茶禮

선조 32년 기해(1599) 9월 11일. 상이 좌총 유격의 관소에 거둥하여 배례를 행하였다. (중략) 유격이 말하기를 "그 높고 성대한 뜻을 어찌 한 마디 말로 다 사례할 수 있겠습니까" 하였다. 茶를 권하며 유격이 말하기를 "저는 곧 떠나 갈 따름입니다. 여기에 남은 선후군의 군량을 모름지기 극력 조치해 주시기 바랍니다. 군사의 마음을 한 번 잃으면 다시 회복하기 어렵습니다." (하략)

697 [宣祖] 卷一百四十四 宮廷茶禮

三十四秊辛丑 十二月庚午. 上接遼東差來都司指揮王汲于時御所. (中略) 上曰 終始仰仗皇恩, 保有今日, 皇恩罔極. 仍行茶禮. 上下交倚, 執茶鍾而揖, 復上交倚啜茶. 茶禮畢, 又行酒禮, 上坐交倚, 執杯而揖, 歠畢, 擧箸請勸, 汲悉如之. 酒行一二巡, 汲辭以量淺, 屢請止, 上從之. (下略)

선조 권144 궁정茶禮

선조 34년 신축(1601) 12월 7일. 상이 료동에서 보내온 도사 지휘사 왕급을 시어소에서 접견하였다. (중략) 상이 이르기를 "시종 황은에 의지하여 오늘날까지 보유하게 되었으니 황은이 망극하오" 하고, 이어 茶禮를 거행하였다. 상이 교의에서 내려와 茶鍾을 들어 읍하고 나서 다시 교의에 앉아 茶를 마셨다. 茶禮를 마치고 나자 또 주례를 행하였다. 상이 교의에 앉아 술잔을 들고 읍한 다음, 술을 마시고 나서 젓가락을 들어 왕급에게 음식 들기를 권하였는데, 왕급도 똑같이 하였다. 술이 1·2순배 돌자 왕급이 주량이 적다고 사양하고 그만두기를 여러 차례 청하므로 상이 따랐다. (하략)

698 [宣祖] 卷一百四十八 宮廷茶禮

三十五秊壬寅 三月丁卯. 問禮官吳允謙書啓. (中略) 成翰林儀註六件內, 一 迎詔儀, 一 下馬宴儀, 一 勤政殿頒詔後茶禮儀, 一 留詔儀二件, 一 謁聖儀, 今呈迎詔儀改正付標一件, 竝七件, 臣謹受來矣. 臣等辭出時, 更言急速回來. 且曰 改書時, 迎詔儀, 頒詔後茶禮儀, 留詔儀, 幷開一帖, 下馬宴儀, 別爲一帖, 爲當矣.

선조 권148 궁정茶禮

선조 35년 임인(1602) 3월 5일. 문례관 오윤겸이 서계했다. (중략) "한림의 의주 6건의 내용은 영조의 1건, 하마연의 1건, 근정전에서 조서를 반포한 뒤 행하는 茶禮儀 1건, 유조의 2건, 알성의 1건이었는데 지금 올리는 영조의 개정부표 1건을 합쳐 모두 7건을 신이 받아 가지고 왔습니다. 신 등이 작별하고 나올 때 속히 돌아오라고 다시 말하면서, '개정하여 쓸 때 영조의와 조서를 반포한 뒤 행하는 茶禮儀와 류조의는 모두 1첩에 쓰고, 하마연의는 별도로 1첩을 만들도록 하라' 하였습니다."

699 [宣祖] 卷一百八十八 宮廷茶禮

三十八秊乙巳 六月甲辰. 上接單遊擊于南別宮所館處. (中略) 上曰 如是問之, 惶恐. 上請茶禮, 遊擊答曰 多謝. 進茶一鍾訖, 樂作陳戲. 上親詣遊擊前, 執杯以請, 遊擊捧歃. 如是者再, 遊擊又詣上前, 執杯以請, 上曰 不堪. 遊擊曰 必行此禮, 乃表我誠. 上曰 重違尊命, 敢歃. 如是者再訖. 上曰 請上坐. 譯官跪遊擊前, 請進宴卓, 遊擊曰 旣歃茶, 又歃酒, 而又進宴, 深恐上體多勞, 願辭.

선조 권188 궁정茶禮

선조 38년 을사(1605) 6월 1일. 상이 유격을 남별궁의 관소에서 접견하였다. (중략) 상이 이르기를 "이렇게 물어 주시다니 황공하오" 하였다. 상이 茶禮 행하기를 청하자 유격이 "대단히 감사하다"고 답하였다. 茶 한 잔씩을 마시고 나서 풍악이 울리고 연희가 시작되었다. 상이 친히 유격에게 나아가 잔을 들고 마시기를 청하자 유격이 잔을 들어 마셨는데, 이렇게 하기를 두 번 하였다. 유격이 또 상에게 나아가 잔을 들고 청하자, 상이 "감당하지 못하겠다"고 이르니, 유격이 말하기를 "이 례를 행해야만 저의 정성을 표시하는 것이 되겠습니다" 하자, 상이 이르기를 "존명을 어기기 어려워 감히 마시겠소이다" 하였다. 이렇게 하기를 두 번 하였다. 상이 이르기를 "자리에 오르시기를 청하외다" 하니, 역관이 유격 앞에 무릎을 꿇고 연회 석상에 나아가기를 청하였다. 유격이 말하기를 "茶를 마신데다가 또 술까지 들었는데 다시 연회까지 베풀어 주시다니, 상의 옥체가 너무 피로하실까 깊이 우려됩니다. 사양했으면 합니다." (하략)

700 [宣祖] 卷一百九十八 宮廷茶禮

三十九秊丙午 四月戊申. 右承旨宋駿以禮曹言啓曰 下馬宴儀註中, 自上與詔使前, 提調 提擧俱以跪進果盤爲磨鍊. 而副使改定時, 幷無跪字, 故依副使所改, 書入矣. 但伏見, 茶禮則提擧各跪進果于詔使, 提調跪進果于御前云, 而此跪字則副使不改. 酒禮 茶禮一樣, 而或改, 或不改. 似當一體, 何以爲之. 敢稟. 傳曰 自當一體皆跪.

선조 권198 궁정茶禮

선조 39년 병오(1606) 4월 10일. 우승지 송준이 례조의 말로 아뢰기를 "하마연 儀註의주에 상과 조사에게 제조와 제거가 모두 무릎을 꿇고 과반을 올리는 것으로 마련했었습니다. 그런데 부사가 개정할 때에 모두 跪궤자를 없앴기 때문에 부사가 고친 대로 써서 드렸습니다. 그러나 삼가 살피건대 茶禮의 경우에는 제거가 각기 무릎을 꿇고 조사에게 과일을 올리며, 제조가 무릎을 꿇고 어전에 과일을 올리는 것으로 했었는데, 이때의 궤자는 부사가 고치지 않았습니다. 주례와 茶禮는 같은 것인데 고치기도 하고 고치지 않기도 했습니다. 똑같이 해야 할 듯싶은데 어떻게 해야 하겠습니까. 감히 아뢥니다" 하니, 전교하기를 "당연히 똑같이 해야 한다. 모두 무릎을 꿇는 것으로 하라."

701 [記夢] — 金宇顒

客問生兒教以**何**　罔翁對曰不知**佗**
山人之子行何事　只學飼牛與煮**茶**
七言絶 麻韻⇒何佗茶

記夢 꿈을 적다 — 김우옹(1540~1603)

객이 묻기를 아이를 낳아 어찌 가르치랴
강옹이 대답하기를 달리 알지 못하니
山사람 자식이 무슨 일을 하겠는가
다만 소 먹이며 茶나 달인다 하리니.

702 [光海君] 卷二十五 宮廷茶禮

二季庚戌 二月壬子. 遼東差官蔣天澤進禮單. 諸色段及馬匹等物. 傳曰 還給未安乎. 若然則姑捧之, 禮物磨鍊以啓. 政院啓曰 差官固不敢私獻, 自上受之未安. 辭而不受, 允合於義. 但先到差官蔡得時等所獻禮物, 既已受之, 一時來到差官之物, 或受, 或不受, 則慮或未安, 擇其中茶, 襪等物, 受之何如. 傳曰啓意是矣. 但前來差官送禮, 既已盡領, 今不可異同. 姑盡捧留, 回禮磨鍊以送回禮.

광해군 권25 궁정茶禮

광해군(재위 1609~1623) 2년 경술(1610) 2월 6일. 료동차관 장천택이 례단을 올렸다. 여러 색단과 마필 등의 물건이었다. 전교하기를 "도로 주는 것이 미안한가? 만약 그렇다면 우선 받고 례물을 마련하여 아뢰라" 하니, 승정원에서 아뢰기를 "차관은 본래 감히 사사로이 바쳐서는 안 되니, 상께서 받는 것이 미안한 일입니다. 사양하고 받지 않는 것이 의리에 합당합니다. 다만 먼저 도착한 차관 채득시 등이 바친 례물은 이미 받았는데 같이 온 차관의 물건을 어떤 것은 받고 어떤 것은 받지 않는다면 혹 미안할까 염려되니, 그 중에서 茶와 버선 등의 물건은 받는 것이 어떻겠습니까?" 하니, "도로 주는 것이 미안한가? 만약 그렇다면 우선 받고 례물을 마련하여 아뢰라" 하니, 전교하기를 "아뢴 뜻이 옳다. 다만 앞서 온 차관이 바친 례물은 이미 다 수령했으니 이제 전과 다르게 해서는 안 된다. 다 받아두고 답례할 례물을 마련하라" 하였다.

703 [光海君] 卷二十五 宮廷茶禮

二秊庚戌 二月壬子. 傳曰 告動駕祭畢後, 自上直就外幄次, 則其閒百官入班, 神輦諸事整齊時刻必久矣. 祭畢後, 姑入齋殿, 待時至出外幄次乎. 中廟朝實錄有行動駕祭後, 仍行晝茶禮夕上食之禮矣. 此意參商議啓. 且還宮時嚴節次及受賀 頒敎等禮, 竝依禮文磨鍊以啓.

광해군 권25 궁정茶禮

광해군 2년 경술(1610) 2월 6일. 전교하였다. "동가[696]제를 마친 뒤에 위에서 곧바로 밖의 악차[697]로 나가면 그 사이 백관들이 반열에 들어와 신연의 여러 일들을 정돈하는 데 시간이 오래 걸릴 것이다. 제사를 마친 뒤에 우선 재전[698]으로 들어가 시간이 되기를 기다려 밖의 악차로 나가야 하는가? 중묘조의 『실록』에는 동가제를 행한 뒤에 계속해서 晝茶禮와 저녁상식의 례를 거행한 경우가 있었다. 이 뜻을 참작하고 의론하여 아뢰라. 그리고 환궁할 때의 엄격한 절차와 하례를 받는 것, 교서를 반포하는 등의 례를 아울러 례문에 의거해 마련하여 아뢰라."

704 [光海君] 卷三十 宮廷茶禮 及 來使人情

二秊庚戌 六月丙申. 王遊擊汲進上鍍金花二樹, 大紅織金過肩麟紵一端, 官綠雲紵一端, 大紅潞紬一端, 官綠潞紬一端, 油綠雲絹一端, 翠藍雲絹一端, 天青綺羅一端, 段韡一雙, 羢韈一雙, 朱履一對, 紗襪一雙, 池茶二封, 息香二吐, 宮扇二柄, 宮畫二副.

광해군 권30 궁정茶禮 및 래사인정

광해군 2년 경술(1610) 6월 23일. 왕유격이 도금화 2수, 대홍직금과견린저 1단, 관록운저 1단, 대홍로주 1단, 관록로주 1단, 유록운견 1단, 취람운견 1단, 천청기라 1단, 단화 1쌍, 양말 1쌍, 주리 1대, 사말 1쌍, 池茶(天池茶) 2봉, 식향 2토, 궁선 2자루, 궁화 2부를 진상하였다.

---

696) **動駕** 어가(御駕)가 대궐 밖으로 나감.
697) **幄次** 임금이 거둥할 때 쉴 수 있게 막을 친 곳.
698) **齋殿** 능묘에 있는 전각, 재계(마음과 몸을 깨끗이 하고 不淨한 일을 멀리하는 일)하며 제사를 지내는 집.

705 **[惺所覆瓿藁]** 卷一 詩部一 海陽記懷(二首中 其二) — 許筠

小院週廊日已**斜**　銀甌初瀹試新**茶**
點池菡萏將浮葉　經雨薔薇已發**花**
愁病每嬰人滯酒　韶光垂盡客思**家**
詩成自寫江淹恨　不比風流詠曉**霞**

七言律 麻韻⇒斜茶花家霞

성소복부고 권1 시부1 해양에서 소회[699]를 기록하다(2수중 기2) — 허균(1569~1618)

소원 주랑에 해가 이미 비꼈으니
은 사발에 갓 달인 햇茶 맛을 보네.
못에 핀 푸른 연은 잎이 막 떠오르려 하고
비를 그치자 붉은 장미 피었구려.
시름병 노상 얽혀 사람은 술에 빠지고
봄빛이 거의 가서 나그네는 집 그리네.
詩 이뤄라 스스로 강엄의 한을 쓰니
새벽 놀 읊조리는 풍류와 같질 않네.

706 **[惺所覆瓿藁]** 卷二 詩部二 歆新茶(二首中 其一) — 許筠

新劈龍團粟粒**鋪**　品佳能似密雲**無**
依然雪水閑風味　遮莫諸傖號酪**奴**

七言絶 虞韻⇒鋪無奴

성소복부고 권2 시부2 햇茶를 마시다(2수중 기1) — 허균(1569~1618)

龍團(茶)을 새로 쪼개 속립을 펴 놓으니
아름다운 품종은 密雲(茶)보다 낫겠는걸.
의연한 설수 한가로운 풍미일진대
모든 사람 酪奴라 부르지 말아다오.

---

699) **所懷** 품고 있는 감회(感懷).

707 [惺所覆瓿藁] 卷二 詩部二 歠新茶(二首中 其二) — 許筠

消渴能呑七盌**無**　屛除煩痞勝醍**醐**
湖南採摘嘗偏美　從此天池口僕**奴**

七言絶 虞韻⇒無醐奴

성소복부고 권2 시부2 햇茶를 마시다(2수중 기2) — 허균(1569~1618)

목이 말라 거뜬히 일곱 잔을 마시어라
답답증을 없애 주니 제호보다 낫고말고.
호남에서 따온 것이 유달리 좋다 하니
이로부터 천지는 상전과 종이로세.

708 [惺所覆瓿藁] 卷二 詩部二 賦事用答子履韻 — 許筠

茶瀹新泉鼎已**湘**　角巾風墊影央**央**
纔聞野老來催飯　却見村姬去採**桑**
舊事故鄕知又晩　客居歸興覺偏**長**
何季獨駕柴車返　深竹閑園訪辟**疆**

七言律 陽韻⇒湘央桑長疆

성소복부고 권2 시부2 賦事부사하여 자리[700]에게 답한 운을 쓰다 — 허균(1569~1618)

깨끗이 솥을 씻고 새물 길어 茶 달이니
바람결에 각건[701] 처져 그림자 너울너울.
들늙은이 곧장 와서 점심을 재촉하는데
문득 보니 마을 아낙 뽕을 따러 가네그려.
봄 일은 고향에도 알괘[702]라 늦었으니
나그네 가고픈 홍 유달리 길기만 해.
어느 해에 시거[703] 타고 홀로 돌아가서
한원이라 대숲 깊은 벽강(임금)을 찾을 거나.

---

700) **子履** 陸經의 字. 宋 越州 사람, 號는 嵩山老人, 저서로 『寓山集』이 있다.
701) **角巾** 모가 진 두건으로 은자(隱者)가 쓰던 것. 방건(方巾).
702) **알괘** 알 만한 일. 알조.
703) **柴車** 장식이 없는, 좋지 않은 수레.

709 【惺所覆瓿藁】卷二 詩部二 午窗用青州韻 — 許筠

毗耶居士今杜口　只許宴坐焚妙**香**
濃陰滿庭白日靜　黃鳥一聲幽夢**長**
茶鐺經卷是生活　藜杖蠟屐惟行**裝**
早晩君恩許歸去　放歌科頭湖水**傍**
七言古 陽韻⇒香長裝傍

성소복부고 권2 시부2 낮 창에 청주의 운을 쓰다 — 허균(1569~1618)

비야의 거사는 지금 입을 굳게 막고
다만 고이 앉아 묘향만을 불태우네.
짙은 그늘 뜰에 깔려 백일이 고요하고
꾀꼬리 한 번 울자 그윽한 꿈 길군그래.
茶솥과 경권이 이야말로 살림살이
려장704) 랍극705)은 출행하는 보따릴세.
조만간 임의 은혜 귀거를 허한다면
호숫가서 맨머리로 목을 놓아 노래하리.

710 【惺所覆瓿藁】卷二 詩部二 書懷用答邵資政韻(二首中 其二) — 許筠

(上略)
欲退銜恩歲屢**延**　誰知遷謫在衰**秊**
謗讒自任仇人造　心跡纔容我輩**憐**
暮後林花揩病眼　雨餘山鳥喚幽**眠**
茶甌淪茗鐲消渴　安得于筒第一**泉**
七言律 先韻⇒延秊憐眠泉

성소복부고 권2 시부2 소회를 쓰면서 소자정에게 답한 운을 쓰다(2수중 기2)
— 허균(1569~1618)

(상략)
물러나고 싶어도 해마다 못 물러나고
늘그막에 귀양살이할 줄 뉘 알았으리.
원수 놈들 제멋대로 훼방 참소 날조해라
마음 행동 돌아보면 우리 무린 알아주리.

704) **藜杖** 명아주 줄기로 만든 지팡이.
705) **蠟屐** 나막신에 초칠을 하여 윤이 나게 함.

봄 뒤에 핀 수풀 꽃은 병든 눈을 닦아 주고
비 지나니 산새는 그윽한 잠 부르는 듯.
기와 솥에 茶를 달여 갈증을 없애자니
어찌하면 우통[706]의 제 일천을 얻어 오지.

711 [惺所覆瓿藁] 卷十四 文部十一 陋室銘 — 許筠

房闊十笏　南開二**戶**
午日來烘　旣明且**煦**
家雖立壁　書則四**部**
餘一犢鼻　唯文君**伍**
酌茶半甌　燒香一**炷**
偃仰棲遲　乾坤今**古**
人謂陋室　陋不可**處**
我則視之　淸都玉**府**
心安身便　孰謂之**陋**
吾所陋者　身名竝**朽**
憲也編蓬　潛亦環**堵**
君子居之　何陋之**有**

四言古 虞・語韻⇒戶煦部伍炷古處府陋朽堵有

성소복부고 권14 문부11 루실명 — 허균(1569~1618)

방 너비는 십 홀[707] 쯤인데
남으로 지게문 둘을 내니
한낮 볕 쬐어
하마 밝고도 따사롭네.
집이라야 벽만 섰으나
책은 그래도 갖추갖추
쇠코잠방이 입은 이 몸
卓文君탁문군의 짝이라네.[708]
반 사발 茶 기울이고

---

706) **于筒** 五臺山 上院寺 곁에 있는데, 바로 한강의 상류로 우리나라 第一泉이라 한다.
707) **十笏** 笏의 크기가 2尺 6寸이니 십 홀이면 26척이다.
708) **쇠코잠방이 …… 짝이라네** 漢의 司馬相如가 臨邛의 부호인 卓王孫의 딸 卓文君과 혼인하여 살면서 함께 술집을 차리고 술장사를 할 적에 탁문군은 술을 팔고, 사마상여는 쇠코잠방이를 입고 술심부름을 하였다 한다.

한 심지 향 피우며
문혀 살면서
천지 고금을 가늠하노라.
사람들이 루실이라 말하며
루추하여 어찌 사노 하지만
내가 보기에는
신선의 세계란다.
마음과 몸이 편안하니
그 뉘라서 루추하다 하는고.
내 누추타고 여기는 것은
몸과 명성 함께 이울음이니
原憲원헌709)은 蓬戶봉호에 살았고
陶潛도잠710)도 집안이 떼담집에
군자가 산다면
루추한들 어떠리.

712 [惺所覆瓿藁] 卷十八 文部十五 紀行上, 丙午紀行 — 許筠 編纂

(上略) 四月初二日. 宿洞仙, 上使招使及余三人行茶, 俄而副使卒至, 四人不得避拜於廡, 副使答揖甚恭. 又行茶立語良久而出. (下略)

성소복부고 권18 문부15 기행 상, 병오기행 — 허균(1569~1618) 편찬

(상략) 4월 2일. 洞仙에서 묵었다. 상사가 사신과 우리 3인(허균, 리지완, 조희일)을 초대하여 茶를 마시는데, 갑자기 부사가 나타나 네 사람(使及余三人)이 피하지 못하고 처마에서 절하였는데, 부사는 매우 공손하게 답례하였다. 다시 茶를 마시고 서서 한참 동안 이야기를 하다가 나갔다. (하략)

713 [惺所覆瓿藁] 卷二十 文部十七 尺牘 上, 與崔汾陰 — 許筠 編纂

又丁未二月. 加林不入手, 而反以公山麾之, 此亦命也, 何咎公. 爲僕之仕爲貧, 保妻子免飢寒足矣, 佗尙何言. 然亦不敢嫚游廢事, 以負公薦用也. 臺署訖, 當往謝. 以旣寒宵, 寂廖斟雪水以煮新茶, 火滑泉甘, 此味與醍醐上尊無異, 公豈知此味乎.

---

709) **原憲** 원헌은 春秋 시대 魯 사람으로 孔子의 제자이다. 원헌은 워낙 淸貧하여 지게문을 쑥대로 엮어서 달고 지붕을 生草로 이어 놓고 살았다 한다. 蓬戶는 바로 쑥대로 엮은 지게문을 가리킨다.

710) **陶潛** 도잠(365~427). 東晉말의 文豪. 字는 淵明, 元亮이고, 五柳선생이라 자처하였다. 워낙 청빈하여 집안이 아무것도 없어 쓸쓸하였고, 초막집은 너무도 허술하여 바람과 햇살을 가리지 못했다고 한다.

성소복부고 권20 문부17 척독 상, 최분음[711]에게 보냄 — 허균(1569~1618) 편찬

정미년(1607) 2월. 가림은 얻어지지 않고 도리어 공산휘 맡았으니, 이것 역시 운명인데 어찌 공을 탓하겠습니까. 내가 벼슬을 하는 것은 가난 때문이니, 처자를 보호하여 주림과 추위를 면하게 했으면 족하지 달리 무엇을 더 말하겠습니까. 그러나 또한 방자히 노닐기만 하고 일을 하지 않은 듯하니, 공이 천거하여 주신 뜻을 저버리지는 않을 것입니다. 臺官대관의 서경[712]이 끝나면 의당 찾아가 사례를 하겠습니다. 적막한 겨울밤에 눈 녹은 물을 부어 새로 만든 茶를 끓이는데 불이 활활 타고 물맛이 좋으니, 이 맛은 제호[713]와 다름이 없습니다. 공께서 어떻게 이러한 맛을 알겠습니까?

714 [惺所覆瓿藁] 卷二十一 文部十八 尺牘 下, 與李汝仁 — 許筠 編纂

戊申四月. 君家文君甚警慧, 必知舊色片時, 其肯爲沙吒利, 終守節乎. 諺曰 十斫木無不顚, 君其圖之, 彼雖熟金帳羔兒之味, 雪水煎茶, 殊亦雅事使. 其過我必曰 幾乎虛度此生也. 君語之曰 飛者上有跨者, 則必動於言矣.

성소복부고 권21 문부18 척독 하, 리여인[714]에게 보냄 — 허균(1569~1618) 편찬

무신년(1608) 4월. 자네의 애첩은 매우 깜찍하고 지혜로워 젊음이 잠깐임을 반드시 알 것인데, 그가 변장 사타리[715]의 처가 될 때까지 절개를 지킬 것인가. 속담에 '열 번 찍어 넘어지지 않을 나무가 없다'고 했으니 잘해 보게나. 그가 비록 금빛 휘장과 맛좋은 羔兒酒고아주의 맛에 익었지만, 눈 녹은 물에 달인 茶도 특별히 운치 있는 일이네. 만일 그가 나를 찾아온다면 반드시, '하마터면 인생을 헛되이 보낼 뻔했다'고 말할 것이네. 자네가 그에게 '나는 놈 위에 타는 놈이 있다'고 한다면, 반드시 그 말에 마음이 움직일 걸세.

715 [惺所覆瓿藁] 卷二十一 文部十八 尺牘 下, 與李汝仁 — 許筠 編纂

又己酉三月. 玄翁求彩毫詠, 以看極賞之, 以爲杜紫薇所不及, 乃過奬也. 君素饒舌, 愼毋爲注脚. 毛, 鄭氏箋衛, 鄭風, 殊失本旨, 至今爲莊人口實, 君亦效尤否. 佗日鬢絲禪榻, 見茶煙颺落花風, 則不待人苛督, 自著狎邪說, 如和魯公北里誌, 當添一傳奇矣.

---

711) **崔汾陰** 선조 때 벼슬이 리조판서에 이른 최천건(天健)으로 호는 汾陰이다.

712) **署經** 임금이 관리를 임명한 뒤에 그 사람의 성명, 문벌, 리력(履歷) 등을 갖추어 써서 대간(臺諫)에게 그 가부를 묻던 일과 고을 원이 부임할 때 상신(相臣), 장신(將臣), 육경(六卿), 전관(銓官) 등에게 고별(告別)하던 일.

713) **醍醐** 우락(牛酪)의 순수한 것. 맛이 좋고 자양분이 많다.

714) **李汝仁** 汝仁은 李再榮의 字.

715) **沙吒利** 당나라 소설 중 번장(邊將)의 이름. 즉 한핑의 幸姬 류씨 처에 대한 事說.

성소복부고 권21 문부18 척독 하, 리여인에게 보냄 — 허균(1569~1618) 편찬

기유년(1609) 3월. 현옹(申欽의 호)716)이 彩毫詠채호영이라는 시를 구하여 보고 매우 칭찬하면서 두자미(唐의 杜牧)717)의 詩도 따라올 수 없다고 했다 하니, 이것은 지나친 칭찬일세. 그대는 평소에 말이 많으니, 삼가서 주석을 달지는 말게나. 모씨(漢나라 毛亨)718)와 정씨(漢나라 鄭玄)719)가 「위풍」과 「정풍」720)을 전주했다가 아주 본래의 뜻에서 벗어났기에 지금까지도 말깨나 하는 사람의 입에 오르내리고 있는데, 자네도 그러한 잘못을 본받으려 하는가. 뒷날 늙어 절에서 양풍에 茶 연기 날리고 꽃 지는 때를 당하여, 남의 귀찮은 독촉을 기다리지 않고 사설을 압권한 저서로, 마치 로공의 북리지721)에 화답하듯 한다면 응당 하나의 奇談기담이 전해질 걸세.

716 [惺所覆瓿藁] 卷二十六 說部五 屠門大嚼 — 許筠 編纂

茶雀舌産于順天者最佳, 邊山次之. (下略)

성소복부고 권26 설부5 도문대작 — 허균(1569~1618) 편찬

茶는 순천에서 나는 雀舌이 가장 좋고, 변산의 것이 다음이다. (하략)

717 [惺所覆瓿藁] 卷二十六 附錄一 學山樵談 — 許筠 編纂

(上略) 次韶名從護, 號三魁, 高靈人. 官禮參奉使燕京回, 到松京卒, 三魁傷春絶句曰,

茶甌歃罷睡初**醒**　隔屋聞吹紫玉**笙**
燕子不來鶯又去　滿庭紅花落無**聲**

七言絶 青・庚韻⇒醒笙聲

성소복부고 권26 부록1 학산초담 — 허균(1569~1618) 편찬

(상략) 차소(신종호의 字)의 이름은 종호, 호는 삼괴로 고령인이다. 벼슬은 예조참판에 이르렀는데, 연경에 사신 갔다가 돌아오는 길에 송도에서 죽었다. 삼괴의 상춘 절구이다.

---

716) **현옹** 申欽(1566~1628)의 號. 조선 중기의 문신. 字 경숙(敬叔), 號 현헌(玄軒), 상촌(象村), 현옹(玄翁), 방옹(放翁), 시호 문정(文貞).

717) **두자미(杜紫薇)** 두목(803~852), 唐 시인. 字 牧之, 號 번천(樊川). 시풍이 호방하면서도 아름답다.

718) **모형(毛亨)** 漢代 魯의 학자. 荀子에게 배웠으며 『詩經』을 연구하여 『詩詁訓傳』을 지어 趙의 毛萇에게 전수하였다.

719) **정현** (鄭玄 127~200). 後漢말의 학자. 字는 康成, 산동성 高密 사람. 『周書』 『尙書』 『毛詩』 『禮記』 등의 주해를 썼다.

720) **「衛風」「鄭風」** 『詩經』의 篇名.

721) **魯公의 北里誌** 北里誌는 唐나라의 孫棨가 지은 책으로 당나라의 天子, 士庶人이 기생과 희롱하며 노닐던 일을 기록한 것인데, 로공은 손계를 가리킨듯하나 자세하지 않다.

한 사발 茶 마시자 졸음 막 깨니
이웃에서 들려오는 붉은 생황소리.
제비도 오지 않고 꾀꼬리도 날아갔는데
뜰에 가득 붉게 진 꽃은 말이 없네.

718 [仁祖] 卷十六 宮廷茶禮

六秊戊辰 十二月庚寅. 上御崇政殿, 接見龍骨大等. (中略) 三胡曰 兩國修好, 互相往來, 雖遠涉千里, 何苦之有. 上賜茶. 龍胡曰 頃自貴國使臣來後, 當卽回謝, 而其時往擊蒙古, 今始來矣. (下略)

인조 권16 궁정茶禮

인조(재위 1623~1649) 6년 무진(1628) 12월 4일. 상이 숭정전에 나아가 룡골대[722] 등을 접견하였다. (중략) 세 호인이 말하기를 "두 나라가 수호하여 상호 왕래하는데 아무리 천리 먼 길이라도 무슨 괴로움이 있겠습니까" 하였다. 상이 茶를 내리니, 룡골대가 말하기를 "지난번 귀국이 사신을 보내온 뒤에 즉시 회사했어야 하는데, 그 당시 몽고를 치러 갔었기 때문에 이제야 왔습니다" 했다. (하략)

719 [仁祖] 卷二十六 宮廷茶禮

十秊壬申 六月乙未. 殯殿都監啓曰 五禮儀 只有朝夕上食, 而仁獻王后時, 自上特令設行晝茶禮. 此禮雖不載禮文, 而流來已久, 依丙寅秊例, 設晝茶禮, 似爲得中. 上從之.

인조 권26 궁정茶禮

인조 10년 임신(1632) 6월 29일. 빈전도감에서 계하기를 "『오례의』에는 다만 아침저녁상식만 있고, 인헌왕후 때는 상의 특명으로 晝茶禮를 거행하였습니다. 이 례는 비록 례문에는 있지 않으나 시행한 지 이미 오래되었으니, 병인년의 전례에 따라 晝茶禮를 거행하는 것이 합당할 것 같습니다" 하니, 상이 이를 따랐다.

720 [仁祖] 卷二十八 交易

十一秊癸酉 正月丁巳. 瀋陽回答使申得淵不傳禮物, 只受胡書而還, 馳啓曰 (中略) 開市約書曰 今番大市準開, 則三月初一日, 在義州當交易. 昨秊秋市未行者, 王勿誤也. 新定數, 金一百兩, 銀一千兩, 雜色緜紬一千匹, 白苧布, 細麻布各一千匹, 雜色細緜布一萬匹, 豹皮一百張, 水獺皮四百張, 弓角一百副, 丹木一

---

722) **룡골대** 청나라 건국 당시의 공신.

百斤, 霜華紙二千卷, 雜色彩花文席一百張, 細龍席一百張, 胡椒十斗, 青鼠皮二百張, 副刀, 小刀各二十柄, 松羅茶二百包.

인조 권28 교역

인조 11년 계유(1633) 1월 25일. 심양으로 회답하러 간 사신 신득연이 례물을 전하지 못하고 금서만 받아 가지고 돌아와 치계하기를 (중략) 무역 시장을 여는 조약의 문서에는 '금년 봄에 대시를 열게 되면 3월 1일, 의주에서 무역을 해야 할 것이오. 그때 작년 가을의 대시에서 무역하지 못한 것을 무역해야 할 것이니, 왕께서는 어기지 마십시오' 하였다. "새로 정한 수는 금 1백 냥, 은 1천 냥, 잡색면주 1천 필, 백저포, 세마포 각 1천 필, 잡색세면포 1만 필, 표피 1백 장, 수달피 4백 장, 궁각 1백 부, 단목 1백 근, 상화지 2천 권, 잡색채화문석 1백 장, 세룡석 1백 장, 호초 10두, 청서피 2백 장, 부도 20자루, 소도 20자루, 松羅茶 2백 포였다."

721 [仁祖] 卷二十八 宮廷茶禮

十一秊癸酉 十一月壬辰. 禮曹啓曰 自前詔使時, 自上雖在哀疚之中, 設宴時, 皆用酒禮, 是出於敬王人之意. 今此副摠之來, 接待事體, 固與詔使時有異, 而但旣稱欽差, 則自上接見時, 只用茶禮, 似涉簡略, 請議于大臣. 領議政尹昉, 左議政吳允謙等以爲, 雖稱欽差, 至設酒禮, 則果似未安, 只行茶禮, 恐合於禮. 令接待所, 先以自上方在憂恤中, 接見時只行禮之意, 微通宜當. 答曰 依議. 後因大臣啓辭, 依中朝行三鍾之禮.

인조 권28 궁정茶禮

인조 11년 계유(1633) 11월 4일. 례조에서 계하기를 "예전부터 조사가 올 때에 상께서 비록 슬프고 괴로운 상중에 계시더라도 잔치를 베풀 때마다 주례를 시행한 것은 바로 왕명을 받들고 온 사람을 공경하는 뜻에서 한 것입니다. 이번 부총의 내방에 있어서 접대하는 사체가 물론 조서를 받들고 온 사신과는 차이가 있겠습니다만, 이미 흠차[723]라고 칭하였고 보면 상께서 접견하실 적에 茶禮만을 행하면 너무나 간략한 것 같으니, 대신에게 의논하소서" 하니, 영의정 윤방과 좌의정 오윤겸 등이 의론 드리기를 "비록 흠차라고 칭하였더라도 주례까지 베푼다면 과연 미안스러울 듯하니 茶禮만을 거행하는 것이 례에 맞을 듯싶습니다. 접대소로 하여금 먼저 상께서 지금 상중에 있기에 접견할 때 茶禮만 거행한다는 뜻을 귀띔하게 하는 것이 마땅하다고 생각합니다" 하니, 의론대로 하라고 답하였다. 그러나 후에 대신들의 계사로 인하여 명국 조정의 술 석 잔 드리는 례에 의거하여 행하였다.

723) **흠차(欽差)** 칙명(敕命)을 띠고 사신으로 감, 또는 그 사람. 칙사(敕使).

722 [仁祖] 卷三十二 交易

十四秊丙子 二月己卯. 自丁卯以來, 輸歲幣于金國者, 雜色紬合六百匹, 白苧布二百匹, 白布四百匹, 雜色木緜二千匹, 正木緜五千匹, 豹皮五十張, 水獺皮二百張, 靑鼠皮一百六十張, 霜華紙五百卷, 白緜紙一千卷, 彩花席五十張, 花紋席五十張, 龍席一張, 好刀八柄, 小刀八柄, 丹木二百斤, 胡椒, 黃栗, 大棗, 銀杏各十斗, 乾柿五十貼, 全鰒十貼, 天池, 雀舌茶各五十封. 今秊又因金國詰責, 遂加白紬二百匹, 白布二百匹, 正木緜三千匹, 靑鼠皮四十張, 白緜紙五百卷, 好刀十二柄, 小刀十二柄.

인조 권32 교역

인조 14년 병자(1636) 2월 4일. 정묘호란이 있은 뒤로 금나라에 세폐를 보낸 것은 잡색주 6백 필, 백저포 2백 필, 백포 4백 필, 잡색목면 2천 필, 정목면 5천 필, 표피 50장, 수달피 2백장, 청서피 1백 60장, 상화지 5백 권, 백면지 1천 권, 채화석 50장, 화문석 50장, 용석 1장, 호도 8자루, 소도 8자루, 단목 2백 근, 호초, 황률, 대추, 은행각 10두, 건시 50첩, 전복 10첩, 天池茶, 雀舌茶 각 50봉이었는데, 금년에는 또 금나라에서 힐책함으로 인해 백주 2백 필, 백포 2백 필, 정목면 3천 필, 청서피 40장, 백면지 5백 권, 호도 12자루, 소도 12자루를 더 보냈다.

723 [仁祖] 卷三十四 貢物

十五秊丁丑 正月戊辰. 龍骨大持汗書來. 其書曰 (中略) 崇德二秊正月二十八日. 歲幣以黃金一百兩. 白銀一千兩. 水牛角弓面二百副. 豹皮一百張. 鹿皮一百張. 茶千包. 水㺚皮四百張. 靑鼠皮三百張. 胡椒十斗. 好腰刀二十六把. 蘇木二百斤. 好大紙一千卷. 順刀十把. 好小紙一千五百卷. 五爪龍席四領. 各樣花席四十領. 白苧布二百匹. 各色緜紬二千匹. 各色細麻布四百匹. 各色細布一萬匹. 布一千四百匹. 米一萬包爲定式. (下略)

인조 권34 공물

인조 15년 정축(1637) 1월 28일. 룡골대가 칸의 글을 가지고 왔는데, 그 글에 (중략) "숭덕 2년(1637) 정월 28일. 세폐는 황금 1백 냥, 백은 1천 냥, 수우각궁면 2백 부, 표피 1백장, 록피 1백 장, 茶 1천 포, 수달피 4백 장, 청서피 3백 장, 호초 10두, 호요도 26파, 소목 2백 근, 호대지 1천 권, 순도 10파, 호소지 1천 5백 권, 오조룡석 4령, 각종화석 40령, 백저포 2백 필, 각색 면주 2천 필, 각색 세마포 4백 필, 각색 세포 1만필, 포 1천 4백 필, 쌀 1만 포를 정식으로 삼는다" 하였다. (하략)

724 [仁祖] 卷三十七 煙草

十六秊戊寅 八月甲午. 我國人潛以南靈草, 入送瀋陽, 爲淸將所覺, 大肆詰責. 南靈草, 日本國所産之草也. (中略) 辛酉, 壬戌以來, 無人不服, 對客輒代茶歓, 或謂之煙茶, 或謂之煙酒, 至種採相交易. (下略)

인조 권37 담배

인조 16년 무인(1638) 8월 4일. 우리나라 사람이 몰래 남령초(담배)를 심양에 들여보냈다가 청나라 장수에게 발각되어 크게 힐책을 당하였다. 담배는 일본에서 생산되는 풀인데, (중략) 신유(1621), 임술(1622)년 이래로는 피우지 않는 사람이 없어, 손님을 대하면 번번이 茶 마시는 것을 대신하기 때문에 혹은 煙茶라고 하고 혹은 연주라고도 하였으며, 심지어는 종자를 받아서 서로 교역까지 하였다. (하략)

725 [仁祖] 卷三十九 宮廷茶禮

十七秊己卯 十一月丁丑. 電雨雹. 淸使馬夫達, 吳多河, 焦古老等入京, 頒勑. 上接見于寢殿, 行茶禮而罷.

인조 권39 궁정茶禮

인조 17년 기묘(1639) 11월 24일. 번개가 치고 우박이 내렸다. 청나라 사신 마부달, 오다하, 초고로 등이 서울에 들어와 칙서를 반사하였다. 상이 침전에서 접견하고 茶禮를 거행한 뒤에 파하였다.

726 [仁祖] 卷四十六 貢物

二十三秊乙酉 二月辛未. 世子還, 淸使偕入京. (中略) 都承旨尹順之左副承旨李行遇奉勑書, 拆封于前. 其勑曰. (中略) 念歲貢, 幣物, 盡屬民膏, 今將舊額, 苧布四百匹, 蘇木二百斤, 茶一千包, 準與蠲免, 各色緜紬二千匹, 量減一千匹, 各色木緜一萬匹, 量減五千匹, 布一千四百匹, 量減七百匹, 粗布七千匹, 量減二千匹, 順刀二十口, 量減十口, 餘悉照舊輸納. (下略)

인조 권46 공물

인조 23년 을유(1645) 2월 18일. 세자가 돌아왔고 청나라 사신도 함께 서울에 들어왔다. (중략) 도승지 윤순지와 좌부승지 리행우가 상의 앞에서 칙서를 받들고 봉한 것을 뜯었다. 그 칙서에 이르기를 "(중략) 세공과 폐물은 모두가 백성의 피땀에서 나온 것임을 생각하여 지금은 예전 액수보다 줄이노니, 저포 4백 필, 소목 2백 근, 茶 1천 포는 면제할 것을 허가하고 각색의 면주 2천 필에서 1천 필을 감하며, 각색 목면 1만 필에서 5천 필을 감하고 포는 1천 4백 필에서 7백 필을 감하며, 거친 베 7천 필에서 2천 필을 감하고, 순도 20구에서 10구를 감한다. 그 나머지는 모두 예전 관례에 비추어 수납하라." (하략)

727 [仁祖] 卷四十六 貢物

二十三秊乙酉 閏六月乙酉. 淸人減歲幣, 細麻布一百匹, 諸色紬七百匹, 諸色木緜布四千一百匹, 蘇木二百斤, 茶一千包, 佩刀二十把.

인조 권46 공물

인조 23년 을유(1645) 윤6월 5일. 청나라 사람이 세폐에서 세마포 1백 필, 각종 명주 7백 필, 각종 목면포 4천 1백 필, 소목 2백 근, 茶 1천 포, 패도 20자루를 감했다.

728 [仁祖] 卷五十 宮廷茶禮

二十七秊己丑 二月癸丑. 諫院啓曰 頃日勑使下馬宴時, 王世子前所進茶鍾, 退出之際, 司饔院假提調李信元, 奪而歠之, 此大不敬也. 請拿問定罪. 上以旣已推治, 不從. 又啓曰 平市奉事朴澤龍, 發賣分定, 不用市案, 低昻任意, 等第懸殊, 請汰去. 上從之.

인조 권50 궁정茶禮

인조 27년 기축(1649) 2월 24일. 사간원에서 계하기를 "접때 칙사가 하마연 때에 왕세자 앞에 바친 茶鍾을 물려 내오는데, 사옹원 가제조 이신원이 빼앗아 마셨으니, 이것은 대불경입니다. 잡아다가 문초하여 죄를 정하소서" 하니, 상이 이미 추고하여 다스렸다는 이유로 따르지 않았다. 또 아뢰기를 "평시봉사 박택룡은 발매하는 물건을 분정할 때에 시안을 쓰지 않고 마음대로 가감하여 매우 다르게 등급을 매겼으니 태거[724]하소서" 하니, 상이 따랐다.

729 [顯宗] 卷一十四 宮廷茶禮

九秊戊申 正月甲辰. 北使二人入京. 上出迎于慕華館, 宣勑于仁政殿. 蓋曾以順治配享于天壇, 淸主以尊號上其母及祖母後, 頒赦也. 上升仁政殿東向坐, 北使西向坐, 進茶行三爵禮訖. 乃館北使于南別宮.

현종 권14 궁정茶禮

현종(재위 1660~1674) 9년 무신(1668) 1월 25일. 북사 두 사람이 서울에 들어왔다. 상이 모화관에 나아가 맞이하고 인정전에서 칙서를 반포했다. 청나라 황제가 순치황제를 천단에 배향하고, 그의 어머니와 할머니에게 존호를 올린 뒤에 사면을 반포한 것이다. 상이 인정전에 올라가 동쪽을 향하여 앉고, 북사가 서쪽을 향하여 앉은 다음 상이 茶를 올려 삼작례를 행하였다. 례를 마치고 이어 북사가 남별궁에 묵었다.

---

724) **태거(汰去)** 죄과(罪科) 있는 하급 벼슬아치나 구실아치를 파면함.

730 [燃藜室記述] 卷十五 宣祖朝故事本末, 壬辰倭亂 大駕西狩 — 李肯翊 編纂

(上略) 乘昏, 渡臨津, 鷄瀾漲溢, 道路泥淖. 津船纔五六隻, 以此, 大小人等, 競相取渡上下紊亂, 僕馬相失, 或步或騎, 達夜不能渡. 後宮閔嬪乘轎眩暈, 仍留坡州, 上乘船待之已近二更, 猶未進夕饌, 顧謂內宦進酒進茶, 皆曰 不來. 內醫院人龍雲者, 自頭髻裏, 出砂糖半塊, 和江水以進. 夜分到東坡館四更始, 御糲飯世子以下皆闕膳, 柳成龍進米三升翌朝炊進. [寄齋雜記]

연려실기술 권15 선조조고사본말, 임진왜란(1592~1598) 임금의 행차가 서도로 파천 가다 — 리긍익(1736~1806) 편찬

어둠을 타서 임진강을 건너는데 개울물이 창일하고 길이 질었다. 나룻배는 겨우 5·6척인데, 이것으로 대소인원들이 서로 건너기를 다투어 상하가 문란하고, 하인과 말을 서로 잃어버려 혹은 걷고 혹은 말을 타고 해도 밤이 되도록 다 건너지 못하였다. 후궁 민빈은 가마멀미로 파주에 있고 임금은 배를 타고 기다리느라 벌써 이경이 가깝도록 저녁밥을 먹지 못하여, 내시를 불러 "술과 茶를 드려라" 하였으나 모두 가져오지 않았다. 내의원에 있는 류룡운이 상투 속에 끼웠던 사탕 반 덩어리를 내어 강물에 타서 드렸다. 밤중에 동파관에 도착하여, 사경에 비로소 임금이 糙米조미밥을 먹고, 세자 이하는 모두 끼니를 굶었다. 류성룡이 쌀 서 되를 올려 이튿날 아침에 밥을 지어 드렸다. [기재잡기]

731 [燃藜室記述] 卷二十一 廢主光海君故事本末, 崔沂 海州之獄 — 李肯翊 編纂

丙辰 ○兩北相攻附. (上略) 大小北相會一場置酒行成. 李爾瞻先吟曰

不是深嘗樂事**忙**　只要相會話心**腸**
梅花亦解吾人意　先占天香送暗**香**
七言絶 陽韻⇒忙腸香

(中略) 李昌厚曰,

胄筵禮罷出門**忙**　請得仙茶潤肺**腸**
此會應知非偶了　逢場須記小梅**香**
七言絶 陽韻⇒忙腸香

廣昌府院君李瞻, 大北巨魁也, 密昌府院君 承宗, 文昌府院君 希奮, 小北之魁也. 卽世所稱三昌者. 而覺, 昌厚大北之黨也.
(下略) 『續雜錄』

연려실기술 권21 폐주 광해군의 고사본말, 최기[725]의 해주 옥사 — 리긍익(1736~1806) 편찬

광해군 8년 병진(1616). 大北대북과 小北소북이 서로 공격한 것을 부록하였다. (상략) 대북 소북이 한자리에 모여 주연을 베풀고 화해를 도모했는데, 그 자리에서 리첩이 먼저 시를 읊었다.

깊은 봄에 즐겨 노는 일이란 바쁜 것이 아니라
다만 서로 모여 마음속을 말하려는 따름이네.
매화도 또한 우리들의 뜻을 알아주는지
먼저 봄빛을 차지하여 향기를 보내오네

(중략) 리창후가 화운하여 읊기를

동궁에 례를 마치자 문에 나오기 바빴으니
신선의 茶를 얻어 폐장을 축이려 하네.
이 모임이 응당 우연이 아니겠지
만난 장소 풍기는 매화 향기 기억하리.

광창부원군 리이첨은 대북당의 괴수이고, 밀창부원군 박승종과 문창부원군 유희분은 소북당의 괴수로 이들이 바로 세상에서 일컫는 삼창이다. 리각과 리창후는 대북당이었다. (하략) [속잡록]

732 [孤山文集] 卷之一 復次季夏韻 — 尹善道(1645 前後)

山近人寰俗自**賒**　景休君說我曾**誇**
周遭秀發千重峀　面背縈紆十里**沙**
小屋短籬如辦得　䴸茶糲飯不須**加**
終然未愜心期遠　長憶芙蓉洞裏**家**

七言律 痲韻⇒賒誇沙加家

고산문집 권1 다시 리해창의 운에 차운하다 — 윤선도(1587~1671)(1645 전후)

산 근처 마을이나 민속과는 자연히 멀다
경휴군 유세에 나도 일찍 과찬했지.
빼어나게 둘린 천 겹의 산골짜기
앞뒤로 구불구불 감긴 십리 모래톱.
작은 집 낮은 울을 변통하여 얻었으니

725) **최기** 崔沂(1553~1616). 본관 해주(海州). 자 청원(淸源). 호 서촌(西村), 쌍백당(雙栢堂). 1604년 정주목사, 형조와 호조 참의 등을 거쳤다. 1607년 성절사로 명나라에 다녀와 충청도 관찰사가 되었다. 1616년 해주목사로 이이첨의 일파인 박희일, 박이빈을 무고죄로 처형하여 이이첨의 미움을 샀다. 그 때문에 투옥되어 고문을 받고 옥사했다. 뒤에 다시 대역죄로 부관참시(剖棺斬屍)되었으나 인조반정 때 신원(伸寃)되었다.

거친 茶 糙米조미밥 모름지기 더할 것 없었지.
끝내 흡족치 못한 아득한 심기려니
길이 回憶회억할 부용동 마을 안 집.

733 [歷史年表] 仁祖五季 丁卯胡亂

金大擧入寇, 連陷至平山, 車駕入江華, 世子如全州分韓. (下略)

역사연표 인조5년 정묘호란(1627)

인조(재위 1623~1649) 후금(淸)의 무리가 대거 침입하니, 이어 평산이 함락되기에 이르렀다. 왕의 거가는 강화로 가고, 세자는 전주로 가서 묘조가 나뉘었다. (하략)

734 [燃藜室記述] 卷二十五 仁祖韓故事本末, 丙子虜亂 丁丑 南漢出城 — 李肯翊 編纂

(上略) 其夜, 龍馬持汗答書來傳, 書略曰 明韓所與誥命冊印, 獻納請罪, 絶其交往, 去其秊號, 一應文書, 奉我正朔. (中略) 歲貢物目黃金一萬兩, 白金一千兩, 水牛角弓面二百副, 丹木二百斤, 環刀二十把, 豹皮一百張, 鹿皮一百張, 茶一千苞, 水獺皮四百張, 青鼠皮三百張, 胡椒十斤, 好腰刀二十六把, 好大紙一千卷, 好小紙一千五百卷, 五爪龍文席四領, 各樣花席四十領, 白苧布二百疋, 各色細紬二千疋, 細麻布四百疋, 各色細棉布一萬疋, 布一千四百疋, 米一萬包, 自己卯秋始貢. (下略)

연려실기술 권25 인조조 고사본말, 병자로란, 정축년(1637) 남한출성 — 리긍익(1736~1806) 편찬

(상략) 그날 밤에 용골대와 마부대가 汗칸의 답서를 가지고 와서 전하였는데, 그 글의 대략에 "명나라에서 준 고명과 책인을 바치며 죄를 청하고, 왕래를 끊고 년호를 버리고 모든 문서에 나의 년호를 쓰라. (중략) 세공으로 바칠 물목은 황금 1만 량, 백금 1천 량, 수우각궁면 2백 부, 단목 2백 근, 환도 20자루, 표피 1백 장, 록비 1백 장, 茶 1천 포, 수달피 4백 장, 청서피 3백 장, 호초 10근, 좋은 요도 26자루, 좋고 큰 종이 1천 권, 좋고 작은 종이 1천 5백 권, 오조룡문석 4벌, 각양 화석 40벌, 백저포 2백 필, 각색 세주 2천 필, 세마포 4백 필, 각색 세면포 1만 필, 포 1천 4백 필, 쌀 1만 포이니 기묘년 가을에서부터 공물을 바치도록 해라" 하였다. (하략)

735 [晴峰集] 卷二 次蘇東坡煎茶韻 — 沈東龜

汲曉仍添雪水**烹**　建谿香味十分**淸**
鑪煙細細承金盌　璧月團團落玉**瓶**
靈液滴來珠淚影　驚濤沸去竹風**聲**

自憐白首多季渴　　喉吻偏宜潤五**更**

七言律 庚・青韻⇒烹淸甁聲更

청봉집 권2 소동파의 煎茶 운에 차운함 — 심동귀(1594~1660)

새벽에 길어온 물, 눈 넣어 달이니
建谿茶 색향미가 십분 맑아라.
화로에는 가는 연기, 금주발 받드니
둥그런 도리옥 달이 옥단지에 떨어졌네.
떨어져 온 령액은 눈물에 어린 구슬이요
거센 물결 끓이고 가는 대숲 바람소리.
가련타 늙은이 오랫동안 목말랐으니
입술과 목 밤 새워 축이기 편의便宜=偏宜하도다.

736 **[晴峰集]** 卷二 雪水煎茶 — 沈東龜

人閒好風味　　妙法自陶**家**
試把一團月　　濃煎六出**花**
淸宜分外勝　　爽入渴中**加**
暖帳羔兒酒　　奢華莫漫**誇**

五言古 麻韻⇒家花加誇

청봉집 권2 눈雪 물에 茶를 달임 — 심동귀(1594~1660)

인간의 좋은 풍미는
그 묘법 도가에서 나왔지.
한 단월726)을 잡아 시음하려
륙출화727)로 진하게 달이네.
맑기는 분에 넘치도록 좋고
목마름에 마시니 더욱 시원하다.
따뜻한 장막에 고아주728)로
사치 화려함 부질없이 자랑마라.

---

726) **단월(團月)** 둥근 달, 곧 團餠으로 大龍團 또는 小龍團茶를 이름.
727) **륙출화(六出花)** 함박눈을 가리킴.
728) **고아주(羔兒酒)** 美酒의 이름. 蘇軾의 詩에 '試開雲夢 羔兒酒'가 있다.

737 [玉田道中] — 李一相

城西空院一僧**居**　乍憩蒲團晩飯**餘**
茶圃未圓還寂寞　樹煙初驚更扶**疏**
天寒萬里單于塞　日暮三韓使者**車**
沽酒不知人事變　市門猶自賣殘**書**

七言律 魚韻⇒居餘疏車書

옥전 가는 길에 — 리일상(1612~1666)

성의 서쪽 사원에 한 승이 기거해
포단에서 잠깐 쉬다 늦은 여가에 반식.
茶밭을 다듬지 못해 도리어 적막한데
수연729)에 처음 놀라고 다시 부소730)한다.
한겨울 만리 단우의 변방에서
삼한의 일모에 사자의 수레.
술 사올 줄 모르니 변괴스런 일인데
저자 문에선 오히려 스스로 잔서를 판다.

738 [燃藜室記述] 卷三十三 肅宗朝故事本末, 福昌 福平 紅袖之獄 — 李肯翊 編纂

(上略) 翌日夜對, 備局諸堂許積, 權大運, 張善徵, 柳赫然, 申汝哲, 金徽, 尹深等入侍, 上張燭東向坐, 諸臣入, 閤內有哭. (中略) 予自內窮詰常業, 則以爲仁宣大妃初喪, 福昌以歛襲執事, 展布衣囊之際, 潛握其手. 又於發靷日, 輪輿排設時, 落小紙於渠前, 道盡相思之情, 終至見逼云. 貴禮水母也. 福平每索茶水, 仍握手而戲之, 厥後隆福殿移殯時, 會祥殿月廊侵逼見從云. 此等事, 先王及予所親見聞者, 而主上幼沖, 不知此事, 予恐宮闈不嚴, 果有告知于父親, 有此陳劄, 而主上自幼與福昌情厚, 不以予言爲是, 乃以信聽人言, 陷於不測爲言, 此予痛心者也. (下略)

연려실기술 권33 숙종조 고사본말, 복창군과 복평군의 궁녀 관계옥사 — 리긍익(1736~1806) 편찬

(상략) 이튿날 저녁에 비변사의 여러 당상관들과 허적, 권대운, 장선징, 류혁연, 신여철, 금휘, 윤심 등이 입시하니, 상이 촛불을 밝히고 동쪽을 향하여 앉았는데, 여러 신하들이 들어가

729) **수연(樹煙)** 나무에 서리는 안개.
730) **부소(扶疏)** 나뭇가지가 자라서 사방으로 퍼지는 모양. 또는 불교 용어로 원전(原典)을 조성(助成)하는 주석서(注釋書)라는 뜻도 있다.

자 문 안에서 울음소리가 났다. (중략) 내가 안에서 상업에게 캐물었더니, 말하기를 '인선대비의 초상 때 복창이 렴습집사로서 옷 보따리를 펼 때 몰래 그의 손을 잡았으며, 또 발인하던 날 상여를 배설할 때 쪽지를 제 앞에 떨어뜨려 그리워하는 심정을 모두 말하더니, 마침내 강간하더라'고 하였다. 귀례는 물심부름하는 책임의 궁녀였다. '복평이 번번이 茶水를 가져오라고 하고는 곧 손을 잡고 희롱하였는데, 그 뒤 륭복전으로 빈전을 옮길 때, 회상전의 행랑에서 달려들므로 하는 대로 좇았다' 하였다. 이런 일들은 선왕과 내가 친히 보고 들은 것이나 상이 나이가 어려서 이런 일을 알지 못하므로 내가 궁중의 풍기가 어지러워지는 것을 두려워하여 결단을 내려서, 친정 부친에게 말하여 차자를 올리게 된 것이다. 그런데 상은 어릴 때부터 복창과 정이 깊어서 내 말만을 곧이듣지 않고 남의 말만을 듣고서 골육지친을 불측한 곳에 빠트린다고 말하니, 이것이 내가 마음 아파하는 바이다. (하략)

739 [大東詩選] 卷五 歠茶 — 李端夏

薄暮寒空雪意豪　透窗風力利如刀
且將茶盌供多病　一任長安酒價高
七言絶 豪韻⇒豪刀高

대동시선 권5 茶를 마심 — 리단하(1625~1689)

어두워지는 찬 하늘 눈 올 뜻이 강한데
창틈으로 스며드는 거센 바람은 칼날인 듯.
이 茶盌으로 병 많은 이 이바지하려니
두어라, 장안의 높은 酒價주가.

740 [山林經濟] 卷二 養花, 紅蕉 — 朴世堂, 洪萬選

紅蕉種自閩越中來. 一名蘭蕉俗名美人蕉. 花若蘭而色若榴. 二月下子, 冬初放向陽屋內, 掘坑埋之. 如乾燥潤以冷茶. 來菖取出. 然種子不如分根. 當秊卽花. [致富]

산림경제 권2 꽃 기르기, 홍초 — 박세당(1629~1703), 홍만선(1643~1715)
홍초는 민월[731]에서 건너온 것으로 일명 란초이고 속명은 미인초라 부른다. 꽃은 난초꽃 같고 석류꽃 빛깔이다. 2월에 씨를 심고 초겨울에는 뿌리를 캐어 집안 햇볕이 드는 곳에 땅을 파고 묻는다. 만일 마르면 茶를 달여 식혀 부어 준다. 이듬해 봄에 꺼낸다. 그러나 씨를 심는 것은 뿌리가름을 하는 것만 못하다. 심은 그 해에 꽃이 핀다. [치부]

---

731) **閩粵(민월)** 지금의 中國 福建省. '粵'王伐切(월)=越.

741 **[山林經濟]** 卷二 養蠶 — 朴世堂, 洪萬選

(上略) 祀蠶神, 正月初五日祀蠶神. 室當午處. 具香食餠. 令蠶婦禱祀. 用茶代酒. (下略) [四時纂要]

산림경제 권2 누에치기 — 박세당(1629~1703), 홍만선(1643~1715)

(상략) 잠신에 제사 지내는 법은 정월 초닷샛날 잠신에게 하는데, 잠실은 午方우방에 있어야 한다. 香향과 음식을 갖추고 누에 칠 아녀자를 시켜 제사를 드리게 하는데, 이때 술 대신 茶를 사용한다. (하략) [사시찬요][732]

742 **[山林經濟]** 卷二 牧養, 養牛 — 朴世堂, 洪萬選

(上略) 一方 : 大黃柴胡 좀ㄴ물 불휘 各一兩剉. 水煎灌之立差. 如無柴胡. 只用大黃二兩水煎. 分兩次灌之. 以下泄爲限. [牛馬羊猪染疫治療方] 一方 : 黃柏剉水煎. 無量灌口. [故事] 一方 : 用眞茶 됴흔 쟉셜차 二兩爲末. 和水五升灌之. [神隱]

산림경제 권2 목양, 양우 — 박세당(1629~1703), 홍만선(1643~1715)

(상략)

一. 대황과 시호(참나물 뿌리) 각 1냥씩을 잘게 썰어서 물에 끓여 먹이면 바로 차도가 있다. 만일 시호가 없을 경우에는 단지 대황 2냥을 물에 끓여 두 번에 나눠서 설사 할 때까지 계속한다. [우마양저 염역치료방]

一. 잘게 썰어 물에 끓여 양을 제한하지 않고 먹인다. [고사촬요]

一. 眞茶(좋은 雀舌茶) 2냥을 가루로 만들어 물 5되에 타서 먹인다. [신은지]

743 **[山林經濟]** 卷二 治膳, 治膳序 — 朴世堂, 洪萬選

治圃種果牧畜養魚, 固是山居所不可闕者, 而若其果實之收藏, 疏菜之晒乾, 魚肉之蒸煮, 以至烹茶釀酒, 造醋沈醬, 各有其法, 無非切於日用, 玆錄治膳之方, 爲第九.

산림경제 권2 치선, 치선서 — 박세당(1629~1703), 홍만선(1643~1715)

밭을 가꾸고 실과를 심고 가축을 치며 물고기 기르는 것은 실로 시골 살림에서 없어서는 안 될 것이며, 실과를 갈무리하고 남새를 햇볕에 말리고 생선이나 고기를 찌거나 익힌다든지 茶를 달이고 술을 빚고 초를 빚으며, 장 담그는 일 같은 것은 저마다 방법이 있고 일용에 요긴하지 않은 것이 없으므로, 이에 반찬 만드는 법을 적어서 제9편을 삼는다.

---

732) 『**四時纂要**』 조선 시대 世宗時 편찬한 農業書. 四季節의 농사와 농작물에 대한 중요사항을 기록. 『農歌集成』에 편집됨.

744 [山林經濟] 卷二 治膳, 茶湯 — 朴世堂, 洪萬選(甲乙本有法字)

茶, 宜焙不宜曬. [神隱]

茶宜嗽口, 不宜多啜. [神隱]

煎茶, 須用有焰炭火滾起, 便以冷水點住, 伺再滾起再點, 如此三次, 色味皆進. [必用]

湯, 不欲老, 老則過苦. 聲如澗水松風. 不宜遽瀹, 移瓶去火, 少得其沸止而瀹之, 方爲合節. [閑情]

杞菊茶, 用野菊花一兩, 枸杞四兩, 茶芽五兩, 芝麻半升, 同硏爲細末篩過, 如喫時, 用一匙入鹽少許 酥油不拘多少, 以一滾沸湯調服. [神隱]

枸杞茶, 至深秋, 摘紅枸杞子, 同乾麵拌和成劑, 捍作餠樣, 曬乾硏爲細末. 每茶一兩, 枸杞末二兩和勻, 入煉化酥油三兩, 或香油亦可, 旋添湯攪成稠膏子, 用鹽少許, 入鍋煎熟歠之, 甚有益明目. [必用神隱] (中略)

淸泉白石茶, 用桃核松子肉. 和眞粉成小塊如石狀. 置茶中. [禮雲林]

산림경제 권2 치선 茶와 탕 — 박세당(1629~1703), 홍만선(1643~1715)

茶는 불에 쬐어 말려야지 햇볕에 말리면 못 쓴다. [신은지]

茶는 입을 가실 만하면 되지, 너무 많이 마시면 못 쓴다. [신은지]

茶 달일 때에는 반드시 이글거리는 숯불로 끓이다가 냉수를 찔끔 부어 다시 끓기를 기다려 또 냉수 치기를 이와 같이 세 차례 하면 茶맛이 훨씬 좋아진다. [거가필용]

탕은 물이 너무 끓지 않아야 되니 지나치게 끓으면 너무 쓰다. 끓는 소리가 석간수나 솔바람소리 같아야 한다. 갑자기 끓으면 좋지 않으니, 익힐 때 불을 빼내어 잠깐 끓이다가 그치도록 해야 알맞게 된다. [한정록]

杞菊茶는 들국화 1냥, 구기자 4냥, 茶싹 5냥, 참깨 반 근을 함께 곱게 갈아 체에 쳐서 먹을 때 한 수저에 소금 약간과 적당량의 소유를 넣어 한 번 끓은 물에 타서 마신다. [신은지]

枸杞茶는 깊은 가을에 딴 빨간 구기자를 마른 밀가루와 반죽하여 떡같이 만들어 볕에 말려서 곱게 가루로 만든다. 茶 1냥마다 구기자가루 2냥을 고루 섞고, 달인 소유 3냥이나 참기름을 끓은 물에 곧 타서 된 膏고를 만들어, 소금을 약간 쳐서 냄비에 끓여 익혀서 마시면 매우 보익하고 눈이 밝아진다. [필용신은] (중략)

淸泉白石茶는 호도(桃核)와 잣을 까서 밀가루로 작은 덩어리를 만들어 茶 속에 넣는다. [예운림집]

745 [山林經濟] 卷三 救急, 猝頭痛 — 朴世堂, 洪萬選

頭痛如破. 是胸膈有痰歆, 厥氣上沖所致. 單煮茗歠一二升, 探吐之, 吐畢, 又歠又吐, 數度卽差. 又皁角末, 吹鼻令嚏, 亦止. (下略) [本草] [寶鑑]

산림경제 권3 구급, 갑작스러운 두통 — 박세당(1629~1703), 홍만선(1643~1715)

머리가 아파 깨지는 듯한 것은 바로 흉격에 담음[733]이 있어 그 기운이 상충한 소치이다. 단방으로 茶(茗)를 달여 1~2되를 먹여 토하게 하고 토가 끝나면 다시 먹여 다시 토하게 하여 두어 차례 하면 즉시 낫는다. 또 조각[734] 가루를 코에다 불어 넣어 재채기를 하게 하면 그친다. (하략) [본초강목] [동의보감]

746 **[山林經濟]** 卷三 救急, 諸中毒 — 朴世堂, 洪萬選

(上略) 通治百物毒, 細剉白礬, 每取三錢, 末, 新水調服卽效. 又五倍子爲末, 好酒調下二錢, 在上卽吐, 在下卽瀉. 又甘草細末微炒, 隨酒量多少, 好酒調服, 須臾大吐瀉, 雖渴不可歙水. 歙水則難救, 又臘雪水取歙之. (下略) [寶鑒]

산림경제 권3 구급, 제중독 — 박세당(1629~1703), 홍만선(1643~1715)

(상략) 모든 독기를 없애는 데는 매번 細茶(작설차)와 백반 3전씩을 가루 내어 새로 길어온 물에 타 먹이면 곧 효력을 본다. 또 오배자를 가루로 만들어 좋은 술에 2전을 타 먹이면 上膈상격에 있는 독은 즉시 토하고 下膈하격에 있는 독은 즉시 사하된다. 또 감초를 곱게 가루로 만들어 조금 볶아서 주량의 다소에 따라 좋은 술에 타 먹이면 얼마 후 크게 토사하는데, 비록 갈증이 나더라도 물을 마셔서는 안 된다. 만약 물을 마시면 구제하기 어렵다. 또는 랍설수를 먹인다. (하략) [동의보감]

747 **[山林經濟]** 卷三 救急, 菌蕈毒 — 朴世堂, 洪萬選

(上略) 中蕈毒, 吐瀉不止, 細茶芽, 卽雀舌茶爲末, 新汲水調服, 神效. 又荷葉搗爛, 和水服. (下略) [寶鑒]

산림경제 권3 구급, 버섯 독 — 박세당(1629~1703), 홍만선(1643~1715)

(상략) 버섯에 중독되어 토사가 그치지 않을 때는 細茶芽, 즉 雀舌茶를 가루로 만들어 새로 길어온 물에 타 먹이면 신효하다. 또 연잎을 짓찧어 물에 타 먹인다. (하략) [동의보감]

748 **[山林經濟]** 卷三 救急, 誤呑諸蟲頭痛 — 朴世堂, 洪萬選

(上略) 誤呑水蛭, 取田中乾泥一小塊, 小死魚三四箇, 將猪脂溶勻, 用巴豆十枚去皮, 硏爛入泥內, 爲丸如菉豆大, 以田中冷水, 呑下十丸, 蛭皆瀉下而愈. 又濃茶多歙自下. 又食蜜, 卽化爲水. [東醫寶鑑]

---

733) **痰飮(담음)** 위장에 물이 괴어 출렁출렁 소리가 나고 가슴이 답답한 병.

734) **皁角(조각)** 쥐엄나무 열매의 껍질. 중풍, 편두통, 마비 등에 쓰이는 한약재.

산림경제 권3 구급, 잘못하여 벌레를 삼켰을 때 — 박세당(1629~1703), 홍만선(1643~1715)

(상략) 잘못하여 수질(거머리)을 삼켰을 때는 논의 마른 작은 진흙덩이와 죽은 작은 물고기 3~4마리에 돼지비계 녹인 것을 고루 섞고, 파두[735] 10매를 껍질을 벗기고 문드러지게 갈아 진흙 안에 넣어 녹두 크기로 환을 만들어서 논의 랭수로 10알을 먹이면 거머리가 다 사하되어 낫는다. 또 濃茶를 많이 먹이면 저절로 사하되고, 꿀을 먹이면 즉시 변하여 물로 된다. [동의보감]

749 [山林經濟] 卷三 救急, 諸骨鯁在咽 — 朴世堂, 洪萬選

諸骨鯁在咽不下, 嚼薤白令柔, 以繩繫中呑, 到鯁處引之, 鯁卽隨出. 又用韭白如上法, 以茶嚥下, 引之亦出. 又牛筋, 或鹿筋, 搥軟如彈丸, 持筋端呑之. 候至鯁處, 徐徐引之, 鯁著筋卽出. 又緜絮一小塊, 以蜜煮, 用如上法, 卽出. 又弓弦搥, 令頭𢿰, 呑引之, 亦出. [東醫寶鑑]

산림경제 권3 구급, 모든 뼈가 목구멍에 걸렸을 때 — 박세당(1629~1703), 홍만선(1643~1715)

모든 뼈가 목구멍에 걸려서 내려가지 않을 때는 해백(염교 뿌리)을 씹어 부드럽게 해서 노끈으로 중간을 매어 삼켜서 뼈가 걸린 곳에 이르게 한 다음 끌어내면 걸린 뼈가 즉시 따라 나온다. 또 구백(부추 뿌리)을 위의 방법과 같이하여 茶로 삼켰다가 끌어내도 나온다. 또 우근(소 힘줄)이나 녹근(사슴 힘줄)을 두드려 부드럽게 해서 탄환같이 만들어 힘줄 한 끝을 붙잡고 삼켜 뼈 걸린 곳에 이르기를 기다렸다가 서서히 끌어내면 걸린 뼈가 힘줄에 붙어 즉시 나온다. 또 솜을 작은 덩이로 만들어서 꿀을 달여 위의 방법과 같이 하면 즉시 나온다. 또 활시위로 두드려 머리를 흐트러지게 하여 삼켰다가 끌어내도 나온다. [동의보감]

750 [山林經濟] 卷三 救急, 痘瘡經驗方 — 朴震禧 所著

謹避風寒, 切禁生冷, 終始宜守此戒. (中略) 初熱三日, 初覺有痛, 勿論傷寒痘疾, 急用升麻葛根湯. 葛根二錢, 白芍藥, 升麻, 甘草各一錢, 加入荊芥穗, 鼠粘子炒, 硏山査肉各七分. 小兒不肯服藥, 用金銀花或忍冬茶, 以發汗爲度, 而終不如湯藥也. (中略) 此時或發渴, 切不與冷水, 或金銀花茶, 或糯米煎水, 或三豆歃, 皆可歃. 又紅花子煎水, 亦妙. (中略) 此時觸風寒而胸腹急痛者, 候似霍亂, 若以霍亂治之, 則大危. 急用消風𢿰, 荊芥穗甘草各一錢, 人蔘, 白茯苓, 白殭蠶, 川芎, 防風, 霍香, 蟬退去頭足翅, 羌活各五分, 陳皮, 厚朴薑製各三分, 加柴胡七分, 靑皮五分, 入細茶一撮, 煎服三四貼, 卽效. (下略) [潛潭]

735) **巴豆(파두)** 대극과(大戟科)에 속하는 상록활엽 관목으로 열매는 약으로 쓴다.

산림경제 권3 구급, 두창 경험방 — 박진희(17세기?) 지음

두창에는 풍한을 조심하여 피해야 하고 생랭한 물건을 일체 금지해야 하는데, 이 경계는 끝까지 지켜야 마땅하다. (중략) 초열이 있은 지 3일 만에 처음으로 아픔을 깨닫게 되면 상한이거나 두질이거나를 막론하고 급히 승마갈근탕을 사용한다. 갈근 2전, 백작약, 승마, 감초각 1전에 형개[736]수, 炒초한 서점자[737], 研연한 산사육[738] 각 7푼을 가입한다. 소아가 약을 잘 먹지 않을 때는 금은화나 인동茶를 써서 발한하는 것으로 한도를 삼기도 하나, 탕약만은 못하다. (중략) 이때에 만약 갈증이 생기면 절대로 랭수를 주지 말고 금은화茶, 나미 달인 물이나 三豆歃삼두음을 다 먹여야 된다. 또 홍화씨 달인 물도 묘효가 있다. (중략) 이때 풍한에 감촉되어 흉복에 급통이 있는 자는 그 증후가 곽란과 같은데, 만약 곽란 약으로 치료한다면 대단히 위험하다. 급히 소풍산인 형개수, 감초각 1전, 인삼, 백복령, 백강잠, 천궁, 방풍, 곽향, 머리 다리와 날개를 제거한 선퇴, 강활각 5푼, 진피, 강제한 후박각 3푼에 시호[739] 7푼, 청피 5푼을 더하여 細茶 한 자밤[740]을 넣어 3~4첩 달여 먹이면 즉시 효력이 있다. (하략) [잠담]

751 [山林經濟] 卷三 辟蝨 — 朴震禧 所著

(上略) 人多蝨者, 將及冬用水銀二三錢, 臘茶末一錢, 於掌內以津唾調, 開將緜作繩, 挼匀在上. 以絹作帶裹之, 繫於腰閒. (下略) [神隱]

산림경제 권3 벽충 — 박진희(17세기?) 지음

(상략) 누구든지 이[741]가 많은 자는 겨울이 되려 할 때 수은 2~3전, 臘茶 1전을 손바닥에 놓고 침을 뱉어 갠 다음, 막 피려는 목화로 노를 꼬아 손바닥 위에 놓고 고루 비빈다. 비단(絹)으로 띠를 만들어 그것을 싸서 허리춤에 매어 둔다. (하략) [신은지]

752 [通文館志] 金指南 編纂

迎使臣 茶禮. 贈茶等 記事.

통문관지 김지남 편찬. 1720 간행.

사신을 맞아 茶禮를 거행하고 茶를 기증한 등 茶의 기사.

---

736) **荊芥(형개)** 정가의 잎과 줄기. 해열재로 쓰인다.
737) **鼠粘子(서점자)** 우엉의 씨. 해열(解熱)과 통경(通經) 등의 약제(藥劑)로 씀. 우방자(牛蒡子).
738) **山査肉(산사육)** 아가위의 씨를 발라낸 살로 소화를 돕는 약재이다.
739) **柴胡** 미나리과에 속하는 다년생 풀. 각지 산야에 저절로 나며, 뿌리는 한약의 해열제로 쓴다.
740) **자밤(撮)** 손가락 끝으로 집을만한 분량.
741) **蝨(슬)** 이, 반풍자(半風子)를 이름. 관(官)에 끼치는 폐해(弊害)를 슬(蝨)에 비유.

753 [景宗實錄] 景宗 三季

迎淸使 行茶禮 記事

경종실록 경종 3년

경종 3년 청나라 사신을 맞아 茶禮를 거행한 기사.

754 [記茶] 茶說 李德履

(編按: 玉州謫時所作, 當時尙存, 大陸東茶, 大資料, 以不問曲直 內容太多不可解 故愼默.)

기다 茶說 리덕리(1728~?)가 지은 「記茶」

편자가 살피니, 옥주(지금의 진도) 유배 시에 지은 바, 당시에 상존했던 대륙의 東茶에 대한 대자료이나 불문곡직하고 내용의 불가해한 곳이 태다하기 때문에 삼가 침묵한다.

755 [星湖僿說] 第一卷 天地門 鹽池 — 李瀷

金 食貨志, 臨潢之北, 有大鹽濼, 烏古里石壘部, 有鹽池, 皆足以食境內之民. 中國山陸之地, 處處産鹽, 而獨我國無之. 意者, 我國三面臨海, 海必味鹹, 煮則成鹽. 鹹者五味之一. 天地開元有此理, 其遠海處, 其氣外泄, 爲池爲井, 我國之無此, 亦宜耳. 龜山疏云 二浙窮荒之民, 有經歲不食鹽者, 一日無茶則病矣. 此幷無池井也. 當考.

성호사설 제1권 천지문 염지 — 리익(1681~1763)

『금사 식화지』에 '림황 북쪽에 큰 소금 봇도랑이 있고 오고리 석루부에는 소금못이 있는데, 모두 그 지역에 사는 사람들의 식용에 충분하다' 하였다. 중원은 산간이나 육지에 간 곳마다 소금이 생산되는데, 우리나라만은 나지 않는다. 내 생각에 우리나라는 삼면이 바다고 바닷물의 맛이 짜기 때문에 그대로 끓이면 소금이 된다. 짠 것은 다섯 가지 맛 중의 하나다. 천지 사이에는 본래부터 짠 것이 있게 마련이므로 바다와의 거리가 먼 곳에는 그 기운이 새어 나와서 못도 되고 우물이 솟아나기도 하지만, 우리나라에는 이런 것이 없는 것이 도리어 당연하다. 구산[742]의 소에, '이절 지방에는 가난한 백성이 일 년 내내 소금을 먹어 보지 못하여 하루라도 茶를 마시지 못하면 병이 난다' 하였으니, 이곳에 소금못, 소금우물이 모두 없다는 얘기다. 이런 것은 조사해 볼 필요가 있다.

---

742) **구산** 양시(楊時 1053~1135)의 號. 북송(北宋) 말의 유학자. 字 중립(中立), 호 구산(龜山). 이정자(二程子: 정호(程顥, 정이(程頤))의 도학을 전하여 낙학(洛學: 이정자의 학파)의 大宗이 되었다.

756 [星湖僿說] 第六卷 萬物門 茶食 — 李瀷 編錄

國家祀典, 有茶食. 用米麵和蜜, 大匡中築作團餠, 人不解其名義. 余謂此宋龍大小龍團之訛也. 茶始煎湯. 家禮用點茶, 則以茶末投之盞中, 沃以湯水, 攪以茶筅也, 今之倭茶皆始此. 丁公謂蔡君謨, 出奇爲茶餠, 獻之龍, 遂成同風. 坡詩所謂, 武夷溪邊粟粒芽, 前丁後蔡相籠加也. 今之祭用茶食, 卽點茶之義名存而物易也. 人家或有粉碎栗黃而代者, 作魚鳥花葉之狀視龍團轉謁. 觚之不觚, 何物不然.

성호사설 제6권 만물문 다식 — 리익(1681~1763) 편록

우리나라 사전[743]에는 茶食이라는 게 있다. 쌀가루를 꿀에 섞어 뭉쳐서 나무통 속에 넣고 짓이겨 동그란 떡으로 만드는데, 사람들은 이 茶食이란 이름과 그 뜻을 아는 이가 없다. 나는 이 茶食이란 것은 송나라 때 大龍團과 小龍團이란 茶가 잘못 전해진 것이라 생각한다. 이 茶란 것은 맨 처음 생겼을 때는 끓인 물에 茶를 달여서 먹게 되었다. 가례에서 쓰는 點茶[744]는 茶를 가루로 만들어서 잔 속에 넣고 끓인 물을 부은 다음 茶筅(솔)으로 휘휘 젓는 것인데, 지금 일본 茶가 모두 이와 같다. 정위[745]와 채군모[746]가 기이한 계교를 내서 茶餠을 만들어 조정에 바치자, 드디어 다 같이 만들어 먹는 풍속이 이루어졌다는 것이다. 소동파 시에 '무이산 냇가에 좁쌀처럼 생긴 싹을 앞에 간 정위와 뒤에 온 채양이 서로 몇 상자씩 따갔느냐?' 라고 한 말이 바로 이것이다. 지금 제사에 茶食을 쓰는 것은 바로 點茶라는 뜻인데, 그 이름만 남아 있고 실물은 바뀐 것이다. 어떤 집은 혹 밤을 가루로 만들어 茶食을 박아 쓰기도 하는데, 물고기와 새, 꽃과 잎처럼 예쁘게 만들기도 하나 龍團에 비하면 점점 잘못된 것이다. 모난 그릇이 모나지 않게 만들어지는 일(觚之不觚)은 무슨 물건인들 그렇지 않겠는가?

757 [星湖僿說] 第八卷 人事門 醫藥 — 李瀷 編錄

人之恒言曰, 人有大命, 疾恙雖攻, 命非可移, 此見人或貞疾不死, 必延過歲秊, 又或無疾遽殞, 以爲定限也. 故曰 藥不能生人疾不能殺人, 藥果有理, 則王公大人, 名醫在前, 良藥在傍, 若碾若罐, 執事走趨, 以供之, 疑若無疾不愈矣. 至於趨遐陬僻鄕寠戶貧竈, 鍼焫不知, 歠食不時, 陳根在田炒煮無術者, 疑若有當穌. (中略) 夫居海浦者, 不可以鹹味對症, 飫蒻蔘者不可以爩肉滋補, 此非不靈彼, 固安常也. 設有多廘之鄕, 視若菜羹一吃二吃亦將與茶飯等耳. 以此推之,

743) **사전(祀典)** 제사에 대한 禮典.

744) **點茶** 茶를 달이는 방법의 한 가지. (編註; 대체로 가루차 타기인데, 오류다.)

745) **정위** 丁謂(962~1033). 北宋 때의 문신으로 長州 사람. 字는 위지(謂之)였는데, 후에 공언(公言)으로 고쳐 불렀다. 일찍이 진공(晉公)으로 봉해졌기 때문에 '정진공'이라 불렸고, 『建安茶錄』 3권을 저술하였다.

746) **채양** 蔡襄(1012~1067). 北宋 때의 문신으로 字는 君謨. 『茶錄』의 저자.

疾攻雖重, 命稟亦完者, 可以撑度日月, 內虛而疾暴者, 亦可以立殞, 如剸刃而未有不仆也. (下略)

성호사설 제8권 인사문 의약 — 리익(1681~1763) 편록

사람들은 항상 말하기를 '사람에게는 운명이란 것이 있어서 질병이 아무리 괴롭힌다 하더라도 명을 옮겨 놓을 수 없다'고 하는데, 이는 어떤 사람은 고질을 앓으면서도 죽지 않고 오랜 세월을 연명하며, 어떤 사람은 아무 병이 없는데도 갑자기 죽는 것을 보고, 정해진 명으로 아는 것이다. 옛말에 '약이 사람을 살릴 수 없고, 병이 사람을 죽일 수 없다'고 하였다. 약이 과연 도움이 있다면 왕공들은 명의와 좋은 약이 옆에 있으며, 약을 갈고 달이는 것은 집사자가 서둘러 하여 올리니, 낫지 않을 병이 없을 듯하다. 먼 시골의 가난한 백성은 침질과 뜸질을 알지 못하고 음식도 제때에 먹지 못하며, 六陳륙진의 良藥량약이 밭에 있으나 炒煮초자하는 방법을 모르니, 마땅히 나을 병도 낫지 않을 듯하다. (중략) 바닷가에 사는 사람에게는 소금 맛으로 대증할 수 없고, 고기를 많이 먹는 사람에게는 저민 고기로 몸을 보할 수 없는데, 이는 소금과 고기가 저들에게 좋지 않은 것이 아니지만 평소에 항상 먹기 때문에 효험이 없는 것이다. 痲삼이 많은 고장에서는 삼 삶은 물 보기를 마치 나물국을 한 모금 두 모금 마시는 것처럼 여겨 茶飯처럼 되었으므로 삼을 먹어도 해를 입지 않는 것이다. 이로써 미루어 본다면 병의 해침이 아무리 중하나 稟命품명(천성)이 완전한 사람은 지탱해 나갈 수 있지만, 속이 허하고 병이 심한 사람은 바로 죽는 것이 마치 칼로 찌르면 엎어지지 않는 사람이 없는 것과 같은 것이다. (하략)

758 [星湖僿說] 第十一卷 人事門 南藥泉疏 — 李瀷 編錄

(上略) 今之士風, 不過韓奔夕走茶飯剽, 竊不知老之將至矣. 又若初試額多, 僞濫者圖占, 而士不勤學矣, 恨不得與藥泉相發難也. 然, 藥泉秉政亦久, 未聞擢一士於遐遠置之顯仕者, 是豈當時遐遠無一人在乎, 曾聞藥泉拔武士一人於北地付邊閫, 遂有北九萬之誚, 時尙除阨置不論, 藥泉之所識, 卽一武士而止大同之俗, 有不能違者, 如此夫.

성호사설 제11권 인사문 남약천 소 — 리익(1681~1763) 편록

(상략) 오늘날 사림의 풍습은 조석으로 뛰어다니면서 남의 글을 표절하기를 茶飯事로 삼아 세월이 흐르는 것도 알지 못한다. 또 만약 초시의 정원이 많으면 간사한 자들이 독차지하기를 꾀할 것이므로 선비들이 학문에 열중하지 않을 것이니, 남약천과 함께 문난하지 못하는 것이 한스럽다. 그러나 약천은 집정한 지 또한 오래였으나 한 선비도 하향에서 발탁하여 청환에 등용한 자가 없었으니, 어찌 그 당시에 하향에는 한 사람의 인재도 없었던가? 일찍이 듣건대, 남약천이 무변 한 사람을 북쪽 고장에서 발탁하여 변방의 閫帥곤수로 삼았다가, 드디어 북구만(九萬)이라는 비방까지 있었으나 시절이 험난하여 그대로 두고 론죄하지 않았다고 하거니와 남약천이 알아본 것이 고작 한 무변에 그친 셈이니, 대동의 풍속을 어길 수 없음이 이 같은 것이리라.

759 [星湖僿說] 第十二卷 人事門 茶時 — 李瀷 編錄

城上所監察茶時之語, 雖人誦詠, 不知其義也. 城上所者, 舊闕城墻之上. 卽當日臺員會議之所, 而諫官無行公之員, 則監察諸員替會而罷, 謂之茶時, 言其啜茶而罷也. 監察者, 古之殿中御史也, 糾檢百僚, 須先自處以儉故, 麤布陋色, 樸馬破鞍, 望之知其爲監察, 此古例也. 雖貴游子弟, 無敢變改, 後有一二宰相, 主時論許其從便, 遂復華美之脈云. 當時有夜茶時之語, 自宰相以下, 或有奸濫不法者, 諸監察秉夜茶時, 于其近地, 書其罪惡於白板, 掛諸門上, 以判棘封其門, 著署而檝. 其人遂禁錮永爲棄物. 夜茶時一句, 俚俗猶傳爲造次搏擊之語, 嗚呼, 國朝美風, 何可復見.

성호사설 제12권 인사문 茶時 — 리익(1681~1763) 편록

'성상소 감찰 茶時'라는 말을 비록 사람마다 외어 말하지만, 그 뜻이 무엇인지를 모른다. 성상소란 것은 옛 궁궐의 성담장위라는 뜻이다. 그 당일 대원들의 회의하는 처소로서 간관 중에 행공할 사람이 없으면 여러 감찰들이 교대로 모여서 회의를 마치는 것이고, 茶時라는 말은 그들이 모여서 茶나 한 잔 마시고 헤어진다는 뜻이다. 감찰은 옛날의 전중어사로서 모든 관료를 단속하는 직책인데, 반드시 먼저 검소하게 처신해야 하기 때문에, 거친 베에 누추한 빛깔의 옷을 입고, 좋지 않은 말에 떨어진 안장을 얹어 바라보기만 해도 그가 감찰인 줄을 알도록 했으니 곧 옛날의 관례였다. 그러므로 비록 부유한 집의 자제일지라도 감히 그것을 변하게 하거나 고치지 않았는데, 뒷날 한두 재상이 時論시론을 내세워 그 편리함에 따르기를 허용함으로써, 드디어 화려한 의복을 입게 되었다 한다. 또 그 당시 夜茶時[747]라는 말이 있었는데, 이 夜茶時란 재상 이하 누구든지 간사하거나 범람하여 불법을 저지른 자가 있으면 여러 감찰들이 夜茶時를 틈타 그 근처에 가서 그의 죄악 사실을 흰 판자에 써서, 그 판자를 문 위에 걸고 가시나무로써 다시 그 문을 봉한 뒤에 서명하고 흩어진다. 그 사람은 드디어 출입을 못하고 아주 기물이 되고야 마는 것이다. 그런데 夜茶時라는 한 마디 어구가 세속에선 잠깐 사이에 남을 때려잡는 말로 전해지고 있으니, 아! 국조의 아름다운 풍속을 다시 어디에서 볼 수 있겠는가?

760 [星湖僿說] 第二十二卷 經史門 韋昭 — 李瀷 編錄

吳侍中韋昭, 註國語古今儒家, 多循用其禮, 蓋一世之賢者也. 孫皓之立, 朱太后舍太子而迎之. 旣立而廢太后, 尊其母爲太后, 然而不去. 皓爲其父作紀, 違之者必死. 而違之歙羣臣, 以七升爲限. 始於昭以茶代酒, 後乃强之而不去. 皓使羣臣相嘲弄爲歡, 昭獨難問經義, 安得不被殺. 其不及穆生遠矣. 不設醴尙可遠逃, 況廢茶而强酒乎. 當其作紀之問, 姑順其意, 稱疾不起, 寧有歿身之禍哉. 自古賢者, 惟於難退, 二字, 終脫舍付得可惜.

---

747) **夜茶時** 司憲府의 벼슬아치가 날마다 한 번씩 仕進하여 會座하는 일.

성호사설 제22권 경사문 위소 — 리익(1681~1763) 편록

오나라 시중 위소[748]는 『國語』[749]에 주를 달았는데, 고금을 막론하고 유가에서 그의 례를 많이 이용하였으니, 생각건대 한 시대의 어진 자였다. 손호[750]를 임금으로 세울 때에 주태후는 태자를 버리고 그를 맞이하였다. 그가 이미 임금이 되어서는 태후를 폐하고 그의 생모를 높여 태후로 삼았으나, 위소는 그를 버리고 벼슬을 그만두지 못했다. 손호는 그의 아버지를 위하여 기를 지었는데, 자기의 뜻을 어기는 자는 반드시 죽이고야 말았다. 여러 신하에게 술을 마시게 하는데, 일곱 되로 꼭 제한을 정하였다. 처음에는 위소에게 술 대신 茶를 마시도록 하다가 나중에는 억지로 술을 마시게까지 했어도 위소는 그를 버리고 떠나지 못했었다. 손호는 여러 신하들로 하여금 서로 조롱하면서 즐기도록 하였으나 위소는 오직 경의만 이야기하였으니 어찌 죽임을 당하지 않을 수 있겠는가? 그는 목생[751]에게 동떨어지게 미치지 못한 셈이다. 례주를 베풀지 않아도 오히려 멀리 떠나 버렸는데, 하물며 마시던 茶를 없애 버리고 먹을 줄 모르는 술을 억지로 권하는 데 있어서야 말할 것이 있겠는가? 그가 기를 지으려고 물을 때에 그의 뜻만 순응하는 척하고 병을 핑계하여 벼슬길에 나가지 않았다면, 어찌 죽임을 당하는 화가 있었겠는가? 예로부터 어진 자로서도 오직 물러나기 어렵다는 '난퇴', 이 두 글자에서 결국 벗어나지 못한 자가 많으니 애석한 일이다.

761 [星湖僿說] 第二十三卷 經史門 太玄 — 李瀷 編錄

邵子曰 至哉太玄, 嗟歎之極也, 八八九九, 其道兩立, 可以與易相參. 然, 其文半是依樣, 稍可奇詭而眩飾之, 其義之合否何可定也. (中略) 駟馬跙跙而更其御, 更御乃良也. 夫牽于車妻爲剝茶, 利于王姑, 不利公家也. 目上于天, 耳入于淵, 聰察極也. (下略)

성호사설 제23권 경사문 태현 — 리익(1681~1763) 편록

소자는 "지극하구나! 태현이여" 라고 하였으니, 이는 칭찬을 극도로 한 말이다. 8과 9의 그 도가 둘 다 갖추어져서 『주역』과 서로 참조할만하다. 그러나 그 문장이 반쯤은 『주역』에 따라 모방했으되, 조금 더 기괴하게 꾸며 만들었으니, 그 뜻이 맞는지 맞지 않는지를 어찌 확정할 수 있겠는가? (중략) '잘 달리던 말이 머뭇거리면 그 마부를 다시 바꿔야 한다'는 것은 마부를 바꿔야 좋다는 뜻이요. '남편은 수레를 끌고 아내는 茶를 만들어서 늙은 시할머니에게 올린다'는 것은 나라에 리익이 없다는 뜻이요. '눈은 하늘로 올라가고 귀는 못으로 들어간다'는 것은 총명이 아주 뛰어났다는 뜻이요. (하략)

---

748) **위소(韋昭)** 사국시대 吳나라 雲陽 사람. 자는 弘嗣.

749) 『**國語**』 周代에 좌구명(左丘明)이 지은 책. 春秋時代의 8國, 주(周), 로(魯), 제(齊), 진(晉), 정(鄭), 초(楚), 오(吳), 월(越)의 력사(歷史)책으로 21권.

750) **손호** 孫皓(242~284). 吳나라의 제4대 임금. 字 원종(元宗), 호종(皓宗). 별명 팽조(彭祖).

751) **목생(穆生)** 漢나라 楚 원왕(元王)의 신하로 단술을 좋아했기 때문에 楚 원왕은 항상 그를 위해 단술(醴酒)을 내왔다. 그 뒤 원왕의 손자 무(戊)에 이르러서 단술을 내지 않자, 목생은 "단술을 베풀지 않는 것은 임금이 게을러졌기 때문이다" 하고 떠나 버렸다.

762 [青莊館全書] 卷一 嬰處詩稿一 臥病 — 李德懋

臥病旬將浹　巾鞋上綠**苔**
已厭親藥裏　稍隔步雲**隈**
茶滑添泉洗　窗涼過雨**開**
廖廖難自耐　時有友生**來**

五言律 灰韻⇒苔隈開來

청장관전서 권1 영처시고1 와병 — 리덕무(1741~1793) 시

병들어 누운 지 열흘이 넘어가니
미투리에 파란 이끼 끼어 오르네.
약봉지 만지기도 싫증이 나고
구름 긴 언덕 거닐기도 게을러졌소.
샘물에 茶 더 씻어 미끄럽고
비 그치자 창을 여니 서늘하네.
적막함에 지쳐 견디기 어려운데
이따금 친구들이 찾아와 주네.

763 [青莊館全書] 卷三 嬰處文稿一 雪夜文會詩序 — 李德懋

壬午二月十五日夜, 會者鄭氏子城, 南氏汝修汝華. 鷄旣鳴, 命余序之. 淸讌高堂, 古人所以秉燭, 狂歌半席, 志士爲之擊壺. 白雪陽菅, 久渾淆於下里, 淸湍修竹, 長莽沒於空山, 如小石之在山, 差大塊之勞我. 樂琴書於暇日, 只自喜乎茶熟香淸, 視軒冕於浮雲, 亦奚恤乎鐘鳴漏盡. [寄齋雜記]

청장관전서 권3 영처문고1 설야문회시 서 — 리덕무(1741~1793)

임오년(영조 38년, 1762) 2월 15일 밤, 회합한 사람은 정씨자성과 남씨여수(여수는 남홍래의 字)와 여화(남명래의 字)다. 닭이 이미 울고 난 뒤에 나에게 명하여 서문을 쓰게 하였다. 고당의 고상한 연회는 옛사람[752]이 밤을 새워 가며 촛불을 켜들고 놀던 것이고, 미친 듯이 노래하며 절반쯤 자리에 앉았으니 지사가 술통을 두드리어 박자를 맞추던 것이다. 백설과 양춘[753]은 오랫동안 하리의 저속한 노래에 섞이었고, 맑은 여울과 높은 대숲은 길고 무성하여 공산

752) **옛사람** 李白의 春夜宴桃李園序에 '고인이 촛불을 켜들고 밤에 노는 것은 까닭이 있다. 古人秉燭夜游良有以也' 하였는데, 여기서 말한 고인이란 無名氏의 古詩를 두고 한 말이다. 그 시는 '나이가 백 살도 되지 못했는데 항상 천 년의 근심을 품고 사네. 낮은 짧고 밤은 길어 괴로우니, 촛불을 켜들고 놀지 않고 어쩌리(生年不滿百 常懷千歲憂 晝短苦夜長 何不秉燭游).' 하였다. 『古文眞寶』 卷二 「五言古風短篇」.

753) **白雪과 陽春** 모두 고상한 琴曲으로 楚의 歌曲이다. 宋玉의 諷賦에 보인다.

에 파묻혀 있고, 나의 모습이란 조그만 돌이 산악에 있는 것과 같은지라, 아! 천지(大塊)가 나를 로심하게 하는도다. 겨를이 있는 날이면 탄금과 독서로 즐겼고, 다만 스스로 茶를 달이고 향기가 맑은 것을 기뻐하였으며, 높은 벼슬 보기를 뜬구름같이 여겼으니, 또한 어찌 밤이 다하여 새벽종이 울리는 것을 근심하랴! [기재잡기]

764 [青莊館全書] 卷六 嬰處雜稿二 觀讀日記 — 李德懋

(上略)
丙戌明五來 傳李濟菴近者詩云

煙茶苦癖頻生火　　硯滴靈心巧應潮

此其以詩游戲者耶. 明五又求爲詩之法. 余曰 無論幽僻平澹艷麗削露化而成說之爲可用, 徒顏色燦然也, 而失古人之旨, 斷落不成說者, 是可謂詩與文乎哉. 文章有雅俗, 先審夫二者百格千法, 統在無言中矣. 愼無落纛竇俗坑也. 無其才則已, 況有其才, 而甘心乎.

청장관전서 권6 영처잡고2 관독일기 — 리덕무(1741~1793)
(상략) 병술(1766) 10월 8일 명오가 찾아와서 리제암의 요즘 시를 전해 왔다.

茶 달이는 괴로운 버릇은 자주 불을 일으키고
연적의 신령스런 맘은 공교로이 조수를 응한다.

시를 보고 '이는 시를 유희로 여기는 사람이 아니냐?'라고 하였더니, 명오가 다시 시 짓는 법을 말해 달라고 청하였다. 나는 '시란 괴벽스럽거나 평담하거나 미려하거나 날카로운 것을 막론하고 조화를 이루어 말이 되었다면 쓸모가 있겠지만, 겉으로만 화려할 뿐 옛사람의 뜻을 상실하고 또 끊어져서 말이 되지 않는다면 어찌 詩와 文이라 하겠는가? 문장에는 雅아와 俗속이 있는데, 우선 이 두 가지부터 관찰할 줄 알아야만 백 가지 격식과 천 가지 법칙이 다 무언중에 들어 있게 되는 것이다. 삼가 티끌 무더기와 세속 구덩이에 떨어지지 않아야 하네. 재주가 없다면 몰라도 이미 그만한 재주가 있는데 시에 전념까지 하고 있음이겠는가?'라고 대답하였다.

765 [青莊館全書] 卷九 雅亭遺稿一 觀軒茗歆 — 李德懋

倚君靑玉案　　茗歆話俱**長**
蓼剩繁蟲鬧　　蟬專一樹**涼**
秋齋聊暇日　　晴箔暖新**陽**

忽若游方外　形骸澹自**忘**

五言律 陽韻⇒長涼陽忘

청장관전서 권9 아정유고1 관헌에서 茶를 마심 — 리덕무(1741~1793)

청옥상에 그대와 마주앉아
茶 마시며 이야기 길어지네.
여뀌 무성한데다 뭇 벌레 소란하고
매미만 시원한 나무 숲 차지했네.
가을 서재에서 한가한 날 즐기고
비 갠 주렴엔 새 별이 따스하다.
갑자기 선경에 노니는 듯
속된 생각 절로 잊어지네.

766 **[青莊館全書]** 卷九 雅亭遺稿一 觀齋茗歃與尹曾若柳惠甫共賦 — 李德懋

秋閏纔云晦　秊光駛不**停**
榴房姸病樹　黽部沸幽**庭**
惜福貽童穉　頤神嗇視**聽**
瀹茶司僕井　銖兩抵南**靈**

五言律, 青韻⇒停庭聽靈

청장관전서 권9 아정유고1 관재에서 茶를 마시며 윤증약, 류혜보와 함께 지음 — 리덕무(1741~1793)

가을 윤달도 그믐이라니
세월은 가고 아니 멈추네.
석류는 병든 나무에서 곱게 열리고
맹꽁이는 뒤뜰에서 울어 대누나.
복은 남겨 아이에게 주고
견문은 아껴 마음 수양하리.
사복시[754] 우물물로 茶 달이니
값어치 남령[755]에 비길레라.

754) **司僕寺(사복시)** 여마(輿馬), 목축의 일을 맡아보던 관청.
755) **南靈(남령)** 茶 끓이기에 제일 좋다는 물. 『煎茶水記』에 '茶 달이기 좋은 물의 등급을 기록했는데, 揚子江 남령수가 제일 좋다' 하였다.

767 **[靑莊館全書]** 卷九 雅亭遺稿一 與朴進士綏壽賦 — 李德懋

秋室蕭蕭問起居　　張燈軟話二更**餘**
輕衣煖閤趺如佛　　朱葉霜垣罥似**魚**
懶可蝭菴爲配享　　貧難麴部做尙**書**
秪將文雅招同里　　茶果情眞契不**疏**

七言律 魚韻⇒餘魚書疏

청장관전서 권9　아정유고1 박진사 수수와 함께 지음 — 리덕무(1741～1793)

쓸쓸한 가을 방에 기거를 물으며
등잔 아래 도란도란 이경이 넘었구나.
포근한 옷 따스한 방에 부처처럼 앉았는데
붉은 잎 서리 온 담에 고기인 듯 걸렸구나.
게으르니 접암에 배향되기 알맞고[756)]
가난하니 국부상서[757)] 되기도 어렵구나.
다만 시문으로 마을 친구 부르니
茶果 대접 참다운 정 예사롭지 않더라.

768 **[靑莊館全書]** 卷十 雅亭遺稿二 端陽日集觀軒 — 李德懋

的的榴花繞綠**枝**　　緗簾透影午暉**移**
篆煙欲歇茶鳴沸　　政是幽人讀畫**時**

七言絶 支韻⇒枝移時

청장관전서　권10 아정유고2 단오에 관헌에서 모임 — 리덕무(1741～1793)

밝고 고운 석류꽃 푸른 가지에 피었는데
옥색 발에 그림자 뚫고 들어오니 낮 햇빛 옮겼네.
화로 연기 줄어들고 茶 달이니
정히 그윽한 사람 그림을 보는 때로세.

---

756) **게으르니 … 알맞고** 게을러 낮잠 자기에 알맞음을 말한 것이다. 蝭菴은 암자 이름으로 蝭은 蝶으로 쓰기도 하는데, 이는 莊周가 꿈에 胡蝶으로 화했다는 고사를 들어 붙인 이름이다. 後唐의 李愚는 밤낮없이 공직에 매달려 바빴다. 그는 사람에게 "내가 이다지도 바빠 한 번도 꿈나라에 가보지 못하니, 洛陽에다 水竹을 사서 蝶菴을 짓고는 모든 일 버리고 여기에서 살려는데, 이 암자에는 마땅히 장주를 시조로 모시고 신선인 陳搏을 배향시키겠다" 하였다. 『淸異錄』.

757) **麴部尙書(국부상서)** 술을 잘 마시는 사람에 대한 해학적인 별명. 唐 汝陽王 璡은 집에 술 빚는 특별한 방법이 있어 甘露經이라 불렀으며 釀王兼麴部尙書라 자칭했다. 『醉仙記』.

769 【青莊館全書】 卷十一 雅亭遺稿三 題彈素幾何室(二首) — 李德懋

其一
龎眼疏籬影**斜**　雄蠭狂嬲菁**花**
閑評香品沈速　試拈茶名岕**羅**
六言古 麻韻

其二
東國寧嘆鬱鬱　中原滿說津**津**
子語渾如昨夢　吾心宛是前**身**
六言古 眞韻

청장관전서 권11 아정유고3 탄소기하실[758]에 제목함(2수) — 리덕무(1741~1793)

기1
뺑뺑 뚫린 울타리 그림자 지는데
수벌들 미친 듯이 장다리꽃을 찾네.
한가로이 古香고향의 침속을 품평하고
가려 試歆시음하는 라개의 顧渚茶라.

기2
동국이라 답답하다 어찌 탄식하랴
중원에서도 그대 이야기 진진[759]하다오.
그대 말이 모두 지난 밤 꿈만 같고
내 마음은 완연히 전생의 몸일세.

770 【青莊館全書】 卷十一 雅亭遺稿三 遼野 — 李德懋

躍馬鳴鞭出大**荒**　書生眉宇一飛**揚**
草青窩集河流疾　雲黑撐犁朔氣**長**
避世幼安悲皁帽　登岺丁令化玄**裳**
却看箕尾元同野　夜夜茶棚夢漢**陽**
七言律 陽韻⇒荒揚長裳陽

---

758) **탄소** 류금(柳琴 1741~1788). 字 連玉, 彈素. 號 幾何室, 窄菴. 조선 후기 실학자로 연암학파의 일원이다. 시를 잘 지었으며 천문학, 기하학을 비롯하여 여러 학문에 밝았으나 서얼이어서 평생 불우하게 살았다.

759) **津津** 넘칠 정도로 가득 차 있는 모양.

청장관전서 권11 아정유고3 료동 들녘 — 리덕무(1741~1793)

채찍 들고 말을 몰아 큰 벌판에 나서니
서생이 이때에 한번 눈썹을 펴보는구나.
풀 푸른 와집760)에는 하수가 급히 흐르는데
구름이 검은 하늘761)에 북쪽 기운이 멀리 뻗치네.
세상을 피해 온 유안762)은 조모가 슬픈데
신선이 된 정령위763)는 학으로 화했네.
문득 보니 본래 같은 기미성764) 분야라
밤마다 茶집에서 한양을 꿈꾸고 있네.

771 【青莊館全書】 卷十一 雅亭遺稿三 沙窩堡賈老人歌 — 李德懋

沙窩村裏賈老**人**　坐送七十有餘**䅘**
到老不踏門前路　看書種樹怡其**神**
涼棚把卷據凳子　發笑時時口自**陳**
花樹刊牌記紅白　菜種齎囊分甘**辛**
耳聾不辨牛與蟻　幼孫附語傳向**賓**
見我欣然如舊交　雪桃瀹茗談津**津**
(下略)　七言古 眞韻⇒人䅘神陳辛賓津

청장관전서 권11 아정유고3 사와보의 賈로인을 노래함 — 리덕무(1741~1793)

사와보 마을의 가로인은
여기서 칠십여 년을 살았네.
늙을 때까지 문 앞길도 나가지 않고
글 읽고 나무 심는 데 재미 붙였네.
서늘한 루각에 책을 들고 의자에 앉아서
웃으며 때때로 자기 얘기를 하곤 하네.
꽃나무의 붉고 흰 것을 가려 패를 붙이고
나물 씨 봉지는 달고 매운 것을 갈라 담네.
귀가 어두워 소와 개미를 분간하지 못해서

---

760) **窩集** 료동에 있는 지명인 듯한데, 일설에는 부족명으로 漢, 魏에서는 沃沮, 元에서는 烏者, 明에서는 兀者라 칭하였다 한다.
761) **검은 하늘(撐犁)** 탱리는 蒙古말로 하늘을 뜻한다.
762) **세상을 피해온 유안** 幼安은 관영(管寧)의 字, 피난하여 은거한 것이 슬프다는 뜻.
763) **丁令威** 漢의 료동 사람으로 神仙術을 배워 학이 되었다 한다.
764) **箕尾星** 箕星과 尾星으로 冀州와 幽州 分野에 해당한다.

어린 손자가 귀에 대고 객이 왔다 알리니
나를 보자 옛 친구같이 반가워하여
복숭아와 茶를 내고 얘기가 시작됐네.
(하략)

772 **[靑莊館全書]** 卷十二 雅亭遺稿四 李麝泉座工逢李雪隱基憲小歆仍拈韻, 聞鷄而罷 — 李德懋

宛宛菖風動禁**林** 篝燈墻北故人**尋**
百忙猶揀烹茶水 一晤能捐買酒**金**
叱犉靑田勞遠夢 聽鷄紫陌損初**心**
逢場却恨相知晩 讀盡新詩到夜**深**
七言律 侵韻⇒林尋金心深

청장관전서 권12 아정유고4 리사천의 좌석에서 리설은기헌을 만나 간소한 주석을 베풀고 시를 읊으며 즐기다가 닭 우는 소리를 듣고 파하였다 — 리덕무(1741~1793)

쌀쌀한 봄바람 禁苑금원에 부는데
宮墻궁장 북쪽 호롱불 아래 옛 친구 찾아왔네.
아무리 바빠도 茶 달일 물 가렸고
한 번 만나매 술 살 돈 아끼지 않네.
콩밭에 송아지 쫓던 일 꿈결같이 어렴풋하고
장안 거리에 새벽닭 우니 홍취가 다했네.
만난 자리에서 늦게 사귄 것 한탄하여
새로운 시 읊어서 심야에 이르렀네.

773 **[靑莊館全書]** 卷十二 雅亭遺稿四 秋日集修竹軒 — 李德懋

似入蕭閒室 晴梧滿碧**牆**
鬢絲睽後短 譚柄晤餘**長**
細揀憐旗茗 頻拈惜線**香**
竹深知薄暮 眠鶴皦然**光**
五言律 陽韻⇒牆長香光

청장관전서 권12 아정유고4 가을날 수죽헌에서 모이다 — 리덕무(1741~1793)

맑고 한가한 집에 들어온 듯
오동나무 그늘 푸른 담장에 가득하네.

멀리 이별한 뒤 귀밑털은 짧아지고
반가이 만나 이야깃거리 길어지네.
좋은 茶싹 사랑하여 정밀히 가리고
실 향 아끼며 향로에 자주 따 넣네.
대 수풀 우거져 날은 쉽게 저물고
잠든 학의 모습 조촐하구나.

774 【靑莊館全書】 卷十六 雅亭遺稿八 內弟朴稚川宗山 — 李德懋 編纂

月前失了弱女. 雖孩抱中物, 惻惻于中, 今始少定矣. 由來書卷, 束閣不親, 自入此月, 粗杜牖跪處, 做靜養法, 有時間斷, 只憎此漢之躁擾耳. (中略) 人間善事, 務作我物, 爲布帛茶飯, 不可斯須離, 得之則生, 不得之則死, 爲心可也. (下略)

청장관전서 권16 아정유고8 내제 박치천종산에게 — 리덕무(1741~1793) 편찬

한 달 전에 어린 녀아를 잃었네. 비록 품 안의 어린 아이기는 하였지만, 마음이 매우 슬펐는데 이제야 비로소 조금 안정되었네. 그 일을 당한 이후로 책을 접어 두고 가까이하지 않다가, 이달에 들어오면서부터는 조금씩 문을 닫고 꿇어앉아서 정양법을 익히나, 그것도 때로는 간단이 있으니, 다만 나의 조급함을 탓할 뿐이네. (중략) 인간의 착한 일을 나의 것으로 만들기를 힘쓰되, 잠깐이라도 없어서는 아니 되는 포백이나 茶飯처럼 여기어, 그것을 얻으면 살고 그것을 얻지 못하면 죽는다는 것으로 마음먹어야하네. (하략)

775 【靑莊館全書】 付刊本 雅亭遺稿 第三卷 慧昭傳 — 李德懋 編纂

昭姓崔氏. 其先漢族, 隋師征遼, 多沒驪貊, 今爲全州金馬人也. 父昌元, 母顧氏. (中略) 師性不褫樸, 言不由機, 服煖縕黂, 食甘糠麧. 每有王人乘馹傳命, 遙祈法力. 則曰 凡居王土而戴佛日者, 孰不傾心護念, 爲君貯福. 亦何必遠紆綸. 音於枯木朽株. 或有以胡香爲贈者, 則以瓦載糠灰不爲丸而焫之曰 吾不識是何臭. 虔心而已. 復有以漢茗爲供者, 則以薪爨石釜, 不爲屑而煮之曰 吾不識是何味. 沾腹而已. 守眞忤俗, 皆此類也. (下略)

청장관전서 부간본 아정유고 제3권 혜소전 — 리덕무(1741~1793) 편찬

혜소의 성은 최씨이다. 그의 선조는 한족이었는데 수나라 군사가 료동을 정벌할 때에 려맥에서 많이 전몰하니, 이때 항복하여 거주하였으며 현재는 전주 금마군(지금의 익산군) 사람이다. 아버지는 최창원이며 어머니는 고씨이다. (중략) 선사는 성품이 질박함을 잃지 아니하고 말은 기변을 부리지 아니하며, 의복은 솜 누더기를 따뜻이 여기고 음식은 겨나 보리 싸라기를 먹었다. 언제나 왕이 사람을 시켜 역말을 타고 명을 전하여 멀리 법력을 기원하면, 선사는 "왕의 토지에 살며 부처를 받들고 있는 사람이면 누군들 호국하는 일념에 마음을 기울여 임금을 위하여 복을 쌓지 않겠습니까? 그런데 무엇 때문에 군이 마른 나무나 썩은

나무와 같은 저에게 임금님의 말씀을 멀리 보내십니까?" 하였다. 누가 호향을 선물하는 사람이 있으면 기왓장에 잿불을 담아 환을 만들지 않은 채로 태우면서, "나는 이것이 어떤 냄새인지 모르겠다. 마음만 경건히 할 뿐이다" 하였다. 또 한족 茶를 선물하는 자가 있으면 돌솥에 섶을 태우며 가루를 만들지 않은 채로 달여 마시면서 "나는 이것이 어떤 맛인지 모르겠다. 창자를 적실뿐이다" 하였는데, 眞진을 지키고 俗속을 싫어함이 모두 이런 정도였다. (하략)

776 [靑莊館全書] 卷三十二 淸脾錄一 嬋娟洞 — 李德懋 編纂

嬋娟洞在平壤府北, 自古妓墳纍纍. 古人有'願作嬋娟洞裏魂'之句. 李蓀谷達簿游西京過嬋娟洞, 時山花飄騷濕雲如夢, 徘徊悒悵賦一詩曰,

> 牧丹峯下嬋娟洞　　洞裏埋香草自**萅**
> 若爲借得仙翁術　　喚起當秊第一**人**
> 七言絶 眞韻⇒萅人

吟羅醉臥旅館, 有羣妓靚妝炫服, 冉冉而步, 擁髻而言曰 妾乃嬋娟洞裏人也, 昨蒙惠然瑗章煒燦, 幽骨增輝鳴感珍重. 曉鐘殷牀遽然一夢. 明日入洞尊以茶酒侑之以詩,

> 不是鄒生律　　能回幽谷**萅**
> 香魂猶髣髴　　重見李夫**人**
> (下略)　　五言絶 眞韻⇒萅人

청장관전서 권32 청비록1 선연동 — 리덕무(1741~1793) 편찬

선연동은 평양부 북쪽에 있는데 옛날부터 기생의 무덤이 총총히 있다. 옛사람의 다음과 같은 시구가 있는데, '선연동 속의 혼이 되기 원일세'라 했다. 리손곡달이 서경을 유람할 적에 선연동을 지나는데, 이때 마침 산꽃은 바람에 나부끼어 떨어지고, 비를 실은 구름은 대낮을 침침하게 하였는데, 무덤가를 맴돌며 슬퍼하다가 시 1수 읊기를

> 모란봉 밑 선연동에
> 미인은 말 없는데 풀만 절로 봄일세.
> 만일 신선 술법 빌 수 있다면
> 당년의 미인들 다시 소생시키리.

하고서 술에 취하여 려관에서 자는데, 많은 기생들이 아름다운 옷으로 예쁘게 단장하고 부드러운 모양으로 걸어와서 머리를 매만지며 말하기를 '첩들은 선연동 사람들인데, 어제 좋은 시를 주시어 저희들의 유골이 빛났으므로 느낀 바가 있어 감사드립니다' 하였다. 때

마침 새벽을 알리는 종소리가 은은히 들려오므로 깨어 보니 꿈이었다. 다음날 다시 선연동으로 가서 茶로 전 드리고 시로써 유식765)을 하였는데, 그 시는 다음과 같다.

내 시가 추생766)의 률과 같이
유곡에 봄이 다시 오게는 못하지만
향혼을 꿈에서 보니
리부인767)을 다시 보는 듯했네.
(하략)

777 【靑莊館全書】 卷三十三 淸脾錄二 殷堯藩 — 李德懋 編纂

偶見唐 殷堯藩 詩
'文字飢難煮'⇒ 東坡 '一字不堪煮' 出於此.
殷詩. '野禽無語避茶煙'⇒ 魏野 '烹茶鶴避煙' 出於此.殷詩.
殷詩. '浙東飛雨過江來'⇒ 東坡 '天外黑風吹海立'之對 全用此句.
殷詩. '打鼓泊船何處客' ⇐杜子美 '打鼓發船何郡郎'之句, 已先於殷堯藩也.

청장관전서 권33 청비록2 은요번 — 리덕무(1741~1793) 편찬

우연히 당나라 은요번768)의 시를 보니
'주려도 문자는 달여 먹기 어렵다'는 구절이 있는데,
소동파769)의 '한 글자도 달일 수 없다'는 시는 곧 은요번의 이 시에서 나온 것이다.
또 은요번의 시에 '들새는 말없이 茶 연기 피하누나' 하였는데,
위야770)의 '茶 달이니 학이 연기 피하네'라고 한 시는 곧 은요번의 이 시에서 나온 것이다.
또 은요번의 시에 '절동의 날린 비 강 지나오네' 하였는데,
소동파의 '하늘 멀리 검은 바람 바다에 불어온다'는 시의 對句대구는 온통 은요번의 이 시로 채워졌다.
또 은요번의 시에 '북 치고 배 대는 이 어느 곳 나그넨가' 하였는데,

---

765) **侑食** 제사 절차의 하나. 제주(祭主)가 잔에 술을 따른 후 젯밥에 숟가락을 꽂고 젓가락을 대접 위에 올려놓은 다음, 제관들이 문을 닫고 문밖에 나와 잠시 기다린다.

766) **鄒生** 戰國 시대 齊나라 추연(鄒衍)을 이름. 추연은 본디 律에 능하여 기후가 차가워 五穀이 성장하지 못하는 北方의 어느 땅에 그가 律을 불어 그곳에 따스한 봄이 오게 하여 벼, 기장 등의 곡식이 잘 자랐다 한다.『列子 湯問』.

767) **리부인** 漢武帝의 부인으로 천하일색이었는데, 그가 한 무제의 총애를 독차지하다가 일찍 죽자, 무제는 그를 애처로이 여겨 그의 形貌를 甘泉宮에 그려 놓고 늘 그를 생각하였다. 한 번은 方士에게 부탁하여 리부인의 神을 맞아 오게 하여 그 신을 바라보고서 悲感을 짓기도 하였다.『漢書』卷九十七「外戚傳」.

768) **은요번** 殷堯藩(?~836?). 唐 同州 사람. 元和(806~820)년간에 進士, 후에 侍御史에 발탁됨.

769) **소동파** 蘇軾(1037~1101)의 호. 北宋 때 제일의 시인으로 四川省 사람, 號 東坡居士, 字 子瞻, 애칭(愛稱) 坡公, 坡仙.『赤壁賦』를 지음.

770) **위야** 魏野(960~1020). 宋 陝州 출생으로 字 仲先, 號 草堂居士이다.

두자미771)의 '북 치고 배 띄우는 이 어느 고을 사낸가'라는 시구가 이미 은요변 이전에 있었다.

778 [青莊館全書] 卷三十三 淸脾錄二 詩有慣用字 — 李德懋 編纂

韓昌黎詩多悲, 凡三百六十首詩, 哭泣者三百首. 白香山詩多樂, 凡二千八百首詩, 飮酒者九百首. (中略) 光啓四季菖云 小欄花韻午晴初. 寄同游云 菖添茶韻時過寺. 紅茶花云 豈憐高韻說紅茶. (下略)

청장관전서 권33 청비록2 시에 관용하는 글자가 있다 — 리덕무(1741~1793) 편찬

한창려772)의 시에는 슬픔이 많아서 모두 3백 60수의 시에 곡읍에 관한 시가 3백 수이고, 백향산773)의 시에는 즐거움이 많아서 모두 2천 8백 수의 시에 음주에 관한 시가 9백 수이다. (중략) 「광계774) 4년(888) 춘」 시에는 '작은 난간 막 갠 한낮에 꽃이 미소 짓누나' 하였고, 「친구에게 부치다(寄同游)」라는 시에는 '봄이라 茶 운치 높아 가끔 절에 들르네' 하였으며, 「紅茶花」 시에는 '어찌 고상한 운치 연연해 紅茶를 말하랴' 하였다. (하략)

779 [青莊館全書] 卷三十三 淸脾錄二 子虛翠寒集 付三首 — 李德懋 編纂

余於元百家詩, 酷嗜宋無詩, 無亦作无字子虛, 家晉陵, 以兵亂遷吳. 至元辛巳, 其父國珍, 領征東萬戶, 病痿無丐以身代. 入海抵竹島, 隨驚濤上下, 經高麗諸山, 罹沈痾, 瘦骨柴立, 未嘗廢吟. 趙子昂稱其詩, 皆不經人道語. 其詩 (中略)

其一

紅黃霜樹珊瑚海　黑白雲花琺瑁**天**
病去情懷逢酒惡　困來天氣與茶**親**
七言絶 先韻⇒天親

其二

陂塘幾曲淺深水　桃李一谿紅白**花**(按, 擬衣)
客愁萬斛添杯量　菖瘦三分減帶**圍**(按, 或微)
七言絶 微韻⇒衣圍

771) **두자미** 子美는 杜甫(712~770)의 字이며 盛唐時期의 시인으로 號 少陵이다. 李白(701~762 字 太白)과 병칭하여 李杜라고 일컫는다.

772) **한창려** 창려(昌黎)는 한유(韓 768~824)의 號. 唐 懷州 출생. 字는 退之, 諡號 文公. 吏部侍郞에까지 올랐으며, 宋代 이후 성리학의 선구자가 되었다.

773) **백향산** 향산(香山)은 白居易(772~846)의 號. 唐 洛陽 출생. 字는 樂天이고 호는 醉吟先生, 향산거사(香山居士). 李白이 죽은 지 10년, 杜甫가 죽은 지 2년 후에 태어났으며, 같은 시대의 韓愈와 더불어 '리두한백(李杜韓白)'으로 병칭된다.

774) **광계(光啓)** 唐 희종(僖宗)의 년호(885~888).

其三

服藥身軀多病日　　養花天氣半陰**時**(按, 擬**遭**)
茶脚碧雲凝午盌　　酒聲紅雨滴菖**槽**
(下略)　　　　　　七言絶 豪韻⇒遭槽

청장관전서 제33권 청비록2 자허의 취한집 부3수 — 리덕무(1741~1793) 편찬

내가 元원 백가 시 중에서 송무의 시를 무척이나 좋아하는데, 송무의 無는 无字로도 쓰고 자는 자허이며. 그의 집은 본래 진릉이었으나 병란을 피해 吳오로 옮겨갔다. 지원 18년(고려 충렬왕 7, 1281)에 영정동만호로 있던 그의 아버지 송국진이 중풍으로 앓아눕자 송무가 자기 몸을 대신 죽게 해달라고 빌었다. 뒤에 바다에 들어 죽도에 이르렀다가 험한 파도를 타고 나와 고려의 여러 산을 유람하였는데, 고질에 걸려 피골이 상접하도록 야윈 몸으로도 언제나 시 읊기를 폐하지 않았다. 조자앙(조맹부 1254~1322의 字)이 그의 시는 모두 인간을 초월한 것이라고 칭찬하였다. 그의 시는 다음과 같다. (중략)

기1
붉고 누른 단풍 숲은 산호의 바다요
검고 희게 피어나는 구름은 아모의 하늘.
병든 몸이라 술을 만나도 싫고
나른한 날씨라 마냥 茶와 친하다오.

기2
못에는 몇 굽이 깊고 얕은 물이요
복숭아꽃 배꽃은 시내 가득 붉고 하얀 꽃이라네.
나그네 시름 잔을 더해 만곡으로 불어나고
봄 타는 야윈 몸 허리가 삼분이나 줄었구나.

기3
약 마시는 몸은 병든 날이 많아서고
꽃 가꾸는 날씨는 반쯤 흐릴 때라오.
茶 줄기 푸른 구름은 한낮 茶잔에 엉기고
술 따르는 소리에 꽃비는 봄 술통에 떨어지누나.
(하략)

780 **[青莊館全書]** 卷三十五 淸脾錄四 薑山 — 李德懋 編纂

薑山妙季英才, 聞學日富, 其爲詩也, 根據乎全經全史, 篆, 籒, 分, 隷以秀其氣, 卉木禽虫, 以致其才, 運之以性靈, 會之以鑒識, 古澹幽潔, 高亮閒遠. 余嘗

嘆, 其典裁如王漁洋, 淹雅如朱竹坨, 余於薑山無閒然云爾. 則亦不固讓, 泠齋楚亭, 皆推爲鐵論. 其詩, (中略)

茗薄談僧澹　　林繁侍僕香. (中略)　　五言句

書窗晝寂莺禽語　茶竈煙深細雨飛. (下略)　七言句

청장관전서 권35 청비록4 강산 — 리덕무(1741~1793) 편찬

강산775)은 소년 수재로 학문이 날로 풍부해져서 그가 시를 짓는 데는 모든 경서와 사책에 근거하였으며, 전서, 주문, 팔분, 예서로 그 기품을 드러내고 초목금수의 그림으로 그 재주를 나타내어, 성령으로 운용하고 감식으로 회의(뜻을 깨달음)하여 고담유결하며 고랑하고 한원하다. 나는 일찍이 감탄하기를 "그의 문장 솜씨는 왕어양 같고 박식은 주죽타776) 같으니, 내가 강산에 대해서는 결점을 지적할 수 없다" 하였으니, 이야말로 령재(류득공 1749~?)와 초정(박제가 1750~1815) 등도 내 말을 정론이라고 하기에 마땅하리라. 그 시는 (중략)

茶가 담박하니 승의 말도 담담하고
숲이 무성하니 종들도 싱그럽네. (중략)

글 읽는 조용한 창가엔 봄 새 지저귀고
茶 달이는 연기 자욱한데 가랑비 내리네. (하략)

781 **[靑莊館全書]** 卷三十五 淸脾錄 四 玄川翁咏朱子 — 李德懋 編纂

玄川翁晚季, 讀朱子大全集, 有詩曰,

茶飯五常精且熟　糠粃諸子還春.

可謂精切矣.

청장관전서 권35 청비록4 현천옹이 주자를 읊다 — 리덕무(1741~1793) 편찬

현천옹이 말년에 『주자대전』을 읽고 시 짓기를

오상777)은 茶飯처럼 여겨 또한 정숙하고
제자는 겨와 쭉정이처럼 보아 용파778)했네.

---

775) **薑山** 조선 시대 純祖 때 문신인 이서구(李書九 1754~1824)의 號.

776) **朱竹坨** 淸初의 학자 朱彝尊의 號. 經史를 널리 읽어 통하였고, 고문과 시사에 능하여 王士禛과 함께 南北의 두 大家로 칭해졌다.

777) **五常** 사람이 지켜야 할 다섯 가지 道理. 仁, 義, 禮, 智, 信을 이름.

라고 하였는데, 가히 정절하다고 할 만하다.

782 【靑莊館全書】 卷三十五 淸脾錄四 李雨村 — 李德懋 編纂

李雨村調元, 字羹堂, 一字杭塘, 四川羅江人, 雍正甲寅十二月初五日生. 父化楠, 官至北路掌印同知府, 羹堂, 乾隆癸未進士, 見官吏部考功司員外郎兼文選司事, 僦屋居燕京順城門外. 丁酉暮, 柳琴彈素隨謝恩使入燕, 彈素奇士也, 欲一交天下文章博洽之士. 嘗於端門外, 見羹堂, 儀容甚閒雅, 直持其襟請交, 遂畫塼書其姓名及字, 羹堂一見投契, 稱其名字之甚奇. 彈素屢造其室, 諄諄善接人, 呈露心素, 有長者風, 見彈素兄子得恭惠風別詩, 大加稱賞. 臨別贈以詩曰

有客飛乘過海**車**　玄談天外乍逢**初**
自言不學張津老　絳帕蒙頭讀道**書**
(中略)　七絶 魚韻⇒車初書

天寒風勁撲窗**紗**　佳客論心細煮**茶**
日暮歸懷留不得　惟將明月托天**涯**
(下略)　七絶 麻韻⇒紗茶涯

청장관전서 제35권 청비록4 리우촌 — 리덕무(1741~1793) 편찬

리우촌조원의 자는 羹堂갱당이요, 또 하나의 자도 羹堂갱당인데 사천 라강 사람으로 옹정(淸 世宗의 년호 1723~1735) 갑인(1734) 12월 5일에 출생하였다. 아버지 리화남은 벼슬이 북로장인동지부까지 이르렀다. 羹堂갱당은 건륭(淸 高宗의 년호 1736~1795) 계미(1763)에 진사에 합격하여 현재는 리부고공사원외랑 겸 문선사사 벼슬에 있고, 그의 추옥(셋집)은 연경 순성문 밖에 있었다. 정유년 봄에 류탄소(탄소는 柳琴의 호)가 사은사를 따라 연경에 갔었는데, 류탄소는 기사인지라 천하에 문장이 박흡[779]한 선비와 교류하기를 원하였다. 일찍이 단문 밖에서 갱당의 의용이 매우 단아한 것을 보고 곧 그의 옷깃을 잡고 교류하기를 청하였는데, 언어가 통하지 않으므로 땅에 자기의 성명과 자를 써서 보이자, 갱당은 단번에 의기투합하여 류탄소의 이름과 자가 기이하다고 칭찬하였다. 류탄소가 그의 집을 여러 번 방문하였는데, 그때마다 정성스럽게 잘 대접하고 진심으로 토로하여 장자의 풍도가 있었으며, 류탄소의 조카 류득공 혜풍[780]의 별시를 보고는 대단히 칭찬하였다. 리별할 적에 그는 류탄소에게 다음과 같은 별시를 주었다.

---

778) **舂簸** 곡식을 방아에 찧은 다음 키로 까부는 것으로 정미하지 못한 것을 제거한다는 뜻이다.
779) **博洽** 널리 배워 알아서 사물에 막힌 데가 없음.
780) **柳得恭** (1749~1807). 조선 정조 때 문신. 字 惠風, 惠甫, 號 泠齋.

배 타고 바다 건너오신 손님
처음 만나 현묘한 리치 담론하였네.
배움 없는 장진로라 자칭하나
붉은 천 머리에 매고 도서를 읽었으리.
(중략)

추운 날씨 거센 바람 사창을 치는데
가객과 심중을 토로하며 茶를 달이네.
본국으로 돌아가려 하는데 붙잡을 수 없으니
누가 내 마음 가져 천애에 전하려나.
(하략)

783 [靑莊館全書] 卷四十 耳目口心書二 — 李德懋 編纂

妄想走作時, 仰看無雲之天色, 百慮一掃, 以其正氣故也. 且精神好時, 一花一草 一石 一水 一禽 一魚靜觀, 則胸中烟勃雲蓊, 若有欣然自得者, 復理會自得處, 則却茫然矣. (中略) 茶經以魚目湧泉, 連珠爲煮水之節, 推此以觀, 文章之善形容也. (中略) 嘗歎曰 有田百畝, 書萬卷, 花草數百本, 法書名畫五六百帖, 澄心堂紙十萬枚, 李廷珪潘谷墨各千笏, 中山霜毫筆五六瓮, 端硯數十面, 名茶異香, 隨意以供, 名流十許人, 與千戶侯等, 猶闒茸不爲之高士, 何不毁冠裂裳, 作棄民乎. (下略)

청장관전서 권40 이목구심서2 — 리덕무(1741~1793) 편찬

망상이 달릴 때 구름 한 점 없는 하늘을 쳐다보노라면 온갖 잡념이 없어지는 것은 정기가 돌기 때문이다. 또한 정신이 좋을 적에 꽃 한 송이, 풀 한 포기, 돌 한 덩어리, 물 한 그릇, 새 한 마리, 고기 한 마리라도 가만히 관찰하노라면 가슴속에 연기가 모락모락 구름이 뭉게뭉게 이는 듯하여 흔연히 스스로 터득되는 것이 있는 듯하다가 다시 터득한 것을 이해하여 보려고 하면 도리어 아득해지고 만다. (중략)
『茶經』[781]에는 '어목이 성하게 솟아올라 구슬을 꿴 것처럼 끓음으로써, 물 끓이는 온도를 맞춘다' 하였으니, 이런 것들은 미루어 문장이 잘 형용된 것인지를 볼 수 있다. (중략)
일찍이 한탄하기를 "밭 1백 무, 책 1만 권, 화초 수백 그루, 법서와 명화 5~6백 첩, 징심당지[782] 10만 장, 리정규반곡 묵공의 먹 각 1천 홀씩, 중산의 상호필(질이 좋은 붓) 5~6옹, 단계연[783] 수십 면과 유명한 茶, 특이한 香을 마음대로 명사 10여 인과 천호후[784]들에게 공급해 준다 하더라도, 오히려 탑즙(쓸모가 없는 것)하여 고사가 되지 못할 것인데, 어찌 의관을 찢고서 버려진 백성이 되지 않으랴" 했다. (하략)

---

781) **『茶經』** 唐代의 隱士이자 茶의 제일인자인 陸羽, 자는 홍점(鴻漸). 茶의 근원 및 茶에 관한 기구와 끓이고 마시는 방법 등을 10항목으로 분류하여 저술한 책.
782) **澄心堂紙** 五代 南唐 後主 때 만든, 질이 좋은 귀한 종이이다.『蜀牋紙譜』.
783) **端溪硯** 중원 광동성 고요현 단계에서 나는 돌로 만든 질이 좋은 벼루.
784) **千戶侯** 1천 戶의 領地를 봉작(封爵) 받은 사람. 곧 부귀한 사람을 뜻한다.

784 【青莊館全書】 卷五十二 耳目口心書五 — 李德懋 編纂

開鑿已久, 元氣漸薄 理之固也. 巢居木食之民, 幹氣力偉壯異常. 故大暑盛寒, 不生疾病. 而秊壽亦應, 人皆可以享百秊. 及至伏犧, 改以宮室衣裳, 則習俗一大變. 時人漸脆弱, 露宿風飧, 不堪其苦, 而有夭閼之兆. 故天生神聖, 不得不設此擧耳. 自此以後, 生物漸減殺. (中略) 又曰 泉州一僧, 能治金蠶蠱毒. 如中毒者, 先以白礬末, 令嘗不澁, 覺味甘, 次食黑豆. 不腥乃中毒也, 卽濃煎石榴根皮汁歙之下, 卽吐出有虫, 皆活, 無不愈者. 李晦之云, 凡中毒, 以白礬牙茶搗爲末, 冷水歙之. (中略) 楓窗小牘曰 子瞻手墨一紙云, 足疾, 惟威靈仙, 牛膝二味, 爲末蜜丸, 空心服, 必效之藥也. 但威靈仙, 難得眞者, 俗醫所用, 多藁本之細者耳. 其驗以味極苦而色紫黑如胡黃連狀. 且脆而不韌, 折之有細䴥起 向明視之, 斷處有黑白暈爲眞. 腫痛拘攣, 皆可已久, 乃有走及奔馬之效. 二物當等分, 或視五臟氣虛實, 酌歙牛膝酒及熟水, 皆可下, 獨忌茶耳. 鶴林玉露曰 嶺南人, 以檳榔代茶, 且謂可以禦瘴. (下略)

청장관전서 권52 이목구심서5 — 리덕무(1741~1793) 편찬

개착한 지 벌써 오래였으니, 원기가 점점 쇠해지는 것도 리치에 당연하다. 둥우리(巢)에 살며 나무 열매를 먹던 때의 백성은 체구와 기력이 크고 건장해서 예사 사람보다 달랐다. 그런 까닭에 큰 더위와 모진 추위에도 병이 나지 않았으며, 나이도 거기에 맞추어서 사람마다 1백 살을 누릴 수 있었다. 그러다가 복희씨 때에 와서 집을 지어 살고 의상을 입도록 함에 이르러서는 풍속이 한 차례 크게 변했다. 그때부터 사람이 점점 약해져서 밖에서 잠을 자고 바람을 마시면 그 괴로움을 견디지 못해서 요사하는 조짐이 있었다. 그러므로 하늘이 신성한 사람을 낳아서, 이 거조를 베풀지 않을 수 없었다. 이후로부터 생물의 체구와 기력이 점점 줄어들었다. (중략)
또 천주에 한 승이 금잠고독을 잘 치료하였다. 중독된 자가 있을 경우 먼저 백반 가루를 맛보게 하는데, 맛이 떫지 않고 달게 느껴진다고 하면 다음에는 검정콩을 먹인다. 이를 먹여도 비린 줄 모르면 중독된 것이니, 곧 석류나무뿌리 껍질을 진하게 달여 마시게 하여 약물이 내려가면, 곧 산 벌레를 토해내므로 낫지 않는 자가 없었다. 리회지가 이르기를 '무릇 중독된 데에는 백반과 牙茶를 가루로 만들어서 냉수로 마신다' 했다. (중략)
『풍창소독』에 '자첨이 손수 쓴 한 종이에 적혀 있기를 족질에는 오직 위령선, 우슬 두 가지를 가루로 만들어 꿀에 버무려 환을 지어 빈속에 복용하면 반드시 효과를 볼 수 있는 약이다. 다만 위령선은 진짜를 구하기가 어려운데, 세속 의원이 쓰는 것은 자잘한 고본이 많다. 그것을 징험하는 데에는 맛이 매우 쓰고 색깔이 검은 자색으로 호황련 모양 같아야 한다. 또 연해서 질기지 않고 부러뜨리면 고운 먼지가 일어나는데, 밝은 데를 향해 보아서 끊어진 곳에 검고 흰 무리가 있는 것이 진짜이다. 종기와 손발 굳어지는 병을 모두 낫게 하며, 오래 복용하면 달리는 말을 따라가서 잡을 수 있다. 두 가지를 등분하여 혹 오장의 기운이 허함과 실함을 보고 참작해서 마시는데, 우슬주나 데운 물로는 먹을 수 있으나, 오직 茶로 마시는 것은 금한다' 했다. 『학림옥로』에 '영남 사람은 빈랑으로 茶를 대신하며, 또 장기를 막을 수 있다고 한다' 했다. (하략)

785 [青莊館全書] 卷五十八 盎葉記五 落花生 — 李德懋 編纂

落花生. 形如蠶而促身. 其腰如束, 色如乾薑. 有絡如牛胲, 又如蟬翅, 其形, 大抵如屈拇指而磬折. 長盈寸, 博半之中有二房, 房各有一核. 核如蛹, 包以紫膜, 去膜瑩白, 味如芝麻子. (中略) 余嘗見徐文長, 土豆詩. (注 : 訖似吳中, 落花生及香芋)

榛實輭不及　　菰根旨定**雌**
吳沙花落子　　蜀國葉蹲**鴟**
配茗人猶未　　隨羞箁似**知**
嬌顰非不賞　　憔悴浣沙**時**
(中略)　　五言律 支韻⇒雌鴟知時

屠本畯野菜箋, 咏落花生.

落花一落蓓蘽**成**　　　落花不落蘽不**生**
人世盡惜花欲落　(我願)落花長落蘽長**馨**
蒻來點茶花片輕　　　香迸磁甌清更**淸**
盧仝七盌吃不得　　　無端笑殺落花**生**
七言古 庚韻⇒成生馨淸生

청장관전서 권58 앙엽기5 락화생 — 리덕무(1741~1793) 편찬

락화생(땅콩)은 형체가 누에 같으면서 몸뚱이가 웅크려져 있다. 허리는 묶은 듯이 오목하고 빛깔은 마른 생강 같다. 맥락은 소힘줄 같고 또 매미날개 같기도 한데, 그 모양이 대개 엄지손가락을 구부린 것 같다. 길이는 한 치 남짓하며 넓이는 길이의 반으로, 속에 방 둘이 있는데 방에 알맹이가 하나씩 있다. 알맹이는 번데기 같으며 자색 꺼풀이 감싸고 있는데, 꺼풀을 벗기면 말갛게 희고 맛은 참깨 같다. (중략) 내가 일찍이 서문장[785]의 문집에서 토두시를 보니, (注: 마치 토두는 吳中 지방에서 나는 락화생 및 토란과 비슷하다.)

개암 열매는 연한 것이 못하고
줄풀 뿌리는 맛이 진정 못하다.
꽃은 吳中오중의 락화생이고
잎은 蜀國촉국의 토란 같다.

---

785) **서문장** 徐渭(1521~1593)의 字. 明나라의 문인으로 字는 문장(文長), 號 청등(靑藤), 천지(天池). 절강성 산음현 출생이며 저서 『徐文長全集』(30권)이 明, 淸 문단에 끼친 영향은 매우 크다.

茶를 짝할 사람은 오히려 없는데
珍羞진수를 따르는 젓가락이 아는 듯.
예쁘게 찡그린 모습 아름답지만
완사계[786] 시절엔 초췌했었지.
(중략)

도본준[787]의 『야채전』에 락화생을 읊었다.

락화생꽃 한 번 지면 꽃망울 생기나
락화생꽃 지지 않으면 꽃망울 생기지 않네.
사람들은 꽃 지는 걸 아깝다지만
나 원컨대 락화생꽃 오래 지며 꽃망울 오래 향기롭기를.
아침부터 茶 달이니 꽃잎 가벼이 지고
자기사발 향기 내뿜으니 청아한 맑은 여름.
로동도 일곱 사발을 다 마시지 못했으리
까닭 없이 자지러지는 웃음에 락화생꽃 지며 꽃망울 생긴다.

786 [青莊館全書] 卷六十三 蟬橘堂濃笑 — 李德懋 編纂

有超世先生　萬峯中雪屋燈明
研朱點易古鑪香　煙嫋嫋青立
空中結綵毬狀　靜玩一二刻
悟眇忽發笑　右看梅花齊綻萼
左聞茶沸響　作松風檜雨
(下略)

청장관전서 권63 선귤당에서 한바탕 웃다 — 리덕무(1741~1793) 편찬
속세를 초월한 선생이
깊은 산 속 설옥에서 등불 밝히고
朱墨주묵을 갈아 『주역』에 방점하며 고로 분향하니
연기는 뇨뇨히 푸르게 피어올라
공중에 구상으로 찬란히 엉긴다.
조용히 한두 시간을 바라보던 중에
묘홀에서 깨어 웃다 보니
오른편엔 매화가 일제히 꽃망울 터뜨리고

786) **浣紗谿(완사계)** 월나라의 시내 이름. 월계와 같은 뜻으로 아름다운 시냇가를 이름.
787) **도본준** 明나라 사람으로 字는 田叔. 관직은 太常典簿, 辰州知府을 거쳤으며 스스로 憨선생이라 칭했다.

왼편에서 들리는 茶 끓이는 소리가
솔바람에 전나무 비 듣는 소리를 낸다.
(하략)

787 **[青莊館全書]** 卷六十五 蜻蛉國志二 器服 — 李德懋 編纂

(上略) 國中別無戰船, 有亂則海舟商舶皆可用也. 平時隸籍, 聞警而出, 故船籍最明, 其小舟, 有劒鋒舟, 過書船, 天舠舟, 上荷舟, 茶舟之名. (中略) 有堀田織部者, 每事稱天下一裁. 植花竹, 裝造茶屋, 必以黃金百錠要一品題, 故其家, 富擬家康. (下略)

청장관전서 권65 청령국지2 기복 — 리덕무(1741~1793) 편찬

(상략) 나라 안에 전선이 따로 없으니, 亂란이 있으면 해주 상선을 다 쓴다. 평상시에 미리 船籍선적에 올렸다가 경계할 일이 있으면 出陣출진하니 선적이 가장 분명한데, 작은 배에는 검봉주, 과서선, 천도주, 상하주, 茶舟의 이름들이 있다. (중략) 굴전직부(훗다리 배)란 사람이 있었는데, 매사에 천하일재라 일컬었다. 화죽을 옮겨 심어 茶屋을 꾸며 만들거나 하여 반드시 황금 일백 정을 한 품제에 요구하므로, 그 집이 가강의 집에 견줄 만큼 부유하였다. (하략)

788 **[青莊館全書]** 卷六十五 蜻蛉國志二 風俗 — 李德懋 編纂

倭人習性强悍精於劒槊, 慣於舟楫. 男子斷髮而束之, 佩短劒. 婦人拔其眉, 而染其齒, 黛其額, 背垂其髮, 而續之以髢, 其長曳地. 相遇蹲坐以爲禮, 道過尊長, 脫鞋笠而過. 人家, 多以木板蓋屋, 喜啜茶, 路傍置茶店, 人家處處, 千百爲聚, 開市置店. 富人, 取女子之無歸者, 容飾之, 引過客留宿, 饋酒食, 收其錢, 故行者不齎粮. 大抵其俗所尙, 一曰神, 二曰佛, 三曰文章. 江戶之爲國, 一曰武, 二曰法, 三曰智詐.

청장관전서 권65 청령국지2 풍속 — 리덕무(1741~1793) 편찬

왜인은 습성이 굳세고 사나우며 칼과 창을 정교하게 다루고 배를 익숙하게 다루는데, 남자는 머리털을 자르고 묶으며 단검을 찬다. 부인은 눈썹을 뽑고 치아에 물들이고 이마에 눈썹을 그리며, 등 뒤로 머리털을 드리우고 다리를 이어 대어 그 길이가 땅에 끌린다. 서로 만나면 꿇어앉는 것을 례의로 여기고, 길에서 존장을 만나면 신과 갓을 벗고 지나간다. 인가는 흔히 널빤지로 지붕을 이었고, 茶 마시기를 좋아하므로 길가에 茶店을 두며, 인가가 곳곳이 천백으로 모여서 저자를 열고 가게를 둔다. 가멸한 사람이 갈 곳 없는 녀자를 거두어 단장시켜 지나가는 객을 이끌어서 재우고 음식을 먹여 그 값을 받으므로 길 가는 사람들이 양식을 가지고 다니지 않는다. 대저 그들의 풍속이 숭상하는 것은 첫째가 신이고, 둘째가 부처이고, 셋째가 문장이다. 강호가 나라를 다스리는 방법은 첫째가 무이고, 둘째가 법이고, 셋째가 지사(슬기와 속임)이다.

789 [青莊館全書] 卷六十六 入燕記 上 — 李德懋 編纂

正祖 二季 四月十八日. (上略) 會寧嶺, 一名磨天嶺. 嶺下茶店壁上, 有博晰齋明, 萬江紅詞一闋. 路畔有佛寺, 仍設關侯像. 滿漢婦女五六十人, 花髻傅粉, 供餠果於關侯, 燒香拜祝. (下略)

청장관전서 권66 입연기 상 — 리덕무(1741~1793) 편찬

정조 2년(1778) 4월 18일. (상략) 회녕령은 마천령이라고도 한다. 령 아래 있는 茶店의 벽에 박석재명의 만강홍사 한 곡조가 씌어 있었다. 길옆에는 관후의 상을 안치한 불사가 있었다. 만인과 한인의 부녀자 50~60명이 짙은 화장에다 머리에 꽃을 꽂고 떡과 과실을 관후의 령전에 올리면서 향불을 피우고 절하며 축원했다. (하략)

790 [青莊館全書] 卷六十六 入燕記 上 — 李德懋 編纂

正祖 二季 四月二十三日. (上略) 問富貴家葬祭之法, 答父母之喪, 停柩七七四十九日. 每七日, 請僧誦經, 衆親戚鄰里朋友, 皆賻錢帛, 亦饋茶飯. 墳墓之制, 上下四方, 築之以甎, 外以土掩土上塗白灰. (下略)

청장관전서 권66 입연기 상 — 리덕무(1741~1793) 편찬

정조 2년(1778) 4월 23일. (상략) 부귀한 집에서 장사나 제사하는 법에 대해 물으니, 그가 "부모의 喪事상사에는 49(7×7)일간 관을 놓아둡니다. 그리고 7일마다 승을 청해서 경문을 외고 친척들이나 이웃 마을 친구들은 모두 돈이나 비단으로 부의하는데, 그 보답으로 茶飯을 대접합니다. 분묘의 제도는 상하 사방을 벽돌로 쌓고, 바깥은 흙으로 덮고 흙 위에는 백회로 바릅니다." (하략)

791 [青莊館全書] 卷六十七 入燕記 下 — 李德懋 編纂

正祖 二季 五月二十六日. (上略) 觀騙子戲, 騙子者, 卽幻術人也. 以長竿, 承大磁楪, 回轉之, 疾如飄風, 又擲而承之, 旋旋不已, 口中啣小月刀, 刀上又置小月刀, 以刃相接, 無所墜仆. 上刀之柄端, 竪楪竿, 口弄刀柄, 仰視旋楪, 其精神湊會, 如鷄伏卵, 如貓捕鼠, 目無一瞬. (中略) 又覆紅氈于庭, 揭起中有綵絲花盤, 垂紅紬一幅, 兩行書層層見喜, 早早高陞. 奉盤回示, 仍又覆氈, 揭視無有. 又覆氈, 探出瓜仁楪. 覆氈無有. 向馬頭裾中, 擎出來. 又以驛卒毛笠, 覆茶盌如前法. 忽向譯官金在協懷中探出, 人莫不閧然驚異. (下略)

청장관전서 권67 입연기 하 — 리덕무(1741~1793) 편찬

정조 2년(1778) 5월 26일. (상략) 편자희를 구경하였다. 편자란 바로 요술쟁이이다. 긴 장대 끝에 큰 사기 접시를 올려놓고 돌리는데 빠르기가 돌개바람 같았고, 또 그 접시를 던졌다가 다시 장대 끝으로 받아 빙빙 돌리기에 그치지 않고 입으로 작은 월도 자루를 물고, 그 칼끝에 다시 작은 월도를 칼날로 서로 맞대어 세우는데도 떨어지지 않았다. 위의 칼자루 위에 접시를 돌리는 장대를 세우고, 입으로 칼자루를 놀리며 위를 쳐다보고 접시를 돌리는데, 그 정신을 집중한 것이 닭이 알을 품고 고양이가 쥐를 덮칠 때처럼 눈 한번 깜짝이지 않았다. (중략) 또 홍전으로 뜰을 덮은 다음 그 홍전을 걷으니, 거기에는 채색실(彩絲)과 꽃소반, '층층견희', '조조고승'이란 두 줄의 글씨를 쓴 붉은 비단 1폭이 나왔다. 요술쟁이가 이 소반을 들고 여러 사람들에게 보인 다음, 바로 홍전으로 다시 그 꽃소반을 덮었다가 열어 보니 아무것도 없었다. 또 다시 홍전으로 통을 덮고 손을 넣어 참외와 접시를 끄집어내었다. 그리고 다시 그 홍전을 덮었다가 열어 보니 아무것도 없었다. 그러자 요술쟁이는 나와 함께 간 마두에게 다가와서 그의 옷깃 속에서 그 접시를 찾아내었다. 또 역졸의 모자로 茶盌을 덮었다가 그 모자를 걷으니 아무것도 없었다. 그러자 요술쟁이가 역관 금재협에게로 다가가 그의 품속에서 그 茶盌을 찾아내니 경탄하지 않는 사람이 없었다. (하략)

792 **[靑莊館全書]** 卷六十九 寒竹堂涉筆下, 石湖集 — 李德懋 編纂

余將再往花山郵, 借書于薑山, 薑山借范石湖集. 庭前兩柹樹, 翠葉初濃, 堂後紫筍, 過屋, 薔薇玫瑰黃紫刺眼. 每日脩罷睡餘, 抄載若干首. (中略)

四時田園雜興 — 范成大

(上略)
蝴蝶雙雙入菜**花**　日長無客到田**家**
鷄飛過籬犬吠竇　知有行商來賣**茶**
(中略)　七言長詩 麻韻⇒花家茶

右晩蒈. (下略)

청장관전서 권69 한죽당섭필 하, 석호집 — 리덕무(1741~1793) 편찬

내가 다시 화산우(沙斤驛)로 돌아갈 때에 강산(李書九의 호)[788]에게 책을 빌려 주기를 청하니, 강산이 범성대[789]의 『石湖集』을 빌려 주었다. 마침 뜰 앞의 두 그루 감나무는 푸른 잎이 막 우거지고, 집 뒤의 붉은 빛 죽순은 지붕을 지났고, 붉고 누른 장미와 해당화는 눈을 부시

788) **범성대** 范成大(1126~1193). 南宋의 문신으로 字는 치능(致能), 號 석호(石湖), 蘇州 吳縣 출생. 남송 4대가의 한 사람으로 저서는 『전원잡흥』 『석호거사시집』이 있다.

789) **이서구** 李書九(1754~1825). 한시(漢詩)의 4대가로 알려졌던 조선 후기 문신. 字는 낙서(洛瑞), 號 척재(惕齋), 강산(薑山). 五言古詩에 능했으며, 문집으로 『척재집』 『강산초집(薑山初集)』이 있다.

게 한다. 매일 공무가 파하고 나서 잠자는 시간 외에 뽑아서 베껴 둔 그의 시 몇 수를 여기에 싣는다. (중략)

사시 전원잡흥 — 범성대(1126~1193)

(상략)
호랑나비는 짝지어 채소밭에 날아들고
종일토록 전가엔 찾아오는 이 없더니
닭은 담을 넘고 개는 구멍 향해 짖으니
행상이 茶 팔려고 찾아온 줄 알겠네.
(중략)

이상은 늦봄을 읊은 것이다. (하략)

793 [京都雜誌] 卷一 茶煙 — 泠齋 柳得恭 惠甫(奎章閣檢書)

茶無土産. 貿於燕市, 或代以雀舌, 薑, 橘. 官府熬糯米, 沈水亦謂之茶. 近俗或用 白頭山杉芽, 關西之三登, 成川等地, 産金絲煙, 俗稱西草珍之. 韓士必有煙盒. 鐵鑄銀鈿梅竹. 紫鹿皮綏幷煙盒, 攜在馬後. 卑賤在尊貴之前, 不敢吸煙. 韓士街辟, 除含煙者甚嚴.

경도잡지 권1 茶煙 — 령재 류득공 혜보[790](규장각검서, 1749~1807)

茶에는 토산물이 없다. 연경의 저자에서 사오거나 혹은 雀舌茶[791], 생강, 귤로 대신하기도 한다. 관청에서는 찹쌀을 볶아 물에 타서 이를 茶라고 한다. 근래 풍속에는 혹 백두산에 나는 삼나무 싹을 쓰기도 한다. 평안도의 삼등[792], 성주 등지에서는 금사연이란 담배가 생산되는데, 속칭 서초라 일컫는데 매우 진귀하다. 조사들은 반드시 담뱃갑이 있다. 쇠로 만들었는데 매화와 대나무를 은으로 새겼다. 자색의 록피로 끈을 달았는데 연합과 같이 말 뒤에 싣고 다닌다. 비천한 자는 존귀한 분 앞에서 감히 담배를 피우지 못하고 금하기를 심히 엄하게 한다. 조사들이 거리에서 담배 피우는 자를 羣除군제하면서 엄하게 금하였다.

794 [燃藜室記述] 別集 卷一 祀典典故, 薦新 — 李肯翊 編纂

薦新月令, 正月早藿, 二月生蛤, 生絡締, 氷, 生鰒, 雀舌, 生松魚, 水芹芈, 乾雉, 三月訥魚, 黃石首魚, 石首魚, 蕨菜, 葦魚, 凊橘, 辛甘菜, 四月竹筍, 烏賊魚, 眞魚. (下略)

---

790) **柳得恭** 류득공(1749~1807). 조선 정조 때 문신으로 字는 혜풍(惠風), 혜보(惠甫), 號 령재(泠齋). 1777년 柳琴이 리덕무, 박제가, 류득공, 리서구의 시를 모아 엮은 책이 『韓客 巾衍集』(4권 1책)인데, 淸 문인 李調元과 潘庭筠이 서문 및 시와 시인에 대한 평을 썼다.
791) **雀舌** 雀舌茶의 준말. 갓 나온 茶나무의 어린싹을 따서 만든 좋은 茶.
792) **삼등** 현재 평안남도 江東郡에 있는 지명.

연려실기술 별집 권1 사전전고, 천신 — 리긍익(1736~1806) 편찬

천신은 월령에 이렇게 기록되었다. 1월에는 조곽, 2월에는 생조개, 생락체, 얼음, 생복, 雀舌, 생송어, 물미나리, 말린 폐백꿩, 3월에는 눌어, 참조기, 조기, 고사리, 위어, 청귤, 신감채, 4월에는 죽순, 오징어, 준치이다. (하략)

795 [燃藜室記述] 別集 卷一 祀典典故, 原廟 — 李肯翊 編纂

我國文昭殿始於世宗朝, 倣漢原廟之義, 每日兩時上食, 一時茶禮, 饌用素物. 然國家經費, 半歸於此, 膳夫習狃爲, 常多有不敬之事, 至於各陵, 及文廟有朔望祭, 亦幾於黷矣. 議者多以爲言, 而未敢釐革. 自壬辰變後, 宗廟外各陵殿唯行大祭, 朔望則焚香而已. 雖出於草創未遑, 而庶幾得禮之正矣. [芝峯類說]

연려실기술 별집 권1 사대전고, 원묘 — 리긍익(1736~1806) 편찬

우리나라의 문소전 제향은 세종조 때부터 시작되었는데, 한나라 원묘의 제도를 모방하여 매일 두 차례의 상식과 한 차례의 茶禮가 있었는데, 음식은 소찬을 썼다. 그러나 국가의 경비가 절반이나 여기에 들었는데, 선부[793]가 버릇이 되어 불경한 일이 많았으며, 각 릉과 문묘의 삭망 제사까지도 거의 흐리게 되었다. 론의하는 사람들이 말을 많이 하였지만, 감히 고쳐 없애지는 못하였다. 임진년의 왜변이 있은 후로부터 종묘 이외의 각 릉전에는 오직 큰 제사만을 행하고, 초하루 보름에는 분향만을 하였다. 이것이 처음에는 겨를이 없이 비롯된 일이라고는 하지만, 거의 례법의 바름을 얻은 것이다. [지봉류설]

796 [燃藜室記述] 別集 卷五 事大典故, 詔使 — 李肯翊 編纂

十四季甲午永樂十二季. 譯官元閔生赴北京, 於稷殿內欽奉宣諭聖旨, 自皇后崩逝之後, 令汝國權妃管六宮事, 汝國呂氏, 請於高麗內官, 金得, 金良, 借砒礵霜於銀匠, 和胡桃茶以與權妃因致毒死. 朕已殺內官銀匠, 又用烙鐵, 烙呂氏一箇月殺了. 爾說與權永均知道. (下略)

연려실기술 별집 권5 사대전고, 조사 — 리긍익(1736~1806) 편찬

태종 14년 갑오 영락 12년(1414). 역관 원민생이 북경에 가서 종전 안에서 성지를 삼가 받들었는데, 그 성지의 내용은 "황후가 붕서한 뒤로 너희 나라 사람 권비에게 륙궁의 일을 관장하게 하였더니, 너희 나라 사람 려씨가 고려의 내관 금득, 금량에게 청해서 비상을 은장으로부터 빌려 胡桃茶에 섞어서 권비에게 먹여 독사하였다. 짐은 이미 내관과 은장을 죽이고, 또 락철을 써서 려씨를 단근질하여 한 달 만에 죽여 버렸다. 이것을 권영균에게 말하여 알려 주도록 하라"는 것이었다. (하략)

---

793) **膳夫** 조선 시대 임금의 식사와 대궐 안의 식사를 맡아 보던 사옹원 소속의 종7품 잡직.

797 **[燃藜室記述]** 別集 卷五 事大典故, 詔使 — 李肯翊 編纂

九季丁未宣德二季, 帝遣太監昌盛尹鳳, 賚敕令選取馬五千匹, 仍賜銀兩彩幣. 以帝敕選, 工曹判書成達生女, 右軍同知總制車指南女, 右軍司正吳倜女, 右軍司正安復志女, 侍衛司右領護軍鄭孝忠女, 中軍副司正崔瀰女, 左軍司直盧從得女, 及選會做茶飯婦女十名, 隨昌盛等. (中略) 五月遣內官昌盛尹鳳, 選火者及會做茶飯的婦女, 學樂的小妮子, 鷹狗等物, 仍降敕賜白金彩幣.

연려실기술 별집 권5 사대전고, 조사 — 리긍익(1736~1806) 편찬

세종 9년 정미 선덕 2년(1427). 황제가 태감 창성과 윤봉을 보내 말 5천 필을 뽑아 보내라는 칙서를 보내는 한편 은량과 채폐를 보내주었다. 황제의 칙명으로서 공조판서 성달생의 딸, 우군동지총제 차지남의 딸, 우군사정 오척의 딸, 우군사정 안부지의 딸, 시위사우령호군 정효충의 딸, 중군부사정 최미의 딸, 좌군사직 로종득의 딸을 선발하고, 또한 茶와 밥 지을 줄 아는 부녀자 10명을 뽑아서 창성 등을 따라가게 하였다. (중략) 5월에 내관 창성과 윤봉을 보내 화자와 茶, 밥을 지을 줄 아는 부녀자, 음악을 배운 젊은 여자, 사냥에 쓸 매와 개 등을 골라 보내도록 하는 한편, 칙명으로 백금과 채폐를 보내 주었다.

798 **[燃藜室記述]** 別集 卷五 事大典故, 詔使 — 李肯翊 編纂

內官李忠, 內使金角, 金復 來送回, 本國婦女, 金黑等五十三人, 蓋先季以會, 做茶飯隨選進女子等, 入京者也.

연려실기술 별집 권5 사대전고, 조사 — 리긍익(1736~1806) 편찬

내관 리충과 내사 금각, 금복이 왔을 때, 그 편에 우리나라 부녀자 김흑 등 53명을 돌려보내주었는데, 이들은 지난해에 茶와 밥을 지을 줄 아는 까닭으로 해서 그때 뽑아 올린 여자들을 따라서 북경에 들어갔던 자들이다.

799 **[燃藜室記述]** 別集 卷五 事大典故, 貢獻 — 李肯翊 編纂

崇德丁丑始定歲幣黃金一百兩康熙壬申免. 白銀一百兩康熙辛卯免. 水牛角弓面二百副一百副丁亥減, 一百副則甲午代以好大紙一千卷, 好小紙一千五百卷. 好大紙一千卷水牛角代一千卷合二千卷. 好小紙一千五百卷水牛角代一千卷合二千卷合三千卷. 豹皮二百張康熙辛卯免. 水獺皮四百張一百張雍正癸卯減. 青鼠皮二百張一百張雍正癸卯減 茶一千包, 順治乙酉免. (下略)

연려실기술 별집 권5 사대전고, 공헌 — 리긍익(1736~1806) 편찬

숭덕 정축(1637)에 비로소 세폐를 정하였는데 황금1백 량이 강희 임신년에 면제되었다. 백은 1백 량은 강희 신묘년에 면제되었다. 수우각궁면 2백 부, 1백 부는 정해년에 감면되었

고, 1백부는 갑오년에 호대지 1천 권과 호소지 1천오백 권으로 대신하였다. 호대지 1천 권, 수우각을 대신하는 1천 권을 합하여 2천 권을 진상하였다. 호소지 1천 5백 권, 수우 대신 1천 오백 권을 보내니 합하여 3천 권이다. 표범피 2백 장이 강희 신묘년에 면제되었다. 수달피 4백 장, 이 중에서 1백 장은 옹정 계묘년에 감면되었다. 청서피 2백 장, 1백 장은 옹정 계묘년에 감면되었다. 茶 1천 포, 순치 을유년에 면제되었다. (하략)

800 [燃藜室記述] 別集 卷六 官職典故, 司憲府 ― 李肯翊 編纂

府之廳事有二, 曰茶時, 曰齋坐. 茶時者, 取茶禮之義, 高麗及國初, 臺官只任言責不治庶務, 日一會設茶而罷, 國家制度漸備, 臺官亦兼聽斷履事甚繁, 遂爲常仕之所, 然非正衙也. 齋坐廳者諏日, 大會講大禮議, 大事之地, 其齋坐之儀出入, 迎送, 進退拜揖, 節目詳嚴非佗司會遇之禮之比. 又採摭臺中故事而兼用之禮文極繁, 而雖繁, 然上下之閒隱然有警戒之意.(徐居正, 齋坐廳記) 憲府糾察百官, 公務繁劇, 凡事務皆嚴正愼肅曰茶時, 曰齋坐禮度各異. 執義出入, 臺吏扶腋而行, 襲前朝老執義故事也. 臺官諫官雖云一體, 其實不同, 臺官糾察風敎, 諫官正君過失, 臺官一位嚴於一位. 持平下階迎掌令, 掌令迎執義, 執義以下迎大憲例也. 常時, 坐茶時廳, 齋坐之日坐齊坐廳, 其日早晨四臺長, 先入其廳, 執義別入其廳, 若下官未至, 則雖上官先至而寓諸依幕待, 下官至然後乃入. (下略) [慵齋叢話]

연려실기술 별집 권6 관직전고, 사헌부 ― 리긍익(1736~1806) 편찬

사헌부의 청사가 둘이 있는데, 하나는 茶時고 하나는 재좌이다. 茶時라는 것은 茶禮의 뜻을 취한 것이니, 고려와 우리나라 국초의 대관은 다만 언책을 맡고 서무는 보지 않아서 하루에 한 번씩 모여서 茶를 마시는 자리를 베풀고 파하던 것이 국가의 제도가 점점 갖추어짐에 따라 대관도 역시 송사를 심리하는 것을 겸했으며, 일에 임하는 것이 매우 번거로워지자, 드디어 이곳을 상시 출근하는 곳으로 만들었으나 그래도 정아는 아니었다. 재좌청은 모여서 상의하는 날에 대회강, 대례의의 대사에 있어서 그 재좌의 의식이 출입, 영송, 진퇴, 배읍하는 절목의 자세하고 엄숙함이 다른 관서의 의식과 비할 바가 아니다. 또 대중의 고사를 추려서 겸하여 쓰기 때문에 그 례절이 비록 번거로우나 상하 사이에 은연중 경계하는 뜻이 있는 것이다. 徐居正이 지은 [재좌청기]

사헌부는 백관을 규찰하는 관계로 공무가 몹시 번거로우며, 모든 사무가 다 엄정하고 신숙하여 茶時라 하고, 재좌라 하는 것도 례절과 법도가 각각 달랐다. 집의[794]가 출입할 때는 대리가 겨드랑을 부축하고 다녔으니, 이것은 고려 때에 늙은 집의에게 하던 고사를 답습한 것이었다. 대관[795]과 간관[796]은 비록 일체라고 말하나 그 실상은 같지 않은 것이니, 대관이란 풍화와 법도를 규찰하는 것이고, 간관이란 임금의 과실을 바르게 하는 것으로서

794) **執義** 조선 시대 때 司憲府에 딸린 從三品의 벼슬.
795) **臺官** 조선 시대에 둔, 사헌부의 대사헌 이하 지평까지의 벼슬.
796) **諫官** 조선 시대에 司諫院과 司憲府의 벼슬아치를 통틀어 이르는 말.

대관은 한 벼슬자리가 한 벼슬자리보다 차별이 격하여 엄한 것이다. 지평이 뜰에 내려가 장령을 맞았고 장령은 집의를 또 그와 같이 맞았으며, 집의 이하가 모두 내려가 대사헌797)을 맞는 것이 상례이다. 보통 때는 茶時廳에 앉고, 재좌하는 날에는 재좌청에 모여 앉았었는데, 그날은 이른 아침에 사대장798)이 먼저 재좌청에 들어가면 집의는 따로 그 청에 들어가는데, 만일 하관들이 오지 않았으면 비록 상관이 먼저 왔더라도 막에 의지해 있다가 하관이 온 뒤에야 비로소 들어가기 마련이다. (하략) [용재총화]

801 [燃藜室記述] 別集 卷六 官職典故, 司憲府 — 李肯翊 編纂

監察, 乃古殿中侍御史之職故, 俗謂殿中. 若本府不坐之日, 則城上所會諸殿中於某處分臺而罷. 謂之茶時, 言其啜茶而罷也. (芝峯類說) 凡大小朝會, 文武二班, 分東西入, 監察各一人立班後, 糾察朝儀. (文獻備考) 祖宗朝臣僚, 有奸濫汚貪者, 則諸殿中乘夜茶時, 於其家近處數其罪惡書之, 白板掛于門上, 以荊棘塞其門牢封著署而去. 其人遂廢錮於世, 蓋此事之廢久矣. (芝峯類說)

연려실기술 별집 권6 관직전고, 사헌부 — 리긍익(1736~1806) 편찬

감찰은 옛날 전중시어사의 벼슬이기 때문에 속칭 '전중'이라고도 한다. 만일 본부에 앉아 모이는 날이 아니면 성상소가 여러 전중들을 어느 곳 분대에 모았다가 파하였다. 이것을 '茶時'라고 일컬으니, 이것은 茶를 마시고 파한다 해서 말하는 것이다. [지봉류설] 무릇 크고 작고 간에 조회 때 문과 무 두 반이 동서로 나뉘어 들어가는데, 감찰은 각 한 사람씩 班반의 뒤에 서서 조회의 의식을 살핀다. [문헌통고] 조종조에서는 신하 중에 간사하고 참람되고 더럽고 탐하는 자가 있으면 여러 감찰이 밤 茶時를 그 집 근처에서 열어 그 사람의 죄악을 일일이 열거하여 백판에 써서 문 위에 걸고는 가시나무로 그 문을 막고 단단히 봉한 뒤에 署名서명하고 간다. 이렇게 되면 그 사람은 마침내 세상에서 폐고799)되어 버리는데, 이 일이 없어진 지 오래 되었다. [지봉류설]

802 [燃藜室記述] 別集 卷七 官職典故, 革罷諸司 — 李肯翊 編纂

濟生院, 國初趙浚等創置濟生院, 裒集諸方, 又聚東人經驗者, 名曰 鄕藥濟生集 頒中, 外, 權近跋. (海東雜錄) 太祖六季創置令, 各道每歲輸納, 鄕藥材如惠民局例, 後革季代未考. (中略) 昭格署, 皆憑中朝道家之事. 太一殿, 祀七星諸宿, 其像皆被髮女容也, 三淸殿, 祀玉皇上帝, 太上老君, 普化天尊, 梓潼帝君等, 十餘位, 皆男子像也, 其餘內外諸壇, 設四海龍王, 神將, 冥府十王, 水府諸神, 題名位版者無慮數百矣. 獻官與署員, 皆白衣烏布致齋, 以冠, 笏, 禮服行祭, 祭奠諸果, 餈餠, 茶湯, 與酒, 焚香百拜. 道流頭冒逍遙冠, 身被斑爛黑衣, 鳴磬

---

797) **大司憲** 조선 시대에 둔 司憲府의 從二品 벼슬.
798) **四臺長** 司憲府의 두 장령(掌令)과 두 지평(持平)을 통틀어 이르는 말.
799) **廢錮** 종신토록 관리가 될 수 없도록 자격을 박탈함.

二十四通然後, 兩人讀道經, 又書祝辭於靑紙而焚之, 其所爲有同兒戲. 而𢠰廷設官任職, 虛奉祓祀, 一祭所入其費不貲. 成俔作詩曰,

南宮學士髮星**星**　白服烏巾苦乞**靈**
却怕朋僚爭指笑　老君來禮老君**庭** (下略)
七言絶 靑韻⇒星靈庭　[慵齋叢話]

연려실기술 별집 권7 관직전고, 혁파제사 — 리긍익(1736~1806) 편찬

'제생원'은 국초에 조준 등이 제생원을 창설하고, 여러 가지 약방문을 수집하고, 또 동인(우리나라 사람)의 경험한 것을 엮어 『향약제생집』이라 하고 중앙과 지방에 반포하였는데, 발문은 권근이 지었다. [해동잡록]
태조 6년에 제생원을 창설하고 각 도에 매년 혜민국의 례와 같이 향약재를 바치게 하였는데, 그 뒤에 폐지된 년대는 상고할 수 없다. (중략)
'소격서'는 모두 중조 도가의 일을 모방한 것이었다. 태일전은 칠성과 여러 별을 제사하는데, 그 화상이 모두 머리 푼 여자의 얼굴이고, 삼청전은 옥황상제, 태상로군, 보화천존, 재동제군 등 십여 위를 제사하였는데 모두 남자의 상이었으며, 그 나머지 안팎 여러 제단에는 사해룡왕, 신장, 명부십왕, 수부제신 등 위판에 무려 수백 신의 이름이 씌어 있다. 헌관과 서원들은 모두 흰 옷과 검은 오건으로 재계하고 관, 홀, 례복으로써 제사를 거행하는데, 제수는 여러 가지 과실, 떡, 茶, 탕, 술을 썼으며, 분향한 다음에 여러 차례 절을 하였다. 도사들은 머리에 소요관을 썼으며, 몸에는 아롱진 검은 옷을 입고 경쇠(磬)를 스물네 차례 울린 다음 두 사람이 도경을 읽으며, 또 푸른 종이에 축사를 적어 불사르니, 그 하는 짓이 아이들 장난 같았다. 조정에서 관원을 두어 직책을 맡기고 헛되게 제사를 받들어서 한 번 제사에 드는 비용이 적지 않았다. 성현이 詩를 지었다. (하략) [용재총화]

남궁의 학사는 백발이 성성한데
흰 옷과 검은 두건으로 신령께 빌기 괴롭네.
문득 동료들이 손가락질하며 조소하기를
로군(南宮 學士)이 와서 로군(太上老君)의 뜰에 례배한다 할까 두렵네.

803 **[燃藜室記述]** 別集 卷九 官職典故, 科擧二 — 李肯翊 編纂

新羅, 但以射選人, 元聖王始定讀書出身科. (中略) 舊例, 諸科會試, 每三場日,禮曹設宴. 又別有內賜酒果, 諸試官懽歛爲榮, 於諸生亦置淡粥, 淸酒數十杯, 以解喉渴, 及式例出而皆罷之, 近在試院有一參試官, 戲成一句云 座主不歛香醪一盞, 何烘其頭, 諸生甘吸墨水數升, 皆黔其吻. 徐居正亦有句云 茶盌始從今日大, 酒杯仍憶去年深. 滿座大笑. (下略) [筆苑雜記]

연려실기술 별집 권9 관직전고, 과거2 — 리긍익(1736~1806) 편찬

신라 때에는 다만 활쏘기로 사람을 뽑다가 원성왕 때에 비로소 독서출신과를 제정하였다. (중략) 구례로는 모든 과거의 회시에서 제삼장의 날에는 언제나 례조에서 연회를 베풀었다. 또 별도로 궁중으로부터 술과 음식을 내려 주어서 시관들이 기쁘게 마시며 영예로 생각하였고, 모든 응시자에게도 맑은 죽과 맑은 술 수십 잔을 차려 놓아 마른 목을 축이게 하였는데, 식년 제도가 생기면서부터 모두 폐지되었다. 근래 시원에서 한 참시관이 희롱으로 시 한 귀를 지었는데, "좌주는 향긋한 술 한 잔을 마시지 못했는데 어찌 그 머리가 정신없으며, 제생은 먹물800) 두어 되를 달게 마셔 모두 그 목구멍이 검구나" 하였다. 서거정도 지은 글귀가 있으니, "茶잔은 오늘부터 비로소 크고 술잔은 전년의 깊었던 것이 생각난다" 하여 앉아 있던 모든 사람이 크게 웃었다. (하략) [필원잡기]

804 [燃藜室記述] 別集 卷十三 政敎典故, 僧敎 — 李肯翊 編纂

(上略) 城中尼舍, 曾已撤毁, 而惟存淨業院, 盡驅出于東大門外. 安巖洞等處, 有三四舍, 南大門外種藥山南, 舊有一舍 其後有十餘舍, 尼姑誑誘寡婦, 作爲檀那, 各作棟宇. 如四月八日燃燈, 七月十五日盂蘭盆, 臘月八日浴佛, 爭施茶果餠物, 供佛而邀福. 僧徒作唄, 紅妝繡裳, 坌集山谷, 頗有醜聲, 秊少尼輩, 多有産兒逃亡者.(下略) [慵齋叢話]

연려실기술 별집 권13 정교전고, 승교 — 리긍익(1736~1806) 편찬

(상략) 도성 안의 승방은 전에 이미 철거하였는데, 정업원만 남기고 모두 동대문 밖으로 몰아냈다. 안암동 등에 3·4채가 있고 남대문 밖 종약산 남쪽에 예전에는 한 집이 있었는데 그 후에 10여 집이 생겼으며, 녀승들이 과부를 속여 유인하여 시주로 삼고 각각 큰 집을 지었다. 4월 8일 연등, 7월 15일의 우란분, 12월 8일의 욕불절 같은 때에는 경쟁하여 茶, 과일, 떡 등을 가져다 부처에 공양하고 복을 빌었다. 승들은 범패를 부르고, 붉은 단장을 하고 수놓은 치마를 입은 여자들이 산골짜기에 모여드니, 자못 추잡한 소문이 나며 나이 젊은 녀승 중에 애를 낳고 도망하는 자도 많았다. (하략) [용재총화]

805 [兒菴集] 和中峰樂隱詞(十六首中 其三) — 兒菴惠藏 韻

登嶺採茶　引水灌**花**
忽回首山　日已**斜**
幽菴出磬　古樹有**鴉**
喜如此閒　如此樂如此**嘉**

韻詞 麻韻⇒花斜鴉嘉

---

800) **먹물** 글을 짓지 못하는 사람에게 벌로 먹물을 마시게 하였던 고사가 있다.

아암집 중봉락은사에 화운함(16수중 기3) — 아암 혜장(1772~1811) 운

산마루 올라 茶 따고
냇물 끌어 꽃에 물주네.
문득 고개 돌리면
해는 뉘엿해.
그윽한 암자엔 풍경소리
해묵은 나무엔 갈가마귀 깃드네.
기쁘다! 이처럼 한가롭고
즐겁고 아름다우니!

806 [與猶堂全書] 經世遺表 卷一 天官吏曹 第一 治官之屬 — 丁若鏞

(上略) 內侍府 (中略) 又按 原典, 尙膳二員, 從二品也. 尙醞, 尙茶各一員, 正三品也. 其下 又有尙藥, 尙傳, 尙冊, 尙弧, 尙帑, 尙洗, 尙燭, 尙烜, 尙設, 尙除, 尙門, 尙更, 尙苑, 自同三品, 至從九品, 通共五十九人. 今就其中擇其善名, 分爲六級. 尙帑 八人, 則其四人, 典帑也, 尙燭 十六人, 則其八人, 典燭也, 尙闇 三十二人, 則其十六人 典闇也. (下略)

여유당전서 경세유표 권1 천관리조 제1 치관지속 — 정약용(1762~1836)

(상략) 내시부 (중략) 또한 원전을 살펴보니, 상선 2원은 종2품이다. 상온, 尙茶 각1원은 정3품이다. 그 아래에 또 상약, 상전, 상책, 상호, 상탕, 상세, 상촉, 상훤, 상설, 상제, 상문, 상경, 상원이 있어 정3품에서 종9품까지 모두 59인이나 된다. 지금 그 중에 좋은 명칭만 가려서 6등급으로 분간했다. 상탕이 8인이니 그 중 4인은 전탕이라 하고, 상촉이 16인이니 그 중 8인은 전촉이라 하며, 상혼이 32인이니 그 중 16인은 전혼이라 한다. (하략)

807 [與猶堂全書] 經世遺表 卷二 冬官工曹 第六 事官之屬 — 丁若鏞

(上略) 又案 南方諸縣產茶, 極美. 臣以所見, 海南, 康津, 靈巖, 長興凡沿海諸邑, 莫不產茶. 臣謂 凡產茶之山, 令地方官封植, 禁民樵牧, 待其茂盛, 歲以茶幾斤, 輸于林衡, 送于滿河省, 以市良馬, 頒于牧場, 亦足以贍國用也. (下略)

여유당전서 경세유표 권2 동관공조 제6 사관지속 — 정약용(1762~1836)

(상략) 또한 살펴보니 남방 여러 고을에서 산출되는 茶는 매우 좋다. 내가 본 바로는 해남, 강진, 령암, 장흥 등 모든 바닷가 고을은 茶가 나지 않는 곳이 없다. 내 생각에 茶가 나는 모든 산은 지방관으로 하여금 재배하도록 하고, 백성들의 초목을 금지하여 그것이 무성해진 뒤 해마다 몇 근씩을 임형시에 바쳐서, 그 茶를 다시 만하성에 보내 좋은 말을 사다가 목장에 頒給반급하는 것도 또한 나라의 쓰임을 넉넉하게 하기에 족할 것이다. (하략)

808 [與猶堂全書] 經世遺表 卷十 地官修制 賦貢制一 — 丁若鏞

(上略) 臣謹案 載師云 園廛 二十而稅一, 先鄭所據者此也, 彼本宅廛之稅. 然且園廛在國城之外, 其義偏也. 馬端臨云, 按此九賦, 先鄭以爲地賦, 後鄭以爲口賦. 然關市卽邦中之地也, 山澤卽四郊以下之地也, 一地而再稅之可乎. 關市卽邦中之人也, 山澤卽四郊以下之人也, 一人而再稅之可乎. 後鄭雖有末作, 增賦之說, 然於幣餘一項, 尙覺牽强. 且居關市及山澤之民, 未必皆能占會百物以取利者也, 盡從而倍征之可乎 愚以爲 自邦中至邦都, 皆取之於民者, 其或爲地賦, 或爲口賦不可知也. 關市以下, 則非地賦, 亦非口賦, 乃貨物之稅也. 關市者 貨之所聚故有賦, 如後世商稅是也. 山澤者 貨之所出故, 有賦, 如後世榷鹽, 榷茶之類是也. 幣餘 則如後世, 領官物營運之類, 卽差役之法故取其息, 息卽賦也. 故名之曰九賦, 而太宰總其綱焉.

여유당전서 경세유표 권10 지관수제 부공제1 — 정약용(1762~1836)

(상략) 살피건대 재사조에 "원전에는 20분의 1세이다" 했는데 선정[801]이 의거한 바는 이 말이었으나 위의 말은 본디 택전에 대한 세였다. 그러나 또 원전은 도성 밖에 있는데 그의 뜻은 편벽된 것이다. 마단림은 "이 9부를 상고하니, 선정은 지부(토지에 대한 부세)라 하고, 후정[802]은 구부(호구에 대한 부세)라 하였다. 그러나 관시는 곧 방중의 땅이고 산택은 곧 사교 이하의 땅인데, 한 땅에 두 번 稅세함이 가하겠는가? 또한 관시는 곧 방중 사람이고 산택은 곧 사교 이하의 사람인데, 한 사람에게 두 번 세함이 가하겠는가? 후정이 비록 말작에는 부를 증액한다는 말을 했으나, 폐여 한 조문을 말한 것은 오히려 억지로 끌어다 붙였음을 알 수 있다. 또 관시와 산택에 사는 백성들이 반드시 모든 물건을 차지해 모아서 리익을 취하는 자만이 아닌데, 게다가 좇아서 부세를 갑절로 함이 가하겠는가? 나는 생각하기를 방중에서 방도까지는 모두 백성으로부터 받는 것이나 어떤 것을 지부로 했고 어떤 것을 구부로 했는지는 알 수가 없다. 관시 이하인즉, 지부도 구부도 아니고 화물에 대한 세이다. 관시는 화물이 모이는 곳인 까닭에 부세가 있었는데, 후세의 상세 같은 것이 이것이다. 산택은 물화가 산출되는 곳인 까닭에 부세가 있었는데, 후세의 소금 독점, 茶 독점 따위 같은 것이 이것이다. 폐여는 후세에 관물을 관리해서 운영하는 따위, 즉 차역하는 법과 같아서 그 식을 취했는데, 이 식이란 곧 부이다. 그러므로 9부라고 부르면서 태재가 그 大綱대망을 총괄했다" 하였다.

---

801) **先鄭** 後漢 시대의 문신인 정중(鄭衆)을 이름. 開封 사람으로 字는 仲師. 대사농(大司農)을 력임. 후세에 정사농(鄭司農), 선정(先鄭)이라 일컬었다.

802) **後鄭** 後漢 말기의 대표적 유학자인 정현(鄭玄 127~200)을 이름. 산동성 사람으로 字는 강성(康成), 시종 재야(在野)학자로 지내며 훈고학, 경학의 시조로 깊은 존경을 받았다.

809 **[與猶堂全書]** 經世遺表 卷十 地官修制 賦貢制三, 兩稅 — 丁若鏞

(上略) 乾德六季, 令川, 陝人戶, 兩稅以上輸納, 錢帛每貫收七文, 每疋收十文, 絲緜一兩, 茶一斤, 稈草一束, 各一文, 謂之頭子錢. (下略)

여유당전서 경세유표 권10 지관수제 부공제3 — 정약용(1762~1836)

(상략) 건덕 6년(968)에 영을 내려서 사천, 섬서의 인호는 량세 이상을 수납하는 데에 돈은 관마다 7문[803]을 거두고 비단은 필마다 10문을 수납하며, 사면 1량에 茶 1근, 곡식(稈草) 1속마다 1문을 거두었는데, 이를 두자전이라 일렀다. (하략)

810 **[與猶堂全書]** 經世遺表 卷十 地官修制 賦貢制三 — 丁若鏞

(上略) 又按 大明之制, 亦稱夏稅秋糧則, 仍是楊炎兩稅之遺法. 其云 民無常調者, 謂不用二十日力役之舊例也. 今中國之制, 亦以田稅民賦合之爲一, 地有五等, 其斂以差. 聞見錄云 賦民之制其入有二, 一則丁銀, 民自十八, 限六十爲丁輸銀. 而因其土俗之豐儉, 省各異制, 自一錢二分 至五分 六分. 畝則廣一步, (四尺五寸爲一步云) 長二百四十步爲一畝. 而地有田, 地, 山, 場, 蕩五品之等, 田卽水田, 一畝 收米四升 銀五分四釐, 地卽 旱田, 二畝當田之一畝, 山卽 種茶, 苧, 桑, 麻之地, 三畝當田之一畝, 場卽 房屋, 園, 圃之地, 四畝當田之一畝, 蕩卽 汚, 澤, 種菱蓮, 養魚鼈之地, 五畝當田之一畝. 此爲中二道制, 所謂中二道者, 江南, 浙江. 南八道亦如此, 而其中不運糧處則, 米皆折銀, 所謂南八道者, 江西, 湖廣, 福建, 廣東, 廣西, 四川, 雲南, 貴州也. 北六道則, 地品差下, 所賦亦減, 而無水田, 只收小米, 所謂北六道者, 順天, 奉天, 山東, 山西, 河南, 陝西也. 其法大率如此. (下略)

여유당전서 경세유표 권10 지관수제 부공제3 — 정약용(1762~1836)

(상략) 살피건대 명나라 제도도 또한 하세와 추량을 일컬었은즉, 이것은 양염[804]이 남긴 법이었다. 백성에게 일정한 조가 없다는 것은 20일을 힘으로 로역하던 예전 례를 쓰지 않았다는 것이다. 지금 명국 제도도 전세와 민부를 합쳐서 하나로 하는데, 땅에 5등이 있어 그 징렴하는 데에도 차등이 있다. 『문견록』에 "백성에게 부하는 제도로서 수입하는 것이 두 가지이다. 하나는 정은인데, 백성의 나이를 18세에서 60세까지 한정해서 정으로 하며 은을 바친다. 그 토속의 풍검으로 인해 성마다 제도가 달라서 1전 2분에서 5분 6분에 이르기도 한다. 畝[805]인즉 너비 1보(4척 5촌을 步라 한다.), 길이 240보가 1무이다. 그런데 땅에는 전, 지, 산, 장, 탕이라는 다섯 가지 등급이 있으니, 전은 곧 수전인데 1묘에 쌀 4승과 은

---

803) **文** 돈의 한 가지, 또는 그 돈의 個數를 나타내는 말.

804) **양염** 楊炎(727~781). 당나라의 정치가. 섬서성 봉상 출생으로 덕종 때 재상으로 兩稅法을 실시하는 등 재정 개혁을 추진하였다. 번진 세력의 반발로 盧杞가 재상이 되자 좌천되었다가 살해되었다.

805) **畝** 이랑 무(莫後切로 音은 무). 田畓의 면적 단위.

5분 4리를 거두고, 지는 곧 한전인데 2무로 전 1무에 당하며, 산은 곧 茶, 모시, 뽕나무, 마 따위를 심는 땅인데 3무로써 전 1무에 당하고, 장은 곧 방옥, 과원, 채포 따위 땅인데 4무로써 전 1무에 당하며, 탕은 곧 수렁이나 못 따위로 연(菱蓮)을 심고 물고기와 자라를 기르는 땅인데 5무로 전 1무에 당한다. 이것이 중부 2도의 제도인데, 중부 2도란 강남과 절강이다. 남방 8도도 이와 같으나, 그 중에 량곡을 조운하지 않는 곳인즉 쌀을 모두 돈으로 값을 따졌으니, 소위 남방 8도는 강서, 호광, 복건, 광동, 광서, 사천, 운남, 귀주이다. 북방 6도는 지품이 조금 나쁘고 부도 줄이는데 논은 없고 소미만 거두니, 소위 북방 6도는 순천, 봉천, 산동, 산서, 하남, 합서이다. 그 법은 대개 이와 같다" 했다. (하략)

811 [與猶堂全書] 經世遺表 卷十 地官修制 賦貢制三 — 丁若鏞

(上略) 臣謹案 行人之稅不法也. 至於往來船舶, 宜用關節之法. 旣稅一處, 周流無礙斯爲古法, 不可以全然無稅也. 德宗時, 趙贊 請諸道津會置吏, 閱商賈錢, 每緡稅二十, 竹, 木, 茶, 漆稅十之一, 以贍常平本錢. 帝納其策, 屬軍用迫蹙, 亦隨而耗竭, 不能備常平之積. 臣謹案 每緡二十者, 百收其二也, 千文爲一緡. 不亦過乎. 錢收千四之稅, 茶, 竹收百一之稅, 其亦多矣. 宋太祖元季詔, 所在不得苛留, 行旅齎裝非有貨幣, 當算者無得發篋搜索. 通考 云 關市之稅 凡布帛, 什器, 香藥, 寶物, 羊, 彘, 民閒典賣, 莊田, 店宅, 馬牛, 驢騾, 橐駝, 及商人販茶, 鹽皆算, 有敢藏匿物貨, 爲官司所捕獲, 沒其三分之一, 以其半畀捕者. 販鬻而不由官路者罪之有官須者十取其一, 謂之抽稅, 自唐室藩鎭多便宜從事, 擅其征利. 宋韓, 凡州縣皆置務, 大則置官監. 臨行者齎貨, 謂之過稅, 每千錢算二十, 居者市鬻謂之住稅, 每千錢算三十, 大約如此, 然無定制. (下略)

여유당전서 경세유표 권10 지관수제 부공제3 — 정약용(1762~1836)

(상략) 살피건대 행인에게 세를 거두는 것은 불법이다. 왕래하는 선박에는 관절의 법을 씀이 마땅하겠다. 이미 한 곳에 세를 바쳤으면 두루 다녀도 막히는 곳이 없는 것이 옛 법이었으며, 세를 전연 없애는 것은 불가하다.

덕종(780~805) 때에 조찬이 여러 도의 나루터에 관리를 두고 상고의 돈을 점검해서 꿰미마다 20을 세로 받고, 대나무와 목재, 茶, 옻은 10분의 1을 세로 받아서 상평본전을 넉넉하게 하기를 청했다. 황제가 그 계책을 채납했으나, 마침 군용이 급박했으므로 세는 받아들이는 대로 다 없어졌고 상평 저축을 능히 채우지 못했다.

신이 생각건대, 꿰미마다 20을 세로 받는다는 것은 1백에 2를 거두는 것이니 1천문이 1꿰미이다. 또한 지나치지 않은가? 돈은 1천분의 4를 거두고 茶와 대나무 따위에는 1백분의 1을 거두어도 또한 많다.

송나라 태조 원년(960)에 조서하여 "각처 행려를 가혹하게 조사하지 못하며, 행장에 화폐 따위의 당연히 算산할 것이 없으면 상자를 헤쳐서 수색하지 못한다" 하였다.

『문헌통고』에 관시지세는 대개 포백, 집기, 향약, 보물, 양, 돼지와 민간에 전매하는 장전,

점댁, 마우, 려라, 낙타 및 상인이 판매하는 荼와 소금을 모두 셈하되, 감히 물화를 은닉했다가 관사에게 적발되면 3분의 1을 몰수하여 그 반은 적발한 자에게 준다. 판매하는 데에도 관로를 경유하지 않은 자는 처벌하며, 관청에 필요한 것이 있으면 10에 1을 받아서 추세라 일렀는데, 당나라 때부터 반진에서 저마다 편리한 대로 일을 하며, 그 리문 취하기를 함부로 하였다. 송나라에서는 모든 주현에 주무를 두었고, 큰 데에는 관감을 설치하였다. 려행하는 자가 가진 물화를 살피는 것을 과세라 하여 1천 전마다 산을 20로 하고, 일정한 곳에서 매매하는 것은 주세라 하여, 1천 전마다 산을 30로 했는데, 대략 이와 같았으나 일정한 제도는 없었다 하였다. (하략)

812 【與猶堂全書】 經世遺表 卷十 地官修制 賦貢制四 — 丁若鏞

(上略) 臣謹案 苟以與民爭利, 爲不可則, 榷鹽, 榷酒, 榷茶, 榷礬, 首宜去之. 魚梁之稅, 比此數者, 可謂淸物, 何爲去之也 存其厚重, 去其微薄, 以釣一時之譽, 皆英雄顚倒之術, 非帝王誠意之學, 臣所不取也. 然且此詔, 未嘗施行故,

王禹偁詩云, 吏供版籍多魚稅, 民種山田見象耕.
貢師泰詩云, 法重鹽租嚴犯界, 官多魚稅倍征關.
蘇軾詩云, 市區收罷豚魚稅, 來與頭陀共一龕.
終宋之世, 魚稅未嘗除也. (下略)

여유당전서 경세유표 권10 지관수제 부공제4 — 정약용(1762~1836)

(상략) 신근안, 진실로 백성과 더불어 리익을 다툼이 불가하다 여겼다면 각염, 각주, 榷茶, 각반 따위를 맨 먼저 없앰이 마땅하다. 어량세는 이 몇 가지에 비교하면 청렴하다 할 만한데 무엇 때문에 없애는 것인가? 그 많고 중한 것은 남겨 두고 자잘하고 박한 것은 없애서 일시의 명예를 구했으니 모두 영웅의 반복무쌍한 술책이고 제왕의 성의로 하는 학문은 아니니, 신은 취하지 않는 바이다. 그러나 이 조서도 일찍이 시행되지 않았기에 왕우칭[806]의 시에 아전이 판적을 바치는데 어세가 많고, 백성이 산전에 농사하는데 상경하는 것을 본다 했고, 공사태[807]의 시에 "법은 염조에 중해서 경계 범함을 엄금하고, 관에 어세가 많아서 관문 부세보다 갑절이다" 했으며, 소식[808]의 시에는 "시구에서 돈어세 거두기를 마치고 와서 두타(승)와 더불어 한 감실[809]에 함께한다" 했으니, 송나라 때에 아직 어세를 없애지 않았다. (하략)

806) **왕우칭** 王禹偁(954~1001). 宋代 학자.
807) **공사태** 貢師泰(1298~1362). 元나라 寧國府 宣城 사람으로 字는 泰甫, 號 玩齋.
808) **소식** 蘇軾(1036~1101). 宋代 대문호로 字는 子瞻, 號는 東坡, 諡號 文忠. 아버지 蘇洵, 동생 蘇轍과 더불어 三蘇라 불리며 삼부자가 모두 당송 팔대가에 속함.
809) **龕室** 사당 안에 神主를 모시어 두는 장(欌).

813 **[與猶堂全書]** 經世遺表 卷十一 地官修制 賦貢制五 榷茶考 — 丁若鏞

唐德宗建中元季, 納戶部侍郎趙贊議, 稅天下茶, 漆, 竹, 木, 十取一, 以爲常平本錢. 時軍用廣常賦不足故, 有是詔及出奉天, 乃悼悔下詔亟罷之.

여유당전서 경세유표 권11 지관수제 부공제5 茶 전매법 고찰 — 정약용(1762~1836)

당 덕종 건중 원년(780)에 호부시랑 조찬의 론의를 채택하여 천하의 茶와 옻, 대나무, 목재에 대해 10분의 1세를 받아서 상평[810]의 본전을 만들었다. 당시에 군부수용이 많아서 經常稅경상세로는 부족했으므로, 이런 조서가 있어서 봉천에 나간 다음 깊이 후회하고 조서를 내려서 바삐 혁파했다.

貞元九季, 復稅茶. 鹽鐵使張滂, 奏請出茶州縣, 及茶山, 外商人要路每十稅一充所放兩稅, 其明季已後, 水旱賦稅, 不辦以此代之詔可, 仍委張滂, 具處置條目. 每歲得錢四十萬貫, 茶之有稅自此始. 然遭水旱處, 亦未嘗以稅茶錢拯贍.
胡寅曰 凡言利者, 未嘗不假託美名, 以奉人主私欲. 滂以茶稅錢代, 水旱田租是也. 旣以立額 則後莫肯蠲矣.

정원(唐 德宗의 연호. 785~804) 9년(803)에 茶稅를 복구하였다. 염철사 장방이 茶가 산출되는 주와 현 및 茶산에 외상이 왕래하는 길목마다 10분의 1세를 받아서 방면한 두 가지 세에 대충하고, 명년 이후에는 수재나 한재 때문에 부세를 마련하지 못하게 되면 이 세로써 대충하기를 주청하자 조서를 내려 윤허하고, 이어서 장방에게 위임해서 처리하는 조목을 갖추었다. 이리하여 해마다 돈 40만 관을 얻었는데, 茶세가 부과된 것은 이때부터 시작되었다. 그러나 수재나 한재를 만난 곳에 일찍이 茶稅로 구제한 적은 없었다.
호인[811]은 "무릇 利를 말하는 자는 아름다운 명목을 가탁해서 임금의 사사로운 욕심을 받들지 않은 자가 일찍이 없었다. 장방이 茶稅로써 수재나 한재를 당한 전지의 조세에 대충한다고 하던 것도 이런 따위였다. 이미 세액을 정한 다음에는 세금 감하기를 좋아하지 않는다" 하였다.

穆宗時, 增天下茶稅率, 百錢增五十, 天下茶加斤至二十兩.
文宗時, 王涯爲相判二使, 復置榷茶, 自領之. 使徙民茶樹於官場, 榷其舊積者, 天下大怨.
武宗時, 鹽鐵使崔珙, 又增江淮茶稅. 是時茶商所過州, 縣有重稅, 或掠奪舟車露積雨中, 諸道置邸以收稅, 謂之搨地錢, 故私犯益起.

---

810) **常平** 常時 平準의 약어이다. 즉 풍년이 들어 곡가(穀價)가 떨어지면 국가가 곡식을 사들여서 곡가를 올리고, 흉년이 들어 곡가가 오르면 국가는 상평창의 곡물을 풀어서 곡가를 떨어뜨려 부당한 변동을 방지하려 하였다.

811) **호인** 胡寅(1098~1156). 南宋의 학자로 字는 명중(明仲)이며 학자들이 致堂先生이라 불렀다. 지금의 복건성 숭안 사람이다.

大中初, 鹽鐵使裵休, 著條約, 私鬻三犯, 皆三百斤乃論死, 長行軍旅茶雖少亦死. 顧載三犯至五百斤居舍, 儈保四犯至千斤皆死. 園戶私鬻百斤以上杖脊, 三犯加重徭. 伐園失業者, 刺史縣令以縱私鹽論.

목종(821~824) 때에 천하 茶稅의 솔(수량 단위)을 1백 전에서 50을 증액하고, 천하 茶의 근량은 20량으로 했다.
문종(827~840) 때에 왕애가 정승이 되어서는 二使를 맡고 다시 榷茶를 설치해서 스스로 관할하였다. 백성의 茶나무를 관장으로 옮겨 심고, 예전에 저축된 것을 독점하니 천하가 크게 원망하였다.
무종(841~846) 때에 염철사 최공이 또 강회 지방 茶稅를 증액했다. 이때에 茶商이 지나가는 주와 현에 중한 세가 있었고, 혹은 배와 수레째 약탈하여 비 오는 중에 로적하기도 했다. 여러 도에 저사(가게)를 설치하여 세를 거두면서 탑지전[812]이라 일렀던 까닭으로 간사한 범죄가 더욱 일어났다.
대중(847~859) 초기에 염철사 배휴가 조약을 만들어 "私賣사매 3범으로서 사매한 것이 모두 3백 근이 되면 사형으로 논죄하고, 장행 군려(멀리 출동하는 군대)는 가진 茶가 비록 적더라도 또한 사형한다. 고재[813] 3범으로서 5백 근에 이르거나, 점사에 있으면서 거간해서 4범한 것이 1천 근에 이르면 모두 사형한다. 사매 1백 근 이상은 장척[814]하고 3범은 중한 요역을 가한다. 茶園을 침탈해서 업을 잃게 한 자는 자사나 현령이 사염[815]한 죄로써 론한다" 하였다.

胡寅曰 榷茶以來商旅不得貿遷, 而必與官爲市. 在私則終不能禁, 而椎埋惡少竊販之害興. 偶有販獲, 姦人猾吏相爲囊橐, 獄迄不直. 而治所由歷, 株連枝蔓致良民破產, 接村比里甚則盜賊出焉. 在公則收貯不虔發, 泄不時至於朽敗, 與新斂相妨. 或沒入竊販, 無所售, 用於是擧而焚之, 或乃沈之, 殘民害物, 咸弗恤也.
馬曰 按陸羽傳, 羽嗜茶著經三篇, 言茶之原, 之法, 之具尤備. 天下益知歙茶矣. 時鬻茶者, 至畫羽形置煬突間, 爲茶神. 有常伯熊者, 因羽論復廣著茶之功, 其後尙茶成風, 回紇入覲, 始驅馬市茶. 羽貞元末卒, 然則嗜茶榷茶, 皆始於貞元閒矣.
臣謹案, 茶之爲物, 其始也蓋藥艸之微者也. 及其久也, 連軺車而方舟船, 則縣官不得不征之. 然是亦商販之一物, 量宜收稅斯足矣. 何至官自爲商, 禁民私賣至於誅殺而不已乎.

812) **塌地錢(탑지전)** 지면이 낮고 비옥한 땅에 부과하는 세금으로 받은 돈.
813) **顧載(고재)** 顧는 故와 같고 載는 哉와 같다. 고재는 故意라는 뜻이다.
814) **杖脊(장척)** 송대 刑制의 하나로, 곤장을 치는 것.
815) **私鹽(사염)** 사사로이 소금을 매매하는 행위.

호인은 "茶를 독점한 이래로 商旅상려가 무역하지 못하고 반드시 관과 더불어 매매하였다. 그러나 私賣사매하는 것을 능히 끝내 금단하지 못해서 추매[816]하는 악소[817]들이 몰래 판매하는 해가 일어났다. 사매하다가 우연히 잡히기라도 하면 간사한 사람과 교활한 아전이 서로 더불어 제 낭탁에로 돌리고, 옥사는 끝까지 바루어지지 않는다. 그 연유한 바를 다스리다 보면 그루가 연하고 가지가 뻗어나서 량민으로서 파산하는 자가 촌리에 잇달았고, 심하면 도적이 되어 나오기도 한다. 관청에서는 저장하는 일에 조신하지 않아서, 제 때 아니게 발매하여 부패하기에 이르고, 새로 징렴하는 것과 서로 걸리기도 한다. 혹 몰래 팔던 것을 몰수했으나 판매할 데가 없으면 이에 모두 불태우거나 혹은 물에 넣기도 하니, 백성을 괴롭히고 재물을 해롭게 하면서 다 걱정하지 않는다" 하였다.
마단림[818]은 "륙우전을 상고하니 륙우[819]가 茶를 즐겨했고 『茶經』 3편을 지어서 茶의 유래와 茶 달이는 법과 茶에 딸린 도구를 설명하면서 더욱 형식을 갖추었다. 이리하여 천하에서 더욱 많은 사람이 茶 마실 줄을 알게 되있다. 그때에 茶를 파는 자는 륙우의 얼굴을 그려서 온돌 사이에 두고 茶神으로 모시기도 하였다. 상백웅이라는 자가 있어 륙우의 론설을 바탕으로 茶의 공효를 다시 넓혀서 론했는데, 그 후에 茶를 숭상하는 것이 풍습이 되었고, 회흘(위구르) 사람이 입조할 때 비로소 말을 몰아 茶를 매매하였다. 륙우가 정원 말(804)에 죽었으니, 茶를 즐기고 茶를 독점하던 것은 모두 정원 년대에 비롯되었다" 하였다.
신이 근자에 살피니 "茶란 물건이 그 시초에는 대개 약초 가운데도 하찮은 것이었다. 그것이 오래되자 작은 수레를 련했고 큰 배에 실렸으니, 현관이 부세하지 않을 수가 없었다. 그러나 이것도 판매하는 물건의 한 가지이니 알맞게 요량해서 세를 징수하면 이것으로써 족하다. 어찌 관에서 스스로 장사하면서 백성의 사사 매매를 금단하여, 베어 죽여도 그만두지 않기에 이르는 것인가?"

宋太祖乾德二秊詔, 民茶折稅外悉官買, 敢藏匿不送官, 及私販鬻者, 沒入之論罪. 主吏私以官茶貿易及一貫五百, 幷持仗販易爲官私, 擒捕者皆死.
淳化三秊詔, 盜官茶販鬻十貫以上, 黥面配本州牢城. 宋制榷茶 有六務 江陵斷州等 十三場 斷州黃州等 又買茶之處 江南, 湖南, 福建, 總數十郡. 山場之制, 領園戶受其租, 餘悉官市之. 又別有民戶折稅課者. 凡茶有二類, 曰片, 曰楲. 片茶蒸造, 實捲摸中串之. 惟建劍則, 旣蒸而硏, 編竹爲格置, 焙室中最爲精潔, 佗處不能造.

송 태조 건덕(963~967) 2년(964)에 조서하여 백성의 茶세를 제외하고는 모두 관에서 매입하였는데. 감히 감춰 두고 관에 보내지 않거나 사사로 판매한 것은 몰수하여 죄를 논고하였다. 주관에는 관리가 官茶를 사사로 무역한 것이 1관 5백이 되거나, 권세에 의지해서 아울

816) **椎埋(추매)** 사람을 쇠뭉치로 때려 죽여서 묻어버리는 것으로 아주 난폭한 행동을 일컫는다.
817) **惡少(악소)** 행실이 좋지 못한 젊은 사람. 불량 소년.
818) **마단림** 馬端臨(1254~1323). 宋말, 元초의 학자. 字는 歸與. 송나라가 망하자 은거하여 저술에 힘쓰며 『문헌통고』 348권을 1319년에 간행하였다.
819) **륙우** 陸羽(727~804). 字는 홍점(鴻漸), 계자(季疵). 號는 상저옹(桑苧翁), 경릉자(竟陵子)이다.

러 판매하다가 체포된 관원과 사민은 모두 죽였다.
순화(990~994) 3년(992)에 조서하여 官茶를 훔쳐 판 것이 10관 이상이면 얼굴에 刺字자자하며, 그 고을 牢城뢰성[820])으로 귀양을 보냈다. 송나라 제도는 茶를 독점해서 6무가 있고 강릉 단주 등 13장[821])이 있었으며, 단주황주 등 또 茶를 수매하는 곳으로 강남, 호남, 복건 등 모두 수십 고을이 있었다. 산장의 제도는 원호를 통솔해서 그 조를 받고 나머지는 모두 관에서 수매하였다. 또 별도로 민호에 세액을 절충해서 부과하던 것도 있었다. 무릇 茶에는 두 종류가 있는데, 片茶와 散茶가 그것이다. 片茶는 쪄서 제조하는 것으로, 단단히 말아서 복판이 꼬치처럼 되어 있다. 오직 건주와 검주에는 찐 다음에 갈고, 대를 엮어 시렁을 만들어서 건조실 안에 두었는데, 가장 정결하여 다른 곳에서는 능히 제조하지 못했다.

其名 有龍鳳, 石乳, 的乳, 白乳, 頭金, 蠟面, 頭骨, 次骨, 末骨, 麤骨,
山挺十二等, 以充歲貢及邦國之用, 洎本道食茶餘州,
片茶有進寶, 雙勝, 寶山, 兩府出興國軍在江南.
仙芝, 嫩蘂, 福合, 祿合, 運合, 慶合, 指合, 出饒, 池州在江南. (七名)
泥片, 出虔州,
綠英, 金片, 出袁州,
玉津. 出臨江軍靈川福州,
先春, 早春, 華英, 來泉, 勝金, 出歙州,
獨行靈草,綠芽, 片金, 金茗, 出潭州,
大拓枕, 出江陵, 大小巴陵,
開勝, 開捲, 小捲, 生黃, 翎毛, 出嶽州,
雙上, 綠牙, 大, 小方, 出嶽辰澧州,
東首, 淺山, 薄側, 出光州. 總二十六名.

그 명칭으로는 룡봉, 석유, 적유, 백유, 두금, 랍면, 두골, 차골, 말골, 추골, 산정 따위 12등급이 있어, 세공과 방국의 쓰임 및 본도 내의 茶를 먹는 나머지 주에 충당했다.
片茶는 진보, 쌍승, 보산, 량부(흥국군 강남)에서 나고
선지, 눈예, 복합, 록합, 운합, 경합, 지합(요주와 지주 강남에 있다)에서 난다.(7명칭)
니편은 건주에서 나고
록영, 금편은 원주에서 나고
옥진은 림강군 령천 복주에서 나고
선춘, 조춘, 화영, 래천, 승금은 섭주에서 나고
독행령초, 록아, 편금, 금명은 담주에서 나고
대척침은 강릉의 대파릉, 소파릉에서 나고
개승, 개권, 소권, 생황, 령모는 악주에서 나고

820) **牢城(뢰성)** 절도범을 지정한 지역에 보내서 使役시키던 형의 일종. 송대 刑制.
821) **6무가 있고 13장이 ……** 六務十三場은 6榷務 13山場(買茶場)을 말한다.

쌍상, 록아, 대소방은 악진 례주에서 나고
동수, 천산, 박측은 광주에서 각각 나오는데, 총 26가지 명칭이 있다.

其兩浙, 及宣江, 鼎州, 止以上中下, 或第一至第五爲號.
櫉茶, 有太湖, 龍溪, 次號, 末號, 出淮南,
嶽麓, 草子, 楊樹, 雨前, 雨後, 出荊湖,
淸口, 出歸州,
茗子, 出江南, 總十一名.

그리고 량절 및 선강, 정주에는 상, 중, 하로써, 혹은 제1에서 제5까지를 명호로 하는 것도 있었다.
櫉茶로는 태호, 룡계, 차호, 말호는 회남에서 나고
악록, 초자, 양수, 우전, 우후는 형주 호주에서 나고
청구는 귀주에서 나고
명자는 강남에서 나는데, 총 11가지 명칭이 있다.

至道末賣錢 二百八十五萬二千九百餘貫, 天禧末增四十五萬餘貫. 天下茶皆禁, 唯川峽廣聽民自賣, 不得出境.
端拱二季歲課 增五十萬八千餘貫.
仁宗初建茶務, 歲造大小龍鳳茶, 始於丁謂, 而成於蔡襄.
陳傅良云, 嘉祐四季, 仁宗下詔弛禁. 自此茶不爲民害者, 六七十載矣. 此韓琦相業也, 至蔡京始復榷法, 於是茶利自一鐵以上, 皆歸京師.

지도(995~997) 말년(997)에 茶를 판매한 돈이 2백 85만 2천 9백여 관이었는데, 천희(1017~1021) 말년(1021)에는 45만여 관이 증가되었다. 천하의 茶를 사사로이 매매하는 것은 모두 금했으나 오직 사천, 섭서, 광주에는 백성이 직접 매매하는 것을 허가하고 경계 밖에 나가지는 못하게 하였다.
단공 2년(989)에 세과가 50만 8천여 관으로 증가되었다.
인종(1023~1054) 초에 茶에 관한 업무를 개설하고 해마다 대소 龍鳳茶를 제조했는데, 정위[822]와 채양[823]이 완성하였다.
진부량[824]이 이르기를 "가우(1056~1063) 4년(1059)에 인종이 조서를 내려 茶禁을 늦추었다.

822) **정위** 丁謂(962~1033). 北宋 때의 문신으로 字는 謂之, 公言. 후에 晉公에 봉해져서 丁晉公이라고 부른다. 『건안다록』 3권을 저술했는데, 복건의 轉運使로 있을 때, 建安의 貢茶所의 茶밭과 茶공장, 기구, 茶 따기와 제다법을 기록한 것이다.
823) **채양** 蔡襄(1012~1067). 北宋 때의 문신으로 字는 君謨. 경력(1041~1048)년간에 복건전운사를 맡아 北苑貢茶를 감제하는 책임을 맡아서 小團茶를 만들었다. 채양이 지은 『茶錄』은 륙우의 『茶經』에 建安茶가 빠진 데 아쉬움을 느껴 특별히 황제에게 북원공차를 추천하며 쓴 글이다.
824) **진부량** 陳傅良(1137~1203). 南宋 때의 문신으로 字는 군거(君擧), 號는 지재(止齋). 지금의 절강성 단

이로부터 茶가 백성에게 폐해로 되지 않은지가 륙칠십 년이었다. 이것은 한기[825]가 정승으로 있을 때의 사업이었는데, 그 후 채경[826]이 독점하는 법을 복구하기 시작하여 茶利는 일철[827] 이상부터 경사(京洛)로 돌아갔다" 하였다.

熙寧七季, 至元豐八季, 蜀道茶場四十一, 京西路金州爲場六, 陝西賣茶爲場三百三十二. 稅息至李稷加爲五十萬, 及陸師閔爲百萬云.
元豐中創置, 水磨凡在京茶戶, 擅磨末茶者有禁, 米豆雜物拌和者. 侍御史劉摯上言, 蜀地榷茶之害, 園戶有逃以免者, 有投死以免者, 而其害猶及鄰伍. 欲伐茶則有禁, 欲增植則加市, 故其俗論謂, 地非生茶也, 實生禍也. 願選使者考茶法之弊欺以蘇蜀民. 宋自熙(熙寧), 豐(元豐)來, 舊博馬皆以粗茶, 乾道末, 始以細茶, 遺之成都利州路十二州, 奇茶二千一百二萬斤, 茶馬司所收大較若此.

희녕(1068~1077) 7년(1074)에서 원풍 8년(1085)까지 蜀道촉도에 茶場이 41곳이고, 경서로에는 금주에 만든 장이 6곳이며, 섬서에는 茶를 파는 장이 3백 32개 처였다. 그리하여 세가 불어난 것이 리직[828] 때에 50만 곳으로 증가되었고, 륙사민 때 와서는 100만 곳이 되었다 한다. 원풍 연간(1078~1085)에 수마(관직명)를 창설하여 서울에 있는 모든 茶戶로서 末茶를 함부로 갈지 못하게 하는 금령이 있었고, 쌀과 팥 따위 잡물을 섞은 자에게도 벌이 있었다. 시어사 류지가 상언하기를 "蜀촉 지방에 茶 독점하는 폐해 때문에 원호[829]가 도망쳐서 면하는 자가 있고 물에 빠져 죽어 면하는 자도 있는데, 그 폐해는 이웃 俉오에까지 미칩니다. 나무를 베어 버리자니 금령이 있고, 더 심자니 세가 증가되기 때문에 그 지방 말에, '땅이 茶를 생산하는 것이 아니고 실상은 화를 낳는다'고 합니다. 사자를 선택하여 茶法의 폐단을 고찰하시고 촉민(사천성)을 소생시킴을 기약하시기 바랍니다" 하였다. 송나라 희녕(1068~1077), 원풍(1078~1085) 이래로 말을 무역하는 데 오래도록 모두 粗茶로 했으나, 건도 말년(1173)부터 비로소 細茶를 주었다. 성도와 리주로 12주에는 奇茶가 2천 1백 2만 근이었는데, 茶馬司[830]에서 수입하던 것이 대략 이와 같았다.

丘濬曰 後世以茶易虜馬始見於此, 蓋自唐世回紇入貢 已以馬易茶. 蓋虜人多嗜乳酪, 乳酪滯膈 而茶性通利 能蕩滌之故也. 宋人始制茶馬司.
元世祖至元十七季, 置榷茶都轉運司, 于江州, 總江, 淮, 荊, 南, 福, 廣之稅, 有末茶有葉茶.
丘濬曰 茶之名始見於王褒僮約, 而盛著于陸羽茶經, 經唐宋以來, 遂爲人家日

안 출생.
825) **한기** 韓琦(1008~1075). 北宋 때의 문신으로 字는 치규(稚圭), 시호는 충헌(忠獻). 지금의 하남성 출생.
826) **채경** 蔡京(1047~1126). 북송 말기의 문신으로 字는 元長.
827) **一鐵(일철)** 돈 한 푼으로, 제일 작은 단위.
828) 李稷과 陸師閔은 北宋 신종(神宗 1068~1085) 때 茶馬司를 지냈다.
829) **園戶(원호)** 茶를 재배하는 것을 업으로 하는 백성.
830) **茶馬司** 송대 관청의 하나로 茶와 서역의 말(馬)을 교역하는 일을 맡았다.

用, 一日不可無之物. 然唐宋用茶, 皆爲細末製爲餠片, 臨用而輾之, 唐盧仝詩所謂, 手閱月團. 宋范仲淹詩所謂, 輾畔矗飛者是也.
元志猶有末茶之說, 今世惟閩廣閒用末茶, 而葉茶之用, 遍於中國外夷 亦然, 世不復知有末茶矣.

구준[831]은 말하기를 "후세에 茶로써 오랑캐 말과 교역한 것이 비로소 여기에 보이는데, 대개 당나라 때부터 회흘이 입공하면서, 이미 말(馬)로써 茶와 교역했던 것이다. 그 이유는 대부분의 오랑캐들은 유락을 즐겨 마시는데, 유락은 가슴에 체하는 성질이 있는 반면 茶는 그 성질이 잘 내리므로 체한 것을 능히 말끔히 씻어 주는 까닭이었다. 따라서 송나라 때에 비로소 茶馬司를 마련하였다" 하였다.
원 세조 지원 17년(1280) 강주에 榷茶都轉運司를 설치하여 강, 회, 형, 남, 복, 광지방의 세를 총괄했는데, 末茶가 있고 葉茶도 있었다.
구준은 말하기를 "茶의 명칭이 왕포[832]의 동약[833]에 처음 보이다가 륙우의 『茶經』에 크게 나타났고, 당, 송 이래로 드디어 인가의 일용품이 되어서 하루라도 없을 수 없는 물건이 되었다. 그런데 당, 송 시절에 쓰던 茶는 모두 세말하여 떡조각처럼 만들었다가 쓸 때 다시 갈았는데, 당나라 로동[834]의 시에, '손수 월단[835]을 검열한다(手閱月團)' 하였고, 송나라 범중엄[836]의 시에는 '茶 맷돌을 돌리니 먼지가 난다(輾畔矗飛)'라는 것이 이것이었다.
『원지』에도 末茶라는 말이 있는데, 지금에는 오직 위광 지방에서만 末茶를 쓸 뿐이고 온 명국이 葉茶를 사용하였는데, 외방 오랑캐도 또한 그러하여 末茶가 있는 줄을 다시는 알지 못한다" 하였다.

大明時, 悉罷榷務貼射交引茶, 由諸種名色, 惟於四州, 置茶馬司一, 陝西置茶馬司四. 又閒於關津, 要害置批驗所, 每季遣行人, 掛榜於行茶, 地方俾民知禁.
丘濬曰 "産茶之地, 江南最多, 今日皆無榷法, 獨於川陝禁法頗嚴, 蓋爲市馬故也. 夫以中國無用之茶, 而易虜人有用之馬, 雖曰 取茶於民, 然因是可以得馬, 以爲民衛其視山東, 河南養馬之役, 固已輕矣.

명나라 때에는 각무[837], 첩사[838], 교인[839]의 법을 혁파하고 茶를 여러 가지 명색에 의하여

831) **구준** 丘濬(1420~1495). 명나라의 문신, 대학자. 字는 仲深, 시호는 문장이다.
832) **왕포** 王褒(BC 59경). 西漢 선제(宣帝 BC 73-49)때의 사부가(辭賦家). 字는 子淵이다.
833) **僮約(동약)** 漢의 王褒가 지은 글로 편료(便了)라는 남자종을 사들이는 노비 문서이다. 『魏漢六朝三家集』 권6에 동약의 계약규정 가운데 '茶를 달이고 茶도구를 茶장에 보관하고, …… 무양에 가서 茶를 사오는 일을 해야 한다'고 하였다.
834) **로동** 盧仝(795~835). 당나라 중기의 시인으로 號는 玉川子. 옥천자 시집에 로동의 다가로 알려진 詩題 '走筆謝孟諫議寄新茶'에 七盌歌가 있다.
835) **月團** 團餠茶를 이른다. 당, 송대에 餠茶, 團茶를 만들었는데, 그 모양이 둥근 달과 같다고 해서 붙여진 이름이다.
836) **범중엄** 范仲淹(989~1052). 北宋 때의 학자, 정치가. 강소성 蘇州 출생으로 字는 희문(希文), 시호는 문정(文正)이다.

오직 사천에다 茶馬司 한 곳을 설치했고 섬서에는 茶馬司 네 곳을 설치하였다. 또 가끔 관문과 나루터, 요긴한 목에는 비험소[840]를 설치하고 해마다 행인[841]을 보내어 茶를 교역하는 지방에 방을 걸어서 백성에게 금령을 알렸다.

구준은 말하기를 "茶가 생산되는 지방은 강남에 가장 많은데, 오늘날은 독점하는 법이 없고 오직 사천과 섬서에 금법이 자못 엄중한 것은 대개 말과 교역하기 때문이었다. 무릇 명국에서 쓸데없는 茶로써 쓸모 있는 오랑캐의 말과 바꾸는데, 비록 茶를 백성에게서 취한다 하나, 이로 인해 말을 얻어서 백성을 보위할 수 있으니 산동과 하남에 말을 기르는 일과 비교한다면 이미 가벼운 것이다" 하였다.

大明律曰, 凡犯私茶者, 同私鹽法論罪.

私鹽法見上. 臣歷觀前古財賦之制, 雖其損益得失代各不同. 大較有道之世, 其賦斂之薄, 而其財用必裕, 無道之世, 其賦斂必重, 而其財用必匱. 此已然之跡, 昭昭然者也. 由是觀之裕財之術非一, 而其大利, 無過乎薄斂也, 匱財之術非一, 而其大害, 無踰乎重斂也. 嗚呼天下之財有限, 而其用無限, 以有限之財, 應無限之用, 其何以堪之. 故聖人制法 曰 量入以爲出. 入者財也, 出者用也. 量有限以節, 無限聖人之智也, 興隆之道也, 縱無限以竭, 有限愚夫之迷也, 敗亡之術也. 凡制賦稅者, 勿先計國用, 惟量民力, 揆天理, 凡民力之所不堪, 天理之所不允, 卽毫髮不敢加焉. 於是通計一季之入參分之以其二, 支一季之用, 留其一爲來季之蓄. 所謂三季耕, 有一季之食也. 如有不足, 自祭祀賓客, 而下乘輿服飾一應百物皆減之, 爲儉約期與相當而後已焉. 此古之道也, 無佗術也.

『대명률』[842]에 "무릇 茶를 사제해서 률을 범한 자는 소금을 사제한 것에 대한 법과 같이 죄를 론한다" 하였다.

사염에 대한 법은 위에서 말하였다. 내가 전고의 재부(재물과 공물)하던 제도를 일일이 보니, 손익과 득실이 세대마다 같지 않았다. 그러나 대개 도가 있는 세대에는 그 부렴[843]은 반드시 박하면서 그 재용[844]은 반드시 넉넉했고, 도가 없는 세대에는 그 부렴은 반드시 중하면서 그 재용은 반드시 모자랐다. 이것은 벌써 그러했던 자취로 보아 뚜렷한 것이었다. 이로 말미암아 본다면 재용을 넉넉하게 하는 방법은 한 가지가 아니지만, 그 크게 이로움은 부

837) **榷務(각무)** 榷貨務의 줄임말로 송대에 처음 설치한 茶 정책 기구로서 관리를 두어 茶, 鹽, 香藥 등을 금하고 무역과 세금을 징수하는 업무를 관장하였다.

838) **貼射法** 송대에 시행하던 茶의 專賣法. 상인이 직접 茶園에 가서 茶를 매입한 다음, 일정한 稅를 관에 납부하던 법.

839) **交引法** 송대에 代錢을 서울에 납부한 상인에게 교부하여 국경에 나간 다음에 현품을 引渡하도록 허가하던 鑑札

840) **批驗所** 정부에서 각 매매 물품을 직접 검사하던 기관.

841) **行人** 외국에 가는 사신과 賓客을 접대하던 사무를 맡은 벼슬.

842) **大明律** 명나라의 법률서로 30권 4책. 명률이라고도 한다.

843) **賦斂(부렴)** 조세 등을 매겨서 받아들임.

844) **財用(재용)** 밑천. 씀씀이. 재물의 용도.

렴을 박하게 함보다 나은 것이 없다. 재용이 모자라게 되는 이유도 한 가지가 아니지만, 그 크게 해로움은 부렴을 중하게 함보다 더한 것이 없었다. 아아! 천하의 재물은 한이 있어도 용도는 한이 없으니 한이 있는 재물로써 한이 없는 용도에 응하면 그 무엇으로써 감당해내겠는가? 그런 까닭에 성인이 법을 마련하기를 "수입을 요량해서 지출한다" 하였으니 수입한다는 것은 재물이고, 지출한다는 것은 용도이다. 한이 있는 것을 요량해서 한이 없는 것을 절제함은 성인의 지혜이며 융성하는 방도이고, 한이 없는 것을 함부로 해서 한이 있는 것을 다하게 함은 우부의 미망[845]이며 패망하는 방법이다.
무릇 부세를 마련하는 데는 나라 용도를 먼저 계산하지 말고 백성의 힘을 요량하여 하늘의 이치를 헤아릴 것이며, 무릇 백성의 힘으로 감당하지 못하는 것과 하늘의 이치에 맞지 않는 것은 곧 털끝만큼도 감히 더 할 수 없다. 이러므로 1년 수입을 통계하여 세 몫으로 갈라 두 몫으로 1년 용도에 지출하고, 한 몫은 남겨서 다음 해를 위해 저축한다. 이것이 소위 3년 농사해서 1년 먹을 만큼을 남긴다는 것이다. 만일 부족함이 있으면 위로 제사와 빈객 접대에서, 아래로 승여(大駕)와 복식에 이르기까지 소용되는 온갖 물품을 모두 줄여서 검소하게 하여 서로 알맞도록 기약한 다음에 그만두는 것이니, 이것이 옛적의 도였으며 다른 방법은 없다.

814 [與猶堂全書] 經世遺表 卷十一 地官修制 賦貢制六, 以下雜稅, 榷酒考 — 丁若鏞

周官 萍氏掌幾酒 謹酒. 註曰 幾者, 幾察酤賣過多, 及非時者, 謹者, 使民節用而無彝也.
漢 武帝天漢三季初, 榷酒酤.
漢 興有酒酤之禁, 其律 三人以上無故羣歙酒, 罰金四兩, 國有慶賀賜民大餔, 則羣歙者無罪故, 文(文帝) 景(景帝)之際, 有賜餔之法, 至是榷酒.
昭帝 元始六季詔, 罷榷酤官, 從賢良文學之議. 令民得以律占租賣酒升四錢.
顔師古曰 占謂自隱度, 其實定其辭也.
劉氏曰 租 卽賣酒之稅也. 賣酒升四錢, 所以限民不得厚利也.
王莽簒漢, 始立法, 官自釀酒賣之.
羲和 魚匡, 請法古令官作酒, 以二千五百石, 爲一均, 率開一盧以賣之.

여유당전서 경세유표 권11 지관수제 부공제6, 이하 잡세, 술 전매법 고찰 — 정약용(1762~1836)

주나라 관리 평씨는 술을 기찰하고 조심시키는 일을 관장하였다. 주석하기를 "술을 기찰한다는 것은 술 매매가 지나치게 많은 것과 시기가 아닌 것을 기찰하는 것이고, 조심시킨다는 것은 백성에게 씀씀이를 절약해서 항시 마시지 못하게 함이다" 하였다.
한 무제 천한 3년(서기전 98) 초에 술 매매를 처음 독점하였다.
한나라가 일어나자 술 매매에 금령이 있었는데, 그 률은 세 사람 이상이 까닭 없이 모여

845) **迷妄(미망)** 사리에 어두워 갈피를 못 잡고 헤맴.

서 술을 마시면 벌금이 4냥이었고, 나라에 경하할 일이 있어 백성에게 음식을 크게 내리는 때에는 모여서 술을 마셔도 죄가 되지 않으므로 문제(BC 179~156)와 경제(157~141) 때에는 음식 내리는 법이 있었으나 이때에 와서는 술을 독점하였다.
소제 시원 6년(서기전 81)에 조서하여 각고관을 혁파했는데 현량, 문학의 론의에 따른 것이었다. 률로써 백성에게 조를 내고 술을 팔도록 하였는데 1승에 4전이었다.
안사고는 "점은 스스로 그 실제를 가만히 헤아려서 그 말을 정하는 것이다" 하였다.
劉攽류반은 "조는 술을 판 데 대한 세이다. 술값이 1승에 4전이라는 것은 백성에게 후한 이를 얻지 못하도록 제한한 것이다" 하였다.
왕망이 한나라를 찬탈, 비로소 법을 세워 관이 직접 술을 빚어 팔았다.
희화846) 어광이 "옛것을 법 받아 관에서 술을 만드는데, 2천 500석으로 1균을 만들어 죄다 하나의 지정된 판매처에서 팔기를 요청했다" 하였다.

臣謹案 自此以降, 有禁酒之文, 無榷酒之令.
陳 文帝天嘉二秊, 榷酤.
隋 文帝開皇三秊, 罷酒坊, 與百姓共之.
後周之末, 官置酒坊收利, 文帝罷之.
唐 德宗建中元秊, 罷酒稅, 三秊(783), 復制禁人酤酒, 官自置店酤, 收利以助軍費, 斛收直三十尋罷之.
胡寅曰 榷酒茗, 算舟車, 筦山澤, 古聖王所不爲, 而後世以爲大利之源. 置官立法防之, 嚴取之, 悉甚於常賦, 一有廢弛立見闕匱, 不知三代之天下, 亦後世之天下. 亦廩官吏, 亦用軍旅, 亦賑水旱, 亦交四夷. 所抑者獨貢助什一, 而足是何道也. 故取之有制, 用之有節, 量入以爲出, 無侈靡妄費, 則貢助什一不啻足矣. 費出無涯, 征求無法, 則榷之算之財竭, 下叛幷國而失之矣.

신이 근간에 살피니, 이로부터 이후에는 술을 금단한 일은 있어도 술을 독점하는 령은 없었다.
진나라 문제 천가 2년(561)에 술 매매를 독점하였다.
수나라 문제 개황 3秊(583)에 酒坊주방을 혁파하여 백성과 함께 하였다.
후주 말기, 관에서 주방을 설치하여 그 리익을 거두어들였는데 문제가 혁파하였다.
당나라 덕종 건중 원년(780)에 주세를 혁파했다가 3년 만에 다시 복구했으며, 백성이 술을 매매하는 것을 금지하고 관에서 주점을 설치하여 그 리익을 징수해서 군비를 도왔는데, 1곡 값 30을 징수하다가 얼마 후 혁파하였다.
호인이 이르기를 "술과 茶를 독점하고 배와 수레를 계산하며 산과 못을 주관하는 것은 옛적 성왕이 하지 않던 것인데 후세에 큰 리익의 근원으로 삼는다. 관청을 설치하고 법을 세워 엄하게 방지하고 모조리 빼앗는 것이 상부보다 심함이 있는데, 한 번이라도 느슨해

846) **羲和(희화)** 唐虞 때 羲씨와 和씨가 曆象에 대한 일을 맡았는데, 그 후 력상을 관장하는 관원을 희화라 일컫게 되었다.

지면 바로 모자라게 되니 삼대의 천하가 또한 후세의 천하인 것을 모르는 것이다. 그때에도 관리에게 름록을 주었고 군려에도 사용했으며, 水災수재와 旱災한재를 진구했고 四夷사이를 交際교제하였다. 억제한 바는 유독 공조로서 10분의 1만 해도 족했으니, 이것은 무슨 방도였던가? 까닭은 취하는 데에 제도가 있었고 쓰는 데에 한절이 있으며, 수입을 요량해서 지출하고 사치하거나 망령된 허비가 없으면 10분의 1인 공, 조만으로도 족할 뿐이 아닌데, 지출이 끝없고 요구가 법이 없으면 독점하고 산하여도 재물은 고갈되고 백성은 배반해서 나라마저 잃게 될 것이다" 하였다.

臣謹案 鹽, 酒, 茶三者民食也, 榷民之食者, 虐政也. 算舟車, 筦山澤法, 有得失, 而於古有徵, 不可以同議也.
貞元二秊, 榷酒酤, 每斗百五十錢, 淮南, 河東, 忠武, 宣武, 榷麴而已.
臣謹案 自此以降, 至於五季, 皆榷酒, 榷麴, 時有增損不足述也.
宋 制榷酤麴竝, 以開寶八秊, 額爲定不得復增.
太宗 詔曰, 先是募民, 掌茶鹽榷酤, 民多增常數, 求掌以規利, 今後不得復增.
神宗 熙寧五秊, 令官監酒務, 每升添一文.
崇寧二秊, 每升添二文. 四秊, 添酒, 價錢上色, 升五文, 次三文.
熙寧十秊以前 天下諸州酒課稅額, 四十萬貫以上二處東京及成都. 三十萬貫以上三處開封杭州等. 二十萬貫以上五處京兆鳳翔等. 十萬貫以上三十二處西京北京等. 五萬貫以上七十三處南京淄州淸州等. 五萬貫以下五十處沂州幽州嵩嵐等. 三萬貫以下五十五處遙東滦州等. 一萬貫以下十九處登州瀘州等. 五千貫以下十六處桂陽等.
臣謹案 終宋之世, 榷酒榷麴, 至其末也, 樸賣坊, 場, 無所不爲, 今不詳述也.
宋 諸郡有醋坊, 元祐初, 臣僚請罷榷醋.
紹聖二秊, 翟思請諸郡醋坊, 日息調度之餘, 悉歸常平.
臣謹案 賣漿者天下之賤也. 曾謂萬乘之君, 而有賣漿者乎. 我邦雖居東裔, 自三韓以來, 國君 無賣酒醋以爲利者. 彼猶以中國自尊, 不亦羞乎.

신이 근간에 살피니 소금, 술, 茶 세 가지는 백성이 먹는 것인데, 백성이 먹는 것을 독점하는 것은 포학한 정사이다. 그러나 舟車주거를 算산하고 山澤산택을 주관함은 법에 득실은 있을지나 옛적에도 시행했음이 문헌에 나와 있으니 함께 논의할 수는 없다.
정원 2년(786)에 술 판매를 독점해서 1斗마다 利리가 150전이었는데 회남, 하동, 충무, 선무에서는 누룩을 독점했을 뿐이었다.
신이 근간에 살피니, 이로부터 이후로 5계에 이르도록 모두 술을 독점하고 누룩을 독점한 것이 때에 따라 증감은 있었으나 족히 기술할 것이 없었다.
송나라 제도는 술 판매와 누룩을 독점했는데, 아울러 개보 8년(975)에 액수를 한정하고 다시 증액하지 못하도록 하였다.

태종(976~997)이 조서하기를 "전에 백성을 모집해서 茶와 소금을 관장시키고 술 판매를 독점토록 했었는데, 백성들이 상수보다 많이 증가되어 장 되기를 구하여 리익을 엿보려 하니 앞으로는 다시 (인원을) 증가하지 못한다" 하였다.

신종 희녕 5년(1072)에 관에서 주무를 감독하여 1승마다 1문을 첨가하도록 하였다.

숭녕 2년(1103)에 1승마다 2문을 첨가하였다. 4년(1105), 주가전을 첨가해서 상등은 1승에 5문, 차등은 3문으로 하였다.

희녕 10년(1077) 이전에는 천하 여러 주에서 술에 부과하는 세액으로서 40만 관 이상인 데가 2곳 동경과 성도. 30만 관 이상이 3곳 개봉, 항주 등. 20만 관 이상이 5곳 경조, 봉상 등. 10만 관 이상이 32곳 서경, 북경 등. 5만 관 이상이 73곳 남경, 치주, 청주 등. 5만 관 이하가 50곳 기주, 유주, 가람 등. 3만 관 이하가 55곳 료동, 제주 등. 1만 관 이하가 19곳 등주, 려주 등. 5천 관 이하가 16곳 계양 등이었다.

신이 근간에 살피니, 송대가 끝나도록 술과 누룩을 독점했으며, 말기에 와서는 방, 장을 박매해서 못하는 짓이 없었는데, 지금은 자세하게 기술하지 않는다.

송나라 때 여러 고을에 醋坊초방이 있었는데, 원우 초년(1086)에 신하들이 醋초를 독점하는 것을 철폐하기를 청했다.

소성 2년(1095)에 적사가 여러 고을 초방의 리익 중에서 경비(調度)를 제외한 나머지는 모두 상평으로 돌리기를 청하였다.

신이 근간에 살피니, 초를 파는 것은 천하에 지극히 천한 짓이었다. 일찍이 萬乘만승 임금으로서 초를 파는 자가 있었는가? 우리나라가 비록 동쪽 변방에 있으나 삼한 이래로 나라의 임금으로서 술과 초를 팔아서 리익을 취한 사람은 없었다. 저들이 오히려 중원(북경권)이라는 것으로써 스스로 높은 체하는 것이 또한 부끄럽지 않은가?

元太宗立酒, 醋務坊, 場官, 榷酤辦課.

武宗大德八季(成宗의 誤), 大都酒課提擧司, 設槽房一百所. 九季, 併爲三十所, 每所一日所醞, 不許過二十五石之上.

丘濬曰 一日二十五石, 總計日費七百五十石, 月費二萬二千五百石, 歲費二十七萬石, 今日京師一歲所費, 恐不止此. 且釀酒之米, 皆出江南舟載車輦, 歷數千萬乃至于此, 嗟夫, 民心有欲禁之, 猶恐其縱, 乃設樓店以召致之, 使縱其慾可乎.

大明之制, 不立酒麴務, 惟攤其課於稅務之中, 醋則無禁.

丘濬曰 麴蘗之禁, 民家自造, 不過斗者, 請聽民自爲之, 但不許其交易貿貨賣. 今天下造麴之處, 惟淮安一部, 糜麥爲多. 計其一季, 以石計者, 毋慮百萬, 宜嚴加禁約. 凡民閒造麴器具, 悉令折毁, 有犯與私鹽僞錢同科, 則一季之閒, 亦可以存麥百餘萬石, 以資民食.

원태종(1229~1240)이 술과 초에 관한 업무를 개설하고 방, 장관원이 매매를 독점해서 구실(課)을 마련하였다.

무종대덕(1297~1306 이는 成宗의 년호) 8년(1304 成宗의 誤)에 큰 도시 주과제거사에 조방(양조장) 100곳을 설치하였다. 9년(1305)에 합병해서 30곳으로 만들고, 한 곳에서 하루 빚은 것이 25석 이상을 넘지 못하도록 하였다.

구준은 말하기를 "하루에 25석이면 서른 곳을 총계할 때에 하루 소비가 7백 50석이고 한 달 소비는 2만 2천 5백 석이며, 1년 소비는 27만 석이나 오늘날 경사에서 1년 동안 소비하는 것은 이것뿐이 아닌 듯하다. 또한 술을 빚는 쌀은 모두 강남에서 나오는데, 배에 싣고 수레에 실어서 수천만 리를 지난 다음에야 여기에 이르니, 슬프다! 대저 백성의 마음에 하고 싶은 것을 금단해도 오히려 방종해질까 두려운데, 이에 루점을 설치하고 불러들여서 그 하고 싶은 것을 방종하도록 함이 옳겠는가?" 하였다.

명나라 제도는 酒麴務주국무를 세우지 않고 오직 그 부과를 세무 안에 배정했는데, 초에 대한 금령은 없었다.

구준은 말하기를 "누룩에 대한 금령으로서 민가에서 제조하는 것이 1두를 넘지 않는 것은 백성이 스스로 하도록 청허하고, 다만 교역해서 재물과 바꾸는 것은 허가하지 말기를 청한다. 지금 천하에 누룩 만드는 곳은 오직 회안 일부이나 허비(糜)하는 것이 많다. 그 1년 동안 허비하는 것을 석으로 계산하면 무려 100만 석이나 되니 엄하게 금약함이 마땅하다. 무릇 민간에서 누룩을 제조하는 기구는 죄다 부수고, 범금하는 자가 있으면 사염이나 위전과 죄과를 같이 하면 1년 동안에만도 소맥 100여만 석이 남아서 백성의 먹는 것에 도움이 될 수 있을 것이다" 하였다.

815 [與猶堂全書] 經世遺表 卷十二 地官修制, 倉廩之儲二 — 丁若鏞

(上略) 乙卯 御策云, 古人之和糴平糴兌糴, 自布帛錢刀逮茶鹽折草, 莫不與穀相準. 貴出賤入, 重糶輕斂, 一視歲之饑熟, 無意乎取贏, 此常平之所以立也. 還上, 則賤亦出, 貴亦入, 重亦斂, 輕亦糶, 歲取其贏, 不問饑熟, 與大典法, 意, 若相反然.

여유당전서 경세유표 권12 지관수제, 창름지저2 — 정약용(1762~1836)

(상략) 을묘년 어책에 "옛사람이 시행하던 화적[847], 평적[848], 태적[849], 포백, 전도(돈)에서 茶, 소금, 절초(담배)까지 곡식과 서로 준하지 않던 것이 없었다. 곡식이 귀할 때에 내고 흔할 때에 들이며, 값이 중할 때에 발산하고 가벼울 때에 거두어서 그 해의 흉풍을 보았고 남는 것은 생각지 않았는데, 이렇기 때문에 상평이 성립된 것이다. 환상은 곡식이 흔해도 내어 주고 귀해도 받아들이며, 값이 중해도 거두고 가벼워도 발산하여 해마다 그 남는 것은 취하고 풍흉(饑熟)은 묻지도 않으니, 『大典대전』의 본뜻과는 서로 반대되는 듯하다" 하였다.

---

847) **和糴(화적)** 糴(쌀 사들일 적)과 파는 쪽이 서로 의론하여 양쪽에 손해가 없는 선에서 곡식을 사들임.
848) **平糴(평적)** 곡식 값이 쌀 때 비싸게 사들였다가 곡식 값이 비쌀 때 시가보다 싸게 파는 것.
849) **兌糴(태적)** 세용(歲用)에 남은 양곡을 백성에게 널리 사도록 했다가 가을에 곡식이 나오면 정부에서 사들이는 것.

816 [與猶堂全書] 詩文集 卷一 贈有一上人 — 丁若鏞

夙與遠公識　獲聞南斗**名**
偶値鶴返期　暫住雲游**情**
厖眉含道氣　新詩無俗**聲**
茶瓜雖澹泊　淹留識忱**誠**
山經正祖孫　禪譜辨弟**兄**
悵望起遐想　林澤多豪**英**
物淨斯得天　儒墨何須**爭**

五言古 庚韻⇒名情聲誠兄英爭

여유당전서 시문집 권1 유일상인850)께 증정함 — 정약용(1762~1836)

일찍이 원공의 학식을 알았으니
상인의 높은 이름 들었는데
학이 돌아온 때를 우연히 만나
구름 위 노니는 정 잠시 멈췄네.
흰 눈썹은 도기를 머금었고
새로운 시에는 속된 소리가 없네.
茶와 오이는 비록 담박하나
머물러 있노라니 정성 알겠네.
산경(山海經)851)에 조부 손자 바로 잡았고
선보에 아우 형님 가려 놓았지.
서글프게 초연한 생각이 이니
초야에 영웅호걸 많기도 하다.
물아가 사라지면 그게 道인 걸
儒家유가 墨家묵가 다툴 게 뭐가 있으랴.

817 [與猶堂全書] 詩文集 卷一 崔注書顯重 蘭谷樓 同崔穉度弘重 士舒養重 諸 公歈 — 丁若鏞

崔氏一門內　能詩五六**人**
從游多遠客　結納必嘉**賓**
筆硯風流澹　茶瓜謔浪**眞**

850) 상인 석혜원으로, 성은 정씨, 일찍이 소내(苕川)에 찾아와 서로 알게 되었다.
851) **山海經** 禹王, 또는 伯益이 지었다는 지리서. 산천초목과 鳥獸의 기담을 기록했다. 18권으로 구성하였다.

吾廬太卑隘　那得接比**鄰**
五言律 眞韻⇒人賓眞鄰

여유당전서 시문집 권1 최주서현중과 란곡루에서 최치도홍중, 사서양중 제공과 함께 마시다. — 정약용(1762~1836)

여기 있는 최씨의 한 가문 안에
시에 능한 인물이 대여섯인데,
종유한 자, 먼 지방객이 많고
사귀는 벗은 반드시 진귀한 사람.
지필에 벼룻돌의 풍류 담박하고
오이 모양 茶잔에 호쾌한 천진함.
우리 집은 너무도 누추하니
어찌하면 이웃이 되어 볼까나.

818 **[與猶堂全書]** 詩文集 卷一 此君亭下有古松一株蟠曲可愛, 與曹司馬松下歈酒仍賦此松七絶古體 四首 — 丁若鏞

其一
縣亭四圍皆修**篁**　庭前一松特昴**藏**
密葉樌樣蔽白日　蟠柯山崛凌靑**霜**
七言絶古 陽韻⇒篁藏霜

其二
豈唯繖蓋屛炎**熱**　復有笙竽奏淸**絶**
月下烹茶僧共澹　雪中燒肉賓俱**悅**
七言絶古 屑韻⇒熱絶悅

其三
此松秊壽人不**記**　故老童時見蒼**翠**
小邑貧僻無長物　只此藉手如圭**瑞**
七言絶古 寘韻⇒記翠瑞

其四
砌石爲壇莎作**茵**　二十四柱擎龍**鱗**
爲君且誦甘棠句　君還戒此烏城**民**
七言絶古 眞韻⇒茵鱗民

여유당전서 시문집 권1 차군정[852] 아래 늙은 솔 한 그루가 있는데 반곡이 가히 사랑스러워 조사마와 함께 솔 밑에서 술 마시며 이 솔을 글로 짓다. 7언절구 고시체 4수 — 정약용(1762~1836)

기1
현의 정자 둘러싼 것 모두가 대나무인데
마당 앞 한 소나무 우뚝 솟아 드높구나.
빽빽한 잎 긴 가지 햇빛을 가렸고
꾸불꾸불 얽힌 가지 찬 서리를 이긴다네.

기2
어찌 일산 되어 더운 기운 막을 뿐인가
또다시 생황이 되어 맑은 가락 들려주네.
달빛 아래 茶를 달여 스님과 함께 맛을 보고
눈 속에 고기 구워 손님과 함께 즐긴다네.

기3
이 소나무 나이는 기억하는 이가 없고
로인들이 아이 적에 푸른빛을 보았다나.
작은 고을 궁벽하여 쓸모 있는 물건 없어
다만 이를 자랑삼아 금옥같이 여긴다네.

기4
섬돌로써 단 만들고 잔디를 깎아 주며
스물넷의 기둥으로 룡 비늘을 받쳐 주네.
그대 위해 애오라지 감당[853] 시를 외우거니
그대 가면 여기 오성 백성 잊지 마오.

819 [與猶堂全書] 詩文集 卷一 茶盒詩帖 中 茶竈僮睡(編者題) — 丁若鏞

壘壘小茶竈　離火巽風**形**
茶熟山僮睡　揷煙裊自**青**
五言絶 青韻⇒形青

852) **此君亭** 화순현 관아에 있던 정자. 조사마(사마는 진사의 별칭)는 당시 화순현 사람인 조익현(曹翊鉉)인 듯하나 자세하지 않다.

853) **甘棠** 팥배나무로 『詩經』「召南」의 篇名. 주나라 소공(召公)의 선정(善政)을 기린 노래. 흔히 지방관의 선정(善政)을 말할 때 쓴다. 이 절구가 조씨(조사마)의 작품이라면 당시 화순현감으로 있던 다산(茶山)의 부친인 정재원의 선정(善政)을 뜻한다.

여유당전서 시문집 권1 茶盒 시첩 중 茶竈에서 졸고 있는 동자(편자 제목)
— 정약용(1762~1836)

루루[854]한 작은 茶竈는
離主火리주화 巽主風손주풍 모양.
茶는 다 되었는데 산동은 졸고
연기 모여 저절로 푸르고 뇨뇨[855]하다.

820 [與猶堂全書] 詩文集 卷一 舊日棣泉雜詩 — 丁若鏞

鴉谷新茶始展**旗**　一包纔得里人**貽**
棣泉水品淸何似　閑就銀甁小試**之**
七言絶 支韻⇒旗貽之

여유당전서 시문집 권1 봄날 체천 잡시 — 정약용(1762~1836)

백아곡[856]의 햇차가 처음 나왔는데
한 포 겨우 동네 사람 주어 얻었네.
옹달샘 수품 무엇 닮아 맑을까?
한가로이 은병에 길어다 조금 시음하네.

821 [與猶堂全書] 詩文集 卷一 新茶 — 丁若鏞

銷金帳外建高**牙**　蟹眼魚鱗滿眼**花**
貧士難充日中飯　新泉謾煮雨前**芽**
民憂莫問羣仙境　水厄誰分謝客**家**
自信胸中無壅滯　喫添淸苦更堪**誇**
七言律 麻韻⇒牙花芽家誇

여유당전서 시문집 권1 햇茶 — 정약용(1762~1836)

금가루 뿌린 장외에 고아하게 세우니
게눈과 고기비늘이 흐린 눈에 가득구나.
빈사라 일중의 반식 충당 어려워

---

854) **壘壘** 연이은, 줄지은 모양.
855) **嫋嫋** 바람이 솔솔 부는 모양. 대여섯살 어린 녀자아이가 예쁘면서도 위태롭게 서있는 모양.
856) **白鴉谷** 검단산(黔丹山) 북쪽에 있는데 茶가 난다.

신천 길어 느긋이 雨前芽를 달인다.
백성 근심 묻지 못할 군선의 경지에서
수액[857]을 누가 나누었나 객가에 사례한다.
스스로 흉중으로 믿느니 옹체 없음을
마시되 청고[858] 더하여 다시 감과한다.

822 [與猶堂全書] — 丁若鏞

落盡油茶始展**茶**　雨前因繼雪中**花**
菖來海上饒魚膾　淸歙翻同向食**家**
七言絶 痲韻⇒茶花家

여유당전서 — 정약용(1762~1836)

유채꽃 다 지고 茶잎 피기 시작하니
곡우 앞서 설중화를 이은 인연이라.
바닷가에 봄 오니 생선회 넉넉하나
청음 생각 함께 바꾸어 주막으로 향한다.

823 [與猶堂全書] — 丁若鏞

油茶葉葉露流**光**　氈褥今宵代竹**牀**
禘似牛心留不食　上頭紅熟待經**霜**
七言絶 陽韻⇒光牀霜

여유당전서 — 정약용(1762~1836)

매끄러운 茶잎마다 이슬빛 흐르니
오늘 밤 양탄자는 죽상으로 대신한다.
체약[859]에 우심인 듯 먹지 않고 남아
머리 들어 붉게 익을 경상 기다린다.

---

857) **水厄** 물의 재액, 茶를 빗대어 하는 말. 晉의 王肅이 茶를 좋아하여 손이 오면 반드시 마시게 했으므로, 士大夫가 왕숙을 訪問할 때마다 오늘 '水厄'이 있으려니 했다. 『洛陽伽藍記』 '城南正覺寺'.
858) **淸苦** 청렴결백하며 곤궁을 견딤. 『後漢書』 '延淸錮好學, 能通經敎授'.
859) **禘礿** 봄 제사와 여름 제사.

824 [與猶堂全書] — 丁若鏞

雨歇山遞露白**沙**　矮檐一半裊垂**蘿**
採黃心急看蜂沸　籍碧痕留覺麝**過**
渥浚巡園新筍密　谿邊移落席花**多**
巖扉容去渾無事　茶碾旋旋手自**磨**

七言律 麻·歌韻⇒沙蘿過多磨

여유당전서 — 정약용(1762~1836)

산집에 비 그치자 모래톱 드러나고
작달막한 처마 반그늘에 녀라[860] 하늘댄다.
꽃술에 성급히 採蜜채밀하며 떠는 꿀벌 보며
碧谿벽계에 적어 남긴 麝墨香사묵향을 느낀다.
깊고 그윽한 동산에 둘린 빽빽한 죽순
시냇가에 이락한 수북한 花席화석이라.
체면 버린 은거 생활 일없이 물소리만
선선히 도는 茶맷돌 손수 갈아 쓴다.

825 [與猶堂全書] 七絶 和文山李載毅 — 丁若鏞

雨後新茶如展**旗**　茶篝茶碾漸修**治**
東方自古無茶稅　不怕前村犬吠**時**

七言絶 支韻⇒旗治時

여유당전서 7절 문산 리재의 시에 화운함 — 정약용(1762~1836)

비 뒤에 햇茶 깃발 열리듯
茶바구니 茶맷돌 차츰 다스려.
東國동국에 자고로 茶稅가 없어
앞마을에 개 짖어도 두렵지 않다.

860) **女蘿(녀라)** 소나무겨우살이.

826 [與猶堂全書] 乞茗疏, 乙丑季冬 贈兒菴禪師 — 丁若鏞

旅人近作茶饕　兼充藥餌
書中妙**辟**　全通陸羽之三**篇**
病理雄蠶　遂竭盧仝之七盌
雖浸精瘠氣　不忘綦毋煚(盧)之言
而消壅破**瘢**　終有李贊皇之**癖**.
洎乎鞱華始起　午睡初醒　浮雲皛皛於晴**天**
明月離離乎碧澗　細珠飛雪**山**
燈飄紫筍之香　活火新**泉**
野席薦白兎之味　花瓷紅玉**繁**
華雖遜於潞公　石鼎青**煙**
澹素庶乏於韓子　蟹眼魚**眼** (**叶**)
昔人之玩好　徒深龍團鳳**餠**
內府之珍頒已**罄**　玆有采薪之疾
聊伸乞茗之**情**
竊聞苦海津梁　最重檀那之**施**
名山膏液潛輸　瑞草之魁　卦
宜念渴**希**　毋慳波**惠**　霽

用韻⇒辟癖・篇言瘢天山泉繁煙眼叶・餠罄情・施希・魁惠

여유당전서 茶를 빌어 적음, 을축(1805) 겨울 아암선사861)에게 보냄
— 정약용(1762~1836) 소(疏)

나그네가 요즈음 茶를 탐음하고
겸하여 약으로 충당한다오.
책속에 오묘함 열어준 륙우의『茶經』3편을 전통하고
병을 다스리자니 한밥 잡힌 누에로
마침내 로동의 칠완을 다 들이키고
비록 수척하고 정신이 잠기나
기무려862)의 말을 잊지 않은지라.
옹체를 해소하고 흉터(주근깨)를 지우자 하니
끝내는 리찬황863)의 버릇이 생겼소.

861) **아암** 혜장선사(惠藏禪師 1772~1811)의 號. 조선 시대 정조 대의 僧으로 俗姓 金, 俗名 八得, 字 무진(無盡), 號 연파(蓮坡), 아암(兒菴).

862) **綦毋煚(盧, 기무 경)** 廣東高要人으로 字는 深之. 宋宣和中에 '提擧廣東西路茶鹽事 再除轉運判官 奏令稅戶賀町戶鹽田 依原竈 額送納 由是歲額無虧町戶復業'.

아침에 꽃이 갓 필 때
낮잠에서 막 깨어날 때
구름이 갠 하늘에 선연히 떠갈 때
명월이 점차 산 개울에서 멀어갈 때
솥에 물을 부으면 작은 구슬은 설산에 날고
등불은 자순 茶 향기에 나부끼느니
새 샘물 활력 있는 불은
야원에 백토[864] 시의 맛을 바치고
붉은 옥호 피어난 사발에
번영하는 유화는 비록 로국공[865]에 못 미치나
돌솥에 푸른 연기는
담박질소하여 한자[866]에는 가까우리.
해안 어안은
옛사람들 즐겨 완미했거니
다만 심궁의 龍團 鳳餠은
나라 안 곳집의 반급할 진장 품이 이미 빈 그릇.
이 사람 섶나무조차 못할 질고로 하여
애오라지 茶 비는 정을 신항[867]한데
저으기 들으니 인생고해는 부처님의 진량중
가장 소중함이 단나[868]의 보시라 하고
명산에 잠긴 경혈과 고액은
서초(茶)가 으뜸이라 하거늘
마땅히 갈망 희구함에
아끼지 마시고 파도 같은 은혜 베풀기 염원합니다.

827 【與猶堂全書】 詩文集 卷五 寄贈惠藏上人乞茗 — 丁若鏞

傳聞石廩底　由來產佳**茗**
時當晒麥天　旗展亦槍**挺**
窮居習長齋　羶臊志已**冷**

---

863) **李贊皇** 贊皇은 李德裕(787~849)의 號. 당나라 문신으로 字는 문요(文饒), 길보자(吉甫子).
864) **白兎(백토)** 달의 異稱. 두보(杜甫)의 八月十五夜月詩, '此時瞻白兎 直欲數秋毫'.
865) **潞公** 潞國公(1006~1097) 北宋 때의 문신으로 字는 寬夫.
866) **韓子** (韓愈 768~824). 中唐代의 文豪로 字는 退之, 창려선생(昌藜先生)으로 불리며 柳宗元과 함께 당송팔대가로 古文 부흥에 힘썼다.
867) **伸吭(신항)** 목을 길게 뺀다는 뜻으로 '무엇을 기다리는 모양'. 柳宗元의 書에 仰首申吭, 張日而視曰, 庶幾有當路而垂仁者耶.'
868) **檀那(단나)** 梵語 Dana의 음역. 시주(施主)· 보시(布施)하는 신자를 승(僧)이 부르는 말. 단가(檀家), 단월(檀越).

花豬與粥鷄　豪侈邈亂竝
秖因痃癖苦　時中酒未醒
庶藉己公林　少充陸羽鼎
檀施苟去疾　奚殊津筏拯
焆曬須如法　浸漬色方瀅
五言古 逈·梗通韻⇒茗挺冷竝醒鼎拯瀅

여유당전서 시문집 권5 혜장상인께 茶를 빌고 기증하심에 — 정약용(1762~1836)

전해 듣자니 서덜 밑(산골짜기)에는
예부터 좋은 茶가 난다는데
때가 마침 보리 익을 무렵으로
기도 피고 창 또한 돋아났겠네.
궁벽하게 지내면서 장재869)가 습관이라
전조(누린내)한 것은 이미 싫어졌다오.
돼지고기와 닭죽은
너무 호사스러워 함께 먹기 어렵고
다만 괴로운 적취로 인하여
때로 취중에서 깨어나지 못하오.
산에 사는 기공870)의 힘을 빌려
륙우의 풍로를 조금 채웠으면.
보시를 베풀어 진실로 병이 나으면
뗏목으로 건져 줌과 무엇이 다르리.
모름지기 摘焙적배와 曬殺쇄살을 법대로 하면
침지의 빛깔이 瀅瀅형형하리라.

828 **[茶信契節目]** 戊寅 八月 晦日 僉議 一弟子 決議

所貴乎人者 以有信也. 若羣聚而相樂 旣散而相忘 是禽獸之道也. 吾輩數十人 粤自戊辰之䓍 至于今日 羣居讀文如兄若弟. 今函丈北還 吾輩星散 若遂漠然相忘 不思所以講信之道 則不亦佻乎. 去季䓍 吾輩頂慮此事 聚錢設契其始也. 人出錢一兩兩季 生息今其錢爲三十五兩. 第念旣散之後 錢貨出納未易如意方以爲憂而 函丈於寶巖西邨有薄田數區 臨行放賣多不能售 於是吾輩 以三十五兩之錢 納于行裝 函丈以西邨數區之田 留作契物名之曰 茶信契 以爲日後講信之資 若其條例 及田土結負之數 詳錄下方

869) **長齋(장제)** 불가에서 한낮이 넘도록 굶는 것을 齋, 그것을 반복함을 長齋라 한다.
870) **己公(기공)** 당의 승려로 書翰에 마음을 쓰고, 시인이며 茶에 대해 일가견이 있었다.

座目 序 次 不以季齒 以各其昆弟雙雙書之
仙 李維會 字𧶘甫 甲辰生
仙 李綱會 字紘甫 己酉生
丁學稼 字穉箕 癸卯生
丁學圃 字穉裘 丙午生
尹鍾文 字惠冠 丁未生
尹鍾英 字拜延 壬子生
仙 丁修七 字來則 戊子生
仙 李基祿 字文伯 庚子生
尹鍾箕 字裘甫 丙午生
仙 尹鍾壁 字輪鄉 戊申生
尹茲東 字聖郊 辛亥生
尹我東 字禮邦 丙寅生
尹鍾心 字公牧 癸丑生
尹鍾斗 字子建 戊午生
李宅逵 字伯鴻 丙辰生
李德藝 字書香 丙寅生
尹鍾參 字箕叔 戊午生
仙 尹鍾軫 字琴季 癸亥生
以上 十八人

다신계절목 무인(1818)년 팔월 회일(그믐) 의론하다 — 제자 결의

사람이 귀하다는 것은 신의가 있어서이다. 무리지어 서로 즐기다가 흩어져서 서로 잊고 말면 이는 금수의 짓이리라. 우리들 열 아무 사람은 이에 4141(1808)년 봄부터 오늘에 이르기까지 형이듯 아우이듯 모여 글을 읽었다. 이제 스승님 북으로 귀환하시니 우리들이 별처럼 흩어지고 마침내 망연히 서로를 잊고 강론과 신의의 도리를 생각지 않을 것 같으면 곧 또한 경박하지 않겠는가? 거년 봄에 우리들이 이 일을 먼저 념려하고 계를 차비하고 비로소 곗돈을 모았다. 한 사람이 한 냥씩 이태 동안 거출하여 지금에 그 돈이 불어 35냥이 되었다. 다만 념려는 이미 흩어진 뒤에 돈의 출납이 쉽지 않아서 의향대로 되지 못할까 하고 근심되는 것이다. 스승은 보암의 서쪽 마을에 박토 몇 뙈기가 있어 방매하려 했으나 모두들 팔 수가 없다 하여, 이에 우리들이 35냥의 돈을 행장에 넣어 드렸다. 스승은 보암 서쪽 마을의 박토 몇 뙈기를 '다신계'라는 물명을 남겨서 뒷날 신의의 종자돈이 되게 하셨다.

그 조례와 밭의 결부를 아래에 상세히 기록한다.

좌목의 서차는 나이로써 하지 않고 각기 형제는 쌍으로 적는다

리유회	자	인보	갑진(4141.1784)년생
리강회	자	광보	기유(4122.1789)년생
정학가	자	치기	계묘(4116.1783)년생
정학포	자	치구	병오(4119.1786)년생
윤종문	자	혜관	정미(4120.1787)년생
윤종영	자	배연	임자(4126.1793)년생
정수칠	자	래칙	무자(4101.1768)년생
리기록	자	문백	경자(4113.1780)년생
윤종기	자	구보	병오(4119.1786)년생
윤종벽	자	륜향	무신(4121.1788)년생
윤자동	자	성교	신해(4124.1791)년생
윤아동	자	례방	병인(4139.1806)년생
윤종심	자	공목	계축(4126.1793)년생
윤종두	자	자건	무오(4131.1798)년생
리택규	자	백홍	병진(4129.1796)년생
리덕예	자	서향	병인(4139.1806)년생
윤종삼	자	기숙	무오(4131.1798)년생
윤종진	자	금계	계해(4136.1803)년생

이상 18인

永登坪 業字畓 三斗落 稅額 五負三束 庚午三月成文 本價六兩 賣於庚辰十二月 十九日稅米代自給

巨古坪 篤字畓 二斗落 稅額 七負二束 庚午四月成文本價九兩

青龍坪 終字畓 四斗落 稅額 十七負七束 丙子三月成文本價二十三兩

大川坪 唱字畓 五斗落 稅額 二十五負 丙子三月成文本價三十五兩

毛木洞坪 克念兩字畓 四斗落 稅額 十四負 壬子三月成文本價二十八兩

영등평의 업자 논 서 말직이 세액은 닷 짐 3다발(역주 10다발이 1짐)이다.
경오(4143/1810)년 삼월 문서 작성 때 본가는 6냥이었다. 경진(4153/1820)년 12월 19일 세미대전은 자급했다.

거고평의 독자 논 세액은 일곱 짐 두 다발이다.
경오(4143/1810)년 4월 문서 작성 때의 본가는 9냥이었다.

청룡평의 종자 논 너 말직이 세액은 17짐 7다발이다.
병자(4149/1816)년 삼월 문서 작성 때의 본가는 23냥이었다.

대천평의 창자 논 닷 말직이 세액은 25짐이다.
병자(4149/1816)년 삼월 문서 작성 때의 본가는 35냥이었다.

모목동평의 극념량자 논 너 말직이 세액은 14짐이다.
임자(4125/1792)년 삼월 문서 작성 때의 본가는 28냥이었다.

約條

一. 右畓 其在寶巖者 李德藝照管 其在白道者 李文伯照管 每季秋收穀持莒作錢.

一. 每季淸明寒食之日 契員會于茶山 以修契事 出韻賦詩 聯名作書 送于西山 右會之日 魚價錢一兩 自契中上下 糧米一升 各自持來..

一. 穀雨之日 取嫩茶 焙作一斤 立夏之前 取晩茶 作餠二斤 右葉茶一斤 餠茶二斤與詩札同封.

一. 菊花開時 契員會于茶山 以修契事 出韻賦詩 聯名作書 送于西山 右會之日 魚價錢一兩 自契中上下 糧米一升 各自持來..

一. 降霜之日 買新棉布一疋 其麤細視季穀多則買細布穀少則買麤布 白露之日 取榧子五升與棉布 同送牛西山 榧子則惠冠拜延兩人 季季進拜 而此兩人則除其茶役.

一. 採茶之役 各人分數自備 而其不自備者 以錢五分給信東 令雇橘洞邨兒 採茶充數.

一.東菴蓋草價一兩 立冬日 自契中上下 使橘洞六員 董督編苫於冬至前新覆 而若過冬至 則閪莒茶役六人全當 而佗契員勿爲助役.

一. 右諸役所用 上下之後 若有餘錢 著實契員處使之殖利 而一人所授毋過二兩錢 滿十五兩 或二十兩 卽爲買畓付之 契中其殖利錢 毋過二十兩.

邑城諸生座目

孫秉藻	小字	俊燁 字	
黃 裳	小字	山石 字	
黃 聚	小字	安石 字	
黃之楚	小字	完聃 字	
李 晴	小字	鶴來 字	琴招 壬子 (4126.1793) 生
金載靖	小字	尙圭 字	

약 조

一. 위의 보암의 논은 리덕예가 조관하고 백도에 있는 논은 리문백이 조관하여 매년 가을걷이 곡식을 봄에 돈으로 만들어 가져온다.

一. 매년 청명, 한식 날(역주 양력5월 5일)에 계원은 茶山에 모여 곗일을 수행하고 운자를 내어 시를 짓고 련명으로 글을 적어 유산(역주 茶山의 장자)에게 보낸다.

위 모이는 날 생선값 1냥은 곗돈에서 마련하고, 량식쌀 1되는 각자가 가져온다.

一. 곡우(역주 양력4월 20일 무렵) 날에 여린 싹을 따서 덖음茶 1근을 입하(역주 양력 5월 5일 무렵) 전의 늦茶를 따서 떡茶 2근을 만들어 위 잎茶 1근, 떡茶 2근을 시찰과 함께 부친다.

一. 엉거시꽃이 필 때에 계원이 茶山에 모여 곗일을 수행하고, 운자를 내어 시를 짓고 련명으로 글을 적어 유산(역주 茶山의 장자)에게 보낸다.

위 모이는 날에 생선값 1냥은 곗돈에서 마련하고, 량식쌀 1되는 각자가 가져온다.

一. 강상(역주 양력 4월 20일 무렵) 날에 햇무명베 1필을 사되, 그 가늘고 거칢을 살펴서 그해 추곡 수확이 많으면 가는 무명베를 사고, 적으면 거친 무명베를 산다.

백로(역주 양력 9월 7일 무렵) 날에 비자 5되를 따서 무명베와 함께 유산에게 보낸다. 비자는 혜관과 배연 두 사람이 해마다 올리되, 이 두 사람은 茶 부역을 면제한다.

一. 茶따기 부역은 각인이 분담한 수효를 스스로 갖추고, 스스로 갖추지 못한 사람은 5푼의 돈을 신동에게 주어 귤동 마을 아동의 품을 사서 茶따기 수효를 충당한다.

一. 동암(역주 다산 초당의 동쪽 등 초가)의 이엉 값 1냥은 입동(역주 양력 11월 7일 무렵)일에 곗돈 중에서 부담하고, 귤동의 계원 6인으로 하여금 이엉 엮기를 감독하여 동지(역주 양력 12월 22일 무렵) 전에 이엉을 새로 덮는다. 만약 동지를 넘기면 다음해 봄 茶 부역은 6인이 전당하고 타 계원은 부역을 돕지 못한다.

一. 위 여러 부역의 소용을 가감 치부한 뒤에도 만약 남는 돈이 있거든 착실한 계원이 리자를 증식토록 조처하고 한 사람에게 2냥을 초과해 주지 못하게 하며, 15냥이나 혹 20냥이 차면 곧 전답을 사 붙인다. 계원 중의 리전 증식은 20냥을 초과하지 못한다.

읍성의 제생 좌목

손병조	소자	준엽	자	
황 상	소자	산석	자	
황 취	소자	안석	자	
황지초	소자	완담	자	
리 정	소자	학래	자	금초 임자 (4126.1793) 생
김재정	소자	상규	자	

余於嘉慶辛酉冬 到配于康津 寓接于東門外酒家 乙丑冬 棲寶恩山房 丙寅秋 徙寓鶴來之家 戊辰菖 乃寓茶山通計 在謫十有八季 其居邑者八季 其居茶山者十有一季 始來之初 民皆恐懼破門壞牆 不許安接 當此之時 其爲左右者 孫黃等四人也. 由是言之 邑人是與共憂患者也. 茶山諸人 猶是稍平後 相知者也. 邑人何可忘也 玆於茶信契憲之末 又錄邑人六員 以爲徵後之文 又此諸人應於茶信契事 同心照管 是余之

留託也. 其可忽諸.

一. 立夏之後 葉茶 餠茶 入送于邑中 自邑中 討便付送于西山.
一. 霜降之後 棉布 榧子 入送于邑中 自邑中 討便付送于西山.
一. 茶信契田畓 如有負束之差誤 收拾之散落則 契員入言于邑中 自邑中 周旋顧護.
一. 抽龍 犁鯨輩 亦方外之有緣者也. 其傳燈契田畓 如有可憂之事 入告邑中 自邑中 周旋顧護.
一. 茶信契田畓稅穀 每季冬 契員與邑中相議善處 俾無陳荒之弊 當在上.

나(정약용) 가경신유(4134/1801)년 겨울에 강진에 류배되어 동문 밖 주막에 붙여 살게 되었다. 을축(4138.1805)년 겨울은 보은산방(역주 강진읍 우두산 소재)에서 살았으며, 병인(4139.1806)년 가을은 리학래의 집으로 옮겨 살았다. 무진(4141.1808)년 봄은 내우茶산에 붙여 살았는데, 통틀어 귀양살이 18년에 강진읍에서 8년, 茶山에서 11년(합 18년)이다.
처음 왔을 때 주민이 다 두려워 문을 부수고 담을 헐며 편안히 살기를 허낙치 않았다. 이 때를 당해서 좌우에서 위해 준 이가 손씨, 황씨 등 네 사람이었다. 이 연유를 말할지면 읍 사람과 이들도 환난을 함께할까 근심해서였다. 茶山의 여러 사람들은 이러한 것이 조금 평정된 뒤에 서로 알게 된 사람들이다. 읍 사람들을 어찌 잊으랴? 이제 다신계 약조의 끝에 뒷날의 증거를 위한 글로 강진읍 사람 6인을 다시 적는다. 또한 이 여러 사람이 다신계의 일에 호응하여 한맘으로 이를 돌볼지니, 이는 나의 홀연한 부탁으로 남긴다.

一. 입하 뒤 잎茶와 떡茶를 읍내에 들여보내면 읍내에서는 토포사 편에 유산에게 보낸다.
一. 상강 뒤 면포와 비자를 읍내에 들여보내면 읍내에서는 토포사 편에 유산에게 보낸다.
一. 다신계 논밭의 짐 다발에 차오나 수습에 산락이 있으면 계원이 읍내에 들어가 알리고, 읍내에서는 주선하고 보살핀다.
一. 추룡 리경 무리도 또한 방외의 연고자들이다. 그 전등계의 논밭에 우려할만한 일이 있거든 읍내에 들어가 알리고, 읍내에서는 주선하고 보살핀다.
一. 다신계 논밭의 세곡은 매년 겨울 계원과 읍내 사람들과 서로 의론하고 선처하여 논밭이 묵혀서 황폐한 일이 없도록 마땅한 상책이 있으리라.

829 【紫霞集】 閑步亭 — 申緯

常車緩步處　始笠小亭**開**
選石安詩硯　斛泉注茗**杯**
行將吾去矣　且復此悠**哉**
一段閑公案　敎妨贈後**來**

五言絶 灰韻⇒開杯哉來

자하집 한보정 — 신위(1769~1847)

일상은 수레, 辿辿천천히 걸어가니
비로소 우산 편 듯 소정이라.
돌 가린 벼루에 시를 즐기다
샘물 길어 茶잔에 따르며
행장하여 내 떠나갔건만
잠깐 돌아오니 이리 멀고 오래도다.
한 가닥 공안 한가커든
교방[871]에 와 훗날을 보내리라.

830 [紫霞集] 獄中煎茶 其一 — 申緯

索索響扉饑鼠出　　幽幽背壁曙燈**昏**
夢回我與茶鐺嘴　　一樣緜緜氣息**存**

七言絶 元韻⇒昏存

자하집 옥중 煎茶 기1 — 신위(1769~1847)

바삭바삭 싸리문 굶주린 서생 나들고
어둑한 벽을 지고 새벽 등불 가물거린다.
잠깨어 茶솥에 조취茶를 달이려니
한 모습에 면면히 삶과 죽음이 있노라.

831 [紫霞集] 獄中煎茶 其二 — 申緯

席地寒衾卒伍**同**　　茶鑪幸有火通**紅**
耳根漸借松風響　　咫尺淸游澗壑**中**

七言絶 東韻⇒同紅中

자하집 옥중 煎茶 기2 — 신위(1769~1847)

땅에 자리하여 옷깃 차가운데 끝내 우리 함께
행여나 茶 화로 있으면 빨갛게 불 지폈지.
귀로는 점차 솔바람 소리 얻어 듣고
지척에 청유하듯 산골 시냇가이듯 했네.

---

871) **敎坊** 조선 시대 掌樂院의 左坊과 右坊으로 좌방은 雅樂을, 우방은 俗樂을 맡았다.

832 [紫霞集] 七言律詩 — 申緯

海鎭山郵遷謫日　悽惶文稿在亡**多**
塔銘一失嗟無及　禪墨重翻字不**譌**
贓事終資千佛力　勞心好作十秊**魔**
書來宛對繙經室　風味分嘗自製**茶**

七言律 麻韻⇒多譌魔茶

자하집 칠언률시 — 신위(1769~1847)

바닷가 산골로 귀양 가던 날
창황하여 글쓰기 많이 잊었지.
탑명을 한 번 잃고 할 일 없는데
선묵으로 베낀 원고 한 자도 틀림없네.
그대 일 마치니 천불의 힘이던가
맘 쓰기 좋아함이 십년 魔마로세.
글 오니 완연히 대면한 경실 찾은 듯
나누신 풍미 감상하니 自製茶려니.

833 [紫霞集] 七言律詩 — 申緯

文字機鋒喚性**圓**　迷津多媿尙迍**邅**
海南飛錫輕千里　漢北回轉又一**秊**
黃嶽因之探近言　草衣能否記前**緣**
願公約與秋涼日　薦茗金仙聚話**禪**

七言律 先韻⇒圓邅秊緣禪

자하집 칠언률시 — 신위(1769~1847)

송곳 같은 문자로 본성 喚起환기한데
나루길 헤매다 부끄러워 오히려 머뭇거리네.
천리 가볍게 여겨 찾은 해남
한북으로 돌아갈 길 또 한 해.
황악 인하여 소식 찾아 전했는데
초의는 옛 인연 기억하는가?
원컨대 그대와 추량[872]을 약속하여
금선께 獻茶하며 禪話선화 나누세.

834 [阮堂全集] 卷九 靑石嶺與李直內 題石壁 — 金正喜

屐底白雲起　嶺平身更**高**
蹄愁緘欲脫　輸感析爲**勞**
路訝東西阻　人翻上下**遭**
及時沾渴肺　寺茗勝村**醪**

五言律 豪韻⇒高勞遭醪

완당전집 권9 청석령에서 리직내와 함께 석벽에 쓰다 — 김정희(1786~1856)

나막신 밑에서 이는 흰 구름
고개는 평평한데 몸은 다시 높네.
지나온 시름 벗고자 봉합하고
돌림감기 가벼워 위로가 되네.
동서가 막힌 길을 만났으니
사람은 뒤집혀 위아래로 만나.
때 맞춰 마른 폐를 축이었으니
절의 茶는 탁주보다 훨씬 낫구려.

835 [阮堂全集] 卷九 贈人 — 金正喜

倂作畫省直　東西天一**涯**
隤唐多是髮　經過勝於**家**
秋熱尙勞扇　午醒偏憶**茶**
鳳池傳盛事　裙屐最繁**華**

五言律 痲韻⇒涯家茶華

완당전집 권9 증인 — 김정희(1786~1856)

아울러 화성873)의 직이었는데
동서 한 벼랑 끝에서
무너져 나가 덥수룩하게
오다가다 들리니 집보다 낫군.
가을이 더워 상기 부채를 들고

---

872) **秋涼(추량)** 가을의 시원하고 맑은 기운. 음력 8월의 다른 이름.
873) **畫省(화성)** 상서성(尙書省)의 다른 이름으로, 상서성 벽에 고현렬사(古賢烈士)가 그려져 있어 이르는 말.

낮에 깨니 茶 생각이 유달리 나네.
봉황지[874] 거룩한 일을 전하니
몸치장 더함 없이 번화롭구려.

836 [阮堂全集] 卷九 酬李幼輿索茶時 自燕還 — 金正喜

休分鷄鶩野殊**家**　錦葉由來賽建**芽**
洌水曾同楊子品　蘇齋還覓高麗**花**
淸泉白石輸眞境　法乳醍醐破細**霞**
萬里囊空君莫笑　祇將靑眼對人**夸**

七言律 麻韻⇒家芽花霞夸

완당전집 권9　이유여가 茶를 찾기에 수답하다. 이때 북경에서 돌아오다
— 김정희(1786~1856)

집닭과 들따오기 다르다 구분마소[875].
錦葉금엽 종래로 建安茶[876]와 겨루네.
렬수는 일찍이 양자의 품[877]과 한가진데
소재에선 도리어 고려 꽃을 찾는다네.
맑은 샘 하얀 돌은 진경을 나르고
법유 제호[878] 가는 노을 깨뜨리네.
만리라 빈 주머니 그대는 웃지 말고
청안을 가지고 남에게 자랑하소.

837 [阮堂全集] 卷九 湊砌翠丈與燕中諸名士 贈酬詩語 談藪而成好覺噴飯 — 金正喜

朱霞天末若爲**情**　歷歷鴻泥又此**行**
(用茶農詩語)
萬里杯尊還浪跡　十季琴曲只遺**聲**
(劉柏鄰)
使星自與文星動　妙理多從畫理**生**

874) **봉황지** 중서성(中書省)의 봉황지(鳳凰池)로 우리나라 한림원(翰林院)에 해당한다.
875) **집닭과 …… 구분마소** 따오기는 흔하지 않아 귀하게 여기고 닭은 늘 보는 것이므로 하찮게 안다는 말이다.
876) **建安茶** 양만리(楊萬里)의 시에 '傳呼惠山水 來瀹建安茶'라 하였다. 中原 名茶産地의 茶.
877) **양자의 품** 미상. 或 唐 張又新 의 『煎茶水記』 第七品의 '揚子江 南零水'.
878) **제호** 제호(醍醐)는 『녈반경(涅槃經)』에 '從乳出酪 從酪出生酥 從生酥出熟酥從熟酥出醍醐 最上 佛亦如是'라 하였다. 불가어에 관정제호(灌頂醍醐)가 있는데, 지혜로써 사람에게 수입(輸入)함을 이른다. 우유에서 락이 나오고 락에서 수가, 수에서 숙수가, 숙수에서 제호가 나온다.

(郭蘭石 淸心聯)

嘆酒東方添雅謔　　雄襟披拂四筵驚

(王業友)　　　　　　(曹玉水)

七言律 庚韻⇒情行聲生驚

완당전집 권9 취장[879]이 북경의 여러 명사와 더불어 주고받은 시어와 담수[880]를 주체[881]하여 이뤘는데 좋이 한번 웃을 만하다 — 김정희(1786~1856)

붉은 노을 하늘 끝에 이내 정을 어찌하리 茶農의 시어를 씀
기러기 발톱 력력한데 또 다시 이 걸음을.
만리라 술동이는 도리어 랑적[882]인데
십년 금곡은 소리만을 남겼다오. 劉柏鄰
사신별[883]은 저절로 문성과 어울리고 郭蘭石 淸心聯
묘리는 화리에서 나오는 게 많다네. 공은 이번 걸음에 그림책만을 가져오겠다고 언약하였음
술 마시는 동방삭이 맑은 해학 더했으니 王業友
웅한 가슴 펼쳐내자 사면에서 놀라누나. 曹玉水의 글귀

838 [阮堂全集] 卷九 山寺 — 金正喜

側峯橫嶺箇中眞　　枉却從前十丈塵
龕佛見人如欲語　　山禽挾子自來親
點烹筧竹泠泠水　　供養盆花澹澹春
拭涕工夫誰得了　　松風萬壑一嚬申

七言律 眞韻⇒眞塵親春申

완당전집 권9 산사 — 김정희(1786~1856)

기운 봉 비낀 고개 여기가 진경인데
열 길 홍진 속에 잘못 들어 헤매었네.
감실 부처 사람보고 얘기를 하자는 듯
산새는 새끼 낀 채 절로 와서 가까운 양.
대 홈통 맑은 물에 茶를 달여 내고
분화를 공양하는 담담한 봄이로세.

---

879) **翠丈(취장)** 취미(翠微) 신재식(申在植 1770~1843)을 이른다.
880) **談藪(담수)** 이야기의 내용이 풍부하여 끝이 없음. 재미있는 많은 이야기를 모은 것.
881) **湊砌(주체)** 주(湊)는 聚, 체(砌)는 疊의 뜻으로 첩첩이 모인 것을 이른다.
882) **浪跡(랑적)** 목표 없이 여기 저기 떠돌아다님.
883) **使星(사성)** 後漢 리합(李郃)이 두 사자(使者)를 사성(使星)에 비유한 고사.

눈물 닦는 그 공부를 어느 누가 터득했나
만 골짜기 솔바람에 한번 길게 한숨 쉬네[884].

839 [阮堂全集] 卷九 次黃山韻(二首中 其二) — 金正喜

芳辰對酒每咨**嗟**　難把酒錢歲月**賒**
愧我塡腸同麥飯　如君稀世是菖**花**
蠅蚊應少拈茶處　蜂蝶爭喧嫁棗**家**
滿眼石榴開似火　門前轢轢到詩**車**

七言律 麻韻⇒嗟賒花家車

완당전집 권9 황산의 운을 차운함(2수중 기2) — 김정희(1786~1856)

꽃다운 때 술 대하면 언제나 한탄하니
돈과 술로 세월을 멈추기란 어려운 일.
보리밥 함께 배 채운 내가 부끄럽소.
세상에 보기 드문 그대는 바로 창화라.[885]
茶 달이는 그곳엔 파리 모기 응당 적고
가조[886]하는 그 집에는 벌 나비 드셀레라.
눈에 가득 석류꽃 불꽃같이 피었으니
문 앞에 삐걱삐걱 시차가 당도하네.

840 [阮堂全集] 卷九 偶作 — 金正喜

不算甛中與苦**邊**　天風一笠亦隨**緣**
飄零白髮三千丈　折磨紅爐六十**秊**
我愛沈冥頻中聖　人憐遠謫漫稱**仙**
蹣跚檐底時行藥　消受茶罏伴篆**煙**

七言律 先韻⇒邊緣秊仙煙

884) **한숨 쉬네(嚬申)** 얼굴을 찌푸리며 내는 고통스러운 소리로 리백(李白)의 명고가(鳴皐歌)에 '寡鶴淸唳飢鼯嚬申'라 했다.

885) **菖花(창화)** 『梁書』 「太祖張皇后傳」에 '初后嘗於室內 忽見庭前 菖蒲生花 光彩照灼 非世中所有后驚視 謂侍者曰 汝見不 對曰 不見 后曰 嘗聞見者富貴 因遽取呑之 是月生高祖'라 하였다.

886) **嫁棗(가조)** 정월에 대추나무를 두들기는 것을 말함. 『羣芳譜』에 '每元旦日未出時 反斧斑駁椎之謂之嫁棗 不椎則 華而不實 斫之則 子萎而落'라 하였다.

완당전집 권9 우연히 짓다 — 김정희(1786~1856)

속이 달고 邊변이 씀을 헤아리지 않고
하늘 바람 한 삿갓은 역시 인연 따르네.
백발이 휘날려라 삼천의 길이라면
홍진에 허덕여라 륙십 년이 아닌가.
내 침명을 좋아하여 자주 술을 맞는 건데[887)]
먼 귀양 가엾다고 신선이라 칭해 주네.
처마 밑에 절뚝절뚝 때로 약을 내리면서[888)]
茶 달이는 연기 짝하여 세월을 보낸다오.

841 [阮堂全集] 卷九 次梅花詩韻(二首中 其二) — 金正喜

一點䴔無到此**扃**　梅花紅白久通**靈**
端硯石心同的的　竹鑪茶韻合泠**泠**
偃蓋橫枝多舊蔭　古雲今雨飽曾**經**
色香妙諦眞孤詣　楊補之圖只典**形**

七言律 靑韻⇒扃靈泠經形

완당전집 권9 매화시 운에 차운하다(2수중 기2) — 김정희(1786~1856)

한 점의 먼지인들 이 문 앞에 이를세라
붉고 하얀 매화꽃 통령한 지 오래로세.
돌 속 벼루 끝에 사적으로 함께하고
죽로茶 운치로 맑고 시원하게 어울렸네.
쓸린 일산 빗긴 가지 묵은 그늘 많다면
옛 구름 이제 비는 진작 실컷 겪었다오.
색 향미 묘한 리치 진정 홀로 지녔으니
양보지의 그림[889)]도 다만 모습 그대로세.

---

887) **술을 맞는 건데(中聖)** 中酒와 같은 말인데 술의 淸은 聖이고, 濁은 賢이라 칭한다. 두보(杜甫)의 歙中八僊歌에 '含杯樂聖稱避賢'의 글귀가 있는데 그 주(註)에 보임.

888) **약을 내리면서(行藥)** 약을 마신 뒤에 약이 내려가라고 거니는 것을 말한다. 두보(杜甫)의 시에 '行藥病涔涔'의 글귀가 있다.

889) **양보지의 그림** 양보지(楊補之)는 淸 江西 淸江 사람으로 字는 무보(無補), 號는 고농(古農)이다. 그림을 잘 그렸고 특히 매화로 유명하였다. 왕사정(王士禎)의 시에 '布衣曾 說楊無補 筆墨風流又一時'라 하였다.

842 **[阮堂全集]** 卷九 弊篋敗藁古之作耶不知爲誰今之作耶又不是也 今古之間吾以爲吾 作亦可(四首中 其一) — 金正喜

心閒道亦閒　如此支殘**秊**
語淡不看物　茶香別有**泉**
五言絶 先韻⇒秊泉

완당전집 권9 떨어진 상자 속의 망가진 초고는 옛날 작품인가 하면 누가 지었는지 알 수 없고, 근대 작품인가 하면 또 그도 아니다. 고금 사이에 나는 나의 작품으로 삼아도 역시 가하다(4수중 기1) — 김정희(1786~1856)

마음이 한가하니 이치도 한가해
이렇듯 남은 해를 버티어 가네.
담박한 말은 외물에 보지 않는데
茶가 향기로우니 샘이 따로 있었구나.

843 **[阮堂全集]** 卷十 留艸衣禪 — 金正喜

眼前白喫趙州**茶**　手裏牢拈梵志**華**
喝後耳門歛箇漸　萅風何處不山**家**
七言絶 麻韻⇒茶華家

완당전집 권10 초의선에게서 머물다 — 김정희(1786~1856)

눈앞의 조주[890] 茶를 공짜로 마셔대고
손 안에는 굳건히 범지화[891]를 쥐었다네.
喝갈한 뒤에 귓문이라 낱낱이 점교[892]로 마셨으니
봄바람 어디엔들 산집 아니리오.

844 **[阮堂全集]** 卷十 送心湖丈人 游關西(三首中 其二) — 金正喜

歲寒燈火黯遙**思**　揷屋參旗夜色**遲**
酒琖茶鎗俱悵惘　白雲如夢客歸**時**
七言絶, 支韻⇒思遲時

---

890) **趙州(조주)** 唐 曹州 사람으로 趙州和尙, 本姓은 郝씨.
891) **범지화** 불법 구할 뜻을 지닌 자에게 설법함을 이른다.
892) **漸敎** 小乘에서 大乘으로 正則的인 순서를 밟아 說하는 敎.

완당전집 권10 관서에 노니는 심호 장인을 보내다(3수중 기2) — 김정희(1786~1856)

한겨울 등불에 먼 생각 가물가물
삼기[893]는 집에 꽂혀 밤빛조차 더디구려.
술잔이랑 茶솥 모두 다 서글프니
나그네 돌아올 때 흰 구름 꿈같으리.

845 [阮堂全集] 卷十 汲古泉試茶 — 金正喜

獰龍頷下嵌明**珠**　拈取松風澗水**圖**
泉味試分城內外　乙那亦得品茶**無**

七言絶 虞韻⇒珠圖無

완당전집 권10 옛 샘을 길어 茶를 시험하다 — 김정희(1786~1856)

사나운 룡 턱 밑에 밝은 구슬 박혔으니
솔바람 석간수의 그림을 뽑아 왔네.
성 안팎 샘 맛을 시험 삼아 가려 보니
을라[894] 땅도 茶를 품평할 수 있겠지.

846 [阮堂全集] 卷十 戲仿慈屺東井韻(三首中 其二) — 金正喜

城內外分井路**斜**　飛根漱玉盡家**家**
且從鴻漸書中補　第二湯來試白**花**

七言絶 麻韻⇒斜家花

완당전집 권10 희방자기동정운(3수중 기2) — 김정희(1786~1856)

성 안팎 나눠지고 우물길 빗겼는데
비근이라 수옥이라[895] 집집마다 마찬가지
홍점[896]의 글월에서 묘한 방문 배워다가
제 이탕을 끓여내어 백화[897]를 시험하네.

---

893) **삼기** 삼성(參星)은 이십팔수(二十八宿) 중 21번째 별이다. 삼(參)은 서남 방향의 신(申).
894) **을라** 제주도를 말함.
895) **비근이라 수옥이라** 비근(飛根)은 나무뿌리 밑에서 솟아나는 샘. 『雲笈七籤』에 '口啜皇華 仰餐飛根'이라 하였다. 수옥(漱玉)은 샘이 암석에 부딪혀 옥의 소리를 낸다는 말로 륙기(陸璣)의 招隱詩에 '山溜何冷冷 飛泉漱鳴玉'라 하였다.
896) **鴻漸** 唐 륙우(陸羽)의 字인데 상저옹(桑苧翁)이라 自號하였다. 太常寺太祝에 제수되었으나 취임하지 아니하고 杜門著書하였는데, 세상에 전하는 것은 오직 『茶經』 3권뿐이다.

847 **[阮堂全集]** 卷十 村居病甚 惟柳生問疾而來 授方而効 其意可嘉 書贈 如此竝屬其桐君(四首中 其一) — 金正喜

河東淸弱不勝**衣**　六氣之閒早硏**微**
生笑老夫如縷命　茶薑紅麯與相**依**

七言絕 微韻⇒衣微依

완당전집 권10 촌에 있어 병을 몹시 앓았는데 다만 류생이 문병하러 와서 方文을 주어 효험을 보았다. 그 뜻이 가상하여 이와 같이 써 주고, 아울러 그 동군에게 부치다(4수중 기1) — 김정희(1786~1856)

옷조차 못 이기는 청약한 하동군[898]이
륙기[899]의 사이에서 미묘를 연구했네.
웃기는 이 늙은이 실낱같은 목숨일랑
茶, 생강, 홍국[900]으로 근근이 의지하네.

848 **[阮堂全集]** 卷十 茶事已訂雙溪 又以光陽 至前早採海衣 約與貫華使之趁辛槃寄到 皆口腹閒事 放筆一笑 — 金正喜

雙溪舊色茗緣**長**　第一頭綱古塔**光**
處處老饕饕不禁　辛盤又約海苔**香**

七言絕 陽韻⇒長光香

완당전집 권10 茶에 대한 일을 이미 쌍계사에 부탁하고 또 冬至 전에 일찍 딴 광양 해의(김)로써 관화와 언약하여 신반[901]에 미치도록 부치라고 하였는데, 모두 구복 간의 일이라 붓을 놓고 한번 웃다 — 김정희(1786~1856)

쌍계사 봄빛이라 茶 인연은 오래라네
六祖육조의 탑광 아래 제일의 頭綱[902]이여.
늙은이 탐이 많아 이것저것 토색하여
향기로운 해태(김)를 신반에 또 언약했네.

---

897) **白花** 달인 茶에 뜬 거품. 로동(盧仝)의 茶歌에 '碧雲引風吹不斷 白花浮光凝盌面'이라 하였다.
898) **河東** 柳氏(류생)를 두고 쓰는 별칭.
899) **六氣** 陰陽風雨晦明을 말한다. 醫家에서 五運六氣를 주장하는데, 오운(五運)은 오행(五行)의 歲運을 이른다.
900) **紅麯(홍국)** 맵쌀로 만든 누룩의 한 가지.
901) **신반** 五辛槃의 준말. 『風土記』에 "元旦에는 蔥, 蒜, 韭, 蓼蒿, 芥子를 섞어서 먹는데 영신(迎新)의 뜻을 취한 것이다" 하였다. 정월 초하루에 다섯 가지 매운맛의 양념을 넣어 만든 음식을 먹으면 오장(五臟)의 기를 틔워 건강해진다고 한다.
902) **頭綱** 茶의 이름. 『北苑茶錄』에 '白茶와 勝雪은 경칩(驚蟄) 전에 따서 京師에 올라오므로 두강옥아(頭綱玉芽)라 일렀다' 하였다.

849 [阮堂全集] 卷十 戲贈晩虛竝序 — 金正喜

晩虛住雙谿寺之六祖塔下, 工於製茶. 攜茶來餉, 雖龍井頭綱無以加也. 香積廚中, 恐無此無上妙味. 仍以茶鍾一具贈之, 使之茗供於六祖塔前, 竝說錫蘭山如來金身眞相與六祖金身相同, 如涅槃經之七藤八葛可以解黏脫縛. 近有一瞎師, 堅持雙跗一案, 至以爲傳心不覺, 噴茶大噱. 師又目擊而去. 勝蓮老人記莂.

涅槃魔說送驢秊　只貴於師眼正**禪**
茶事更兼參學事　勸人人喫塔光**圓**

七言絶 先韻⇒秊禪圓

완당전집 권10 희담으로 만허에게 증정 병서함 — 김정희(1786~1856)

만허가 쌍계사 육조탑 아래 주거하는데, 茶를 만드는 솜씨가 절묘하였다. 그 茶를 가지고 와서 맛보이는데, 비록 룡정의 頭綱으로도 더할 수 없으니, 향적주 중에는 아마도 이러한 무상의 묘미는 없을 듯하다. 그래서 茶鍾 한 벌을 주어 그로 하여금 육조탑 앞에 茶를 공양하게 하고, 아울러 석난산에 있는 여래금신 진상이 륙조의 금신과 서로 같다는 걸 말해 주었으니 녈반경의 일곱 여덟 가지 엉키고 얽힌 갈등 같은 것을 해탈할 수 있을 것이다. 근자에 어떤 맹사가 있어 쌍부의 일만을 견지하며, 심지어는 마음을 전하는 것으로 여기고 있으니 나도 모르게 큰 웃음이 터져 茶를 내뿜고 말았다. 이것을 師사가 또 목격하고 갔다. 승련로인 기별.[903]

녈반이라 마설로 려년[904]을 다 보내니
다만 스님에겐 눈 바른 선이 귀해
茶事에다 아울러 배움의 일을 참하노니
권하거늘 둥그런 저 탑광을 마셔다오

850 [大東詩選] 卷八 湖屋煎茶 — 丁學淵

三秊門巷馬蹄**遲**　雙鬢如蟬未有**絲**
氣味渡江王子敬　風流置驛鄭當**時**
孤村豆葉靑煙出　長渚蘆花白雨**垂**
醉後憑欄倍蕭索　誰知霜落解秋**悲**

七言律 支韻⇒遲絲時垂悲

---

903) **記莂(기별)** 僧의 詩를 게(偈)라 하고, 僧의 글(文)을 별(莂)이라 한다.
904) **驢秊(려년)** 한없이 사는 것. 십이간지(十二干支)에 나귀 해는 없으므로 비유하여 한 말이다. 『傳燈錄』에 '鑽佗古紙 驢秊出得'이라 하였다.

대동시선 권8　호옥에서 茶 달임 — 정학연(1783~1859)

3년 동안 內菴내암에 말굽처럼 멈추고
두 살쩍머리 매미처럼 늘어지지 않았네.
색 향미는 강 건너에 왕자경이오.
풍류는 역참에 둘 그 당시의 중압이라.
외딴 마을 콩잎에 푸른 연기 나고
긴 물가 갈꽃엔 백우[905]가 드리웠네.
취한 뒤 난간에 기대니 쓸쓸함 더하고
서리 내리매 가을 슬픔 풀 줄을 뉘가 알리.

851 **[艸衣選集]** 上卷　東茶頌, 承海道人命作
— 艸衣沙門意恂(譯註 : 七言長篇古體 45韻 68行)

초의선집　상권 韓鮮의 茶를 칭송함, 해거도인 명을 받들어 지음.
— 초의 사문 의순(1786~1866)[906] (역주 칠언장편 고체 45운 68행)

生長開花(第一頌 4句)

后皇嘉樹配橘**德**　受命不遷生南**國**
密葉鬪霰貫冬**靑**　素花濯霜發秋**榮**

七言古 職·靑韻⇒德國靑榮

생장개화(제1송 4句)

하늘[907]이 좋은 나무에 귤의 덕과 짝 지우니
命 받아 옮기지 않고 남녘에 살며[908]
촘촘한 잎은 눈 속에서도 삼동 내내 푸르고
서리 씻긴 흰 꽃이 가을의 모습을 갖추었네.

茶꽃과 茶움(第二頌 六句)

姑射仙子粉肌**潔**　閻浮檀金芳心**結**
沆瀣漱淸碧玉條　韓霞含潤翠禽**舌**

---

905) **白雨** 해 있는 한낮에 오는 비.

906) **艸衣(초의) 意恂(의순)** 俗姓 仁同張氏, 字는 중부(中孚), 名은 의순(意恂), 號 초의(艸衣), 휴암병선(休菴病禪), 자하도인(紫霞道人)· 소재(蕭齋), 자우산방(紫芋山房), 海上之人 等. 대종사(大宗師)이며 律宗 第三代 宗正(茶神傳 季譜 參考).

907) **后皇** 皇天(天神)과 后土(地神)의 준말로『詩經』'皇皇后帝 皇祖后稷'의 略語.

908) **受命不遷 生南國** 茶나무는 아열대성 생태이므로 南域에서만 산다는 특성을 '職'에 韻으로 표현한 七言古詩이다. 茶나무는 떨기나무로 北緯 36도 以南의 西南海岸, 35.5도 以南의 內陸, 35.8도 이남의 동해안에 분포하며, 세근(細根)이 많고 발근력(發根力)이 좋아 종자번식(種子繁殖)은 물론 이식(移植), 삽목(揷木)이 용이한 나무다. 1 · 2句는 굴원(屈原)의 귤송(橘頌) '后皇嘉樹橘徠福兮 受命不遷生南國兮'를 引用하여 가수(嘉樹)로서의 덕성(德性)을 따로 作句하지 않았다.

天仙人鬼俱愛重　知爾爲物誠奇**絶**

七言古 屑韻⇒潔結舌絶

茶꽃과 茶움(제2송 6구)

고야산 선인[909] 깨끗한 살결로 분장하고
염부강 단금[910]이듯 향기로이 맺힌 꽃술
한밤 이슬[911]에 닦이어 맑고 푸른 옥가지
아침안개 배어 윤택한 비취빛 작설이여!
천, 선, 인, 귀 모두 애지중지하니
네 성실하고 기절한 물성을 앎이니.

茶의 古事(第三頌 十二句)

炎帝曾嘗載食**經**　醍醐甘露舊傳**名**
解酲少眠證周聖　脫粟伴菜聞齊**嬰**
虞洪薦犧乞丹邱　毛仙示叢引秦**精**
潛壤不惜謝萬錢　鼎食獨稱冠六**情**
開皇醫腦傳異事　雷莢茸香取次**生**
巨唐尙食羞百珍　沁園唯獨記紫**英**

七言古 庚韻⇒經名嬰精情生英

茶의 옛일(제3송 12구)

염제[912]가 일찍이 맛보고 식경에 적고
제호 감로[913] 옛 이름 전하네.
술 깨우고 잠 줄인다는 주성[914]의 증험
메 조미에 나물 곁들인 齊제 안영의 전문.
우홍 犧尊사준에 茶바쳐 단구자에게 얻고
모선은 茶 떨기 보이며 진정을 인도했네.
유골에게 茶 아끼지 않아 만전 사례 받고

909) **姑射仙子(고야선자)** 姑射山의 神仙, 山西 臨汾縣 平陽城의 西(北고야 · 南고야). 『山海經 海内北經』에 '列고야는 海河洲현에 있다' 했고, 『莊子』 「逍遙遊」篇에는 '姑射之山 有神人居焉'이라 했다.

910) **閻浮檀金(염부단금)** 佛經 용어, 염부나무 밑에 흐르는 강으로, 그 강에서는 사금(砂金)이 나는데 '염부단금'이라 한다고 했다.

911) **沆瀣(항해)** 한밤중에 내리는 이슬 기운. 一說에 丑時(01~03시 사이)에 高山頂의 북쪽 하늘에서는 天氣의 沆瀣가 내리는데, 도가(道家)에서는 항해를 마심으로써 수명(修命)의 약으로 하였다.

912) **炎帝(염제)** 太昊伏羲氏 '木德王', 炎帝 神農氏 '火德王', 皇帝有雄氏 '土德王'의 三皇. 火와 農事의 제왕으로 150세를 살며 온갖 식물을 맛보고 약효를 시험하여 『食經』을 지었다고 하며, 原典은 전하지 않고 引用句만 전해지고 있다. 당시는 그은 글(書契) 시대로 갑골문(甲骨文) 以前이다.

913) **醍醐 甘露** 醍醐는 순수한 牛酪, 즉 버터(butter), 甘露는 太平聖代에 하늘에서 祥瑞로 내린다는 단 이슬.

914) **周聖** 周 建國의 功臣. 1대 武王의 아우를 높이는 말.

정식에는 유독 六情륙정 중 으뜸이라 칭찬.
개황915)의 뇌 치료한 기이한 일 전하고
경뢰협 자용향 훤초대 차례로 취했네.
당나라 궁중음식 온갖 진수성찬
심원916)에는 다만 록화 자영이 적혀.

茶의 製造(第四頌 六句)

法製頭綱從此**盛**　清賢名士誇雋**永**
綵莊龍鳳轉巧麗　費盡萬金成百**餠**
誰知自饒眞色香　一經點染失眞**性**
七言古 敬韻⇒盛永餠性

茶의 제조(제4송 6구)

頭綱을 법제하고 이를 좇아 성하니
청렴한 현인 명사가 전영이라 과시했네.
비단 치장한 龍團 鳳餠 교려한 전제917)
만금을 들여 供御공어 百銙백과를 만들었네.
누가 자요한 진색 진향 진미를 알리
오점에 한 번 물들면 진성을 잃으니.

茶의 製品(第五頌 二章 章四句)

道人雅欲全其**嘉**　曾向蒙頂手栽**那**
養得五斤獻君王　吉祥蘂與聖楊**花**
七言古 麻韻⇒嘉那花

雪花雲腴爭芳**烈**　雙井日注喧江**浙**
建陽丹山碧水鄕　品題特尊雲澗**月**
七言古 屑韻⇒烈浙月

茶의 製品(제5송 2장 장4구)

정아한 도인(傅大士) 嘉樹가수를 온전히
일찍 몽산 상청봉에 손수 심고
다섯 근을 얻어 군왕께 바쳤으니
길상예와 성양화이었네.

---

915) **開皇** 隋(581~618)의 初代王 文帝(581~604) 楊堅(양견).
916) **沁園** 東漢 2代 明帝(58~76) 때 심수(沁水)의 공주동산 유래 고사. 공주의 원림(苑林).
917) **轉制** 선약(仙藥)을 알코올에 달이는 횟수. 옛 道家의 仙藥 곧 구전지단(九轉之丹).

설화 운유 짙은 향기 겨루고
쌍정茶 일주茶 절강[918]에서 떨쳐
건양 단산의 물 맑은 시골은
품제 유독 높은 운감 茶 월간 茶.

東茶 實況(第六頌 八句)

東國所産元相**同**　色香氣味論一**功**
陸安之味蒙山藥　古人高判兼兩**宗**
還童振枯神驗速　八耋顔如夭桃**紅**
我有乳泉　把成秀碧百壽湯
何以持歸　木覓山前獻海**翁**

七言古 東韻⇒同功宗紅翁

東茶 실황(제6송 8구)

동국에서 나는 茶도 근본은 서로 같아
빛 향기 맛 한가지라 론찬하시니.
륙안茶의 맛과 몽산茶의 약성을
고인이 높게 가려 량종 겸했노라 했네.
童顔동안 돌아오고 고목 싹트는 빠른 신험
여든 살 늙은 얼굴 도홍빛으로 젊게 하네.
내게 있는 유천을 길어 수벽탕 백수탕을 달이거늘
어찌 가져가 목멱산 앞 해거옹께 드릴까.

東茶 眞髓(第七頌 八句)

又有　九難四香玄妙**用**
何以敎汝玉浮臺上坐禪**衆**
九難不犯四香全　至味可獻九重**供**
翠濤綠香纔入朝　聰明四達無滯**壅**
矧爾靈根托神山　仙風玉骨自另**種**

七言古 宋韻⇒用衆供壅種

---

918) **雙井日注喧江浙**『介翁茶史』에 ‘雙井’ 生産地는 강서 남창, ‘日鑄’는 절강 소흥현 일주령 産. 歐陽永叔은 ‘兩浙之品日鑄第一’이라 하였다(注는 朱戌切 = 鑄嶺, 즉 日注=日鑄嶺).

東茶 진수(제7송 8구)

또한 구난과 사향의 쓰임은 현묘한데
어떻게 너희를 가르치랴, 옥부대[919] 위에 좌선하는 무리들.
구난을 어기지 않고 사향이 온전하여
맛이 지극하면 궁중에 올리느니.
비취빛 록향 겨우 조정에 들이는데
총명하고 사달하여 엉김도 막힘도 없네.
하물며 네 신령한 뿌리 신산 의탁하니
선인 풍모 옥골 스스로 달리 심겼어라.

東茶 頌讚(第八頌 六句)

綠芽紫筍穿雲**根**　胡靴犎臆皺水**紋**
吸盡瀼瀼淸夜露　三昧手中上奇**芬**
中有玄微妙難顯　眞精莫敎體神**分**
七言古 文韻⇒根紋芬分

東茶 송찬(제8송 6구)

록아 자순 바위를 뚫으니
호인 가죽신 들소 목 물무늬 주름.
양양히 내려 다 흡수한 맑은 밤이슬
삼매경 솜씨에 기이한 향기 날리네.
중정 현미의 오묘 나타내기 어렵고
참 정교 본받지 못하면 체와 신 갈리네.

東茶 禪(第九頌 十句)

體神　雖全猶恐過中**正**　中正不過健靈**倂**
一傾玉花風生腋　身輕己涉上淸**境**
明月爲燭兼爲友　白雲鋪席因作**屛**
竹籟松濤俱簫涼　淸寒瑩骨心肝**惺**
惟許　白雲明月爲二客　道人座上此爲**勝**
七言古 敬·梗韻⇒正倂境屛惺勝

東茶 선(제9송 10구)

체와 신 비록 온전해도 중정을 넘을까 두려우니
중정을 넘지 않으면 건전한 신령 아우른다.

---

919) **玉浮臺** 칠불암 뒤에 두툼히 쌓인 잔디밭의 돈대, 칠불원 僧들이 좌선하던 곳.

옥화 한 잔 기울이자 겨드랑이 바람 일고
몸 가벼워 이미 이른 上天상천 맑은 경계.
명월을 촛불 삼고 벗으로 겸하여
흰 구름 자리로 펴고 병풍으로 의지하네.
퉁소와 솔 파도 소리 다 소량하고
맑은 한기에 뼈 맑히고 심간 깨우니.
오! 흰 구름 밝은 달을 두 손님 삼아
도인을 모신 여기가 절승이라. (全文 九頌 十章 四十五韻 六十八行)

852 [艸衣選集] 上卷 白坡居士 跋文

艸衣新試綠香**煙**　　禽舌初纖穀雨**前**
莫數丹山雲澗月　　滿鍾雷笑可延**秊**
七言絶 先韻⇒煙前年

초의선집 상권 백파거사 발문

초의가 햇茶를 달이니 록향이 피어오르고
가느다란 곡우 전의 차는 雀舌 같다네.
단산의 月澗茶 雲龕茶 헤아리지 말라
잔 가득한 雷笑(雷荚)로도 延壽연수하느니.

853 [艸衣選集] 上卷 草衣詩稿 跋文 — 石梧 尹致英

歲金豕(辛亥)積寒, 余屬疾端夏, 瀧吏 報涉艸衣老師刹扉, 乃躧履捉坐, 憂余憔悴如三花, 以廣長舌論流別, 競病就, (中略) 未知元惠文暢, 孰爲紫標黃標如,

'空林照入天涯月, 野水明涵雪後山.'

之句, 果出入唐,宋, 紫霞所, 謂盡脫蔬筍之氣者, 信非讕語, 又東茶頌一篇 與桑苧書, 相上下況其沈靜澹泞避涍塗謝悠謬, 能到彼岸者, 豈惠寶輩所敢肩哉. 顧余蟬花樸陋, 不足爲月䩨語. 而以從余游處. 爲感用托卷尾云. 石梧尹致英書.

초의선집 상권 초의시고 발문 — 석오 윤치영(?~?)

신해(1851) 겨울, 내가 여름 끝부터 병중인데 瀧吏롱리가 초의로사가 왔다고 하기에 신을 끌며 나가 잡아 앉히니, 나의 늦봄 꽃과 같이 초췌함을 걱정하며 긴 이야기를 하는 사이에 병이 나아 버렸다. (중략) 원혜와 문창과 오늘의 초의와 그 누가 위다 아래다 말할 수 없나니,

'공산 숲에 천애의 달빛 스며 비치고
들물에 밝게 담긴 후산의 설경.'

의 구절로서 당, 송대에 버금간다 할 수 있으며, 자하신위(1769~1847)가 말하기를 소순기920)를 벗어났다고 한 것이 모두 터무니없는 말이 아니로다. 또 『東茶頌』 한 편도 륙자우의 『茶經』과 막상막하라 할 수 있느니라. 하물며 글이 차분하게 가라앉고 헛소리가 없으며, 어긋난 것도 없어서 능히 피안에 이르니, 어찌 혜휴나 보월 따위와 나란히 어깨를 겨눌 수 있겠는가? 돌이켜 보건대, 나는 이미 시든 매미 껍질인데 무어라 비평할 수 있으랴. 그와 더불어 노는 자리에서, 그의 청을 받아들여 책 끝에 이 글을 쓰노라. 석오 윤치영 씀.

854 [艸衣選集] 上卷 上海居道人書 — 艸衣沙門意恂

(上略) 近有北山道人, 承敎垂問茶道, 遂依古人所傳之意, 謹述東茶頌一篇, 以進獻語之未暢處, 抄列本文而現之, 以對下問之意. 自爾陳辭辭煩, 冒瀆鈞聽, 極切主臣, 如或有句可存者, 無惜一下金鎞之勞.

초의선집 상권 해거도인께 올리는 글 — 장의순(1786~1866)

(상략) 근자에 북산도인이 와서 당신께서 茶道를 묻고자 하신다기에, 옛날 사람들이 전하는 바에 의해서 『東茶頌』 한 편을 저술하여 보내는데, 내 나름대로 규명하지 못한 대목은 본문을 그대로 옮겨서 묻는 말씀에 가름하는 바입니다. 그러나 내용이 산만하여 읽으시느라 괴로움이 많을 것입니다. 대단히 죄송합니다. 글 속에 한 구절이라도 소용에 닿는 것이 있다면 일하에 금비지로921)를 아깝게 여기지 마시옵소서.

855 [艸衣選集] 上卷 蔓香閣與西山共賦(四首中 其二) — 張意恂

一生參學了今秊　未妨北窗淸晝**眠**
白屛山尖孤照水　黃曉江色澹連**天**
筆牀茶竈菖風裏　藥末香爐小醉**邊**
已信誌公譚實相　要知喧靜兩皆**禪**

七言律 先韻⇒秊眠天邊禪

---

920) **蔬筍氣** 肉食을 하지 않는 사람의 氣象.
921) **金鎞之勞** 안막(眼膜)을 긁어내는 듯한 눈의 피로(印度治眼法), 문장을 정정(訂正)하는 일.

초의선집 상권 만향각에서 유산과 읊음(4수중 기2) — 장의순(1786~1866)

평생 하는 공부인데 금년에야 마쳤으니
북창에 편히 누워 낮잠 한 숨 잔들 어떠리.
백병산이 높이 솟아 외로이 물속에 비치었고
황효강 물빛은 하늘 끝에 연했네.
봄바람 마시며 글 쓰고 茶 달이고
향에 취해 약 갈고
이미 지공922)의 실상923)을 믿고 있는 터이라
그래저래 喧훤이나 靜정924)이 모두 禪선이 되는 것을 알았네.

856 **[艸衣選集]** 上卷 東莊奉別 東老金承旨在元 覃齋金承旨敬淵 黃山金承旨逌根 秋史金待敎(正喜) 二十一首 — 張意恂

旅館違良知　竟日愁悄**悄**
(中略)
天樾竝薔花　檐響共命**鳥**
彼美四君子　高堂併華**筵**
雜雜排古玩　疏疏羅嬋**姸**
掩冉墨暈淸　繞繚茶煙**碧**
(下略) 五言古 篠·先·陌韻⇒悄鳥筵姸碧

초의선집 상권 동장에서 동로와 담재, 황산925)과 추사926)와 갈리면서 21首를 짓다 — 장의순(1786~1866)

려관에서 어찌 선비들을 알아보랴만
종일토록 우울하였네.
(중략)
천정에는 병대화가 펼쳤는데
처마에서는 풍경이 울었네.
뜰에는 사군자 심었고
방에는 좋은 돗자리 폈으며
거기 옛 그릇들이 가지런한데
그것 또한 진귀했네.

---

922) **誌公(지공)** 중원의 고승. 추명 예천사에 있는 誌公碑 後面에 지공(誌公)의 조상(彫像)이 새겨져 있는 것으로 유명하다.
923) **實相(실상)** 자연계의 총칭. 生滅無常의 相을 떠난 모든 眞相인 불변의 진리와 實在.
924) **훤(喧)** 떠들어대는 모양. 大語喧嘩也『史記』. 정(靜) 고요에 도달한 정상. 列莛皆靜寂 ……『謝靈運』.
925) **黃山(황산)** 金逌根(1785~1840)의 號, 시호는 문정, 조선 후기 문신. 순조 때 이조참판, 병조판서 등을 역임하였다.
926) **秋史(추사)** 金正喜(1786~1856)의 號, 조선 후기 문신, 문인, 금석학자. 순조 때 문과에 급제.

그 많은 서화의 깨끗함이여
茶煙의 그윽함이여!
(하략)

857 [艸衣選集] 上卷 題山水畫八帖(八首中 其四) — 張意恂

氈搨承案淨　瞻甁傍鑪**香**
古石含蒼潤　新苗舒嫩**黃**
裊裊茶煙碧　冉冉雲氣**涼**
側想幽人意　皎皎潔氷**霜**
五言長古 陽韻⇒香黃涼霜

초의선집 상권 산수화 팔첩에 부쳐(8수중 기4) — 장의순(1786~1866)

상 옆 깨끗한 비단 방석 깔리고
향로 옆에 옛 그릇과 瞻甁담병 놓였네.
괴석은 푸르게 빛나고
새순은 누르스름하게 피는데
茶煙이 푸르게 피어오르니
그 근처가 모두 차구나.
아마도 거기 사는 이의 뜻은
무던히도 곧고 맑을 것이야.

858 [艸衣選集] 上卷 金道村仁恒 見過草庵 — 張意恂

(上略)
牢讓自潛跡　厭被時人**論**
竟棄人間事　雲林來避**喧**
聞我巖居靜　披雲到松**軒**
掬泉烹雷笑　焚香演道**言**
英姿鶴毛古　淸談玉露**繁**
雅皓時將晩　頻嗟歲疾**奔**
有如林中蘭　將謝藹荛**蓋**
丈夫知有道　唯當奮鞠**聞**
五言長古 元韻⇒論喧軒言繁奔蓋聞

초의선집 상권 김도촌 인향의 초암에서 보다 — 장의순(1786~1866)

(상략)
그대가 스스로 숨어 사는 것은
시시비비를 멀리함이라.
세상 범사를 버리고
조용히 시골서 사는 것이오.
그대는 내가 산속에서 지내는 것을 알고
구름 헤치고 찾아왔었기에
雷笑(茶名, 敬雷莢의 誤) 달여 마시며
향 사르고 정담 했었지.
그대 모습은 학과 같아
맑고 담담함이 옥로로다.
그 고운 얼굴 늦게 대한 것이 한이었고
시간 흐르는 것이 원망스러웠지.
숲 속의 란은
번성하기를 사양하나니
장부가 바르게 가는 길을 알고
깨닫기에 힘썼도다.
(하략)

859 **[艸衣選集]** 上卷 道村寄一律次韻却寄 — 張意恂

道村恬養處　心遠日遲**遲**
徑逼幽蘭砌　門臨曲沼**碕**
錬丹消閑疾　品茶滅睡**癡**
宿昔煙霞約　淸秋始赴**宜**

五言律 支韻⇒遲碕癡宜

초의선집 상권 김도촌이 률시 한 수를 보내왔기에 차운하여 보냄 — 장의순(1786~1866)

도촌이 태평하게 사는 곳은
넓고 한가한 마을이더라.
그의 뜰에는 란이 우거졌고
문밖에는 연못이 있었지.
스스로 약을 만들어 병을 물리치고
좋은 茶 마셔 수면을 고르게 하더라.
함께 한번 놀자던 언약은
올가을쯤으로 기약하였고.

860 [艸衣選集] 上卷 金剛山上與彦禪子和王右丞終南別業之作 — 張意恂

聽鳥休晩參　薄游古澗**陲**
遣興賴佳句　賞心會良**知**
泉鳴石亂處　松響風來**時**
茶罷臨流靜　悠然忘還**期**

五言古 支韻⇒陲知時期

초의선집 상권 금강산 언선자와 더불어 왕우승의 '종남별업'에서 지은 글에 화운함
— 장의순(1786~1866)

새소리 듣다가 저녁 예불 거르고
시냇가 언덕에서 조금 놀면서
좋은 글귀 힘입어 홍겹게 보내니
좋은 벗과 모여 감상했네.
샘물은 석난처(흩어진 돌)에서 울고
소나무는 바람 맞아 소리 지른다
茶 마시고 물가에 놀다가
저물도록 돌아올 줄 몰랐네.

861 [艸衣選集] 上卷 水鍾寺次石屋和尙(十二首中 其一) — 張意恂

夢回誰進仰山**茶**　懶把殘經洗眼**花**
賴有知音山下在　隨緣來住白雲**家**

七言絶 麻韻⇒茶花家

초의선집 상권 수종사에서 석옥화상 운에 차운(12수중 기1) — 장의순(1786~1866)

자고 나서 누가 내온 산茶 들며
게을리 남은 경 잡고 흐린 눈 씻는다.
지음에 의지하여 산 아래 살고 있으니
인연 따라와 머문 백운가로다.

862 [艸衣選集] 上卷 奉和酉山(十二首中 其三) — 張意恂

蕪蕪蘭蕙世難**分**　移植梅檀物也**薰**
鳳彩鸞章驚俗見　金聲玉振洗凡**聞**

茶煙夜浥三淸露　　窗日韜含五色雲
三樂人閒兼享了　　何曾更使利名奔

七言律 文韻⇒分薰聞雲奔

초의선집 상권 유산 정학연에게(12수중 기3) — 장의순(1786~1866)

춘란 혜란 무성하면 분간 어려운 세상
전단[927]을 옮겨 심으면 모든 것이 향기로워.
봉 무늬[928]와 란 문채로 속물들 놀라는데
금성옥진으로 속된 귀를 씻누나.
茶煙은 한밤의 삼청[929] 이슬에 젖고
아침 햇빛은 오색구름을 머금었네.
그대는 삼락[930]을 겸한 분인데
어찌 일찍이 名利명리에 분주[931]하랴?

863 [艸衣選集] 上卷 奉和酉山(十二首中 其八) — 張意恂

山暉欲沒冷煙**澄**　　暝色因依凍不**騰**
雪壓千峯竈耗絕　　風鳴萬竅暮寒**增**
瀹茶且禮耽詩客　　劑藥相憐問字**僧**
病起還尋游舊跡　　留題催和更多**情**

七言律 蒸韻⇒澄騰增僧情

초의선집 상권 유산 정학연에게(12수중 기8) — 장의순(1786~1866)

해가 산허리를 넘으려니 안개가 맑게 피어
자욱하게 엉어 오를 수 없네.
눈은 봉우리마다 쌓여 티끌을 덮고
바람 소리 요란하여 으스스 춥도다.
茶 달여 시객을 대접하는데

---

927) **栴檀** 향나무의 총칭으로 檀香木(觀佛三昧經, 栴檀根芽漸栴漸生長).
928) **鳳彩** 龍團鳳餠의 團茶 彩文 '龍彩'는 律格에서 '平仄'이나 鳳彩는 '仄仄'으로 다음의 '鸞章, 平平'의 高低와 어울린다.
929) **三淸** 道敎의 三神(玉淸元始天尊, 上淸靈寶道君, 太淸太上老君)을 三淸이라 하는데, 여기서는 仙人이 사는 옥청(玉淸), 상청(上淸), 태청(太淸)의 리상계(理想界), 즉 항해(沆瀣)가 내리는 축시(丑時)의 선경(仙境)을 상징(象徵)한 듯하다.
930) **三樂** 孟子의 君子三樂. 집안이 무고한 일, 하늘과 사람에게 부끄러울 것이 없는 일, 영재(英才)를 얻어 교육하는 일이다.
931) **使利名奔** 이 律詩의 終行 格은 '平平仄仄仄平平'으로 마감했는데, 뜻을 쉽게 하려면 '私利 名奔'이나 이는 '平平仄平仄平平'으로 律格에 어긋난다. 때문에 '하여금 使'를 探字한 솜씨를 어쩌랴?

무슨 약이냐 묻는 스님 어여쁘도다.
병석에서 일어나 오랜만에 옛 벗을 찾으니
류제시932)를 재촉하여 다시 다정하게 화답한다.

864 **[艸衣選集]** 上卷 吳大山昌烈 謁西堂於古湖 和石屋閑居韻 見寄次韻 奉呈(十二首中 其十二) — 張意恂

有誰同此展弘**模**　游戱靈丘得上**圖**
法演三周來寶塔　泉含八德近香**廚**
林藏宿霧花仍濕　庭泊濃陰蘇不**枯**
禪誦讒過竹冷罏　更添殘火換銅**罏**

七言律 虞韻⇒模圖廚枯罏

초의선집 상권 대산 오창열이 유당(추사의 父)을 뵙고 '석옥한거' 운으로 시를 지어 보냈기에 차운하여 바치다(12수중 기12) — 장의순(1786~1866)

누가 나와 함께 홍모(책)를 펴며
령구933)에 놀면서 上界상계를 얻을 것인가.
법연934)을 세 단계로 풀어 중생을 보탑935)에 오르도록
우물이 팔덕936)을 지니면 향주에 가까우며
숲이 이슬을 머금으면 꽃이 젖고
뜰에 그늘이 짙은데 어찌 이끼가 시들 것인가.
참선 흉내 지나니 죽로937)가 식어
다시 남은 불에 숯을 넣으니 구리 화로로 바뀐다.

865 **[艸衣選集]** 上卷 石屋閑居(十一首中 其十一) — 吳昌烈 原韻

畫屛不願借人**模**　千疊生陳造化**圖**
列嶽疑抽生彩筆　雙江可挹灌香**廚**
雲鋪似海潮方進　煙澹如塗潤未**枯**

---

932) **留題詩** 명승고적을 유람하며 짓거나 읊은 詩.
933) **靈丘** 산서성(山西省)에 속한 현(縣)의 이름. 대동현(大東縣)의 동남쪽. 당하(唐河) 북쪽에 위치함.
934) **法演** 법화경(法華經)을 설법함.
935) **寶塔** 진리를 깨닫는 것에 비유.
936) **八德** (佛) 팔공덕수(八功德水), 곧 미타여래(彌陀如來)의 보토(報土)에 있는 연못의 물. 징청(澄淸), 청랭(淸冷), 감미(甘味), 경연(輕軟), 안화(安和), 윤택(潤澤)하여 마시면 기갈을 면하고 무량(無量)의 과한(過患)을 없애며, 모든 기관(器管)을 배양하고 건강에 좋은 여덟 가지의 공덕이 있다. 일설에는 감(甘), 랭(冷), 연(軟), 경(輕), 청(淸), 정(淨), 불취(不臭) 및 마셔도 목을 다치지 않고 창자를 상하지 않는 팔공덕(八功德)이라 했다.
937) **竹罏** 질그릇 화로에 대(竹)바구니를 입힌, 茶 끓이는 화로.

張放四時無捲日　　菖晴偏近煮茶**鑪**

七言律 虞韻⇒模圖廚枯鑪

초의선집 상권 석옥에 한가히 살며(11수중 기11) — 오창렬(?~?) 원운

병풍 그리는데 남의 손 빌릴 게 무엇이냐
겹겹의 조화도가 살아 있는 것 같네.
봉우리 봉우리는 곧 그린 그림 같고
두 강은 향주로 흘러들어.
구름은 바다이듯 깔렸는데 때마침 밀물이라
엷게 발려진 안개는 윤기 흘러.
사철 갠 날이 없기에
모처럼 개인 봄날 맞아 茶 달이네.

866 [艸衣選集] 上卷 七絶 西山丁學淵 — 張意恂

相公胸次本來**寬**　　貯得餐霞歃滌**寒**
忘却明韓靑瑣直　　碧山無數倚松**看**

七言絶 寒韻⇒寬寒看

초의선집 상권 칠언절구 유산 정학연 — 장의순(1786~1866)

상공[938]은 본래 도량이 넓은 분
찬하[939] 머금은 茶를 많이 마시며
좋은 세상 만났지만 벼슬에 오르지 않고
푸른 산 소나무와 벗하도다.

867 [艸衣選集] 上卷 留宿錦公房 — 張意恂

聞香客意定　　菖山微雨**夕**
正憶休輪鞅　　黃埃淨九**陌**
深侵谿煙濕　　飄灑松露**滴**
開懷坐長夜　　高談淸轉**劇**
混然忘物我　　自爾竝心**跡**

938) **相公** 재상(宰相)의 존칭. 여기서는 부마도위(駙馬都尉) 해거(海居) 홍현주(洪顯周)를 지칭하였다.
939) **餐霞** 봄안개를 먹는다는 뜻. 『列仙傳』 '陽子言 菖餐韓霞 夏歃沆瀣'.

鏗鏗深樓鐘　冷冷曉天**碧**
窗外小沙彌　燃薪煮白**石**
五言古 陌·錫韻⇒昔陌滴劇跡碧石

초의선집 상권 금파공의 방에서 자다 — 장의순(1786~1866)

좋은 말씀 들으니 내 마음 가라앉네
가랑비 내리는 봄의 밤이로다.
곧바로 수레와 말로 편히 하여
주신 말씀으로 티끌 씻어 주었었지.
안개가 자욱이 끼고
솔잎에서 물방울 떨어지는데
회포 풀며 밤을 지새우며
고담으로 전극을 맑히네.
홀연히 물아를 잊게 하고
저절로 심적을 아우르네.
어느덧 종소리 맑게 들리고
랭랭하게 동이 트는데
창밖에서 사미가
백석940)을 달이네.

868 [艸衣選集] 上卷 石泉煎茶 — 張意恂

天光如水水如**煙**　此地來游已半**季**
良夜幾同明月臥　清江今對白鷗**眠**
嫌猜元不留心內　毁譽何曾到耳**邊**
袖裏尙餘驚雷笑　倚雲更試杜陵**泉**
七言律 先韻⇒煙季眠邊泉

초의선집 상권 석천으로 茶를 달이다 — 장의순(1786~1866)

하늘은 물과 같고 물은 안개와 같도다.
여기 온 지 이미 반 년
명월 안고 잠든 밤 몇 번이던가.
맑은 강 위에 백구가 잠드는 꼴이라.
남을 시기하는 마음은 본시 없었고
좋다 궂다 하는 말도 들은 바 없도다.
아직 감춰둔 雷笑茶(茶名, 敬雷荚의 誤) 있기로
구름 헤치고 두릉천 길러다가 달여 마신다.

---

940) **白石** 仙人이 먹는 양식. 『葛洪神仙傳』常煮 – 爲糧 因就 – 山居 詩人故號曰 – 先生.

869 [艸衣選集] 上卷 洌水泛舟 — 張意恂

斜日西馳雨㦸**東**　詩囊茶盌小舟**同**
雲開正滿天心月　夜靜微涼水面**風**
千里思歸何所有　一身餘累竟難**空**
誰知重疊靑山客　來宿金波萬頃**中**

七言律 東韻⇒東同風空中

초의선집 상권 렬수에서 선유하다 — 장의순(1786~1866)

해는 서쪽으로 기우는데 비는 동쪽에서 내린다
시객과 茶人이 한 배를 탔는데
구름 걷히고 둥근 달 떠오르며
시원한 강바람이 밤을 삭인다.
내 고향 생각나는 것 무슨 까닭일까
이 한 몸의 찌꺼기 버리기 어려워라
뉘라 알리요 겹겹이 쌓인 청산객이
이 강 위에서 쉬고 있는 것을.

870 [艸衣選集] 上卷 杜陵夏日李東樊乘舟而至 和韻酉山 — 張意恂

一似扶桑若木**邊**　那知消息此相**連**
看佗槎客窮河水　免得漁人失洞**天**
晤語燈廻新藕影　沈痾鑪颺舊茶**煙**
難忘小艇苔溪路　斷送鶯聲負去**秊**

七言律 先韻⇒邊連天煙秊

초의선집 상권 두릉에 여름날 리동번의 배를 타고 이름 유산시에 화운함 — 장의순(1786~1866)

부상[941]과 약목[942] 끝이 하나와 같아서
영고성쇠가 여기 이어짐을 어찌 알리.
큰 바다 건너 떼 타고 온 손님을 보니
어부도 벗어나고 산골도 잃었구려.
연못 그늘에 불 켜고 둘러 앉아
또 예전처럼 茶 달여 마시세그려.
이끼 낀 작은 뱃길 차마 떠나지 못하고
끊어졌던 꾀꼬리 소리 가는 해를 잊게 하네.

---

941) **扶桑** 해가 뜨는 곳으로 동해 물 위에 있다는 神木.
942) **若木** 약목은 해가 지는 곳으로 李白의 시 上雲樂에 '西海栽若木, 東溟植扶桑'라 하였다.

871 **[艸衣選集]** 上卷 游石湖亭與諸公賦, 和韻耘逋 — 張意恂

檻外悠悠綠水**長**　令人惆愴憶山**陽**
壞牆苔色自無定　深樹鳩鳴還有**方**
對酒傳茶皆勝地　垂竿蕩槳任流**光**
微吟却作忘形坐　林日蒼蒼到夕**涼**

七言律 陽韻⇒長陽方光涼

초의선집 상권 석호정에서 제공과 노닐며 운포시에 화운함 — 장의순(1786~1866)

난간 밖으로 유유히 흐르는 강물을
서글픈 사람 남녘을 생각하게 하네.
허물어진 담장은 이끼 빛깔로 얽혔고
숲속의 비둘기 소리는 메아리쳐 들리네.
술과 茶 있으면 그게 모두 좋은 곳이려니
상앗대 돛대 걷어 드리우고 달빛에 맡겨 흐르네.
글 조금 한답시고 우두커니 앉아 있으니
울창한 숲에 날이 들어 시원하구나.

872 **[艸衣選集]** 上卷 夏日西園與諸公雅集辛卯 — 張意恂

谷雲冉冉吐涼**陰**　選勝移來境轉**深**
澗水琮琤寒射石　茶煙繚繞細穿**林**
神淸贕覺松風在　心遠都無俗韻**侵**
千里誰知參雅會　野聲終愧和高**吟**

七言律 侵韻⇒陰深林侵吟

초의선집 상권 여름날 서원에서 제공과 고아한 모임 신묘년 – 장의순(1786~1866)

산골 염염히 피는 구름 서늘함 뿜는데
좋은 곳 찾아와 깊은 경지에 젖는다.
시냇물 좔좔 흘러 바위에 부딪히고
茶煙이 얽혀 가늘게 숲을 뚫는다.
맑은 정신 남은 지각 솔바람 있음이요,
심원한 뜻에는 속된 소리 들을 수 없네.
천리 高雅고아한 會座회좌에 참여할 줄 뉘 알리
촌 글 부끄러워 고아한 吟詠음영에 화답하느니.

873 [艸衣選集] 上卷 北禪院謁紫霞老人 辛卯八月 和韻紫霞 — 張意恂

道潛坡老共周**旋**　此樂衰季有此**季**
苦茗嚴時宜砭俗　好詩佳處合參**禪**
乞銘二夢師如在　彈指三生性自**圓**
檀越滿城歸不得　忘情時有爲情**牽**

七言律 先韻⇒旋季禪圓牽

초의선집 상권 북선원 자하로인을 신묘년 8월에 뵙고 자하로인의 운을 화운함 — 장의순(1786~1866)

도잠 선사와 파로 소식이 함께 했듯이
우리 늙어 가며 이 즐거움 있음이라.
쓴 茶 삼가 들며 俗家속가를 벗고
좋은 곳에서 좋은 시 대하니 참선하는 경지로다.
스승 위해 이틀 밤을 碑文비문 청한 것은
그대가 탄지943)에 삼생944)을 다 함이로다.
단월945)하는 사람 많아 그대 돌아가지 못하는 것은
정 잊고도 이따금 정에 끌림이 아닌가.

874 [艸衣選集] 上卷 琴湖留別山泉道人 甲午 — 張意恂

(上略)
夢上洛時居琴湖　三秋高會窮懽**歡**
甲午秋重會琴石亭　閑碾鳳團燒鷄**舌**
人生聚㪚苦難常　凄颲風前復遠**別**
又留別南歸　醉德飽義更何時　此身還復如飢**餐**

七言古 寒·屑韻⇒歡餐. 舌別

초의선집 상권 금호에서 산천도인과 리별하면서 갑오년 — 장의순(1786~1866)

(상략)
죄 사함을 받아 서울 금호에 있으면서
가을에 만나 한없이 즐기었나니.

---

943) **彈指** 손가락 한번 튕기는 아주 짧은 시간.
944) **三生** 前生 現生 後生, 見聞生 解行生 證入生. 불교는 이 삼생(과거, 현재, 미래)을 지내어 성불(成佛)한다고 한다.
945) **檀越** 시주(施主)·보시(布施)를 행하는 사람.

갑오년 가을에 거듭 금석정에 모여
鳳團茶 갈고 계설[946]을 만들었나니.
인생에 모였다 흩어지는 것이 이다지도 괴로울까
쓸쓸한 바람 따라 또 이별하누나.
다시 헤어져서 남쪽으로 돌아오다.
덕에 취하고 의로움에 배부를 그때는 또 언제일꼬
이 몸은 마치 허기증 난 꼴일세.

875 [艸衣選集] 上卷 起山以謝茶長句見贈 次韻奉和兼呈雙修道人 — 張意恂

萬事從來萅消**雪**　誰知個中自有一段難磨**滅**
秋空淨涵明月光　淸和難將比皎**潔**
殊相劣形誰擬議　眞名假號總元**絶**
始末相動那伽定　誰道香火舊緣**結**
雙放雙收沒處尋　同生同死休提**挈**
一廻見面一廻歡　有甚情懷可更**切**
三十柱杖曾不畏　等閒隨雲下巀**嶭**
却看維摩方丈居　白玉界中黃金**埒**
玉女時將天花檝　曼殊分陀蒂相**擷**
無底鉢擎衆香飯　沒根耳聽無言**說**
熱惱蠹垢無著處　有誰更願濯淸**洌**
不二門中三十人　都無所用廣長**舌**
君不見末後都將伊字喩　縱橫竝分也難**別**
我從長者請下一轉語　法喜供禪悅食還將容饕**餮**

七言古長 屑韻⇒雪滅潔絶結挈切嶭埒擷說洌舌別餮

초의선집 상권 기산이 茶를 받고 지어 보낸 글에 차운하여 보내면서 쌍수도인에게도 보내는 글 — 장의순(1786~1866)

만사가 끝내 봄날 눈 녹듯 했으나
뉘라 알리오, 그 가운데 일단은 마멸하기 어려움을.
가을 하늘에 잠긴 밝은 달빛은
그 청화함이 깨끗하기 이를 데 없구나.
뛰어난 모습과 못난 모양을 누가 구분했던고
참된 것과 거짓이 원래는 없었던 것.

946) **鷄舌** 정향(丁香)나무의 꽃봉오리를 말린 약재로 이앓이와 체기 등에 쓰인다.

본시 생기지 않았으면 누가 가정[947]을 분별했으리요
향불 올리는 것이 옛 인연 맺는 거라 누가 말했나.
두 개 풀었다가 두 개 찾았으니 더 찾을 것 없으니
동생 동사를 말하지 말라.
한번 얼굴 보고 한번 즐기니
정회가 이보다 더할 수 있으랴.
삼십주장[948]이 두렵지 않아
함부로 험한 산을 구름 따라 왔나니.
문득 유마[949]가 방장에 사는 걸 보았는데
그는 백옥계에서 황금을 두르고 있었네.
옥녀가 때로 천화[950]를 뿌리는데
꼭지를 끊은 만수 분타[951]였도다.
밑바닥 없는 바리때로 중향반[952]을 받들고
몰근이[953]로 무언설을 들으니
번뇌와 티끌이 붙을 곳이 없구나.
맑은 물에 누가 다시 씻을 것인가
불이문중[954]의 삼십 인이
공연히 긴소리 늘어놓는다.
그대 보지 못했는가? 이자유[955]의 끝자리
종횡으로 병렬키 어려움을.
내가 스승 따라 대신해서 한마디 하리니
도철[956]하는 무리들을 배불리 먹여 줄 수 있겠냐고.

---

947) **伽定(가정)** 伽는 一切法一合不可得의 뜻으로 催稠密無明闇冥의 소리라 한다. 定은 마음을 한 곳에 머물게 하여 흩어지지 않게 하는 것이다.
948) **三十柱杖(삼십주장)** 선종(禪宗)의 종장(宗匠)이 선을 배우는 이들을 깨우치는 것으로, 포(褒)하고 폄(貶)하는 두 뜻을 지닌다. '禪林類集棒喝에 道하라 道하라 得道하여도 三十棒, 道不得하여도 三十棒하다.'
949) **維摩(유마)** 부처님의 俗弟子 維摩詰, 毘摩羅詰이라 번역. 인도 비야리국 장자로 속가에 있으면서 보살 행업을 닦았는데, 그 수행이 갸륵하여 佛弟子로도 미칠 수 없었다고 한다.
950) **天花(천화)** 하늘에서 내리는 꽃.
951) **曼殊(만수)** 묘(妙)의 뜻을 지닌 문수보살(文殊菩薩)이 쥐고 있는 왼손의 꽃. 분타(分陀);白蓮華.
952) **衆香飯** 많은 대중을 먹일 수 있는 밥.
953) **沒根耳** 귀뿌리 없는 귀. 衆香飯, 沒根耳는 유마거사의 신통력(神通力)을 말한다.
954) **不二門中** 상대 차별을 없애고, 절대 차별 없는 리치를 나타내는 법문. 제법불이(諸法不二)의 리치는 불도의 표준이 되므로 법이라 하고, 모든 성인이 이 법에 의하여 진리에 들어갔으므로 문이라 한다.
955) **伊字喩** 실담문자의 이(∴)자 모양이 3점으로 이루어졌음을 말한다.
956) **饕餮** 돈이나 음식을 탐냄. 사람을 먹는다는 짐승.

876 **[艸衣選集]** 上卷 海居道人附和 — 張意恂

(上略)
聊將翰墨作佛**事**　篆煙一穗絶外**慕**
手製新茶感珍**貺**　暴富詩廚三夏**糧**
(下略)　七言古 御・遇・陽韻⇒事慕,貺糧

초의선집 상권 해거도인 시에 삼가 화운함 — 장의순(1786~1866)

(상략)
붓과 종이로 불사[957]하였나니
한 줄기 향연이 지난날을 생각게 하도다.
손수 만든 새 茶를 고맙게 받았으니
갑자기 선비의 집에 한여름의 양식이 쌓였구나.
(하략)

877 **[艸衣選集]** 下卷 借分一株又疊[958] 一首 — 張意恂

天寒紅葉亂辭**林**　不怨煩霜冷著**襟**
月上落霞停水面　風飜孤鶴舞庭**心**
多情欲與樽前語　留約還將夢裏**尋**
分得白雲淸雨露　和根移取草堂**深**
七言律 侵韻⇒林襟心尋深

초의선집 하권 茶나무 한 그루를 얻고 1수 — 장의순(1786~1866)

가을이 닥쳐 단풍 들고 숲이 흩어졌어도
찬 서리는 싫지 않도다.
달이 뜨면 안개가 물 위에 머물고
바람 따라 외로운 학이 뜰 위를 난다.
술 마시며 정분 나누며
일찍이 맺은 언약을 잊지 않고.
이제 흰 구름과 맑은 정기 얻어
茶나무 한 그루를 초당 깊은 곳으로 옮겨 왔네.

---

957) **佛事** 개안(開眼), 상당(上堂), 입실(入室), 안좌(安坐), 념향(拈香)하는 일이나 절을 짓고 불상을 조성하고 경전 쓰는 것을 두루 불사라고 한다. 불교에서 하는 제사 법회 등을 일반적으로 불사 또는 法事라 한다.
958) **疊** 첩은 시를 지을 때 거듭하여 앞 운을 사용하는 것을 말한다.

878 **[艸衣選集]** 下卷 次北山 卞持和 牧官韻(二首中 其一) — 張意恂

衆官縈細務　一府獨蕭**然**
俯海看蛟舞　捨琴伴鶴**眠**
紅飄落花雨　青颺煮茶**煙**
自釀賢人酒　淺斟不用**錢**

五言律 先韻⇒然眠煙錢

초의선집 하권 목관 북산 卞持和변지화의 운에 차운함(2수중 기1) — 장의순(1786~1866)

다른 관아는 떠들썩한데
여기 목관은 홀로 쓸쓸하구나.
바다에서 이무기 춤추는 것 굽어보고
거문고 퉁기며 학과 자도다.
붉게 나부끼는 것은 꽃잎이요
푸르게 너울거림은 茶 끓이는 연기이나니
집에서 담근 이 좋은 술
조금 조금씩 따르세.

879 **[艸衣選集]** 下卷 奉和于石申公見贈 于石 時丞相申觀浩號(十首中 其一) — 張意恂

料理煙霞未肯**休**　佳辰復作採眞**游**
千般草媚蓮池面　百囀鶯驕柳岸**頭**
萅意澹融花霧潤　佛香微動瑞煙**浮**
從前無隱知何事　鼻觀的涼解宿**尤**

七言律 尤韻⇒休游頭浮尤

초의선집 하권 우석신공이 시 두 수를 보내왔기에 화운하여 보냄. 우석은 승상 신관호의 호(10수중 기1) — 장의순(1786~1866)

일찍이 산수풍경 찾는 일을 게을리 않았건만
오늘 비로소 참다운 경치를 보도다.
천 가지 풀이 연못가에 너울거리고
꾀꼬리는 버드나무 머리에서 재잘거린다.
봄은 무르익어 만발한 꽃들을 빛내고
법당의 향불은 가늘게 피어올라서 서기를 띄운다.
나 여태 감춘 일 없었건만 이 어인 일인가.
수식관[959] 삼매에 들어 지난 허물, 허물어지리라.

880 [艸衣選集] 下卷 附原韻(二首中 其一) — 申觀浩

時平裘帶樂時**休**　山寺雲煙起我**游**
別有氤氳萅以外　元來盤薄海之**頭**
禪祠紀續知回向　谿榭憑虛覺大**浮**
喫惱趙州茶供養　相關花柳亦成**尤**

七言律 尤韻⇒休游頭浮尤

초의선집 하권 원운(2수중 기1) — 신관호(1810~1888)

태평한 때 만나 편히 쉬는데
산사의 구름과 안개가 나로 하여금 여기 노닐게 하였도다.
봄이 아닌데 상서로운 기운 감도나니
본시 바닷가에 한가히 살던 몸으로
절간의 기록을 보고 회향960)을 알았으며
시냇가 텅 빈 정자에서 덧없음을 크게 깨달았네.
조주茶961)를 얻어 마시고 나서는
화류962)에 상관 않기로 하였노라.

881 [艸衣選集] 下卷 次雲廬道人 癸卯十月(八首中 其一) — 張意恂

三季嘉會在玄**冬**　霰雪霏霏又此**逢**
扣戶誰掀霜夜夢　論詩共聽月樓**鐘**
天寒更綠窗前竹　葉盡微明林外**峯**
採蓮山蘄初熟釀　爲君今日始開**封**

七言律 冬韻⇒冬逢鐘峯封

초의선집 하권 운려도인의 운에 차운함. 계묘년(1843) 10월(8수중 기1) — 장의순(1786~1866)

삼 년째 모이는 겨울이군
펄펄 눈 내리는데 또 만났어.

---

959) **數息觀** 좌선하는 방법 중 하나로 호흡을 하나에서 열까지 되풀이 헤이는 동안 마음의 안정을 얻으면서 코끝까지 생기는 하얀 서기(瑞氣)를 볼 수 있다고 한다. 이는 남쪽의 소승불교(小乘佛敎)에서 많이 행한다.
960) **回向** 스스로 쌓은 선근(善根 좋은 과보를 얻을 훌륭한 因), 공덕(功德 좋은 일을 쌓은 공과 불도를 수행한 덕)을 다른 사람에게 돌리어 자타(自佗)가 함께 불과(佛果)의 성취를 기하는 것.
961) **趙州茶** 조주의 茶, '喫茶去'.
962) **花柳** 사내들을 상대로 하는 유녀(游女) 또는 그런 곳.

서리 내리는 밤, 내 꿈을 누가 흔들어 깨웠나
시를 말하며 멀리 종소리 듣는데
이 추위에도 창 앞의 대는 더욱 푸르고
잎새 떨어진 나뭇가지 사이로 산봉우리는 뚜렷하구나.
련잎과 산당귀로 빚은 술이 이제 익었으니
그대 위해 오늘 비로소 뚜껑을 열리라.

882 [艸衣選集] 下卷 雲廬道人次韻 癸卯十月(八首中 其五) — 張意恂

淸游牕覺勝前**冬**　坐與高人靜裏**逢**
舊作燈前誇好句　寒更雲外報疏**鐘**
下方撩亂風搖樹　上界淸寧月滿**峯**
要試靈泉牛乳勝　一包龍井解斜**封**

七言律 冬韻⇒冬逢鐘峯封

초의선집 하권 운려도인의 운을 차운함 계묘년(1843) 10월(8수중 기5) — 장의순(1786~1866)

티 없이 놀기를 지난해보다 더한 것은
한적한 곳에서 그대를 만났음이로다.
등잔 밑에서 읽는 지난날의 구절이 오직 좋은가
썰렁한 밤에 멀리 종소리 들리는데
아래가 소란한 것은 바람에 나무들이 흔들거림이요
위가 맑고 잔잔한 것은 산봉우리에 달이 올랐음이로다.
령천의 물이 우유보다 더 좋은 것을 아나니
한 봉지의 龍井(茶名)을 달여 볼까나.

883 [艸衣選集] 下卷 次雲廬道人韻 癸卯十月(八首中 其七) — 張意恂

傷心遠別完城**冬**　誰料此生得再**逢**
無墨可硏淸月露　有茶難酌如雲**鍾**
如君高臥玉山客　愧我遠尋天柱**峯**
嘉遯更玆留後約　松門一任薜蘿**封**

七言律 冬韻⇒冬逢鍾峯封

초의선집 하권 윤려도인의 운을 차운함 계묘년(1843) 10월(8수중 기7) — 장의순(1786~1866)

지난 겨울 완성(전주)에서 이별하고 내내 섭섭하더니
여기서 다시 만날 줄 뉘 알았겠는가.
먹 없어도 맑은 이슬로 갈 수 있는데
茶는 있지만 흰 구름잔으로는 마실 수 없네.
그대는 의젓한 진도(옥주산) 객인데
나는 천주963) 찾는 어줍잖은 떠돌이일세.
또 만나자 다짐하고 다시 암자로 돌아와 보니964)
넝쿨(벽라)이 송문을 덮어 버렸네.

884 **[艸衣選集]** 下卷 縣齋拈韻同賦 癸卯冬 — 張意恂

無事不曾度澗**烟**　今宵移宿白雲**邊**
淸硏景物無三月　澹素杯盤屬二**天**
麵洗玉筯繞細滑　茗煎花乳浮輕**圓**
使君饒有煙霞趣　從此相游可判**季**

七言律 先韻⇒烟邊天圓季

초의선집 하권 관사에서 함께 지음 계묘년(1843) 겨울 — 장의순(1786~1866)

일찍이 간연에 이르러 무사했는데
오늘 비로소 흰 구름 가에서 자누나.
좋은 경치는 삼월을 넘지 못하지만
담소한 술자리는 이천965)에 드나니.
젓가락으로 가늘고 부드러운 국수 먹고
茶 달이니 화유966) 둥글고 가볍게 뜨네.
그대(使君 縣監)는 풍류의 멋을 지녔으니
헤어지면 이다음에도 상유하려니.

---

963) **天柱** 하늘을 받치는 기둥.
964) **遯** 돈괘(豚卦). 군자는 은퇴하여 형통하고 소인은 바른길을 지켜서 利를 보는 象.
965) **二天** 은혜 입은 사람을 하늘에 견주어 이르는 말.
966) **花乳** 茶의 거품.

885 [艸衣選集] 下卷 奉答酉山茶詩 二首 — 張意恂

南來北去兩無**緣**　鱗鴻不肯隨人**便**
澄江如練山如畫　舊游心眼印芳**鮮**
菜花小亭聽夜雨　雲吉山房試名**泉**
半醉時臥松風細　殘夢初回江月**圓**
憐我病骨瘦如竹　羨公詩思至如**川**
揮毫珠玉椒華箋　透窗雪花墮紋**筵**
此日詩廚文字歙　人閒聞者口流**涎**
又能時時策我懶　惡詩類句勉精**硏**
白首如今分涯角　相愛猶復如當**季**
今季寄書靑海鶴　又是秋風鴈來**先**
悽惋古雅詞義深　一言一字直萬**錢**
愛玩摩挲百回轉　懷緖自解久縈**纏**
勸公從此永相忘　相忘始無煩惱**煎**
煩惱不生道自成　思與相忘知誰**賢**
道成乘雲至帝鄕　金闕侍立玉貌**姸**
公乎公乎記我言　毋忘相忑心頭**鐫**

七言長 十六 先韻
⇒緣便鮮泉圓川筵涎硏季先錢纏煎賢姸鐫

초의선집 하권 유산의 茶詩에 봉답함. 2수 — 장의순(1786~1866)

남북으로 갈린 후 소식이 없었던 것은
편지가 사람을 잘 따르지 않는 까닭이었네.
맑은 강은 옷베 누여 놓은 것 같고 산은 그림 같아서
거기 놀던 생각이 력력하구나.
채화정에서 밤비 소리 듣고
운길 산방에서 좋은 샘물 마시며
얼근히 취해 솔바람 소리 듣고 자다가
꿈 깨어 보니 둥근달이 강위에 떠있었나니,
나의 병든 가련한 모습은 마른 대와 같았는데
그대의 시냇물 같은 시가 생각났고,
글씨 쓰면 종이 위에 구슬을 뿌린 것 같았으며
창을 뚫고 들어온 雪이 꽃자리에서 떨어진 것 같았도다.
그때의 우리들은 무던히도 글공부 하였기에
세간 사람들은 우릴 놓고 군침을 삼켰었지.

그대는 또 나의 게으름을 꾸짖었고
못된 시와 그릇된 구절을 바로잡아 주었는데
늙어 가며 이제 이쪽저쪽에 갈려 사누나.
예전처럼 함께 지내면 오죽 좋을까
허소치[967]편에 보내온 이 글은
또한 가을바람에 오는 기러기를 앞섰네.
한 맺혔고 품위 갖춘 글의 깊은 뜻은
한 마디 한 글자가 만금보다 더하여
읽고 또 읽고 만지고 또 만지니
막혔던 정회가 어찌 아니 풀리겠나.
그대에게 권하노니, 앞으로 서로 잊고 사세나.
서로 잊어야 번뇌가 나지 않을 것이고
번뇌가 나지 않으면 스스로 도를 이룰 것이니
잊지 못함과 잊는 것, 그 어느 것이 좋겠는가.
도를 이루면 구름 타고 제향에 가서
거기 금궐에서 上帝상제를 모실 수 있을 것이니,
그대여, 그대여 내 말을 간직하여
무망중에도 서로 잊자는 말, 머리에 꼭 새겨 두게나.

886 [艸衣選集] 下卷 附原韻 西山詩 — 丁學淵

畦衣一棹廣陵**煙**　雅集江樓十二**秊**
游寺詩應珍堨滯　謝茶書向塞琴**傳** (游縣寺詩 因許小癡寄去 後聞沈滯)
青山老臥金身佛　碧海生還玉局**仙** (師不游京秋史有還)
不妨再騎支遁馬　北人爭看折肱**禪** (師於耽羅騎馬傷臂 既傷不妨 再傷欲其決意 出山騎馬 游京再傷 何足惜耶)

七言律 先韻⇒煙秊傳仙禪

초의선집 하권 유산의 원운 — 정학연(1783~1859)

안개 낀 광릉에서 물옷에 상앗대 하나
강루에서 아집[968]한 지 십이 년.
절에서 시 짓고 고운 뜰에 머물던
茶 보낸 색금(전남 해남)으로 편지를 띄우네.
(절에서 놀며 지은 이 시를 허소치 편에 보냈는데, 그 후로는 소식이 끊겼다.)

---

967) **許小癡** 허유(許維 1809~1892). 소치(小癡)는 號, 陽川人, 全南珍島人. 추사(秋思) 김정희(金正喜) 문하(門下)에서 詩, 書, 畫를 배워 삼절(三絶)이라 일컬었으며, 후에 헌종(憲宗)의 권애(眷愛)를 입었다.
968) **雅集** 멋스러운 모임. 시문 따위를 짓고 노는 고상한 모임, 雅會.

금신불(초의)은 늙어 청산에 누웠고
옥국선(추사)은 제주에서 건너오도다.
(초의는 서울에 오지 않는데, 추사는 귀양에서 풀려나도다.)
지둔마를 또 타는 건 무방하나니
북인들은 다툼 보고 팔 꺾고 참선한다.
(탐라에서 師께서 騎馬 중에 팔뚝을 다치셨는데, 이미 다친 상처는 어쩔 수 없거니와 決意하고자 出山하여 騎馬하시다 다시 다치셨다니 어찌 족히 哀惜하리오)

887 [艸衣選集] 下卷 奉和山泉道人謝茶之作和艸衣 庚戌 七言絶句 六章 — 張意恂

其一
古來賢聖俱愛**茶**　茶如君子性無**邪**
人間草茶差嘗盡　遠入雪嶺採露**芽**
七言古 麻韻

其二
法製從佗受題**品**　玉壜盛裏十樣**錦**
水尋黃河最上源　具含八德美更**甚**
七言古 寢韻

其三
深汲輕軟一試**來**　眞精適和體神**開**
麤穢除盡精氣入　大道得成何遠**哉**
七言古 灰和元韻

其四
持歸靈山獻諸**佛**　煎點更細考梵**律**
閼伽眞體窮妙源　妙源無著波羅**蜜**
七言古 質韻

其五
嗟我生淩三千**秊**　潮音渺渺隔先**天**
妙源欲問無所得　長恨不生泥洹**前**
七言古 先韻

其六
從來未能洗茶**愛**　持歸東土笑目**隘**
錦纏玉壜解斜封　先向知己修檀**稅**
(以上 七絶古體 六首)　七言古 霽韻

초의선집 하권 산천도인[969]의 謝茶之作을 받들어 화운함. 경술년(1850)
칠언절구 6장 — 장의순(1786~1866)

기1
옛적부터 성현이 다 茶를 아꼈으니
茶는 군자와 같아서 거짓됨이 없네[970].
인간이 첫茶[971]를 다 맛보아 차등하되
멀리 설령[972]에 들어 露芽茶를 땄느니.

기2
법제를 달리 좇아 제품 얻으니
옥단지 속에 담아 십양금 두르고
물은 황하 맨 위 원천을 찾으니
팔덕을 다 갖추어 더욱 좋구나.

기3
깊은 輕軟水경연수 길어 한번 試茶하니
참 精巧정교 적화하여 몸에서 열리는 茶神
먼지 때를 다 없애니 정기 스미는데
큰 도 이룸이 어찌 멀기만 하랴.

기4
령산에 가져가 부처님께 드리고자
茶 달이며 다시 곰곰 범률을 상고함에
알가[973]의 참 모습 묘원을 다함이나
묘원 집착 없음이 바라밀[974]인 것을.

기5
아! 내 깊은 삶 삼천년이건만
아득한 독경소리 선천 사이 뜨고
묘원을 묻고자 하나 깨달을 바 없으니
니원 앞의 불환생을 길게 한하노라.

---

969) **산천(山泉)도인** 추사 김정희의 아우인 김명희(金命喜 1778~1859)의 號. 字는 성원(性源), 김로경(金魯敬)의 아들.

970) **性無邪(성무사)** 거짓 없는 성품. 가꾸기 따기 만들기 간직하기 마시기 등에도 거짓이나 조작이 없음을 의미한다. 허차서(許次紓)의 『茶疏』 '덖기' '마시기' 참고.

971) **草茶** 첫茶. 어떤 일의 처음으로 '草耕' '草稿' '草集' '草創' 등.

972) **雪嶺(설령)** 불경의 히말라야 산맥. 운남성 려강현 서북, 히말라야 산맥의 북쪽 서장성 '티벧' 복판의 탕글라 산맥을 동쪽으로 잇는 횡단산맥으로 동남 끝에 사철 눈이 쌓여 있는 雪山九峯.

973) **閼伽** 梵語의 '알가'는 華言(中語)의 茶이다.

974) **波羅蜜** 범어 paramitadml의 음역. 생사의 境을 벗어나 피안(彼岸)에 도달하는 일, 대오(大悟)하는 일. 보살 수행의 목표에 대한 총칭으로 견성의 경지를 이른다.

기6
종래에 조촐히 茶를 사랑하지 못하고
우리나라에 가져오니 스스로 편협함을 웃었네.
비단묶음 옥단지 봉함을 비껴 열고
먼저 지기께 갖춰 보냅니다.

888 [艸衣選集] 下卷 附原韻 山泉 七言絶句 六章 — 金命喜

其一
老夫平日不愛**茶**　天憎其頑中虐**邪**
不憂熱殺憂渴殺　急向風鑪瀹茶**芽**
七言古 麻韻⇒茶邪芽

其二
自燕來者多贋**品**　香片珠蘭匣以**錦**
曾聞佳茗似佳人　此婢才耳醜更**甚**
七言古 寢韻⇒品錦甚

其三
草衣忽寄雨前**來**　擘包鷹爪手自**開**
消壅滌煩功莫尙　如霆如割何雄**哉**
七言古 灰韻⇒來開哉

其四
老僧選茶如選**佛**　一槍一旗嚴持**律**
尤工炒焙得圓通　從香未入波羅**蜜**
七言古 質韻⇒佛律蜜

其五
此秘始投五百**秊**　無乃福過古人**天**
明知味勝純乳遠　不恨不生佛滅**前**
七言古 先韻⇒秊天前

其六
茶如此好寧不**愛**　玉川七盌猶嫌**隘**
且莫輕向外人道　復恐山中茶出**稅**
七言古 霽韻⇒愛隘稅

초의선집 하권 부 원운 산천 칠언절구 6장 — 김명희(1788~1859)

기1
老夫로부 평상시에 茶 사랑하지 않아
하늘이 그 우둔함 미워 사학하신 중에
열병과 갈증을 그치려
급히 풍로에 다가가 茶를 달인다.

기2
연경에서 온 것은 안품(가짜)이 많아
향편 주란에 비단 두른 상자로다.
일찍 들으니 佳茗은 가인과 같다는데
이 비재는 지지리도 못났구나.

기3
초의가 홀연히 부친 雨前茶가 왔거늘
鷹爪茶 죽순피 포장 손수 열고 다루니
응체를 소화하고 번민 씻어주는 功效공효
우레처럼 가르듯 어찌 뛰어나지 않으리.

기4
로스님 茶 가리되 부처님 가리신 듯
일창 일기를 엄한 계율로 지켜
더욱 덖고 말리는 데에 두루 통달하니
향과 맛을 좇아 바라밀에 들지 못하네.

기5
이 秘方비방 投茶하기 오백년인데
오히려 지나친 복, 고인의 천명인 것을
밝은 지혜 절승한 맛 순유보다 깊구나
우주 본체 앞을 한하지 아니하리.

기6
茶가 이같이 좋거늘 어찌 아끼지 않고
로동 일곱 주발 茶가 오히려 궁상이라.
대저 가벼이 외인에게 말하지 말지니
다시 산중에 茶稅 내라 할지 두렵소이다.975)

---

975) **復恐 …… 茶出稅** 다시 茶의 세를 내라 할까 두려워하다. 이 句의 머리에 '復'를 起語로 한 것으로 보아 옛적에 심하게 거두어 간 茶稅를 稅吏가 산중에 와서 '또다시' 내라 할까 두렵다.

889 [艸衣選集] 下卷 阮堂金公祭文 — 張意恂

維咸豐八秊戊午 二月淸明日, 方外淸交某, 謹以淸酌, 敢昭告于, 阮堂先生金公几筵帳下. (中略) 有時論心, 和氣藹若, 誾風惠日, 手煎雷莢雪乳同傾, 耳觸聲悲蘿衫具濕, 生前一悟, 憑珠鏡而叮嚀, 身後雙悲倂龍鸞而彌切. 嗚呼. (下略)

초의선집 하권 완당 김공 제문 — 장의순(1786~1866)

함풍(1851~1861) 8년(1858) 무오 2월 청명일에 방외의 친구 의순이 한 잔의 술을 올리고, 완당선생 김공의 영전에 고하나이다. (중략)
정담을 나눌 때면, 그대는 실로 봄바람이나 따사한 햇볕 같았었지요. 뿐만 아니라 손수 달인 敬雷莢(茶名)과 雪乳(茶名)를 함께 나누며 슬픈 소식을 들으면, 그대는 눈물을 뿌려 옷깃을 적시곤 했지요. 생전에 말하던 그대 모습 지금도 거울처럼 또렷하며, 그대 잃은 나의 슬픔 이루 다 헤아릴 수 없나이다. 슬프다. (하략)

890 [恩誦堂集] 茶煙 — 李尙迪

竹罏石銚雅相**宜**　活火新烹雪水**時**
一榻風輕紫鬢影　重簾雨細綴花**枝**
淸於煮酒初回夢　韻似燒香半入**詩**
領略幽情何處好　蒼松陰裏碧谿**涯**

七言律 支韻⇒宜時枝詩涯

은송당집 茶연기 — 리상적[976](1804~1885)

대화로에 돌쟁개비 서로 마땅한 아취
활력 있는 불에 새 설수로 달일 적에
일탑 경풍에 자줏빛 살짝 그림자
重門중문 주렴 꽃가지에 가랑비 맺힌다.
익은 술보다 맑은 초회의 夢中몽중
향 사른 듯 韻致운치에 반입한 詩情시정과
유정을 령략[977]한 어느 곳이 좋을까
푸른 솔그늘 속의 맑은 시냇가 벼랑.

---

976) **李尙迪** 驛館 後裔로 淸 燕京에 12回 往來하였다, 연경(지금의 북경)에서 學問的 名聲이 높았고 溫陽郡守를 역임하였다. (茶를 즐겨 많은 茶詩를 남겼으며, 歲寒圖 畫題의 對象人.)
977) **領略** 뜻을 깨달음. 령회(領會). 『梁昭明太子,書』 '硏尋物理, 領略靑言'.

891 [恩誦堂集] 松濤 — 李尙迪

風湍一碧月孤**明**　五粒飅飅鶴夢**驚**
滿院如聞秋水至　空山忍訝晩潮**生**
琴徵細入新調曲　茶銚淸分一沸**聲**
遙憶故人江上屋　著書消受歲寒**情**

七言律 庚韻⇒明驚生聲情

은송당집 솔 파도 — 리상적(1804~1885)

碧空벽공에 단단978)의 바람 달은 외로이 밝고
오립송(잣나무) 바람에 자던 학이 놀라 깬다.
담 안 가득 들리는 듯 맑은 가을 물
공산에 차마 늦물 밀려오는 소리.
탄금 가늘게 불러들인 새 곡조인가
茶솥에 맑게 번시는 일비성.
멀리 고인 그리는 강상옥에서
글 짓고 소식 받는 세한의 정이여!

892 [恩誦堂集] 挹茶 — 李尙迪

小盌挹茶水　千漚何蕩**潑**
圓光楙如珠　一珠一尊**佛**
浮生彈指頃　千億身恍**惚**
如是開手眼　如是分毛**髮**
悟處齊點頭　參時同豎**拂**
誰師而誰衆　無我亦無**物**
茫茫恒河沙　普度非喚**筏**
泡花幻一嘘　空色湛片**月**
三生金粟影　坐忘何兀**兀**
萬緣了非眞　焉喜焉足**喝**
經傳陸羽燈　詩呪玉川**鉢**

五言長 月韻
⇒潑佛惚髮拂物筏月兀喝鉢

978) **湍湍** 소용돌이치는 모양.

은송당집 물 긷고 茶 달임 — 리상적(1804~1885)

작은 사발에 茶水를 길어와
천 거품 피니 어이 쓸까?
원광 구슬같이 흩으니
일주가 곧 일존불이라.
부생이란 잠깐의 탄지요,
천억의 몸에 황홀함이라.
이같이 手腕수완의 눈이 열리고
이같이 모발을 나눈다.
깨인 처지 모두 점두하며
때로 함께 참석 추켜세우니
누가 스승이고 누가 중생인가
내가 없으면 또한 외물도 없어
망망한 항하사에서
筏方벌방으로 보도하니 소리치지 않네.
포화는 일허의 幻塵환진이오
空色공색 색공의 담박한 편월이라.
삼생도 금속의 그림자
좌망을 어찌 올올타 하리.
일만 인연 비진의 마침
무엇이 喜희요 무엇을 족히 大喝대갈하리.
륙우의『茶經』등불로 전하고
옥천자의 시를 바리때에 빈다.

893 [恩誦堂集] 白山茶歌謝朴景路 — 李尚迪

我曾九泊燕河**槎**　嘗盡天下有名**茶**
十二街頭茶博士　賣茶多於賣漿**家**
歸臥敝廬談龍肉　手把茶經空咨**嗟**
胡僧竹露出新製　時人往往如嗜**痂**
祇應所貴吾鄉物　終是香味澁齒**牙**
不咸一綱感君惠　天寒肺病當三**椏**
誰知此土乃有此　譬如人才出荒**遐**
但恨難得中泠水　無勞遠購武夷**芽**
君不見江南御茶不入貢　旗槍埋沒隨蟲**沙**
又不見泊汐季季通百貨　今秋無箇水仙**花**

茶話故人樾如雨　　烽煙已入天津**涯**
何辛吾生享多福　　煎茶覓句送季**華**
七言古長 痲韻⇒槎茶家嗟痂牙椏遐芽沙花涯華

은송당집 백산茶歌의 박경로에게 사례함 — 리상적(1804~1885)

일찍이 나는 연하(난하) 건너 구일 동안
천하의 유명한 茶를 다 맛보았다.
십이 가두에는 茶 박사와
茶 장사가 미음 장사집보다 많았다.
돌아와 누워 허술한 집에서 룡육(龍肉=龍團)을 담론
손수 『茶經』을 붙들고 공연히 탄식했다.
胡僧호승은 竹露茶의 신제품을 내며
때때로 사람은 헌데를 즐기는 것 같단다.
응당 귀한 바는 우리 향물로
끝내 이 향미가 치아에 낀다 한다.
모두 細色第一綱 아니라 하나 그대 은혜 감사해
겨울 날씨에 앓는 허파 삼아면 감당하리.
누가 이 땅을 알아 여기 있을까
비유컨대 荒遠황원에서 나온 인재인 듯.
다만 중령수 얻기 어려워 한스러우나
멀리 武夷芽를 사오는 로고를 덜었네.
그대 보지 못했나
강남 御茶로 입공 못하고
旗槍이 충해와 浮沙부사에 隨伴수반 매몰됨을.
또 보지 못했나
해마다 개펄에 배 대어 백화로 소통함을
올 가을에도 무량 개개의 수선화를.
고인 茶話는 비 듣는 소리 같고
봉연은 이미 천진 水涯수애에 들었네.
어인 辛苦신고의 오생이 다복을 누리는가?
煎茶하며 멱구하며 송년을 꽃피우리.

894 [恩誦堂集] 臨漢亭 — 李尙迪

信宿江亭病欲**蘇**　　酒人吟子日相**須**
漁梁蟹簖探消息　　水榭雲廊闢畫**圖**
菰葉斜陽分曬網　　棗花微雨映呼**盧**

石泉新汲供淸瀹　陸羽經中品酪奴

七言律 虞韻⇒蘇須圖盧奴

은송당집 한정에 이르러 — 리상적(1804~1865)

江亭강정에서 이틀 묵자 병이 나으려는데
酒人주인 騷客소객이 날마다 서로 기다린다.
어살 게통발에 걸려든 걸 더듬는데
물가 정자엔 뭉게구름 그린 듯이 펼쳐 있네.
볕에 말린 줄잎에 기운 그물에 흩어놓고
대추꽃 꽃비는 놀이판을 덮는다.
돌 샘물 새로 길어 맑게 茶 달여 공양하니
륙우의『茶經』중에 락노라는 것일세.

895 [恩誦堂集] 金石山暮雪 — 李尙迪

鴨綠江頭雪　飛飛送遠行
素心千里隔　華髮一朝生
漸覺征衣重　還憐去路明
今宵中野宿　祇好試茶烹

五言律 庚韻⇒行生明烹

은송당집 금석산 저녁 눈 — 리상적(1804~1865)

압록강 강어귀에 내리는 눈
흩날리며 먼 길을 전송하네.
본마음이 천리나 사이 떴는지
흰 머리털 하루 아침에 돋았네.
점차 갈 길 깨닫자 옷은 무겁고
갈 길 분명하니 도리어 서글퍼.
오늘밤은 한 데서 묵는 중에도
다만 좋아하기 茶 달여 시음하네.

896 [恩誦堂集] 重陽之翌 過三台山莊 — 李尙迪

我來展重九　菊未有黃華
林煖收紅柿　泉香試綠茶

何妨城近市　　卽此是山**家**
少酌耽佳趣　　留連坐暮**鴉**
五言律 麻韻⇒華茶家鴉

은송당집 중양절 이튿날 삼태산장 지나며 — 리상적(1804~1865)

내가 오자 중양절이라는데
국화는 노란 꽃을 피우지 못했네.
따스한 숲에선 홍시를 따고
향기로운 샘물로 綠茶를 달인다.
성과 市시에 가까운 것 무얼 탓하랴
바로 이곳이 산가려니.
조금씩 따라 좋은 운치 즐기며
저녁 까마귀 깃들도록 머물러 앉았네.

897 **[恩誦堂集]** 江州途中 — 李尙迪

靑藜扶野老　　黃犢守山**家**
樵徑穿林細　　村容逐岸**斜**
鹿眠谿畔月　　蜂釀石間**花**
暫向松陰憩　　淸泉手煮**茶**
五言律 麻韻⇒家斜花茶

은송당집 강주 도중 — 리상적(1804~1865)

명아주 지팡이에 촌늙은이 부지하고
누렁 송아지는 산집을 지키는구나.
푸나무 샛길이 숲을 가늘게 뚫고
마을은 조용히 언덕 따라 비껴 있다.
달빛 비친 냇둑엔 자러 가는 사슴
꿀벌은 바위틈에 꽃꿀을 빚누나.
잠시 솔 그늘에 쉴 마음 내켜
맑은 샘물 길어 손수 茶를 달인다.

898 [恩誦堂集] 偶題 — 李尚迪

石銚茶煙靑縷**縷**　　繁陰如水日欹**午**
臥聽啼鳥不開門　　椶葉無風桐葉**雨**

七言絶 麌韻⇒縷午雨

은송당집 뜻하지 않게 쓰다 — 리상적(1804~1865)

돌솥에 茶 연기 올올이 푸른데
무성한 그늘 물 흐르고 해는 뉘엿뉘엿.
새소리 누워 듣다 문 열지 않았는데
종려잎에 바람 잦아들자 오동잎에 빗소리.

899 [恩誦堂集] 夜坐 口占 — 李尚迪

小鑪文火手煎**茶**　　落月娟娟竹外**斜**
半夜紙窗萅氣暖　　水仙初放一囊**花**

七言絶, 麻韻⇒茶斜花

은송당집 밤에 앉아 口占(草稿하다) — 리상적(1804~1865)

작은 화로 여린 불에 손수 茶를 달이는데
지는 달빛 맑고 밝게 대숲 밖으로 기운다.
한밤중 종이창에 봄기운 따스하고
수선화 한 포기 꽃이 갓 피어나다.

900 [恩誦堂集] 養閒 — 李尚迪

養閒無物與心**違**　　今是皤然悟昨**非**
蕉葉似雲高覆屋　　桐花如雪細侵**衣**
倦眠不覺茶初熟　　卻埽何妨鳥亦**稀**
分付園丁樵汲外　　終秊勿許啓雙**扉**

七言律 微韻⇒違非衣稀扉

은송당집 閑暇養生한가양생 — 리상적(1804~1865)

양생[979] 할 때는 물욕과 어긋날 맘 없어
이제야 선뜻 지난날의 잘못 깨닫는다.
파초잎 구름이듯 높이 집을 덮었고
오동꽃 눈처럼 옷에 잘게 스민다.
늦잠 깨지도 않았는데 茶는 막 익어
속세와 끊긴다고 드믄 새소리 꺼리랴.
하인에게 분부해 나무하고 물 긷기 외에
일 년 내내 사립문을 열지 못하게 한다.

901 [恩誦堂集] 秋懷雜詩 — 李尙迪

古木淸谿繞短**籬**　邨深門巷自逶**迤**
尋詩茶畔香初候　款客花開酒熟**時**
小別經秊芳草怨　幽盟指水白鷗**知**
爛柯昨夢觀碁罷　誰道仙家日月**遲**

七言律 支韻⇒籬迤時知遲

은송당집 가을 회포의 잡시 — 리상적(1804~1865)

고목 맑은 시내 짧은 울을 두르고
마을 깊은 골목길 구불구불 시작된다.
시구 찾는 茶언덕엔 갓 피어날 향기
꽃 피자 술 익은 때니 손님을 관대하나.
작은 리별 해 지나니 방초 원망스럽고
깊은 맹세 물 가리키면 백구도 알려나.
간밤 꿈에 바둑 구경하다 도끼 자루 썩어
선가의 세월은 더디다 누가 말했던가?

902 [恩誦堂集] 秋懷雜詩 — 李尙迪

晝䁯書籤整復**橫**　燕居偏愛小窗**明**
瓦當借拓長生字　茶品傳看勝雪**名**
海內親朋同好古　少時風雅更關**情**

979) **養生** 건강을 위해 섭생(攝生)에 힘쓰다.

吳山楚水非天上　矯首秊秊候雁聲

七言律 庚韻⇒橫明名情聲

은송당집 가을 회포의 잡시 — 리상적(1804~1865)

그림 동정 책 묶음이 가로 겹쳐 가지런하고
한가로운 거처 밝고 작은 창을 몹시 아낀다.
와당을 빌려 장생이란 글자 탁본하는데
茶品은 龍團勝雪이란 이름이 전해.
해내의 친한 동문 옛것 함께 좋아하니
소시의 풍아로 다시 정을 여누나.
오산과 초수가 천상이 아니건만
머리 들고 해마다 기러기 소리 살핀다니.

903 **[恩誦堂集]** 記 · 記龍團勝雪 — 李尙迪

龍團一銙, 面作團龍形. 鱗鬣隱起, 側有勝雪二字, 楷體陰文. 度以建初尺, 方一寸厚半之. 近者石坡李公省掃于湖西之德山縣, 訪高麗古塔, 得小銅佛泥金經帖舍利子沈檀珍珠之屬, 與龍團勝雪四銙焉. 近余獲其一而藏之. 按歐陽公歸田錄, 慶歷閒, 蔡君謨始造, 小品龍茶以進, 謂之小團. 潛確類書, 宣和庚子, 漕臣鄭可簡創爲銀線氷芽. 以制方寸新銙, 有小龍蜿蜒其上, 號龍團勝雪. 又按高麗圖經, 高麗土俗茶味苦澁, 不可入口. 惟貴中國蠟茶幷龍鳳賜團. 自錫賚之外, 商賈亦通販. 故邇來頗喜歠茶, 亦治茶具. 盖仁宗時, 已有小龍團. 惟勝雪之名, 昉於徽宗宣和二秊, 而徐兢卽宣和五秊癸卯, 奉使東來者. 其於中外俗尙及物産, 固已殫見洽聞. 故言之如是. 且麗僧義天指空洪慶如可輩後先航海, 問道求經, 往來宋韓者, 項背相望, 文獻有徵. 于時此類必爭購名茶, 以供佛事, 甚至錮諸石塔. 歷七百有餘秊而復出於世, 吁亦奇矣. 然凡物之最易腐敗澌滅者, 莫先於歠食之需. 而廼有頭綱一種, 流傳東土, 壽齊白鷹之畫, 珍逾瘦金之泉. 余舊藏宣和畫鷹及崇寧重寶數枚, 卽徽宗御書瘦金體者. 至今爲藝林雅賞, 豈有神物護持, 陰相余嗜古之癖歟. 爰證故實, 以公同好.

은송당집 기 · 룡단승설을 기록함 — 리상적(1804~1865)

龍團茶 한 덩이의 표면을 룡의 형상으로 둥글게 만들었다. 비늘과 수염이 은은히 일어나고, 옆에는 '승설'이란 두 글자가 있는데 해서체의 음각문이다. 건초척으로 재어 사방 한 치인데, 두께는 그 절반이다. 근래 석파이공(흥선대원군)께서 호서의 덕산현에 묘를 살피러 갔다가 고려 시대의 옛 탑을 찾아가 소동불과 니금경첩, 사리와 침향단 및 진주 등과 龍團勝雪 4덩이를 얻었다. 근래 내가 그 중 하나를 얻어 간직하였다.

구양수의 『귀전록』을 살피니, "경력년간(1041~1048)에 채군모가 처음으로 小品龍茶를 만들어 바치면서 小團이라 하였다"고 했다. 『잠확류서』에는 "선화 경자년(1120)에 조신 정가간이 銀線氷芽를 처음 만들었다. 사방 한 치의 새 덩이로 만들었는데, 작은 룡이 그 위에 꿈틀꿈틀 서려 있어 이름을 龍團勝雪이라 하였다"고 했다. 또 『고려도경』을 살펴보니, "고려의 토속茶는 맛이 쓰고 떫어 도무지 마실 수가 없다. 다만 중원의 蠟茶와 龍團 鳳團의 하사한 덩이茶만을 귀하게 여긴다. 직접 하사품으로 받은 것 외에 장사꾼도 통상하여 팔므로, 근래 들어 자못 茶 마시기를 좋아하고, 또한 茶도구도 갖추었다"고 했다.

대개 인종 때(재위 1023~1054)에는 이미 小龍團이 있었던 것이다. 다만 勝雪이란 이름은 송나라 휘종980) 선화981) 2년(1120)에 시작되었다. 하지만 서긍은 선화 5년 계묘(1123)에 사신으로 고려에 온 사람이다. 중원 외의 풍속과 물산에 대해 이미 낱낱이 다 듣고 보았던 까닭에 이처럼 말했던 것이다. 또 고려의 승 의천과 지공, 홍경과 여가의 무리가 앞뒤로 바다를 건너 도를 묻고 경전을 구하려고 송나라를 왕래한 것이 계속 이어졌으니, 문헌에 기록이 남아 있다. 이 때 이들의 무리가 반드시 다투어 이름난 茶를 구입해서 불사에 바쳤고, 심지어는 석탑 안에 넣어 두기까지 했다. 7백여 년이 지나서 다시 세상에 나온 것은 또한 기이하다 하겠다. 하지만 무릇 물건 중에 가장 쉽게 부패하여 없어지는 것으로 음식보다 더한 것이 없다. 그런데도 頭綱茶의 한 종류가 우리나라 땅에까지 흘러 전해져서, 그 수명은 흰 매를 그린 그림과 나란하고, 보배로움은 수금천보보다 더 낫다. "내가 전부터 선화 년간의 매 그림과 숭녕중보 몇 매를 소장하고 있는데, 바로 휘종 황제가 직접 쓴 수금체982)다." 지금에 이르러 예림의 훌륭한 감상거리가 되니, 어찌 神物신물이 이를 지켜 남몰래 나의 옛것 좋아하는 버릇 도우심이 아니겠는가? 이에 전거를 뒤져서 동호인에게 알린다.

904 [恩誦堂集] 蝶菴比部寄餉淞茶 — 李尚迪

白甀封題綠雪**芽**　郵筒迢遞返星**槎**
夢游穀雨淞江路　臥聽松風洌水**涯**
七盌試新如吸露　一樽憶昨共籌**花**
更爲後會知何日　撥盡鑪灰賦木**瓜**

七言律 痲韻⇒芽槎涯花瓜

---

980) **徽宗(휘종)** 북송(北宋)의 제8대 황제(재위 1110~1125). 이름은 조길(趙佶), 신종(神宗)의 아들. 형인 제7대 황제 철종(哲宗)의 병사(病死)에 따라 즉위하였다. 문화재를 수집, 보호하고 궁정 서화가를 양성하여 문화사상 선화시대(宣和時代)라는 한 시기를 현출(現出)하였다.

981) **宣和(선화)** 북송(北宋)의 최말기(1119~1125)로 선화는 휘종(徽宗)의 연호(季號)이다.

982) **瘦金體(수금체)** 宋 휘종(徽宗)의 서법(書法)은 독특하여 가늘면서도 힘 있게 운필(運筆)하나, 하나같이 강직(强直)하면서도 수려(秀麗)함이 숨어 있어 수금체라 불렀다.

은송당집 접암 비부가 淞茶를 부쳐오다 — 리상적(1804~1865)

흰 항아리 봉하여 綠雪이라 이름 쓰고
멀리 성사[983] 편 우통을 보내왔네.
곡우 시절 송강길을 꿈속에 청유하며
누워서 렬수[984] 물가 솔바람 소릴 듣누나.
일곱 사발 햇茶 맛은 감로를 마시는 듯
한 동이 술과 함께 鬥花투화 籌議주의가 어제인 듯.
다시 만날 뒷날이 언제인 줄 알리
화로의 잿불 뒤적이며 목과로 시 지을 날.

905 [恩誦堂集] 金小棠惠富士山茶及茶壺 皆日本物也 — 李尚迪

其一
徐市祠前野草**花**　三山何處有仙**家**
可憐秦帝求靈藥　爭似先生一盌**茶**
七言絶 麻韻⇒花家茶

其二
卵色瓷壺天下一　手煎新茗滌煩惱(**淫**)
松風活火深深夜　似聽殘潮海上**音**
七言絶 侵韻⇒淫音

은송당집 김소당이 부사산茶와 茶壺를 보내주었는데 모두 일본 물건이다 — 리상적(1804~1865)

기1
서불의 사당 앞 들풀꽃 피니
삼산 어디쯤에 선가가 있으련만
가련타 진시황이 영약을 구했던들
어찌 선생의 한 사발 茶와 같으리오.

기2
천하제일의 달걀빛 자기 茶罐에
손수 햇茶 달여 번뇌(煩淫; 번음) 씻노라면
깊은 밤 활력 있는 불에 솔바람 소리가
바닷가 밀물 썰물 소리 들려오는 듯.

---

983) **星槎(성사)** 성사(星使 외국에 보내는 사신)가 타고 가는 배.
984) **洌水(렬수)** 조선 시대 '한강'을, 고조선 때에 '대동강'을 이르던 말로 두 가지 說이 있다.

906 [嘉梧藁略] 嘉梧藁略冊四 竹露茶 — 李裕元

普林寺在康津縣　縣屬湖南貢楛**箭**
寺傍有田田有竹　竹間生草露華**濺**
世人眼眵尋常視　季季菖到任蒨**蒨**
何來博物丁洌水　敎佗寺僧芽針**選**
千莖種種交織髮　一掬團團縈細**線**
蒸九曝九按古法　銅甑竹篩替相**碾**
天竺佛尊肉九淨　天台仙姑丹九**煉**
筐之筥之籤紙貼　雨前標題殊品**擅**
將軍戟門王孫家　異香繽紛凝寢**讌**
誰說丁翁洗其髓　但見竹露山寺**薦**
湖南希寶稱四種　阮髥識鑑當世**彦**
海椗耽菻檳榔葉　與之相埒無貴**賤**
草衣上人賚以送　山房緘字尊養**硯**
我曾眇少從老長　波分一盌意眷**眷**
後游完山求不得　幾載林下留餘**戀**
鏡釋忽投一包裹　圓非蔗餹餅非**茜**
貫之以索疊而疊　纍纍薄薄百十**片**
岸幘褰袖快開函　牀前褫落曾所**眄**
石鼎撑煮新汲水　立命童豎促火**扇**
百沸千沸蟹眼湧　一點二點雀舌**揀**
胸膈淸爽齒根甘　知心友人恨不**遍**
山谷詩送坡老歸　未聞普茶一盞**餞**
鴻漸經爲瓷人沽　未聞普茶參入**撰**
瀋肆普茶價最高　一對換取一疋**絹**
薊北酪漿魚汁腴　呼茗爲奴俱供**膳**
最是海左普林寺　雲脚不憂聚乳**面**
除煩去膩世固不可無　我産自足彼不**羨**

七言古 霰韻
⇒箭濺蒨選線碾煉擅讌薦彦賤硯眷戀茜片眄扇揀遍餞撰絹膳面羨

가오고략 가오고략책4 죽로茶 — 리유원(1814~1888)

보림사는 강진(현, 장흥) 고을에 있으니
호남 소속한 고을로 싸릿대가 공물이라.

절 옆에 밭이 있고 밭에는 대가 있어
사이에 茶가 자라며 이슬 젖어 빛난다.
세상사람 눈 어두워 대수롭지 않게 보니
해마다 봄이 오면 멋대로 우거진다.
어쩌다 온 박식한 丁洌水정렬수 선생이
다른 절 승려에게 가르쳐 바늘 싹을 가려.
천 가닥 줄기마다 교차한 머리카락
한 움큼씩 둥글둥글 가는 실이 얼기설기.
아홉 번 찌고 아홉 번 볕에 말린[985] 옛 법 살피며
구리 시루 대소쿠리에 번갈아서 체질한다.
천축 부처님은 아홉 번 정히 몸 씻었고
천태산 姑射고야 仙人선인 아홉 번 단약 불렸지.
광주리 소쿠리에 종이 표지 붙이니
雨前이란 표제에다 품질 천단 으뜸이라.
장군의 창문 왕손의 집안에서
기이한 향 얽혀 잔치 자리에 머문 듯.
누가 말했는가 丁謂翁정위옹이 골수 씻어냄을.
다만 산사에서 죽로茶 바치는 것 볼 뿐.
호남 땅 귀한 보물 네 가지라 일컫느니
완당 노인 감식 안목 당세의 으뜸이라.
해남 박달 제주 달래 빈랑 잎과
더불어 서로 같아 귀천이 없다.
초의上人 보내와 가졌으니
山산방에 봉한 글자 養硯양연의 소중함
내 일찍이 어려서 어른을 따를 적
베푸신 한 사발에 살뜰한 마음이었지.
훗날 완산(전주) 머물 제 구해도 얻지 못해
몇 해를 수풀 아래 미련 남겨 두었는데.
古鏡고경스님 홀연히 한 자루 던져 주니
둥글되 설탕이 아닌 붉지 않은 떡이라.
노로 꿰어 겹치고 포개어
얇고 얇게 잇대어 일백열 조각이라.
두건 벗고 소매 걷고 재빠르게 함을 열자
상 앞에 쏟아진 것 예전에 본 바일세.
돌 솥 걸어 놓고 새 물 길어 달이며

985) **蒸九曝九(증구폭구)** 구증구폭. 북송 말에 성했던 황실용 용봉단차의 8~12宿芽(서운상룡, 용단승설 따위) 제법을 마치 명 태조 이후에까지 九轉仙丹(구전선단) 방법과 혼돈한 오류로, 특히 茶를 볕에 말림은 금기 사항이다. 상징성만 참고할 내용이다.

동복에게 명하여 불부채질 재촉한다.
백 번 천 번 끓고 나자 게눈이 솟구치고
한 점 두 점씩 雀舌을 가렸구나.
막혔던 가슴이 청상하고 이 뿌리 달금한데
마음 아는 벗에게 두루 미치지 못한 한이라.
黃山谷황산곡 茶詩 지어 동파로인 전송할 적
보림사의 茶 한 잔으로 전별한 말 못 듣고.
륙우의 『茶經』은 陶公도공이 팔았으나
보림사 茶를 들어 시 지었단 말 못 들었네.
茶즙 파는 가게에서 보림사 茶가 최고가로
한 봉지로 비단 한 필 맞바꿔 산다 했다.
薊州계주 북방 소락장과 기름진 어즙을
茶 불러 종을 삼아 함께 차려 공양하나.
가장 좋긴 황해 동쪽 보림사 茶려니
운각의 근심 없이 유면 모여 싸인다네.
번뇌와 기름기 제거해 세상에 꼭 필요한데
우리 산품 자족하니 달리 부러울 것 없네.

907 [梵海禪師文集] 卷一 茶藥說 — 崔覺岸

百藥雖良, 不知不用. 百病爲苦, 不救不生之際. 有救之生之之術, 不知不用之中, 有知之用之之妙, 非人感之天應之, 藥與病爲無可奈何也. 予壬子秋, 住南庵以痢疾, 委四肢忘三時奄, 及旬朔自知其必死矣. 一日同入室號無爲兄, 自侍親而來, 與同禪懺名當仁弟, 自侍師而至, 擧首左右三台分位, 自知其必生矣. 俄爾兄曰 我以冷茶救母幾危之際, 急煎用之, 弟曰 我藏芽茶以待不時之需, 何難用之. 如言煎之, 如言用之, 一盌腹心小安, 二盌精神爽塏, 三四盌渾身流汗, 清風吹骨快然, 若未始有, 病者矣. 由是食歒漸進, 振作日勝直至六月, 往參母氏忌祭於七十里本家. 時乃淸咸豐二季, 壬子七月二十六日也. 聞者驚之, 見者指之. 吁茶在地, 人在天, 天地應與, 藥在兄, 病在弟, 兄弟感與. 何神效之如此. 以茶救母, 以茶活弟, 孝悌之道盡矣. 傷心哉. 病不甚重, 何知必死, 情不甚厚, 何知必生哉, 知其平生情分之如何. 而記示其後來, 有可救之道, 而不可救之流.

범해선사문집 권1 茶藥설 — 최각안(1820~1896)

온갖 약이 비록 좋아도 알지 못하면 쓸 수 없고, 온갖 병이 괴로워도 구제하지 못하면 살 수 없다. 구제하여 살리는 방술이 있고, 알지 못해 약을 쓰지 못하는 중에도 알아보면 약을 쓰는 묘법이 있을 것이나, 사람의 직감과 하늘의 응답이 아니면 약과 병을 어찌할 수 없다 할 것이다. 내가 임자년(1852) 가을 남암에 있을 적에 이질로 사지 나른하여 세끼 밥을 잊은 지 어느새 열흘이 되자 스스로 꼭 죽는 줄 알았다.

하루는 무위 형이 부모를 모시다가 와서 함께 입실하고 당인 아우가 선참하며 스승을 모시고 와서 함께 하였기에, 머리 들으니 형제가 좌우 삼태로 분위하여 스스로 꼭 살아날 줄 알았다. 잠시 뒤에 형이 말하기를 "나는 冷茶로 어머니를 위기에서 구제할 때 급히 달여 썼느니라" 했고, 아우가 말하기를 "나는 茶芽를 간직했다가 불시 수요에 대비하니 어찌 쓰기 어려우랴' 했다. 말(言)과 같이 달여서 말과 같이 썼는데, 한 사발을 마시니 뱃속이 조금 편안하고, 두 사발을 마시니 정신이 상쾌해지며, 세네 사발을 마시니 온 몸에 땀이 흘러 청풍이 뼈에 스민 듯 쾌연하면서 처음부터 병이 없는 듯했다. 이로부터 식음이 점차 나아지고 진작되어 날로 좋아져서 곧장 여섯 달이 되매 칠십 리 집에 가 어머님 기제에 參詣참예하였다. 이때가 청나라 함풍 2년(1852, 33歲) 임자 7월 26일이었다." 듣는 이는 놀라고 보는 이는 아름답다 했다.

아! 茶는 땅에 있고 인명은 하늘에 있어 천지 相應상응이요, 약은 형에게 있고 병은 아우에게 있으니 형제 감응이라. 어찌 신효함이 이 같으랴! 茶로써 어머니를 구제하고 茶로써 아우를 살려 孝悌효제의 도리를 다했음이랴! 새길지라, 병이 깊지 않으면 어찌 반드시 죽을 것을 알겠으며, 정이 두텁지 않으면 어찌 꼭 살아날 줄 알아서, 평생의 정분이 어떠했는가를 알겠는가? 이에 기록하여 후래한 이가 구제의 길이 있음과 구제 불가능한 류가 있음을 보이노라.

908 [梵海禪師文集] 卷二 茶歌 — 崔覺岸

攤書久坐精神少　茶情暴發勢難**禁**
花發井面溫且甘　軻罐擁鑪取湯**音**
一二三沸淸香浮　四五六盌微汗**泚**
桑苧茶經覺今是　玉川茶歌知大**體**
寶林禽舌輸營府　花開珍品貢殿**陛**
咸務土産南方奇　康海製作北京**啓**
心累消磨一時盡　神光淨明半日**增**
睡魔戰退起眼花　食氣放下開心**膺**
苦利停除曾經驗　寒感解毒又通**明**
孔夫子廟參神酌　釋迦氏堂供養**精**
瑞石槍旗因仁試　白羊舌嘴從神**傾**
德龍龍團絶交闊　月出出來阻信**輕**
中孚舊居已成丘　禽峯棲山方安**餠**
調和如法無爲室　穩藏依古禮庵**絣**
無論好否南坡癖　不讓多寡靈湖**情**

細看流俗嗜者多　　不下唐宋諸聖**賢**
禪家遺風趙老話　　見得眞味靄山**先**
挽日工了玩月夜　　茗供吹籥煎相**牽**
正笥彦鋞臘日取　　聖學汲泉呼太**蓮**
萬病千愁都消遣　　任性逍遙如金**仙**
經湯譜記及論頌　　一星燒送無邊**天**
如何　　　　　　　奇正力書與我**傳**

七言古體長篇 侵韻⇒禁音. 紙韻⇒泚薺軆陛啓通. 蒸韻⇒增膺.
庚韻⇒明精傾輕鉼帡情通. 先韻⇒賢先牽蓮仙天傳

범해선사문집 권2 茶 노래 — 최각안(1820~1896)

책 펴고 오래 앉아 있으면 흐려지는 정신
茶 마실 생각 부쩍 일어 참기 어렵다.
우물가에 꽃 피면 온화하고 또 맛좋은 물
탕관에 퍼와 화로 안고 끓는 소리 듣는다.
일비 이비 삼비법에 청향 떠 번지고
로동, 한재 일곱 사발의 茶에 가는 땀이 난다.
상저옹 륙우의 茶經을 이제야 깨닫고
옥천자 로동의 茶노래를 대체로 알겠네.
보림사 작설차는 官營관영 府庫부고에 가져가고
화개골 진품은 궁중에 공납한다.
함평, 무안 토산茶는 남방에서 뛰어나며
강진, 해남 제품은 북경에도 통한다네.
마음에 번뇌를 일시에 씻어 주니
신묘한 빛 고요한 밝음 한나절을 더해 준다.
싸우던 수마 물러가며 흐린 눈 밝아 오고
음식이 소화되며 가슴이 열린다.
로고 편안, 정체 제거됨을 일찍이 경험하고
한질 감기 풀어 주고 또한 통명하니
공자님 사당의 泰山神태산신께 獻爵헌작하고
부처님 법당에 정성껏 공양하리.
서석골 일창 일기 애봄에 시음하고
백양사 작설부리 神氣신기 좋아 마신다.
덕룡의 龍團茶는 널리 교통 끊겼고
월출산 전래茶는 가벼운 소식조차 막혔네.
초의의 옛집은 이미 丘岡구강이 되었고
금봉도 山산에 묻혀 이제는 茶병을 놓았네.

조화는 法법인 듯, 무위의 龕室감실이요
온藏장은 의구한 菴廬암려의 예불이라.
好否호부를 론하지 않음 남파(李南軾?)의 버릇이요
多寡다과를 사양치 않음 령호의 정이었네.
류속을 살피니 茶 즐기는 이 많아
당송대의 여러 성현에 내리지 않구나.
선가의 유풍은 조주스님 '喫茶去'
진미를 터득하기 제산이 먼저였지.
만일암 공부 마치고 밤 달을 완상하니
茶 바치는 취주악인가 달이는 소리 서로 이끈다.
정사와 언질을 臘享日랍향일에 취하여
성학은 물 긷고 태련을 부르노라면.
온갖 병마 일천 근심 다 쓸어 보내고
본성 찾아 소요하는 금선과 같을진대
湯歷탕력을 보기하고 론송에 이르러
일성지화무변천에 피워 보내려는데
어찌하여
神奇신기한 力書력서를 몸소 전해 주랴?

909 [梵海禪師文集] 卷一 茶具銘 — 崔覺岸

生涯淸閒　數斗茶**芽**
設苦窳鑪　載文武**火**
瓦罐列右　瓷盌在**左**
惟茶是務　何物誘**我**
四言古 麻·哿韻⇒芽火左我

범해선사문집 권1 茶를 갖춰 새김 — 최각안(1820~1896)

생애가 청한하매 두어 말 茶芽 뿐이네
이지러진 화로 갖추고986) 문무화 붙이노라,
오른편에 질그릇을, 왼편에 오지사발 벌여놓고
오직 茶에만 열중하니 무엇이 나를 유혹하리?

---

986) **苦窳(고유)** 도자기 따위가 거칠고 비뚤어짐.

910 [梵海集] 卷一 草衣茶 — 崔覺岸

穀雨初晴日　黃芽葉未**開**
空鐺精炒出　密室好乾**來**
栢斗方圓印　竹皮苞裹**裁**
嚴藏防外氣　一盌滿香**回**

五言律 灰韻⇒開來裁回

범해집 권1 초의茶 — 최각안(1820~1896)

곡우 뒷날 개었는데
누런 싹에 잎은 피지 않았네.
빈 솥에 덖어 내고
밀실에 말려야 좋지.
모나고 둥근 백두로 누르고
대껍질로 싸기도 하네.
외부 공기 막고자 잘 간직하니
한 사발 가득 향기 감도네.

911 [梵海集] 七言律詩 — 崔覺岸

汲澗煎茶喚友**分**　情林密勿滿堂**薰**
評論句讀砭新學　涉獵篇章證舊**聞**
淨除道場充空肚　通開方丈坐孤**雲**
已知至樂箇中在　可笑云爲陌上**奔**

七言律 文韻⇒分薰聞雲奔

범해집 칠언률시 — 최각안(1820~1896)

산골물에 茶 달여 知友지우 불러 나누니
정든 숲 密勿밀물하고 집 가득한 향기.
구두로 평론하며 신학문 경계함은
편장을 섭렵하고 구문한 증험이라.
정제한 도장에서 비운 배 채우느라
방장을 개통하고 고운과 앉았네.
이미 지극한 즐거움 개중에 있으니
가소롭다 阡陌천맥 위에 분주한 世情세정.

912 [梵海集] 七言律詩 — 崔覺岸

南臺北嶽是吾**家**　只守性天度歲**華**
蘿月松風爲伴侶　經牀茶圃作生**涯**
三條椽下知吾馬　七尺單前覺盞**蛇**
葉落花開菖秋至　但看喚友擇枝**鴉**

七言律 麻韻⇒家華涯蛇鴉

범해집 칠언률시 — 최각안(1820~1896)

남으로 墩臺돈대 북으로 山嶽산악인 여기 내 집에
다만 천성 지키며 세화에 따른다.
라월과 송풍을 반려 삼고
경상과 茶圃에서 생애를 경작한다.
세 갈래 椽木下연목하 栱枓공두를 아느니
7척 단신 전 잔사를 깨닫는다.
잎 지고 꽃 피다 이른 세월에
다만 벗 불러 보고 飛鴉비아 一枝일지 宿擇숙택하리.

913 [梵海集] 七言律詩 — 崔覺岸

考槃在澗一心**澄**　南北東西任運**騰**
眼困看經明漸縮　毛因閱歲百將**增**
講筵想馳雲去塾　茶話難忘月出**僧**
俯念羣生千萬態　堪憐同住有多**情**

七言律 蒸韻⇒澄騰增僧情

범해집 칠언률시 — 최각안(1820~1896)

고반이 산골 물가에 있어 한결 심징하여
동서남북 운등을 임의로 한다.
간경하던 눈 困苦곤고하여 점차 줄이며
한 해 지난 毛髮모발은 백 배로 늘어나네.
강연에 상념 驅馳구치하니 구름 떠난 글방에
茶話 잊기 어려운 승에게 달 떠오른다.
중생의 俯念부념은 천태만상이나
동주의 련휼 감당 다정함 있느니.

914 [高宗] 38季(1901)

'進宴儀軌'에 雀舌茶를 씀.

고종 38년(1901)

진연의궤

915 [高宗] 38季(1901)

中和殿의 進宴儀軌에 雀舌茶를 씀.

고종 38년 (1901)

진연의궤

916 [高宗] 39季(1902)

咸寧殿의 外進宴에 雀舌茶를 씀.

917 [高宗] 42季(1905)

韓鮮農商工部가 各道에 '植木條例'를 示達하여 每季 淸明의 날을 前後해서 茶나무를 심도록 訓令.

918 [勉菴先生文集] 卷四 辭議政府贊政疏 — 崔益鉉

再疏戊戌 十月初九日. 伏以臣日者封章冀蒙罪罰, 兼陳不可冒進之狀, 而附以芻蕘之言. (中略) 請愼歙食以保聖躬. 臣竊觀, 孔子沽酒市脯不食, 康子饋藥, 謂其未達而不敢嘗. 夫孔子豈嘗謂市人之食必害于人, 康子之藥必害于己. 然孔子猶愼之者, 不以口腹之累, 忘輕生之戒也. 今夫外國所具之需, 雖珍味美饌, 旣非常膳所進之物, 而味旣不正, 且土産不同, 胃氣受損, 以聖人之事觀之, 是豈可或下一箸耶. 不寧惟是. 以近日鴻陸之變觀之, 彼在逋之賊, 不止一鴻陸, 萬有一敢懷凶逆踵, 行其餘謀則, 聖明將何以察之也. 先韓之法, 凡歙食之自外室者, 皆不得進御, 所以防未然之禍也. 臣願自今日始, 凡歙食茶果之自外國來者一切不御, 以保聖躬, 千萬幸甚. (下略)

면암선생문집 권4 사의정 부찬정 소 — 최익현(1833~1906)

재소 무술(1898) 10월 9일. 삼가 아룁니다. 신이 일전에 소장을 올려 죄벌 당하기를 바라며, 겸하여 나갈 수 없는 형편을 진달하되 추요(꼴 베고 나무하는 사람) 같은 말을 덧붙였습니다. (중략) 음식을 삼가시어 성체를 보호하소서. 신이 보옵건대 공자는 저자에서 사온 술과 포를 먹지 않았으며, 계강자가 약을 선사하매 무슨 약인지 알지 못해서 감히 맛보지 못한다고 하였습니다. 대체로 공자가 언제 한번이라도 저자 사람들의 음식은 반드시 사람에게 해가 되고, 계강자의 약은 반드시 당신에게 해로울 것이라고 했었습니까? 공자가 오히려 조심한 것은 구복을 채워야 하는 것 때문에 생명을 가볍게 여기는 경계를 잊지 않은 것입니다.

지금 그 외국에서 마련한 음식이 비록 맛이 진기하고 아름다운 것이기는 하나, 항상 반찬으로 드시게 되는 것이 아닌데다가 맛 또한 바르지 못하고 토산과 같지 않아 위장의 힘이 손해를 보게 되니, 성인의 하신 것으로 본다면 이를 어찌 한 젓가락이라도 집을 수 있겠습니까? 어찌 오직 이뿐이겠습니까? 요사이 김홍륙의 일로 보더라도 저들 도망가 있는 역적이 김홍륙 하나만이 아니니, 만에 하나라도 감히 흉악한 역적의 마음을 갖고 그 나머지 음모를 잇달아 부린다면, 성상께서 장차 어떻게 살피시렵니까? 선조 때의 법은 무릇 음식이 외부로부터 들어온 것을 모두 진어하지 못하게 하였으니, 미연의 화를 방지하려 한 것입니다.

신은 바라건대, 오늘부터 시작하여 무릇 외국에서 온 음식이나 茶果는 일체 드시지 마시어, 성상의 몸을 보호하신다면 천만보다 다행함이 없겠습니다. (하략)

919 [勉菴先生文集] 卷四 求禮 七義閣記 — 崔益鉉

登矗石弔三壯士遺魂, 竊以爲嶺湖壯蹟, 此當爲一指矣. 及過石柱見列壇參差, 聞知爲七義士丁酉, 殉忠之地, 姓諱貤爵各在石面, 竝瞭僕顚末, 蒐稡爲書一覽瞭然. 蓋義三壯士之義, 死三壯士之死, 螭家崇報之, 士林俎豆之, 垂三百季, 祠撤而墟鞠爲茂草. 豈島夷猖獗之履霜, 而後人愈久而思慕, 設壇致侑, 亦黑齒掃廓之消息歟. 吾欲繼矗石而敬弔焉. 周旋而出, 少泊于壇下之齋, 王師萅 李明宅卽義士之遺孫茶畢, 謁余以齋記第. 念其實跡, 昭如日星, 文人韻士, 咨嗟詠歌, 如今日事, 何以記爲. 嗚呼. 事變無古今, 忠義無先後, 士不可一日不講乎此, 而爲七義士後孫者, 尤當如何哉. “王之藎臣, 無念爾祖聿修厥德” 以答其意云爾.

면암선생문집 권4 구례 칠의각기(1937) — 최익현(1833~1906)

촉석루에 올라가 삼장사987)의 영혼에게 조문을 하고, 나는 이 영혼의 장적으로는 여기가 제일 먼저 손꼽힐 것이라고 생각하였다. 그 후 나는 석주를 지나다가 단이 열 지어 삐죽삐죽 서있는 것을 보고 칠의사988)가 정유년에 순절한 곳임을 알았다. 그리고 칠의사의 성

987) **三壯士(삼장사)** 영남 삼장사, 호남 삼장사로 나누어 말하는데, 영남 삼장사는 김성일(金誠一), 조종도(趙宗道), 이로(李魯)를 가리키고 『학봉집 주』, 호남 삼장사는 황진(黃進), 금천일(金千鎰), 최경회(崔慶會)를 가리킨다. 영남 삼장사는 근래 李魯를 빼고 곽재우(郭再祐)를 넣어야 한다는 이론도 있다.

988) **七義士(칠의사)** 정유재란(丁酉再亂) 때 순절한 의사로 구례 지방에서 의병을 일으킨 8인을 가리키는데, 리원춘(李元萅), 왕득인(王得仁), 왕의성(王義成), 리정익(李廷翼), 한호계(韓好誡), 양응록(梁應祿), 고정철(高貞喆), 오종(吳宗)의 순서대로 단비가 있다.

과 휘, 贈職증직 등이 각각 비면에 새겨져 있으며, 그들의 공적도 모두 글로 엮어 놓아서 한 번 보아 환하게 알 수가 있었다.

이는 대개 삼장사의 의리를 의롭게 여기고 죽음을 죽음답게 여겨, 나라에서 융숭하게 보답하고, 사림은 그들을 제사 지내어 3백 년이 되었는데, 祠宇가 훼철되고 빈 터에 잡초만이 무성하였다. 왜적이 창궐할 조짐이 있으매 사람들은 그들을 더욱 사모하여 단을 설치하고 제사를 받들었으니, 이는 치아에 검은 칠을 한 오랑캐(왜적)를 깨끗이 소탕할 소식이 아니겠는가? 나는 촉석루에 이어서 삼가 조상하였다. 례를 드리고 나와 잠깐 단 아래 재실에서 쉬었는데, 의사의 후손인 왕사춘, 이명택이 茶를 다 마시자 나에게 기문을 부탁하는 것이었다. 생각하건대, 그들의 실적이 일성과 같이 밝아서 문인과 시인들이 탄미하고 영탄하니, 오늘날 같은 일을 기록할 필요가 있겠는가? 오호라, 사변이란 고금이 없고 충의란 선후가 없는 것이므로 하루라도 이를 강론하지 않아서는 안 되는 것이고 보면, 칠의사의 자손인 자는 더욱 어떻게 해야 되겠는가? 『시경』의 '왕의 충직한 신하여! 너의 조상을 생각지 않느냐? 그 덕을 닦아라'라고 한 詩로 그 뜻에 답한다.

920 [錦溟集] 茶松銘 — 金寶鼎

一囊松葉一餅**茶**　不動諸緣臥此**家**
堪笑昔人修結社　何妨聽鳥又看**花**
七言絶 麻韻⇒茶家花

금명집 茶와 솔잎을 새김 — 김보정(1861~1930)

한 자루의 솔잎과 한 병의 茶 있으니
모든 인연 다 끊고 이 집에 누워 있네.
옛사람 결사하여 수행한다는 일 우습구나
어찌 새소리 듣고 꽃 보는 일 방해하랴.

921 [錦溟集] 和丹山愚齊吟 — 金寶鼎

左桐右竹鳳門**初**　茶飯尋常任起**居**
時有高賓來問道　谿光松籟是眞**如**
七言絶 魚韻⇒初居如

금명집 丹山의 愚齊吟韻에 화운함 — 김보정(1861~1930)

좌우에는 대와 오동나무 봉황문 열어 놓고
茶와 음식 예사로워 마음대로 기거하네.
때때로 좋은 손님 찾아와서 도를 묻는데
시냇물빛 솔바람이 그대로 진여인 것을.

922 [錦溟集] 次丁參奉日宅 — 金寶鼎

曹谿不遠浴川**關**　十載叨參鏡裏**顔**
足躡羊岐情未達　軒高龍峽勢難**攀**
枯禪茶話雲千片　道士詩興月一**干**
窗外紅葩開也否　寒英應待主人**還**

七言律 刪韻⇒關顔攀干還

금명집 정참봉일의 집에서 차운함 — 김보정(1861~1930)

조계가 머잖아 개천에서 목욕하고
십년 동안 잊은 얼굴 거울 속에서 찾았네.
꼬부랑길 올라서도 정이 닿지 못하고
골짜기는 높고 높아 더위잡기 힘이 드네.
참선하고 茶 마시기는 천 조각 구름이요
도사의 시흥은 한 개의 달이로다.
창밖엔 붉은 꽃이 피기나 했는지
꽃봉오리는 주인이 돌아오기만 기다리네.

923 [錦溟集] 老嵒 — 金寶鼎

族立層巒問幾**秊**　茫然瘦鶴下諸**天**
驚盹白鷳飛雲外　入定胡僧坐月**邊**
金像依俙南極老　玉容彷佛赤松**仙**
崑山不遠蓬萊近　應有韉茶暮起**煙**

七言律 先韻⇒秊天邊仙煙

금명집 로암 — 김보정(1861~1930)

뾰족뾰족한 산은 몇 년이나 서 있는가
멍하니 여윈 학이 하늘에서 내려오네.
졸던 곤새는 깜짝 놀라 구름 밖으로 날아가고
선정에 든 호승은 달빛 가에 앉았구나.
금빛 모습은 남극의 老人星로인성이고
고운 룡모의 적송은 신선과 방불하네.
곤륜산 멀지 않아 봉래산이 가까워
아침에는 茶를 들고 저녁에는 연기 나네.

924 [錦溟集] 詠 — 金寶鼎

禪家日用甚淸**輕**　詩墨一牀茶一**甁**
絶爆高低休顧琵　寄岑層疊不須**屛**
社朋斷意金分玉　學士交情月上**亭**
甘霈如膏雷又警　世心平仄似權**衡**

七言律 庚韻⇒輕甁屛亭衡

금명집 읊다 — 김보정(1861~1930)

선가의 쓰는 물건 맑고도 가벼우니
시집 놓인 책상 하나 마실 茶 한 병이네.
높고 낮은 폭포 소리 거문고가 쓸데없고
둘러싸인 멧부리에 병풍이 필요 없다.
모인 벗이 금과 옥도 끊을 만큼 뜻이 굳고
학사들이 정답게 사귀고 정자에 달이 뜨네.
기름진 단비는 우레 치고 경계하며
세상 인심 저울대가 흔들리듯 하는구나.

925 [錦溟集] 南倉行 — 金寶鼎

踏破層陵下石**臺**　與餘閑帶夕陽**來**
浦口漁艇依岸繫　津頭茶戶待人**開**
忘歸客子猶貪句　惜別佳人故勸**杯**
江市線過山色又　伴鷗喚鶴問程**廻**

七言律 灰韻⇒臺來開杯廻

금명집 南倉(해남)을 가다 — 김보정(1861~1930)

산언덕 밟고서 石臺석대를 내려가서
흥이 남아 한가로이 석양빛 띠고 있네.
포구의 고깃배는 언덕에 매어 있고
나루터 茶집은 사람 오기 기다린다.
돌아갈 것을 잊은 길손 시구를 찾으면서
좋은 사람 석별하며 짐짓 잔을 권하네.
강마을 지나가니 산빛이 더욱 좋고
갈매기와 학을 불러 돌아갈 길 물어 본다.

926 [錦溟集] 惜別故人 — 金寶鼎

早開雲扉出送**壇**　高情惜別臭如**蘭**
歸路楚山吳水隔　結懷塞月雪水**寒**
茶友雖無忘後約　石君難道往平**安**
青山如墨水如怒　把寄茲心一寸**丹**

七言律 灰韻⇒壇蘭寒安丹

금명집 고인과 석별함 — 김보정(1861~1930)

안개 낀 사립 열고 송별하러 나서니
헤어지기 아쉬운 정 芝蘭지란의 향기 같아.
돌아갈 길 초산과 오수처럼 멀어져도
맺은 마음 달빛 속의 빙설같이 차갑겠지.
茶友여 뒷날 기약 잊을 리 없겠지만
석군이여 어려운 길 평안히 가시라.
청산은 잠잠한 듯 녹수는 성내는 듯
한 조각 붉은 마음 여기에다 부친다네.

927 [錦溟集] 與月谷菊隱燈下 口占 五首 — 金寶鼎

晩菊無妨石室**留**　清茶亂酌肯相**游**
百千世事雲空去　四十季光水自**流**
鵬欲圖南徙海國　雁何戀北過湘**州**
燈花結穗寒窗下　瀾說情端夜更**悠**

七言律 尤韻⇒留游流州悠

금명집 월곡 국은과 함께 등불 아래 읊다. 구점 5수 — 김보정(1861~1930)

늦은 국화 석실에 두는 것도 무방하고
맑은 茶를 서로 즐겨 어지럽게 마신다.
백 천 가지 세상일 뜬구름에 가버리고
사십 년 세월이 물처럼 흘러갔네.
붕새는 남해로 옮겨 가려 하는데
기러기는 북쪽 찾아 상주에 왜 가는가.
등불꽃에 이삭 맺는 차가운 창문가에
정든 얘기 굽이치는 밤 더욱 길어 가네.

928 [李家源全集] 硯池青蛙圖記 — 李家源

松巖權好文先生, 嘗有硯池青蛙七言一絶, 狀物敍情, 淸娟盡致.
具君滋武, 三復豔歎, 亟采入於其所撰韓國文房諸友詩文譜中, 猶不耐自已, 丐月田張遇聖老伯, 追想其事, 而作此小圖.
烏虖. 吾不知松翁之硯, 尙今无恙, 而詩傳於集中, 則倚此, 而可以想象其風猷雅韻矣.
月田復感其詩, 而見其物, 藝與幽通, 一筆渲染, 竟成雙絶. 豈非曠世之奇事也哉? 癡淵得讀之, 煮茶撫圖, 拍案叫奇.

리가원전집 벼루 못 청개구리 그림 — 리가원(1917~?)
송암 권호문 선생이 일찍이 연지와 청와를 七言一絶칠언일절로 남겼는데, 물건을 그린 서정이 청연 진치하였다.
구군 자무가 거듭거듭 염탄하며 자주 그가 지은 한국문방제우시문보중에 채입하되 오히려 스스로 거두지 못하거늘, 월전 장우성 로백이 빌어 그 일을 추상하고 이 小圖소도를 짓다.
'오호! 나는 송옹의 벼루를 알지 못하고 지금껏 無恙무양하다니! 문집 중의 시를 전람하고 살펴서야 風雅풍아한 猷韻유운을 상상할 수 있음에라' 했다.
월전이 다시 그 시에 감복하여 그 물건을 보며 '藝文예문과 유통을 일필로 바림한들 필경 쌍절을 이루리라. 어찌 광세의 기사가 아니리요? 치연이 얻어 탐독하고 煮茶하고 무도하며 박안 규기하도다' 했다.

929 白雲玉版茶

康津郡 城田面 秀陽里 李漢永이 덖음茶를 '金陵月山茶'라는 品名으로 販賣하다가 '白雲玉版茶'로 改名한 商品이 이 해 長興에서 團茶로 發見되었다.

930 韓國茶人會創立 4312(1979)秊 1月 20日. 當日入會會員 壹拾陸人.

기원 4312(1979)년 1월 20일 한국차인회가 창립되었다. 그 날 입회한 회원이 16인이었다.

大韓歷史秊代表 ᄒᆞᆫ倍達～檀君～四國～帝國

桓仁時代 7位 9208秊前 上元甲子元秊 (始紀근대산정插) 3301秊間 省略
倍達時代 18位 5908秊前 中元甲子元秊 (上月恒日開天근대산정插) 1565秊間 省略
韖鮮(朝) 47世 4344秊前 上元甲子 戊辰紀元 (元·中·後韖鮮) 2096秊間 省略
堯舜夏(韖鮮南韖) 19世 4368秊前 甲辰紀載 591秊間 省略
殷 (韖鮮南韖) 30世 3777秊前 乙未紀祀 645秊間 省略
馬韓 35世 (省略)
番韓 74世 (省略)

北扶餘 始祖檀君解慕漱 6代 檀紀 2095(前239)～2299(前35) (204秊間)

代	秊號(王代)	執政	(西紀)	期間	大韓王代 元秊 鄰國	
					中原國名秊號	日本王代秊
1	解慕漱	2095～2139	前 239～前 195	45	秦始皇 8	孝靈 52
2	慕漱離	2140～2164	前 194～前 170	25	西漢惠帝元	孝元 21
3	高奚斯	2165～2213	前 169～前 121	49	西漢文帝11	孝元 46
4	高于婁	2214～2225	前 120～前 109	34	西漢元狩 3	開化 39
5	高豆莫	2226～2274	前 108～前 60	49	西漢元封 3	開化 51
6	高無胥	2275～2276	前 59 ～前 58	2	西漢神爵 3 西漢神爵 4	崇神 39 崇神 40

東扶餘(迦葉原扶餘) 始祖解夫婁 13代 檀紀 2275(前59)～2827(494)
(554秊間) 扶餘王子檀君後孫 (王代別 元末內容 省略)

1	王解夫婁	4	絡王	7	夫台	10	王依慮	13	孱王
2	王金蛙	5	後王	8	王簡位居	11	王依羅	—	—
3	王帶素	6	王尉仇台	9	王痲余	12	王玄	—	—

新羅 始祖朴赫居世 56代 檀紀 2277(前57)～3252(918) (975秊間)

代	年號(王代)	執政	(西紀)	期間	大韓王代 元秊 鄰國	
					中原國名秊號	日本王代秊
1	居西干	2277～2337	前57～後4	61	西漢(前206～8) 五鳳 元	崇神 41
2	南鮮次次雄	2337～2357	後4～24	21	西漢 元始 4	垂仁 33
3	儒理尼師今	2357～2390	24～57	34	新(9～24)	垂仁 53
4	脫解尼師今	2390～2413	57～80	24	東漢(25～220) 中元 2	垂仁 86
5	婆娑尼師今	2413～2445	80～112	33	東漢 建初 5	景行 10

6	祇摩尼師今	2445～2467	112～134	23	東漢 永初 6	景行 42
7	逸聖尼師今	2467～2487	134～154	21	東漢 陽嘉 3	成務 4
8	阿達羅尼師今	2487～3517	154～184	31	東漢 永興 2	成務 24
9	伐休尼師今	3517～2529	184～196	13	東漢 中平 元	成務 54
10	奈解尼師今	2529～2563	196～230	35	東漢 建安 元	仲哀 5
11	助賁尼師今	2563～2580	230～247	18	魏(220~256) 太和 4	應神 31
12	沾解尼師今	2580～2594	247～261	15	魏 正始 8	應神 48
13	味鄒尼師今	2595～2617	262～284	23	魏 景元 3	應神 63
14	儒禮尼師今	2617～2631	284～298	15	西晉(265~316) 太康 5	應神 85
15	基臨尼師今	2631～2643	298～310	13	西晉 元康 8	應神 99
16	訖解尼師今	2643～2689	310～356	47	西晉 永嘉 4	應神 111
17	奈勿尼師今	2689～2735	356～402	47	東晉(317~419) 永和 12	仁德 44
18	實聖尼師今	2735～2750	402～417	16	東晉 元興 元	履仲 3
19	訥祇尼師今	2750～2791	417～458	42	東晉 義熙 13	允恭 6
20	慈悲尼師今	2791～2812	458～479	22	宋(420~479) 大明 2	雄略 3
21	焰智尼師今	2812～2833	479～500	22	齊(479~501) 建元 元	清寧 元
22	智證王	2833～2847	500～514	15	齊 永元 2	武烈 2
23	瀴興王	2847～2873	514～540	27	梁(502~557) 天監 13	繼體 8
24	眞興王	2873～2909	540～576	37	梁 大同 6	欽明 元
25	眞智王	2909～2912	576～579	4	陳(557~589) 大建 8	敏達 5
26	眞平王	2912～2965	579～632	54	陳 大建 11 (隋 581~617)	敏達 8
27	善德女王	2965～2980	632～647	16	唐(618~907) 貞觀 6	舒明 4
28	眞德女王	2980～2987	647～654	8	唐 貞觀 21	孝德 3
29	太宗武烈王	2987～2994	654～661	8	唐 永徽 5	孝德 10

30	文武王	2994~3014	661~681	21	唐 龍朔 元	齊明 7
31	神文王	3014~3025	681~692	12	唐 開耀 元	天武 10
32	孝昭王	3025~3035	692~702	11	唐 長壽 元	持統 7
33	德聖王	3035~3070	702~737	36	唐 長安 2	大寶 2
34	孝成王	3070~3075	737~742	6	唐 開元 25	天平 9
35	景德王	3075~3098	742~765	24	唐 天寶 元	天平 14
36	惠恭王	3098~3113	765~780	16	唐 永泰 元	天平神護元
37	宣德王	3113~3118	780~785	6	唐 建中 元	寶龜 11
38	元聖王	3118~3131	785~798	14	唐 貞元 元	延曆 4
39	昭聖王	3132~3133	799~800	2	唐 貞元 15	延曆 18
40	哀莊王	3133~3142	800~809	10	唐 貞元 16	延曆 19
41	憲德王	3142~3159	809~826	18	唐 元和 4	大同 4
42	興德王	3159~3169	826~836	11	唐 寶曆 2	天長 3
43	僖康王	3169~3171	836~838	3	唐 開成 元	承和 3
44	閔哀王	3171~3172	838~839	2	唐 開成 3	承和 5
45	神武王	3172~3172	839~839	7月	唐 開成 4	承和 6
46	文聖王	3172~3190	839~857	19	唐 開成 4	承和 6
47	憲安王	3190~3194	857~861	5	唐 大中 11	天安 元
48	景文王	3194~3208	861~875	15	唐 咸通 2	貞觀 3
49	憲康王	3208~3219	875~886	12	唐 建符 2	貞觀 17
50	定康王	3219~3220	886~887	2	唐 光啓 2	仁和 2
51	眞聖女王	3220~3230	887~897	11	唐 光啓 3	仁和 3
52	孝恭王	3230~3245	897~912	16	唐 建寧 4	寬平 9
53	神德王	3245~3250	912~917	6	後粱(907~922) 乾化 2	延喜 12
54	景明王	3250~3257	917~924	8	後粱 貞明 3	延喜 17
55	景哀王	3257~3260	924~927	4	後唐(923~935) 同光 2	延長 2
56	敬順王	3260~3268	927~935	9	後唐 天成 2	延長 5

高句麗 始祖高朱蒙 28代 檀紀 2297(前37)~3001(668) (705季閒)

代	年號(王代)	執政	(西紀)	期閒	大韓王代 元季 鄰國	
					中原國名季號	日本王代季
1	東明聖王	2297~2315	前37~前19	19	西漢 建昭 2	崇神 61
2	琉璃明王	2315~2351	前19~18	37	西漢 鴻嘉 2	垂仁 19
3	大神武王	2351~2377	18~44	27	新 天鳳 5	垂仁 47
4	閔中王	2377~2381	44~48	5	東漢 建武 20	垂仁 73
5	慕本王	2381~2386	48~53	6	東漢 建武 24	垂仁 77
6	太祖王	2386~2479	53~146	94	東漢 建武 29	垂仁 82
7	次大王	2479~2498	146~165	20	東漢 本初 元	成務 16
8	新大王	2498~2512	165~179	15	東漢 延嘉 8	成務 35
9	故國川王	2512~2530	179~197	19	東漢 光和 2	成務 49
10	山上王	2530~2560	197~227	31	東漢 建安 2	仲哀 6
11	東川王	2560~2581	227~248	22	魏 太和 元	應神 28
12	中川王	2581~2603	248~270	23	魏 正始 9	應神 49
13	西川王	2603~2625	270~292	23	西晉 建衡 2	應神 71
14	烽上王	2625~2633	292~300	9	西晉 元康 2	應神 93
15	美川王	2633~2664	300~331	32	西晉 永康 元	應神 101
16	故國原王	2664~2704	331~371	41	東晉 咸和 6	仁德 19
17	小獸林王	2704~2717	371~384	14	東晉 咸安 元	仁德 59
18	故國壤王	2717~2724	384~391	8	東晉 太元 9	仁德 72
19	廣開土王	2724~2745	391~412	22	東晉 太元 16	仁德 79
20	長壽王	2746~2824	413~491	79	東晉 義熙 8	允恭 2
21	文咨明王	2824~2852	491~519	28	齊 永明 10	仁賢 4
22	安臧王	2852~2865	519~531	13	梁 天監 18	繼體 18
23	安原王	2865~2878	531~545	15	梁 大中通 3	繼體 25
24	陽原王	2878~2892	545~559	15	梁 大同 11	欽明 11
25	平原王	2892~2923	559~590	32	陳 永定 3	欽明 20

26	嬰陽王	2923～2951	590～618	29	隋 開皇 10	崇峻 3
27	榮留王	2951～2975	618～642	25	唐 武德 元	推古皇后 27
28	寶藏王	2975～3001	642～668	27	唐 貞觀 16 唐 總章 元	皇極 元 天智 8
百濟 始祖高溫祚王 31代 檀紀 2316(前18)～2993(660) (678季間)						
代	年號(王代)	執 政	(西紀)	期間	大韓王代 元季 鄰國	
					中原國名季號	日本王代季
1	溫祚王	2316～2361	前18～28	46	西漢 鴻嘉 3	垂仁 12
2	多婁王	2361～2410	28～77	50	東漢 建武 4	垂仁 57
3	已婁王	2410～2461	77～128	52	東漢 建初 2	景行 7
4	蓋婁王	2461～2499	128～166	39	東漢 永建 3	景行 58
5	肖古王	2499～2547	166～214	49	東漢 延嘉 9	成務 36
6	仇首王	2547～2567	214～234	21	東漢 建安 19	應神 15
7	沙伴王	2567～2567	234～234	1	魏 青龍 2	應神 35
8	吉爾王	2567～2619	234～286	53	魏 青龍 2	應神 35
9	責稽王	2619～2631	286～298	13	西晉 咸寧 7	應神 87
10	汾西王	2631～2637	298～304	7	西晉 元康 8	應神 99
11	比流王	2637～2677	304～344	41	西晉 永興 元	應神 105
12	契王	2677～2679	344～346	3	東晉 建元 2	仁德 32
13	近肖古王	2679～2708	346～375	30	東晉 永和 2	仁德 34
14	近仇首王	2708～2717	375～384	10	東晉 寧康 3	仁德 63
15	枕流王	2717～2718	384～385	2	東晉 太元 9	仁德 72
16	辰斯王	2718～2725	385～392	8	東晉 太元 10	仁德 73
17	阿莘王	2725～2738	392～405	14	東晉 太元 17	仁德 80
18	腆支王	2738～2753	405～420	16	東晉 義熙 元	履仲 6
19	久爾辛王	2753～2760	420～427	8	宋 永初 元	允恭 9
20	毗有王	2760～2788	427～455	29	宋 元嘉 4	允恭 16
21	蓋鹵王	2788～2808	455～475	21	宋 孝建 2	安康 2
22	文周王	2808～2810	475～477	3	宋 元徽 3	安康 20
23	三斤王	2810～2812	477～479	3	宋 昇明 元	安康 22

24	東城王	2812～2834	479～501	23	齊　建元 元	淸寧　元
25	武寧王	2834～2856	501～523	23	齊　中興 元	武烈　3
26	聖王	2856～2887	523～554	32	梁　普通 4	繼體 17
27	威德王	2887～2931	554～598	45	梁　承聖 3	欽明 16
28	惠王	2931～2932	598～599	2	隋　開皇 18	推古皇后 7
29	瀇王	2932～2933	599～600	2	隋　開皇 19	推古皇后 8
30	武王	2933～2974	600～641	42	隋　開皇 20	推古皇后 9
31	義慈王	2974～2993	641～660	20	隋　貞觀 15 唐　顯慶　5	推古皇后 13 齊明　6

駕洛 始祖金首露王 11代 檀紀 2375(後42)～2865(532) (490季間)

王弟五人爲五伽倻王

代	年號(王代)	執政	(西紀)	期間	大韓王代 元季 鄰國	
					中原國名季號	日本王代季
1	太祖	2375～2532	42～199	158	東漢 建武 18	垂仁 71
2	道王	2532～2586	199～253	55	東漢 建安　4	仲哀　8
3	成王	2586～2624	253～291	39	魏　嘉平　5	應神 54
4	德王	2624～2679	291～346	56	西晉 元康 元	應神 92
5	明王	2679～2740	346～407	62	東晉 永和 2	仁德 34
6	神王	2740～2754	407～421	15	東晉 義熙 3	反正　2
7	惠王	2754～2784	421～451	31	宋　永初　2	允恭 10
8	莊王	2784～2825	451～492	42	宋 元嘉 28	允恭 40
9	肅王	2825～2854	492～521	30	齊 永明 10	仁賢　5
10	讓王	2854～2865	521～532	12	梁　普通　2	繼體 15
11	末王	2865～2865	532～532	1	梁 中大通 4 梁 中大通 4	安閑　2 安閑　2

渤海 始祖高王大祚榮 14代 檀紀 3032(後699)～3259(926) (228季間)

代	年號(王代)	執政	(西紀)	期間	大韓王代 元季 鄰國	
					中原國名季號	日本王代季
1	太祖高王	3032～3052	699～719	21	唐 聖曆 2	文武　3
2	武王	3052～3070	719～737	19	唐 開元 7	元正　5
3	文王	3070～3126	737～793	57	唐 開元 25	天平　9
4	王元義	3126～3127	793～794	2	唐 貞元 9	聖武 13

5	成王	3127～3128	794～795	2	唐 貞元 10	桓武 14
6	康王	3128～3142	795～809	15	唐 貞元 11	延曆 15
7	定王	3142～3146	809～813	5	唐 元和 4	平城 4
8	僖王	3146～3151	813～818	6	唐 元和 8	嵯峨 4
9	簡王	3151～3151	818～818	1	唐 元和 13	嵯峨 9
10	宣王	3151～3163	818～830	13	唐 元和 13	嵯峨 9
11	王彜震	3163～3191	830～858	29	唐 太和 4	淳和 8
12	王虔晃	3191～3203	858～870	13	唐 大中 12	和淸 元
13	景王	3203～3234	870～901	32	唐 咸通 11	和淸 13
14	哀王	3234～3259	901～926	26	唐 天復 元 唐 天成 元	醍醐 5 醍醐 30

後百濟 始祖甄萱 2代 檀紀 3225(892)～3265(936) (45季間)

代	年號(王代)	執 政	(西紀)	期間	大韓王代 元季 鄰國	
					中原國名季號	日本王代季
1	甄萱王	3225～3268	892～935	44	唐 景福 元	宇多 6
2	王神劒	3269～3269	936～936	1	唐 天福 元 唐 貞明 4	朱雀 6 朱雀 7

泰封國 始祖弓裔 1代 檀紀 3234(901)～3251(918) (18季間)

代	年號(王代)	執 政	(西紀)	期間	大韓王代 元季 鄰國	
					中原國名季號	日本王代季
	弓裔	3234～3251	901～918	18	唐 天福 元 唐 貞明 4	醍醐 5 醍醐 19

契丹·遼 始祖耶律阿保機 9代 檀紀 3249(916)～3448(1115) (200季間)

代	年號(王代)	執 政	(西紀)	期間	大韓王代 元季 鄰國	
					中原國名季號	日本王代季
1	太祖.神冊	3294～3260	916～927	12	唐 貞明 2	醍醐 17
2	太宗	3260～	927～	22	後唐 天成 2	醍醐 28
	(改國號 遼)	(3270)3281	(937)948		後晉 天福 2	朱雀 7
3	世宗	3281～3284	948～951	4	後漢 建祐 元	村上 2
4	穆宗	3284～3301	951～968	18	後周 廣順 元	村上 5
5	景宗	3301～3316	968～983	16	宋 開保 元	冷泉 2
6	聖宗	3316～	983～	40	宋 太平興國 8	圓融 15
	(復號 契丹)	(3346)3365	(1013)1032		宋 大中祥祥 6	三條 3

7	興宗	3365～3388	1032～1055	24	宋 明道 元	後一條 17
8	道宗	3388～	1055～		宋 至和 2	後冷泉 11
	(復號 遼)	(3399)3434	(1066)1101	47	宋 治平 3	後冷泉 22
9	天祚帝	3434～3448	1101～1115	15	宋 建中靖國 元 宋 政和 5	堀河 16 鳥羽 9
金 始祖阿骨打 9代 檀紀 3448(1115)～3558(1225) (111季開)						
1	太祖	3448～3456	1115～1123	9	宋 政和 5	鳥羽 9
2	太宗	3456～3456	1123～1123	1	宋 政和 5	鳥羽 17
3	熙宗	3456～3482	1123～1149	27	宋 宣和 5	鳥羽 17
4	海陵王	3482～3494	1149～1161	13	南宋 紹興 19	近衛 9
5	世宗	3494～3523	1161～1190	30	南宋 紹興 31	二條 4
6	章宗	3523～3542	1190～1209	20	南宋 紹熙 元	後鳥羽 7
7	東海侯	3542～3546	1209～1213	5	南宋 嘉定 2	將軍賴源韓 7
8	宣宗	3546～3557	1213～1224	12	南宋 嘉定 6	順德 4
9	哀宗	3557～3558	1224～1225	2	南宋 嘉定 17	後堀河 4
蒙古 始祖成吉思汗 代 檀紀 3448(1225)～3701(1368) (144季開韓)						
1	太祖	3558～3562	1225～1229	5	南宋 寶慶 元	後堀河 5
2	太宗	3562～3574	1229～1241	13	南宋 紹定 2	寬喜 元
3	后	3574～3579	1241～1246	6	南宋 淳祐 元	四條 10
4	定宗	3579～3581	1246～1248	3	南宋 淳祐 6	將軍藤源賴嗣 3
5	后	3581～3584	1248～1251	4	南宋 淳祐 8	後深草 2
6	憲宗	3584～3593	1251～1260	10	南宋 淳祐 11	後深草 5
7	世祖	3593～	1260～	36	南宋 景定 元	龜山 2
	(改國號 元)	(3604)3628	(1271)1295		南宋 咸淳 7	將軍惟康親王 6
8	成宗	3628～3641	1295～1308	14	南宋 元貞 元	將軍久明親王 7
9	武宗	3641～3645	1308～1312	5	元 至大 元	後二條 8
10	仁宗	3645～3654	1312～1321	10	元 皇慶 元	將軍守邦親王 4
11	英宗	3654～3657	1321～1324	4	元 至治 元	後醍醐 4
12	泰定帝	3657～3660	1324～1328	4	元 泰定 元	後醍醐 7

13	明宗	3660～3660	132～1328	1	元 致和 元	後醍醐 11
14	文宗	3660～3665	1328～1332	5	元 天曆 元	後醍醐 11
15	寧宗	3665～3666	1332～1333	2	元 至順 3	光嚴 元
16	順帝	3666～3799	1333～1368	36	元 元統 元 明 洪武 元	光嚴 2 足利義滿 元

高麗 始祖太祖神聖大王 34代 檀紀 3251(後918)～3724(1391) (474秊間)

代	年號(王代)	執政	(西紀)	期間	大韓王代 元秊 鄰國	
					中原國名秊號	日本王代秊
1	太祖神聖大王	3251～3277	918～944	26	後粱 貞明 4	醍醐 22
2	惠宗文明大王	3277～3279	944～946	2	後晉(936~946) 開運 元	朱雀 15
3	定宗文明大王	3279～3283	946～950	4	後晉 開運 3 後漢(947~950)	朱雀 17
4	光宗大成大王	3283～3308	950～975	26	後漢 乾祐 3 (後周(951~959)	村上 4
5	景宗獻和大王	3309～3314	976～981	6	宋 太平興國 元 北宋(960~1126)	圓融 8
6	成宗文懿大王	3315～3330	982～997	16	宋 太平興國 7	圓融 14
7	穆宗宣讓大王	3331～3342	998～1009	12	宋 咸平 元	一條 13
8	顯宗元文大王	3343～3364	1010～1031	22	宋 大中祥祥 3	一條 25
9	德宗敬康大王	3365～3367	1032～1034	3	宋 明道 元	後一條 17
10	靖宗容惠大王	3368～3379	1035～1046	12	宋 景祐 2	後一條 20
11	文宗仁孝大王	3380～3416	1047～1083	37	宋 慶曆 7	後冷泉 3
12	順宗宣惠大王	3416～3416	1083～1083	4月	宋 元豐 6	白河 12
13	宣宗思孝大王	3417～3427	1084～1094	11	宋 元豐 7	白河 13
14	獻宗恭殤大王	3428～3428	1095～1095	1	宋 紹聖 2	堀河 10
15	肅宗明孝大王	3429～3438	1096～1105	10	宋 紹聖 3	堀河 11
16	睿宗文孝大王	3439～3455	1106～1122	17	宋 崇寧 5	堀河 21
17	仁宗恭孝大王	3456～3479	1123～1146	24	宋 宣和 5	崇德 元
18	毅宗莊大孝王	3480～3503	1147～1170	24	南宋(1127~1279) 紹興 17	近衛 7
19	明宗光孝大王	3504～3530	1171～1197	27	南宋 乾道 7	高倉 4
20	神宗靖孝大王	3531～3537	1198～1204	7	南宋 慶元 4	將軍源賴朝 7

21	熙宗成孝大王	3538～3544	1205～1211	7	南宋 開禧 元	將軍源頼朝14
22	康宗元孝大王	3545～3546	1212～1213	2	南宋 嘉定 5	順德 3
23	高宗安大孝王	3547～3592	1214～1259	46	南宋 嘉定 7	順德 5
24	元宗順孝大王	3593～3607	1260～1274	15	南宋 景定 元	龜山 2
25	忠烈王	3608～3641	1275～1308	34	南宋 德祐 元	後宇多 2
26	忠宣王	3642～3646	1309～1313	5	元(1225～1368) 至大 元	將軍守邦親王元
27	忠肅王	3647～3672	1314～1339	前17 後 8	元 延祐 元	將軍守邦親王6
28	忠惠王	3673～3677	1331～1344	5	元 至順 2	後醍醐 14
29	忠穆王	3678～3681	1345～1348	4	元 至元 5	後村上 7
30	忠定王	3682～3684	1349～1351	3	元 至正 c	後村上 11
31	恭愍王	3685～3707	1352～1374	23	元 至正 12	後村上 15
32	前廢王禑	3708～3721	1375～1388	14	明(1368～1661) 洪武 8	長慶 8
33	後廢王昌	3722～3722	1389～1389	1	明 洪武 22	長慶 22
34	恭讓王	3722～3725	1389～1392	4	明 洪武 22 明 洪武 25	長慶 22 後小松 元

朝鮮 始祖太祖康獻大王 27代 檀紀 3725(後1392)～4243(1910) (519季間)

代	年號(王代)	執 政	(西紀)	期間	大韓王代 元季 鄰國	
					中原國名季號	日本王代季
1	太祖	3725～3731	1392～1398	7	明 洪武 25	後小松 元
2	定宗	3732～3733	1399～1400	2	明 建文 元	將軍足利義持6
3	太宗	3734～3751	1401～1418	18	明 建文 3	將軍足利義持8
4	世宗	3752～3783	1419～1450	32	明 永樂 17	稱光 8
5	文宗	3784～3785	1451～1452	2	明 景泰 元	將軍足利義政7
6	端宗	3786～3788	1453～1455	3	明 景泰 4	將軍足利義政9
7	世祖	3789～3801	1456～1468	13	明 景泰 6	將軍足利義政11
8	睿宗	3802～3802	1469～1469	1	明 成化 5	後御土門 5
9	成宗	3803～3827	1470～1494	25	明 成化 6	後御土門 6
10	燕山主	3828～3839	1495～1506	12	明 弘治 8	將軍足利義澄元
11	中宗	3839～3877	1506～1544	39	明 正德 元	後原栢 7

12	仁宗	3878～3878	1545～1545	1	明 嘉靖 24	後良奈 20
13	明宗	3879～3900	1546～1567	22	明 嘉靖 25	後良奈 21
14	宣祖	3901～3941	1568～1608	41	明 隆慶 2	將軍足利義昭元
15	光海主	3942～3956	1609～1623	15	明 萬曆 37	將軍德川 將軍 將軍豊臣秀忠 5
16	仁祖	3956～3982	1623～1649	27	清 天啓 3	將軍德川家光元
17	孝宗	3983～3992	1650～1659	10	清 永曆 4	後明光 8
18	顯宗	3993～4007	1660～1674	15	清 永曆 14	後西 7
19	肅宗	4008～4053	1675～1720	46	清 康熙 14	後西 22
20	景宗	4054～4057	1721～1724	4	清 康熙 60	德川吉宗 6
21	英祖	4058～4109	1725～1776	52	清 雍正 3	德川吉宗 10
22	正祖	4110～4132	1777～1899	24	清 乾隆 42	後桃園 8
23	純祖	4134～4167	1801～1834	34	清 嘉慶 6	將軍德川家齊16
24	憲宗	4168～4182	1835～1849	15	淸 道光 15	仁孝 18
25	哲宗	4183～4196	1850～1863	14	淸 道光 30	孝明 4
26	高宗太皇帝	4197～4240	1864～1907	44	清 同治 4	將軍德川家茂 7
27	純宗孝皇帝	4240～4243	1907～1910	4	清 光緖 40 清 光緖 43	明治 33 令王 2
分斷	對日勝戰虛名 光復	4278	1945	已今 96季表 省略		

後金清 始祖太祖奴兒哈赤누루하치 12代 檀紀 3949(後1616)～4245(1912) (297季間)

代	年號(王代)	執 政	(西紀)	期間	大韓王代 元季 鄰國	
					中原國名季號	日本王代季
1	太祖(後金)	3949～3999	1616～1626	11	明 萬曆 44	後水尾 5
2	太宗	3960～3733	1627～1400	17	明 天啓 7	將軍德川家光 5
	國號 清	(3969)	(1636)	—	(明 崇禎 9)	(明正 8)
3	世祖	3977～3994	1644～1691	18	明 崇禎 17	後光明 2
4	聖祖	3995～4055	1662～1722	61	清 康熙 元	後西 9
5	世宗	4056～4068	1723～1735	13	清 雍正 元	德川吉宗 元
6	高宗	4069～4128	1736～1795	60	清 乾隆 元	櫻町 2
7	仁宗	4129～4153	1796～1820	25	清 嘉慶 元	將軍德川家齊 11
8	宣宗	4154～4183	1821～1850	30	清 道光 元	仁孝 4

9	文宗	4184～4194	1851～1861	11	淸 咸豐 元	孝明 5
10	穆宗	4195～4207	1862～1874	13	淸 同治 元	將軍德川家茂 元
11	德宗	4208～4241	1875～1908	34	淸 光緖 元	明治 9
12	令皇	4242～4245	1909～1912	4	淸 宣統 元	明治 43

後 序

해빙기 이후 금차문명 초기의 黃人種(흔겨레)이 붉따의 태터를 출발(西起東遷)하여 몽고 · 실길(緋緞길) · 당글라山 길(僰⇒僬僥. 苗族)로 이동한 이래 약 9천 년간의 이합집산으로 마침내 새 삶터를 잡아 정착하게 되었다. 이때가 우금 5천~4천 년 전이다.

「大韓歷史年代表」는 이 중에 장강 · 황하 · 요하 · 흑룡 · 한반도에 걸쳐 면면한 九夷(九韓) 중 東夷 조상의 王幹代를 중심으로 建沒건몰연대를 표기하였으며, 다만 동시대의 중원에 縈息영식한 서이 왕대를 참고토록 병기하였다.

茶문화에 참고하고자 서력기원전 조대를 생략했으니 이해를 바란다.

일러두기

1 이 『大韓茶文化資料集成』은 비봉출판사 간행 『茶香禪味』를 茶文化古典 교재로 제공해 주신 李建鎬 회장님의 배려와 전국 동호인의 요청에 의해 증보, 기년 편집했음을 밝혀 둔다.
2 고전의 본음 이해를 위해 되도록 우리 국어 한자 본음으로 풀었다.
3 인명 지명 관명은 이해를 돕고자 서체(한양해서체)를 달리 하였다.
4 문화 범위를 국권 영역으로 이해하는 폐단을 벗고자 책 제목만 『대흔…』『중원…』 따위로 분류하고, 한국 중국 등의 용어를 쓰지 않고 해당 시기의 국명을 썼다. 신라 당 고려 송 원 조선 등.
5 비록 관제라도 사대성 용어와 피침 순치언어는 되도록 쓰지 않았다.
6 반도사관 시각의 소국 자폄어는 일절 배제하고 대등한 호칭으로 풀었다.
7 말미의 년표는 차문화 련관 민족문화 영역을 기준하였다.
8 시대 이해를 돕고자 조대 또는 인명 다음 ( ) 안에 서력기원을 병기하였다.

大韓茶文化資料集成

1판 1쇄 인쇄 4344(2011)년 5월 25일
1판 1쇄 발행 4344(2011)년 5월 31일

지은이 (사)국어고전문화원
감 수 윤경혁

펴낸이 김환기
펴낸곳 도서출판 이른아침
디자인 성지선
편 집 이단네 홍혜림
마케팅 권명희
관 리 이민정

주 소 서울시 마포구 마포동 324-3 경인빌딩 3층
전 화 02)3143-7995
팩 스 02)3143-7996
등 록 2003년 9월 30일 제 313-2003-00324호
이메일 booksorie@naver.com

ISBN 978-89-93255-70-6 93900
정 가 48,000원